清华大学汽车工程系列教材

汽车悬架和转向系统设计

Automotive Suspension and Steering System Design

王霄锋 编著

Wang Xiaofeng

清华大学出版社
北 京

内 容 简 介

本书旨在介绍汽车悬架和转向系统设计的基本理论和方法。全书共21章，内容包括：汽车悬架系统概述；轮胎与车轮；汽车零部件的载荷及其强度的计算方法；乘坐舒适性与悬架的弹性特性；悬架中弹性元件的设计；乘坐舒适性与减振器的主要参数及尺寸的选择；转向系统设计；车轮定位参数概述；汽车操纵稳定性及其评价指标；悬架的侧倾中心、轮距变化和侧倾角刚度；车轮外倾角和主销内倾角的变化特性；车轮前束的变化特性；主销纵向偏移距和主销后倾角的变化特性；悬架的抗制动点头和抗加速仰头性能分析；悬架受力分析与强度计算；双横臂式独立悬架和整体式转向系统匹配设计的三维运动学分析方法；麦克弗森式独立悬架和齿轮齿条式转向系统的匹配设计；纵置钢板弹簧整体车桥和整体式转向系统匹配设计的三维运动学分析方法；多轴汽车转向系统设计；线性三自由度车辆操纵性模型的建立；汽车的中心操纵性试验及其模拟。本书属于应用技术著作，也可以作为工科高等院校车辆工程专业的教材和汽车及相关行业工程技术人员的参考书。

版权所有，侵权必究。举报：010-62782989，beiqinquan@tup.tsinghua.edu.cn。

图书在版编目(CIP)数据

汽车悬架和转向系统设计/王霄锋编著. —北京：清华大学出版社，2015(2024.3重印)
(清华大学汽车工程系列教材)
ISBN 978-7-302-39486-0

Ⅰ. ①汽… Ⅱ. ①王… Ⅲ. ①汽车—车悬架—系统设计—高等学校—教材 ②汽车—转向装置—系统设计—高等学校—教材 Ⅳ. ①U463.02

中国版本图书馆CIP数据核字(2015)第035964号

责任编辑：杨　倩　洪　英
封面设计：常雪影
责任校对：刘玉霞
责任印制：杨　艳

出版发行：清华大学出版社
网　　址：https://www.tup.com.cn, https://www.wqxuetang.com
地　　址：北京清华大学学研大厦A座　　　邮　编：100084
社 总 机：010-83470000　　　　　　　　　邮　购：010-62786544
投稿与读者服务：010-62776969，c-service@tup.tsinghua.edu.cn
质量反馈：010-62772015，zhiliang@tup.tsinghua.edu.cn
印 装 者：三河市龙大印装有限公司
经　　销：全国新华书店
开　　本：185mm×260mm　　印　张：35.5　　字　数：864千字
版　　次：2015年12月第1版　　　　　　　　印　次：2024年3月第8次印刷
定　　价：99.80元

产品编号：055374-04

前言

汽车工业已经成为我国国民经济的支柱产业之一。随着我国汽车工业强调进行自主开发，汽车产品的设计、分析、试验技术等日益受到重视。汽车悬架和转向系统的设计属于汽车底盘设计的关键技术。作者从事汽车设计（主要是底盘设计）的学习、研究、试验、分析、教学、设计工作已有30多年，特别是最近几年参加了一些汽车车型的设计工作，对于汽车悬架和转向系统设计的理论、方法都加深了认识，有了一定的实际设计与分析经验。作者发现，虽然国内外已有不少涉及汽车悬架和转向系统设计的专著、教材，它们各有特点，但是还存在改进的必要。因此，作者决定编写本书。希望本书能够对读者比较全面、深入地学习、理解和掌握汽车悬架和转向系统设计的基本理论和方法提供帮助。

在本书的编写中，作者特别注意提供有关公式的推导过程，以培养车辆工程专业本科生、研究生和汽车工程师对于实际工程问题进行数学描述的能力，有利于提高他们创造性地解决实际工程问题的能力；由于汽车悬架和转向系统的现有结构、设计和经验数据对于实际设计工作具有非常重要的参考价值，尽可能包含了这些内容。书中提供了一些例题，基本上都是汽车悬架和转向系统设计的实例，以帮助读者更好地掌握有关理论和方法，从而在实际工作中予以应用。

本书旨在介绍汽车悬架和转向系统设计的基本理论和方法，同时尽可能贴近实际设计开发工作的需要。全书共21章，内容包括：汽车悬架系统概述；轮胎与车轮；汽车零部件的载荷及其强度的计算方法；乘坐舒适性与悬架的弹性特性；悬架中弹性元件的设计；乘坐舒适性与减振器的主要参数及尺寸的选择；转向系统设计；车轮定位参数概述；汽车操纵稳定性及其评价指标；悬架的侧倾中心、轮距变化和侧倾角刚度；车轮外倾角和主销内倾角的变化特性；车轮前束的变化特性；主销纵向偏移距和主销后倾角的变化特性；悬架的抗制动点头和抗加速仰头性能分析；悬架受力分析与强度计算；双横臂式独立悬架和整体式转向系统匹配设计的三维运动学分析方法；麦克弗森式独立悬架和齿轮齿条式转向系统的匹配设计；纵置钢板弹簧整体车桥和整体式转向系统匹配设计的三维运动学分析方法；多轴汽车转向系统设计；线性三自由度车辆操纵性模型的建立；汽车的中心操纵性试验及其模拟。

本书属于应用技术著作,也可以作为工科高等院校车辆工程专业的教材和汽车及相关行业工程技术人员的参考书。希望本书可以帮助读者更好地学习、理解和掌握汽车悬架和转向系统设计的基本理论和方法,特别是提高在实际工作中正确、有效地应用这些理论和方法的能力。

王霄锋
2015 年 9 月于清华园

目录

1 汽车悬架系统概述 ... 1
- 1.1 悬架的基本功能及设计要求 ... 1
- 1.2 汽车悬架系统设计的一般步骤 ... 3
- 1.3 非独立悬架 ... 4
- 1.4 复合式后悬架 ... 12
- 1.5 独立悬架 ... 14
  - 1.5.1 双横臂式悬架 ... 15
  - 1.5.2 麦克弗森式悬架 ... 19
  - 1.5.3 多连杆式悬架 ... 25
  - 1.5.4 双横梁式悬架（双驱动梁式悬架） ... 28
  - 1.5.5 单纵臂式和双纵臂式悬架 ... 30
  - 1.5.6 斜置单臂式后悬架 ... 32
- 1.6 平衡悬架 ... 35

2 轮胎与车轮 ... 36
- 2.1 对轮胎的要求 ... 36
  - 2.1.1 对轿车和轻型卡车轮胎的要求 ... 36
  - 2.1.2 对商用车轮胎的要求 ... 36
- 2.2 轮胎的设计 ... 37
  - 2.2.1 斜交轮胎 ... 37
  - 2.2.2 子午线轮胎 ... 37
- 2.3 轮胎的尺寸和标记 ... 38
  - 2.3.1 轿车轮胎的标记 ... 38
  - 2.3.2 轻型卡车轮胎的标记 ... 40
  - 2.3.3 轮胎尺寸 ... 41
  - 2.3.4 车轮外倾角的影响 ... 46
- 2.4 车轮 ... 46

2.4.1　轿车和轻型卡车的车轮 …………………………………………… 46
　　　2.4.2　中、重型商用车的车轮 ……………………………………………… 47
　2.5　轮胎的弹性特性 ………………………………………………………………… 47
　2.6　轮胎的不均匀性 ………………………………………………………………… 49
　2.7　轮胎的滚动阻力 ………………………………………………………………… 50
　2.8　轮胎的纵向滑动摩擦性能 ……………………………………………………… 52
　　　2.8.1　滑移率 ………………………………………………………………… 52
　　　2.8.2　摩擦系数 ……………………………………………………………… 52
　　　2.8.3　路面状况对摩擦系数的影响 ………………………………………… 53
　2.9　轮胎的侧偏特性 ………………………………………………………………… 55
　　　2.9.1　轮胎的侧偏角、侧向力和回正力矩 ………………………………… 55
　　　2.9.2　轮胎的侧向摩擦系数和滑移率 ……………………………………… 56
　　　2.9.3　在干燥路面上的轮胎侧偏特性 ……………………………………… 57
　　　2.9.4　对轮胎侧偏特性的影响因素 ………………………………………… 62
　　　2.9.5　汽车前、后轮胎的回正力矩所引起的力矩转向 …………………… 69
　2.10　轮胎模型——魔术公式 ……………………………………………………… 70
　　　2.10.1　Pacejka'89 魔术公式——轮胎纵向力的计算 …………………… 71
　　　2.10.2　Pacejka'89 魔术公式——轮胎侧向力的计算 …………………… 71
　　　2.10.3　Pacejka'89 魔术公式——轮胎回正力矩的计算 ………………… 73
　　　2.10.4　Pacejka'89 魔术公式——ADAMS 的 car 模块中的
　　　　　　　轮胎属性文件 ……………………………………………………… 75
　2.11　一些轮胎的侧偏特性和车轮外倾特性参数 ………………………………… 77

3　汽车零部件的载荷及其强度的计算方法 ………………………………………… 81
　3.1　概述 ……………………………………………………………………………… 81
　3.2　车轮与路面接触点处的作用力 ………………………………………………… 84
　　　3.2.1　最大垂直力工况 ……………………………………………………… 84
　　　3.2.2　最大侧向力工况 ……………………………………………………… 84
　　　3.2.3　最大制动力工况 ……………………………………………………… 86
　　　3.2.4　最大驱动力工况 ……………………………………………………… 87
　3.3　发动机转矩引起的载荷 ………………………………………………………… 87
　3.4　汽车零部件的强度计算 ………………………………………………………… 88
　3.5　汽车零部件的许用应力与安全系数 …………………………………………… 89
　　　3.5.1　静强度许用应力 ……………………………………………………… 89
　　　3.5.2　疲劳强度许用应力的估计 …………………………………………… 90
　　　3.5.3　材料的选择 …………………………………………………………… 95

4　乘坐舒适性与悬架的弹性特性 …………………………………………………… 102
　4.1　前、后悬架静挠度和动挠度的选择 …………………………………………… 102

  4.2 悬架的弹性特性 ……………………………………………………………… 105
  4.3 组合式悬架的弹性特性 ………………………………………………………… 109
  4.4 货车后悬架主、副簧的刚度分配 ……………………………………………… 112

5 悬架中弹性元件的设计 ……………………………………………………………… 116
  5.1 悬架中的弹性元件 ……………………………………………………………… 116
  5.2 钢板弹簧的设计和计算 ………………………………………………………… 118
    5.2.1 钢板弹簧主要参数和尺寸的确定 ……………………………………… 118
    5.2.2 钢板弹簧刚度的验算 …………………………………………………… 123
    5.2.3 钢板弹簧总成在自由状态下的弧高及曲率半径的计算 ……………… 124
    5.2.4 钢板弹簧总成组装后弧高的计算 ……………………………………… 127
    5.2.5 钢板弹簧强度的验算 …………………………………………………… 127
    5.2.6 少片钢板弹簧的结构特点 ……………………………………………… 129
    5.2.7 渐变刚度少片钢板弹簧的有限元分析 ………………………………… 130
  5.3 扭杆弹簧的设计和计算 ………………………………………………………… 134
  5.4 螺旋弹簧的设计和计算 ………………………………………………………… 137
  5.5 空气弹簧和油气弹簧 …………………………………………………………… 139
    5.5.1 空气弹簧 ………………………………………………………………… 139
    5.5.2 油气弹簧 ………………………………………………………………… 141

6 乘坐舒适性与减振器的主要参数及尺寸的选择 ………………………………… 150
  6.1 概述 ……………………………………………………………………………… 150
  6.2 减振器的类型 …………………………………………………………………… 150
    6.2.1 双筒式减振器 …………………………………………………………… 150
    6.2.2 充气的单筒式减振器 …………………………………………………… 154
  6.3 减振器主要性能参数的选择 …………………………………………………… 157
    6.3.1 相对阻尼系数 ψ 的选择 ………………………………………………… 158
    6.3.2 减振器阻尼系数 δ_a 的确定 …………………………………………… 158
    6.3.3 最大卸荷力 F_0 的确定 ………………………………………………… 160
    6.3.4 减振器主要尺寸的选择 ………………………………………………… 160

7 转向系统设计 ………………………………………………………………………… 161
  7.1 概述 ……………………………………………………………………………… 161
  7.2 机械转向器 ……………………………………………………………………… 163
    7.2.1 齿轮齿条式转向器 ……………………………………………………… 163
    7.2.2 整体式转向器 …………………………………………………………… 167
  7.3 转向系统的主要性能参数 ……………………………………………………… 169
    7.3.1 转向系统的角传动比 …………………………………………………… 169
    7.3.2 转向系统的转矩传动比 ………………………………………………… 170

7.4 转向器的效率 η_{SG} ································· 170
   7.4.1 转向器的正效率 η_{SG+} ···················· 170
   7.4.2 转向器的逆效率 η_{SG-} ···················· 171
   7.4.3 影响转向器效率的因素 ················· 171
7.5 动力转向系统概述 ······························ 172
   7.5.1 动力转向系统的优点与缺点 ············ 173
   7.5.2 动力转向系统的主要性能要求 ·········· 174
7.6 整体式动力转向器 ······························ 174
   7.6.1 整体式动力转向器的工作原理 ·········· 177
   7.6.2 对动力助力系统工作过程的基本理解 ··· 181
   7.6.3 转阀的特性曲线 ························· 181
7.7 齿轮齿条式动力转向器 ························ 182
7.8 转阀特性曲线的计算 ··························· 185
7.9 动力转向泵 ······································ 187
   7.9.1 对动力转向泵的要求 ···················· 187
   7.9.2 动力转向泵的低速工作模式 ············ 190
   7.9.3 动力转向泵的流量控制状态 ············ 190
   7.9.4 动力转向泵的限压状态 ················· 191
   7.9.5 动力转向泵的特性曲线 ················· 193
   7.9.6 动力转向泵的安装 ······················ 195
7.10 动力转向油罐 ·································· 195
   7.10.1 动力转向油罐的功能 ··················· 195
   7.10.2 动力转向油罐的类型 ··················· 195
   7.10.3 动力转向油罐的设计指南 ·············· 195
7.11 动力转向油管 ·································· 196
   7.11.1 动力转向油管的功能 ··················· 197
   7.11.2 动力转向油管在车辆上的安装 ········· 199
7.12 转向器角传动比的变化规律 ················· 200
7.13 转向梯形设计 ·································· 203
   7.13.1 两轴汽车转向时理想的内、外前轮转角关系 ··· 203
   7.13.2 整体式转向梯形机构的设计和校核 ···· 204
   7.13.3 轮胎侧偏角对转向时内、外前轮转角之间理想关系的影响 ··· 206
7.14 汽车内、外前轮转角关系的试验研究 ······ 208
   7.14.1 试验方法 ································ 208
   7.14.2 试验数据分析 ·························· 210
7.15 动力转向系统的参数设计 ···················· 213
   7.15.1 停车转向阻力矩 ························ 213
   7.15.2 整体式动力转向器的输出力矩要求 ···· 213

7.15.3　整体式动力转向器的活塞面积与对动力转向泵限压压力的
　　　　　　要求 …………………………………………………………………… 213
　　　7.15.4　整体式动力转向器要求的流量和对动力转向泵的流量要求 …… 214
　　　7.15.5　动力助力失效时的转向力分析 …………………………………… 214
　7.16　汽车转向传动机构元件 …………………………………………………… 215
　7.17　汽车转向系统的摩擦特性 ………………………………………………… 218
　　　7.17.1　整体式转向器的摩擦特性 ………………………………………… 218
　　　7.17.2　齿轮齿条式转向器的摩擦特性 …………………………………… 221
　7.18　整体式转向器的刚度试验 ………………………………………………… 222
　7.19　可变转向力转向系统 ……………………………………………………… 223
　　　7.19.1　概述 …………………………………………………………………… 223
　　　7.19.2　流量调节动力转向泵 ………………………………………………… 225
　　　7.19.3　液压作用式可变转向力转向系统 …………………………………… 228
　　　7.19.4　电磁作用式可变转向力转向系统 …………………………………… 229
　　　7.19.5　电动液压动力转向系统 ……………………………………………… 231
　　　7.19.6　电动转向系统 ………………………………………………………… 235

8　车轮定位参数概述 …………………………………………………………… 239
　8.1　车轮定位参数 ………………………………………………………………… 239
　8.2　车轮外倾角 …………………………………………………………………… 241
　8.3　主销后倾角 …………………………………………………………………… 241
　8.4　主销内倾角 …………………………………………………………………… 245
　8.5　主销偏移距 …………………………………………………………………… 246
　8.6　前束 …………………………………………………………………………… 247
　8.7　车轮定位参数的变化 ………………………………………………………… 249

9　汽车操纵稳定性及其评价指标 ……………………………………………… 250
　9.1　不足转向度的定义 …………………………………………………………… 250
　9.2　引起车辆不足转向的原因 …………………………………………………… 251
　9.3　线性假设 ……………………………………………………………………… 252
　9.4　线性三自由度车辆操纵性模型及模型参数 ………………………………… 253
　　　9.4.1　车身侧倾的影响 ……………………………………………………… 254
　　　9.4.2　轮胎力的影响 ………………………………………………………… 255
　　　9.4.3　轮胎回正力矩的影响 ………………………………………………… 256
　　　9.4.4　车辆重量分布和轮胎侧偏刚度的影响 ……………………………… 257
　　　9.4.5　刚体车身回正力矩转向 ……………………………………………… 258
　　　9.4.6　侧倾角刚度的测量 …………………………………………………… 258
　　　9.4.7　制动转向 ……………………………………………………………… 258
　9.5　不足转向度 K 的计算 ……………………………………………………… 259

9.5.1　前桥转向柔度 D_f 的分析 ······ 261
　　9.5.2　后桥转向柔度 D_r 的分析 ······ 263
　　9.5.3　车辆不足转向影响的叠加 ······ 265
9.6　汽车对前轮转角阶跃输入的响应和常用操纵稳定性评价指标 ······ 268
9.7　不足转向度 K、前桥转向柔度 D_f 和后桥转向柔度 D_r 对汽车瞬态响应的影响 ······ 271
9.8　轿车动力学参数的统计结果 ······ 273
　　9.8.1　质量和惯量特性 ······ 273
　　9.8.2　悬架的 K 特性和 C 特性参数 ······ 276
　　9.8.3　汽车操纵稳定性指标的统计范围 ······ 277

10　悬架的侧倾中心、轮距变化和侧倾角刚度 ······ 280

10.1　悬架的侧倾中心与车身的侧倾轴线 ······ 280
10.2　独立悬架的侧倾中心与轮距变化 ······ 281
10.3　独立悬架的侧倾角刚度 ······ 285
　　10.3.1　单横臂式独立悬架的侧倾角刚度 ······ 286
　　10.3.2　双横臂式独立悬架的侧倾角刚度 ······ 287
　　10.3.3　麦克弗森式（滑柱摆臂式）独立悬架的侧倾角刚度 ······ 289
10.4　非独立悬架的侧倾中心与侧倾角刚度 ······ 291
　　10.4.1　纵置钢板弹簧非独立悬架的侧倾中心 R 及其侧倾角刚度 ······ 291
　　10.4.2　其他一些非独立悬架的侧倾中心 ······ 293
10.5　拖臂扭转梁式悬架的侧倾中心 ······ 294
10.6　车身侧倾轴线的确定 ······ 295
10.7　侧倾角刚度在汽车前、后桥上的分配及其对汽车操纵稳定性的影响 ······ 296
10.8　横向稳定杆的设计 ······ 300

11　车轮外倾角和主销内倾角的变化特性 ······ 304

11.1　车轮外倾角的变化特性 ······ 304
　　11.1.1　车轮外倾角与汽车操纵稳定性 ······ 304
　　11.1.2　车轮外倾角的运动学变化 ······ 305
　　11.1.3　侧向力引起的车轮外倾角变化 ······ 309
11.2　主销内倾角、主销偏移距与车轮外倾角 ······ 309
　　11.2.1　主销内倾角和地面垂直支承力引起的主销回正力矩 ······ 310
　　11.2.2　主销内倾角、主销偏移距与制动力引起的主销力矩 ······ 310

12　车轮前束的变化特性 ······ 313

12.1　前束角的设定及偏航角的定义 ······ 313
12.2　利用作图法进行转向杆系与悬架的匹配设计——前束角变化特性的控制 ······ 320

    12.2.1 在前悬架是纵置钢板弹簧的汽车中转向纵拉杆的布置………… 320
    12.2.2 在采用双横臂式前悬架的汽车中的转向杆系布置………… 324
    12.2.3 在采用麦克弗森式前悬架的汽车中的转向杆系的布置………… 326
  12.3 前束角随着前轮上、下跳动的变化特性曲线………… 327
  12.4 车轮前、后运动时前束角的变化及其控制………… 328
  12.5 车身侧倾引起的车轮前束角变化………… 331
  12.6 侧向力引起的车轮前束角变化………… 335
  12.7 轮胎回正力矩引起的车轮前束角变化………… 338
  12.8 驱动对车轮前束角变化的影响………… 338

13 主销纵向偏移距和主销后倾角的变化特性………… 341
  13.1 主销后倾角及其公差………… 341
  13.2 主销后倾角、主销纵向偏移距和轮胎侧向拖距………… 342
  13.3 主销后倾角与汽车直线行驶稳定性………… 343
  13.4 汽车转向行驶时的前轴回正力矩分析………… 344
  13.5 前轮转向角所引起的主销内倾角、车轮外倾角和主销后倾角的变化特性………… 348
  13.6 车轮跳动引起的主销后倾角的变化………… 354
  13.7 转向角输入所引起的车身高度、车身侧倾角的变化………… 357

14 悬架的抗制动点头和抗加速仰头性能分析………… 360
  14.1 悬架的抗制动点头性能分析………… 360
  14.2 悬架的抗加速仰头性能分析………… 367

15 悬架受力分析与强度计算………… 370
  15.1 双横臂式独立悬架的受力分析………… 370
    15.1.1 车轮上只有垂直力 F_V 作用………… 370
    15.1.2 车轮仅受到侧向力 F_L 作用………… 373
    15.1.3 车轮上仅受制动力 F_B 作用………… 374
    15.1.4 车轮上仅受驱动力 F_A 作用………… 375
  15.2 麦克弗森式独立悬架的受力分析………… 375
    15.2.1 车轮上只有垂直力 F_V 作用………… 375
    15.2.2 车轮仅受到侧向力 F_L 作用………… 376
    15.2.3 车轮上仅受纵向力 F_A 作用………… 377
    15.2.4 车轮上仅受制动力 F_B 作用………… 377
  15.3 卡车平衡悬架的受力分析………… 377
    15.3.1 车轮上仅作用有垂直力时的卡车平衡悬架受力分析………… 380
    15.3.2 车轮反跳时平衡悬架的受力分析………… 383
    15.3.3 车轮上仅承受侧向力的平衡悬架受力分析………… 383

15.3.4　车轮上仅承受驱动力的平衡悬架受力分析 ………………………… 386
　　　15.3.5　车轮上仅承受制动力的平衡悬架受力分析 ………………………… 388

16　双横臂式独立悬架和整体式转向系统匹配设计的三维运动学分析方法 …………………………………………………………………… 391

16.1　双横臂式独立悬架和整体式转向系统的刚体运动学模型 ……………… 391
16.2　需要输入的数据 ……………………………………………………………… 392
16.3　确定在悬架和转向系统处于设计位置的参数 …………………………… 394
16.4　在车轮跳动过程中悬架和转向杆系的刚体运动学分析 ………………… 397
16.5　转向时前轴内轮转角 λ_i、外轮转角 λ_o 的计算 …………………………… 401
　　　16.5.1　车轮处于直线行驶位置时的有关参数计算 …………………………… 402
　　　16.5.2　汽车转向时前轴内轮转角 λ_i、外轮转角 λ_o 的计算 ………………… 406
16.6　汽车直线行驶的车轮跳动干涉转角 λ_b、轮距变化、主销后倾角
　　　变化和主销内倾角变化的计算 ……………………………………………… 410
16.7　转向连杆位置的优化设计 ………………………………………………… 415

17　麦克弗森式独立悬架和齿轮齿条式转向系统的匹配设计 ……… 417

17.1　麦克弗森式独立悬架和齿轮齿条式转向系统的刚体运动学模型 ……… 417
17.2　需要输入的数据 ……………………………………………………………… 420
17.3　悬架和转向系统处于设计位置时的参数计算 …………………………… 421
17.4　悬架压缩、伸张时悬架和转向系统的坐标转换矩阵 …………………… 424
17.5　转向时前轴内、外轮转角关系、转向系统角传动比的计算 …………… 426
17.6　悬架压缩、伸张所引起的车轮干涉转角 ………………………………… 429
17.7　转向连杆位置的优化设计 ………………………………………………… 432

18　纵置钢板弹簧整体车桥和整体式转向系统匹配设计的三维运动学分析方法 …………………………………………………………… 437

18.1　纵置钢板弹簧整体车桥和整体式转向系统的刚体运动学模型 ………… 437
18.2　需要输入的数据 ……………………………………………………………… 439
18.3　确定在悬架和转向系统处于设计位置的参数 …………………………… 439
18.4　转向时前轴内轮转角 λ_i、外轮转角 λ_o 和转向传动机构角
　　　传动比的计算 ………………………………………………………………… 442
18.5　汽车直线行驶时车轮跳动干涉转角 λ_b 的计算 ………………………… 445
18.6　转向连杆系统的优化设计 ………………………………………………… 448
　　　18.6.1　优化变量 …………………………………………………………………… 448
　　　18.6.2　优化目标函数 ……………………………………………………………… 448

19　多轴汽车转向系统设计 …………………………………………………… 451

19.1　三轴汽车双前桥转向 ……………………………………………………… 451
　　　19.1.1　三轴汽车双前桥转向的理想内、外轮转角关系 ……………………… 451

  19.1.2　三轴卡车双前桥转向机构及其运动学分析步骤 …………… 452
  19.1.3　双前桥转向的三轴卡车的前2桥内、外轮转角分析的坐标系 …… 453
  19.1.4　双前桥转向机构的三轴卡车的前2桥内、外轮转角计算 …… 454
19.2　三轴汽车单前桥转向 ……………………………………………… 460
19.3　四轴汽车双前桥转向 ……………………………………………… 463

20　线性三自由度车辆操纵性模型的建立 …………………………… 469
20.1　线性假设 …………………………………………………………… 469
20.2　线性三自由度车辆操纵性模型及模型参数 ………………………… 470
20.3　车辆模型的惯性分析 ……………………………………………… 471
20.4　模型的尺寸分析 …………………………………………………… 476
20.5　线性三自由度车辆操纵性模型的公式推导 ………………………… 477
  20.5.1　基本公式的推导 …………………………………………… 477
  20.5.2　前轴车轮垂直载荷的变化分析 ……………………………… 489
  20.5.3　后轴车轮垂直载荷的变化分析 ……………………………… 491
  20.5.4　对整车绕 Z 轴的合力矩 …………………………………… 492
  20.5.5　对悬上质量绕侧倾轴线的合力矩 …………………………… 494
  20.5.6　线性三自由度车辆操纵性模型的动力学方程 ……………… 495
  20.5.7　线性三自由度车辆操纵性模型动力学方程的求解 ………… 497
20.6　理想的前轮内、外轮转角关系随着车速的变化特性 ……………… 501
20.7　汽车动力学分析软件 ……………………………………………… 503
  20.7.1　Adams/Car 的子系统模板建立器 …………………………… 504
  20.7.2　Adams/Car 的标准接口 ……………………………………… 504

21　汽车的中心操纵性试验及其模拟 …………………………………… 509
21.1　中心操纵性试验及其目的 ………………………………………… 509
21.2　中心操纵性试验方法 ……………………………………………… 510
21.3　中心操纵性试验的数据处理 ……………………………………… 510
  21.3.1　转向盘转角-侧向加速度特性 ………………………………… 510
  21.3.2　转向盘转矩-侧向加速度特性 ………………………………… 512
  21.3.3　转向盘转矩-转向盘转角曲线 ………………………………… 513
  21.3.4　转向功梯度-侧向加速度特性曲线 …………………………… 514
21.4　多种汽车中心操纵性试验结果及其统计分析 ……………………… 517
  21.4.1　汽车中心操纵性试验结果的统计分析 ……………………… 517
  21.4.2　试验车的重量及其分布 ……………………………………… 518
  21.4.3　转向盘转角-侧向加速度特性曲线相关的评价参数 ………… 519
  21.4.4　转向盘转矩-侧向加速度特性曲线相关的评价参数 ………… 522
  21.4.5　转向盘转矩-转向盘转角特性曲线相关的评价参数 ………… 524
  21.4.6　转向功梯度-侧向加速度特性曲线相关的评价参数 ………… 525

  21.4.7 一些典型轿车的中心操纵性试验评价参数…………………… 526
21.5 汽车转向系统的性能评价试验………………………………………… 527
  21.5.1 期望的转向系统性能…………………………………………… 527
  21.5.2 可变转向力转向系统的作用…………………………………… 528
21.6 汽车的中心操纵性模拟………………………………………………… 530
  21.6.1 汽车中心操纵性模拟的模型…………………………………… 530
  21.6.2 汽车的线性三自由度操纵性模型……………………………… 530
  21.6.3 汽车的转向系统模型…………………………………………… 531
  21.6.4 汽车转向系统参数变化对中心操纵性的影响………………… 538
21.7 转向中间传动轴的设计问题…………………………………………… 541
  21.7.1 单个十字轴式万向节的运动学特性…………………………… 542
  21.7.2 双十字轴万向节的应用………………………………………… 544
  21.7.3 有利于汽车中心操纵性的转向中间传动轴设计……………… 546

参考文献 ………………………………………………………………………… 550

1 汽车悬架系统概述

1.1 悬架的基本功能及设计要求

悬架是现代汽车上的一个重要总成,它把车架(或车身)与车轴(或车轮)弹性地连接起来。其主要任务是在车轮和车架(或车身)之间传递所有的力和力矩,缓和由路面不平传给车架(或车身)的冲击载荷,衰减由此引起的承载系统的振动,隔离来自地面、轮胎输入的噪声,控制车轮的运动规律,以保证汽车具有需要的乘坐舒适性(平顺性)和操纵稳定性。图 1-1 和图 1-2 分别示出一种轿车和一种货车的前悬架。

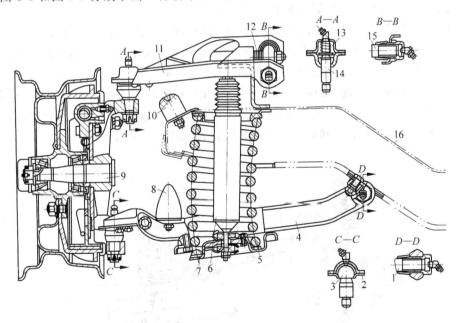

图 1-1 红旗 CA7560 轿车的双横臂式独立悬架(前悬架)

1—下横臂轴;2—垫片;3—下球头销;4—下横臂;5—螺旋弹簧;6—筒式减振器;7—橡胶垫圈;8—下缓冲块;9—转向节;10—上缓冲块;11—上横臂;12—调整垫片;13—弹簧;14—上球头销;15—上横臂轴;16—车架横梁

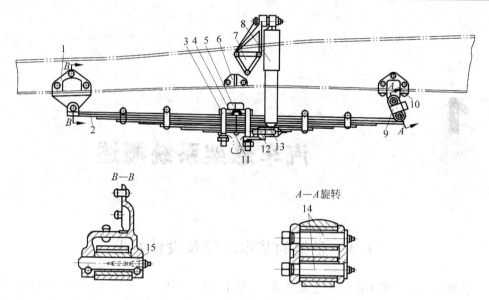

图 1-2　解放 CA1091 货车的前钢板弹簧悬架

1—钢板弹簧前支架；2—前钢板弹簧；3—U 形螺栓；4—前板簧盖板；5—缓冲块；6—限位块；
7—减振器上支架；8—减振器；9—吊耳；10—吊耳支架；11—中心螺栓；12—减振器下支架；
13—减振器连接销；14—板簧吊耳销；15—钢板弹簧销

汽车悬架设计应该满足如下要求。

（1）保证汽车具有良好的行驶平顺性（乘坐舒适性）。使悬架具有合适的刚度，以保证汽车具有合适的偏频；具有合适的减振性能（有合适的阻尼特性），能与悬架的弹性特性相匹配，减小车身和车轮在共振区的振幅，快速地衰减振动；悬下质量小。

（2）保证汽车具有良好的操纵稳定性。使汽车具有一定的不足转向特性；转向时，具有合适的车身侧倾角。在车轮跳动时，使车轮的定位参数具有合适的变化规律。在前轴，这个任务一般需要悬架和转向杆系来共同完成，如图 1-3 所示。

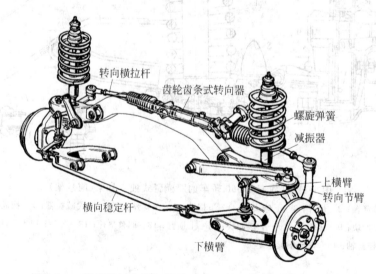

图 1-3　一种雷诺轿车的双横臂式独立悬架和齿轮齿条式转向器

（3）汽车制动和加速时应保证车身具有较小的俯仰角位移。
（4）保证具有尽可能小的内摩擦，具有良好的隔离来自地面、轮胎输入噪声的性能。
（5）保证车轮具有适当的姿态及其变化特性，减小轮胎磨损。
（6）结构紧凑，占据空间小。
（7）能够可靠地传递车架（车身）与车轮之间的所有力和力矩。零部件质量轻，并且具有足够的强度、刚度和寿命。
（8）制造、维护成本低。

如图1-1～图1-3所示，悬架主要由弹性元件、导向机构（钢板弹簧或控制臂、控制杆等）、减振器、缓冲块（限位块）和横向稳定杆组成。

为了进一步提高汽车的行驶性能，更好地控制汽车车身的姿态，减小侧倾和纵倾，研制了主动悬架、半主动悬架。但是，由于成本、对燃油经济性的不利影响等原因，它们尚没有得到广泛应用。

1.2　汽车悬架系统设计的一般步骤

悬架设计主要是为了满足汽车行驶平顺性和操纵稳定性的要求。汽车悬架设计的一般步骤如下。

（1）确定涉及汽车平顺性和操纵稳定性的性能参数，包括：偏频（乘坐频率，单位是 Hz）；相对阻尼系数；侧倾度（侧倾角与侧向加速度的比值，单位是 $(°)/g$ 或 $(°)/(m/s^2)$）；转向时内、外侧车轮上的载荷转移；不足转向度（前、后桥侧偏角之差与侧向加速度的比值，单位是 $(°)/g$ 或 $(°)/(m/s^2)$）、抗制动点头率/加速仰头率等。需要从汽车总体设计得到如下设计输入：轴距、轮距、前桥载荷和后桥载荷；悬上质量和悬下质量；质心高度等。

（2）根据上述参数对悬架系统进行设计，确定如下设计参数：弹簧刚度、减振器的阻尼系数、侧倾中心高度、车轮定位参数、轮胎侧偏刚度等。

（3）计算悬架静挠度，检验偏频是否满足要求。

（4）计算悬架的侧倾角刚度、稳态转向的侧倾角和侧倾度、稳态转向时在左、右车轮上的载荷转移。

（5）计算要求横向稳定杆提供的侧倾角刚度。

（6）计算汽车稳态转向的不足转向度，包括计算如下参数：侧倾（引起的）外倾系数、侧倾（引起的）转向系数、侧向力和回正力矩（引起的）转向系数、侧向力和回正力矩（引起的）外倾系数、不足转向度。

（7）对悬架的弹性元件、减振器进行设计和强度、刚度校核。

（8）对悬架导向机构进行受力分析，对其零件进行强度、刚度校核。

（9）对横向稳定杆进行设计和强度、刚度校核。

（10）制造样机，并且对其进行试验。根据试验结果，对悬架设计参数进行最后的调整。

1.3 非独立悬架

汽车的悬架可以分成两大类：非独立悬架和独立悬架。非独立悬架的特点是，同一个车桥上的左、右车轮安装在同一根整体车轴上，该刚性车轴通过悬架（导向机构和弹性元件）与车架（或车身）相连，如图1-4所示。图1-4示出一种采用纵置钢板弹簧的非独立前悬架，其左、右前轮通过转向节和主销安装在一根工字梁整体式前轴上，该前轴通过钢板弹簧安装在车架上。图1-5所示为一种采用纵置钢板弹簧的非独立后悬架。在货车以及基于货车底盘的其他商用车上几乎都采用这类悬架。

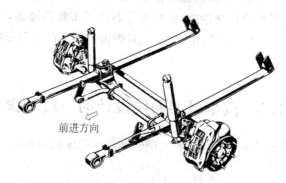

图1-4 一种采用纵置钢板弹簧的非独立前悬架

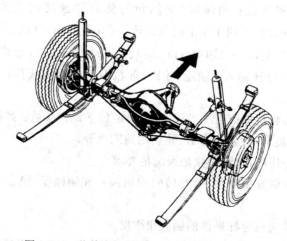

图1-5 一种采用纵置钢板弹簧的非独立后悬架

图1-6示出一种越野车的整体后桥非独立悬架，其两个纵臂2的后端焊接在后桥壳上，纵臂的前端通过橡胶衬套3安装在车身上。该橡胶衬套允许后桥具有前后方向的弹性，以隔离由滚动的子午线轮胎所引起的振动和噪声，防止其传递到车身。这两个纵臂2承受驱动力、制动力及其引起的转矩。侧向力由潘哈德（Panhard）杆4承受。弹性元件是螺旋弹簧。

图1-7示出一种轿车的整体后桥非独立悬架，与图1-6所示的悬架相比，它是从动桥，每个纵臂的后端都通过两个橡胶衬套安装在后桥横梁（圆管截面）上。

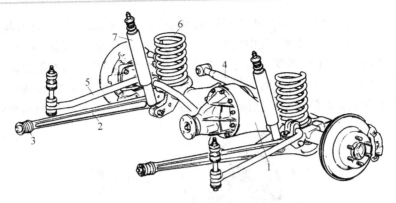

图1-6 三菱帕杰罗(Pajero)越野车的整体后桥非独立悬架(纵臂和潘哈德杆)
1—驱动桥壳；2—纵臂；3—纵臂橡胶衬套；4—潘哈德杆；5—横向稳定杆；6—螺旋弹簧；7—减振器

图1-7 一种轿车的整体后桥悬架(纵臂和潘哈德杆)

图1-8示出一种奥迪100的整体式后桥悬架系统,其整体式后桥的截面是倒U形的,具有较低的扭转刚度,允许两侧车轮进行比较自由的上、下交错运动。横向稳定杆安装在倒U形截面的后桥内,以调节后桥的扭转刚度。两个纵臂7的后端焊接在整体后桥上,用零件5予以加强。每个纵臂前端都通过橡胶衬套与车身相连,用来允许车轮进行前后移动,以隔离子午线轮胎滚动引起的振动和噪声。这两个纵臂也用来承受制动引起的转矩。潘哈德杆1用来承受侧向力,潘哈德杆安装在支座3上,而支座3固结在车身上。支座4也安装在车身上。在支座3和支座4之间安装了一个横向传力杆2,把来自潘哈德杆的侧向力的一部分传递到支座4。潘哈德杆布置在后桥后方,以获得侧向力不足转向的特性。

图1-9示出一种称为"欧米加"的整体后桥悬架。该后桥的截面是个倒U形,使其扭转刚度较低,以允许两侧车轮进行相对上、下跳动。两个斜置纵臂的后端铰接在后桥上,其前端通过橡胶衬套安装在车身上,以保证一定的纵向刚度,隔离由子午线轮胎滚动引起

的振动和噪声。两纵臂的倾斜角用来产生有利于不足转向的、由侧向力引起的轴转向。在这种后桥的中间有一个支点,其中装有衬套,其前后方向的刚度很低,上下方向、左右方向的刚度较高,该支点主要承受侧向力和垂直力,该垂直力用来平衡车轮制动力引起的转矩。两个纵臂的前端铰点、后桥的中间铰点大致处于同一个前后位置,构成后桥整体的摆动轴线。由于螺旋弹簧位于车轮之前,其刚度较大,有利于获得较大的侧倾角刚度。

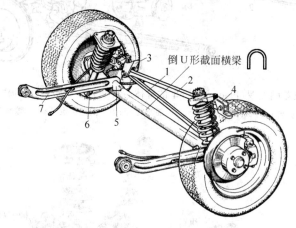

图1-8　一种奥迪100轿车的整体式后桥悬架系统
1—潘哈德杆；2—横向传力杆；3,4—支座；5—加强件；6—弹簧和减振器；7—纵臂

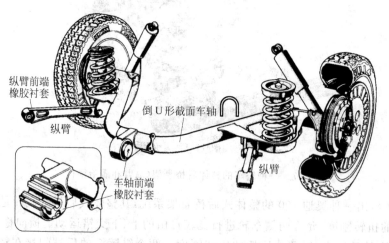

图1-9　Lancia Y10轿车和菲亚特熊猫(Fiat Panda)轿车的"欧米加"式整体后桥悬架

如果在整体式后桥中的纵臂是铰接在后桥上的,则需要有构件来限制后桥绕其轴线的转动,这种转动是由制动力或驱动力引起的。图1-10示出一种四连杆式整体后桥悬架,其两个下纵臂铰接在后桥上,两个斜置的上推力杆铰接在主减速器壳上。这两个斜置上推力杆用来承受侧向力,下纵臂和上推力杆共同承受纵向力。

图1-11示出一种法国雷诺轿车采用的整体式后桥悬架,其两个下纵臂的后端铰接在整体后桥上,用来承受纵向力；两个纵臂的两端分别固结在横向稳定杆上；在后桥中部高处铰接一个A形纵向控制臂,用来承受侧向力和纵向力。

1 汽车悬架系统概述 7

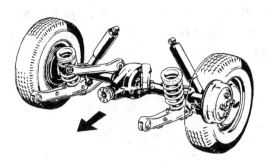

图 1-10 一种四连杆式整体后桥悬架
（福特 Taunus）

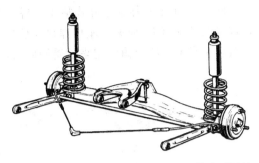

图 1-11 一种法国雷诺轿车采用的整体式后桥悬架——两个下纵臂和一个 A 形上纵臂

图 1-12 示出一种纵臂和 V 形杆式整体车桥悬架，其弹性元件是空气弹簧。下纵臂和后桥上方的 V 形杆用来承受纵向力；V 形杆同时还用来承受侧向力。

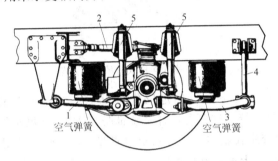

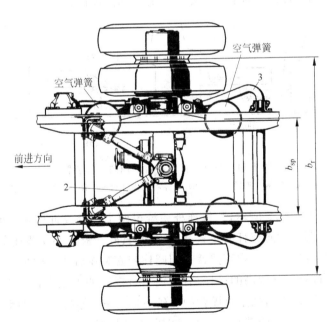

图 1-12 一种采用空气弹簧的货车后悬架
1,2—悬架导向机构的控制杆（2 也称为 V 形杆）；3—横向稳定杆；4—横向稳定杆在车架上的安装机构；5—减振器；b_{sp}—弹簧之间的横向距离；b_r—轮距

图 1-13 示出一种五连杆式整体后桥悬架,其两个下纵臂铰接在后桥上,两个上推力杆铰接在其支座上,而该支座也焊接在后桥壳上。潘哈德杆的右端铰接在后桥壳上,左端铰接在车身上。潘哈德杆用来承受侧向力,下纵臂和上推力杆共同承受纵向力。

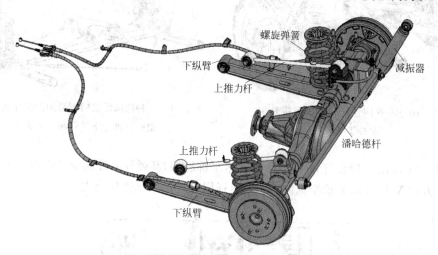

图 1-13 一种五连杆式整体后桥悬架

图 1-14 示出两种整体式后桥的侧向定位装置,即瓦特(Watt)连杆系统和斯科特-鲁赛尔(Scott-Russell)连杆系统。这两种连杆系统都是在 18—19 世纪发明的,当时用在蒸汽机中。这两种连杆系统用在整体式后桥悬架中能够比较准确地控制车身和车桥的侧向运动,其在这方面的特性优于具有潘哈德杆的悬架和四连杆式悬架。

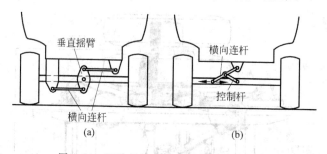

图 1-14 两种整体式后桥的侧向定位装置
(a) 瓦特(Watt)连杆系统;(b) 斯科特-鲁赛尔(Scott-Russell)连杆系统

如图 1-14(a)和图 1-15 所示,瓦特连杆系统由两个相等或近似相等的横向连杆和一个垂直摇臂组成。两个横向连杆的布置高度不同,其外侧铰点都安装在车身结构上,而内侧铰点都安装在垂直摇臂上。垂直摇臂利用圆柱铰安装在后桥的中央。当车桥相对于车身上、下跳动时,右侧连杆(较高的连杆)力图把垂直摇臂的上铰点向外侧(向右)拉,而左侧连杆(较低的连杆)也力图把垂直摇臂的下铰点向外侧(向左)拉,因而垂直摇臂将随着车身上、下跳动而发生不大的转动。在两个横向连杆长度相等时,垂直摇臂的中心只能严格地进行垂直的上、下运动。以这种方式对车桥提供了所需要的相对于车身的侧向运动控制,而驱动力、制动力都由两个纵向杆承受。制动力引起的转矩由传动轴的万向节和传动轴的轴管承受。

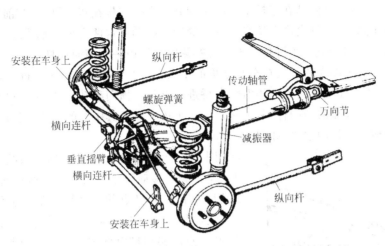

图 1-15 采用瓦特连杆系统控制车身侧向运动的整体式后桥

图 1-14(b)和图 1-16(a)为斯科特-鲁赛尔连杆系统。这种连杆系统连接左、右车轮的是一个整体式扭转梁，其横截面为倒扣的 U 形（见图 1-16），扭转刚度较低，能允许两侧车轮比较自由地进行上、下交错运动（见图 1-16(b)）；其在垂直、水平方向的抗弯曲刚度较

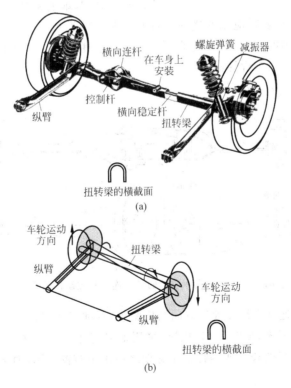

图 1-16 采用斯科特-鲁赛尔连杆系统的整体式后桥
(a) 悬架结构；(b) 两侧车轮上、下交错运动时的扭转工况

大，能减小车轮前束和车轮外倾角的变化。安装在扭转梁中的扭杆可用来调节扭转梁的扭转刚度，其两端分别固结在车桥上。两个钢制的纵臂焊接在扭转梁上，其前端通过橡胶衬套安装在车身上，并且允许车桥发生一定的侧向移动。这两个纵臂承受纵向力、制动力以及制动力引起的转矩。车桥相对于车身的侧向位置由一个横向连杆和一个控制杆来控制。横向连杆的一端大致铰接在车身结构的中央，其另外一端铰接在车桥上靠近一端的位置上，在该铰点允许横向连杆相对于车桥进行有限的横向移动。斯科特-鲁赛尔连杆系统中还包括一个较短的控制杆，其一端铰接在车桥上靠近其中央的位置，另外一端大致铰接在较长的横向连杆的中央，如图 1-14(b)所示。

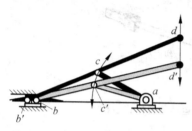

图 1-17 示出斯科特-鲁赛尔连杆系统控制车桥相对于车身侧向移动的原理图。人们通过研究发现，只要满足如下条件，d 点的运动轨迹基本上就是一条垂直直线，即：①$ac:bc=bc:cd$；②每个铰点都可以转动；③a 点的移动自由度被约束；④铰点 b 具有侧向移动自由度。其中，bd 是横向连杆；ac 是控制杆；d 是横向连杆在车身上的铰点；b 是横向连杆在车桥上的铰点；a 是控制杆在车桥上的铰点；c 是控制杆在横向连杆上的铰点。因而，在车轮相对于车身进行上、下跳动时，车桥基本上相对于车身进行垂直运动。

图 1-17 斯科特-鲁赛尔连杆系统控制车桥相对于车身侧向移动的原理图

图 1-18 示出一种实际应用的横向连杆和控制杆的设计。从图 1-18 中可以看出，横向连杆具有较好的刚度，衬套 K 的垂直刚度与水平刚度之比为 10∶1，以此来允许横向连杆在该铰点产生相对于车桥的横向位移。

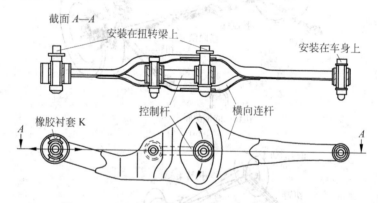

图 1-18 一种实际应用的横向连杆和控制杆的设计

斯科特-鲁赛尔连杆系统在前后方向结构紧凑，有利于整车布置。与平行连杆立柱式悬架（麦克弗森式后悬架，见图 1-45）相比，采用斯科特-鲁赛尔连杆系统能够允许增大轴距，而不影响车身本身的长度或牺牲位于悬架之后用于布置备胎、消声器的空间。除此之外，还可以缩短后悬。

图 1-19 所示悬架中潘哈德杆所表现出的缺点包括：①在车轮相对于车身上、下跳动时，会引起车轴相对于车身的横向移动；②潘哈德杆是个二力杆，汽车转向行驶时，潘哈

德杆相对于地面有一个倾角,其传递的力有一个垂直分量,会引起向一个方向转向时车身升高,而向另外一个方向转向时车身降低。缺点①不利于汽车直线行驶的方向稳定性;缺点②会引起向不同方向转向的性能有差异。采用瓦特连杆系统或斯科特—鲁赛尔连杆系统代替潘哈德杆可以克服上述这两个缺点。

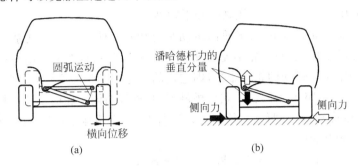

图 1-19 车轮相对于车身跳动时潘哈德杆所表现出的缺点
(a) 引起车轴相对于车身的横向移动;(b) 引起车身升高或降低

图 1-20 是阿斯顿·马丁轿车的 de Dion 后悬架,其采用断开式驱动桥,主减速器和差速器安装在车身上,以减小悬下质量;采用具有两个十字轴万向节的传动轴;两侧车轮用一根弯曲的钢管刚性连接在一起;采用瓦特连杆系统控制车身的侧向运动并承受侧向力,其垂直摇臂利用圆柱铰装在该钢管中央;两个铰接在该钢管上的相互平行的纵臂用来承受纵向力;两个螺旋弹簧支承在该钢管上。

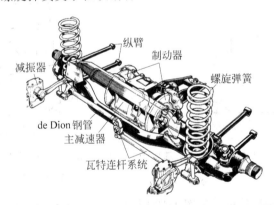

图 1-20 阿斯顿·马丁轿车的 de Dion 后悬架

非独立悬架的主要优点如下。

(1) 在汽车行驶过程中,除了前轮的前束以外,其他车轮定位参数可以得到很好的保持,而且不必要求车架的前部具有很大的刚度,而采用独立悬架的汽车一般有此要求。因此,商用车车架的前部刚度允许适当降低,而这有利于减小由于道路冲击所引起的通过板簧传递的载荷。前轮前束的变化是由悬架与转向杆系的干涉决定的。通过适当地进行转向杆系与悬架的匹配设计,可以有效地控制前轮前束的变化特性。

(2) 轮胎的磨损最小,这首先是因为即使在车身侧倾时车轮仍然保持与地面垂直;另外,当两侧车轮同步上、下跳动时,轮距仍然保持不变。应该指出,轮胎寿命的延长对于降低商用车辆的运营成本是很重要的。

(3) 结构简单、结实,磨损件最少,使得其最初购置成本以及维修、保养成本都低。

(4) 无论空载还是满载,采用这种非独立悬架的车辆的离地间隙都保持不变。

非独立悬架的主要缺点如下。

(1) 悬下质量较大,不利于提高行驶平顺性。

(2) 同一根车桥上的左、右车轮的运动是有相互影响的。非独立悬架中的"非独立"是指同一根车桥上的左、右车轮不能单独运动。图 1-21 示意性地给出在坑洼路面上行驶时非独立悬架中车轮运动的相互影响,即它们的车轮外倾角的变化总是相同的。但是,在图 1-8、图 1-9、图 1-16 所示的整体式后桥悬架中,连接两侧车轮的整体后桥的截面都是倒 U 形,其扭转刚度较低,其两侧车轮都可以进行上、下交错运动(见图 1-16(b)),减小了两侧车轮运动的相互影响。

(3) 非独立悬架用于前悬架上易发生摆振现象。

(4) 在刚性整体式车桥上方需要留出与悬架极限压缩量(车轮极限上跳位移)相同的空间。如果是前桥,则不利于降低发动机的高度。

(5) 在是驱动桥时(见图 1-5、图 1-6、图 1-10、图 1-12、图 1-13、图 1-15),传动轴传递到驱动桥的转矩会使该车桥左、右车轮上的载荷发生变化,考虑到差速器的转矩分配特性,这会影响驱动力的发挥;传动轴的反作用转矩施加在悬上质量(车架、车身等)上(见图 1-22),会引起其发生侧倾。这可能引起向不同方向转向时汽车具有不同的不足转向特性。

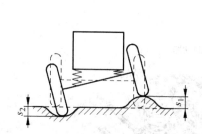

图 1-21 在坑洼路面上行驶时非独立悬架中的车轮的运动情况

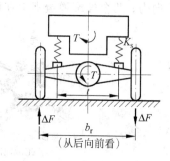

图 1-22 后驱动桥及车身承受传动轴反作用转矩 T 的情况

(6) 悬架的侧倾刚度较低。如图 1-12 所示,弹簧之间的横向距离 b_{sp} 明显小于轮距 b_r (b_{sp} 一般约为 b_r 的一半),造成悬架的侧倾刚度较低,使转向时车身侧倾角较大。图 1-12 是一种货车的后悬架,其车桥上采用双轮胎,使弹簧之间的横向距离 b_{sp} 明显小于轮距 b_r。前桥都是采用单轮胎(见图 1-4),但是板簧的布置要考虑前轮的转向角,所以两侧弹簧之间的距离也大约是轮距的一半。

1.4 复合式后悬架

图 1-23 示出一种法国雷诺轿车采用的拖臂扭转梁式后悬架,它属于复合式悬架。一个 V 形截面的横梁 10 的两端分别固结在左、右拖臂上,其弯曲刚度较大,而扭转刚度较

低,能允许左、右车轮进行上、下交错运动。该V形截面的横梁还起到横向稳定杆的作用。该悬架的特点是具有两个扭杆弹簧4和两个扭杆弹簧8,其前方扭杆弹簧4的直径为20.8mm,后方扭杆弹簧8的直径为23.4mm。扭杆弹簧8的外端通过花键13安装在拖臂1上,其内端安装在连接器12的花键中。当两侧车轮同步上、下跳动时,后方扭杆弹簧8对连接器12作用一个转矩,连接器12把这个转矩作用到两个扭杆弹簧4上,引起其扭转。扭杆弹簧4的外端通过花键11安装在支架7上,该支架也是拖臂1的转轴。扭杆弹簧4与拖臂1的转轴轴线相同。该支架通过4个螺栓固定在车身底板上。而当两侧车轮同步上、下跳动时,所有4个扭杆弹簧都受到扭转,保证后悬架具有适当的弹性特性和偏频;而当两侧车轮进行上、下交错运动时,仅有后方较粗的扭杆弹簧8和V形截面的横梁受到扭转。这样的设计可以保证该悬架具有较低的偏频和较高的侧倾角刚度。在该悬架中采用了直径较小的单筒充气式减振器9。

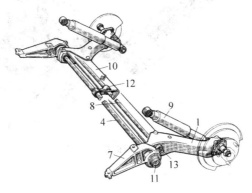

图1-23 一种法国雷诺轿车采用的拖臂扭转梁式后悬架
1—拖臂;4,8—扭杆弹簧;7—安装支架;9—减振器;
10—V形截面横梁;11,13—花键;12—连接器

图1-24示出大众高尔夫轿车的拖臂扭转梁式后悬架,与图1-23所示后悬架的不同点包括:①在V形截面的横梁中仅有一个类似于4的扭杆弹簧(见图1-23);②具有两个螺旋弹簧,它们决定了后悬架的偏频。汽车转向时,悬架的侧倾角刚度取决于V形截面梁的扭转刚度、扭杆弹簧的扭转刚度和两个螺旋弹簧的刚度。

扭转梁式悬架的优点包括:①结构简单,零件少;②悬架便于拆、装;③占据空间少;④弹簧、减振器安装方便;⑤悬下质量小;⑥在车轮同步跳动或交叉跳动时,几乎不产生前束和轮距变化;⑦侧向力引起的外倾角变化较小;⑧有利于减小制动时车尾的抬高。

扭转梁式悬架的缺点包括:①在侧向力作用下易发生有利于过多转向的悬架变形,需要采取专门的措施予以纠正;②横梁及其与纵臂的连接结构对悬架性能影响大,其设计比较复杂,一般需要利用有限元分析方法进行性能、强度、刚度分析;③焊缝处应力大,从而使得悬架的允许载荷受到强度的限制。

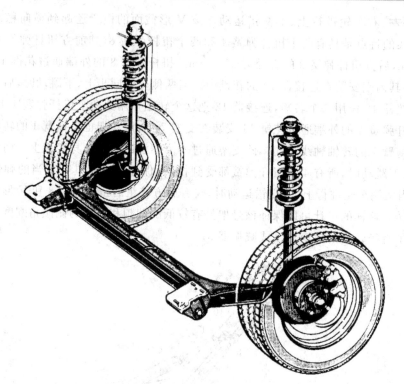

图 1-24 大众高尔夫轿车的拖臂扭转梁式后悬架

1.5 独立悬架

独立悬架的特点是同一个车桥上的各个车轮单独通过悬架与车架(或车身)相连。独立悬架的优点如下。

(1) 非簧载质量(悬下质量)较小,悬架受到的、并传给车身的冲击载荷小,能够使车轮与地面更好地保持接触。

(2) 弹性元件主要承受垂直力,因此可以采用刚度较小的弹簧,使车身—悬架系统的偏频降低,从而改善行驶的平顺性。

(3) 由于车桥的左、右车轮单独跳动,相互影响较小,因此可以减小车身的倾斜和振动。

(4) 有助于降低发生车轮摆振的可能性。

(5) 采用独立悬架后,取消了整根前轴,允许把发动机更向前布置,从而可以增大汽车中的乘客空间或缩短汽车总长,同时也有利于降低汽车的质心,提高行驶稳定性。

(6) 具有更好的抗侧倾性能。在采用独立悬架的情况下,通过适当地设计导向机构,即使采用较软的弹簧,也可以使其具有足够的抗侧倾能力。

(7) 通过适当地设计悬架的导向机构,可以更准确地控制车轮的运动轨迹。

但是独立悬架也有缺点,那就是结构复杂,成本高,维修不便。

独立悬架已经在现代轿车、轻型客车上得到了广泛应用。许多越野车也采用了独立悬架,这是因为独立悬架能够较好地保持车轮与路面的接触,提高离地间隙,改善通过性。

1.5.1 双横臂式悬架

双横臂式悬架是美国通用汽车公司在 20 世纪 30 年代最先引进的。图 1-1、图 1-3、图 1-25 示出几种双横臂式独立悬架。在这种独立悬架中,上、下横臂的内侧铰接在车身或车架结构上,形成它们摆动的转轴,而上、下横臂的外侧都安装一个球铰,转向节通过它们与上、下横臂相连,车轮安装在转向节上。

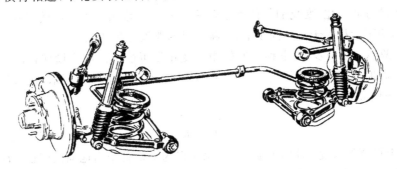

图 1-25 在一种阿尔法·罗密欧轿车上采用的双横臂式独立悬架

目前应用的双横臂式独立悬架都是不等长双横臂式独立悬架。这种悬架结构为获得良好的综合性能提供了广泛的可能性。如图 1-26 所示,只要适当地选择上、下横臂的长度、α、β、σ 等角度以及 c、d 等尺寸,就可以获得需要的侧倾中心位置和轮距、车轮定位参数等的有利变化规律,保证有良好的性能。应该指出的是,在图 1-26 这类分析图中都假定上、下横臂的内侧转动轴线平行于汽车的纵轴线。如果悬架的上述转动轴线是倾斜的,如图 1-27 所示,则需要首先确定它们的当量平行转动轴线。在图 1-27 中,当量的上、下平行转动轴线为 E_2、G_2。

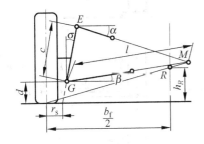

图 1-26 双横臂式独立悬架的关键几何参数

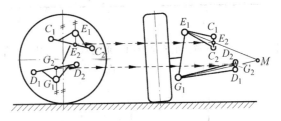

图 1-27 倾斜的上、下横臂转动轴线及其当量平行轴线

当从前往后看时,上、下横臂的相对长度和角度应该适当地进行确定,以满足以下要求。

(1) 当两侧车轮相对于车身同步上、下跳动时,使车轮外倾角的变化较小,以减小轮胎的磨损和获得良好的稳定直线行驶能力。

(2) 当汽车转向、车身发生侧倾时,尽可能避免使外侧车轮出现正的外倾角,使内侧车轮尽可能保持与地面垂直,这有利于操纵稳定性(获得更大的极限侧向力)。

应该指出的是,上述两个要求是相互矛盾的,即如果完全满足要求(1),则上、下横臂应该形成一个平行四边形,如图 1-28(a)所示;但是,当汽车转向,车身发生侧倾时,这样的设计会使外侧车轮的外倾角增加一个与车身侧倾角完全相同的正外倾角增量,如图 1-28(b)所示,这对于转向行驶性能是不可接受的。因此,一般需要在上述两个要求之间作适当的折中,解决的办法就是采用比较短的上横臂和比较长的下横臂,以使当车轮相对于车身向上跳动时车轮外倾角向负的方向变化,而当车轮相对于车身向下跳动时车轮外倾角向正的方向变化,变化的数值大小合适。图 1-29 示出不等长双横臂式悬架中车轮位置随着两侧车轮相对于车身同步上、下跳动时的典型变化情况。

(3) 使两侧车轮同步上、下跳动时轮距的变化尽可能小。而当横摆臂的长度随着其离开地面的高度而减小时,可以获得更小的轮距变化。如图 1-30 所示,在满足如下关系时,轮距的变化最小。

$$\frac{A}{B} = \frac{D}{C} \tag{1-1}$$

其中,A 为上横臂的长度;B 为下横臂的长度;C 为上横臂距离地面的高度;D 为下横臂距离地面的高度。但是,悬架压缩、伸张时,轮距变化小就意味着悬架的侧倾中心低,不利于减小转向时的侧倾角。因此,过小的轮距变化不一定总是有利的,有时需要有适当的轮距变化。

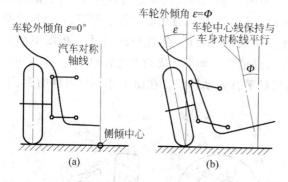

图 1-28 上、下横臂组成平行四边形的双横臂式独立悬架
(a) 直线行驶位置;(b) 转向行驶状态

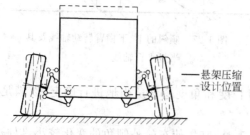

图 1-29 不等长双横臂式悬架中车轮位置随着两侧车轮同步上、下跳动的典型变化情况

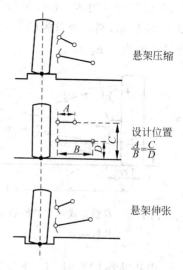

图 1-30 在不等长双横臂式悬架中获得尽可能小轮距变化的设计

需要指出的是,当上、下横臂与地面平行且形成平行四边形时,轮距随着车轮上、下跳动的变化也不大。其没有继续得到应用的主要原因是因为当汽车转向、车身发生侧倾时,车轮外倾角的变化过大,变化方向不利。

(4) 有利于整车布置。上横臂较短有利于增大发动机舱、乘员舱或货厢的宽度。而下横臂较长一般对发动机舱、乘员舱或货厢的有效宽度影响不大。

在双横臂式悬架中可以采用不同种类的弹性元件,例如螺旋弹簧、扭杆、橡胶圆锥弹簧、空气弹簧、油气弹簧等。弹簧和减振器大多安装在下横臂上,也有安装在上横臂上的,如图1-3所示的设计,其主要目的是给等速半轴(图1-3中没有示出)让出布置空间。但是,这种情况比较少见,因为弹簧上支座位置较高,可能会存在整车布置问题。

在现代汽车设计中,上、下横臂一般都通过橡胶衬套安装在车架、副车架或车身上的支座中。采用橡胶衬套的目的主要有两个,一个是隔离道路噪声,另一个是避免加注润滑剂的要求。广泛采用橡胶衬套在很大程度上消除了由于采用金属轴承所产生的静摩擦。如果存在较大的制造、装配误差或者在使用中没有适当进行润滑,这种静摩擦就可能比较大。如果摆臂转轴采用金属轴承,当在比较平整的路面上行驶时,路面输入位移幅度、力幅度较小,以致不足以克服这种静摩擦时,悬架就不会发生压缩或伸张,这相当于车身刚性地支撑在刚度较大的轮胎上。尽管轮胎可以对路面输入进行一定衰减,但是由于悬架系统不再起弹性系统的作用,来自轮胎的输入将直接通过金属构件传递到车身,引起比较明显的噪声。因此,这种静摩擦对于在比较平整的路面上行驶时的车身噪声影响最为明显。而在悬架中采用橡胶衬套则可以避免这种静摩擦。

在悬架中采用橡胶衬套还可以允许车轮进行有限的前、后运动(具有一定的水平柔度,horizontal compliance),以有效地吸收由轮胎(特别是子午线轮胎)滚动引起的振动和噪声。

图1-31示出日本本田公司在雅阁(Accord)轿车和先驱(Prelude)轿车上采用的双横臂式前悬架。其上横臂布置位置较高;纵向推力杆固结在下横臂上,通过前端的橡胶衬套安装在车身上,承受纵向力,同时允许车轮具有一定的前、后移动位移,以隔离子午线轮

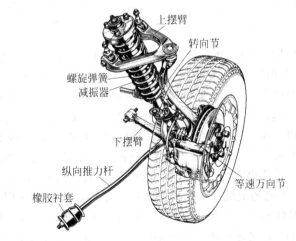

图1-31 日本本田公司在雅阁(Accord)轿车和先驱(Prelude)轿车上采用的双横臂式前悬架

胎滚动引起的振动和噪声；弹簧和减振器通过一个叉形的立柱支承在下横臂上，以让出等速万向节的布置空间，弹簧和减振器被包围在上横臂内侧，结构很紧凑；转向节与上、下横臂的球铰中心距离较远，有利于减小作用在上、下横臂上的力，从而有利于减小上、下横臂的弹性变形，得到更好的车轮位置控制。这种悬架具有较好的特性。

图1-32示出在德国大众轻型商用车Lt28～Lt35上采用的双横臂式前悬架。副车架通过4个螺栓从下面安装到车架上。上、下横臂、弹簧、减振器、限位块都安装在副车架上。横向稳定杆、转向器、转向连杆中的惰性臂、下横臂的纵向推力杆安装在车架上。纵向推力杆的前端具有橡胶衬套，允许车轮有限的前、后移动，以隔离子午线轮胎滚动引起的振动和噪声。

图1-33示出奔驰S级轿车的双横臂式前悬架。其上横臂的转动轴线明显地倾斜布置；螺旋弹簧和减振器都与下横臂相连，下横臂安装在副车架上，副车架通过4个橡胶衬套与车身相连，用来降低来自车桥的振动和噪声激励。循环球式液压动力转向器和转向连杆系统也安装在副车架上，其中4是惰性臂，2是中央连杆，1是转向减振器。

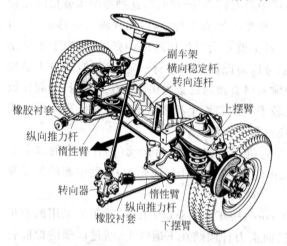

图1-32 在德国大众轻型商用车Lt28～Lt35上采用的双横臂式前悬架

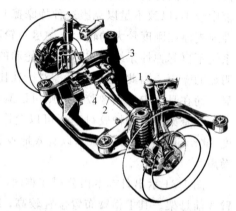

图1-33 奔驰S级轿车的双横臂式前悬架
1—转向减振器；2—中央连杆；
3—副车架；4—惰性臂

图1-34示出日本本田Civic轿车的双横臂式后悬架。后拖臂2和轮毂支架1固结在一起；7和11为两个下横臂，它们相距较远，以保证车轮位置的精确控制和防止不希望的前束角变化；3为橡胶衬套，主要承受纵向力，其在垂直方向的刚度很低，基本上不影响后拖臂2的垂直方向运动；6为上横臂；8为螺旋弹簧和减振器的组合，其在9处安装在下横臂7上。在制动时，橡胶衬套3发生纵向变形，使后拖臂2和轮毂支架1向后移动一段距离，同时使4点处向汽车内侧移动，产生一个正的前束角变化。当汽车转向时，外侧车轮相对于车身上跳，后拖臂2带动4点处上跳；由于在设计位置，下横臂11的内铰点低于外铰点4，所以4点处的上跳还伴随着一个向汽车内侧的移动，引起一个正的前束角变化，其是有利于不足转向的。当汽车转向时，内侧车轮相对于车身下跳，而后拖臂2带动4点处下跳，4点处的下跳还伴随着一个向汽车外侧的移动，引起一个负的前束角变化，其也有利于不足转向。

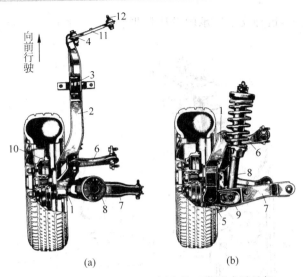

图 1-34 日本本田 Civic 轿车的双横臂式后悬架
(a) 俯视图；(b) 后视图

1—轮毂支架；2—后拖臂；3—橡胶衬套；4—下横臂 11 的外铰点；5—下横臂 7 的外铰点；6—上横臂；7—下横臂；8—螺旋弹簧和减振器组合；9—螺旋弹簧和减振器组合 8 在下横臂 7 上的安装铰点；10—制动鼓；11—下横臂；12—下横臂 11 的内球铰

1.5.2 麦克弗森式悬架

目前绝大部分轿车的前悬架都是麦克弗森式独立悬架（见图 1-35），其是双横臂式悬架的一种发展，即其上横臂被包含减振器和弹簧的立柱所取代。麦克弗森式悬架在轻型客车上已得到了比较广泛的应用。麦克弗森式悬架的发明者是曾任美国福特公司总工程师的 E. S. MacPherson。在 20 世纪 50 年代早期，麦克弗森式悬架最早在英国得到采用。从那以后，这种悬架得到了越来越广泛的应用。

图 1-35 示出一种现代麦克弗森式前悬架。其减振器活塞杆上端通过一个锥形的橡胶支座安装在车身上，它需要认真进行设计，以降低噪声和允许活塞杆上端进行转动。为了减小转向阻力，活塞杆上端往往通过一个止推轴承安装在橡胶支座上。在少数应用中，不采用上述止推轴承，仅通过扭转橡胶支座来实现转向。这种结构 方面使转向阻力有所增大，另一方面又有助于转向后的车轮回正。在麦克弗森式悬架中，主销轴线是活塞杆上端安装点与下横臂外侧球铰中心的连线，转向时转向节和车轮绕该轴线转动。11 为橡胶副簧；12 为防尘护套，以保护镀铬的减振器活塞杆 2；5 为横向稳定杆连杆，其两端都是球铰；7 为横向稳定杆。螺旋弹簧的轴线与减振器活塞杆轴线之间有一个夹角，目的是减小活塞杆与滑动轴承之间的压力和摩擦力。

图 1-36 示出德国大众高尔夫轿车麦克弗森式前悬架的活塞杆上端设计。该设计为了减小转向阻力，采用了止推轴承。为了减小振动和噪声向车身结构的传递，该设计还采用了橡胶衬套。图 1-36 中的右图给出了橡胶衬套沿减振器活塞杆轴线方向的力—变形特性的范围。当力 F 在 0～3kN 范围内时，其具有线弹性特性，刚度是个常数；在 3～7kN 范围（主要的工作范围）内时，其刚度是渐变的。由于弹簧力和减振器的阻尼力同时

作用在该橡胶衬套上,这种支承轴承的设计是非解耦的。5为车轮下跳的缓冲块。

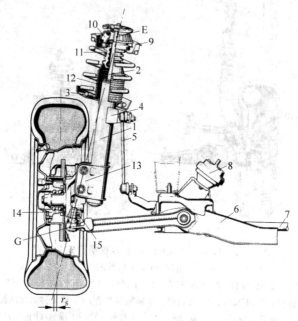

图1-35 德国欧宝轿车Vauxhall Carlton的麦克弗森式前悬架(后视图)
1—减振器外筒;2—减振器活塞杆;3—弹簧下支座;4—球铰支架;5—横向稳定杆连杆;6—副车架;7—横向稳定杆;8—发动机支座;9—弹簧上支座;10—橡胶支座;11—橡胶副簧;12—防尘护套;13—立柱安装套;14—轴承;15—固定螺栓;E—减振器活塞杆上铰点;G—转向节球铰点

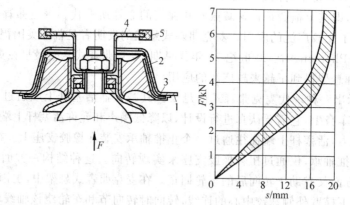

图1-36 德国大众高尔夫轿车麦克弗森式前悬架的活塞杆上端安装设计
1—车轮仓内板;2—橡胶层;3—钢板套;4—下跳缓冲块5的安装钢板套;5—车轮下跳缓冲块

如图1-37所示,在Lancia轿车的麦克弗森式前悬架的活塞杆上端安装设计中,橡胶衬套6用来承受螺旋弹簧力,橡胶衬套7(刚度较低)用来承受减振器的阻尼力。因此,这种活塞杆上端安装设计称为"解耦的"。

如图1-38所示的麦克弗森式悬架,随着车轮上、下跳动,减振器活塞杆12相对于其轴承衬套11产生相对滑动,由于活塞杆与该轴承之间存在较大的侧向力,所以会产生较大的摩擦力。这种摩擦力降低了悬架隔离噪声的性能。因此,在这种悬架中,减小上述摩擦力和保证活塞杆及其轴承的耐磨性是很重要的考虑因素。在早期的设计中,曾经采用粉末冶金活塞杆轴承,但是其引起的静摩擦过大。当汽车在比较粗糙的路面上低速行驶时,减振器活塞杆传递到车身的振动比较剧烈。现在,比较常用的减摩材料是聚四氟乙烯(polytetrafluoroethylene,PTFE),通常把其涂铺在活塞杆金属衬套的内表面,以减小摩擦力。这种材料也被应用在减振器活塞的导向轴承上。

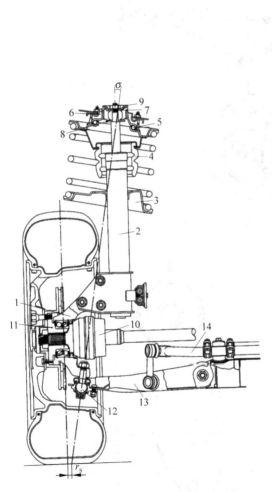

图 1-37 Lancia 轿车的麦克弗森式前悬架
1—转向节;2—减振器;3—弹簧下支座;4—橡胶副簧;5—轴承;6—橡胶衬套;7—低刚度橡胶衬套;8—挡圈;9—钢板套;10—等速万向节;11—轮毂;12—球铰;13—下横臂;14—横向稳定杆

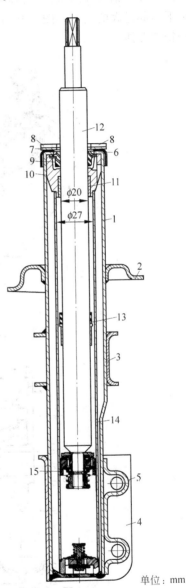

图 1-38 麦克弗森式悬架的减振器剖视图
1—减振器外筒;2—弹簧座;3—转向节臂安装件;4—安装板;5—安装环件;6—滚边;7—阻止盘;8—横向槽;9—油封;10—导管;11—减振器活塞杆轴承衬套;12—减振器活塞杆;13—车轮下跳限位块;14—减振器工作筒;15—减振器活塞

图 1-39 是最标准的麦克弗森式悬架设计。其横向稳定杆的外端通过橡胶衬套安装在下横臂中的孔中,同时,横向稳定杆还起到拖臂的作用,承受纵向力。下横臂主要承受侧向力。图 1-40 是其横向稳定杆外端在横摆臂中安装用的橡胶衬套设计。其把两个橡胶件 4 硫化到内管 1 和钢环 2 上。图 1-40 中的左下图给出横向稳定杆外端在下横臂中的装配情况。钢环 2 用来保证橡胶件 4 牢固地安装在悬架下横臂中,避免在垂直力 F_z 的作用下引起过大的变形。图 1-40 中的右下图给出了水平力 F_x 和垂直力 F_z 与相应变形之间的特性曲线。

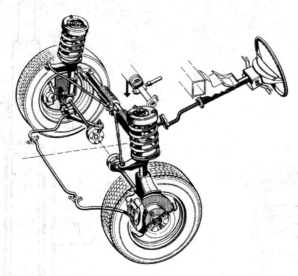

图 1-39 奥迪 100 轿车的麦克弗森式前悬架

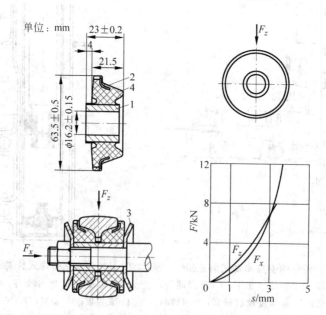

图 1-40 奥迪 100 轿车的麦克弗森式前悬架横向稳定杆外端在横摆臂中安装用的橡胶衬套设计
1—内管;2—钢环;3—挡圈;4—橡胶件

在图 1-39 中，由于齿轮齿条式转向器布置位置较高，采用中央输出方式，即转向横拉杆的内侧几乎从齿条的中央铰接，以控制车轮前束角随着车轮上下跳动而发生的变化。这种设计还采用了转向减振器。由于这种设计采用了纵置发动机，其半轴的长度相等。

图 1-41 示出德国奔驰 E 级轿车的麦克弗森式前悬架。其特点是弹簧直接支承在下横臂上，橡胶副簧安装在减振器活塞杆的上端。

在许多麦克弗森悬架中，下横臂都做成了 A 形，以前后两个铰点安装在车身或副车架上，如图 1-42 所示。其纵向力及侧向力都由该下横臂承受。

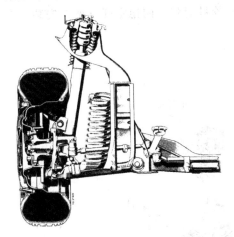

图 1-41 德国奔驰 E 级轿车的麦克弗森式前悬架

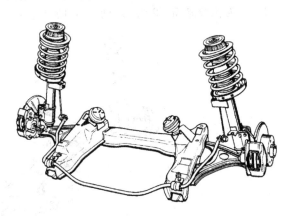

图 1-42 德国欧宝 Omega(Vauxhall Carlton)轿车的麦克弗森式前悬架

在图 1-43 所示的麦克弗森式悬架中，其下横臂的前铰点采用垂直衬套，具有较大的侧向刚度；其后铰点采用水平衬套，具有较小的侧向刚度。在这种悬架中，当车轮受到前、后方向干扰力的作用时，车轮会发生前、后移动，如图 1-44 所示。其中，下横臂绕侧向

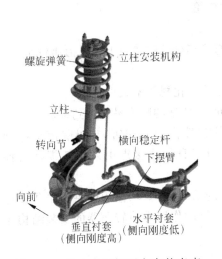

图 1-43 日本本田轻型卡车的麦克弗森式前悬架

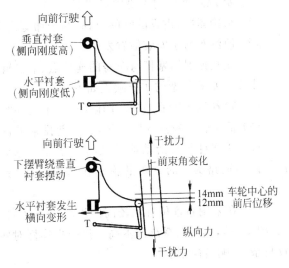

图 1-44 麦克弗森式悬架下横臂在前、后方向干扰力作用下所发生的变形

刚度较大的垂直衬套转动,而侧向刚度较低的水平衬套发生一定的侧向变形,从而引起车轮发生一定的前、后移动,以减少子午线轮胎滚动时所引起的噪声。转向拉杆的球铰 T、U 的位置应适当地设计,以避免在车轮前、后运动的同时发生不希望的前束角变化。

图 1-45 示出 Lancia Delta 轿车的麦克弗森式后悬架。其每侧悬架具有两个长度不等的横摆臂,其中前摆臂较短,后摆臂较长。它们在外端与转向节的铰点分别是 2 和 3。拖臂 1 与转向节的铰点 7 位于车轮中心线的后方。横向稳定杆 6 在转向节上的安装位置 4 也位于车轮中心线的后方。横向稳定杆 6 通过橡胶衬套和横向稳定杆支架 5 安装在车身上;9 为橡胶副簧;8 为防尘护套;10 为副车架。

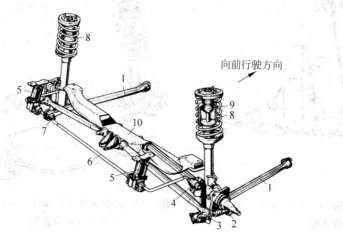

图 1-45 Lancia Delta 轿车的麦克弗森式后悬架
1—拖臂;2,3—后横摆臂与转向节的铰点;4—横向稳定杆安装点;5—横向稳定杆支架;
6—横向稳定杆;7—拖臂 1 与转向节的铰点;8—防尘护套;9—橡胶副簧;10—副车架

麦克弗森式悬架的主要优点如下。
(1) 结构紧凑,占据的空间小,有利于加宽发动机舱。
(2) 使汽车易于安装横置发动机。
(3) 在减振器活塞杆与车身的连接点、下横臂与副车架的铰接点上的受力比较小。

麦克弗森式悬架的主要缺点如下。
(1) 随着悬架压缩、伸张,侧倾中心、车轮外倾角的变化规律不太理想。
(2) 活塞杆上铰点支座位置高,离前排乘员较近,其传递的噪声易影响到乘员。
(3) 活塞杆与其滑动轴承之间的摩擦对悬架的弹性作用有妨害,难以隔离道路噪声。隔离道路噪声的主要措施是在减振器活塞杆与车身的连接点中采用解耦橡胶件(见图 1-37)。
(4) 在采用布置位置比较高的齿轮齿条转向器的情况下,要求采用中央输出式设计(见图 1-39),其转向系统成本高。该中央连杆对转向器的作用力使转向器的安装结构比较复杂,影响转向刚度。
(5) 前轴对轮胎的不平衡度和径向跳动比较敏感。

1.5.3 多连杆式悬架

属于多连杆式悬架的汽车悬架设计类型比较多,它们是双横臂式悬架的发展。

一个时期以来,许多汽车公司都放弃了双横臂式悬架,而采用麦克弗森式悬架。这主要是因为双横臂式悬架中的上横臂在整车布置中碰到了困难,特别是在采用横置发动机的汽车中,其对可以获得的发动机舱宽度具有不利影响。

但是,相对于麦克弗森式悬架,双横臂式悬架具有摩擦力小(麦克弗森式悬架的减振器活塞杆的摩擦力比较大)、悬架性能设计的可变性大的优点。鉴于上述优点,在20世纪80年代后期,一些悬架工程师,特别是日本工程师,开始对双横臂式悬架进行改进,以解决上述布置困难问题。本田和日产公司采用的解决办法是把其上摆臂的布置位置大大升高,使其高于车轮,并且部分位于车轮的上方。在本田公司的设计中(见图 1-31 和图 1-46),主销轴线仍然是传统的上、下横臂外端球铰中心的连线,仍然属于双横臂式悬架。而在日产公司的设计中(见图 1-47),则在上横臂与转向节之间增加了一个连接件。因此,日产公司的改进设计也称为多连杆式悬架。其连接件的上端与上横臂外端通过圆柱铰连接,其下端通过一个圆柱铰与转向节连接。该圆柱铰的轴线通过下横臂外侧的球铰中心(转向节通过该球铰与下横臂相连),该轴线就是主销轴线。在上述两种设计中,上横臂的转轴都是倾斜布置的,以使车轮在向上跳动时转向节的上端既向内侧移动,也稍向后方移动。在制动工况或车轮碰撞地面凸起物时,前轮相对于车身向上跳动,同时其还受到向后的水平力。在该水平力向后的作用下,因悬架下横臂具有一定的水平纵向柔度,转向节的下端球铰也会随着下横臂向后移动。在这种情况下,转向节上端向后的移动可以减小主销后倾角的变化。

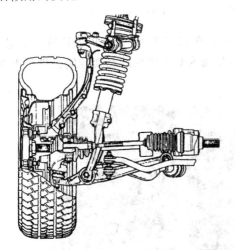

图 1-46 日本本田雅阁轿车的双横臂式前悬架(后视图)

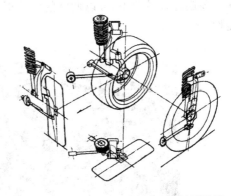

图 1-47 日本日产一种轿车(欧洲 NV 轿车)的多连杆式前悬架示意图

日产公司开发多连杆式前悬架的过程富有教育意义。日产公司一种轿车原来采用麦克弗森式悬架,发动机舱宽度较大。为了改进该车的乘坐舒适性和操纵稳定性,日产公司决定开发一种双横臂式悬架。如图 1-48(a)所示,如果采用常规的双横臂式悬架,其上横臂(虚线)将布置在发动机舱侧壁和车轮之间,但是在实车上没有足够的布置空间。如图1-48(a)、(b)所示,为了能够布置上横臂,需要把其布置位置明显抬高(实线位置),使之高于车轮。在双横臂式悬架中,主销轴线是上、下横臂外侧球铰中心的连线。如图1-48(b)所示,在上横臂长度保持不变的情况下,主销偏移距就会过大;而为了获得合适的主销偏移距,就需要缩短上横臂的长度。但是,当车轮上、下跳动时,这又会使车轮外倾角变化过大。为了既要上横臂高置,满足布置要求,又要保证获得适当的主销偏移距和适当的车轮外倾角变化特性,日产公司采用了如图1-48(c)所示的设计,其相对于传统的双横臂式悬架的主要结构变化是在转向节与上横臂之间增加了一个接近垂直布置的连接件。该连接件的上端通过一个圆柱铰与高置的上横臂外端相连,其下端通过另外一个圆柱铰与转向节上端相连,该圆柱铰的轴线通过下横臂外端的球铰中心,该轴线就是主销轴线。该主销轴线的布置自由度较大,可以比较容易地获得合适的主销后倾角和主销偏移距。上横臂内侧通过一个圆柱铰安装在车身上,其长度和方位可以保证获得适当的车轮外倾角变化特性。

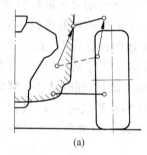
(a)
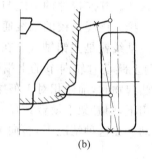
(b)
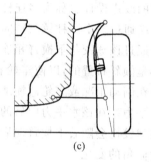
(c)

图1-48　日本日产公司多连杆式前悬架的开发

图1-49和图1-50分别示出德国大众帕萨特轿车和奥迪A4轿车的四连杆式前悬架。在这类多连杆式悬架中,可以调整的参数更多,从而为获得优异的悬架性能提供了更大的可能性。

图1-49　德国大众帕萨特轿车的四连杆式前悬架

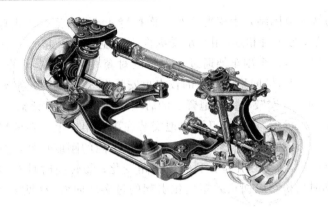

图 1-50　德国奥迪 A4 轿车的四连杆式前悬架

图 1-51 示出德国宝马 3 系列轿车的多连杆式后悬架（也称为中央连杆车轴，center link axle），其正在逐渐代替斜置单臂式独立悬架（见图 1-57）。该悬架在每一侧都有一个

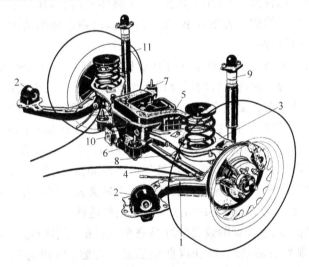

图 1-51　德国宝马 3 系列轿车的多连杆式后悬架

1—纵向拖臂（其与转向节固结）；2—橡胶衬套；3—上横臂；4—下横摆臂；5—副车架；6,7—副车架安装橡胶衬套；8—横向稳定杆；9—橡胶副簧；10—主减速器-差速器；11—螺旋弹簧

纵向拖臂1(其与转向节固结)、上横臂3和下横摆臂4。纵向拖臂1由球墨铸铁制造,其前端通过橡胶衬套2与车身相连,用来承受纵向力和制动力引起的转矩。上、下横臂3、4都安装在副车架5上,这个副车架通过4个橡胶衬套6和7安装在车身上。螺旋弹簧11支承在上横摆臂3上,横向稳定杆8的铰点也安装在3上。橡胶副簧9安装在减振器的顶端,而减振器的下端安装在纵向拖臂1的后端(在后轮中心线之后)。为了降低噪声,主减速器-差速器10通过3个安装点弹性地安装在副车架5上。在俯视图和后视图中,上、下横臂都是倾斜布置,橡胶衬套在不同方向具有不同的刚度特性,它们综合作用的结果是获得如下特性:①制动力引起有利的前束角变化;②转向时具有侧向力不足转向;③预防转向、制动时后桥车轮回正力矩变化引起的过多转向效应(见2.9.5节);④直线行驶稳定性加强。

1.5.4 双横梁式悬架(双驱动梁式悬架)

图1-52示出美国福特一种皮卡的双横梁式前悬架(ford pickup)。由于是独立悬架,所以这种汽车的质心比较低,侧倾中心较高(低于整体式前桥,而高于双横臂式悬架的侧倾中心),使得其转向时的侧倾力矩较小,在不需要横向稳定杆的情况下使车身侧倾角较小,具有较好的侧倾稳定性。

在这种悬架设计中利用大量的橡胶衬套来把乘坐噪声(ride harshness)控制在了很低的水平。这种悬架的几何特性特别适合在车架安装装置中采用低刚度(rate)的橡胶衬套。这是由于这种悬架安装位置之间的距离比较大,采用刚度较小的橡胶衬套不会引起过大的、不希望的转向效果。在这种前悬架中采用半径臂(radius arm,纵向布置)来承受纵向力,其橡胶衬套可以实现前桥向后退约15.75mm。在一定车轮垂直跳动的情况下,横梁摆动铰点的转动角度比对应双横臂式悬架的转动角度小得多,这是因为其横向的臂长要大得多。这使得这种悬架的橡胶衬套的寿命明显延长。螺旋弹簧通过一个天然橡胶垫圈安装在前桥上,进一步减小了噪声,改善了乘坐舒适性。

适当确定悬架横梁、半径臂的铰点位置是悬架设计的基本问题。确定这些位置的步骤包括:①确定控制臂转动轴线,以获得期望的悬架性能;②沿着这些轴线确定铰点的位置,同时满足安装约束条件。悬架的左、右横梁在结构上是不对称的。每个横梁的运动轴线都通过横梁铰点和半径臂铰点中心的连线,见图1-52(c)。左、右轴线相交于车辆中心线,以保证悬架左、右部分运动的对称性。可以看出,左、右横梁的铰点分别位于车轮轴线的前、后方。因此,这种悬架在性能上相当于斜置单臂式独立悬架。

双横梁式独立悬架还具有离地间隙变化较小的优点。如图1-53(a)所示,在采用整体式车桥的情况下,其离地间隙不随着车轮相对于车身的上跳而发生变化。在采用独立悬架的汽车中,一般都把主减速器—差速器安装在车架上,如图1-53(b)所示,其缺点是随着车轮上跳,主减速器壳的离地间隙减小。假设车轮相对于车身上跳的距离为J,则离地间隙减小的距离也是J。为了保证足够的离地间隙,可能需要增大设计位置的离地间隙。这又会增大差速器半轴齿轮轴线与车轮轴线之间的高度差,使得比较短的半轴的万向节夹角比较大,这就要求采用成本较高、结构比较复杂的等速万向节,而为了保证这种万向节的润滑又需要采用橡胶护套,其耐久性对于越野卡车设计者来说是一个担心的问题。

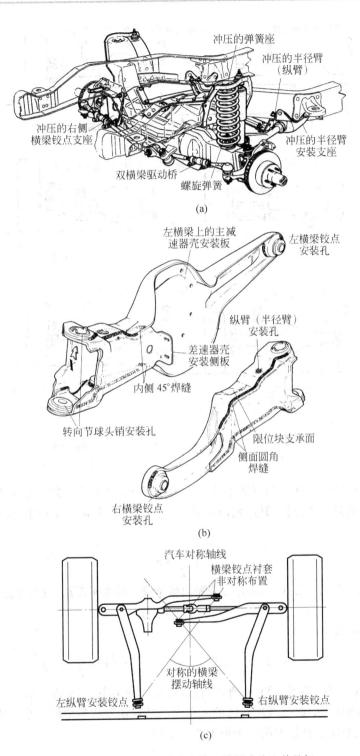

图 1-52 美国福特一种皮卡的双横梁式独立前悬架
(a) 悬架设计；(b) 左、右横梁；(c) 原理图

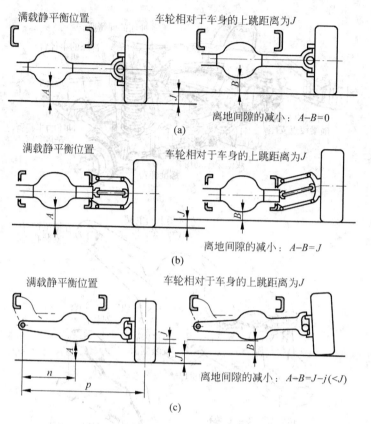

图 1-53 车轮相对于车身跳动时对离地间隙的影响
(a) 整体式车桥；(b) 双横臂式独立悬架；(c) 双横梁式独立悬架

如图 1-53(c)所示，在采用双横梁式悬架的情况下，把主减速器—差速器安装在一个横梁上。在满载静平衡位置，其离地间隙是 A。在车轮上跳距离为 J 时，其主减速器壳的上跳距离 j 为

$$j = \frac{J}{p} \cdot n \tag{1-2}$$

其中，p、n 分别为车轮中心线、主减速器壳距离横梁铰点的水平距离。这时的离地间隙 B 为

$$B = A - J + j \tag{1-3}$$

离地间隙的减小为

$$A - B = J - j = J - J \cdot \frac{n}{p} = J \cdot \left(1 - \frac{n}{p}\right) < J \tag{1-4}$$

如图 1-52(a)、(c)和图 1-53(c)所示，在双横梁式悬架中，n/p 约为 0.5。所以，当车轮相对于车身跳动时所引起的离地间隙的减小大约是双横臂式悬架的一半。这是福特公司在 4×4 皮卡上采用这种悬架的一个很重要的原因。

1.5.5　单纵臂式和双纵臂式悬架

图 1-54 示出德国奔驰 A 级轿车(1997 年)上采用的单纵臂式后悬架。其单纵臂 1 的

圆柱铰安装在副车架 6 上。两侧的副车架 6 用管横梁 5 固结在一起。该悬架还包括螺旋弹簧 2、减振器 3 和横向稳定杆 4 等零部件。

图 1-55 示出法国雷诺公司采用的一种紧凑的单纵臂式后悬架。两个扭杆弹簧 4 分别利用花键安装在导管 2、3 上。由于导管 2、3 和扭杆弹簧 4 都承受扭转应力，因此它们都对扭转刚度有贡献。两侧的铸铁单纵臂 1 分别焊接在导管 2、3 的外端。在导管 2、3 之间安装有扭转刚度较低的轴承 5、6。这两个轴承之间的距离足够远，可以防止在受力时发生过大的前束角和车轮外倾角的变化。导管 2、3 的外端安装在支架 7 的圆孔中，并可以在该孔中转动；而扭杆弹簧的外端固结在支架 7 上。横向稳定杆 8 在其每一端都通过一个 U 形件固结在单纵臂 1 上。轴承 5、6 也对后悬架侧倾角刚度有贡献。限位块安装在减振器 9 中。

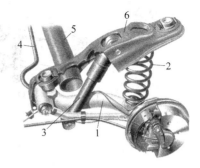

图 1-54 德国奔驰 A 级轿车（1997 年）上采用的单纵臂式后悬架

1—单纵臂；2—螺旋弹簧；3—减振器；4—横向稳定杆；5—管横梁；6—副车架

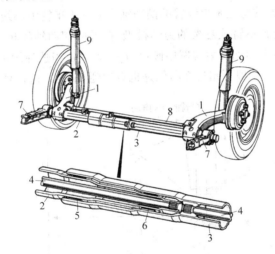

图 1-55 法国雷诺公司采用的一种紧凑的单纵臂式后悬架

1—单纵臂；2,3—扭杆弹簧安装导管；4—扭杆弹簧；5,6—扭转刚度较低的轴承；7—安装支架；8—横向稳定杆；9—减振器

在这种单纵臂式独立悬架中，当车轮跳动时其主销后倾角变化较大，故不宜用在前轮上。当车轮跳动时，车轮相对车身的外倾角和轮距基本上都不发生变化，车轮前束角的变化也很小，有利于减小轮罩尺寸、增大车内空间，对汽车直线行驶时减小轮胎磨损和保持行驶方向稳定性都有利。但是，这种悬架的侧倾中心低（位于地面上），转向时侧倾力矩较大，从而不利于减小车身侧倾角。在转向时，在侧向力的作用下，车轮的前束角的变化有利于过多转向；车轮外倾角的变化基本上等于车身侧倾角，其变化比较大，不利于操纵稳定性。但其结构简单，可用在后轮上。

图 1-56 示出一种双纵臂式独立前悬架，其两个纵摆臂 3 和 4 是等长的。当车轮跳动

时,可保持车轮定位参数不变,故适用于转向轮。这种悬架的其他性能与单纵臂式悬架基本相同。如果其横向刚度不足,则有产生摆振的可能。

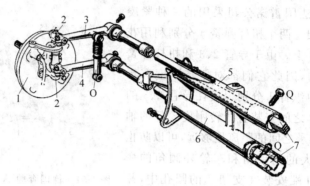

图 1-56 一种双纵臂式独立前悬架
1—制动底板;2—球铰;3,4—纵摆臂;5,6—管式横梁;7—扭杆弹簧片

1.5.6 斜置单臂式后悬架

上述单纵臂式悬架的特点是单纵臂的摆动轴线平行于车轮中心线,如图 1-54 和图 1-55 所示。图 1-57 示出斜置单臂式悬架的力学模型,摆臂的摆动轴线相对于车轮中心线是倾斜的,在俯视图中倾角为 α,而在后视图中倾角为 β。通过适当选择倾角 α、β 来满足对悬架性能的要求。其中,倾角 α 一般不超过 $20°$,但是也有达到 $26°$ 的。这种悬架都用作后悬架。

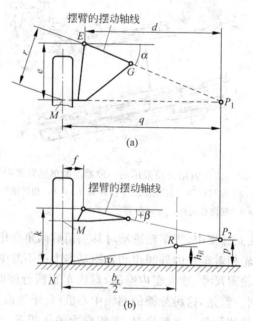

图 1-57 斜置单臂式悬架的力学模型
(a) 俯视图;(b) 后视图
α—在俯视图中斜置单臂的摆动轴线相对于车轮中心线的倾角;β—在后视图中斜置单臂的摆动轴线相对于车轮中心线的倾角;h_R—侧倾中心高度;R—侧倾中心;M—车轮中心;b_r—轮距

图 1-58 示出 Vauxhall Omega 轿车的斜置单臂式后悬架。其主减速器-差速器 7 利用螺栓固定在副车架 1 上。横向稳定杆的轴承 6 也安装在副车架 1 上。副车架 1 通过专门设计的橡胶轴承 2、3、4 安装在车身上。9 是悬架的螺旋弹簧座,位于车轮中心线之前。减振器 5 布置在车轮中心线之后。在其俯视图中,摆臂的摆动轴线倾斜角 $\alpha=10°$;在其后视图中,摆动轴线的倾斜角 $\beta=-1°20'$(见图 1-57)。在乘坐 2 人的情况下,车轮外倾角为 $-1°40'$;满载时,车轮外倾角为 $-2°45'$。车身侧倾中心的高度 h_R 为 100mm。

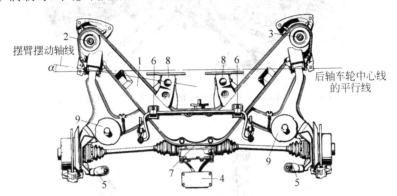

图 1-58 Vauxhall Omega 轿车的斜置单臂式后悬架
1—副车架;2、3、4—橡胶轴承;5—减振器;6—横向稳定杆支座;
7—主减速器-差速器;8—斜置单臂;9—螺旋弹簧座

图 1-59 示出美国福特公司格兰纳达(Granada)轿车的斜置单臂式独立后悬架。在其俯视图中,其摆臂的摆动轴线倾斜角 $\alpha=23°$。图 1-60 示出福特公司 Sierra 轿车的斜置单臂式后悬架,其摆动轴线倾斜角 $\alpha=18°$,它实际上是前者的改进型,即通过把 α 从 23°减小到 18°来改进汽车在动力接通/中断状态中的瞬态操纵性。

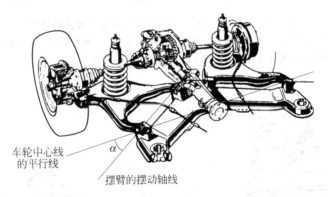

图 1-59 美国福特公司格兰纳达(Granada)轿车的斜置单臂式独立后悬架

图 1-61 示出德国宝马 5 系列轿车的斜置单臂式后悬架。图 1-62 示出德国大众 Transport 轿车的斜置单臂式后悬架,在其俯视图中具有较小的 α 角,在其后视图中具有负的 β 角。

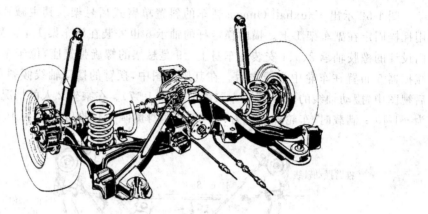

图 1-60 美国福特公司 Sierra 轿车的斜置单臂式后悬架

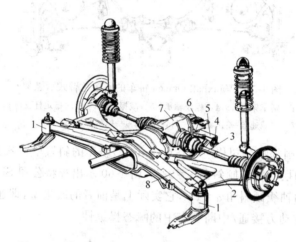

图 1-61 德国 BMW 5 系列轿车的斜置单臂式后悬架
1—车身支座；2—斜置单臂；3—副车架的安装支架；4—橡胶衬套；5—横向连杆；
6—车身安装橡胶衬套；7—主减速器-差速器；8—副车架

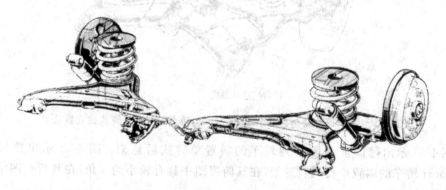

图 1-62 德国大众 Transport 轿车的斜置单臂式后悬架（具有较小的 α 角和负的 β 角）

1.6 平衡悬架

在三轴汽车的中、后桥上一般都采用平衡悬架,以保证在中、后桥的车轮上所作用的垂直力相等。图 1-63 示出一种导向杆式平衡悬架,其钢板弹簧安装在平衡轴上,一根上导向杆、两根下导向杆都通过球铰与车桥连接,而上导向杆的另外一端通过球铰与车架横梁相连,下导向杆的另外一端通过球铰安装在平衡轴的下部。钢板弹簧只承受垂直力和侧向力,其他的力和力矩由导向杆承受。当中、后桥发生上、下交错的运动时,钢板弹簧绕平衡轴旋转,导向杆控制车桥的运动。如果一个车轮因碰到凸起物而向上跳动的距离为 S,另外一个车轮还在平地上,则平衡轴(即车架)仅向上跳动 $S/2$,这是平衡悬架的一个优点。

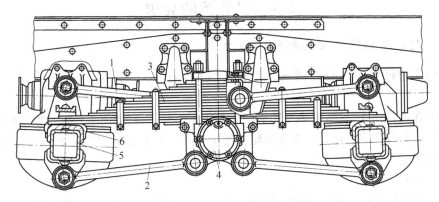

图 1-63 一种 6×4 货车的中、后桥的平衡悬架
1—上导向杆;2—下导向杆;3—钢板弹簧;4—平衡轴;5—驱动桥;6—钢板弹簧座

平衡悬架导向杆系的设计应满足如下要求:①如图 1-64(b)所示,悬架运动时钢板弹簧相对车桥的位移 $\Delta x'_{ab}$、Δx_{ab} 应尽可能的小,以减小两者之间的相互摩擦行程,从而减小其磨损。在一些悬架中,这些相对位移约为 2~4mm。②如图 1-64(a)所示,车桥的转角变化范围 $\Delta \gamma$ 应尽可能的小,以利于万向传动轴的工作寿命。③具有足够的强度和刚度。

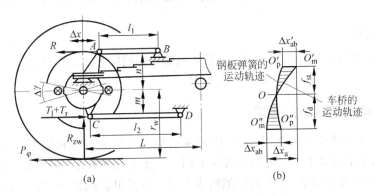

图 1-64 一种平衡悬架的力学分析模型

2 轮胎与车轮

2.1 对轮胎的要求

2.1.1 对轿车和轻型卡车轮胎的要求

对轿车和轻型卡车轮胎的要求主要包括如下内容。

（1）行驶安全性

为了保证行驶安全性，要求轮胎牢固地安装在轮辋上，这取决于轮胎与轮辋的接口设计。轮胎的密封性能良好。一般要求轮胎气压的降低率为每年25%～30%。因此，按照规定检查轮胎气压是很重要的。

（2）使用寿命

轮胎的使用寿命取决于其耐久性和高速强度。通常通过进行道路试验和台架试验来检验其是否满足要求。

（3）经济性

轮胎的经济性主要包括其购买价格、行驶里程、磨损形态和滚动阻力。轮胎的气压也对其经济性具有重要影响。

（4）舒适性

轮胎的舒适性主要取决于其良好的刚度和阻尼特性、均匀性、低噪声性能和低的停车转向阻力矩。

（5）操纵性

轮胎的操纵性主要包括如下内容：对转向输入的响应快速、没有滞后，具有良好的侧偏特性。

2.1.2 对商用车轮胎的要求

对商用车（各种卡车和中、大型客车等）轮胎的要求与对轿车和轻型卡车轮胎的要求基本相同，只是上述要求的优先顺序有所不同。对于商用车轮胎，在安全性要求之后，经济性是最主要的考虑因素，有关的性能要求包括：行驶里程远、磨损均匀、滚动阻力系数低、牵引性能好、质量小、可以安装防滑链、可以翻新。

与轿车轮胎相比，商用车轮胎的滚动阻力对油耗的影响比较大，这主要是因为商用车每年的平均行驶里程是轿车的10倍左右。

2.2 轮胎的设计

2.2.1 斜交轮胎

图 2-1(a) 所示为斜交轮胎的结构示意图,其胎体帘线方向与轮胎中心线的夹角一般在 20°~40°之间。图 2-2 所示为斜交轮胎的剖面图。目前,在轿车上通常不再采用斜交轮胎。但是,在某些道路条件很差的特殊场合,这种轮胎还有应用,这主要是因为其侧壁不易损坏。商用车的情况与此相类似。

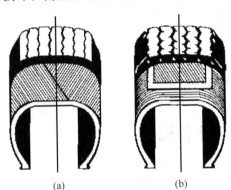

图 2-1 斜交轮胎和子午线轮胎的结构示意图
(a) 斜交轮胎;(b) 子午线轮胎

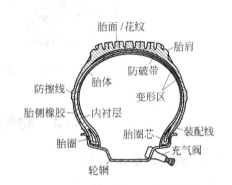

图 2-2 斜交轮胎的剖面图

目前,斜交轮胎的使用场合包括:①用作轿车的临时备胎,因为对其速度在 80km/h 或 100km/h 以下的耐久性要求比较低;②用作摩托车轮胎,因为轮胎在发出侧向力时的内倾角较大;③用作农用车辆轮胎,因为其速度较低。

2.2.2 子午线轮胎

图 2-1(b) 示出子午线轮胎的结构示意图,其胎体帘线方向与轮胎中心线的夹角一般在 85°~90°之间。图 2-3 所示为子午线轮胎的剖面图。有一个问题值得注意,那就是在子午线轮胎结构中具有环形钢带,其刚度较大,在轮胎滚动时会引起纵向振动。如果不加以隔离会引起车身中产生嗡嗡声(一种声音低沉单调的噪声),特别是在卵石路或其他比较差的道路表面上以不超过 80km/h 的车速行驶时。隔离这种振动和噪声的方法是使车轮具有一定的纵向弹性特性,这就对悬架的设计提出了要求。子午线轮胎的另外一个缺点是其侧壁较薄,比斜交轮胎更易于损坏。

与斜交轮胎相比,子午线轮胎具有如下优点:①行驶里程较长;②在同样质量时的承载能力更高;③滑水性能更好;④在湿路面上的制动性能更好;⑤在同样充气压力下可以发出更大的侧向力;⑥在公路上高速行驶时乘坐舒适性更好。无论是对轿车还是商用车,这些都是关键性的优点。因此,目前子午线轮胎是各种汽车使用的主要轮胎类型。

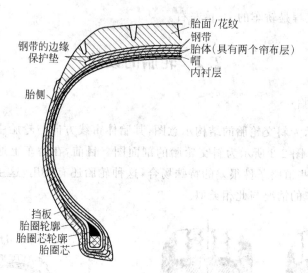

图 2-3 子午线轮胎的剖面图

2.3 轮胎的尺寸和标记

2.3.1 轿车轮胎的标记

图 2-4 示出欧洲采用的、对最高速度不超过 270km/h 的轿车轮胎的规格标记。轿车轮胎规格标记中包括如下内容。

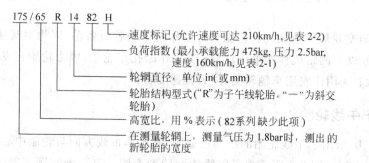

图 2-4 欧洲轿车轮胎的规格标记

(1) 轮胎宽度 B,mm：把新轮胎安装在测量轮辋上，在测量气压为 1.8bar 时所测出的轮胎宽度（见图 2-5）；

(2) 高宽比,%：高宽比为轮胎断面高度 H 与宽度 B（见图 2-5）的比值；

(3) 轮胎结构型式："R"表示子午线轮胎，"—"表示斜交轮胎；

(4) 轮辋直径,in：在图 2-5 中，d 为轮辋直径；

(5) 负荷指数：表示轮胎的垂直负荷能力，表 2-1 给出了轮胎的负荷指数与其相应的允许负荷；

(6) 速度标记：表 2-2 给出了速度标记与其相应的最高允许速度。

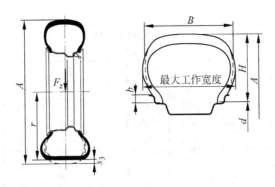

图 2-5 轿车轮胎的尺寸特征

A—轮胎自由直径；B—轮胎宽度；H—轮胎断面高；d—轮辋直径；s_3—轮胎变形；r—轮胎半径

表 2-1 轿车轮胎负荷指数及其相应的允许负荷

负荷指数 LI	轮胎承载能力/kg 轮胎气压/bar										
	1.5	1.6	1.7	1.8	1.9	2.0	2.1	2.2	2.3	2.4	2.5
69	215	225	240	250	260	270	285	295	305	315	325
70	225	235	245	260	270	280	290	300	315	325	335
71	230	240	255	265	275	290	300	310	325	335	345
72	235	250	260	275	285	295	310	320	330	345	355
73	245	255	270	280	295	305	315	330	340	355	365
74	250	260	275	290	300	315	325	340	350	365	375
75	255	270	285	300	310	325	335	350	360	375	387
76	265	280	295	310	320	335	350	360	375	385	400
77	275	290	305	315	330	345	360	370	385	400	412
78	280	295	310	325	340	355	370	385	400	410	425
79	290	305	320	335	350	365	380	395	410	425	437
80	300	315	330	345	360	375	390	405	420	435	450
81	305	325	340	355	370	385	400	415	430	445	462
82	315	330	350	365	380	395	415	430	445	460	475
83	325	340	360	375	390	405	425	440	455	470	487
84	330	350	365	385	400	420	435	450	470	485	500
85	340	360	380	395	415	430	450	465	480	500	515
86	350	370	390	410	425	445	460	480	495	515	530
87	360	380	400	420	440	455	475	490	510	525	545
88	370	390	410	430	450	470	485	505	525	540	560
89	385	405	425	445	465	485	505	525	545	560	580
90	400	420	440	460	480	500	520	540	560	580	600
91	410	430	450	475	495	515	535	555	575	595	615
92	420	440	465	485	505	525	550	570	590	610	630

续表

负荷指数 LI	轮胎承载能力/kg 轮胎气压/bar										
	1.5	1.6	1.7	1.8	1.9	2.0	2.1	2.2	2.3	2.4	2.5
93	430	455	475	500	520	545	565	585	610	630	650
94	445	470	490	515	540	560	585	605	625	650	670
95	460	485	505	530	555	575	600	625	645	670	690
96	470	495	520	545	570	595	620	640	665	685	710
97	485	510	535	560	585	610	635	660	685	705	730
98	500	525	550	575	600	625	650	675	700	725	750
99	515	540	570	595	620	650	675	700	725	750	775
100	530	560	590	615	640	670	695	720	750	775	800

注：1. 负荷指数 LI 适合于从速度符号 F 到速度符号 W 的所有轿车轮胎；

2. 表中的 LI 是速度 160km/h，与充气压力 2.5bar 对应的轮胎最小承载能力；

3. 当 LI>100 时，LI 每增大 1，最小承载能力增大 25kg（例如，LI=101 时，最小承载能力为 825kg；LI=102 时，最小承载能力为 850kg）。

表 2-2 轮胎速度标记与其相应的最高允许速度

速度标记	最高允许车速/(km/h)	速度标记	最高允许车速/(km/h)
F	80	T	190
M	130	H	210
P	150	V	240
Q	160	W	270
R	170	—	高于 210（老的标记 VR）
S	180	—	高于 240（老的标记 ZR）

注：对于 VR 轮胎，当车速在 210~220km/h 之间时，其承载能力降低到 90%；速度超过 220km/h 时，速度每增加 10km/h，其承载能力至少降低 5%。

老的轮胎标记有时还可以在一些轮胎上看到，如图 2-6 所示。

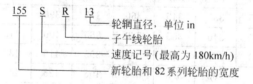

图 2-6 老的轮胎标记（示例）

在美国和欧洲以外其他国家制造的轮胎上可能会标记一个"P"，其代表轿车，例如 P 155/80 R 13 79 S。225/50 VR 16 是一直沿用到 1992 年，对车速超过 210km/h（或 240km/h）的轮胎的老标记，其中"V"是速度标记（最高速度为 210km/h），"R"表示是子午线轮胎。

2.3.2 轻型卡车轮胎的标记

轻型卡车轮胎一般相对于轿车轮胎有所加强，其允许采用更高的充气压力，从而承载能力也有所提高。表 2-3 示出用于轻型卡车轮胎的新、老标记。

表 2-3 用于轻型卡车轮胎的新、老标记

以前的标记	新 标 记
—	205/65 R 15 98 S
185 SR 14	185 R 14 90 S
185 SR 14 reinforced	185 R 14 94 R
185 R 14 C 6 PR	185 R 14 99/97 M
185 R 14 C 8 PR	185 R 14 102/100 M

2.3.3 轮胎尺寸

表 2-4 示出用于确定轮胎尺寸的重要数据,包括:①尺寸标记;②轮辋;③轮胎尺寸(宽度、新轮胎的外径、行驶中的最大外径);④静态滚动半径;⑤滚动周长(速度为 60km/h);⑥承载系数(负荷指数 LI,见表 2-1);⑦轮胎的承载能力(充气压力 2.5bar,速度最高 160km/h)。

表 2-4 用于确定轮胎尺寸的重要数据

尺寸标记	新轮胎尺寸				供应商的测量值					
	测量轮辋	截面宽度	外径	允许的轮辋	最大宽度	最大外径④	静态半径 ±2.0%	滚动周长 +1.5% -2.5%	负荷指数(LI)	承载能力⑤
155/65R 13	4.50B×13	157	532	4.00B×13① 4.50B×13① 5.00B×13① 5.50B×13①	158 164 169 174	540	244	1625	73	365
155/65R 14	4½J×14	157	558	4J×14② 4½J×14② 5J×14② 5½J×14②	158 164 169 174	566	257	1700	74	375
165/65R 13	5.00B×13	170	544	4.50B×13① 5.00B×13① 5.50B×13① 6.00B×13①,③	171 176 182 187	533	248	1660	76	400
165/65R 14	5J×14	170	570	4½J×14② 5J×14② 5½J×14② 6J×14	171 176 182 187	579	261	1740	78	425
175/65R 13	5.00B×13	177	558	5.00B×13① 5.50B×13① 6.00B×13①,③	184 189 194	567	254	1700	80	450
175/65R 14	5J×13	177	584	5J×14② 5½J×14② 6J×14	184 189 194	593	267	1780	82	475

续表

尺寸标记	新轮胎尺寸				供应商的测量值					
	测量轮辋	截面宽度	外径	允许的轮辋	最大宽度	最大外径①	静态半径 ±2.0%	滚动周长 +1.5% −2.5%	负荷指数(LI)	承载能力⑤
175/65R 15	5J×15	177	609	5J×15② 5½J×15② 6J×15	184 189 194	618	279	1855	83	487
185/65R 13	5.50B×14	189	570	5.50B×13① 5.50B×13① 6.00B×13①·③ 6½J×13	191 197 202 207	580	259	1740	84	500
185/65R 14	5½J×14	189	596	5J×14 5½J×14 6J×14 6½J×14	191 197 202 207	606	272	1820	86	530
185/65R 15	5½J×15	189	621	5J×15 5½J×15 6J×15 6½J×15	191 197 202 207	631	284	1895	88	560
195/65R 14	6J×14	201	610	5½J×14 6J×14 6½J×14 7J×14	204 209 215 220	620	277	1860	89	580
195/65R 15	6J×15	201	635	5½J×15 6J×15 6½J×15 7J×15	204 209 215 220	645	290	1935	91	615
205/65R 14	6J×14	209	622	5½J×14 6J×14 6½J×14 7J×14 7½J×14	212 217 222 227 233	633	282	1895	91	615
205/65R 15	6J×15	209	647	5½J×15 6J×15 6½J×15 7J×15 7½J×15	212 217 222 227 233	658	294	1975	94[6]	670
215/65R 15	6½J×15	221	661	6J×15 6½J×15 7J×15 7½J×15	225 230 235 240	672	300	2015	96[7]	710

续表

尺寸标记	新轮胎尺寸				供应商的测量值					承载能力⑤
	测量轮辋	截面宽度	外径	允许的轮辋	最大宽度	最大外径③	静态半径 ±2.0%	滚动周长 +1.5% -2.5%	负荷指数(LI)	
215/65R 16	6½J×16	221	686	6J×16 6½J×16 7J×16 7½J×16	225 230 235 240	697	312	2090	98	750
225/65R 15	6½J×15	228	673	6J×15 6½J×15 7J×15 7½J×15 8J×15	232 237 242 248 253	685	304	2055	99	775

注：① 除了带有识别字母"B"的轮辋以外，同尺寸、带有识别字母"J"的轮辋也可以使用。
② 除了带有识别字母"J"的轮辋以外，同尺寸、带有识别字母"B"的轮辋也可以使用。
③ 没有识别字母的轮辋根据 DIN 7824 第一部分来识别。
④ 具有 M+S 花纹的车轮外径可以比标准花纹大 1%。
⑤ 在充气压力为 2.5bar 时的最大承载能力，单位是 kg。
⑥ 加强型轮胎，充气压力为 3.0bar，承载能力为 750kg（LI 98）。
⑦ 加强型轮胎，充气压力为 3.0bar，承载能力为 800kg（LI 100）。

应该指出的是，表 2-1 所示承载能力是每个轮胎允许承受的最大载荷，其适合的最高车速为 210km/h。对于最高速度高于 210km/h 的轮胎，当速度高于 210km/h 时其承载能力有所降低，如表 2-5 所示。

表 2-5 汽车速度与轮胎承载能力

汽车的最高速度/(km/h)	轮胎承载能力/%		
	速度标记		ZR 轮胎
	V	W	
210	100	100	100
220	97	100	100
230	94	100	100
240	91	100	100
250	—	95	95
260	—	90	90
270	—	85	85
>270	—	—	*

* 由汽车制造厂确定。

由于车轮外倾角对轮胎的承载能力有一定的影响,故上述轮胎承载能力所适用的车轮外倾角不超过2°。如果车轮外倾角超过2°,则轮胎的承载能力要相应降低。

在表2-6中列出了部分国产汽车轮胎的规格、尺寸及使用条件。我国各种汽车的轮胎和轮辋的规格及其额定负荷可查阅相应的国家标准。轿车的轮胎规格详见国家标准《轿车轮胎》(GB 9743—2007);货车和客车的轮胎规格详见国家标准《载重汽车轮胎》(GB 9744—2007)。

表2-6 部分国产汽车轮胎的规格、尺寸及使用条件

轮胎规格	层数	主要尺寸/mm				使用条件			
		断面宽	外直径			最大负荷/N	相应气压(p)/10^{-1}MPa	标准轮辋	允许使用轮辋
			普通花纹	加深花纹	越野花纹				
轿车、中小型客车、轻型货车及其挂车轮胎									
6.50—14	6 8	180	705			5850 6900	3.2 4.2	$4\frac{1}{2}$J	5J
6.50—16 (6.50R16)	6 8	190	755	765		6350 7550	3.2(3.5) 4.2(4.6)	5.50F	5.00E 5.00F
7.00—15 (7.00R15)	6 8	200	750	760		6800 8000	3.2(3.5) 4.2(4.6)	5.50F	6.00G
7.00—16 (7.00R16)	8 10	200	780	790		8500 9650	4.2(4.6) 5.3(5.6)	5.50F	6.00G
7.50—15 (7.50R15)	8 10	220	785	790		9300 10600	4.2(4.6) 5.3(5.6)	6.00G	5.50F 6.50H
7.50—16 (7.50R16)	8 10 12	220	810	820		9700 11050 12400	4.2(4.6) 5.3(5.6) 6.3(6.7)	6.00G	5.50F 6.50H
8.25—16 (8.25R16)	12	240	860	870		13500	5.3(5.6)	6.50H	6.00G
9.00—16 (9.00R16)	8 10	255	890	900		12200 13550	3.5(3.9) 4.2(4.6)	6.50H	6.00G
大客车、载货汽车及其挂车轮胎									
7.00—20 (7.00R20)	10	200	904		920 (915)	12550	5.6(6.0)	5.5	5.50S 6.0 6.00S
7.50—20 (7.50R20)	10 12 14	215	935		952 (947)	14050 15550	5.6(6.0)	6.0	6.00T 6.5 6.50T
8.25—20 (8.25R20)	10 12 14	235	974	982 (980)	992 (986)	15900 17700 19400	5.3(5.6) 6.3(6.7) 7.4(7.7)	6.5	6.50T 7.0 7.00T 7.0T5°
9.00—20 (9.00R20)	10 12 14	259	1018	1030 (1025)	1038 (1030)	18350 20500 22550	4.9(5.3) 6.0(6.3) 7.0(7.4)	7.0	7.00T 7.5 7.50V 7.0T5°

续表

轮胎规格	层数	主要尺寸/mm				使用条件			
		断面宽	外直径			最大负荷/N	相应气压(p)/10^{-1}MPa	标准轮辋	允许使用轮辋
			普通花纹	加深花纹	越野花纹				
大客车、载货汽车及其挂车轮胎									
10.00—20 (10.00R20)	12 14 16	278	1055	1067 (1060)	1073 (1065)	21600 24050 26300	5.3(5.6) 6.3(6.7) 7.4(7.7)	7.5	7.50V 8.0 8.0V5° 8.00V
11.00—20 (11.00R20)	14 16	293	1085	1100 (1090)	1105 (1095)	26250 28700	6.3(6.7) 7.4(7.7)	8.0	8.00V 8.5 8.50V 8.5V5°
12.00—20 (12.00R20)	16 18	315	1125		1145 (1135)	30850 32700	6.7(7.0) 7.4(7.7)	8.5	8.50V 8.50V5° 9.00V
12.00—24 (12.00R24)	16	315	1225		1247 (1238)	34700	6.7(7.0)	8.5	8.50V 8.5V5° 9.00V
13.00—20 (13.00R20)	16	340	1177		1200 (1190)	33550	6.0(6.3)	9.0	
14.00—20 (14.00R20)	20	375	1240		1265 (1155)	43650	7.0(7.4)	10.0	

注：1. 新胎外直径公差为±1.0%，断面宽公差为±3%；最大负荷指单胎时。

2. 轮辋规格的数字为宽度(单位为in)，英文字母表示边缘高度(单位为mm)；E—19.81；F—22.23；G—27.94；H—33.73；J—17.27；S—33.33；T—38.10；V—44.45。

3. 表中各列数据中如无带括号的数据通用于斜交轮胎与子午线轮胎，否则不带括号的为斜交轮胎，带括号的为子午线轮胎。

表 2-7 示出部分中型载重普通断面子午线无内胎轮胎(15in 深槽轮辋)的基本参数，表 2-8 示出这些轮胎的气压与负荷对应的关系。

表 2-7 部分中型载重普通断面子午线无内胎轮胎(15in 深槽轮辋)的基本参数

轮胎规格	基本参数		主要尺寸/mm							轮胎最大使用尺寸		双胎最小中心距	气门嘴型号	允许使用轮辋
	层级	标准轮辋	新胎充气后				垫带							
			断面宽度	外直径		负荷下静半径	最小展平宽度	中部厚度不小于	边缘厚度不大于	断面宽度	外直径			
				公路花纹	越野花纹									
10R22.5	10,12,14	7.50	254	1018	1030	476	—	—	—	274	1039	290	TR572	6.75
11R22.5	14,16	8.25	279	1054	1065	493	—	—	—	302	1075	320	TR573	7.50
12R22.5	12,14,16	9.00	300	1085	1096	507	—	—	—	324	1108	343	TR574	8.25

表 2-8　部分中型载重普通断面子午线无内胎轮胎（15in 深槽轮辋）的气压与负荷对应的关系

轮胎规格	气压/kPa 负荷/kg	420	460	490	530	560	600	630	670	700	740	770	810	840
10R22.5	D	1595	1675	1755	**1835** [10]	1905	1980	**2050** [12]	2120	2190	**2255** [14]	—	—	—
	S	1615	1710	1815	1910	2000	**2095** [10]	2170	2255	**2340** [12]	2415	2495	**2575** [14]	—
11R22.5	D	1800	1895	1985	2075	**2160** [12]	2245	2325	**2405** [14]	2480	2555	**2630** [16]	—	—
	S	—	1945	2055	2160	2266	2365	**2465** [12]	2560	2650	**2740** [14]	2830	2915	**3000** [16]
12R22.5	D	1965	2070	2170	2265	**2355** [12]	2450	2540	**2625** [14]	2705	2795	**2870** [16]	—	—
	S	—	2120	2245	2360	2475	2585	**2690** [12]	2790	2895	**2995** [14]	3085	3185	**3270** [16]

注：1. "D"表示双胎并装时的负荷，系英语单词"Dual"的第一个字母。
　　2. "S"表示单胎使用的负荷，系英语单词"Single"的第一个字母。
　　3. 表中括号内数字表示轮胎层级。粗体数字表示该层级轮胎在相应气压下的最大负荷。

2.3.4　车轮外倾角的影响

车轮外倾角对轮胎性能和寿命具有明显影响。一般要求车轮外倾角不超过 4°，其中包括车轮相对于车身发生最大跳动时。

当车轮的外倾角在[2°,3°)范围内时，其承载能力减小为表 2-1、表 2-4 和表 2-5 中所示数值的 95%。

当车轮的外倾角在[3°,4°]范围内时，其承载能力减小为表 2-1、表 2-4 和表 2-5 中所示数值的 90%。

通过提高充气压力可以补偿车轮外倾角对轮胎承载能力的影响。表 2-9 示出补偿一定车轮外倾角所需要提高的充气压力数值。但是，轮胎气压不允许超过其极限值。Q 和 T 轮胎的极限气压为 3.2bar；从 H 到 W 以及 ZR 轮胎的极限气压为 3.5bar；M 和 S 轮胎的极限气压为 3.5bar。

表 2-9　补偿一定车轮外倾角所需要提高的充气压力

序　号	1	2	3	4	5	6
车轮外倾角	2°20′	2°40′	3°	3°20′	3°40′	4°
充气压力提高/%	2.1	4.3	6.6	9.0	11.5	14.1

2.4　车　轮

2.4.1　轿车和轻型卡车的车轮

目前，轿车和轻型卡车的车轮都采用深槽式轮辋，如图 2-7 所示。大部分轿车和轻型卡车都采用冲压焊接钢车轮（见图 2-7），这主要是由于其成本低、强度高，而且便于维护。

尽管轻合金车轮（见图 2-8）的价格大约是冲压焊接钢车轮的 4 倍，但是仍然得到了越来越广泛的应用。它们的主要优点包括：外观造型变化丰富；加工精度高；制动冷却性能好；质量较小（相对于冲压焊接钢车轮质量减小30%～50%）。

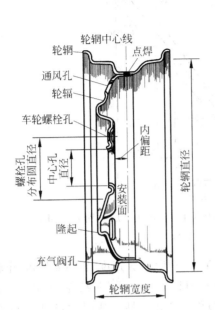

图 2-7　冲压焊接钢车轮（深槽式轮辋）的剖视图

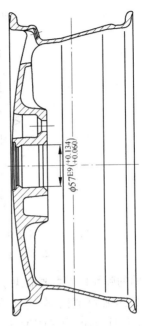

图 2-8　一种轿车的铝合金车轮

（单位：mm）

2.4.2　中、重型商用车的车轮

中、重型商用车的车轮一般都是冲压焊接钢车轮，如图2-9所示。

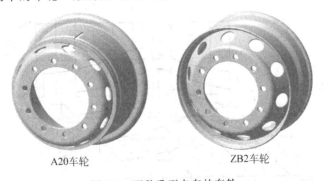

A20车轮　　　　ZB2车轮

图 2-9　两种重型卡车的车轮

2.5　轮胎的弹性特性

轮胎的静刚度 C_T 为

$$C_T = \frac{\Delta F_z}{\Delta s_3} \tag{2-1}$$

其中，ΔF_z 为施加在车轮轴上的垂直力增量；Δs_3 为对应的轮胎变形增量（见图2-5）。

图 2-10 示出一种子午线轮胎 175/70 R 13 80 S 在气压分别为 1.8bar、2.1bar 和 2.4bar 时的弹性特性。轮胎的弹性特性对汽车的乘坐舒适性和车轮的受力都有明显的影响。

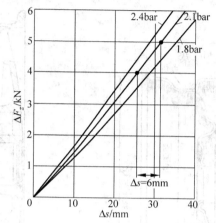

图 2-10　一种子午线轮胎 175/70 R 13 80 S 在气压分别为 1.8bar、
2.1bar 和 2.4bar 时的弹性特性

轮胎的弹性特性主要取决于垂直力 F_z、轮胎气压、行驶速度、轮胎侧偏角、车轮外倾角、轮辋宽度、轮胎高宽比、车轮加载频率等。图 2-11 示出一种子午线轮胎 185/70 R 13 86 S（气压为 2.1bar）的弹簧刚度随着速度、侧偏角的变化特性。从图 2-11 中可以看出，随着速度升高，轮胎的弹簧刚度逐渐增大。这是轮胎中的钢带（见图 2-3）与离心力相互作用的结果。而随着侧偏角绝对值的增大，轮胎弹簧的刚度逐渐减小。这是因为侧向力把钢带推向旁边、较软的胎肩参加变形并提供一定的弹性。

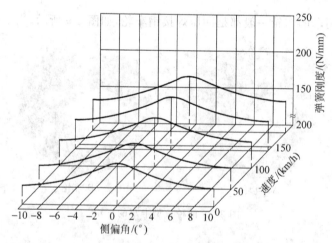

图 2-11　一种子午线轮胎 185/70 R 13 86 S（气压为 2.1bar）的
弹簧刚度随着速度、侧偏角的变化特性

图 2-12 示出车速对子午线轮胎 155 SR—15 和斜交轮胎 5.60—15 垂直刚度的影响，它们的气压均为 1.5bar，垂直力均为 300kg。可以看出，子午线轮胎的垂直刚度随着车速的变化比斜交轮胎的垂直刚度的变化小。

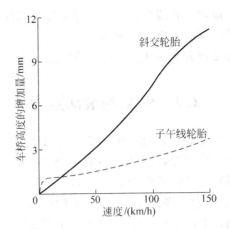

图 2-12　车速对子午线轮胎 155 SR—15 和斜交轮胎 5.60—15 垂直刚度的影响(气压 1.5bar,垂直力 300kg)

2.6　轮胎的不均匀性

如图 2-2 和图 2-3 所示,轮胎是由一些零部件组成的,包括胎体、钢带、胎面和花纹、胎侧、内衬层等。它们的制造、装配误差都会引起轮胎的不均匀性,表现为厚度不均匀、质量不均匀或者刚度不均匀。当轮胎滚动时,这些不均匀性又会引起轮胎不平衡、径向跳动、侧向跳动、垂直力(径向力)变化、侧向力变化和纵向力变化。

轮胎不平衡是由于质量分布不均匀所引起的不平衡离心力造成的。图 2-13 示出 3 种不平衡,即静态不平衡、动态不平衡和不平衡力矩。通过在专门的平衡机上对车轮进行动态平衡可以消除上述不平衡,具体方法是在轮辋上适当焊接平衡块。

轮胎径向、侧向跳动是由于胎面/花纹、胎侧中的几何变差所引起的。

在垂直(径向)力、侧向力和纵向力变化中,垂直(径向)力的变化最重要。图 2-14 示出轮胎径向刚度变化的示意图,即假设径向方位不同时,该方位的刚度 $c_i(i=1,2,\cdots,8)$ 不同。在这种情况下,当轮胎滚动时引起径向力(垂直力)以及位移的变化,从而引起车轮和车桥的振动。这种振动一般在前桥比较明显。汽车悬架的刚度越低,这种振动就越明显。

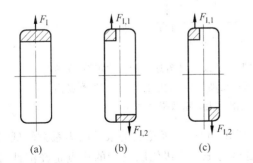

图 2-13　静态不平衡、动态不平衡和不平衡力矩示意图
　　(a)静态不平衡;(b)动态不平衡 $F_{1,1}\neq F_{1,2}$;
　　　(c)不平衡力矩 $F_{1,1}=F_{1,2}$

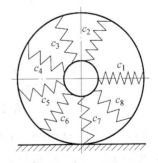

图 2-14　轮胎径向刚度变化示意图

轮胎的侧向力变化影响汽车直线行驶的方向稳定性。即使当轮胎完全向前滚动、侧偏角为零时,由于其结构不对称,也会产生侧向力。

轮胎纵向力的变化需要由安装在底盘上的橡胶弹簧来承受。

2.7 轮胎的滚动阻力

在平整的硬路面上直线行驶时,轮胎的滚动阻力主要是由轮胎中的能量损失所引起的。轮胎材料具有一定的阻尼特性,轮胎与地面接触会引起轮胎材料发生变形,造成能量损失,把一部分机械能转换成热能,使轮胎温度升高。一般60%~70%的滚动阻力都发生在胎面/花纹的橡胶混合物中。降低这种橡胶混合物的阻尼可以减小滚动阻力,但是同时也减小了轮胎在潮湿路面上的摩擦系数,使得轮胎在该路面上的制动距离延长。轮胎滚动阻力 F_R 一般表示为

$$F_R = k_R \cdot F_z \tag{2-2}$$

其中,F_z 为垂直载荷;k_R 是滚动阻力系数。

图2-15示出不同速度级轮胎的滚动阻力系数 k_R 随着速度的变化特性。从图2-15中可以看出,S级轮胎(最高速度180km/h)的滚动阻力系数从大约120km/h开始随着速度迅速增大;而H和V级轮胎的滚动阻力系数在更高速度(约150~170km/h)才开始发生增大,而且变化率也较小。这表明轮胎中发生了驻波(见图2-16),引起轮胎变形增大,从而能量损耗也增大。这种驻波发生的速度取决于轮胎中钢带的刚度。S级轮胎中的钢带刚度较小,驻波在较低速度就开始发生,造成滚动阻力迅速增大。而H和V级轮胎中的钢带刚度较大,发生驻波的速度较高。实际上,在驻波发生时,轮胎的温度会急剧上升,这种情况允许持续的时间很短,否则轮胎就会损坏。因此,驻波的发生是轮胎最高速度的限制因素。

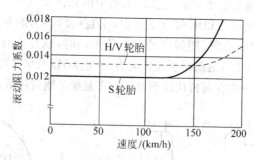

图2-15 不同速度级轮胎的滚动阻力系数 k_R 随着速度的变化特性(在转鼓试验台上测量的数据;在沥青路面上滚动阻力系数提高20%;在粗糙水泥路面上滚动阻力系数提高30%)

从图2-15中可以看出,在车速低于140km/h时,S级轮胎的滚动阻力系数较低,但是其在潮湿路面上的摩擦系数也较低,制动距离较长。S级轮胎设计的焦点是经济性,即车速较低时滚动阻力系数较低,有利于较低车速时城市行驶工况的燃油消耗量,其寿命较长,价格较低。而H和V级轮胎设计的焦点是获得良好的行驶稳定性,潮湿路面上的制

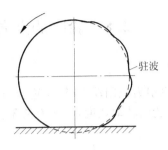

图 2-16　轮胎在平带试验机上进行试验时发生空间位置不变的驻波

动性能和滑水性能。

汽车行驶的路面对轮胎滚动阻力具有影响。表 2-10 示出轮胎在不同路面上的滚动阻力系数的范围。

表 2-10　轮胎在不同路面上的滚动阻力系数范围

路 面 类 型	滚动阻力系数	路 面 类 型	滚动阻力系数
良好的沥青或混凝土路面	0.010～0.018	泥泞土路(雨季或解冻期)	0.100～0.250
一般的沥青或混凝土路面	0.018～0.020	干砂	0.100～0.300
碎石路面	0.020～0.025	湿砂	0.060～0.150
良好的卵石路面	0.025～0.030	结冰路面	0.015～0.030
坑洼的卵石路面	0.035～0.050	压紧的雪道	0.030～0.050
压紧土路：干燥的	0.025～0.035		
压紧土路：雨后的	0.050～0.150		

图 2-17 示出制动系数(制动力/垂直力)和驱动系数(驱动力/垂直力)对轮胎滚动阻力系数的影响(8.20—15 轮胎，气压 1.7bar，垂直力 650kg)。可以看出，滚动阻力系数随着驱动系数的变化明显大于其随着制动系数的变化。

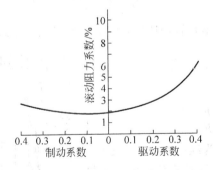

图 2-17　制动系数(制动力/垂直力)和驱动系数(驱动力/垂直力)对轮胎滚动阻力系数的影响(8.20—15 轮胎，气压 1.7bar，垂直力 650kg)

当汽车转向行驶，车轮具有前束角和外倾角、轮距的变化时，都会使轮胎具有一定的侧偏角，并使轮胎发生进一步的变形，增大其能量损耗，从而使其滚动阻力增大。

2.8 轮胎的纵向滑动摩擦性能

2.8.1 滑移率

当轮胎发出牵引力或制动力时,在轮胎与地面之间都会发生相对运动。在这种情况下,车速 v 就与车轮的转动速度 $\omega \cdot r$ 有所不同,其中 ω 为车轮的角速度,r 为轮胎半径,如图 2-18 所示。

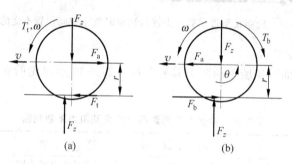

图 2-18 汽车驱动和制动时的车轮受力分析
(a) 驱动工况;(b) 制动工况(θ 为车轮的惯性力矩)

如图 2-18(a) 所示,驱动滑移率 S_t 定义为

$$S_t = \frac{v_w - v}{v_w} \tag{2-3}$$

其中,v 为汽车速度;v_w 为车轮转动速度。

$$v_w = \omega \cdot r \tag{2-4}$$

其中,ω 为车轮的角速度;r 为轮胎半径。

如图 2-18(b) 所示,制动滑移率 S_b 定义为

$$S_b = \frac{v - v_w}{v} \tag{2-5}$$

其中,v 为汽车速度;v_w 为车轮转动速度,式(2-4)就是其表达式。

2.8.2 摩擦系数

摩擦系数定义为

$$\mu_{x,w} = \frac{F_x}{F_z} \tag{2-6}$$

其中,$\mu_{x,w}$ 为摩擦系数;F_x 为纵向力,即 F_t 或 F_b。

制动力或驱动力越大,滑移率就越大。这与路面状态有关,可以发出的纵向力 F_x(制动力或驱动力)一般在滑移率为 10%~30% 的范围达到最大值,摩擦系数 $\mu_{x,w}$ 也一样,然后逐渐减小,直到车轮抱死打滑,这时的滑移率为 100%,如图 2-19 所示。

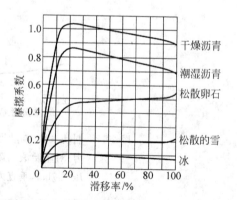

图 2-19 一种轮胎摩擦系数随着滑移率、路面的变化情况(测量速度 60km/h)

设 $\mu_{x,w,p}$ 是峰值摩擦系数，$\mu_{x,w,s}$ 是车轮抱死拖滑摩擦系数，则大致有如下关系：

在干路面上，$\mu_{x,w,p} \approx 1.2 \cdot \mu_{x,w,s}$

在湿路面上，$\mu_{x,w,p} \approx 1.3 \cdot \mu_{x,w,s}$

2.8.3 路面状况对摩擦系数的影响

如图 2-20 所示，在干燥路面上，当车辆行驶速度高于 20km/h 时，轮胎的摩擦系数基本上与速度无关；而当速度低于 20km/h 时，轮胎的摩擦系数略有增加。其原因在于，车速较低时，轮胎的刚度较低，轮胎垂直变形较大，从而使其接地面积也较大，引起轮胎的摩擦系数有所增大。

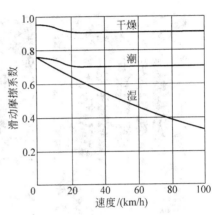

当路面潮湿时，轮胎的摩擦系数有所减小，基本上与行驶速度无关。但是，当路面上的水量较大，水膜厚度较大时，情况就会发生变化。这时，水不再能够被有效排出，以致在轮胎与地面之间保有水膜，使得摩擦系数随着行驶速度的增加逐渐减小。

如图 2-21 所示，轮胎在积水路面上滚动时，为了保持与地面的接触，其必须把水排走。为了排走水，会引起一个对行驶的阻力，称为挡板阻力，同时也会影响摩擦系数。轮胎在积水路面上滚动时，其前下部可以分成 3 个区域，即趋近区域、转换区域和接触区域。在趋近区域，水的主要部分被排走，但是轮胎在该区域不与地面接触。在转换区域，水被继续排出，但是水量已经明显减少，轮胎开始发生变形，并且与地面发生部分接触。在接触区域，轮胎与地面直接接触，地面上所存留的水已经很少。轮胎在接触区域发出决定汽车运动的主要力和力矩。

图 2-20 轮胎摩擦系数与速度和路面状况的关系

在上述排水过程中所引起的挡板阻力可以按照下式计算

$$F_{R,\text{baffle}} = \frac{w}{10} \cdot \left(\frac{v_R}{N}\right)^E \tag{2-7}$$

其中，$F_{R,\text{baffle}}$ 为挡板力，N；w 为轮胎宽度，cm；v_R 为车速；N 为拟合参数，与车速 v_R 的单位相同；E 为拟合参数，无量纲。图 2-22 示出 E 和 N 随着路面上水膜厚度的变化情况。

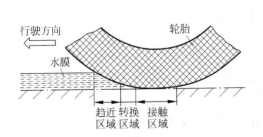

图 2-21 轮胎在积水路面上的情况

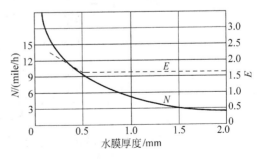

图 2-22 E 和 N 随着路面上水膜厚度的变化情况

图 2-23 示出一种轮胎在积水路面上滚动时与路面接触的情况。如图 2-23(a)所示，在速度为 80km/h 时，轮胎的趋近区域的长度约为 12mm，而接触区域的长度约为 68mm。如图 2-23(b)所示，在速度提高到 150km/h 时，轮胎的趋近区域的长度增大到约为 18mm，而接触区域的长度相应减小。该轮胎具有良好的花纹设计。如图 2-23(c)所示，如果把该轮胎的花纹切短到 1.6mm，则当速度达到 80km/h 时，水膜已经延展到整个轮胎接触面，这种现象称为水滑。随着花纹高度的降低，发生水滑的速度也会降低，即更易于发生水滑现象。在发生水滑时，轮胎与地面之间的作用力和力矩明显减小，从而也使摩擦系数明显减小，如图 2-24 所示。从图 2-24 中可以看出，当速度低于 60km/h 时，水膜厚度对摩擦系数几乎没有影响。因此，适当降低汽车的行驶速度，可以有效减小发生水滑现象的可能。

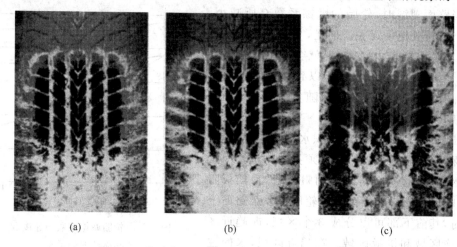

图 2-23　轮胎在积水路面上滚动时与路面接触的情况
(a) 新花纹，速度 80km/h；(b) 新花纹，速度 150km/h；(c) 花纹高度 1.6mm，速度 80km/h；

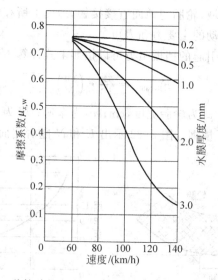

图 2-24　一种轮胎的摩擦系数随着速度和水膜厚度的变化特性

如图 2-25 所示,轮胎在冰路面上滚动时,滚动阻力系数与冰的温度关系很大。在温度靠近 0℃ 时,压缩冰面会导致水的生成,产生润滑作用,可以使摩擦系数降低到不足 0.08。而当冰的温度达到 -25℃ 时,摩擦系数可达 0.6 左右。在低温时,轮胎最大摩擦系数 $\mu_{x,w,p}$ 与抱死拖滑摩擦系数 $\mu_{x,w,s}$ 差别更大,即

$$\mu_{x,w,p} \approx 2.0 \cdot \mu_{x,w,s}$$

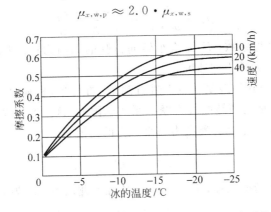

图 2-25 冰的温度和车速对一种 82 系列冬季轮胎摩擦系数的影响

2.9 轮胎的侧偏特性

2.9.1 轮胎的侧偏角、侧向力和回正力矩

如图 2-26 所示,汽车在转向行驶时,其向心力就是地面对轮胎作用的侧向力 F_y。在该侧向力的作用下,轮胎发生了变形,其行驶速度 v 与车轮中心线之间有一个夹角 α,称为侧偏角;地面对轮胎作用的侧向力 F_y 与车轮中心线垂直,其作用点位于车轮转动轴线的后方,距离为 $r_{\tau,T}$,称为轮胎拖距;侧向力 F_y 与轮胎拖距 $r_{\tau,T}$ 的乘积称为回正力矩 A_T,即

$$A_T = F_y \cdot r_{\tau,T}$$

图 2-27 示出汽车转向时的简化轮胎模型,其中侧向力 F_y 和回正力矩 A_T 作用在车轮中心,车速 v 通过车轮中心。

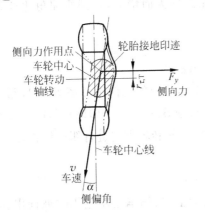

图 2-26 轮胎的侧偏角 α、侧向力 F_y 和轮胎拖距 $r_{\tau,T}$

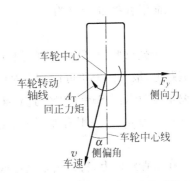

图 2-27 汽车转向时的简化轮胎模型

2.9.2 轮胎的侧向摩擦系数和滑移率

轮胎侧向摩擦系数定义为汽车转向行驶的侧向力(等于离心惯性力)与汽车重量之比,即

$$\mu_y = \frac{F_y}{m \cdot g} = \frac{m \cdot a_y}{m \cdot g} = \frac{a_y}{g} \tag{2-8}$$

其中,μ_y 为轮胎侧向摩擦系数;F_y 为汽车转向行驶的侧向力;a_y 为汽车行驶的侧向加速度;m 为汽车质量;g 为重力加速度。

轮胎侧偏特性一般在转鼓试验台上进行测量,如图 2-28 所示。测量时,侧偏角一般可以达到 10°,这主要是受到转鼓表面摩擦系数的限制,这个摩擦系数一般为 0.8~0.9。在测量中,侧向摩擦系数定义为侧向力与垂直力的比值,即

$$\mu_y = \frac{F_y}{F_z} \tag{2-9}$$

其中,μ_y 为轮胎的侧向摩擦系数;F_y 为对轮胎施加的侧向力;F_z 为对轮胎施加的垂直力。

图 2-28 一种可以测量轮胎侧偏特性和车轮外倾特性的转鼓试验台

应该指出,实际路面状况与试验台表面有很大的差别。如图 2-29 所示,在粗糙、干燥的水泥路面上,侧向摩擦系数一直随着侧偏角的增大而增大,直到侧偏角达到 20°,然后摩擦系数开始降低。

侧向滑移率 S_y 定义为

$$S_y = \sin\alpha \tag{2-10}$$

在转鼓试验中可以达到的侧偏角一般为 10°,对应的侧向滑移率 $S_y = 17\%$。而在实际道路上,最大侧偏角可达 20°,对应的侧向滑移率 $S_y = 34\%$。如果轮胎进一步被扭转到侧偏角为 90°,则 $S_y = 100\%$,这意味着轮胎沿着车轮转轴方向进行侧向滑移,对应的侧向摩擦系数为 $\mu_{y,s}$。一般有如下关系:

$$\mu_{y,s} \approx 0.7 \cdot \mu_y$$

在沥青路面上,特别是在潮湿或结冰的路面上,当侧偏角超过 10°(侧向滑移率 $S_y = 17\%$)以后,侧向力一般都不会继续增大。

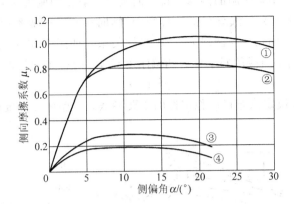

图 2-29　一种 82 系列夏季轮胎的侧向摩擦系数随着路面和侧偏角的变化特性(垂直力保持不变)
① 干燥、粗糙的水泥路面；② 干燥、平整的水泥路面；③ 积雪路面；④ -4℃的粗糙冰路面

2.9.3　在干燥路面上的轮胎侧偏特性

图 2-30 示出利用干燥转鼓对一种"82 系列"155R 13 78 S 钢带子午线轮胎(气压 1.8bar)进行测量的侧偏力特性曲线。轮胎在该气压的承载能力约为 360kg，相应于 3.53kN 的垂直力。在图 2-30 中，侧向力 F_y 表达为垂直力 F_z 的函数，而侧偏角 α 作为参数。

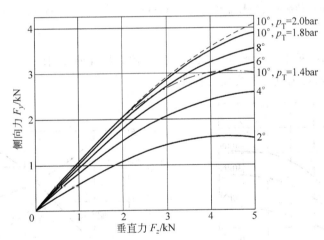

图 2-30　利用干燥转鼓对一种"82 系列"155R 13 78 S 钢带子午线轮胎
进行测量的侧偏力特性曲线(气压 1.8bar)

图 2-31 示出利用干燥转鼓对一种"70 系列"175/70 R 13 82 S 轮胎(气压 2.0bar)进行测量的侧偏力特性曲线，其中侧向摩擦系数 μ_y 为侧偏角 α 的函数，而以垂直力 F_z 作为参数。在该气压下的轮胎承载能力是 395kg，相应于 3.87kN 的垂直力。为了反映横截面对侧向力的影响，在图 2-31 中也包含了一种 82 系列 155R 13 78 S 轮胎的侧偏力特性。

图 2-32 示出红旗轿车轮胎的侧偏力特性曲线。一般在侧偏角 α 不超过 4°时，侧向力 F_y 与侧偏角 α 成线性关系。汽车在正常行驶中，侧向加速度一般不超过 0.4g，侧偏角 α 不超过 4°，可以认为侧偏角 α 与侧向力 F_y 成线性关系。如图 2-32 所示，在侧偏角 α=0°时，侧向力 F_y-侧偏角 α 曲线的斜率称为侧偏刚度 $C_α$，它们有如下关系：

$$F_y = C_α \cdot α \tag{2-11}$$

轮胎侧偏刚度是决定汽车操纵稳定性的重要参数。轮胎侧偏刚度较高有利于汽车的操纵稳定性。

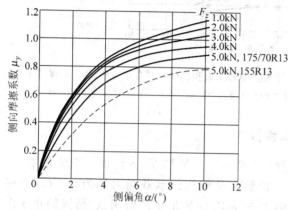

图 2-31 利用干燥转鼓对一种 175/70 R 13 82 S 轮胎进行测量的侧偏力特性曲线（气压 2.0bar）

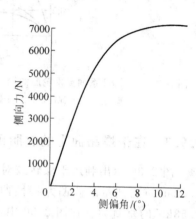

图 2-32 一种红旗轿车轮胎的侧偏力特性曲线（215R15 轮胎，气压 1.96bar，干沥青路面）

图 2-33 示出一种卡车轮胎 11 R 22.5 的侧偏力特性曲线，图 2-34 示出其侧偏刚度和侧向摩擦系数随着垂直力的变化特性曲线。

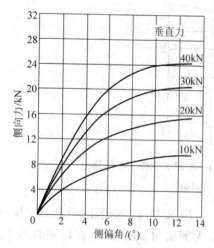

图 2-33 一种卡车轮胎 11 R 22.5 的侧偏力特性曲线（气压 7.75bar，速度 40km/h）

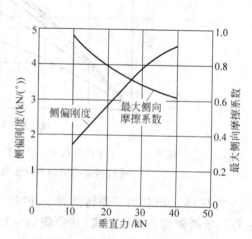

图 2-34 一种卡车轮胎 11 R 22.5 的侧偏刚度和侧向摩擦系数随着垂直力的变化特性（气压 7.75bar，速度 40km/h，干燥沥青路面）

轮胎发生侧偏时还会引起回正力矩(见图 2-26 和图 2-27)。图 2-35 示出一种 175/70 R 13 82 S 钢带子午线轮胎(气压 2.0bar)的回正力矩特性曲线,该特性是在干燥转鼓上测量的。从图 2-35 中可以看出,当侧偏角较小时,随着侧偏角的增大,回正力矩逐渐增大,并且在侧偏角达到 3°~4°时其达到峰值;然后,随着侧偏角的进一步增大,其逐渐减小。如图 2-35 所示,在侧偏角 $\alpha=0°$ 时,侧向力回正力矩 A_T—侧偏角 α 曲线的斜率称为回正力矩刚度 N_α,单位为 $N \cdot m/(°)$。在侧偏角 α 较小时,回正力矩 A_T 与侧偏角 α 成线性关系,即

$$A_T = N_\alpha \cdot \alpha \tag{2-12}$$

图 2-36 示出上述 175/70 R 13 82 S 钢带子午线轮胎的轮胎拖距 $r_{\tau,T}$ 随着侧偏角、垂直力变化的特性曲线。

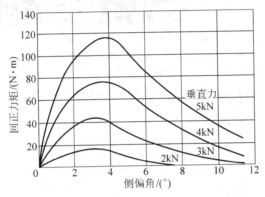

图 2-35 一种 175/70 R 13 82 S 钢带子午线轮胎的回正力矩特性曲线(在干燥转鼓上测量)(气压 2.0bar)

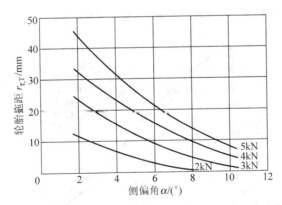

图 2-36 一种 175/70 R 13 82 S 钢带子午线轮胎的轮胎拖距 $r_{\tau,T}$ 随着侧偏角、垂直力的变化特性(气压 2.0bar)

图 2-37 示出 5 种具有不同胎面/花纹设计的卡车子午线轮胎 11 R 22.5(它们的其他结构和材料都相同)。利用平带轮胎试验机对其侧偏特性进行测量,平带表面是干燥的粗砂表面,速度为 48.3km/h。图 2-38 示出所测量的这 5 种轮胎的侧向力随着侧偏角和垂直力的变化特性。图 2-39 示出这 5 种轮胎的侧向力随着侧偏角的变化特性(垂直力

26.9N,气压 7.2bar)。图 2-40 示出这 5 种轮胎的侧向力随着垂直力的变化特性(气压 7.2bar)。图 2-41 示出这 5 种轮胎的侧偏刚度随着垂直力的变化特性(气压 7.2bar)。图 2-42 示出这 5 种轮胎的回正力矩随着侧偏角的变化特性,其中垂直力 26.9kN、气压 7.2bar。图 2-43 示出这 5 种轮胎的回正力矩随着侧偏角和垂直力的变化特性。图 2-44 示出这 5 种卡车子午线轮胎 11 R 22.5 的回正力矩刚度随着垂直力的变化特性(气压 7.2bar)。

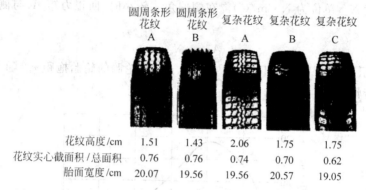

图 2-37 具有不同胎面/花纹设计的 5 种卡车子午线轮胎 11 R 22.5

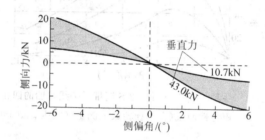

图 2-38 5 种卡车子午线轮胎 11 R 22.5 的侧向力随着侧偏角和垂直力的变化特性(气压 7.2bar)

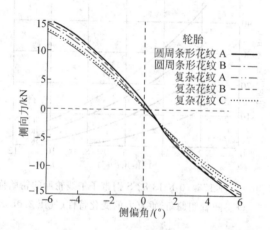

图 2-39 5 种卡车子午线轮胎 11 R 22.5 的侧向力随着侧偏角的变化特性(气压 7.2bar,垂直力 26.9kN)

图 2-45 示出一种 8.00—14 轮胎的侧偏力特性(气压 1.4bar,速度 30km/h)。图 2-46 示出该轮胎的回正力矩随着侧偏角和垂直力的变化特性。

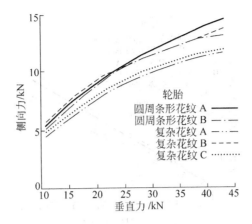

图 2-40　5 种卡车子午线轮胎 11 R 22.5 的侧向力随着垂直力的变化特性（气压 7.2bar）

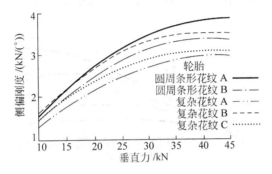

图 2-41　5 种卡车子午线轮胎 11 R 22.5 的侧偏刚度随着垂直力的变化特性（气压 7.2bar）

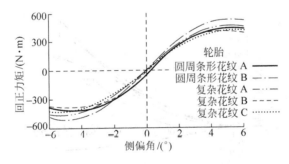

图 2-42　5 种卡车子午线轮胎 11 R 22.5 的回正力矩随着侧偏角的变化特性
（垂直力 26.9kN，气压 7.2bar）

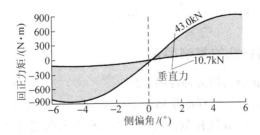

图 2-43　5 种卡车子午线轮胎 11 R 22.5 的回正力矩随着侧偏角和垂直力的变化特性（气压 7.2bar）

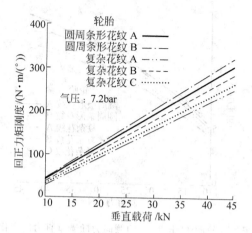

图 2-44 5种卡车子午线轮胎 11 R 22.5 的回正力矩刚度随着垂直力的变化特性(气压 7.2bar)

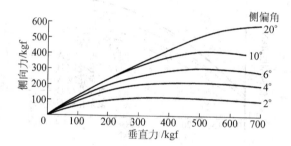

图 2-45 一种 8.00—14 轮胎的侧偏力特性(气压 1.4bar,速度 30km/h)

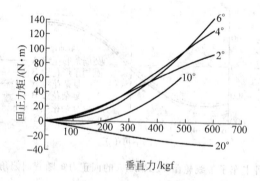

图 2-46 一种 8.00—14 轮胎的回正力矩随着侧偏角和垂直力的变化特性
(气压 1.4bar,速度 30km/h)

2.9.4 对轮胎侧偏特性的影响因素

1. 轮胎高宽比对轮胎侧偏力特性的影响

如图 2-31 所示,与 82 系列标准轮胎 155R 13 78 S 相比,70 系列 175/70 R 13 82 S 轮胎(宽度较大,高宽比较小)在同样侧偏角时可以发出更大的侧向力。

图 2-47 示出具有 3 种不同高宽比的轮胎的侧偏力特性,即 165R 13 82 H、185/70 R

13 85 H 和 195/60 R 14 85 H。可以看出,在垂直力 F_z 低于 4000N 时,3 条曲线基本上相同;垂直载荷更大时,宽轮胎(高宽比较小)可以发出更大的侧向力,其特性更优越。

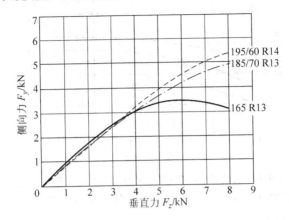

图 2-47 具有 3 种不同高宽比的轮胎(165R 13 82 H、185/70 R 13 85 H 和 195/60 R 14 85 H)的侧偏力特性(侧偏角 5°)

2. 路面状况对轮胎侧偏力特性的影响

图 2-48 示出路面状况对一种 12 R 22.5 卡车轮胎的侧偏力特性的影响。其中,轮胎的侧偏力特性分别在钢表面转鼓和干燥沥青路面上测量。可以看出,在沥青路面上测量的侧偏力特性明显高于在钢表面转鼓上测量的相应特性。

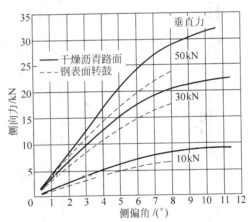

图 2-48 不同路面状况对一种 12 R 22.5 卡车轮胎的侧偏力特性的影响(气压 8.0bar,速度 44km/h)

图 2-49 示出一种钢带子午线轮胎 155 R 13 78 S 的侧向摩擦系数随着轮胎花纹高度和水膜厚度的变化特性,其中轮胎气压为 1.8bar,侧偏角 $\alpha = 10°$,速度 $v = 60$km/h,花纹的全高度为 8mm。可以看出,花纹高度为 0 时,在干燥路面上的侧向摩擦系数最高;而在潮湿路面上,摩擦系数最低。

3. 汽车轮距变化所引起的侧向力

在独立悬架中,当车轮相对于车身上、下跳动时都会引起轮距的变化。图 2-50 示出这

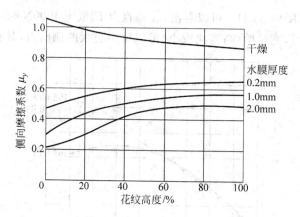

图 2-49　一种钢带子午线轮胎 155 R 13 78 S 的侧向摩擦系数随着轮胎花纹高度和水膜厚度的变化特性（气压 1.8bar，侧偏角 $\alpha=10°$，速度 $v=60$km/h，花纹的全高度 8mm）

种轮距的变化情况。这种轮距的变化会引起轮胎侧偏角 α 和侧向力，如图 2-50 和图 2-51 所示。在同样轮距变化的情况下，宽轮胎（高宽比较小）会产生更大的侧向力；而斜交轮胎产生的侧向力较小。如果汽车两侧车轮上作用的这种侧向力不对称，将不利于汽车直线行驶的稳定性。

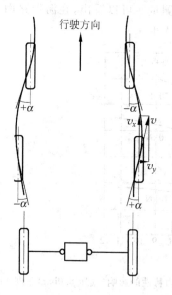

图 2-50　在独立悬架中，当车轮相对于车身上、下跳动时所引起轮距的变化和侧偏角

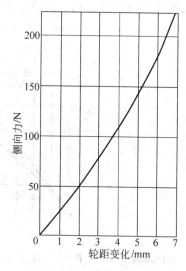

图 2-51　轮距变化所引起的侧向力（175/65 R 14 82 H 轮胎，气压 1.9bar，垂直载荷 380kg，速度 80km/h）

从图 2-50 中可以看出，侧偏角 α 取决于汽车的前进速度 v_x 和轮胎的侧向滑移速度 v_y（一侧轮胎的轮距变化速率），即

$$\tan\alpha = \frac{v_y}{v_x}$$

汽车采用独立悬架时,随着车轮相对于车身上、下跳动其轮距一般都会发生一定的变化。因此,当车轮相对于车身的上、下跳动比较剧烈时,所引起的轮距变化速度 v_y 可能比较大,从而也可能引起较大的侧偏角 α 变化。

4. 垂直力变化的影响

从前面介绍的轮胎侧偏特性可以看出,作用在轮胎上的垂直力对轮胎侧偏力特性具有重要影响。汽车在转向行驶时,在其两侧轮胎的接地印迹中心的垂直力发生变化 $\pm\Delta F_z$,从而引起它们的侧偏刚度发生变化。由于轮胎侧偏刚度随垂直力变化的特性是非线性的(见图 2-41),这会使两侧轮胎的总侧偏刚度(车桥侧偏刚度)减小,小于直线行驶时两侧车轮侧偏刚度之和。图 2-52 示出一种卡车子午线轮胎 11 R 22.5(圆周条形花纹 A)的侧偏刚度受垂直力变化影响的情况(气压 7.2bar)。在直线行驶时,两侧轮胎的垂直力都是 18.9kN,侧偏刚度都是 2.58kN/(°)。在转向行驶时,轮胎上的垂直力转移是 8.9kN,使得内侧车轮上的垂直力减小为 10kN,对应的侧偏刚度为 1.53kN/(°);使得外侧车轮上的垂直力增加到 27.8kN,对应的侧偏刚度为 3.31kN/(°)。这时,车桥的侧偏刚度为 1.53+3.31=4.84kN/(°),相对于直线行驶的车桥侧偏刚度 2×2.58=5.16kN/(°) 的变化为 4.84-5.16=-0.32kN/(°)。表 2-11 示出垂直力变化对 5 种具有不同胎面/花纹设计的子午线轮胎 11 R 22.5 的侧偏刚度的影响。

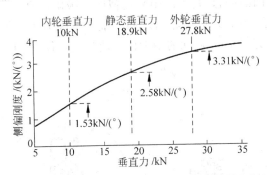

图 2-52 一种卡车子午线轮胎 11 R 22.5(圆周条形花纹 A)的侧偏刚度
受垂直力变化影响的情况(气压 7.2bar)

表 2-11 垂直力变化对 5 种具有不同胎面/花纹设计的子午线轮胎 11 R 22.5 的侧偏刚度的影响

轮 胎	轮胎侧偏刚度 /(kN/(°)) (直线行驶, 垂直力 18.9kN)	轮胎侧偏刚度变化 /(kN/(°))		转向时车桥侧偏 刚度相对于直线 行驶的变化 /(kN/(°))
		转向内轮 (垂直力 10kN)	转向外轮 (垂直力 27.8kN)	
圆周条形花纹 A	2.58	-1.05	0.73	-0.32
圆周条形花纹 B	2.39	-0.97	0.64	-0.33
复杂花纹 A	2.08	-0.80	0.54	-0.26
复杂花纹 B	2.57	-0.97	0.63	-0.34
复杂花纹 C	2.28	-0.82	0.53	-0.29

5. 驱动力或制动力对轮胎侧偏特性的影响

图 2-53 示出驱动力、制动力对一种 165 R 15 86 S 子午线轮胎的侧偏特性的影响,该试验中轮胎气压为 1.5bar,施加的垂直力为 300kg(气压为 1.5bar 时,轮胎的承载能力是 375kg)。从图 2-53 中所示曲线的形状可以看出,随着纵向力(驱动力或制动力)的增大,轮胎可以发出的侧向力相应减小。

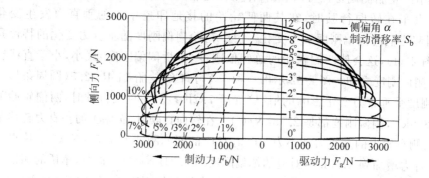

图 2-53 驱动力、制动力对一种 165 R 15 86 S 子午线轮胎的侧偏特性的影响(气压 1.5bar,轮胎的承载能力为 375kg,试验中施加的垂直力为 300kg)

图 2-54 示出摩擦圆的概念,其可以用来近似解释极限制动力、驱动力与侧向力之间的关系。摩擦圆的概念指出,地面与轮胎之间的最大摩擦力为摩擦圆的直径 F;驱动力 F_a 或制动力 F_b 与侧向力 F_y 的几何和的最大值不超过该直径 F,即

$$\sqrt{F_y^2 + F_a^2} \leqslant F$$

$$\sqrt{F_y^2 + F_b^2} \leqslant F$$

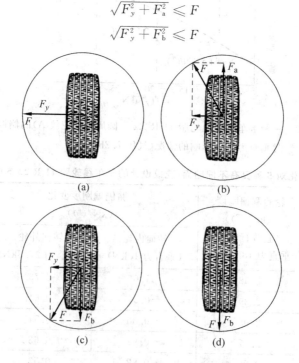

图 2-54 摩擦圆的概念

(a) 仅有侧向力 F_y;(b) 侧向力 F_y 与驱动力 F_a;(c) 侧向力 F_y 与制动力 F_b;(d) 仅有制动力 F_b

图 2-55 中所示曲线表明了纵向摩擦系数与侧向摩擦系数之间的相关性。

图 2-56 示出驱动力、制动力对一种 7.60－15 轮胎的回正力矩特性的影响(气压 1.9bar)。可以看出,随着驱动力的增大,回正力矩先增大,然后减小;随着制动力绝对值的增大,回正力矩不断减小,以致改变方向,然后又开始增大。

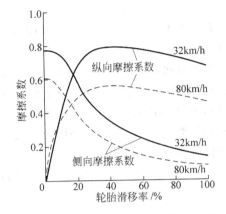

图 2-55 纵向摩擦系数与侧向摩擦系数之间的相关性

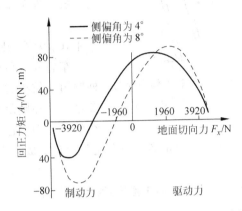

图 2-56 驱动力、制动力对一种 7.60－15 轮胎的回正力矩特性的影响(气压 1.9bar)

6. 轮胎气压对轮胎侧偏特性的影响

图 2-57 示出充气压力对一种 5.20－13 轮胎侧偏力特性的影响(垂直力 250kg,速度 40km/h)。可以看出,在侧偏角相同时,增大充气压力可以增大侧向力;减小气压,则会减小侧向力。图 2-58 示出该轮胎的充气压力对回正力矩特性的影响。可以看出,轮胎回正力矩随着气压的升高而减小。

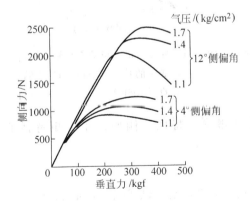

图 2-57 轮胎气压对侧偏力特性的影响(5.20－13 轮胎,垂直力 250kg,速度 40km/h)

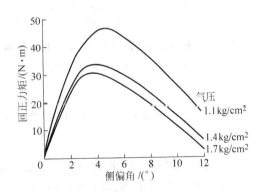

图 2-58 轮胎气压对回正力矩的影响(5.20－13 轮胎,垂直力 250kg,速度 40km/h)

7. 车轮外倾角引起的侧向力

图 2-59 示出车轮外倾角及其引起的外倾侧向力 $F_{y,\gamma}$。在干燥路面上,轮胎的外倾侧向力 $F_{y,\gamma}$ 可以近似利用下式估算:

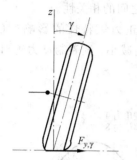

图 2-59　车轮外倾角 γ 与外倾侧向力 $F_{y,\gamma}$

$$F_{y,\gamma} = F_z \cdot \sin\gamma \tag{2-13}$$

其中，F_z 为轮胎上作用的垂直力；γ 为车轮外倾角。

图 2-60 示出轮胎外倾侧向力 $F_{y,\gamma}$ 随着车轮外倾角 γ 变化的特性。在外倾角 γ 较小时，外倾侧向力 $F_{y,\gamma}$ 与车轮外倾角 γ 成线性关系，即

$$F_{y,\gamma} = C_\gamma \cdot \gamma \tag{2-14}$$

其中，C_γ 为外倾刚度，N/(°)。

车轮外倾角还会引起外倾回正力矩，如图 2-61 所示。在外倾角 γ 较小时，外倾回正力矩 $A_{T,\gamma}$ 与车轮外倾角 γ 成线性关系。当外倾角 $\gamma = 0$ 时，外倾回正力矩 $A_{T,\gamma}$—车轮外倾角曲线的斜率 N_γ 是外倾回正刚度，N·m/(°)。在外倾角 γ 较小时，外倾回正力矩 $A_{T,\gamma}$ 与车轮外倾角 γ 成线性关系时，有如下关系：

$$A_{T,\gamma} = N_\gamma \cdot \gamma \tag{2-15}$$

其中，N_γ 为外倾回正刚度，N·m/(°)。

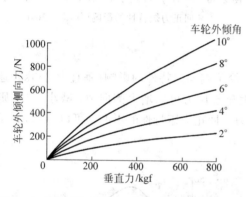

图 2-60　轮胎外倾侧向力 $F_{y,\gamma}$ 随着车轮外倾角 γ 变化的特性（6.40—13 轮胎，气压 2bar）

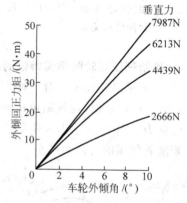

图 2-61　外倾回正力矩随着车轮外倾角变化的特性（7.60—15 轮胎，胎压 196kPa）

图 2-62 和图 2-63 分别示出车轮外倾角对侧偏力特性和侧偏回正力矩特性的影响。

8. 轮胎侧偏角对轮胎滚动阻力系数的影响

轮胎具有侧偏角、侧向力时，会使轮胎的滚动阻力系数增大，如图 2-64 所示。图 2-65 示出侧偏角对滚动阻力的影响（7.50—14 斜交轮胎，垂直力 $F_z = 400$kg，气压 1.7bar），有如下关系：

$$F_y = C_\alpha \cdot \alpha \tag{2-16}$$

其中，F_y 为侧偏角 α 引起的侧向力；F_y 垂直于车轮中心线；C_α 为轮胎的侧偏刚度。在速度 v 方向上的阻力 $F_{R,\alpha}$ 为

$$F_{R,\alpha} = F_y \cdot \sin\alpha + F_{R,\text{roll}} \cdot \cos\alpha \tag{2-17}$$

其中，$F_{R,roll}$ 为沿着车轮中心线的滚动阻力。式(2-17)中的第 1 项受侧偏角 α 的影响比较大(见图 2-64)。

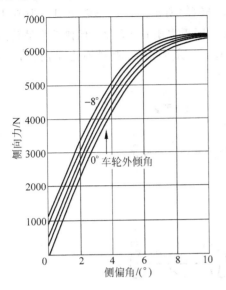

图 2-62 车轮外倾角对侧偏力特性的影响（175/70 HR 14 轮胎，垂直力 8000N，气压 2.4bar）

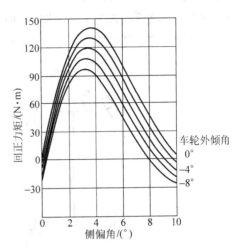

图 2-63 车轮外倾角对侧偏回正力矩特性的影响（175/70 HR 14 轮胎，垂直力 8000N，气压 2.4bar）

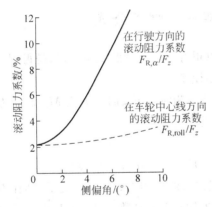

图 2-64 侧偏角对轮胎滚动阻力系数的影响（7.50－14 斜交轮胎，垂直力 $F_z = 400$kg，气压 1.7bar）

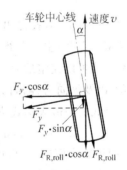

图 2-65 侧偏角对滚动阻力的影响

2.9.5 汽车前、后轮胎的回正力矩所引起的力矩转向

图 2-66 示出后桥驱动汽车在驱动工况和制动工况中的前、后轴回正力矩 $A_{T,f}$、$A_{T,r}$。图 2-66(a)示出汽车转向、驱动工况，其中前轴车轮没有驱动力，后轴车轮有驱动力。如图 2-56 所示，在驱动力较小时，轮胎的回正力矩有所增大，因此后桥的回正力矩 $A_{T,r}$ 也有所增大，有利于汽车不足转向。图 2-66(b)示出汽车的转向、制动工况，其中前、后轴轮胎

都有制动力。从图 2-56 中可以看出,只要轮胎上有制动力,轮胎的回正力矩都是减小的,甚至可以改变方向,如图 2-66(b)所示,其作用效果是加速汽车绕其质心的转动,有利于过多转向。前轴驱动汽车的情况类似,只是如图 2-66(a)所示的前轴车轮上具有驱动力,而后轴车轮上没有驱动力,在驱动力较小时,前轴的回正力矩有所增大,有利于不足转向。前轴驱动汽车的转向、制动工况与图 2-66(b)所示工况完全相同,制动时也是前、后轴的回正力矩变化有利于过多转向。

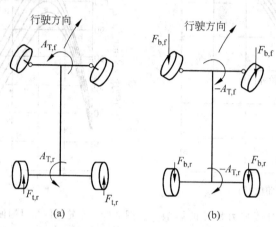

图 2-66 后轴驱动汽车在驱动工况和制动工况中的轮胎回正力矩
(a) 驱动工况;(b) 制动工况

2.10 轮胎模型——魔术公式

H. B. Pacejka 教授提出的魔术公式可以很好地拟合轮胎试验数据,是得到广泛应用的轮胎模型。在此,主要介绍 Pacejka'89 轮胎模型。

魔术公式可以完整地表达轮胎的纵向力 F_x、侧向力 F_y、回正力矩 M_z、翻转力矩 M_x、阻力矩 M_y 以及纵向力、侧向力的联合作用工况。

魔术公式的一般表达式为

$$Y(x) = D\sin\{C\arctan[Bx - E(Bx - \arctan(Bx))]\} \tag{2-18}$$

其中,$Y(x)$ 可以为侧向力、也可以为回正力矩或者纵向力等;x 为自变量,其在不同的情况下可以是轮胎的侧偏角、纵向滑移率、车轮外倾角等;系数 B、C、D、E 为通过适当拟合轮胎试验数据得到的常数。图 2-67 示出魔术公式轮胎模型的输入、输出变量及其单位。

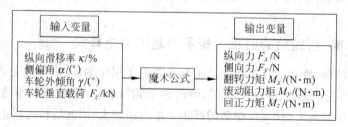

图 2-67 魔术公式轮胎模型的输入、输出变量

2.10.1　Pacejka'89 魔术公式——轮胎纵向力的计算

轮胎纵向力的计算公式为

$$F_x = (D \cdot \sin(C \cdot \arctan(B \cdot X_1 - E \cdot (B \cdot X_1 - \arctan(B \cdot X_1))))) + S_v \tag{2-19}$$

其中，X_1 为纵向力组合自变量。

$$X_1 = S_b + S_h \tag{2-20}$$

其中，S_b 为纵向滑移率（负值出现在制动态，-100% 表示车轮抱死）；S_h 为曲线的水平方向漂移。

$$S_h = b_9 \cdot F_z + b_{10} \tag{2-21}$$

其中，F_z 为轮胎的垂直力；C 为曲线形状因子，计算纵向力时取 b_0 的值，$C = b_0$；D 为巅因子，表示曲线的最大值。

$$D = b_1 \cdot F_z^2 + b_2 \cdot F_z \tag{2-22}$$

BCD 为纵向力零点处的纵向刚度，即

$$\mathrm{BCD} = (b_3 \cdot F_z^2 + B_4 \cdot F_z) \times \mathrm{e}^{-b_5 \cdot F_z} \tag{2-23}$$

B 为刚度因子，即

$$B = \frac{\mathrm{BCD}}{C \cdot D} \tag{2-24}$$

S_v 为曲线的垂直方向漂移，$S_v = 0$；E 为曲线曲率因子，表示曲线最大值附近的形状，

$$E = b_6 \cdot F_z^2 + b_7 \cdot F_z + b_8 \tag{2-25}$$

图 2-68 示出一个轮胎模型的魔术公式纵向力参数。图 2-69 示出对应的轮胎纵向力-纵向滑移率特性曲线，其中 $F_z = 4\mathrm{kN}$。

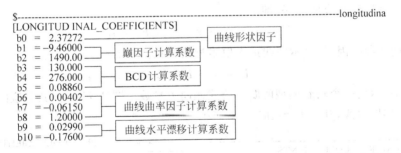

图 2-68　一个轮胎（宽度 255mm，高宽比 0.35，自由半径 340.6mm）模型的魔术公式纵向力参数

2.10.2　Pacejka'89 魔术公式——轮胎侧向力的计算

轮胎侧向力的计算公式为

$$F_y = (D \cdot \sin(C \cdot \arctan(B \cdot X_1 - E \cdot (B \cdot X_1 - \arctan(B \cdot X_1))))) + S_v \tag{2-26}$$

其中，X_1 为侧向力计算组合自变量。

$$X_1 = \alpha + S_h \tag{2-27}$$

其中，α 为侧偏角；S_h 为曲线的水平方向漂移。

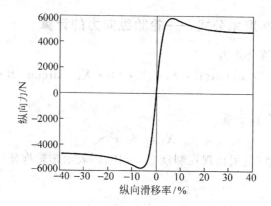

图 2-69 一个轮胎(宽度 255mm,高宽比 0.35,自由半径 340.6mm)的纵向力-纵向滑移率特性曲线($F_z=4$kN,利用图 2-68 中的参数进行计算;$S_v=0$)

$$S_h = a_9 \cdot F_z + a_{10} + a_8 \cdot \gamma \tag{2-28}$$

其中,γ 为车轮外倾角;C 为曲线形状因子,计算侧向力 F_y 时取 a_0 的值,即 $C=a_0$;D 是巅因子,表示曲线的最大值。

$$D = a_1 \cdot F_z^2 + a_2 \cdot F_z \tag{2-29}$$

BCD 为侧向力零点处的侧偏刚度,即

$$\text{BCD} = a_3 \cdot \sin\left(2 \cdot \arctan\frac{F_z}{a_4}\right) \cdot (1 - a_5 \cdot |\gamma|) \tag{2-30}$$

B 为刚度因子,即

$$B = \frac{\text{BCD}}{C \cdot D} \tag{2-31}$$

S_v 为曲线的垂直方向漂移,即

$$S_v = a_{11} \cdot F_z \cdot \gamma + a_{12} \cdot F_z + a_{13} \tag{2-32}$$

E 为曲线曲率因子,表示曲线最大值附近的形状。

$$E = a_6 \cdot F_z + a_7 \tag{2-33}$$

图 2-70 示出一个轮胎模型的魔术公式侧向力参数。图 2-71 示出其对应的轮胎侧向力-侧偏角特性曲线,其中 $F_z=4$kN。

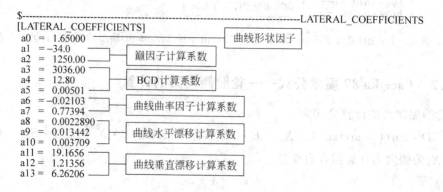

图 2-70 一个轮胎(宽度 255mm,高宽比 0.35,自由半径 340.6mm)模型的魔术公式侧向力参数

当侧偏角 $\alpha=0°$ 时,可以利用式(2-26)计算侧向力 F_y-车轮外倾角 γ 特性,如图 2-72 所示。

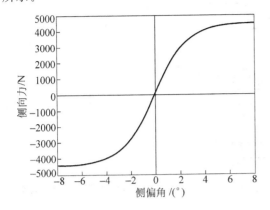

图 2-71 一个轮胎(宽度 255mm,高宽比 0.35,自由半径 340.6mm)的侧向力-侧偏角特性曲线($F_z=4$kN,利用图 2-70 中的参数进行计算,车轮外倾角 $\gamma=0°$)

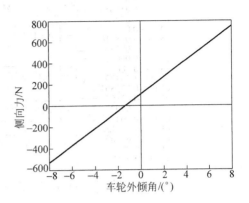

图 2-72 一个轮胎(宽度 255mm,高宽比 0.35,自由半径 340.6mm)的侧向力-车轮外倾角特性曲线($F_z=4$kN,利用图 2-70 中的参数进行计算;侧偏角 $\alpha=0°$)

2.10.3 Pacejka'89 魔术公式——轮胎回正力矩的计算

轮胎回正力矩的计算公式为

$$M_z = (D \cdot \sin(C \cdot \arctan(B \cdot X_1 - E \cdot (B \cdot X_1 - \arctan(B \cdot X_1))))) + S_v \tag{2-34}$$

其中,X_1 为回正力矩计算组合自变量。

$$X_1 = \alpha + S_h \tag{2-35}$$

其中,α 为侧偏角;S_h 为曲线的水平方向漂移。

$$S_h = c_{11} \cdot \gamma + c_{12} \cdot F_z + c_{13} \tag{2-36}$$

C 为曲线形状因子,计算回正力矩时取 $C=c_0$;D 为巅因子,表示曲线的最大值。

$$D = c_1 \cdot F_z^2 + c_2 \cdot F_z \tag{2-37}$$

BCD 为回正力矩零点处的回正力矩刚度。

$$\text{BCD} = (c_3 \cdot F_z^2 + c_4 \cdot F_z) \times (1 - c_6 \cdot |\gamma|) \times e^{-c_5 \cdot F_z} \tag{2-38}$$

B 为刚度因子,即

$$B = \frac{\text{BCD}}{C \cdot D} \tag{2-39}$$

S_v 为曲线的垂直方向漂移。

$$S_v = \gamma \cdot (c_{14} \cdot F_z^2 + c_{15} \cdot F_z) + c_{16} \cdot F_z + c_{17} \tag{2-40}$$

E 为曲线曲率因子,表示曲线最大值附近的形状。

$$E = (c_7 \cdot F_z^2 + c_8 \cdot F_z + c_9) \times (1 - c_{10} \cdot |\gamma|) \tag{2-41}$$

图 2-73 示出一个轮胎(宽度 255mm,高宽比 0.35,自由半径 340.6mm)模型的魔术公式回正力矩参数。图 2-74 示出其对应的轮胎回正力矩-侧偏角特性曲线,其中 $F_z=4$kN。

```
$----------------------------------------------------------------------aligning
[ALIGNING_COEFFICIENTS]
c0  =  2.34000           曲线形状因子
c1  =  1.4950
c2  =  6.416654          巅因子计算系数
c3  = -3.57403
c4  = -0.087737
c5  =  0.098410          BCD 计算系数
c6  =  0.0027699
c7  = -0.0001151
c8  =  0.1000
c9  = -1.33329           曲线曲率因子计算系数
c10 =  0.025501
c11 = -0.02357
c12 =  0.03027           曲线水平漂移计算系数
c13 = -0.0647
c14 =  0.0211329
c15 =  0.89469           曲线垂直漂移计算系数
c16 = -0.099443
c17 = -3.336941
```

图 2-73　一个轮胎(宽度 255mm,高宽比 0.35,自由半径 340.6mm)模型的魔术公式回正力矩参数

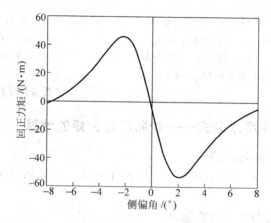

图 2-74　一个轮胎(宽度 255mm,高宽比 0.35,自由半径 340.6mm)的回正力矩-侧偏角特性曲线(F_z=4kN,利用图 2-73 中的参数进行计算,车轮外倾角 γ=0°)

当侧偏角 α=0°时,可以利用式(2-34)计算回正力矩 M_z-车轮外倾角 γ 特性,如图 2-75 所示。

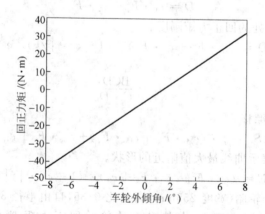

图 2-75　一个轮胎(宽度 255mm,高宽比 0.35,自由半径 340.6mm)的回正力矩-车轮外倾角特性曲线(F_z=4kN,利用图 2-73 中的参数进行计算;侧偏角 α=0°)

2.10.4　Pacejka'89 魔术公式——ADAMS 的 Car 模块中的轮胎属性文件

如下是在 ADAMS 的 Car 模块中采用的轮胎属性文件 TR_rear_pac89.tir。

```
$----------------------------------------------------------------MDI_HEADER
[MDI_HEADER]
  FILE_TYPE = 'tir'
  FILE_VERSION = 2.0
  FILE_FORMAT = 'ASCII'
(COMMENTS)
{comment_string}
'Tire         - XXXXXX'
'Pressure     - XXXXXX'
'Test Date    - XXXXXX'
'Test tire'
'New File Format v2.1'
$----------------------------------------------------------------UNITS
[UNITS]
  LENGTH = 'mm'
  FORCE = 'newton'
  ANGLE = 'radians'
  MASS = 'kg'
  TIME = 'sec'
$----------------------------------------------------------------MODEL
[MODEL]
!   use mode      1     2     3     4
! ------------------------------
!   smoothing                 ×     ×
!     combined          ×           ×
!
  PROPERTY_FILE_FORMAT = 'PAC89'    ; 轮胎模型关键词
  FUNCTION_NAME = 'TYR900'          ; 解算器函数
  USE_MODE = 4.0                    ; 平滑过渡模式
$----------------------------------------------------------------DIMENSION
[DIMENSION]
  UNLOADED_RADIUS = 340.6           ; 轮胎自由半径
  WIDTH = 255.0                     ; 轮胎宽度
  ASPECT_RATIO = 0.35               ; 高宽比
$----------------------------------------------------------------PARAMETER
[PARAMETER]
  VERTICAL_STIFFNESS = 310.0        ; 垂直刚度系数
  VERTICAL_DAMPING = 3.1            ; 垂直阻尼系数
  LATERAL_STIFFNESS = 190.0         ; 侧向刚度
  ROLLING_RESISTANCE = 0.01         ; 滚动阻力系数
$----------------------------------------------------------------LATERAL_COEFFICIENTS
[LATERAL_COEFFICIENTS]
```

```
   a0  =   1.65000
   a1  =  -34.0
   a2  =   1250.00
   a3  =   3036.00
   a4  =   12.80
   a5  =   0.00501
   a6  =  -0.02103
   a7  =   0.77394
   a8  =   0.0022890
   a9  =   0.013442
   a10 =   0.003709
   a11 =   19.1656
   a12 =   1.21356
   a13 =   6.26206
$------------------------------------------------------longitudinal
[LONGITUDINAL_COEFFICIENTS]
   b0  =   2.37272
   b1  =  -9.46000
   b2  =   1490.00
   b3  =   130.000
   b4  =   276.000
   b5  =   0.08860
   b6  =   0.00402
   b7  =  -0.06150
   b8  =   1.20000
   b9  =   0.02990
   b10 =  -0.17600
$------------------------------------------------------aligning
[ALIGNING_COEFFICIENTS]
   c0  =   2.34000
   c1  =   1.4950
   c2  =   6.416654
   c3  =  -3.57403
   c4  =  -0.087737
   c5  =   0.098410
   c6  =   0.0027699
   c7  =  -0.0001151
   c8  =   0.1000
   c9  =  -1.33329
   c10 =   0.025501
   c11 =  -0.02357
   c12 =   0.03027
   c13 =  -0.0647
   c14 =   0.0211329
   c15 =   0.89469
   c16 =  -0.099443
   c17 =  -3.336941
```

（1）轮胎侧向刚度（LATERAL_STIFFNESS）

轮胎侧向刚度在轮胎属性文件的参数 PARAMETER 数据段中通过 LATERAL_STIFFNESS 语句进行设定。

图 2-76 示出轮胎在侧偏时的变形情况，其中 r_T 是由侧向力 F_y 引起的侧向变形。它们之间具有如下关系

$$r_T = \frac{F_y}{\text{LATERAL\_STIFFNESS}} \qquad (2-42)$$

其中，LATERAL_STIFFNESS 为轮胎的侧向刚度。

翻转力矩 M_x

$$M_x = -F_z \cdot r_T \qquad (2-43)$$

其中，F_z 为地面对轮胎的垂直支承力。

纵向力 F_x 和侧向力 F_y 联合作用引起的回正力矩 M_{zt} 为

$$M_{zt} = F_y \cdot r_{\tau,T} + F_x \cdot r_T = M_z + F_x \cdot r_T \qquad (2-44)$$

$$M_z = F_y \cdot r_{\tau,T} \qquad (2-45)$$

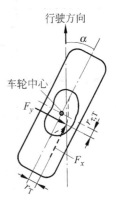

图 2-76 轮胎侧偏时的变形情况

其中，$r_{\tau,T}$ 为轮胎拖距；M_z 为利用式（2-34）计算得到的回正力矩。

（2）滚动阻力系数（ROLLING_RESISTANCE）

轮胎滚动阻力系数在轮胎属性文件的参数 PARAMETER 数据段中通过 ROLLING_RESISTANCE 语句进行设定。

滚动阻力矩 M_y 为

$$M_y = F_z \cdot \text{ROLLING\_RESISTANCE} \cdot R_w \qquad (2-46)$$

其中，R_w 为轮胎的滚动半径；ROLLING_RESISTANCE 为滚动阻力系数；F_z 为轮胎的垂直载荷。

2.11 一些轮胎的侧偏特性和车轮外倾特性参数

表 2-12 示出具有不同胎面/花纹设计的卡车子午线轮胎 11 R 22.5（见图 2-37）的侧偏特性参数。

表 2-12 具有不同胎面/花纹设计的卡车子午线轮胎 11 R 22.5 的侧偏特性参数

轮胎花纹设计	充气压力/bar	垂直力/N	侧偏刚度/(kN/(°))	回正力矩刚度/(N·m/(°))
圆周条形花纹 A	6.55025	5.3732	0.86113	13.560
	6.55025	10.7464	1.75296	51.528
	6.55025	16.1196	2.51223	89.496
	6.55025	21.4927	3.03932	132.888
	6.55025	26.8659	3.40628	177.636
	6.55025	32.2391	3.64069	218.316
	6.55025	37.6123	3.81460	267.132
	6.55025	42.9855	3.95427	307.812

续表

轮胎花纹设计	充气压力/bar	垂直力/N	侧偏刚度/(kN/(°))	回正力矩刚度/(N·m/(°))
圆周条形花纹 A	7.23975	5.3732	0.83311	17.628
	7.23975	10.7464	1.63686	46.104
	7.23975	16.1196	2.34009	84.072
	7.23975	21.4927	2.85028	126.108
	7.23975	26.8659	3.24215	161.364
	7.23975	32.2391	3.50547	207.468
	7.23975	37.6123	3.72431	252.216
	7.23975	42.9855	3.85820	292.896
圆周条形花纹 B	6.55025	5.3732	0.77173	17.628
	6.55025	10.7464	1.58794	51.528
	6.55025	16.1196	2.22667	97.632
	6.55025	21.4927	2.68348	146.448
	6.55025	26.8659	2.97349	184.416
	6.55025	32.2391	3.15630	234.588
	6.55025	37.6123	3.26528	280.692
	6.55025	42.9855	3.33422	325.440
圆周条形花纹 B	7.23975	5.3732	0.74860	14.916
	7.23975	10.7464	1.52388	50.172
	7.23975	16.1196	2.18886	90.852
	7.23975	21.4927	2.62076	131.532
	7.23975	26.8659	2.95080	173.568
	7.23975	32.2391	3.19322	222.384
	7.23975	37.6123	3.28707	265.776
	7.23975	42.9855	3.38804	310.524
复杂花纹 A	6.55025	5.3732	0.79530	18.984
	6.55025	10.7464	1.45405	43.392
	6.55025	16.1196	1.97892	75.936
	6.55025	21.4927	2.34899	109.836
	6.55025	26.8659	2.63633	151.872
	6.55025	32.2391	2.83293	188.484
	6.55025	37.6123	2.94280	226.452
	6.55025	42.9855	3.02597	260.352
复杂花纹 A	7.23975	5.3732	0.73525	16.272
	7.23975	10.7464	1.37132	39.324
	7.23975	16.1196	1.87795	75.936
	7.23975	21.4927	2.27026	107.124
	7.23975	26.8659	2.57450	139.668
	7.23975	32.2391	2.75732	174.924
	7.23975	37.6123	2.89476	211.536
	7.23975	42.9855	2.98594	246.792

续表

轮胎花纹设计	充气压力/bar	垂直力/N	侧偏刚度/(kN/(°))	回正力矩刚度/(N·m/(°))
复杂花纹 B	6.55025	5.3732	0.95765	14.916
	6.55025	10.7464	1.79966	47.460
	6.55025	16.1196	2.45930	88.140
	0.55025	21.4927	2.94680	127.464
	6.55025	26.8659	3.26661	172.212
	6.55025	32.2391	3.38938	204.756
	6.55025	37.6123	3.52904	249.504
	6.55025	42.9855	3.63668	296.964
复杂花纹 B	7.23975	5.3732	0.93630	17.628
	7.23975	10.7464	1.70180	48.816
	7.23975	16.1196	2.35166	81.360
	7.23975	21.4927	2.82448	120.684
	7.23975	26.8659	3.12516	151.872
	7.23975	32.2391	3.35957	193.908
	7.23975	37.6123	3.47567	235.944
	7.23975	42.9855	3.55217	276.624
复杂花纹 C	6.55025	5.3732	0.92563	14.916
	6.55025	10.7464	1.67289	47.460
	6.55025	16.1196	2.22934	86.784
	6.55025	21.4927	2.58963	117.972
	6.55025	26.8659	2.86184	160.008
	6.55025	32.2391	3.03220	199.332
	6.55025	37.6123	3.13228	234.588
	6.55025	42.9855	3.23725	279.336
复杂花纹 C	7.23975	5.3732	0.88515	16.272
	7.23975	10.7464	1.56258	46.104
	7.23975	16.1196	2.08389	74.580
	7.23975	21.4927	2.48910	111.192
	7.23975	26.8659	2.77110	154.584
	7.23975	32.2391	2.92234	185.772
	7.23975	37.6123	3.04243	221.028
	7.23975	42.9855	3.10204	254.928

表2-13示出一些轿车和皮卡轮胎的侧偏特性和车轮外倾特性参数。

表2-13 一些轿车和皮卡轮胎的侧偏特性和车轮外倾特性参数

轮　　胎	垂直力/N	侧偏刚度/(N/(°))	回正力矩刚度/(N·m/(°))	车轮外倾刚度/(N/(°))	外倾回正力矩刚度/(N·m/(°))
轮胎1	3970	1643	30.8	221.4	8.9
轮胎2	4630	1608	45.0	46.3	0.0
轮胎3	5225	1578	52.6	52.3	0.0
轮胎4	5165	1093	35.0	51.7	0.0
轮胎5(皮卡)	6285	1447	42.6	61.8	0.0
轮胎6	5415	1314	41.5	54.2	0.0
轮胎7	3690	938.4	22.0	36.9	0.0

3 汽车零部件的载荷及其强度的计算方法

3.1 概 述

在汽车行驶过程中,作用在汽车零部件上的载荷相当复杂,一般都是随机载荷。这些载荷的水平和变化特性受到很多因素的影响,例如发动机的输出转矩、地面的附着系数、路面不平度、汽车的行驶速度、车辆的装载量、驾驶员的操纵等。

汽车零部件的损坏形式主要有两种,即静强度失效和疲劳失效。当零部件受到一次很大的载荷作用,使其危险截面的应力水平超过了材料的屈服极限或强度极限时,零部件会产生过大的塑性变形或断裂,这种失效称为静强度失效。当零部件在经受一段时间的载荷历程作用后,其出现明显的裂纹或断裂,这种失效称为疲劳失效。据统计,汽车零部件的损坏有90%以上都是疲劳失效造成的。

为了使汽车产品具有需要的工作寿命、耐久性和可靠性,在国际汽车行业已经广泛采用了一种设计、分析和试验的三步法。

第一步,进行汽车行驶试验,测取其载荷和载荷历程数据。图 3-1 示出在汽车底盘零件上安装的道路载荷传感器,即应变片和加速度传感器。图 3-2 示出作用在车轮上的主要载荷,即垂直力 F_V、侧向力 F_L、纵向力 F_A 和制动力 F_B,它们是影响汽车零部件耐久性

图 3-1 在汽车底盘零件上安装的道路载荷传感器(应变片、加速度传感器)

的关键因素。在零部件上布置应变片和加速度传感器的主要考虑是它们对这些载荷比较敏感。汽车在选定的典型道路或汽车试验场中行驶时,测量道路载荷信号,即应变、加速度信号。图3-3示出一个多轴向输入的整车道路模拟试验台,可以在其上对道路实测应变、加速度信号进行比较准确的模拟,同时利用力传感器测量出这个试验台对车轮的载荷信号。此外,也可以通过进行静态标定的方法近似求出这种载荷信号。对这些载荷信号进行分析,得到设计计算载荷,并且提供给设计人员;设计人员可以根据这些计算载荷确定零部件的形状和尺寸。

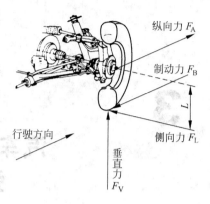

图3-2 作用在汽车车轮上的主要载荷

在活尔夫斯堡大众汽车公司Hydropuls耐久性实验设备室的Hydropuls 12通道整车实验台

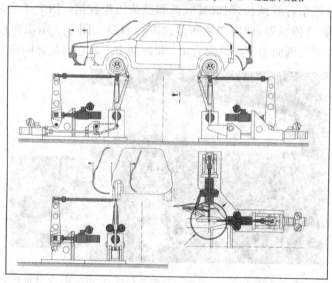

图3-3 一个多轴向输入的大位移整车耐久性试验台

第二步，对汽车零部件进行静态应力分析和疲劳强度分析。一般利用有限元分析方法得到零部件中的应力分布；对零部件结构进行改进设计，排除或减轻结构中的应力集中，因为疲劳失效一般都首先发生在零部件应力集中的部位；利用材料疲劳性能参数和载荷历程（在第一步工作中得到的）进行疲劳寿命预计，一般采用局部应力—应变法或名义应力法。图 3-4 为一个对后桥—后悬架系统建立的有限元分析模型。

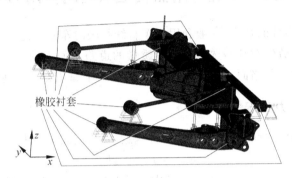

图 3-4 一个对后桥—后悬架系统建立的有限元分析模型

第三步，进行耐久性试验，以检验疲劳寿命预计的正确性，并且确保产品具有需要的工作寿命和可靠度。耐久性试验可以在试验室、试验场、公共道路上进行。图 3-3 示出一个多轴向输入的大位移整车耐久性试验台，其既可以用来试验车身，也可以用来试验车轴和悬架。图 3-5 示出一个单输入前悬架下横臂耐久性试验系统。前者非常复杂、昂贵，后者要简单得多。采用何种试验方法取决于试验要达到的目的。需要指出的是，进行试验室耐久性试验的载荷信号也来自于第一步的工作。在耐久性试验中如果发现问题，应该及时反馈到产品设计和制造部门，进行必要的设计分析和改进，然后再进行试验，直至产品满足要求为止。

图 3-5 一个轿车前悬架下横臂疲劳试验系统（只有一个纵向力输入）

在长期的汽车设计、制造、试验过程中，汽车工程技术人员已经积累了丰富的经验，总结出了估计汽车零部件计算载荷和计算工况的一些方法。根据这些比较简单的计算载荷和计算工况对产品进行校核、评价，一般可以保证汽车绝大多数零部件的强度、寿命满足要求,而且可以节省大量的时间和成本。这些计算载荷和计算工况既可以用于基于材料力学、弹性力学的强度计算,也可以用于零部件的有限元分析。因此,了解这种计算工况和计算载荷的估计方法对于汽车工程师是必不可少的。

3.2 车轮与路面接触点处的作用力

为了计算底盘零件的强度,一般利用汽车直线行驶时车轮与地面接触点处的作用力。在计算其耐久性(疲劳失效)时,选择在中等质量的道路路面上的行驶状态。而在计算静强度时,选择在坑洼不平路面上的行驶状态,通过障碍物或有最大加速度时的制动状态。

3.2.1 最大垂直力工况

汽车在道路上直线行驶时,车轮与路面接触点处的最大垂直力 F_{vm} 可以表示为

$$F_{vm} = F_{vo} + \Delta F_v \tag{3-1}$$

其中,F_{vo} 为车轮的满载静载荷;ΔF_v 为车轮的最大动载荷。大量的测量数据表明,ΔF_v 与 F_{vo} 和轮胎的垂直静刚度 c_1 有关。需要注意的是,c_1 与轮胎充气压力有关。以下定义两个动载系数,k_1 为耐久性动载系数,k_2 为静强度动载系数,则式(3-1)可以改写为

$$F_{vm1} = k_1 \cdot F_{vo} \tag{3-2}$$

$$F_{vm2} = k_2 \cdot F_{vo} \tag{3-3}$$

图3-6示出垂直动载系数特性曲线。最大垂直力工况只包括垂直力。

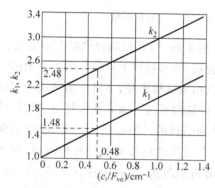

图3-6 垂直动载系数特性曲线(k_1 为耐久性动载系数,k_2 为静强度动载系数)

【例3-1】 一个轮胎的气压为 0.19MPa 时,其垂直静刚度 $c_1 = 1.9$kN/cm,车轮的满载静载荷 $F_{vo} = 4$kN,试求其最大垂直载荷。

解:为了从图3-6中查出 k_1 和 k_2,首先要确定比值 c_1/F_{vo}

$$c_1/F_{vo} = 1.9/4 = 0.48 \text{cm}^{-1}$$

从图3-6中可以查到 $k_1 = 1.48$、$k_2 = 2.48$。所以,用于耐久性计算的最大垂直载荷 F_{vm1} 为

$$F_{vm1} = k_1 \cdot F_{vo} = 1.48 \times 4 = 5.92 \text{kN}$$

用于静强度计算的最大垂直载荷 F_{vm2} 为

$$F_{vm2} = k_2 \cdot F_{vo} = 2.48 \times 4 = 9.92 \text{kN}$$

从图3-6中可以看出,比值 c_1/F_{vo} 越大,动载系数 k_1 和 k_2 就越大。所以,在其他条件不变的情况下,降低轮胎气压可以减小最大垂直力。

3.2.2 最大侧向力工况

汽车在道路上直线行驶时,车轮与路面接触点处的最大侧向力 F_{Lm1} 和 F_{Lm2} 可以表

示为

$$F_{Lm1} = \pm \mu_{F1} \cdot F_{vo} \tag{3-4}$$
$$F_{Lm2} = \pm \mu_{F2} \cdot F_{vo} \tag{3-5}$$

其中，F_{vo} 为车轮的满载静载荷；μ_{F1} 和 μ_{F2} 分别为用于耐久性和静强度计算的侧向力系数。大量的测量数据表明，汽车在直线行驶时，车轮上作用的侧向力的方向是随机变化的，侧向力系数仅取决于 F_{vo}，如图 3-7 所示。

在最大侧向力工况中既包括侧向力，又包括垂直力。在为了进行静强度计算而确定作用在车桥零件上的最大弯矩时，所选择的侧向力方向应使其引起的弯矩与垂直力引起的弯矩相加，即使弯矩增大的方向，如图 3-8 所示。由于侧向力的最大值不会与垂直力的最大值同时出现，侧向力工况有如下 3 种。

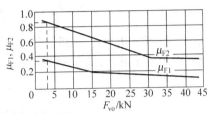

图 3-7　侧向力系数特性曲线（μ_{F1} 和 μ_{F2} 分别为用于耐久性和静强度计算的侧向力系数）

（1）$F_{vm2} = k_2 \cdot F_{vo}$，$F_{Lm1} = \mu_{F1} \cdot F_{vo}$
（2）$F_{vm1} = k_1 \cdot F_{vo}$，$F_{Lm2} = \mu_{F2} \cdot F_{vo}$
（3）$F_{vm1} = k_1 \cdot F_{vo}$，$F_{Lm2} = \mu_{F2} \cdot F_{vo}$，左、右两侧车轮受到的侧向力 F_{Lm2} 方向相同。在这种工况中，在一侧车轮上受到的垂直力 F_{vm1} 和侧向力 F_{Lm2} 组合在车桥上引起的弯矩方向是相同的，而在另一侧则相反（见图 3-9），但是在这两侧车轮上受到的侧向力会共同对悬架、车架或车身施加一个大的水平力。

上述的侧向力工况都是直线行驶工况，而不是按照在车轮与路面极限附着系数下的转弯行驶工况确定的。在转弯行驶时，在外轮上作用的垂直力和侧向力都比较大，但是它们引起的弯矩却具有相反的方向，即相互抵消，造成合成弯矩的减小（在图 3-9 中右侧的情况）。道路实测结果表明，普通轿车直线行驶时侧向力所引起的应力比转弯行驶时要高。转弯行驶时，车轮所受到的侧向力值受到路面和轮胎的限制。

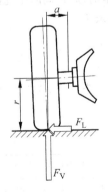

图 3-8　所选择的侧向力 F_L 的方向应该使其引起的弯矩与垂直力 F_V 引起的弯矩相加

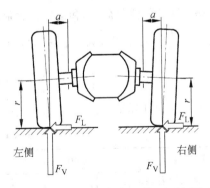

图 3-9　第 3 种侧向力工况（左、右两侧车轮受到的侧向力 F_L 方向相同）

3.2.3 最大制动力工况

图 3-10 示出汽车在制动过程中的受力情况。汽车前、后轴上的垂直力 F_{zf}、F_{zr} 表示为

$$F_{zf} = \frac{L_r}{L} \cdot G + \frac{h}{L} \cdot m \cdot a_B = F_{zfo} + \frac{h}{L} \cdot m \cdot a_B \tag{3-6}$$

$$F_{zr} = \frac{L_f}{L} \cdot G - \frac{h}{L} \cdot m \cdot a_B = F_{zro} - \frac{h}{L} \cdot m \cdot a_B \tag{3-7}$$

其中,L 为轴距;L_f 为汽车质心与前轴之间的距离;L_r 为质心与后轴之间的距离;h 为质心高度;G 为整车重量;m 为整车质量;a_B 为制动减速度;F_{zfo}、F_{zro} 分别为前、后轴的静负荷。

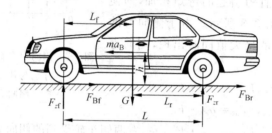

图 3-10 汽车制动过程中的受力分析图

前轴的最大地面制动力 F_{Bf} 可以表示为

$$F_{Bf} = \mu \cdot F_{zf} = \mu \cdot \left(\frac{L_r}{L} \cdot G + \frac{h}{L} \cdot m \cdot a_B \right) = \mu \cdot \left(F_{zfo} + \frac{h}{L} \cdot m \cdot a_B \right) \tag{3-8}$$

其中,μ 为轮胎-地面附着系数。

【例 3-2】 一辆汽车的总质量 $m = 1780\text{kg}$,前轴静负荷 $F_{zfo} = 710\text{kg}$,后轴静负荷 $F_{zro} = 1070\text{kg}$,轴距 $L = 2720\text{mm}$,质心高度 $h = 700\text{mm}$,试分别求在制动加速度 a_B 为 $0.7g$、$0.8g$、$0.9g$、$1.0g$、$1.1g$、$1.2g$ 时的前轴负荷 F_{zf} 和前轴最大制动力 F_{Bf}。假定对应的车轮—地面附着系数 μ 分别为 0.7、0.8、0.9、1.0、1.2,也就是前、后轴同时抱死的制动工况。

解:汽车前轴负荷 F_{zf} 和前轴最大制动力 F_{Bf} 可以表示为

$$F_{zf} = \frac{L_r}{L} \cdot G + \frac{h}{L} \cdot m \cdot a_B = F_{zfo} + \frac{h}{L} \cdot m \cdot a_B = 710 \times 9.8 + \frac{700}{2720} \times 1780 \cdot a_B$$

$$F_{Bf} = \mu \cdot F_{zf} = \mu \cdot \left(F_{zfo} + \frac{h}{L} \cdot m \cdot a_B \right) = \mu \cdot \left(710 \times 9.8 + \frac{700}{2720} \times 1780 \cdot a_B \right)$$

表 3-1 为计算结果。

表 3-1 制动计算结果

制动减速度 a_B/g	0	0.7	0.8	0.9	1.0	1.1	1.2
车轮-地面附着系数 μ		0.7	0.8	0.9	1.0	1.1	1.2
前轴负荷 F_{zf}/N	6958	10100	10549	10998	11447	11896	12345
前轴制动力 F_{Bf}/N	0	7070.3	8439.5	9898.5	11447	13086	14814
前轴负荷比 F_{zf}/F_{zfo}	1.00	1.45	1.52	1.58	1.65	1.71	1.77

轿车、轻型货车等轻型、高速车辆的同步附着系数一般都超过 0.8,可以据此确定用于静强度计算的最大制动力工况,即最大制动力 F_{B2f} 和垂直力 F_{VB2} 的组合。

对于前轮,最大制动力 F_{B2f} 和垂直力 F_{VB2f} 组合为

$$F_{VB2f} = \frac{F_{zf}}{2} = = \frac{1}{2}\left(F_{zfo} + \frac{h}{L} \cdot m \cdot a_B\right) = \frac{1}{2} \cdot \left(F_{zfo} + \frac{h}{L} \cdot m \cdot 0.8g\right) \tag{3-9}$$

$$F_{B2f} = \mu \cdot F_{VB2f} = \frac{\mu}{2} \cdot \left(F_{zfo} + \frac{h}{L} \cdot m \cdot a_B\right) = \frac{0.8}{2} \cdot \left(F_{zfo} + \frac{h}{L} \cdot m \cdot 0.8g\right) \tag{3-10}$$

对于前轮,也可以这样确定最大制动力工况,即

$$F_{B2f} = 1.25 \cdot F_{Vof} \tag{3-11}$$

$$F_{VB2f} = k_1 \cdot F_{Vof} \tag{3-12}$$

其中,F_{Vof} 为一个前轮的满载静负荷;k_1 为耐久性垂直动载系数(见图 3-6)。

在制动时,作用在后轴上的垂直负荷是减小的。用于静强度计算的后轮制动工况如下:

$$F_{B2r} = 0.8 \cdot F_{Vor} \tag{3-13}$$

$$F_{VB2r} = F_{Vor} \tag{3-14}$$

其中,F_{B2r} 为一个后轮上的制动力;F_{Vor} 为一个后轮的满载静负荷;F_{VB2r} 为制动时一个后轮上的垂直力。

3.2.4 最大驱动力工况

在加速时,作用在前轮上的垂直负荷是减小的。用于静强度计算的前轮驱动工况如下:

$$F_{A2f} = 0.8 \cdot F_{Vof} \tag{3-15}$$

$$F_{VA2f} = F_{Vof} \tag{3-16}$$

其中,F_{A2f} 为一个前轮上的驱动力,它是一种纵向力 F_A(见图 3-2);F_{Vof} 为一个前轮的满载静负荷;F_{VA2f} 为驱动时一个前轮上的垂直力。

汽车加速时,后轮的垂直力是增加的。用于静强度计算的后轮驱动工况如下:

$$F_{A2r} = 1.1 \cdot F_{Vor} \tag{3-17}$$

$$F_{VA2r} = k_1 \cdot F_{Vor} \tag{3-18}$$

其中,F_{A2r} 为一个后轮上的纵向力;F_{Vor} 为一个后轮的满载静负荷;k_1 为耐久性垂直动载系数(见图 3-6);F_{VA2r} 为加速时作用在一个后轮上的垂直负荷。

3.3 发动机转矩引起的载荷

在汽车中,如果汽车装备了手动四挡变速器,为了计算传动轴的疲劳强度应该采用如下计算转矩

$$T_{t1} = T_{emax} \cdot i_3 \cdot \eta_g \tag{3-19}$$

其中,T_{t1} 为传动轴疲劳强度计算转矩;T_{emax} 为发动机最大有效转矩;i_3 为手动四挡变速器第 3 挡(次高挡)的传动比;η_g 为变速器的效率(约为 0.92)。

在进行静强度计算时,应该考虑从变速器到车轮的传动系中是否有弹性联轴节。如果有弹性联轴节,则 $k_d = 1.0$。如果没有弹性联轴节,则应该乘以一个动载系数 k_d。对于

轿车，$k_d=2.0$；对于货车，$k_d=2.0\sim2.7$；对于越野车，$k_d=2.5\sim3.2$。这时，通过传动轴传递的最大转矩为

$$T_{t2} = T_{emax} \cdot i_1 \cdot \eta_g \cdot k_d \tag{3-20}$$

其中，T_{t2}是传动轴静强度计算转矩；T_{emax}是发动机最大有效转矩；i_1是手动四挡变速器第1挡的传动比；η_g是变速器的效率(约为0.92)。

在计算采用三挡自动变速器的汽车传动系疲劳强度时，应该考虑液力变矩器的传动效率$\eta_w=0.95$。假定接通第2挡，则为了计算传动轴的疲劳强度应该采用如下计算转矩

$$T_{t1} = T_{emax} \cdot i_2 \cdot \eta_g \cdot \eta_w \tag{3-21}$$

其中，T_{t1}是传动轴疲劳强度计算转矩；T_{emax}为发动机最大有效转矩；i_2为三挡自动变速器第2挡(次高挡)的传动比；η_g为变速器的效率(约为0.92)；η_w为液力变矩器的传动效率。

当原地起步时，应该考虑液力变矩器的扭矩系数$i_w=2.1\sim2.3$，则这时通过传动轴传递的最大转矩为

$$T_{t2} = T_{emax} \cdot i_1 \cdot i_w \cdot \eta_g \cdot \eta_w \tag{3-22}$$

其中，T_{t2}为传动轴静强度计算转矩；T_{emax}为发动机最大有效转矩；i_1为变速器第1挡的传动比；η_g为变速器的效率(约为0.92)。

在一般汽车中，普通对称锥齿轮式差速器得到了广泛应用。在这种差速器不锁止的情况下，两个半轴传递的转矩可以认为近似相等。

在采用手动四挡变速器的情况下，用于半轴疲劳强度和静强度计算的计算转矩分别是

$$T_{t1} = 0.5 \cdot T_{emax} \cdot i_3 \cdot i_o \cdot \eta \tag{3-23}$$

$$T_{t2} = 0.5 \cdot T_{emax} \cdot i_1 \cdot i_o \cdot \eta \cdot k_d \tag{3-24}$$

其中，i_o为主减速器的传动比；η为变速器、传动轴、主减速器的总效率。

在采用三挡自动变速器的情况下，用于半轴疲劳强度和静强度计算的计算转矩分别是

$$T_{t1} = 0.5 \cdot T_{emax} \cdot i_2 \cdot i_o \cdot \eta \cdot \eta_w \tag{3-25}$$

$$T_{t2} = 0.5 \cdot T_{emax} \cdot i_1 \cdot i_w \cdot i_o \cdot \eta \cdot \eta_w \tag{3-26}$$

其中，i_o为主减速器的传动比；η为变速器、传动轴、主减速器的总效率。

在差速器锁止时，全部转矩可以传递给一个半轴。在这种情况下，式(3-23)～式(3-26)中的系数0.5都应该去掉。

3.4 汽车零部件的强度计算

在计算零部件强度时，首先需要根据上述方法确定其计算工况和计算载荷。然后，计算零部件在上述计算工况中的应力。最后，把零部件中的计算应力与其许用应力进行比较，即检验

$$\sigma \leqslant [\sigma] \tag{3-27}$$

或

$$\tau \leqslant [\tau] \tag{3-28}$$

是否得到满足。其中，σ为零部件的计算正应力；$[\sigma]$为零部件的许用正应力；τ为零部件的计算剪应力；$[\tau]$为零部件的许用剪应力。如果式(3-27)和式(3-28)得到满足，就可以

保证零部件在使用中不发生失效,即不发生静强度失效和疲劳失效。

可以采用材料力学、弹性力学或有限元分析方法来确定零部件中的计算应力。而零部件的许用应力取决于制造零部件所使用的材料、制造方法、制造质量、零件的结构特征(应力集中情况)、所承受的载荷种类(拉-压、弯曲、扭转、弯-扭联合作用、动态载荷)等。

3.5 汽车零部件的许用应力与安全系数

要使汽车零部件在使用中正常地发挥作用,而不发生故障或破损,必须把它的工作应力限定在某一数值之下,这一限定的应力就是许用应力。零部件的许用应力取决于其所采用材料的性质、承受载荷的种类及使用情况。要决定许用应力的大小,首先要分析该零件在实际使用状态下所承受的载荷种类、使用温度及其他因素。材料随承受载荷的种类和使用温度等的不同可能使其能够承受外力的强度有较大的差异。

材料的许用应力是由其基准强度和安全系数所决定的。材料的基准主要是根据其材料的性质(塑性材料还是脆性材料)、载荷类型(静载荷、动态载荷、使用温度等)来选择强度。

(1) 在常温下承受静载荷时,轧制(塑性)材料的基准强度为其屈服极限。
(2) 在常温下承受静载荷时,脆性材料(铸铁等)的基准强度为其极限强度。
(3) 在高温下承受静载荷时,基准强度为其蠕变极限。
(4) 在承受交变载荷时,基准强度为其疲劳极限。

如果零部件的受力和根据所受外力计算的应力准确,并且材料的质量(性能参数)完全一致,则可以取上述材料的基准强度作为它的许用应力。但是,汽车零部件的实际受力和计算应力都不可能准确确定,而且材料的制造质量也存在固有的差异(材料性能参数都是随机变量),为了确保零部件在实际使用中不产生失效,因此其许用应力应低于上述材料的基准强度。基于上述基准强度,再把适当的安全系数考虑进去,就得到了许用应力

$$许用应力 = 基准强度/安全系数$$

其中,安全系数>1。

对于一般的汽车,安全系数的取值标准如下:
(1) 对于疲劳破坏,安全系数 $n_1 \geq 1.2$;
(2) 对于屈服失效,安全系数 $n_2 \geq 1.5$;
(3) 对于断裂破坏(脆性材料),安全系数 $n_3 = 1.8$。

目前,汽车设计特别强调减轻自重,所以一般安全系数取得较小,多接近于极限设计。因此,对于与安全有密切关系的制动、转向、车轴等零部件,必须细致地计算其承受的应力,尽力使其既减轻重量,又确保安全。另外,对容易腐蚀和磨损的零件,根据不同的情况,安全系数要加大15%~30%。

3.5.1 静强度许用应力

1. 在常温下脆性材料的许用应力

脆性材料(铸铁等)的静强度失效模式是由静拉伸应力引起的断裂,其基准强度是其

极限强度 σ_b,安全系数 $n_3 = 1.8$。所以,脆性材料的许用应力 $[\sigma_d]$ 按照下式确定:

$$[\sigma_d] = \frac{\sigma_b}{n_3} = \frac{\sigma_b}{1.8} \quad (3\text{-}29)$$

2. 在常温下塑性材料的许用应力

塑性材料(钢材、有色金属等)的静强度失效模式是屈服,其基准强度是其屈服极限 σ_s,安全系数 $n_2 \geqslant 1.5$。静强度失效模式一般包括拉伸-压缩引起的屈服、扭转引起的屈服、弯曲引起的屈服和弯曲-扭转共同引起的屈服。

假定材料屈服极限 σ_s 是利用标准试样(直径 10mm)进行单向拉伸试验获得的,则应按照如下方法确定许用应力。

(1) 拉伸-压缩许用应力 $[\sigma_y]$

$$[\sigma_y] = \frac{\sigma_s}{n_2} \quad (3\text{-}30)$$

(2) 扭转许用应力 $[\tau]$

$$[\tau] = \frac{0.58 \cdot \sigma_s}{n_2} \quad (3\text{-}31)$$

(3) 弯曲许用应力 $[\sigma_w]$

$$[\sigma_w] = \frac{1.2 \cdot \sigma_s}{n_2} \quad (3\text{-}32)$$

(4) 弯曲-扭转许用应力 $[\sigma_{w\tau}]$

$$[\sigma_{w\tau}] = \frac{\sigma_s}{n_2} \quad (3\text{-}33)$$

3.5.2 疲劳强度许用应力的估计

随着汽车的行驶和发动机的运转,汽车的各零部件都要经常承受交变应力的作用。材料在承受交变应力时会产生疲劳现象,即使其最大应力低于静强度,经过一定的交变应力循环作用以后,材料也可能出现裂纹或发生断裂,即发生疲劳失效。

就钢材而言,当其承受正、负(拉和压)相等的交变应力时,其疲劳强度(材料能够承受的最大应力值)随材料可以承受的交变次数的增加而减小,如图 3-11 所示。当可以承受的交变次数达到 10^7 次以上时,疲劳强度就变成了一个固定值,称其为持久极限。持久极限一般只有静强度的 40%~50%。应力低于持久极限时,材料具有无限寿命。

当材料承受一个非对称循环应力时,图 3-12 中的直线 AB 是与一定循环次数相应的疲劳强度——在直线 AB 上的任何一点均代表一个应力幅度和平均应力的组合,它们对应的疲劳寿命,即上述应力幅度—平均应力组合可以循环的次数,都是相同的。图 3-12 称为材料疲劳极限图,是表示材料疲劳强度的一种形式。

一般可以通过材料的疲劳试验来确定材料的 S-N 曲线(见图 3-11)和疲劳极限图(见图 3-12)。但是,在工程实际中经常碰到没有拟采用材料的疲劳强度参数的情况。在这种情况下,可以根据经验,从材料的静强度参数估计其疲劳强度参数。表 3-2 示出从钢材的静强度参数(强度极限 σ_b 和屈服强度 σ_s)估计持久极限的方法。

3 汽车零部件的载荷及其强度的计算方法

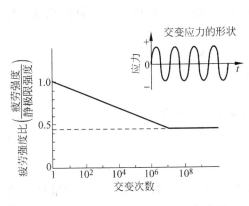

图 3-11 钢材的疲劳强度特性(S-N 曲线)示意图

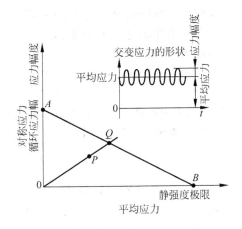

图 3-12 材料的疲劳极限图

表 3-2 从钢材静强度参数(强度极限 σ_b 和屈服强度 σ_s)估计持久极限

载荷类型	基准强度	载荷特性					
		恒定载荷	脉动载荷				交变载荷
		屈服极限	$\dfrac{\sigma_s}{\sigma_b}$	持久极限	$\dfrac{\sigma_s}{\sigma_b}$	持久极限	持久极限
正应力 σ	拉压	$\sigma_y = \sigma_s$	≤0.78	$\sigma_{ym} \approx \sigma_s$	>0.78	$\sigma_{ym} \approx 0.78\sigma_b$	$\sigma_{yj} \approx 0.45\sigma_b$
	弯曲	$\sigma_w \approx 1.2\sigma_s$	≤0.72	$\sigma_{wm} \approx 1.2\sigma_s$	>0.72	$\sigma_{wm} \approx 0.86\sigma_b$	$\sigma_{wj} \approx 0.5\sigma_b$
扭转应力 τ	扭转	$\tau_s \approx 0.58\sigma_s$	≤0.86	$\tau_{tm} \approx 0.58\sigma_s$	>0.86	$\tau_{tm} \approx 0.5\sigma_b$	$\tau_{tj} \approx 0.29\sigma_b$

在采用渗碳、高频淬火等表面硬化处理的条件下,表面层可以持续承受的应力(强度)大约可以提高 20%,也就是可以把表 3-2 中所列的耐久性极限乘以系数 1.2。淬透层越深,强度一般提高得越多。齿轮的淬透层深 Eht≈1mm,这仅能够保证 1.2 的强度提高系数。为了提高轴的强度,需要使其表面淬火层深达 Eht≈3.0~4.5mm,这样可以使轴短时间的承载能力提高约 50%,持续承载能力提高约 15%。

在表 3-2 中的数据是利用标准试样(直径 10mm,抛光)进行单向拉伸试验确定的静强度参数,即强度极限 σ_b 和屈服极限 σ_s。为确定持久极限所进行的大量试验表明,在交变应力(对称循环应力;非对称应力,但是最大应力与最小应力极性相反)的情况下,持久极限与静强度极限 σ_b 有关。而在脉动应力(非对称应力,但是最大应力与最小应力极性相同)的情况下,当比值 $\gamma = \sigma_s/\sigma_b$ 较低时,持久极限与 σ_s 有关;而当比值 $\gamma = \sigma_s/\sigma_b$ 较高时,持久极限与 σ_b 有关。

在表 3-2 中,σ_y 为静拉伸-压缩、弯曲-扭转联合基准强度;σ_w 为弯曲基准强度;τ_s 为静扭转基准强度。σ_{ym} 为拉伸-压缩脉动持久极限;σ_{wm} 为弯曲脉动持久极限;τ_{tm} 为扭转脉动持久极限;σ_{yj} 为拉伸-压缩交变持久极限;σ_{wj} 为弯曲交变持久极限;τ_{tj} 为扭转交变持久极限。这些持久极限是材料允许承受的最大应力值。一般认为,按照表 3-2 所确定的持久极限是对应于直径为 10mm 的抛光标准试样的,是基准疲劳强度。

在汽车零部件疲劳强度计算中,需要把上述基准疲劳强度转化成零部件的许用疲劳应力。在零部件承受拉伸-压缩载荷、弯曲载荷或它们联合作用时,零部件许用疲劳应力统一表示为

$$[\sigma_\mathrm{F}] = \sigma_\mathrm{o} \cdot \frac{b_1 \cdot b_2}{\beta_\mathrm{Nb} \cdot \beta_\mathrm{kb} \cdot n_1} \tag{3-34}$$

其中,σ_o用来代表基准疲劳强度σ_ym、σ_wm、σ_yj、σ_wj。

在零部件承受扭转载荷时,零部件许用疲劳应力表示为

$$[\tau_\mathrm{F}] = \tau_\mathrm{to} \cdot \frac{b_1 \cdot b_2}{\beta_\mathrm{Nt} \cdot \beta_\mathrm{kt} \cdot n_1} \tag{3-35}$$

其中,τ_to用来代表基准疲劳强度τ_tm、τ_tj。

在式(3-34)和式(3-35)中,b_1为尺寸系数,即因为零部件尺寸大于标准试样直径(10mm)而造成疲劳强度减小的系数;b_2为表面加工系数,即由于加工工艺造成的零部件表面粗糙度与标准试样(抛光)的不同所引起的疲劳强度变化系数;β_N为装配应力集中系数,即装配引起的疲劳强度变化系数;β_k为考虑了除表面粗糙度以外所有影响应力集中的因素的应力集中系数,例如直径变化、圆角、环槽等;β_N和β_k的角标是为了区分弯曲(b)和扭转(t),因为在弯曲、扭转时应力集中的影响是不同的。

图3-13示出尺寸系数b_1的特性曲线。可以看出,b_1的值随着零件直径d或厚度t的增大而减小。

图3-14示出表面加工系数b_2的特性曲线。可以看出,b_2的值随着静强度极限σ_b(静强度极限的最小值σ_bmin)的增大而减小。

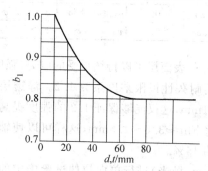

图3-13 尺寸系数b_1的特性曲线(d、t分别为零件的直径、厚度)

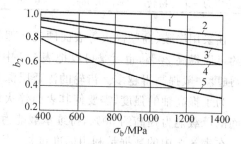

图3-14 表面加工系数b_2的特性曲线
1—抛光;2—磨削;3—精车;4—粗车;5—存在氧化皮

在式(3-34)和式(3-35)中,应力集中系数β_N是反映轮毂与半轴压配合的系数,其大体上可以取如下数值:扭转时,$\beta_\mathrm{Nt}=1.4$;弯曲时,$\beta_\mathrm{Nb}=1.8$。应力集中系数β_k反映了所有影响应力集中的因素(除了表面粗糙度),其包括半轴(轴)直径变化、圆角、环槽、截面不圆等。对于半轴(轴)端部加工出传递转矩的直齿花键的情况,可以采用如下数值:扭转时,$\beta_\mathrm{kt}=2.3$;弯曲时,$\beta_\mathrm{kb}=2.5$。对于半轴(轴)端部加工出传递转矩的渐开线花键的情况,可以采用如下数值:扭转时,$\beta_\mathrm{kt}=1.6$;弯曲时,$\beta_\mathrm{kb}=1.7$。对于半轴(轴)端部加工出传递转矩的细齿花键的情况,可以采用如下数值:扭转时,$\beta_\mathrm{kt}=1.5$;弯曲时,$\beta_\mathrm{kb}=1.8$。由于渐开线花键和细齿花键的齿根部有圆角,所以其系数较小。另外,不应该采用单键传

递转矩的设计,因为其传递的转矩有限。

在半轴或轴的直径发生变化以及有退刀槽时,β_{kt}、β_{kb}可以利用下式计算。

$$\beta_{kt} = f_w \cdot \alpha_{kt} \tag{3-36}$$

$$\beta_{kb} = f_w \cdot \alpha_{kb} \tag{3-37}$$

其中,α_{kt}、α_{kb}为由零部件的几何形状和载荷形式(扭转 t、弯曲 b)所决定的理论应力集中系数;f_w为材料的静强度极限σ_b的最小值σ_{bmin}和应力相对减小因数χ的函数,见图 3-15。而应力相对减小因数χ可按照图 3-16～图 3-19 所示的方法进行确定。

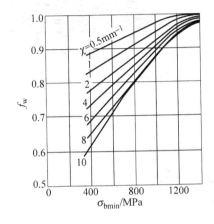

图 3-15 f_w为材料的静强度极限σ_b的最小值σ_{bmin}和应力相对减小系数χ的函数

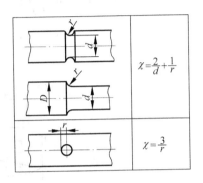

图 3-16 轴扭转时的应力相对减小因数χ

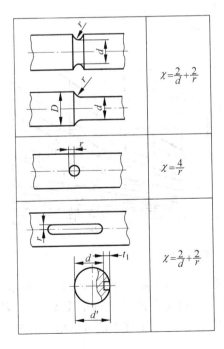

图 3-17 轴弯曲时的应力相对减小因数χ

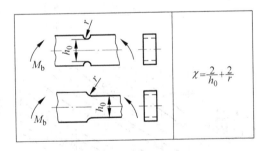

图 3-18 平面杆受弯曲时的应力相对减小因数χ

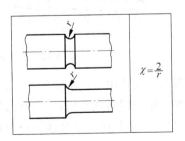

图 3-19 轴受拉压时的应力相对减小因数χ

理论应力集中系数 α_{kt}、α_{kb} 可以通过查有关图表确定,见图 3-20~图 3-24。

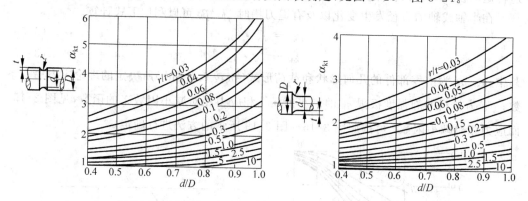

图 3-20 轴扭转时的理论应力集中系数 α_{kt}

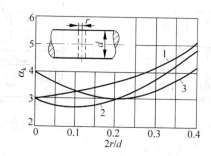

图 3-21 轴有横向孔时的理论应力集中系数 α_{kt}、α_{kb}、α_{kz}(拉伸)
1—拉伸;2—弯曲;3—扭转

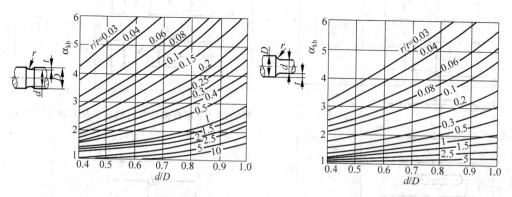

图 3-22 轴弯曲时的理论应力集中系数 α_{kb}

在零部件设计中应设法降低 β_{kt}、β_{kb},可以通过降低 α_{kt}、α_{kb} 来实现。如图 3-25 所示,以两个半径制造圆角或采用过渡环可以有效地增大过渡圆角半径 r,从而降低 β_{kt}、β_{kb}。需要注意的是,危险截面是在过渡圆角与较细的轴相切之处,所以上述方法可以增大过渡圆角半径 r。

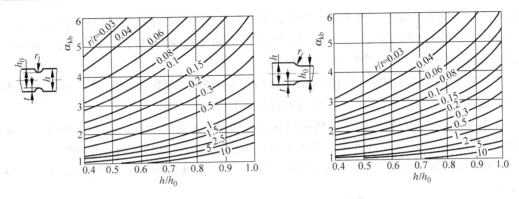

图 3-23 平面杆弯曲时的理论应力集中系数 α_{kb}

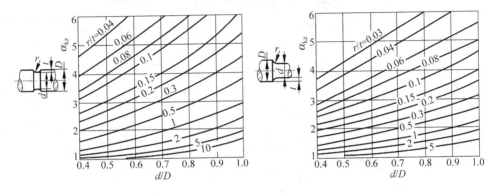

图 3-24 轴受拉压时的理论应力集中系数 α_{kz}

另外,对于主要在弯曲载荷下工作的零部件,可以借助于使零部件表面层预先产生压应力的方法来提高其疲劳强度,压应力可以使以前零部件失效的拉伸应力减小一些。这可以通过以下几种方法来实现:①冷滚压,使过渡区硬化;②用钢丸进行喷丸处理(此法常用于钢板弹簧的表面强化);③液体渗氮。大体上可以认为,这几种方法均可以使应力集中系数 β_{kt}、β_{kb} 发生如下的变化,即

$$\beta_{kbn} = 1 + (\beta_{kb} - 1)/2 \quad (3-38)$$
$$\beta_{ktn} = 1 + (\beta_{kt} - 1)/2 \quad (3-39)$$

其中,β_{kt}、β_{kb} 为没有进行上述处理以前的应力集中系数;β_{ktn}、β_{kbn} 为在进行上述处理以后的应力集中系数。

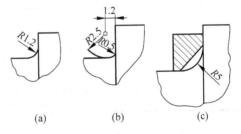

图 3-25 降低危险截面(过渡圆角与较细的轴相切之处)理论应力集中系数的方法

(a) 危险截面的过渡圆角半径为 1.2mm;(b) 采用两段圆弧进行过渡,使危险截面的过渡圆角半径增大为 2.5mm;(c) 在过渡圆角处采用过渡环,使危险截面的过渡圆角半径增大为 5mm

3.5.3 材料的选择

当需要从相当多的钢牌号中选择一种合适的钢时,除了考虑其强度性能以外,通常还

应考虑材料的其他性能。为了使零部件受载变形后不至于立即损坏,材料应具有足够的延伸率δ_5,这一点非常重要。在对发生损坏后会引起事故(特别是安全事故)的零部件设计时,应该选择延伸率不低于12%的钢材。

此外,在零部件材料选择中还应该考虑其制造工艺性,例如焊接性、表面硬化的可能性、压力加工的可能性、切削性能等,同时还应该考虑成本问题。

表3-3示出一些优质碳素结构钢冷轧钢板和钢带的力学性能。这些钢板适用于对冲压性能要求不特别高的情况。表3-4示出一些深冲压用冷轧薄钢板和钢带的力学性能。这些钢板适用于对冲压性能要求较高的情况。这些钢板和钢带在轿车制造中用量较大。

表3-3 一些优质碳素结构钢冷轧钢板和钢带的力学性能

牌号	抗拉强度/MPa		伸长率δ_{10}/%(不小于)		
	拉延级别				
	Z	S 和 P	Z	S	P
08F	275~365	275~380	34	32	30
08、08A1、10F	275~390	275~410	32	30	28
10	295~410	295~430	30	29	28
15F	315~430	315~450	29	28	27
15	335~450	335~470	27	26	25
20	355~490	355~500	26	25	24
25	—	390~540	—	24	23
30	—	440~590	—	22	21
35	—	490~635	—	20	19
40	—	510~650	—	—	18
45	—	530~685	—	—	16
50	—	540~715	—	—	14

表3-4 一些深冲压用冷轧薄钢板和钢带的力学性能

牌号	公称厚度/mm	屈服点σ_s/MPa(不大于)	抗拉强度σ_b/MPa	断后伸长率δ/%(不小于)($b_0=20$mm, $l_0=80$mm)
SC1	≤0.50	240	270~350	34
	>0.50~≤0.70	230		36
	>0.70	210		38
SC2	0.70~1.50	180	270~330	40
SC3	0.70~1.50	180	270~350	38

表3-5示出一些汽车梁用热轧钢板的力学性能。这些材料主要用于制造货车车架的纵梁和横梁、车厢的纵梁和横梁、制动盘等受力结构件和安全件。

表 3-5 一些汽车梁用热轧钢板的力学性能

牌号	厚度/mm	屈服强度 $\sigma_{0.2}$/MPa (不小于)	抗拉强度 σ_b/MPa	伸长率 δ/% (不小于)	弯曲试验(180°) 弯心直径 ($b=35$mm)
09MnRL	2.5~12.0	245	375~470	32	0.5a
06TiL	2.5~12.0	245	375~480	26	0
08TiL	2.5~12.0	295	390~510	24	0.5a
10TiL	2.5~12.0	355	510~630	22	0.5a
09SiVL	5.0~7.0	355	510~610	24	a
16MnL	2.5~7.0	355	510~610	24	a
16MnL	>7.0~12.0	345	510~610	24	a
16MnREL	2.5~7.0	355	510~610	24	a
16MnREL	>7.0~12.0	345	510~610	24	a

注:a 为试样厚度;b 为冷弯试样的宽度。

中国的中、重型货车的轮辋一般是用热轧异形断面型钢制造的。表 3-6 示出轮辋用异形断面型钢的牌号、化学成分和力学性能。中、重型货车的轮辐是用普通碳钢冲压成形的。

表 3-6 轮辋用异形断面型钢的牌号、化学成分和力学性能

牌号	化学成分/%(质量分数)					力学性能		
	C	Si	Mn	P	S	抗拉强度 σ_b/MPa	伸长率 δ_5/%	弯曲试验 (180°) ($d=2a$)
12LW	0.08~0.14	0.12~0.22	0.25~0.55	≤0.040	≤0.040	355~470	≥30	良好
15LW	0.12~0.19	0.12~0.22	0.35~0.65	≤0.040	≤0.040	375~490	≥27	良好

注:a 为试样厚度;d 为弯心直径。

轿车、轻型车的轮辋、轮辐是用钢板冲压成形或滚压成形的。表 3-7 示出其所采用的钢板、钢带的力学性能。

表 3-7 制造轿车、轻型车轮辋、轮辐所采用的钢板、钢带的力学性能

牌号	屈服强度/MPa	抗拉强度/MPa	伸长率/% (不小于) ($L_0=80$mm, $b=20$mm)	弯曲试验(180°) 弯心直径	硬度值/HRB (不小于)
B320LW	≥210	320~410	28	0a	
B360LW	≥215	360~450	26	0a	
B440QZ	≥280	440~540	15	1a	
BMCP84	—	—	—		84
B350JL	250~350	350~500	20	1a	
St12G	≤280	295~430	28		

续表

牌号	屈服强度/MPa	抗拉强度/MPa	伸长率/% (不小于) ($L_0=80mm$, $b=20mm$)	弯曲试验(180°) 弯心直径	硬度值/HRB (不小于)
St14J	180～220	280～370	≥39	—	—
St12Q	215～285	320～390	≥32	—	—
St12Q1	245～300	370～430	≥28	0.5a	—

表3-8示出一些中国渗碳钢的力学性能。这些材料主要用于制造各类齿轮。

表3-8 一些中国渗碳钢的力学性能

钢号	试样毛坯尺寸/mm	热处理 淬火温度 第一次	热处理 淬火温度 第二次	冷却	回火温度/℃	冷却	σ_b/MPa	σ_s/MPa	δ_5/%	ψ/%	a_k/(J·cm^{-2})	供应状态硬度/HBW (不大于)
							(不小于)					
15	25	920 正火					375	225	27	55		143
20	25	910 正火					410	245	25	55		156
20Mn2	15	850		水、油	200	水、空	785	590	10	40	47	187
20MnV	15	880		水、油	200	水、空	785	590	10	40	55	187
20Mn2B	15	880		油	200	水、空	980	785	10	45	55	187
20MnMoB	15	880		油	200	油、空	1080	885	10	50	55	207
15MnVB	15	860		油	200	水、空	885	635	10	45	55	207
20MnVB	15	860		油	200	水、空	1080	885	10	45	55	207
20MnTiB	15	860		油	200	水、空	1130	930	10	45	55	187
25MnTiBRE	试样	860		油	200	水、空	1380	—	10	40	47	229
15Cr	15	880	780～820	水、油	200	水、空	735	490	11	45	55	179
20Cr	15	880	780～820	水、油	200	水、空	835	540	10	40	47	179
20CrMo*	15	880		水、油	500	水、油	885	685	12	50	78	197
15CrMn	15	880		油	200	水、空	785	590	12	50	47	179
20CrMn	15	850		油	200	水、空	930	735	10	45	47	187
20CrMnMo	15	850		油	200	水、空	1180	885	10	45	55	217
20CrMnTi	15	880	870	油	200	水、空	1080	850	10	45	55	217
30CrMnTi	试样	880	850	油	200	水、空	1470	—	9	40	47	229
20CrNi*	25	850		水、油	460	水、油	785	590	10	50	63	197
12CrNi2	15	860	780	水、油	200	水、空	785	590	12	50	63	207
12CrNi3	15	860	780	油	200	水、空	930	685	11	50	71	217
20CrNi3*	25	830		水、油	480	水、油	930	735	11	55	78	241
12Cr2Ni4	15	860	780	油	200	水、空	1080	835	10	50	71	269
20Cr2Ni4	15	880	780	油	200	水、空	1180	1080	10	45	63	269
20CrNiMo	15	850		油	200	空	980	785	9	40	47	197
18Cr2Ni4W	15	950	850	空	200	水、空	1180	835	10	45	78	269
25Cr2Ni4W	25	850		油	550	水、油	1080	930	11	45	71	269
18CrMnNiMoA	15	830		油	200	空	1180	885	10	45	71	269

* 标准中规定的是调质钢处理后的数据,但这3种钢可作渗碳钢用。

表 3-9 示出一些感应加热淬火表面硬化钢的力学性能。这种热处理工艺用来提高零件表面的硬度和耐磨性，也可以提高其疲劳强度。

表 3-9　一些感应加热淬火表面硬化钢的力学性能

钢号	正火温度/℃	钢材直径/mm	力学性能				淬透性试验 $\dfrac{HRC}{3}$ 值
			σ_b/MPa	σ_s/MPa	δ_5/%	ψ/%	
			（不小于）				（不大于）
55Ti	830±10	≤100 >100~150 >150~200 >200~250	540	295	16 14 12 10	35 31 27 23	47
60Ti	825±10	≤100 >100~150 >150~200 >200~250	590	345	14 12 10 8	30 26 22 18	50
70Ti	815±10	≤100 >100~150 >150~200 >200~250	685	390	12 10 8 6	25 21 17 13	55

表 3-10 和表 3-11 所示为一些调质钢的力学性能。这类钢主要用于制造轴类零件。

表 3-10　一些调质钢（碳钢）的力学性能

钢号	试样毛坯尺寸/mm	热处理温度/℃			力学性能					交货状态硬度/HBW	
		正火	淬火	回火	σ_b/MPa	σ_s/MPa	δ_5/%	ψ/%	A_{KV}/J	（不大于）	
					（不小于）					未热处理钢	退火钢
35	25	870	850	600	530	315	20	45	55	197	—
40	25	860	840	600	570	335	19	45	47	217	187
45	25	850	840	600	600	355	16	40	39	229	197
35Mn	25	870	850	600	560	335	18	45	55	229	197
40Mn	25	860	840	600	590	355	17	45	47	229	207
45Mn	25	850	840	600	620	375	15	40	39	241	217

表 3-11　一些调质钢（合金钢）的力学性能

钢组	序号	钢号	试样毛坯尺寸/mm	热处理					力学性能					交货状态硬度/HBW（不大于）
				淬火			回火		抗拉强度 σ_b/MPa	屈服点 σ_s/MPa	伸长率 δ_5/%	面缩率 ψ/%	冲击吸收功 A_{KV}/J	
				加热温度/℃		冷却剂	加热温度/℃	冷却剂						
				第1次淬火	第2次淬火				（不小于）					
Mn	3	35Mn2	25	840	—	水	500	水	835	685	12	45	55	207
	4	40Mn2	25	840	—	水、油	540	水	885	735	12	45	55	217
	5	45Mn2	25	840	—	油	550	水、油	885	735	10	45	47	217
	6	50Mn2	25	820	—	油	550	水、油	930	785	9	40	39	229

续表

钢组	序号	钢号	试样毛坯尺寸/mm	热处理 淬火 加热温度/℃ 第1次淬火	热处理 淬火 加热温度/℃ 第2次淬火	热处理 淬火 冷却剂	热处理 回火 加热温度/℃	热处理 回火 冷却剂	力学性能 抗拉强度 σ_b/MPa	力学性能 屈服点 σ_s/MPa	力学性能 伸长率 δ_5/%	力学性能 面缩率 ψ/%	力学性能 冲击吸收功 A_{KV}/J	交货状态硬度/HBW（不大于）
									(不小于)					
SiMn	9	35SiMn	25	900	—	水	570	水、油	885	735	15	45	47	229
	10	42SiMn	25	880	—	水	590	水	885	735	15	40	47	229
	13	37SiMn2MoV	25	870	—	水、油	650	水、空	980	835	12	50	63	269
B	14	40B	25	840	—	水	550	水	785	635	12	45	55	207
	15	45B	25	840	—	水	550	水	835	685	12	45	47	217
	16	50B	20	840	—	油	600	空	785	540	10	45	39	207
MnB	17	40MnB	25	850	—	油	500	水、油	980	785	10	45	47	207
	18	45MnB	25	840	—	油	500	水、油	1030	835	9	40	39	217
	22	40MnVB	25	850	—	油	520	水、油	980	785	10	45	47	207
Cr	29	35Cr	25	860	—	油	500	水、油	930	735	11	45	47	207
	30	40Cr	25	850	—	油	520	水、油	980	785	9	45	47	207
	31	45Cr	25	840	—	油	520	水、油	1030	835	9	40	39	217
	32	50Cr	25	830	—	油	520	水、油	1080	930	9	40	39	229
	39	35CrMo	25	850	—	油	550	水、油	980	835	12	45	63	229
	40	42CrMo	25	850	—	油	560	水、油	1080	930	12	45	63	217
CrV	42	35CrMoV	25	900	—	油	630	水、油	1080	930	10	50	71	241
	47	40CrV	25	880	—	油	650	水、油	885	735	10	50	71	241
	48	50CrVA	25	860	—	油	500	水、油	1280	1130	10	40	—	255
	51	40CrMn	25	840	—	油	550	水、油	980	835	9	45	47	229
	54	30CrMnSi	25	880	—	油	520	水、油	1080	885	10	45	39	229
	55	30CrMnSiA	25	880	—	油	540	水、油	1080	835	10	45	39	229
	58	40CrMnMo	25	850	—	油	600	水、油	980	785	10	45	63	217
	62	40CrNi	25	820	—	油	500	水、油	980	785	10	45	55	241
	63	45CrNi	25	820	—	油	530	水、油	980	785	10	45	55	255
	64	50CrNi	25	820	—	油	500	水、油	1080	835	8	40	39	255
	69	37CrNi3	25	820	—	油	500	水、油	1130	980	10	50	47	269
	73	40CrNiMoA	25	850	—	油	600	水、油	980	835	12	55	78	269
CrNiMoV	75	45CrNiMoVA	试样	860	—	油	460	油	1470	1330	7	35	31	269

注：1. 表中所列热处理温度允许调整范围：淬火±15℃，低温回火±20℃，高温回火±50℃。
2. 表中所列力学性能是纵向性能，仅适用于截面尺寸≤80mm的钢材。
3. 硼钢在淬火前可先经正火。铬锰钛钢第1次淬火可用正火代替。
4. 拉力试验时钢上没有发现屈服，无法测定屈服点 σ_s 的情况下，允许测定标称屈服强度 $\sigma_{0.2}$。

表 3-12 示出一些非调质结构钢的力学性能。这类材料主要用于制造汽车上的曲轴、连杆、转向节、前梁等要求一定强度和韧度的零件。

表 3-12　一些非调质结构钢的力学性能

序号	牌号	钢材尺寸/mm	σ_b/MPa	σ_s/MPa	δ_5/%	ψ/%	A_K/J	硬度/HBW (不大于)
					（不小于）			
1	YF35V	直径或边长不大于40	590	390	18	40	47	229
2	YF40V		640	420	16	35	37	255
3	YF45V		685	440	15	30	35	257
4	YF35MnV		735	460	17	35	37	257
5	YF40MnV		785	490	15	33	32	275
6	YF45MnV		835	510	13	28	28	275
7	YF35MnV	直径或边长大于40但不大于60	710	440	15	33	35	257
8	YF40MnV		760	470	13	30	28	265
9	YF45MnV		810	490	12	28	25	275
10	F45V*	直径或边长不大于80	685	440	15	40	32	257
11	F35MnVN*		785	490	15	40	39	269
12	F40MnV*		785	490	15	40	36	275

* 取 φ25mm 试样毛坯，经(850±20)℃、保温 30min 正火处理后的力学性能。

表 3-13 示出一些弹簧钢的力学性能。

表 3-13　一些弹簧钢的力学性能

钢号	热处理②		力学性能①				交货状态	硬度/HBSW (不大于)
	淬火温度/℃及冷却	回火温度/℃	σ_b/MPa	σ_s/MPa	$\delta_5(\delta_{10})$/%	ψ/%		
			（不小于）					
65	840,油	500	980	785	(9)	35	热轧	285
70	830,油	480	1030	835	(8)	30	热轧	285
85	820,油	480	1130	980	(6)	30	热轧	302
65Mn	830,油	540	980	785	(8)	30	热轧	302
55Si2Mn	870,油	480	1275	1175	(6)	30	热轧	302
55Si2MnB	870,油	480	1275	1175	(6)	30	热轧	321
55SiMnVB	860,油	460	1370	1225	(5)	30	热轧	321
60Si2Mn	870,油	480	1275	1175	(5)	25	热轧	321
60Si2MnA	870,油	440	1570	1370	(5)	20	热轧	321
60Si2CrA	870,油	420	1765	1570	6	20	热轧+热处理	321
60Si2CrVA	850,油	410	1860	1665	6	20	热轧+热处理	321
55CrMnA	830～860,油	460～510	1225	(1080)	9	20	热轧	321
60CrMnA	830～860,油	460～520	1225	(1080)	9	20		321
60CrMnMoA							热轧+热处理	321
50CrVA	850,油	500	1275	1125	10	40	热轧	321
60CrMnBA	830～860,油	460～520	1225	(1080)	9	20	热轧	321
30W4Cr2VA	1050～1100,油	600	1470	1325	7	40	热轧+热处理	321

① δ_5 栏内带括号的为 δ_{10} 数值。σ_s 栏带括号的为 $\sigma_{0.2}$ 数值。
② 表中热处理温度允许调整范围：淬火±20℃，回火±50℃。如需方有特殊要求，按回火±30℃调整。

4 乘坐舒适性与悬架的弹性特性

4.1 前、后悬架静挠度和动挠度的选择

理论研究和使用经验证明，汽车前、后悬架与其悬上质量组成的振动系统的固有频率（即偏频），是影响汽车行驶平顺性的主要参数之一。如图 4-1 所示，设汽车悬上质量 m_s 绕通过其质心 O 的水平横轴线（y 轴线）的转动惯量 $I_y = m_s \cdot \rho^2$，质心 O 距离前、后轴的距离分别为 a、b，则现代汽车的悬挂质量分配系数 $\varepsilon = \rho^2/(a \cdot b) = 0.8 \sim 1.2$，可以近似认为 $\varepsilon = 1$。所以，可以近似认为该车前、后轴上方车身两点的振动不存在联系，是单独运动的。在这种情况下，可以认为其前、后悬架分别与其悬上质量组成相互独立的两个单自由度振动系统（忽略了悬下质量和轮胎刚度、阻尼的影响，如图 4-2 所示），其固有频率称为偏频，可以表示为

$$n_1 = \frac{1}{2\pi}\sqrt{\frac{C_1}{m_1}} \tag{4-1}$$

$$n_2 = \frac{1}{2\pi}\sqrt{\frac{C_2}{m_2}} \tag{4-2}$$

其中，n_1、n_2 分别为前、后悬架的偏频，Hz；C_1、C_2 分别为前、后悬架弹簧的刚度，N/m；m_1、m_2 分别为前、后悬上质量，kg。

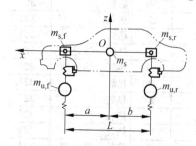

图 4-1 两轴汽车的简化模型

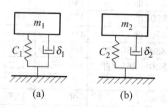

图 4-2 单自由度振动系统（C_1、C_2 分别为前、后悬架弹簧的刚度；m_1、m_2 分别为前、后悬上质量；δ_1、δ_2 分别为前、后悬架的阻尼系数）
(a) 前悬架模型；(b) 后悬架模型

对式(4-1)进行变换,可得

$$n_1 = \frac{1}{2\pi}\sqrt{\frac{C_1}{m_1}} = \frac{1}{2\pi}\sqrt{\frac{C_1 \cdot g}{m_1 \cdot g}} = \frac{\sqrt{g}}{2\pi}\sqrt{\frac{C_1}{m_1 \cdot g}} = \frac{\sqrt{g}}{2\pi}\sqrt{\frac{1}{f_{c1}}}$$

$$= \frac{\sqrt{9.8}}{2\pi}\sqrt{\frac{1}{f_{c1}}} \approx \frac{0.498}{\sqrt{f_{c1}}} \tag{4-3}$$

其中,g 为重力加速度,$g=9.8\mathrm{m/s^2}$;f_{c1} 为前悬架的静挠度,m。

$$f_{c1} = \frac{m_1 \cdot g}{C_1} \tag{4-4}$$

即,静挠度 f_{c1} 等于悬上质量 m_1 的重力 $m_1 \cdot g$ 除以悬架刚度 C_1。当悬架的刚度 C_1 是常数,即悬架具有线性弹性特性时,静挠度 f_{c1} 总等于前悬架在重力作用下的弹性变形。当悬架的刚度 C_1 不是常数,即悬架具有非线性弹性特性时,式(4-4)仍然成立,即静挠度 f_{c1} 总等于悬上质量 m_1 的重力 $m_1 \cdot g$ 除以悬架刚度 C_1,但是静挠度 f_{c1} 并不再总是等于前悬架在重力作用下的弹性变形了。

同样可以得到后悬架参数的计算公式

$$n_2 = \frac{\sqrt{g}}{2\pi} \cdot \sqrt{\frac{1}{f_{c2}}} \approx \frac{0.498}{\sqrt{f_{c2}}} \tag{4-5}$$

$$f_{c2} = \frac{m_2 \cdot g}{C_2} \tag{4-6}$$

其中,f_{c2} 为后悬架的静挠度,m。

如果把 f_{c1}、f_{c2} 的单位取为 cm,则式(4-3)、式(4-5)可以分别变为

$$n_1 = \frac{4.98}{\sqrt{f_{c1}}} \tag{4-7}$$

$$n_2 = \frac{4.98}{\sqrt{f_{c2}}} \tag{4-8}$$

从式(4-7)、式(4-8)可得

$$f_{c1} = \left(\frac{4.98}{n_1}\right)^2 \tag{4-9}$$

$$f_{c2} = \left(\frac{4.98}{n_2}\right)^2 \tag{4-10}$$

所以,偏频与悬架的静挠度有关。在悬架的设计中,先根据行驶平顺性的要求确定偏频 n_1 和 n_2,然后根据式(4-9)和式(4-10)确定前、后悬架的静挠度 f_{c1} 和 f_{c2}。应该指出的是,在悬架具有非线性弹性特性时,静挠度并不总是等于悬架在悬上质量作用下的实际变形量。在任何情况下,静挠度 f_{c1} 和 f_{c2} 总是与偏频 n_1 和 n_2 的平方成反比。

表 4-1 示出各种现代汽车的偏频和静挠度、动挠度值,可以根据所设计的车型选择适当的参数数值。

另外,前、后悬架系统的偏频及静挠度的匹配,对汽车的行驶平顺性也有明显影响。一般应使前、后悬架的偏频及静挠度值接近,以免造成较大的车身纵向角振动。有人做过这样的试验,即让汽车以较高的车速驶过单个路障,他们发现在前悬架偏频低于后悬架的偏频,即 $n_1/n_2<1$ 时,车身的角振动要比 $n_1/n_2>1$ 时的小。因此,一般推荐

表 4-1 各种现代汽车的偏频、静挠度、动挠度值

车型		满载时偏频 n/Hz		满载静挠度 f_c/cm		满载动挠度 f_d/cm	
		前悬架 n_1	后悬架 n_2	前悬架 f_{c1}	后悬架 f_{c2}	前悬架 f_{d1}	后悬架 f_{d2}
轿车*	普通级、中级	1.02～1.44	1.18～1.58	12～24	10～18	8～11	10～14
	高级	0.91～1.12	0.98～1.29	20～30	15～26	8～11	10～14
客车		1.29～1.89		7～15		5～8	
载货汽车		1.51～2.04	1.67～2.23	6～11	5～9	6～9	6～8
越野汽车		1.39～2.04		6～13		7～13	

* 轿车的静挠度为车内有 3 人时的数据。

$$f_{c2} = (0.8 - 0.9)f_{c1}$$

对货车而言,考虑到前、后轴荷的差别和驾驶员的乘坐舒适性,其前悬架的静挠度一般大于后悬架,通常取

$$f_{c2} = (0.6 - 0.8)f_{c1}$$

对一些微型轿车,为了改善其后座舒适性,也有设计成后悬架系统的偏频低于前悬架系统的。

为了防止在不平路面上行驶时经常冲击缓冲块(见图 4-3),悬架还必须具备足够的动挠度 f_d。悬架的动挠度是指从悬架的设计位置(对货车就是满载静平衡位置)开始,把悬架压缩到结构允许的最大变形(通常指缓冲块被压缩到其自由高度的 1/2 或 2/3)时,车轮中心相对车架(或车身)的垂直位移。

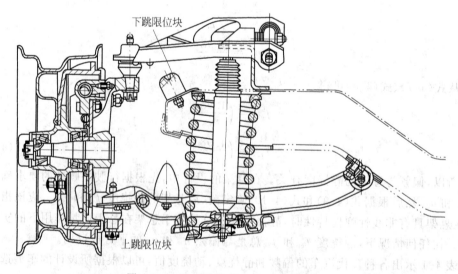

图 4-3 一种双横臂式独立悬架(前悬架)

前、后悬架的动挠度值常按其相应的静挠度值来选取,其与车型和经常使用的路况也有关系。对在较好路面上行驶的轿车,f_d/f_c 的比值较小;在较差路面上行驶的越野车,f_d/f_c 应选得较大。可以参考表 4-1 选择悬架的动挠度。

4.2 悬架的弹性特性

悬架的弹性特性,是指悬架变形 f 与其所受载荷 F 之间的关系。图 4-4 示出测量悬架弹性特性的力学模型,其中假设车身固定,对同一个车桥上的两个车轮各施加一个相同的垂直力 F,测量车轮相对于力 F 为零时的车轮位置的垂直位移 f。

当悬架垂直变形 f 与所受载荷 F 成固定比例时,其弹性特性可由一条直线表示,这种特性称为"线性弹性特性"。此时,悬架刚度 C 是个常数。具有线性悬架的汽车,难以获得令人满意的行驶平顺性。如上所述,前悬架偏频可按照式(4-1)计算,即

$$n_1 = \frac{1}{2\pi}\sqrt{\frac{C_1}{m_1}}$$

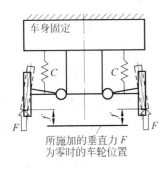

图 4-4 测量悬架弹性特性的力学模型

假设所选择的 C_1 使得在满载情况下偏频满足要求,则当空载时 m_1 减小了,而 C_1 仍保持不变,从而使偏频 n_1 增大,导致行驶平顺性变差。

要使悬架的偏频不随汽车悬上质量 m 的改变而变化,总具有理想数值,则要求悬架的刚度应随着汽车悬上质量的变化而进行相应的变化。从式(4-1)可以得到

$$C_1 = (2\pi \cdot n_1)^2 \cdot m_1 \tag{4-11}$$

即,要想使偏频 n_1 保持不变,就要求悬架刚度 C_1 应与悬上质量 m_1 成正比变化。这种变刚度的悬架弹性特性称为等偏频悬架弹性特性。这种刚度可变的悬架称为非线性悬架。

首先研究在悬上质量一定时悬架所应该具有的弹性特性。在图 4-5 中所示的 $Aeagb$ 曲线是一种非线性悬架的弹性特性,其特点是在满载静负荷 F_c 附近刚度较小,且基本上恒定;而在离开 F_c 较远处的两端刚度较大,且发生变化。在此,利用图 4-3 所示的双横臂式独立悬架来说明图 4-5 中所示 $Aeagb$ 曲线的形成机制。图 4-6 示出图 4-3 所示双横臂式独立悬架的 3 个工作状态。在图 4-6(c) 所示的悬架状态中,上横臂与下跳限位块接触。当垂直力 F 为零时,下跳限位块独自承受车轮、悬架系统重力和螺旋弹簧的压力,这就是图 4-5 中所示弹性特性曲线 3 的 A 点。随着 F 的增大,下跳限位块的支承力逐渐减小,车轮的移动位移 f 逐渐增大,直至图 4-5 中曲线 3 的 e 点($F=F_k$)。在曲线 3 的 A 至 e 段,由于限位块与螺旋弹簧并联,并且橡胶的下跳限位块具有非线性弹性特性,所以悬架的刚度较大,并且具有非线性弹性特性。

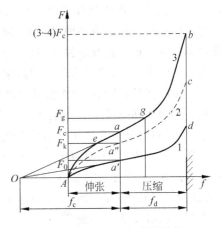

图 4-5 可变的悬架弹性特性

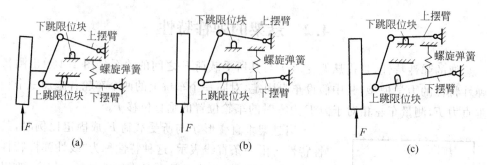

图 4-6　一种双横臂式独立悬架的 3 种工作状态
(a) 悬架下横臂碰撞上跳限位块；(b) 悬架上、下横臂都不与限位块接触；(c) 悬架上横臂碰撞下跳限位块

当垂直力 $F>F_k$ 时，悬架的上横臂与下跳限位块脱离接触，直至 F 增大到 F_g（对应于图 4-5 中曲线 3 的 g 点），如图 4-6(b) 所示。在这种状态下，悬架的刚度仅取决于螺旋弹簧的刚度，悬架的刚度基本上是个常数，并且较小。

当垂直力 $F>F_g$ 时，悬架下横臂上的上跳限位块与副车架接触，直至 F 增大到最大垂直力，其一般是 $3\sim 4$ 倍的满载静负荷 F_c（对应于图 4-5 中曲线 3 的 b 点），如图 4-6(a) 所示。在这种状态下，上跳限位块与螺旋弹簧并联，并且橡胶的上跳限位块具有非线性弹性特性，所以悬架的刚度较大，并且具有非线性弹性特性。

图 4-5 中的曲线 3 在任何一点的静挠度 f_c 都是由这点的纵坐标（载荷 F）和曲线斜率（刚度 C）来确定的，即

$$f_c = \frac{F}{C} \tag{4-12}$$

该曲线上任一点的静挠度 f_c 就是该点的横坐标（变形值）与在该点的切线与横坐标轴（$F=0$）的交点的横坐标之差。在满载静负荷 F_c（a 点）处的静挠度应该满足行驶平顺性要求（偏频）。在 a 点的曲线斜率（刚度）比较小，并且在 a 点附近斜率变化也应该小，以使汽车在一般道路行驶条件下（悬架的变形比较小时）具有比较好的行驶平顺性；而当悬架变形比较大（趋近曲线的两端）时，刚度急剧增大。这样可以在有限的动挠度 f_d 范围内吸收更多的能量，从而减小击穿缓冲块的可能性。如果采用线性悬架，为了吸收同样的能量就必须增大动挠度 f_d。这会增大车身高度和质心高度，导致行驶稳定性变差，即转向时车身侧倾角比较大、制动时车身纵倾角比较大。动挠度大还会使车轮上的动载荷增大，接地性变差。所以，采用图 4-5 所示非线性悬架特性曲线 3 是很有必要的。在设计中，一般使动挠度 f_d 所对应的载荷为 $(3\sim 4)$ 倍的满载静负荷 F_c，即图 4-5 中的 b 点；而在 a 点（满载静负荷处）附近 $(f_c\pm 0.6f_d)$ 范围内，悬架刚度变化要尽可能地小。对于轿车，一般要求其不超过 20% 或接近常数。

但是，图 4-5 中的悬架非线性特性曲线 3 还不能保证装载量不同时偏频、车身高度保持不变。为了实现偏频和车身高度都不随装载量发生变化，还需要采用车身高度（悬架刚度）自动调节装置。这意味着，对应于每个静载荷就应该有一条弹性特性曲线。这样，悬架的弹性特性就由一束曲线组成。在图 4-5 中画出了 3 条有代表性的曲线，其中曲线 1、2、3 分别代表静载荷值为空载 F_0、某个中间载荷 F_k、满载 F_c 时的情况。为了使车身高度

和静挠度 f_c 都不随装载量发生变化,这3条曲线上 a、a'' 和 a' 点的斜率必须不同,即刚度不同,这样的弹性特性才是比较理想的。装有车身高度自动调节装置的空气悬架（见图 1-12、图 4-7、图 4-8）可以比较容易地获得上述特性曲线,但是成本比较高。

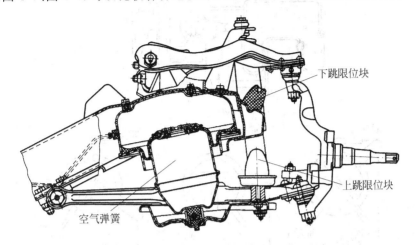

图 4-7 一种采用空气弹簧的双横臂式独立悬架

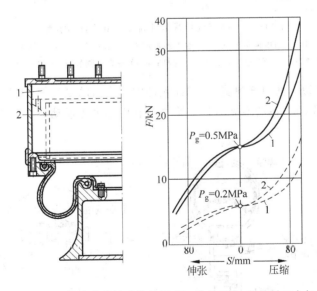

图 4-8 一种空气弹簧的非线性弹性特性（P_g 是表压力,即相对于大气的压力）
1—空气弹簧中空气量大；2—空气弹簧中空气量小

图 4-9 所示为一种空气弹簧车身高度调节装置的示意图,其中图 4-9(c)示出悬架处于设计位置时高度调节阀 4 的状态,空气弹簧中的空气被封闭。当悬上质量增大时（见图 4-9(b)）,空气弹簧 2 被压缩,高度减小,拉杆 3 推动高度调节阀 4 的摆臂向上摆动,使空气弹簧 2 通过高度调节阀 4 与空气压缩机 5 接通,向空气弹簧 2 充气,使其高度升高,直至悬架趋于图 4-9(c)所示的设计位置；当悬上质量减小时（见图 4-9(d)）,空气弹簧 2 的高度增大,拉杆 3 向下拉高度调节阀 4 的摆臂,使空气弹簧 2 通过高度调节阀 4 与大气接通,

把空气弹簧 2 中的空气排入大气，使其高度降低，直至悬架趋于图 4-9(c)所示的设计位置。采用这种方式可以使车身的高度和悬架偏频基本上保持不变。

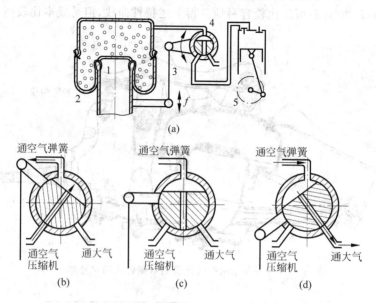

图 4-9 一种空气弹簧车身高度调节装置的示意图
(a) 空气弹簧车身高度调节装置；(b) 悬上质量增大时；(c) 设计位置；(d) 悬上质量减小时
1—车轮；2—空气弹簧气囊；3—拉杆；4—车身高度调节阀；5—空气压缩机

图 4-10 所示为一种油气弹簧，其弹性元件中是密封的氮气，由于其具有减振器阀，还可以起减振器的作用。在活塞和氮气弹簧之间利用油来传递动力。利用该油气弹簧也可

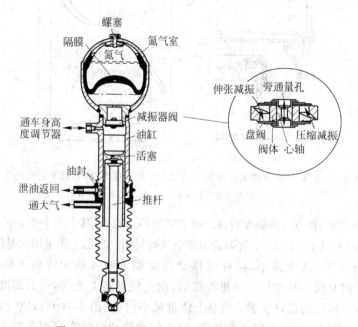

图 4-10 油气弹簧——兼起弹簧和减振器的作用

以调节车高,但是其仅调节油量,而不调节氮气量。其不能保证悬上质量发生变化时还使悬架偏频保持不变。

4.3 组合式悬架的弹性特性

图 4-11 示出一个轿车的麦克弗森式独立悬架,它属于组合式悬架。其弹性元件是在立柱上部的螺旋弹簧和一个橡胶副簧 11(在立柱上安装点与减振器筒上端之间)。螺旋弹簧的刚度是个常数。橡胶副簧具有非线性弹性特性,如图 4-12 所示。另外,在减振器活塞杆上还固结了一个下跳缓冲块 13,如图 4-13 所示。图 4-14 示出这种悬架的弹性特性曲线。其中,在设计位置(轿车内有 3 个人,每个人重量为 68kg)之前的一段弹性特性曲线是一段直线,只有螺旋弹簧承受垂直力 F。把这段直线向两端延伸,分别与最大压缩变形线(s_t=207mm)、零变形线交于点 A 和点 B,对应的力分别是 3.32kN(338.5kg)、1.61kN(164kg),即在悬架工作时,由螺旋弹簧引起的作用在车轮上的力的分量的最大值和最小值。在此悬架线性弹性段的恒定刚度 $C=(3.32-1.61)\times 10^3/207=8.26$N/mm,在设计位置的静挠度为 $2.56\times 10^3/8.26=310$mm,对应的偏频为

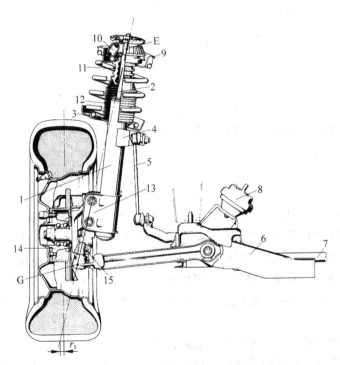

图 4-11 一种麦克弗森式独立悬架及其橡胶副簧

1—减振器外筒;2—减振器活塞杆;3—弹簧下支座;4—球铰支架;5—横向稳定杆拉杆;6—副车架;7—横向稳定杆;8—发动机支座;9—弹簧上支座;10—橡胶支座;11—橡胶副簧;12—防尘护套;13—立柱安装套;14—轴承;15—固定螺栓;E—减振器活塞杆上铰点;G—转向节球铰点

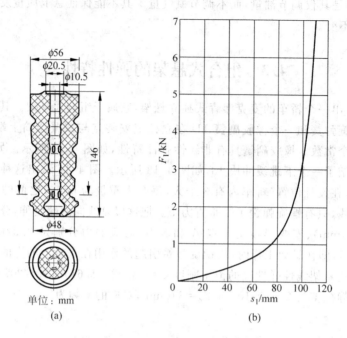

图 4-12 橡胶副簧及其弹性特性曲线
(a) 橡胶副簧;(b) 弹性特性曲线

$$n_1 = \frac{4.98}{\sqrt{f_{c1}}} = \frac{4.98}{\sqrt{310 \times 10^{-1}}} = 0.895\,\text{Hz}$$

将图 4-14 中所示的线性弹性段向下延伸到 E 点。而空车位置在 E 点与设计位置之间,悬架的静挠度为 $310-(115-80)=275\,\text{mm}$,空车偏频为

$$n_1 = \frac{4.98}{\sqrt{f_{c1}}} = \frac{4.98}{\sqrt{275 \times 10^{-1}}} = 0.95\,\text{Hz}$$

即虽然偏频有所升高,但还是比较理想的。从 E 点开始,弹性特性开始变成向下凹的曲线,意味着下跳缓冲块开始起作用(图 4-13 中的 13),它开始承受螺旋弹簧施加的力,从而减小了把车轮保持在一定位置所需要施加的垂直力 F。由于缓冲块的刚度比较大,所以随着悬架变形的减小,即悬架伸张变形的增大,缓冲块承受的力迅速增大,从而使所需要的力 F 很快减小。当悬架变形达到零时,螺旋弹簧施加的力完全由缓冲块承受,F 达到零值。

将图 4-14 中所示的线性弹性段向上延伸到 D 点。从 D 点开始,弹性特性开始变成向上凹的曲线,意味着橡胶副簧开始起作用(图 4-11 中的 11),它开始与螺旋弹簧并联在一起向下施加力,从而增大了把车轮保持在一定位置所需要施加的垂直力 F。由于橡胶副簧的设计(见图 4-12)保证了其具有比较准确的非线性弹性特性,使得直到最大静轮荷这个范围内的悬架弹性特性接近于等偏频特性,即悬架的刚度基本上随着悬上质量线性增大,其偏频基本上不随着悬上质量的变化而变化。过了最大静轮荷位置以后,悬架刚度的增大速率越来越高,可以有效地限制悬架的最大压缩量。

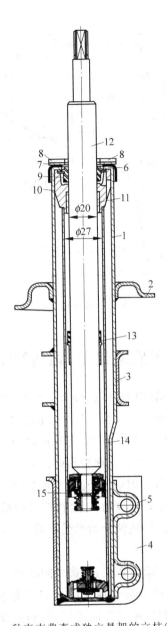

图 4-13 一种麦克弗森式独立悬架的立柱(单位:mm)
1—减振器外筒;2—弹簧座;3—转向节臂安装件;4—安装板;5—安装环件;6—滚边;
7—阻止盘;8—横向槽;9—油封;10—导管;11—减振器活塞杆轴承衬套;
12—减振器活塞杆;13—车轮下跳限位块;14—减振器工作筒;15—减振器活塞

图 4-14 所示的悬架弹性特性对于轿车来说一般已经足够,因为轿车悬上载荷的变化幅度相对较小。

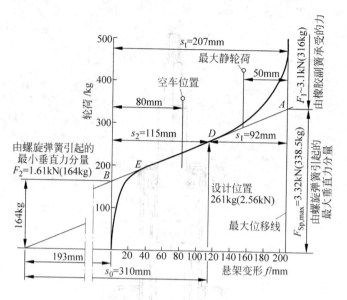

图 4-14 一种麦克弗森式独立悬架的弹性特性

4.4 货车后悬架主、副簧的刚度分配

货车在使用中其后桥的负荷变化范围比较大。例如，解放牌货车在满载时，其后悬架负荷约为空载时的 4 倍多。假如采用线性弹性特性的悬架，其刚度不变，则满载和空载时的后悬架偏频分别为 1.6Hz 和 3.2Hz。空车偏频过高，平顺性较差。因此，在货车后悬架上常常采用主、副钢板弹簧结构来趋近理想的弹性特性，如图 4-15 所示。

如图 4-15 所示，当载荷 F 较小时（$F<F_k$），板簧变形 f 较小，副簧 3 不与托架 2、6 接触，仅主簧工作，悬架的刚度较小；当载荷 F 达到转换载荷 F_k 时，副簧开始与托架 1 接触；再增加载荷，即在 $F>F_k$ 时，副簧便开始承受载荷，这时副簧与主簧并联工作，增大了悬架的刚度。

在设计主、副簧时，首先应该确定在主、副簧之间的刚度分配，以及副簧开始参加工作时的载荷 F_k。上述设计参数的确定应该保证满足如下要求：①从空载到满载范围内偏频的变化应尽可能小；②在副簧接触托架的前后，偏频突变不要过大。下面介绍两种设计方法。

1. 方法 1

（1）使副簧刚开始起作用时（副簧已经受力）的悬架静挠度 f_a（偏频）等于汽车空载时悬架的静挠度 f_0（偏频）。

（2）使副簧在开始起作用前一瞬间（副簧尚未受力）的静挠度 f_k（偏频）等于满载时悬架的静挠度 f_c（偏频）。按照上述两个要求可以求出副簧开始起作用时的载荷 F_k 和主簧刚度 c_m 与副簧刚度 c_a 的比值 λ。

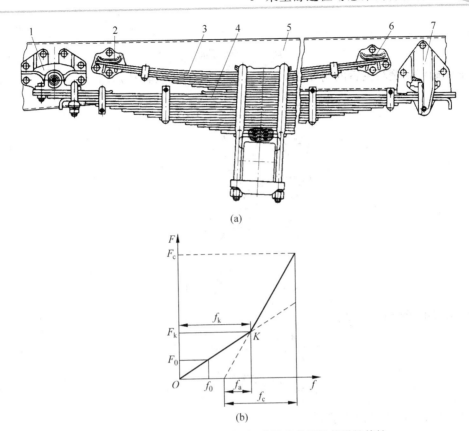

图 4-15 一种货车的主、副钢板弹簧后悬架及其弹性特性
(a) 主、副钢板弹簧后悬架的结构；(b) 主、副钢板弹簧后悬架的弹性特性
1—钢板弹簧前托架；2,6—副簧托架；3—副簧；4—钢板弹簧；5—车架；7—钢板弹簧后托架

根据要求(1)有如下关系：

$$f_a = \frac{F_k}{c_m + c_a} \tag{4-13}$$

$$f_0 = \frac{F_0}{c_m} \tag{4-14}$$

$$\frac{F_k}{c_m + c_a} = \frac{F_0}{c_m} \tag{4-15}$$

根据要求(2)有如下关系：

$$f_k = \frac{F_k}{c_m} \tag{4-16}$$

$$f_c = \frac{F_c}{c_m + c_a} \tag{4-17}$$

$$\frac{F_k}{c_m} = \frac{F_c}{c_m + c_a} \tag{4-18}$$

将式(4-15)与式(4-18)相乘，得

$$\frac{F_k^2}{(c_m + c_a) \cdot c_m} = \frac{F_0 \cdot F_c}{c_m \cdot (c_m + c_a)}$$

所以
$$F_k = \sqrt{F_0 \cdot F_c} \tag{4-19}$$

下面确定副簧与主簧的刚度比 λ。将式(4-18)除以式(4-15)得

$$\frac{c_m + c_a}{c_m} = \frac{F_c \cdot c_m}{(c_m + c_a) \cdot F_0} \tag{4-20}$$

$$\left(\frac{c_m + c_a}{c_m}\right)^2 = \frac{F_c}{F_0} \tag{4-21}$$

$$\frac{c_m + c_a}{c_m} = \sqrt{\frac{F_c}{F_0}} \tag{4-22}$$

$$\frac{c_m + c_a}{c_m} - 1 = \sqrt{\frac{F_c}{F_0}} - 1 \tag{4-23}$$

所以
$$\lambda = \frac{c_a}{c_m} = \sqrt{\frac{F_c}{F_0}} - 1 \tag{4-24}$$

满载时的静挠度 f_c 为

$$f_c = f_k = \frac{F_k}{c_m} = \frac{\sqrt{F_0 \cdot F_c}}{c_m} \tag{4-25}$$

$$c_m = \frac{\sqrt{F_0 \cdot F_c}}{f_c} \tag{4-26}$$

其中,F_0、F_c、f_c 都为设计要求。

图 4-16 示出悬架静挠度 f_j 随着负荷 F 的变化特性。按照这种方法设计的悬架可以使空载、满载范围内悬架的偏频变化较小,但是在副簧开始起作用前后的偏频突变较大。对于运输企业使用的货车,由于其半载运输状态较少,要么是满载,要么是空载,所以适于采用这种设计。

另外,从图 4-16 中可以看出,静挠度 f_0 和 f_k 都等于悬架的实际变形;而静挠度 f_a 和 f_c 都小于悬架的实际变形,其中与静挠度 f_a 对应的悬架实际变形是 f_k。

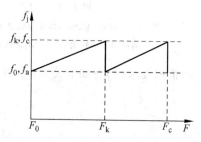

图 4-16 悬架静挠度 f_j 随着负荷 F 的变化特性(方法 1)

2. 方法 2

(1) 使副簧开始起作用时的载荷 F_k 是空载和满载时悬架载荷的平均值,即

$$F_k = \frac{F_0 + F_c}{2} \tag{4-27}$$

(2) 使载荷 F 为 $(F_0 + F_k)/2$ 及 $(F_k + F_c)/2$ 时的悬架系统静挠度(偏频)相等,即

$$\frac{F_0 + F_k}{2 \cdot c_m} = \frac{F_k + F_c}{2 \cdot (c_m + c_a)} \tag{4-28}$$

$$\frac{c_m + c_a}{c_m} = \frac{F_k + F_c}{F_0 + F_k} \tag{4-29}$$

把式(4-27)代入式(4-29),得

$$\frac{c_{\mathrm{m}}+c_{\mathrm{a}}}{c_{\mathrm{m}}} = \frac{\dfrac{F_0+F_{\mathrm{c}}}{2}+F_{\mathrm{c}}}{F_0+\dfrac{F_0+F_{\mathrm{c}}}{2}} = \frac{F_0+3\cdot F_{\mathrm{c}}}{3\cdot F_0+F_{\mathrm{c}}} \tag{4-30}$$

$$\frac{c_{\mathrm{m}}+c_{\mathrm{a}}}{c_{\mathrm{m}}}-1 = \frac{F_0+3\cdot F_{\mathrm{c}}}{3\cdot F_0+F_{\mathrm{c}}}-1 = \frac{2\cdot F_{\mathrm{c}}-2\cdot F_0}{3\cdot F_0+F_{\mathrm{c}}}$$

所以

$$\lambda = \frac{c_{\mathrm{a}}}{c_{\mathrm{m}}} = \frac{2\cdot\dfrac{F_{\mathrm{c}}}{F_0}-2}{3+\dfrac{F_{\mathrm{c}}}{F_0}} \tag{4-31}$$

满载时的静挠度 f_{c} 为

$$f_{\mathrm{c}} = \frac{F_{\mathrm{c}}}{c_{\mathrm{m}}+c_{\mathrm{a}}} = \frac{F_{\mathrm{c}}}{c_{\mathrm{m}}+\dfrac{2\cdot\dfrac{F_{\mathrm{c}}}{F_0}-2}{3+\dfrac{F_{\mathrm{c}}}{F_0}}\cdot c_{\mathrm{m}}} = \frac{F_{\mathrm{c}}}{c_{\mathrm{m}}}\cdot\frac{3+\dfrac{F_{\mathrm{c}}}{F_0}}{3+\dfrac{F_{\mathrm{c}}}{F_0}+2\cdot\dfrac{F_{\mathrm{c}}}{F_0}-2}$$

$$= \frac{F_{\mathrm{c}}}{c_{\mathrm{m}}}\cdot\frac{3+\dfrac{F_{\mathrm{c}}}{F_0}}{1+\dfrac{F_{\mathrm{c}}}{F_0}+2\cdot\dfrac{F_{\mathrm{c}}}{F_0}} = \frac{F_{\mathrm{c}}}{c_{\mathrm{m}}}\cdot\frac{3+\dfrac{F_{\mathrm{c}}}{F_0}}{1+3\cdot\dfrac{F_{\mathrm{c}}}{F_0}} \tag{4-32}$$

$$c_{\mathrm{m}} = \frac{F_{\mathrm{c}}}{f_{\mathrm{c}}}\cdot\frac{3+\dfrac{F_{\mathrm{c}}}{F_0}}{1+3\cdot\dfrac{F_{\mathrm{c}}}{F_0}} \tag{4-33}$$

其中,F_0、F_{c}、f_{c} 都为设计要求。

在转换载荷 F_{k}、副簧开始起作用前一瞬时的静挠度 f_{k} 为

$$f_{\mathrm{k}} = \frac{F_{\mathrm{k}}}{c_{\mathrm{m}}} = \frac{\dfrac{F_0+F_{\mathrm{c}}}{2}}{c_{\mathrm{m}}} = \frac{F_{\mathrm{c}}}{c_{\mathrm{m}}}\cdot\frac{1+\dfrac{F_0}{F_{\mathrm{c}}}}{2} \tag{4-34}$$

从式(4-33)和式(4-34)中可以看出,由于 $F_0<F_{\mathrm{c}}$,所以 $f_{\mathrm{c}}<f_{\mathrm{k}}$。

由于 $(F_0+F_{\mathrm{c}})/2>\sqrt{F_0\cdot F_{\mathrm{c}}}$,所以方法 2 得到的 f_{k} 比方法 1 的大。

图 4-17 示出悬架静挠度 f_{j} 随着负荷 F 的变化特性。这样设计的悬架可以使副簧开始起作用前后的偏频突变较小,但却使在全部载荷变化范围内的偏频变化较大。因此,该设计方法仅适用于经常处于半载状态运输或 F_{c}/F_0 值较小(接近于 1)的车辆。

完成主、副钢板弹簧的刚度分配以后,还需要分别对主、副簧进行结构设计和强度、刚度校核。

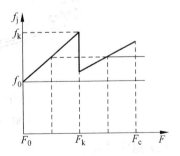

图 4-17 悬架静挠度 f_{j} 随着负荷 F 的变化特性(方法 2)

5 悬架中弹性元件的设计

5.1 悬架中的弹性元件

悬架中的弹性元件主要用来传递垂直力,缓和由路面不平引起的冲击和振动。弹性元件有多种,例如钢板弹簧、螺旋弹簧、扭杆弹簧、空气弹簧、油气弹簧及橡胶弹簧等。

(1) 钢板弹簧

在悬架中,钢板弹簧往往兼作导向机构(见图 1-2、图 1-4、图 1-5),这可以使其结构简化,并且方便维修保养、降低制造成本。所以,钢板弹簧目前仍得到广泛应用,特别是在商用车(货车)中。

常规的钢板弹簧采用多片结构(见图 1-2、图 4-15、图 1-63),它的质量较大,各片之间的摩擦会影响其性能,而且这些摩擦难以估计和控制。为了克服这些缺点,已经发展出了少片钢板弹簧,其通常由 1-3 片组成,各片采用变厚断面,图 5-1 示出两种少片钢板弹簧。少片钢板弹簧利用变厚断面来保持等强度,可以节省材料、减小质量,同时减小了片间的摩擦,有利于改善行驶平顺性。但是,其制造工艺比较复杂,成本较高。目前,这种变厚度少片钢板弹簧主要应用在轻型汽车上。

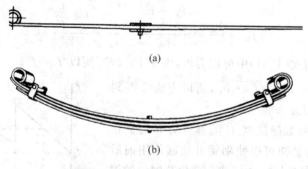

图 5-1 单片和少片钢板弹簧
(a) 单片钢板弹簧;(b) 三片钢板弹簧(少片钢板弹簧)

(2) 螺旋弹簧

螺旋弹簧在轿车等轻型汽车的悬架中得到了广泛应用(见图 1-1、图 1-3、图 1-6、图 1-7)。螺旋弹簧占用空间比较小,在悬架中便于布置。在悬架中,螺旋弹簧仅承受沿其轴线的力,其他的载荷都由悬架的导向机构承受。这使得在螺旋弹簧设计中只需要考虑沿其轴线作用的力,因此便于得到比较理想的弹性特性。在悬架中采用螺旋弹簧易于获得有利的非线性悬架弹性特性,也有利于获得比较理想的行驶平顺性。

(3) 扭杆弹簧

扭杆弹簧一般仅承受垂直载荷,其本身一般固定在车架上,使非簧载质量明显减小。图 5-2 示出一种采用扭杆弹簧的双横臂式独立悬架。采用扭杆弹簧的悬架可以比较容易获得有利的非线性悬架特性,有利于改善行驶平顺性。扭杆弹簧一般仅用于承受垂直载荷,悬架中需要有导向机构。

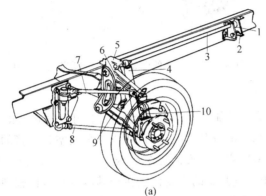

(a)
1—扭杆弹簧固定支架; 2—调整螺栓; 3—扭杆弹簧;
4—减振器; 5—减振器上支架; 6—上横臂; 7—上支撑杆;
8—下支撑杆; 9—下横臂; 10—转向节

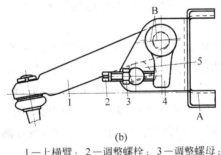

(b)
1—上横臂; 2—调整螺栓; 3—调整螺母;
4—调整臂; 5—上缓冲块;
A—基准面; B—配合标记

图 5-2 一种采用扭杆弹簧的前悬架(南京依维柯轻型货车的前悬架)
(a)南京依维柯轻型货车的前悬架;(b)扭杆弹簧预加载荷机构示意图

(4) 橡胶弹簧

橡胶弹簧具有隔声性好、维护简便的优点。但是其存在老化问题,即其性能随着使用而发生变化。其多用作缓冲块(如图 1-1 中的 8、10,图 1-2 中的 5 和图 4-13 中的 13)或副簧(如图 4-11 中的 11 和图 4-12)。副簧具有详细设计的力—变形特性曲线,可以与主簧(例如螺旋弹簧或扭杆弹簧)、导向机构一起获得有利的悬架非线性弹性特性。而缓冲块仅用于防止钢对钢碰撞的发生,对其弹性特性要求不太高。在重型自卸车上也有用橡胶弹簧作为主簧的。图 5-3 示出一种采用橡胶弹簧的微型轿车的双横臂式独立悬架。

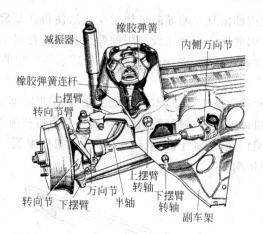

图 5-3 一种采用橡胶弹簧的微型轿车的双横臂式独立悬架

(5) 空气弹簧

目前,舒适性要求较高的旅游大客车和高级轿车采用空气弹簧的日益增多。空气弹簧与螺旋弹簧类似,仅能承受沿着其轴线的力,所以在采用空气弹簧的悬架中也需要导向机构。图 1-12 示出一种采用空气弹簧的货车后悬架。图 4-7 示出一种采用空气弹簧的双横臂式独立悬架。采用空气弹簧的主要优点在于其本身具有比较理想的非线性弹性特性(见图 4-8),同时还容易实现车身高度的调节(见图 4-9),保证车身的高度不随汽车质量的变化而变化(即保持静挠度、偏频不变),这样就可以保证汽车在任何装载情况下都具有比较理想的行驶平顺性。采用其他弹簧很难达到这种效果。

(6) 油气弹簧

油气弹簧是空气弹簧的变形,其本身含有空气弹簧和减振器。图 4-10 示出一种油气弹簧。在油气弹簧中,一般利用氮气作为弹性元件,以油液传递载荷;其同时还具有减振器阀,油液还起减振、润滑的作用。由于采用钢制氮气室和油缸,允许的气压较高,所以油气弹簧具有体积小、质量低的优点,用于重型自卸车上比钢板弹簧的质量轻 50% 以上。又由于其易于实现车身高度自动调节、弹性特性比较理想等优点,故在高级轿车上也有采用。

5.2 钢板弹簧的设计和计算

5.2.1 钢板弹簧主要参数和尺寸的确定

在钢板弹簧设计中,首先应该和总体设计人员协商确定一些基本参数和尺寸(见图 5-4)。

(1) 弹簧上载荷 F_w。

(2) 弹簧长度 L(弹簧伸直后两卷耳的中心距)。在钢板弹簧刚度一定的情况下,增大 L 有益于降低弹簧应力和应力幅度。但是,L 的大小受到整车布置的限制,轿车的 L 为 0.40～0.55 倍轴距;货车前悬架的 L 为 0.26～0.35 倍轴距,后悬架的 L 为 0.35～0.45 倍轴距。

5 悬架中弹性元件的设计

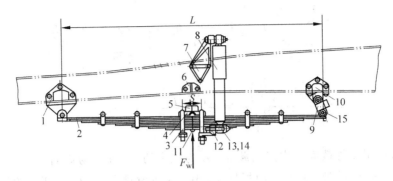

图 5-4 在钢板弹簧设计中所需要的载荷和几何尺寸输入参数
1—钢板弹簧前支架；2—前钢板弹簧；3—U 形螺栓；4—前板簧盖板；5—缓冲块；6—限位块；
7—减振器上支架；8—减振器；9—吊耳；10—吊耳支架；11—中心螺栓；12—减振器下支架；
13—减振器连接销；14—板簧吊耳销；15—钢板弹簧销

(3) 静挠度 f_c 和动挠度 f_d。

(4) 满载弧高 f_a。满载弧高 f_a 是汽车处于满载静平衡位置时钢板弹簧的卷耳中心与钢板弹簧压平时(需要施加比满载静载荷更大的载荷)的卷耳中心之间的距离。满载弧高的存在会抬高汽车的高度，一般希望其为零。但是，考虑到钢板弹簧在使用中会产生塑性变形，为了防止钢板弹簧在满载静载荷下发生反弓现象，常常设置一个满载弧高。有时设置满载弧高是为了增大动挠度。满载弧高 f_a 一般为 $10\sim20\mathrm{mm}$。

上述参数确定后就可以进行钢板弹簧的计算。在各种钢板弹簧(包括多片板簧和少片板簧)的设计中，都是力图使其接近等应力梁，以便材料得到充分利用。图 5-5 示出形成理想的多片等应力钢板弹簧的方法。如图 5-5(a) 所示，两个等腰三角形钢板组成一个等应力单片板簧；沿长度方向把这两个钢板剪开，使每个钢板条的宽度为 $b/2$；如图 5-5(c) 所示，把几何尺寸相同的两个钢板条拼起来，组成钢板弹簧的各片；如图 5-5(b) 所示，把这些片叠起来，就组成了多片钢板弹簧。

在实际应用中需要对上述等应力板簧进行适当的修正：①钢板弹簧主片(第 1 片)的两端制成卷耳或矩形(与滑板配合)，以便与车架相连，传递力和力矩；②其余各片也比上述等应力的叶片加长了。因此，实际的钢板弹簧的展开面不是三角形，而是一种介于等截面简支梁和等应力梁之间的一种梁结构。

用于钢板弹簧设计计算的基本公式是等截面简支梁的中点应力 σ 和挠度 f 的计算公式

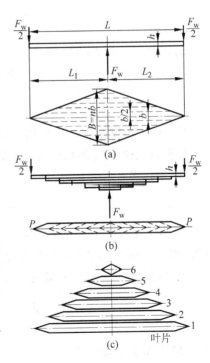

图 5-5 理想多片等应力钢板弹簧的形成方法示意图

$$\sigma = \frac{\frac{F_w}{2} \cdot \frac{L}{2}}{\frac{B \cdot h^3}{12}} \frac{h}{2} = \frac{F_w \cdot L \cdot h}{8 \cdot J} = \frac{F_w \cdot L}{4 \cdot \frac{J}{h/2}} = \frac{F_w \cdot L}{4 \cdot W_0} \tag{5-1}$$

$$f = \frac{\frac{F_w}{2} \cdot \left(\frac{L}{2}\right)^3}{3 \cdot E \cdot \frac{B \cdot h^3}{12}} = \frac{F_w \cdot L^3}{48 \cdot E \cdot J} \tag{5-2}$$

其中,F_w 为作用在等截面梁中点的载荷;L 为该梁的长度;h 为截面高度;B 为截面宽度;E 为材料弹性模量;J 为截面惯性矩;W_0 为抗弯截面系数。J、W_0 的计算公式分别为

$$J = \frac{B \cdot h^3}{12} \tag{5-3}$$

$$W_0 = \frac{J}{h/2} = \frac{B \cdot h^3}{12} \cdot \frac{2}{h} = \frac{B \cdot h^2}{6} \tag{5-4}$$

从式(5-2)可以得到等截面简支梁中点垂直刚度 C_z 的公式,即

$$C_z = \frac{F_w}{f} = \frac{48 \cdot E \cdot J}{L^3} \tag{5-5}$$

从式(5-5)可以得到 J 与 C_z 之间的关系式

$$J = \frac{C_z \cdot L^3}{48 \cdot E} \tag{5-6}$$

确定钢板断面尺寸的步骤如下。

(1) 首先根据静挠度 f_c 和静载荷 F_w 求出钢板弹簧的刚度 C

$$C = \frac{F_w}{f_c} \tag{5-7}$$

(2) 计算钢板弹簧 U 形螺栓夹紧处的总惯性矩 J_o。

计算钢板弹簧 U 形螺栓夹紧处的总惯性矩 J_o。所利用的公式是对等截面简支梁计算式(5-6)进行修正后的公式,即

$$J_o = \frac{\delta \cdot (L - k \cdot S)^3 \cdot C}{48 \cdot E} \tag{5-8}$$

其中,S 为 U 形螺栓中心距(见图 5-4);k 为考虑 U 形螺栓夹紧钢板弹簧后的无效长度系数,如刚性夹紧,则 $k=0.5$,如挠性夹紧,则 $k=0$;δ 为挠度增大系数。

先确定与主片等长的重叠片数 n_1,再估计一个总片数 n_0,然后用下式初定 δ

$$\delta = \frac{1.5}{1.04 \cdot \left(1 + 0.5 \cdot \frac{n_1}{n_0}\right)} \tag{5-9}$$

(3) 计算钢板厚度 h_p

钢板弹簧必须满足强度要求,钢板弹簧 U 形螺栓夹紧处的应力可利用对式(5-1)修改后的公式进行计算,即

$$\sigma_c = \frac{F_w \cdot (L - k \cdot S) \cdot h_p}{8 \cdot J_o} \leqslant [\sigma_c] \tag{5-10}$$

其中,σ_c 为钢板弹簧 U 形螺栓夹紧处的应力;h_p 为钢板厚度;$[\sigma_c]$ 为材料的许用弯曲应力。

对于 55SiMnVB 和 60Si2Mn 等材料,其表面经喷丸处理以后,推荐 $[\sigma_c]$ 在如下范围内取值:前弹簧为 350~450N/mm²;后弹簧为 450~550N/mm²;后副簧为 220~250N/mm²;平衡弹簧为 350~450N/mm²。

从式(5-10)可得

$$h_p \leqslant \frac{8 \cdot J_o}{F_w \cdot (L - k \cdot S)} \cdot [\sigma_c] = \frac{8}{F_w (L - ks)} \frac{\delta \cdot (L - k \cdot S)^3 \cdot C}{48 \cdot E} \cdot [\sigma_c]$$

$$= \frac{\delta \cdot (L - k \cdot S)^2}{6 \cdot E} \cdot \frac{F_w}{f_c} \cdot \frac{1}{F_w} \cdot [\sigma_c] = \frac{\delta \cdot (L - k \cdot S)^2}{6 \cdot E \cdot f_c} \cdot [\sigma_c] \tag{5-11}$$

选定 h_p 以后还应该验算比应力 $\bar{\sigma}$ 和极限应力 $\sigma_{\max}$。比应力 $\bar{\sigma}$ 是指弹簧单位变形的应力,即

$$\bar{\sigma} = \frac{\sigma_c}{f_c} = \frac{F_w \cdot (L - k \cdot S) \cdot h_p}{8 \cdot J_o \cdot f_c} = \frac{F_w}{f_c} \cdot \frac{(L - k \cdot S) \cdot h_p}{8 \cdot \frac{\delta \cdot (L - k \cdot S)^3 \cdot C}{48 \cdot E}}$$

$$= \frac{6 \cdot E \cdot h_p}{\delta \cdot (L - k \cdot S)^2} \tag{5-12}$$

比应力 $\bar{\sigma}$ 对钢板弹簧的疲劳寿命有显著影响,它要在一个许用范围以内。建议的数值为:货车的前、后钢板弹簧 $\bar{\sigma}=45\sim55$MPa/cm;平衡悬架 $\bar{\sigma}=65\sim80$MPa/cm;后悬架副簧 $\bar{\sigma}=75\sim85$MPa/cm。静挠度大的弹簧一般应该取下限值。如果所得的比应力值不合适,应该修改片厚 h_p。

验算最大动行程时的最大应力

$$\sigma_{\max} = \bar{\sigma} \cdot (f_c + f_d) = \frac{6 \cdot E \cdot h_p \cdot (f_c + f_d)}{\delta \cdot (L - k \cdot S)^2} \leqslant 900 \sim 1000 \text{N/mm}^2 \tag{5-13}$$

其中,f_c 和 f_d 分别为静挠度和动挠度。

(4) 确定各个钢板叶片的宽度 b 和片数 n

计算出 J_o 和 h_p 后,就可以进行叶片断面尺寸的选择。通常应先选叶片宽度 b。

$$J_o = \frac{B \cdot h_p^3}{12} = \frac{(n \cdot b) \cdot h_p^3}{12} \tag{5-14}$$

$$b = \frac{12 \cdot J_o}{n \cdot h_p^3} \tag{5-15}$$

其中,n 为片数;b 为各个叶片的宽度;B 为钢板弹簧展开后的总宽度(见图 5-5)。

$$B = n \cdot b$$

从式(5-15)可以看出,片宽 b 与片数 n 有关。片数少(n 小),片宽 b 就大。但是,如果片宽 b 太大,当车身侧倾时板簧的扭曲应力就比较大。而如果片宽 b 太小,片数 n 就太多,从而增大片间摩擦和弹簧的总厚。所以,片宽应该适中。片宽 b 一般推荐按它与片厚的比例来选,即一般有关系 $6 < b/h_p < 10$。所以一般是先选定片宽 b,再计算需要的片数 n。从式(5-15)可得

$$n = \frac{12 \cdot J_o}{b \cdot h_p^3} \tag{5-16}$$

钢板弹簧的片数 n 可在 6~14 之间。如果采用变截面少片簧,其叶片数应在 1~4 之间。

(5) 确定钢板弹簧各片的厚度 h

钢板弹簧各片的厚度 h 应该在 $(1+0.1) \cdot h_p$ 的附近选取,应尽量采用同一厚度。但是,当钢板弹簧长度受限时,为了加强主叶片及卷耳,常将主叶片加厚,这时钢板弹簧其余各叶片通常选取较小的厚度,且给以较大的曲率,使它们分担主叶片的载荷。在一副钢板弹簧中,虽然可以利用不同厚度的叶片,但不宜超过 3 组。为了使叶片寿命接近,最厚片与最薄片的厚度之比应该<1.5。另外,叶片断面尺寸 b 和 h 的最后选取应该符合国家标准(GB/T 1222—2007)《弹簧钢》中的规定。

(6) 钢板弹簧各片长度的确定

选择钢板弹簧各叶片长度时,应该尽可能使应力在片间和沿片长的分布尽可能接近等应力,以达到各叶片寿命接近的要求。确定各叶片的长度可以采用"展开作图法"或"计算法"。在此介绍经常采用的,比较简便的"展开作图法",见图 5-6。

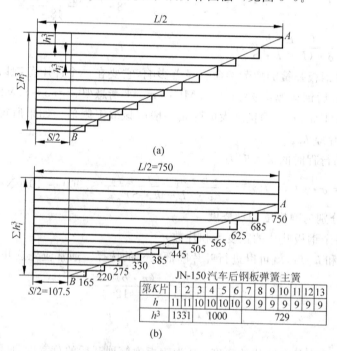

图 5-6 确定多片钢板弹簧各片长度的展开作图法

展开作图法的步骤(见图 5-6)如下：①将各片厚度 h_i 的立方值 h_i^3 沿纵坐标绘出;②沿横坐标量出主叶片长度的一半 $L/2$ 和 U 形螺栓中心距的一半 $S/2$,得到 A、B 两点;③连接 A 和 B,即得到三角形的板簧展开图。AB 与各叶片的上侧边交点即为各叶片的长度。如果存在与主片等长的重叠片,就从 B 点到最后一个重叠片的端点(上侧边)连一直线 AB,AB 与各叶片的上侧边交点即为各叶片的长度,如图 5-6(b)所示。

对这种方法解释如下(见图 5-7)。

假定板簧由 n 个叶片组成,弯曲时各叶片的各个截面都绕其中性轴线转动,各叶片的宽度 b 相同,则在板簧某个截面 g(在该截面共有 g 个叶片叠合在一起)的总惯性矩为

$$J_g = \frac{b}{12} \sum_{i=1}^{g} h_i^3 \tag{5-17}$$

所以, $\sum_{i=1}^{g} h_i^3$ 线性增大就意味着 J_g 线性增大。由于弯矩也沿着片长线性增大(见图 5-7),这样就可以近似地使板簧各个截面的应力趋于保持相等。

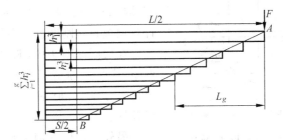

图 5-7 确定多片板簧各片长度的展开作图法和板簧的受力情况

假定各叶片的厚度相同,均为 h,则在板簧的 g 截面,各叶片的应力近似为

$$\sigma_{gc} = \frac{F \cdot L_g}{J_g} \frac{h}{2} = \frac{F \cdot L_g}{\frac{b}{12}\sum_{i=1}^{g} h_i^3} \cdot \frac{h}{2} = \frac{6 \cdot h}{b} \cdot \frac{F \cdot L_g}{\sum_{i=1}^{g} h_i^3} = \frac{6 \cdot h}{b} \cdot K \tag{5-18}$$

其中, σ_{gc} 为在钢板弹簧截面 g 的各个叶片截面的弯曲应力; F 为作用在钢板弹簧端部的力; L_g 为从钢板弹簧端部到 g 截面的距离(见图 5-7); K 为一个常数,即

$$K = \frac{F \cdot L_g}{\sum_{i=1}^{g} h_i^3} \tag{5-19}$$

按照上述方法确定钢板弹簧各个叶片的长度可以近似地使 K 保持不变。

5.2.2 钢板弹簧刚度的验算

钢板弹簧各片的长度和断面尺寸确定以后,需要对其进行刚度验算。一般叫采用"共同曲率法"或"集中载荷法"进行刚度验算。

共同曲率法的假定:钢板弹簧同一截面上各片曲率半径的变化值相同,各叶片所承受的弯矩正比于其惯性矩,同时该截面上各片的弯矩和等于外力所引起的力矩。按照上述假设可以求得如下钢板弹簧刚度的计算公式

$$C = \alpha \cdot \frac{6E}{\sum_{k=1}^{n} a_{k+1}^3 (Y_k - Y_{k+1})} \tag{5-20}$$

$$a_{k+1} = l_1 - l_{k+1}, \quad k = 1, 2, \cdots, n-1 \tag{5-21}$$

$$a_{n+1} = l_1 \tag{5-22}$$

$$Y_k = \frac{1}{\sum_{i=1}^{k} J_i}, \quad k = 1, 2, \cdots, n \tag{5-23}$$

$$Y_{n+1} = 0 \tag{5-24}$$

其中，J_i 为第 i 片的惯性矩；l_i 为各个叶片长度的一半。如果令 $l_1 = L/2$，则计算出的刚度称为板簧的检验刚度 C_j；如果令 $l_1 = L/2 - k \cdot S/2$，则计算出的刚度称为板簧的装配刚度 C_a；α 为经验修正系数，对于矩形截面的钢板弹簧，取 $0.9 \sim 0.95$。图 5-8 示出在共同曲率法计算钢板弹簧刚度公式中的各个几何参量。

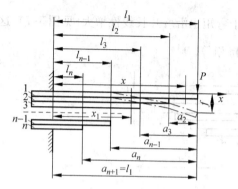

图 5-8 共同曲率法计算钢板弹簧刚度公式中的各个参量

在共同曲率法中，假设在叶片端部也承受弯矩，这与实际情况有别，故用此式算出的值要比实际的大，但用经验修正系数修正后，效果较好。

另外一种计算钢板弹簧刚度的方法是"集中载荷法"。其假定是：在任何载荷下，各片之间只在端部和根部无摩擦地接触并传递力，工作中各接触点不脱开，相邻两片在接触点具有相同的挠度，如图 5-9 所示。但是，实际上第 1 片受力十分复杂，与上述假设差异较大，故由第 1 片挠度导出的刚度公式与实测结果差异也不小，也需要进行修正。

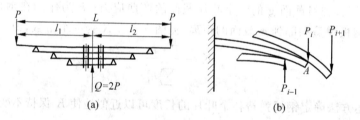

图 5-9 集中载荷法的假设

从实测各片的应力分布来看，长片的应力分布比较符合共同曲率法的计算结果，而短片特别是最末的两片比较符合集中载荷法的计算结果。

5.2.3 钢板弹簧总成在自由状态下的弧高及曲率半径的计算

钢板弹簧总成装配后，未经预压缩和未经 U 形螺栓夹紧前应该具有的弧高主要取决于它的静挠度 f_c、满载弧高 f_a 以及弹簧在预压缩时产生的塑性变形 Δ、U 形螺栓夹紧后引起的弧高变化 Δf，见图 5-10。

因此，板簧总成在自由状态下的弧高应该表示为

$$H_0 = f_c + f_a + \Delta + \Delta f \tag{5-25}$$

其中，弹簧在预压缩时产生的塑性变形 Δ 值一般取 $8 \sim 13$ mm，国外推荐 $\Delta = (0.055 \sim 0.075) \cdot (f_c + f_d)$；U 形螺栓夹紧后引起的弧高变化 Δf 与 U 形螺栓中心距 S 及弹簧主

5 悬架中弹性元件的设计

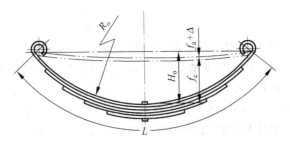

图 5-10 钢板弹簧总成在自由状态下的弧高示意图

叶片长 L 等有关，可写成

$$\Delta f = \frac{S}{2 \cdot L^2}[(3 \cdot L - S)(f_c + f_a + \Delta)] \tag{5-26}$$

这样，板簧总成在自由状态下的弧高也可以表示为

$$H_o = (f_c + f_a + \Delta)\left[1 + \frac{S}{2 \cdot L^2} \cdot (3 \cdot L - S)\right] \tag{5-27}$$

钢板弹簧总成在自由状态下的曲率半径为

$$R_o = \frac{L^2}{8 \cdot H_o} \tag{5-28}$$

应该指出的是，钢板弹簧各片在自由状态下的曲率半径（见图 5-11）与装配后是不一样的。

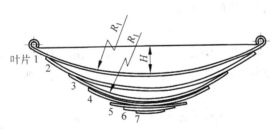

图 5-11 在自由状态下具有不同曲率半径的板簧叶片

在钢板弹簧装配后，各片具有共同的曲率半径，所以在装配前后各片的曲率半径发生了变化，这会在各片中产生预应力。确定各片所需要的预应力就可以确定各片在自由状态下的曲率半径 R_i。下面分两种情况进行讨论。

(1) 对于各片厚度相同钢板弹簧，把其各片做得在自由状态下曲率半径不同，其目的主要是使各片装配后能够很好地贴紧，在工作过程中能够使全部叶片都承受载荷。因此，只需要较小的预应力。设计时，取第 1、2 片预应力（每片上表面的预应力）为 $-80 \sim -150\text{N/mm}^2$；最末几片的预应力取为 $+20 \sim +60\text{N/mm}^2$。

(2) 对于不等厚叶片的钢板弹簧而言，一般主片较厚，在承受工作载荷时其应力比其他各片都大。这是因为在钢板弹簧工作时，其各片的曲率总保持相同，所以它们曲率的变化也总相同，有如下公式

$$\frac{1}{R_i} - \frac{1}{R_o} = \frac{M_i}{E \cdot J_i} = \frac{M_i}{E \cdot J_i} \cdot \frac{h_i}{2} \cdot \frac{2}{h_i} = \frac{2\sigma_{ci}}{E \cdot h_i} \tag{5-29}$$

$$\sigma_{ci} = \frac{E \cdot h_i}{2} \cdot \left(\frac{1}{R_i} - \frac{1}{R_o}\right) \tag{5-30}$$

其中,σ_{ci} 为第 i 个叶片中的工作应力；M_i 为第 i 个叶片承受的弯矩；E 为材料弹性模量；h_i 为第 i 个叶片的厚度；R_o 为钢板弹簧未受载荷时的曲率半径；R_i 为钢板弹簧承受工作载荷时的曲率半径。所以,第 i 片的工作应力 σ_{ci} 与其片厚 h_i 成正比。

为了减小主片的工作应力、保证其工作寿命,在装配时应对各片施加不同的预应力。可以根据钢板弹簧的简化疲劳极限图(见图 5-12)来确定各片的预应力。

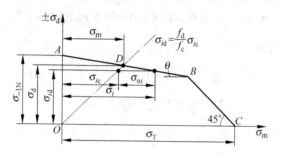

图 5-12 钢板弹簧的简化疲劳极限图

σ_T—材料的屈服极限；σ_{-1N}—对称循环的疲劳极限

在钢板弹簧的简化疲劳极限图中,横坐标为平均应力 σ_m,纵坐标为应力幅度 σ_d。在折线 A-B-C 上各点的疲劳寿命是相同的(即为要求的钢板弹簧的工作寿命)。

设在某静载荷下,任一片的应力 σ_i 为

$$\sigma_i = \sigma_{ic} + \sigma_{oi} \tag{5-31}$$

其中,σ_{ic} 为工作静载荷引起的静应力,σ_{oi} 为装配引起的预应力；工作动应力幅度为 σ_{id}。若要求各片具有相同的疲劳寿命(即要求的钢板弹簧工作寿命),则要求各片的工作点都在折线 A-B-C 上,即

$$(\sigma_{ic} + \sigma_{oi}) \cdot \tan\theta + \sigma_{id} \leqslant \sigma_{-1N} \tag{5-32}$$

$$\sigma_{oi} \leqslant \frac{\sigma_{-1N} - \sigma_{id}}{\tan\theta} - \sigma_{ic} \tag{5-33}$$

而

$$\sigma_{id} = \frac{\sigma_{ic}}{f_c} f_d \tag{5-34}$$

把式(5-34)代入式(5-33)得

$$\sigma_{oi} \leqslant \frac{\sigma_{-1N}}{\tan\theta} - \frac{\sigma_{id}}{\tan\theta} - \sigma_{ic} = \frac{\sigma_{-1N}}{\tan\theta} - \frac{1}{\tan\theta} \cdot \frac{\sigma_{ic}}{f_c} \cdot f_d - \sigma_{ic} \tag{5-35}$$

$$\sigma_{oi} \leqslant \sigma_{-1N} \cdot \cot\theta - \sigma_{ic}\left(1 + \frac{f_d}{f_c} \cdot \cot\theta\right) \tag{5-36}$$

其中,θ 为斜线 AB 的倾角,弹簧钢的 $\theta = 8° \sim 12°$；σ_{-1N} 为簧片在对称应力循环中的疲劳极限。

在确定各片装配预应力时,还需要满足一个条件,即在未受外载荷作用时,钢板弹簧任何断面中各片预应力所造成的弯矩 M_i 之和等于 0,即

$$\sum_{i=1}^{n} M_i = \sum_{i=1}^{n} \sigma_{oi} \cdot W_i = 0 \tag{5-37}$$

其中，W_i 为第 i 片的抗弯截面系数。

装配前后各片曲率半径的变化可由下式确定

$$\frac{1}{R_i} - \frac{1}{R_o} = \frac{M_i}{E \cdot J_i} = \frac{M_i}{E \cdot J_i} \cdot \frac{h_i}{2} \cdot \frac{2}{h_i} = \frac{2\sigma_{oi}}{E \cdot h_i} \tag{5-38}$$

$$R_i = \frac{1}{\dfrac{1}{R_o} + \dfrac{2 \cdot \sigma_{oi}}{E \cdot h_i}} \tag{5-39}$$

其中，R_o 为钢板弹簧总成装配后，在自由状态下的曲率半径；R_i 为第 i 片自由状态下的曲率半径；h_i 为第 i 片的厚度。

如果第 i 片的片长为 L_i，则第 i 片的弧高 H_i 可以按照下式近似计算

$$H_i = \frac{L_i^2}{8 \cdot R_i} \tag{5-40}$$

5.2.4 钢板弹簧总成组装后弧高的计算

根据最小势能原理，钢板弹簧总成组装后的稳定平衡状态是各片势能总和最小的状态，由此可以推导出如下计算公式

$$\frac{1}{R_o} = \frac{\sum_{i=1}^{n} \dfrac{J_i \cdot l_i}{R_i}}{\sum_{i=1}^{n} J_i \cdot l_i} \tag{5-41}$$

对于叶片厚度相等的钢板弹簧，每个叶片的截面惯性矩相同，均为 J，则

$$\frac{1}{R_o} = \frac{\sum_{i=1}^{n} \dfrac{J_i \cdot l_i}{R_i}}{\sum_{i=1}^{n} J_i \cdot l_i} = \frac{\sum_{i=1}^{n} \dfrac{l_i}{R_i}}{\sum_{i=1}^{n} l_i} \tag{5-42}$$

钢板弹簧总成在自由状态下的弧高为

$$H_o = \frac{L^2}{8 \cdot R_o} \tag{5-43}$$

5.2.5 钢板弹簧强度的验算

在上述钢板弹簧的设计和计算中都是以其所承受的垂直力 F_w 为基础的。而在实际工作中，钢板弹簧的受力是很复杂的，为了保证其能够安全的工作，还应该综合考虑这些力对钢板弹簧强度的影响。

1. 紧急制动工况

图 5-13 示出汽车制动时作用在钢板弹簧上的力。制动时，前钢板弹簧承受的载荷最大。设 G_1 为作用在前轮上的静载荷；m_1 为制动时前轴负荷转移系数（货车 $m_1=1.4\sim1.6$；轿车 $m_1=1.2\sim1.4$）。l_1、l_2 分别为钢板弹簧前、后段的长度；φ 为道路附着系数，取 0.7；c 为钢板弹簧固装点到路面的距离；W_o 为钢板弹簧总抗弯截面系数，则钢板弹

簧后半段的最大应力 $\sigma_{\max}$ 可表示为

$$\sigma_{\max} = \frac{P_2 \cdot l_2}{W_0} = \frac{m_1 \cdot G_1 \cdot (l_1 + \varphi \cdot c) \cdot l_2}{(l_1 + l_2) \cdot W_0} \tag{5-44}$$

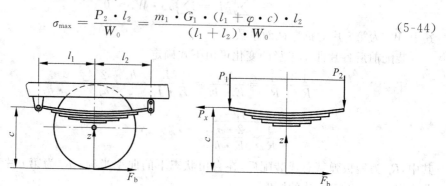

图 5-13 汽车制动时作用在钢板弹簧上的力

2. 最大驱动力工况

假设后桥是驱动桥。图 5-14 为汽车在驱动时后钢板弹簧上的受力分析。设 G_2 为作用在后轮上的静载荷；m_2 为驱动时后桥负荷转移系数（货车 $m_2 = 1.1 \sim 1.2$；轿车 $m_2 = 1.25 \sim 1.3$）。l_1、l_2 分别为钢板弹簧前、后段的长度；φ 为道路附着系数，取 1.0；c 为钢板弹簧固装点到路面的距离；W_0 为钢板弹簧总抗弯截面系数，则钢板弹簧的最大应力出现在它的前半段（见图 5-14），即

$$\sigma_{\max} = \frac{P_1 \cdot l_1}{W_0} \pm \frac{P_x}{b \cdot h_{p1}} = \frac{m_2 \cdot G_2 \cdot (l_2 + \varphi \cdot c) \cdot l_1}{(l_1 + l_2) \cdot W_0} \pm \frac{\varphi \cdot m_2 \cdot G_2}{b \cdot h_{p1}} \tag{5-45}$$

公式中的"+"号用于计算压应力；"−"号用于计算拉应力；b 为主片宽度；h_{p1} 为主片厚度。

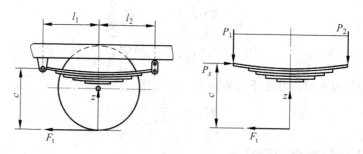

图 5-14 汽车驱动时作用在钢板弹簧上的力

另外，一般还需要验算钢板弹簧卷耳及弹簧销的挤压强度，以及 U 形夹紧螺栓在制动和驱动时的工作应力（这个应力和拧紧时产生的预应力之和不能超过材料的屈服极限）。如图 5-15 所示，卷耳处所受到的应力 σ 是由弯曲应力和拉（压）应力合成的，即

$$\sigma = \frac{P_x \cdot \left(\frac{D}{2} + \frac{h_{p1}}{2}\right)}{\frac{b \cdot h_{p1}^3}{12}} \cdot \frac{h_{p1}}{2} \pm \frac{P_x}{b \cdot h_{p1}} = \frac{3 \cdot P_x \cdot (D + h_{p1})}{b \cdot h_{p1}^2} \pm \frac{P_x}{b \cdot h_{p1}} \tag{5-46}$$

其中，P_x 为作用在钢板弹簧卷耳上的纵向力；D 为卷耳直径；h_{p1} 为主片厚度；b 为主片宽度。

鉴于制动时 P_x 可能很大,需要采用较大的安全系数,许用应力 $[\sigma]=350\text{N/mm}^2$。

设钢板弹簧销的直径为 d,其在钢板弹簧承受静载荷时的挤压应力 σ_J 为

$$\sigma_J = \frac{P}{b \cdot d} \qquad (5-47)$$

其中,P 为作用在钢板弹簧端部的载荷;b 为钢板弹簧的宽度。当钢板弹簧销材料是氰化处理 40 钢时,许用挤压应力为 $3\sim 4\text{N/mm}^2$。当钢板弹簧销材料是渗碳处理的 20 钢或 20Cr 时,许用挤压应力为 $7\sim 9\text{N/mm}^2$。

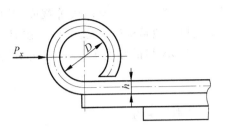

图 5-15 板簧主片卷耳受力图

5.2.6 少片钢板弹簧的结构特点

少片钢板弹簧一般由 1~3 片等长、等宽、变截面的叶片组成,如图 5-1 所示。片间放有减摩用的塑料填片,或做成只在两端部接触以减少片间摩擦。

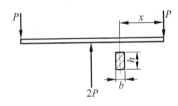

图 5-16 钢板弹簧任意截面应力的计算模型

无论是设计多片钢板弹簧,还是设计少片钢板弹簧,都是力图使它们成为等应力梁。如图 5-16 所示,下面分析实现等应力梁的方法。钢板任意截面的弯曲应力为

$$\sigma_{cx} = \frac{P \cdot x}{\frac{b \cdot h^3}{12}} \cdot \frac{h}{2} = \frac{6 \cdot p \cdot x}{b \cdot h^2} \qquad (5-48)$$

其中,P 为作用在钢板弹簧一端的垂直力;x 为截面距离 P 的距离;σ_{cx} 为与 P 之间的距离为 x 的截面的弯曲应力;b 为片宽度;h 为叶片厚度。

在上述多片钢板弹簧的设计中,以 h 为常数,通过令 b 随 x 的线性增大来实现等应力(见图 5-5),即

$$b = k_b \cdot x \qquad (5-49)$$

其中,k_b 为常数。把式(5-49)代入式(5-48),得

$$\sigma_{cx} = \frac{6 \cdot p \cdot x}{(k_b \cdot x) \cdot h^3} = \frac{6 \cdot p}{k_b \cdot h^2} = \sigma_c \qquad (5-50)$$

这时可以得出,σ_{cx} 是个常数 σ_c,与 x 无关,即钢板弹簧是个等应力梁。

如果令钢板的厚度 h 与 x 之间有如下关系:

$$h = k_h \cdot \sqrt{x} \qquad (5-51)$$

把式(5-51)代入式(5-48),得

$$\sigma_{cx} = \frac{6 \cdot p \cdot x}{b \cdot (k_h \cdot \sqrt{x})^2} = \frac{6 \cdot p \cdot x}{b \cdot k_h^2 \cdot x} = \frac{6 \cdot p}{b \cdot k_h^2} = \sigma_{ch} \qquad (5-52)$$

所以,按照式(5-51)随着 x 改变钢板的厚度也可以使其成为等应力梁。

图 5-17 为单片变截面弹簧的示意图(图示是

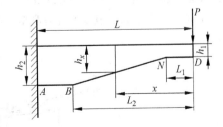

图 5-17 单片变截面弹簧的示意图
(图中为叶片的一半长度)

叶片的一半长度)。有两段等截面,其中在叶片端部的厚度为 h_1；在叶片根部的厚度为 h_2(这里一般是螺栓夹紧部分)。在 BN 段的截面是变厚的。

当 BN 段的厚度 h_x 按抛物线变化时

$$h_x = h_2 \cdot \left(\frac{x}{L_2}\right)^{\frac{1}{2}} \tag{5-53}$$

其惯性矩为

$$J_x = J_2 \cdot \left(\frac{x}{L_2}\right)^{\frac{3}{2}} \tag{5-54}$$

$$J_2 = \frac{b \cdot h_2^3}{12} \tag{5-55}$$

该单片钢板弹簧的刚度为

$$C = \frac{6 \cdot E \cdot J_2 \cdot \xi}{L^3 \cdot \left[1 + \left(\frac{L_2}{L}\right)^3 \cdot K\right]} \tag{5-56}$$

其中,ξ 为修正系数,取 0.92；K 为

$$K = 1 - \left(\frac{h_1}{h_2}\right)^3 \tag{5-57}$$

其最大应力为

$$\sigma_{\max} = \frac{6 \cdot P \cdot L_2}{b \cdot h_2^2} \leqslant [\sigma] \tag{5-58}$$

其中,P 为叶片端点的受力。

当由 n 片组成钢板弹簧时,其总刚度为各片的刚度之和,其应力则按照各片所承受的载荷分量计算。钢板弹簧的宽度,在布置允许的情况下应尽可能大些,以增大横向刚度,常取 75～100mm。厚度 h_1 不小于 8mm,以保证有足够的抗剪强度,并且防止因太薄而淬裂。h_2 取 12～20mm,以保证淬透性好。

5.2.7 渐变刚度少片钢板弹簧的有限元分析

国内某汽车公司生产的一种小型客车,其后悬架采用 3 片式钢板弹簧。它是一种等截面和变截面混合的少片钢板弹簧,如图 5-18 所示。从图 5-18 中可以看出,这种 3 片式钢板弹簧随着载荷的增加,其各片钢板是逐渐进入接触的,片间既存在正压力也存在切向的摩擦力。利用有限元分析法计算这种钢板弹簧的应力和变形。对该 3 片式钢板弹簧的有限元分析采用 ANSYS/Mechanical U 软件。这种 3 片式钢板弹簧随着载荷的增加其各片钢板是逐渐进入接触的,是典型的接触问题。图 5-19 所示为所建立的钢板弹簧有限元模型。

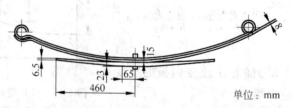

图 5-18 某型客车的 3 片式钢板弹簧结构示意图(各片钢板的宽度相同,均为 60mm)

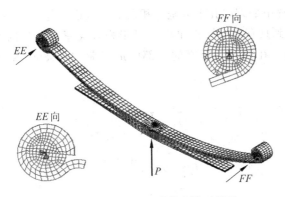

图 5-19　3 片式钢板弹簧有限元模型

在建模中,首先完全根据设计图纸对在装配以前处于自由状态的钢板弹簧各片分别建模,所采用的都是六面体八节点体单元 Solid 45。采用这种单元有利于考虑钢板弹簧的设计细节,能比较准确地反映应力集中情况。同时,在三维接触问题的有限元解法中,这种单元比带有中间节点的单元的收敛性更好。钢板弹簧材料为 60CrMnBa,其屈服强度 σ_s 为 1100MPa;抗拉强度 σ_b 为 1250MPa;弹性模量 E 为 205GPa;泊松比 μ 为 0.3。

在有限元法中,单元与单元之间通常是通过公共的节点来传递力的。但是,在钢板弹簧的片与片之间,因为接触与否事先未知,而且接触后存在着滑移,所以不能建立公共的节点。因此,在片与片的节点间建立了接触单元,来模拟片间的作用力。所选用的是点-面接触单元 Contact 49,它表现出较好的收敛性。利用此种单元划分接触面,接触算法选用罚函数法;摩擦采用库仑模型,摩擦系数取 0.2(钢对钢的摩擦系数)。在有限元计算中,接触属于状态非线性行为,计算时需要耗费大量的资源。ANSYS 软件利用接触单元来:①跟踪接触位置;②保证接触协调性(防止接触表面相互穿透);③在接触表面之间传递接触应力(正压力和摩擦力)。

各片钢板在中心螺栓的作用下装配成板簧(见图 5-18),再用 U 形螺栓(两个 U 形螺栓的中心距为 109mm)安装在车轴或模拟车轴上(见图 5-21)。各片钢板在这些螺栓的作用区域(在各片钢板的中部)内被压平,并且没有相对滑移。在建模时,把各片钢板在两个 U 形螺栓之间的部分变平,在中间建出一个中心螺栓孔,然后将各片在孔上的坐标相同的节点耦合起来(见图 5-20),以此来模拟板簧的装配过程,即用中心螺栓和两个 U 形螺栓进行夹紧的过程。由于此处不是板簧的危险部位,所以这样处理是合理的。

如图 5-19 所示,钢板弹簧第 1 片的左端采用固定卷耳连接,另一端采用活动吊耳连接,在卷耳或吊耳与转动轴之间装有橡胶制成的减摩衬套。所以,这两处的约束可以看成铰链,需要适当对它们进行建模。

在第 3 片钢板的中部施加大小为 18000N,方向垂直向上的集中力 P(见图 5-19)。在建模中,P 实际上分解施加在第 3 片钢板中部的一些单元的节点上。

在实际使用和静态应力实验中,都是先装配板簧,即用中心螺栓和两个 U 形螺栓把各片钢板夹持在一起形成板簧,安装在汽车上或试验台上,然后再施加载荷 P(见图 5-21)。在有限元分析中也模拟这个加载过程,其加载分 2 个载荷步进行:在第 1 个载荷步中载荷

P 为 0,只是将在各片中部螺栓孔上的坐标相同的节点耦合起来(见图 5-20),以此来模拟板簧的装配过程,得到只有中心螺栓和两个 U 形螺栓夹紧时各片的变形和应力;第 2 个载荷步模拟加载过程,在第 3 片板簧的中部施加载荷 $P=18000\text{N}$,均匀分为 10 个子步加载。

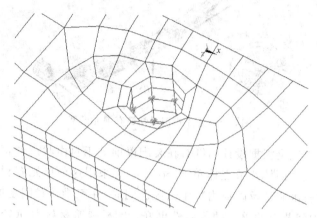

图 5-20 对板簧中心螺栓和 U 形螺栓夹紧的处理

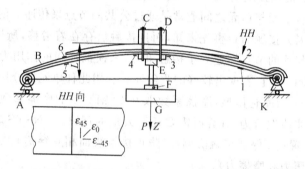

图 5-21 钢板弹簧应力和变形测量系统示意图

A,K—辊轴支座;B—钢板弹簧;C—U 形螺栓;D—板簧座;E—球头销;F—力传感器;G—液压作动器;L—弧高;Z—垂直变形(挠度);P—载荷;1~6—应变花粘贴点

对有限元分析结果进行了实验验证。利用 EVH 20-100-10 电液振动台对该钢板弹簧进行加载,测量其应力和垂直方向的变形(挠度)Z,加载系统和测点布置如图 5-21 所示。在 6 个关键点处各粘贴一个 45°的应变花,每片均采用对称布置组成半桥的接法。试验中,在夹紧中心螺栓和 U 形螺栓后将应变仪调零,分级施加载荷(最大载荷为 18000N),同时测量应变花和垂直变形(挠度)Z。挠度 Z 利用液压作动器自带的位移传感器测量。

表 5-1 为加载 18000N 的载荷时利用有限元模型得到的和测量得到的一些关键点上的 von Mises 应力 σ_v,这些点的计算应力较大或在实际疲劳试验中曾经发生过失效,其位置如图 5-21 所示。在表 5-1 中,σ_{cal} 是计算 von Mises 应力,其中在点 1、5(位置为板簧第 1 片上对应于第 3 片与第 2 片搭接处,见图 5-21)处,有最大计算应力值 1179.4MPa、1173.4MPa。

表 5-1 有限元模型计算 von Mises 应力 σ_{cal} 与实验 von Mises 应力 σ_{exp}（载荷 $P=18000$N）

	关键点号					
	1	2	3	4	5	6
σ_{cal}/MPa	1179.4	895.5	873.0	869.8	1173.4	881.4
σ_{exp}/MPa	1296.541	897.52	870.0165	756.1221	1331.019	973.3628
$E_R \times 100$	9.0	0.2	0.3	15.0	11.8	9.4

设在一个测量点上 45°应变花中各个应变片的应变测量值分别为 ε_0、ε_{45} 和 ε_{-45}（见图 5-21），则该点的两个主应力分别为

$$\sigma_{1,2} = \frac{E}{2(1-\mu)}(\varepsilon_{45} + \varepsilon_{-45}) \pm \frac{E}{\sqrt{2}(1+\mu)}\sqrt{(\varepsilon_{45}-\varepsilon_0)^2 + (\varepsilon_0-\varepsilon_{-45})^2} \quad (5-59)$$

该测量点的 von Mises 应力为

$$\sigma_v = \sigma_{exp} = \sqrt{\frac{1}{2}[\sigma_1^2 + \sigma_2^2 + (\sigma_1-\sigma_2)^2]} \quad (5-60)$$

表 5-1 示出在加载 18000N 的载荷时，有限元计算 von Mises 应力值 σ_{cal} 和试验测量的 von Mises 应力值 σ_{exp}。注意，这些应力值不是加载 18000N 载荷时的绝对应力值，而是相对于装配应力（由中心螺栓和 U 形螺栓夹紧）造成的相对应力值。

有限元计算值与相应测量值之间的相对误差为

$$E_R = \frac{|\sigma_{exp} - \sigma_{cal}|}{\sigma_{exp}} \times 100\% \quad (5-61)$$

从表 5-1 中可以看出，有限元计算应力值和试验测量值之间的相对误差<15%，对于非线性计算来说，计算精度较好。应该指出的是，有限元建模是完全根据钢板弹簧的设计图纸进行的，制造误差可能也是造成上述误差的原因之一。

在夹紧中心螺栓和 U 形螺栓后测量了该钢板弹簧的静态弧高 L（见图 5-21），其测量值为 170mm，而在载荷步 1 后有限元计算值为 161.2mm，相对误差为 (170-161.2)/170=5.2%。

测量的钢板弹簧加载-卸载的载荷-变形（挠度）曲线如图 5-22 中实线所示，有限元计算曲线为图中的虚线。从图 5-22 中可以看出，两者之间的差别比较小。另外从图中还可以看出，加载曲线几乎与卸载曲线重合，这表明由钢板弹簧中的摩擦引起的能耗比较小。测得钢板弹簧在 2、3 片搭接前后的刚度分别近似为 68N/mm、128N/mm。计算得出的相应刚度值为 74.3N/mm、132.02N/mm，相对误差分别为 9.3%、3.1%。

综上所述，所采用的有限元建模分析方法对于计算少片式变截面汽车钢板弹簧在垂直力作用下的应力和变形特性是有效的，其计算精度可以满足工程要求。有限元计算结果与实验应力分析结果相比，变形的相对误差为 3.1%～9.3%，应力的相对误差在 15% 以下。但是，由于在汽车行驶中钢板弹簧除了承受垂直力以外还承受纵向力、侧向力和制动力，为了比较全面地计算钢板弹簧的应力和变形，还需要在有限元建模中考虑这些力的影响。

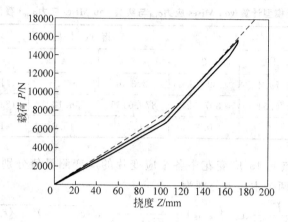

图 5-22 钢板弹簧载荷-挠度曲线
实线—测量曲线；虚线—有限元计算曲线

5.3 扭杆弹簧的设计和计算

早在 20 世纪 30 年代,扭杆弹簧悬架已经开始在汽车上得到应用,现在的轻型车、微型车以及越野车上都采用这种悬架的(见图 5-2)。应该指出的是,在坦克、装甲车辆等履带车辆上比较广泛地采用了扭杆弹簧。

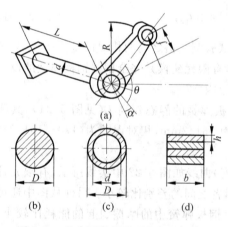

图 5-23 具有不同截面形状的扭杆弹簧
(a) 扭杆弹簧模型；(b) 圆形；
(c) 管形；(d) 片形

扭杆弹簧按它的截面形状可以分为圆形、管形、片形及组合式等扭杆弹簧(见图 5-23)。

(1) 圆形扭杆弹簧,其结构简单,制造较方便,使用最广。

(2) 管形扭杆弹簧,其对材料的利用率较高,但是在制造上要比圆形扭杆弹簧复杂一些。

(3) 把管形扭杆弹簧和圆形扭杆弹簧组合在一起就形成了组合式扭杆弹簧。

(4) 片形扭杆弹簧是由几片扁钢板叠起来组成的,其端部固装在四方孔套筒内(见图 1-56)。这种结构的缺点是材料利用率不高。其优点是弹性较好,扭角大,安全性好(即使其中有一片折断也不会使整个悬架失效)。所以,这种扭杆弹簧曾在国外某些微型车上得到应用。

在设计扭杆弹簧时,通常先根据汽车的行驶平顺性要求确定一个扭杆弹簧悬架的平均刚度 C_p,再根据 C_p 和扭杆弹簧尺寸参数之间的关系,确定扭杆弹簧长度 L 和断面面积 A 等参数。扭杆弹簧本身的刚度是一个固定值,但是由于有导向机构的影响,扭杆弹簧悬架的刚度是可变的。例如,在单纵臂独立悬架中,如果弹性元件用扭杆弹簧(见图 5-24),其悬架刚度 C 由下式确定。

$$C = \frac{G \cdot J_p \cdot [1-(\varphi-\alpha)\cdot\cot\varphi]}{L \cdot R^2 \cdot \sin^2\varphi} \quad (5\text{-}62)$$

其中,G 为材料剪切弹性模量;J_p 为扭杆弹簧横截面的极惯性矩;R 为纵臂长度;L 为扭杆弹簧的工作长度;α 为纵臂处于最低位置时其轴线与铅垂线之间的夹角;φ 为纵臂轴线与铅垂线之间的夹角。

下面推导式(5-62)。如图 5-24 所示,设 F 是地面施加在纵臂端点的垂直力,F_n 是其垂直于纵臂轴线的分量,则

$$F_n = F \cdot \sin\varphi \quad (5\text{-}63)$$

纵臂端点的垂直位移为

$$f = R \cdot \cos\alpha - R \cdot \cos\varphi \quad (5\text{-}64)$$

扭杆的角刚度为

$$C_k = \frac{G \cdot J_p}{L} \quad (5\text{-}65)$$

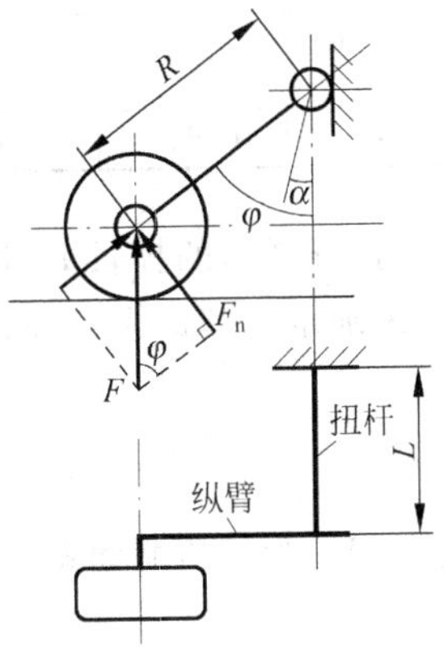

则

$$F_n \cdot R = C_k \cdot (\varphi - \alpha) \quad (5\text{-}66)$$

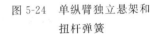

图 5-24 单纵臂独立悬架和扭杆弹簧

需要注意的是,此 F_n 是克服扭杆预扭矩以后的力。

$$F = \frac{F_n}{\sin\varphi} = \frac{F_n \cdot R}{R \cdot \sin\varphi} = \frac{C_k \cdot (\varphi-\alpha)}{R \cdot \sin\varphi} \quad (5\text{-}67)$$

$$\mathrm{d}F = \frac{C_k}{R} \cdot \frac{\sin\varphi - (\varphi-\alpha)\cdot\cos\varphi}{\sin^2\varphi} \cdot \mathrm{d}\varphi \quad (5\text{-}68)$$

$$\mathrm{d}f = R \cdot \sin\varphi \cdot \mathrm{d}\varphi \quad (5\text{-}69)$$

悬架的刚度 C 为

$$\begin{aligned}
C = \frac{\mathrm{d}F}{\mathrm{d}f} &= \frac{C_k}{R} \cdot \frac{\sin\varphi-(\varphi-\alpha)\cdot\cos\varphi}{\sin^2\varphi} \cdot \frac{1}{R\cdot\sin\varphi} \\
&= \frac{C_k}{R^2} \cdot \frac{\sin\varphi - (\varphi-\alpha)\cdot\cos\varphi}{\sin^3\varphi} = \frac{C_k \cdot [1-(\varphi-\alpha)\cdot\cot\varphi]}{R^2 \cdot \sin^2\varphi} \\
&= \frac{G \cdot J_p \cdot [1-(\varphi-\alpha)\cdot\cot\varphi]}{L \cdot R^2 \cdot \sin^2\varphi}
\end{aligned} \quad (5\text{-}70)$$

扭杆断面面积 A 的确定是根据扭杆弹簧的扭转变形能 U 等于悬架的变形功 W 一原理来进行的,所得扭杆断面面积的计算公式如下。

(1) 对于圆管断面扭杆弹簧

$$D = \frac{1.59 \cdot f}{\tau} \cdot \sqrt{\frac{C_p \cdot G}{(1-r^4)L}} \quad (5\text{-}71)$$

其中,D 为扭杆弹簧的外径;$r = d/D$ 为扭杆弹簧的内、外径之比;$f = f_c + f_d$ 为扭杆弹簧悬架的总挠度;C_p 为扭杆弹簧悬架的平均刚度;τ 为扭杆弹簧的容许扭转应力;L 为扭杆弹簧的长度。

(2) 对于片形扭杆弹簧(厚度为 h,宽度为 b)

$$h = \frac{1.41 \cdot f}{\tau} \cdot \sqrt{\frac{C_p \cdot G}{\lambda \cdot m \cdot n \cdot L}} \quad (5\text{-}72)$$

式中，h 为扭杆弹簧片的厚度；$m=b/h$ 为扭杆弹簧的片宽与片厚之比；n 为扭杆弹簧的片数；λ 为材料利用系数，与 m 有关，可查表 5-2 确定。

表 5-2　片形扭杆弹簧不同 m 值时的材料利用系数 λ

$m=\dfrac{b}{h}$	1.0	1.5	2.0	3.0	4.0	6.0	8.0	10.0
λ	0.618	0.546	0.529	0.542	0.567	0.598	0.614	0.626

扭杆弹簧的杆长 L 和摆臂长 R 可根据静挠度 f_c 和动挠度 f_d 以及允许的最大转角 θ_{max} 来确定。其最大容许转角 θ_{max} 取决于最大容许应力 $[\tau]$，即

$$[\theta_{max}] = \frac{[\tau] \cdot L}{G \cdot \dfrac{J_p}{W_p}} \tag{5-73}$$

其中，W_p 为抗扭截面系数。当扭杆弹簧为管形或圆形截面时，

$$\frac{J_p}{W_p} = \frac{D}{2} \tag{5-74}$$

把式(5-74)代入式(5-73)，得

$$[\theta_{max}] = \frac{2 \cdot [\tau] \cdot L}{G \cdot D} \tag{5-75}$$

当扭杆弹簧为片形，且 $m > 3$ 时，

$$\frac{J_p}{W_p} = h \tag{5-76}$$

把式(5-76)代入式(5-73)，得

$$[\theta_{max}] = \frac{[\tau] \cdot L}{G \cdot h} \tag{5-77}$$

可以根据式(5-73)至式(5-77)利用最优化方法确定扭杆弹簧的参数 D(或 h)、R、L。为了便于安装固定，扭杆弹簧的端头需要加工成花键、方形等。端头和杆身之间应该有适当的过渡，如图 5-25 所示。为了保证端头的寿命不低于扭杆身，端头直径 $D_t=(1.2\sim 1.3)\cdot D$，D 为扭杆身的直径。花键的长度 l 可以根据花键强度来确定，一般取 $l=(0.48\sim 1.3)\cdot D_t$。过渡锥角 2α 一般取 $30°$。过渡段长度 l_g 按照下式计算

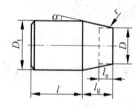

图 5-25　扭杆弹簧的过渡段

$$l_g = \frac{D_t - D}{2 \cdot \tan\alpha} \tag{5-78}$$

过渡圆角 $r=(1.3\sim 1.5)\cdot D$。

过渡段也有一部分长度作为弹簧起作用，其有效长度 l_e 为

$$l_e = \frac{l_g}{3} \cdot \left[\frac{D}{D_t} + \left(\frac{D}{D_t}\right)^2 + \left(\frac{D}{D_t}\right)^3\right] \tag{5-79}$$

在扭杆弹簧的计算中应该考虑这种端头的有效长度。

扭杆弹簧的材料除了要符合对弹簧钢的一般要求以外，还需要热处理时淬透性好，对材料的化学成分及机械性能进行严格控制。扭杆弹簧的材料可采用 50CrV、60CrA、60Si2Mn 等弹簧钢，重要的扭杆弹簧可以采用 45CrNiMoVA 优质合金弹簧钢。为了提

高疲劳强度，还应对其进行喷丸处理和预扭。预扭应该连续进行 4~5 次，最后残余变形不得大于 0.2°。扭杆弹簧的许用应力 $[\tau]$ 为 1000~1250N/mm² （淬火后经喷丸和预扭的弹簧钢）。未喷丸和未预扭的扭杆弹簧许用应力仅为 800N/mm²。

5.4 螺旋弹簧的设计和计算

螺旋弹簧常用于独立悬架中，其在轿车悬架中已得到了广泛应用。它只能承受沿其轴线作用的力，在此载荷作用下钢丝产生扭转应力。螺旋弹簧的主要尺寸参数是平均直径 D、钢丝直径 d 和工作圈数 n_s，见图 5-26。

在设计悬架的螺旋弹簧时，应先根据行驶平顺性的要求确定悬架的偏频 n，再利用式(4-11)计算一侧悬架的刚度 C，即

$$C = (2\pi \cdot n)^2 \cdot \frac{m_s}{2} \tag{5-80}$$

其中，m_s 为在设计状态时一个车桥上的悬上质量。而悬上质量 m_s 引起的设计轮荷为

$$F_z = \frac{m_s}{2} \cdot g \tag{5-81}$$

其中，g 为重力加速度。

然后根据悬架导向机构的特点，求出螺旋弹簧的刚度 C_s 和受力 F_s。下面，以双横臂式独立悬架为例，介绍计算螺旋弹簧刚度 C_s 和受力 F_s 的方法。图 5-27 为双横臂式独立悬架的力学模型。其中，C 为悬架虚拟弹簧的刚度，其沿着车轮中心线位于车轮与车身之间。利用式(5-80)进行计算；C_s 为螺旋弹簧的刚度；M 为车轮的瞬时运动中心；F 为地面对车轮的垂直力；F_s 为螺旋弹簧力。

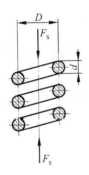

图 5-26 螺旋弹簧的设计参数

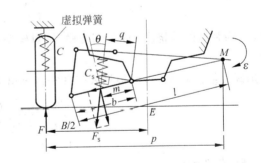

图 5-27 双横臂式独立悬架的力学模型

设 ε 为车轮瞬时运动的角虚位移，则根据虚位移原理有如下关系：

$$F \cdot (p \cdot \varepsilon) = F_s \cdot \left(\frac{l \cdot \varepsilon}{b} \cdot q \right) \tag{5-82}$$

$$F_s = F \cdot \left(\frac{p \cdot b}{l \cdot q} \right) \tag{5-83}$$

其中，p、l、b、q 为悬架的特征尺寸，如图 5-27 所示。

角虚位移 ε 会在车轮上引起垂直力增量 ΔF，也会在螺旋弹簧中引起弹簧力增量 ΔF_s。

$$\Delta F = C \cdot (p \cdot \varepsilon) \tag{5-84}$$

$$\Delta F_s = C_s \cdot \left(\frac{l \cdot \varepsilon}{b} \cdot q\right) \tag{5-85}$$

令

$$F = \Delta F = C \cdot (p \cdot \varepsilon) \tag{5-86}$$

$$F_s = \Delta F_s = C_s \cdot \left(\frac{l \cdot \varepsilon}{b} \cdot q\right) \tag{5-87}$$

把式(5-86)和式(5-87)代入式(5-83),得

$$C_s \cdot \left(\frac{l \cdot \varepsilon}{b} \cdot q\right) = C \cdot (p \cdot \varepsilon) \cdot \left(\frac{p \cdot b}{l \cdot q}\right) \tag{5-88}$$

$$C_s = C \cdot \left(\frac{p \cdot b}{l \cdot q}\right)^2 \tag{5-89}$$

当 $F = F_z = m_s \cdot g/2$ 时,利用式(5-83)可以计算对应的弹簧力

$$F_{s,m} = F \cdot \left(\frac{p \cdot b}{l \cdot q}\right) = \left(\frac{m_s}{2} \cdot g\right) \cdot \left(\frac{p \cdot b}{l \cdot q}\right) \tag{5-90}$$

螺旋弹簧在轴向力 $F_{s,m}$ 作用下的扭转应力为

$$\tau_c = \frac{8 \cdot F_{s,m} \cdot D \cdot K'}{\pi \cdot d^3} = \frac{8 \cdot F_{s,m} \cdot C' \cdot K'}{\pi \cdot d^2} \tag{5-91}$$

其中,τ_c 为工作应力;D 为簧圈平均直径(见图 5-26);d 为弹簧钢丝直径;C' 为旋绕比,$C' = D/d$;K' 为考虑到剪力与簧圈曲率影响的校正系数

$$K' = \frac{4 \cdot C' + 2}{4 \cdot C' - 3} \tag{5-92}$$

螺旋弹簧的刚度 C_s 为

$$C_s = \frac{F_{s,m}}{f_{cs}} = \frac{G \cdot d^4}{8 \cdot D^3 \cdot n_s} = \frac{G \cdot d}{8 \cdot C'^3 \cdot n_s} \tag{5-93}$$

其中,f_{cs} 为弹簧的静挠度;G 为切变模量,对碳钢 $G = 8.3 \times 10^4 \text{N/mm}^2$;$n_s$ 为弹簧的工作圈数。

选好旋绕比 C' 后,可以根据式(5-92)计算出 K'。由式(5-91)可得

$$d = \sqrt{\frac{8 \cdot F_{s,m} \cdot C' \cdot K'}{\pi \cdot [\tau_c]}} \tag{5-94}$$

$$D = C' \cdot d \tag{5-95}$$

其中,许用静扭转应力 $[\tau_c] = 500 \text{N/mm}^2$。

从式(5-93)可以得到

$$F_{s,m} = \frac{G \cdot d \cdot f_{cs}}{8 \cdot C'^3 \cdot n_s} \tag{5-96}$$

$$f_{cs} = \frac{F_{s,m}}{C_s} \tag{5-97}$$

而最大弹簧力 F_{smax} 为

$$F_{smax} = \frac{G \cdot d \cdot (f_{cs} + f_{ds})}{8 \cdot C'^3 \cdot n_s} \tag{5-98}$$

其中，f_{ds} 为弹簧的动挠度。

从式(5-93)可得

$$n_s = \frac{G \cdot d}{8 \cdot C'^3 \cdot C_s} \tag{5-99}$$

弹簧的总圈数一般比工作圈数 n_s 多 1.5~2 圈。弹簧受最大压力 F_{smax} 时，相邻圈之间的间隙应保持在 0.5~1.5mm。

把式(5-96)代入式(5-91)，得

$$\tau_c = \frac{8 \cdot C' \cdot K'}{\pi \cdot d^2} \cdot \frac{G \cdot d \cdot f_{cs}}{8 \cdot C'^3 \cdot n_s} = \frac{G \cdot d \cdot f_{cs} \cdot K'}{\pi \cdot D^2 \cdot n_s} \tag{5-100}$$

同理，动载荷下的扭转应力

$$\tau_d = \frac{G \cdot d \cdot f_{ds} \cdot K'}{\pi \cdot D^2 \cdot n_s} \tag{5-101}$$

螺旋弹簧的最大应力 τ_m 为

$$\tau_m = \tau_c + \tau_d < [\tau_m] \tag{5-102}$$

其中，最大许用扭转应力 $[\tau_m] = 800 \sim 1000 \text{N/mm}^2$。

图 5-28 示出 3 种螺旋弹簧的设计。

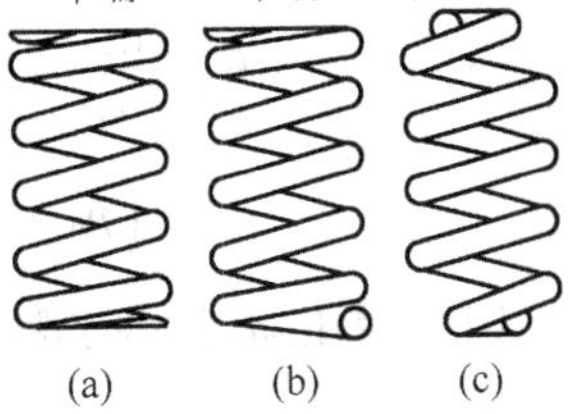

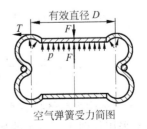

图 5-28　3 种螺旋弹簧的设计
(a) 平端；(b) 切线尾端；(c) 猪尾端

5.5　空气弹簧和油气弹簧

5.5.1　空气弹簧

目前，在舒适性要求较高的旅游大客车中采用空气弹簧的日益增多，在一些高级轿车上也有采用。空气弹簧与螺旋弹簧类似，仅能承受沿其轴线作用的力，所以在采用空气弹簧的悬架中也需要导向机构，如图 1-12 和图 4-7 所示。

空气弹簧的结构形式基本上有两大类，即囊式(见图 5-29(a)、(b))和膜式(见图 5-29(c))。囊式又可分为单节式、双节式和三节式；还可以分为圆形囊式(见图 5-29(a))和椭圆形囊式(见图 5-29(b))。与膜式相比，囊式空气弹簧的寿命较长，制造较方便，但是其刚度较大，故常用于货车上。膜式空气弹簧的弹性特性曲线非线性程度大，并且尺寸较小，布置方便，但是承载能力和寿命较低，故在轿车上用得较多。

设空气弹簧上受到力 F 的作用，弹簧充气后如图 5-30 所示。设 D 为空气弹簧的有效直径，则弹簧的有效面积 A 为

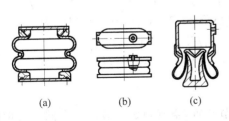

图 5-29　一些空气弹簧的型式
(a) 圆形囊式；(b) 椭圆形囊式；(c) 膜式

图 5-30　空气弹簧的工作原理

$$A = \frac{\pi \cdot D^2}{4} \tag{5-103}$$

有如下关系：

$$F = (p - p_a) \cdot A \tag{5-104}$$

$$p = p_0 \cdot \left(\frac{V_0}{V}\right)^k \tag{5-105}$$

其中，F 为空气弹簧的外载荷；p、V 为容器内气体的绝对压力和容积；p_a 为大气压力；p_0、V_0 为在静平衡位置时容器内气体的绝对压力和容积；k 为多变指数，当汽车振动缓慢时，气体变化近似于等温过程，$k=1$，当汽车振动激烈时，气体的变化接近绝热过程，$k=1.4$。

设 f 是垂直位移，则空气弹簧的刚度为

$$\begin{aligned} C &= \frac{dF}{df} = \frac{d}{df}[(p - p_a) \cdot A] = \frac{d}{df}\left[\left(p_0 \cdot \frac{V_0^k}{V^k} - p_a\right) \cdot A\right] \\ &= \left(p_0 \cdot \frac{V_0^k}{V^k} - p_a\right) \cdot \frac{dA}{df} - A \cdot p_0 \cdot k \cdot \frac{V_0^k}{V^{k+1}} \cdot \frac{dV}{df} \end{aligned} \tag{5-106}$$

因弹簧压缩时容积减小，所以

$$\frac{dV}{df} = -A \tag{5-107}$$

而在静平衡位置时，$f=0$，$V=V_0$，$p=p_0$，所以在静平衡位置时弹簧的刚度 C_0 为

$$C_0 = (p_0 - p_a) \cdot \frac{dA}{df} + \frac{p_0 \cdot k \cdot A^2}{V_0} \tag{5-108}$$

图 5-31 示出一个汽车悬架的示意图，其在静平衡位置的偏频为

$$\begin{aligned} n_0 &= \frac{1}{2\pi}\sqrt{\frac{C_0}{m_0}} = \frac{1}{2\pi}\sqrt{\frac{C_0 \cdot g}{m_0 \cdot g}} = \frac{1}{2\pi}\sqrt{\frac{C_0 \cdot g}{(p_0 - p_a) \cdot A}} \\ &= \frac{1}{2\pi}\sqrt{\left[(p_0 - p_a) \cdot \frac{dA}{df} + \frac{p_0 \cdot k \cdot A^2}{V_0}\right] \cdot \frac{g}{(p_0 - p_a) \cdot A}} \\ &= \frac{1}{2\pi}\sqrt{\frac{g}{A} \cdot \frac{dA}{df} + \frac{p_0 \cdot k \cdot A \cdot g}{(p_0 - p_a) \cdot V_0}} \end{aligned} \tag{5-109}$$

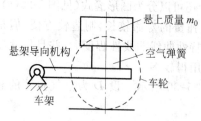

图 5-31　一个汽车悬架示意图

其中，g 为重力加速度；n_0 为偏频，Hz。从式(5-109)可以看出，为了降低偏频 n_0，需要使有效面积的变化率(dA/df)减小，或使气囊容积 V_0 增大。影响有效面积变化率(dA/df)的因素包括气囊的形状、气压和气囊两端的连接装置等，在设计中应该注意这些因素的影响。

在可以近似认为 $dA/df=0$ 和 $p_0 - p_a = p_0$（即 p_a 明显小于 p_0）时，式(5-109)可以变为

$$n_0 \approx \frac{1}{2\pi}\sqrt{\frac{k \cdot A \cdot g}{V_0}} = \frac{1}{2\pi}\sqrt{\frac{k \cdot g}{\left(\frac{V_0}{A}\right)}} = \frac{1}{2\pi}\sqrt{\frac{k \cdot g}{H_0}} \tag{5-110}$$

其中，$H_0 = V_0/A$ 称为气体折算高度。

如果不采用如图 4-9 所示的那类高度调节装置，空气弹簧在装载量不同时其偏频也不同。当装载量大时，容器中的气体容积 V_0 减小、压力 p_0 升高，$H_0 = V_0/A$ 也变小，结果

使得偏频 n_0 随着装载质量的增大而一起增高。这与线性悬架的偏频随着装载质量的增大而降低的特性正好相反,在设计中必须注意这一特点。为了保持 H_0、偏频 n_0 不变,就需要采用类似图 4-9 所示的高度调节装置,根据悬上质量的增、减对气室进行充气或放气,使其体积 V_0 恢复到悬上质量改变以前的数值,从而使车高 $H_0=V_0/A$、偏频 n_0 也恢复到悬上质量改变以前的数值。当采用空气弹簧时,一般都采用如图 4-9 所示的那类高度调节装置。

5.5.2 油气弹簧

油气弹簧是空气弹簧的一种特例,它仍以气体作为弹性元件,并在气体与活塞之间引入油液作为中间介质。如图 4-10 所示,油气弹簧的工作缸由气室和浸在油液中的阻尼阀组成。

油气弹簧与空气弹簧相比,由于前者采用钢筒作为气室,其气压可以比囊式空气弹簧的气压高 10～20 倍,通常可达 5～7MPa,有的高达 20MPa。因此,其结构体积小,承载能力强,用在重型自卸车上可以比钢板弹簧的质量轻 50% 以上。油气弹簧也可以得到较低的固有频率,并且容易实现车身高度的调节,这些优点使其在轿车上也有应用前景。但是,油气弹簧的加工、装配及密封性要求较高,维修比较麻烦,这是其突出的缺点。

图 4-10 所示是所谓的单气室油气弹簧。另外还有双气室(即带反压气室)和两级压力式等。单气室油气弹簧具有结构简单,占据空间小等优点,其得到的应用相对比较广泛。单气室油气弹簧的有效面积就是其活塞的面积 A,其在活塞移动时保持不变,即 $dA/df=0$,而且 $dV/df=-A$ 保持不变。

图 5-32 示出油气弹簧的原理图。在对其进行分析时,先不考虑油气弹簧中的摩擦阻力。设静态时作用在油气弹簧上的设计载荷为 F,则

$$F = p_1 \cdot A \tag{5-111}$$

其中,F 为作用在单个油气弹簧上的静载荷(设计载荷);p_1 为单个油气弹簧内的压力;A 为单个油气弹簧内活塞的横截面积。由于油气弹簧中的压力明显高于大气压,因此,在进行油气弹簧分析计算时一般都忽略大气压力的影响。

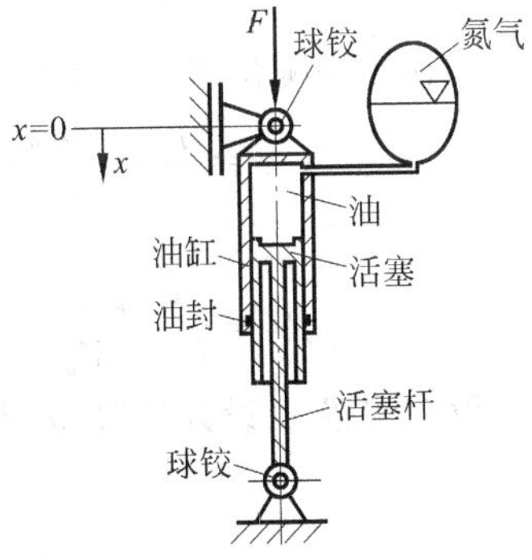

假设在施加设计载荷 F 的过程中,油气弹簧的活塞缓慢移动,这是一个等温过程,$k=1$,则

$$p_1 \cdot V_1 = p_0 \cdot V_0 \tag{5-112}$$

其中,p_0、V_0 分别为单个油气弹簧内的初压力、初容积,这时活塞杆上不受外力的作用,在 p_0 作用下油气弹簧活塞杆处于最大伸出状态(碰到了限位块),油气弹簧的气体容积达到了最大;p_1、V_1 分别为在受到 F 作用时单个油气弹簧内的压力、充气容积。

$$V_1 = \frac{p_0 \cdot V_0}{p_1} = \frac{p_0 \cdot V_0}{\dfrac{F}{A}} = \frac{A \cdot p_0 \cdot V_0}{F} \tag{5-113}$$

假设油气弹簧以 1 位置(设计位置,由静态力 F 作用引起的状态,$x=0$)为平衡位置进行振动,这是一个绝热过程,$k=1.4$,则

图 5-32 油气弹簧(柱塞式活塞油气弹簧)的原理图

$$p_1 \cdot V_1^k = p_x \cdot V_x^k \tag{5-114}$$

$$V_x = V_1 - A \cdot x \tag{5-115}$$

$$p_x = \frac{p_1 \cdot V_1^k}{V_x^k} = \frac{p_1 \cdot V_1^k}{(V_1 - A \cdot x)^k} \tag{5-116}$$

$$(V_1 - A \cdot x)^k = \frac{p_1 \cdot V_1^k}{p_x} \tag{5-117}$$

$$(V_1 - A \cdot x) = \left(\frac{p_1}{p_x}\right)^{\frac{1}{k}} \cdot V_1 \tag{5-118}$$

$$A \cdot x = V_1 - \left(\frac{p_1}{p_x}\right)^{\frac{1}{k}} \cdot V_1 \tag{5-119}$$

$$x = \frac{V_1}{A} \cdot \left[1 - \left(\frac{p_1}{p_x}\right)^{\frac{1}{k}}\right] \tag{5-120}$$

其中,x 为单个油气弹簧内活塞相对于位置1(设计位置,$x=0$)的位移;V_x 是对应的油气弹簧内容积。这时,油气弹簧受力 F_{sx} 为

$$F_{sx} = A \cdot p_x = A \cdot \frac{p_1 \cdot V_1^k}{V_x^k} = A \cdot \frac{p_1 \cdot V_1^k}{(V_1 - A \cdot x)^k} \tag{5-121}$$

弹簧的动刚度 C_{sx} 为

$$C_{sx} = \frac{dF_{sx}}{dx} = A \cdot \frac{dp_x}{dx} = A \cdot p_1 \cdot V_1^k \cdot (-k) \cdot \frac{-A}{(V_1 - A \cdot x)^{k+1}}$$

$$= A \cdot \frac{F}{A} \cdot V_1^k \cdot k \cdot \frac{A}{(V_1 - A \cdot x)^{k+1}} = \frac{F \cdot A \cdot k \cdot V_1^k}{(V_1 - A \cdot x)^{k+1}} \tag{5-122}$$

当在静平衡位置1(设计位置,$x=0$)时,弹簧的动刚度 C_{s0} 为

$$C_{s0} = \frac{F \cdot A \cdot k \cdot V_1^k}{(V_1)^{k+1}} = \frac{F \cdot A \cdot k}{V_1} = \frac{F \cdot A \cdot k}{\frac{p_0 \cdot V_0 \cdot A}{F}} = \frac{F^2 \cdot k}{p_0 \cdot V_0} \tag{5-123}$$

$$p_0 = \frac{F^2 \cdot k}{C_{s0} \cdot V_0} \tag{5-124}$$

设在位置1(设计位置,$x=0$)时,活塞相对于活塞自由状态时的位移为 x_0,则

$$V_1 = V_0 - A \cdot x_0 \tag{5-125}$$

$$x_0 = \frac{V_0 - V_1}{A} = \frac{V_0 - \frac{A \cdot p_0 \cdot V_0}{F}}{A} = \frac{V_0}{A} - \frac{p_0 \cdot V_0}{F} \tag{5-126}$$

$$H_0 = \frac{V_0}{A} \tag{5-127}$$

其中,H_0 为活塞自由状态(活塞杆不受外力作用)时的气柱长度。

在图5-33所示的振动系统中,质量块 m_0(悬上质量)直接作用在油气弹簧之上,在设计位置的偏频 n_0 为

$$n_0 = \frac{1}{2\pi} \cdot \sqrt{\frac{C_{s0}}{m_0}} = \frac{1}{2\pi} \cdot \sqrt{\frac{C_{s0}}{\left(\frac{F}{g}\right)}} = \frac{1}{2\pi} \cdot \sqrt{\frac{C_{s0} \cdot g}{F}}$$

$$= \frac{1}{2\pi} \cdot \sqrt{\frac{F^2 \cdot k \cdot g}{p_0 \cdot V_0 \cdot F}} = \frac{1}{2\pi} \cdot \sqrt{\frac{F \cdot k \cdot g}{p_0 \cdot V_0}}$$

$$= \frac{1}{2\pi} \cdot \sqrt{\frac{F \cdot k \cdot g}{p_1 \cdot V_1}} = \frac{1}{2\pi} \cdot \sqrt{\frac{F \cdot k \cdot g}{\frac{F}{A} \cdot V_1}}$$

$$= \frac{1}{2\pi} \cdot \sqrt{\frac{k \cdot g}{\frac{V_1}{A}}} = \frac{1}{2\pi} \cdot \sqrt{\frac{k \cdot g}{H_1}} \tag{5-128}$$

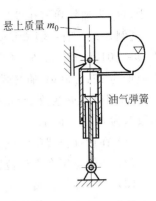

图 5-33 质量块 m_0 直接在油气弹簧之上的振动系统

从式(5-128)可以看出,在设计位置 $1(x=0)$ 时,偏频 n_0 取决于油气弹簧中剩余的气柱高度 H_1

$$H_1 = \frac{V_1}{A} \tag{5-129}$$

如果在图 5-27 所示的双横臂式独立悬架系统中,把螺旋弹簧换成油气弹簧,则根据式(5-82)和式(5-83)有如下关系式:

$$F_s = F_g \cdot \left(\frac{p \cdot b}{l \cdot q}\right) \tag{5-130}$$

$$F_g = \left(\frac{l \cdot q}{p \cdot b}\right) \cdot F_s \tag{5-131}$$

其中,F_g 为在设计位置地面对悬上质量的重力的支承力;F_s 为对应的油气弹簧力。

根据式(5-123),当在静平衡位置 $1(x=0)$ 时,油气弹簧的动刚度 C_{s0} 为

$$C_{s0} = \frac{F_s^2 \cdot k}{p_0 \cdot V_0} \tag{5-132}$$

$$p_1 \cdot V_1 = p_0 \cdot V_0 \tag{5-133}$$

$$p_1 = \frac{F_s}{A} \tag{5-134}$$

根据式(5-89)有如下关系式:

$$C_{s0} = C \cdot \left(\frac{p \cdot b}{l \cdot q}\right)^2 \tag{5-135}$$

$$C = C_{s0} \cdot \left(\frac{l \cdot q}{p \cdot b}\right)^2 \tag{5-136}$$

偏频 n_0 为

$$n_0 = \frac{1}{2\pi} \cdot \sqrt{\frac{C}{\frac{F_g}{g}}} = \frac{1}{2\pi} \cdot \sqrt{\frac{C \cdot g}{F_g}} = \frac{1}{2\pi} \cdot \sqrt{\frac{C_{s0} \cdot g}{F_g}} \cdot \frac{l \cdot q}{p \cdot b}$$

$$= \frac{1}{2\pi} \cdot \sqrt{\frac{F_s^2 \cdot k \cdot g}{p_0 \cdot V_0 \cdot F_g}} \cdot \frac{l \cdot q}{p \cdot b} = \frac{1}{2\pi} \cdot \sqrt{\frac{F_s^2 \cdot k \cdot g}{p_0 \cdot V_0 \cdot F_s \cdot \frac{l \cdot q}{p \cdot b}}} \cdot \frac{l \cdot q}{p \cdot b}$$

$$= \frac{1}{2\pi} \cdot \sqrt{\frac{F_s^2 \cdot k \cdot g}{p_0 \cdot V_0 \cdot F_s}} \cdot \sqrt{\frac{l \cdot q}{p \cdot b}} = \frac{1}{2\pi} \cdot \sqrt{\frac{F_s \cdot k \cdot g}{p_0 \cdot V_0}} \cdot \sqrt{\frac{l \cdot q}{p \cdot b}}$$

$$= \frac{1}{2\pi} \cdot \sqrt{\frac{k \cdot g}{\frac{p_1}{F_s} \cdot V_1}} \cdot \sqrt{\frac{l \cdot q}{p \cdot b}} = \frac{1}{2\pi} \cdot \sqrt{\frac{k \cdot g}{\frac{V_1}{A}}} \cdot \sqrt{\frac{l \cdot q}{p \cdot b}}$$

$$= \frac{1}{2\pi} \cdot \sqrt{\frac{k \cdot g}{H_1}} \cdot \sqrt{\frac{l \cdot q}{p \cdot b}} \tag{5-137}$$

其中，H_1 为油气弹簧在设计位置的剩余气柱高度。

【例 5-1】 有一辆越野车的后悬架是双横臂式独立悬架，其采用油气弹簧，见图 5-27。其中，$p=30158.75\text{mm}$，$b=437.95\text{mm}$，$l=30959.59\text{mm}$，$q=198.45\text{mm}$；一个车轮处的悬上质量为 1613.6kg；油气弹簧的活塞直径为 90mm；要求在设计位置的悬架偏频 $n_0=1.1\text{Hz}$，相对阻尼系数 $\psi=0.2$（考虑到油气弹簧中具有一定的干摩擦，把悬架的相对阻尼系数取为 0.2）。试求：

(1) 在设计位置的油气弹簧受力 F_s；

(2) 一侧悬架在设计位置的刚度 C（即悬架虚拟弹簧刚度）；

(3) 一个油气弹簧在设计位置的刚度 C_{s0}；

(4) 一个油气弹簧的初容积 $V_0=1.173\text{L}$，试确定其初压力 p_0；

(5) 计算一个油气弹簧与初容积 V_0 对应的气柱高度 H_0；

(6) 计算一个油气弹簧在设计位置的气柱高度 H_1；

(7) 计算一个油气弹簧在设计位置的压力 p_1；

(8) 画出油气弹簧力随着活塞位移的变化特性曲线（以设计位置为活塞位移零位）；

(9) 画出油气弹簧动态刚度随着活塞位移的变化特性曲线（以设计位置为活塞位移零位）；

(10) 画出悬架偏频随着活塞位移的变化特性曲线（以设计位置为活塞位移零位）。

解：

(1) 在设计位置的油气弹簧受力，一个弹簧的静态力 F_s 为

$$F_s = \frac{p \cdot b}{l \cdot q} \cdot m \cdot g = \frac{30158.75 \times 437.95}{30959.59 \times 198.45} \times 1613.6 \times 9.8 = 33994.88\text{N}$$

(2) 一侧悬架在设计位置的刚度 C 为

$$C = (2\pi \cdot n_0)^2 \cdot m = (2\pi \times 1.1)^2 \times 1613.6 = 77001.7\text{N/m}$$

(3) 一个油气弹簧在设计位置的刚度 C_{s0} 为

$$C_{s0} = \left(\frac{p \cdot b}{l \cdot q}\right)^2 \cdot C = \left(\frac{30158.75 \times 437.95}{30959.59 \times 198.45}\right)^2 \times 77001.7 = 355863.68\text{N/m}$$

(4) 一个油气弹簧的初容积 $V_0=1.173\text{L}$，其初压力 p_0 为

$$p_0 = \frac{F_s^2 \cdot k}{C_{s0} \cdot V_0} = \frac{33994.88^2 \times 1.4}{355863.68 \times 1.173 \times 10^{-3}} \times 10^{-6} = 3.88\text{MPa}$$

(5) 与油气弹簧初容积 V_0 对应的气柱高度 H_0 为

$$H_0 = \frac{V_0}{A} = \frac{1.173 \times 10^{-3}}{\frac{90^2 \times 3.14}{4} \times 10^{-6}} = 0.1843\text{m} = 184.3\text{mm}$$

(6) 计算一个油气弹簧在设计位置的气柱高度 H_1

在设计载荷 F 作用下，活塞相对于活塞自由位置的位移 x_0 为

$$x_0 = \frac{V_0}{A} - \frac{p_0 \cdot V_0}{F_s} = \frac{1.173 \times 10^{-3}}{\frac{0.09^2 \times 3.14}{4}} - \frac{3.88 \times 10^6 \times 1.173 \times 10^{-3}}{33994.88}$$

$$= 0.0507\text{m} = 50.7\text{mm}$$

在设计位置的气柱长度 H_1 为
$$H_1 = H_0 - x_0 = 184.3 - 50.7 = 133.6 \text{mm}$$
在设计位置的油气弹簧容积 V_1 为
$$V_1 = A \cdot H_1 = \frac{0.09^2 \times 3.14}{4} \times 0.1336 \times 10^3 = 0.849 \text{L}$$

(7) 一个油气弹簧在设计位置的压力 p_1 为
$$p_1 = \frac{F_s}{A} = \frac{33994.88}{\frac{0.09^2 \times 3.14}{4}} \times 10^{-6} = 5.35 \text{MPa}$$

(8) 画出油气弹簧力随着活塞位移的变化特性曲线(以设计位置为活塞位移零位)

油气弹簧的动态力 F_{sx} 为
$$F_{sx} = A \cdot p_x = A \cdot \frac{p_1 \cdot V_1^k}{V_x^k} = A \cdot \frac{p_1 \cdot V_1^k}{(V_1 - A \cdot x)^k}$$

图 5-34 示出一个油气弹簧的动态力随着活塞位移的变化特性曲线(以设计位置为活塞位移零位)。

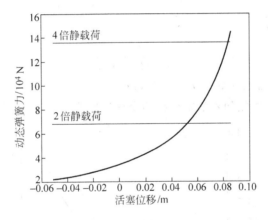

图 5-34 一个油气弹簧的动态力随着活塞位移的变化特性曲线
(以设计位置为活塞位移零位)

(9) 画出油气弹簧动态刚度随着活塞位移的变化特性曲线(以设计位置为活塞位移零位)

油气弹簧的动态刚度 C_{sx} 为
$$C_{sx} = \frac{F_s \cdot A \cdot k \cdot V_1^k}{(V_1 - A \cdot x)^{k+1}}$$

图 5-35 示出一个油气弹簧的动态刚度随着活塞位移的变化特性曲线(以设计位置为活塞位移零位)。

(10) 画悬架偏频随着活塞位移的变化特性曲线(以设计位置为活塞位移零位)

油气弹簧的动态刚度 C_{sx} 为
$$C_{sx} = \frac{F_s \cdot A \cdot k \cdot V_1^k}{(V_1 - A \cdot x)^{k+1}}$$

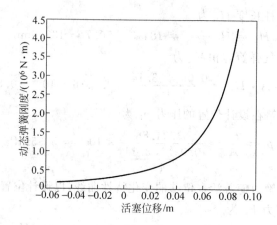

图 5-35　一个油气弹簧的动态刚度随着活塞位移的变化特性曲线（以设计位置为活塞位移零位）

对应的悬架虚拟刚度 C_x 为

$$C_x = C_{sx} \cdot \left(\frac{l \cdot q}{p \cdot b}\right)^2$$

悬架的偏频 n_0 为

$$n_0 = \frac{1}{2\pi} \cdot \sqrt{\frac{C_x}{m}}$$

其中，m 为一个车轮的悬上质量，$m = 1613.6 \text{kg}$。

图 5-36 示出悬架偏频随着活塞位移的变化特性曲线（以设计位置为活塞位移零位）。

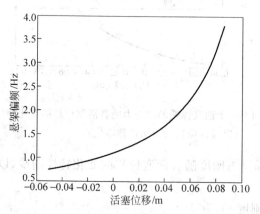

图 5-36　悬架偏频随着活塞位移的变化特性曲线（以设计位置为活塞位移零位）

如图 4-10 所示，在采用油气弹簧时，一般都要采用车身高度调节装置，通过增、减油气弹簧中的油量来调节车高。这种调节方式虽然可以调节车高，但却不能改变油气弹簧中的充气量，从而不能保证油气弹簧中的剩余气柱高度 H_1 保持不变，因此不能保证悬上质量发生变化时，偏频保持不变。

如果在采用油气弹簧时不采用车身高度调节装置，则在汽车行驶时，车身高度往往会发生变化，主要是车身高度增大，其主要原因如下：

(1) 油气弹簧中气体温度的变化

如果在行车以前把车身高度调节到规定值,则行驶中油气弹簧中的气体温度会升高,引起车身高度升高。

(2) 油气弹簧中的干摩擦与弹簧动态力的变化特性

图 5-37 示出在活塞和活塞杆上的侧向力分析图。在汽车悬架工作时,在油气弹簧上会不可避免地受到侧向力 F_a 的作用。油气弹簧两端通常安装有球铰,但是球铰也会产生一定的力矩 T_A、T_B。它们之间有如下关系

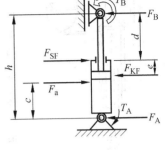

$$F_B = \frac{F_a \cdot c + T_A - T_B}{h} \quad (5\text{-}138)$$

$$F_{KF} = \frac{F_B \cdot d + T_B}{e} \quad (5\text{-}139)$$

$$F_{SF} = F_B + F_{KF} = \frac{F_a \cdot c + T_A - T_B}{h} + \frac{F_B \cdot d + T_B}{e} \quad (5\text{-}140)$$

图 5-37 活塞及活塞杆上的侧向力分析图

其中,F_B 为球铰对活塞杆顶端的侧向力;F_{KF} 为油缸对活塞的侧向力;F_{SF} 为油缸对活塞杆的侧向力。随着车高的增大,活塞杆被拉出,使 e 减小,从而使 F_{KF}、F_{SF} 增大,因此也使这两处的干摩擦力增大。

在油气弹簧中设有油封,以防止油的泄漏,如图 4-10 和图 5-32 所示。由于油气弹簧中的油压较高,为了密封可靠,油封需要具有一定的预紧力,这样活塞杆移动时就会引起较大的干摩擦力。一般来说,油压越高,油封的直径越大,油封预紧力越大,干摩擦力就越大。油封的材料对这个干摩擦力也有显著的影响。

从图 5-34 中可以看出,随着油气弹簧活塞位移的增大(活塞杆继续插入油缸),其动态弹簧力迅速增大;而随着活塞位移向负的方向变化(活塞杆被拉出),动态弹簧力减小得较慢。

图 5-38 示出对油气弹簧力-位移特性的定性分析。可以看出,随着油气弹簧的压缩,

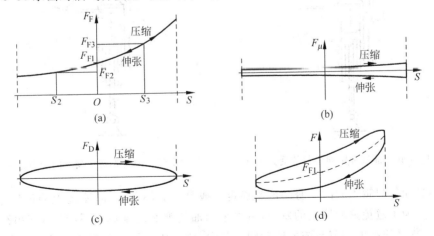

图 5-38 油气弹簧力-位移特性的定性分析
(a) 气体弹簧的受力 F_F-位移 S 特性;(b) 干摩擦力 F_μ-位移 S 特性;
(c) 黏性阻尼力 F_D-位移 S 特性;(d) 油气弹簧合力 F-位移 S 特性

干摩擦力 F_μ 逐渐增大,这是由于油气弹簧中气压的增高所引起的。

如图 5-38(a) 和图 5-39 所示,当悬架处于设计位置(位移零位)时,弹簧力 F_{F1} 和干摩擦力 F_μ 与悬上质量 m_0 的重力 $m_0 \cdot g$ 平衡,即 $(F_{F1} + F_\mu) = m_0 \cdot g$。

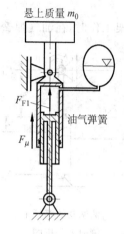

图 5-39 油气弹簧处于设计位置时的受力情况

下面分析油气弹簧伸张终了(活塞相对于油缸的速度为0)时的受力情况,见图 5-39。设油气弹簧从零位伸张到了 S_2,(见图 5-38(a)),对应的弹簧力为 $F_{F2} < F_{F1}$。如果干摩擦力 F_μ 保持不变或减小,则在 $\Delta F = m_0 \cdot g - (F_{F2} + F_\mu) > 0$ 的作用下,油气弹簧将重新返回到其位移零位。但是,由于 e 会随着弹簧伸张而减小(见图 5-37),在油气弹簧上侧向力 F_a 的作用下,油气弹簧中的干摩擦力 F_μ 会随着弹簧的伸张而增大(见式(5-139)、式(5-140))。在这种情况下,很可能出现 $\Delta F = m_0 \cdot g - (F_{F2}' + F_\mu) < 0$ 的情况(见图 5-40),即油气弹簧不能返回位移零位。随着油气弹簧的进一步伸张,这种情况可能会反复出现,以致车高逐渐升高,直至新的平衡 $m_0 \cdot g = (F_{F2} + F_\mu)$ 被达到或油气弹簧的限位机构起作用。

而油气弹簧压缩时,由于弹簧力 F_F 急剧增大(见图 5-34、图 5-38(a)),而且由于 e 的减小(见图 5-37)使干摩擦力 F_μ 随着弹簧压缩而减小(见式(5-139)、式(5-140))。在这种情况下,很可能会出现 $\Delta F = F_{F3} - (m_0 \cdot g + F_\mu) > 0$ 的情况(见图 5-41),即油气弹簧能够伸张,返回位移零位。

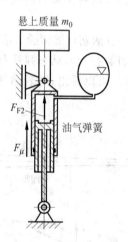

图 5-40 油气弹簧伸张时的受力情况

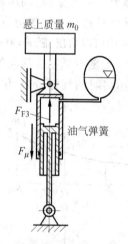

图 5-41 油气弹簧压缩时的受力分析

因此,油气弹簧引起的车身高度不稳定一般是车高不断升高,不能返回位移零位(设计位置)。为了避免这种情况的发生,可以采用油气弹簧高度调节系统。图 5-42 示出一种电子控制悬架高度调节系统的原理图。其中,位置传感器 S 把悬架高度信号传送给控制器 C,同时控制器 C 还接收车速 v、加速度 a 和油温 T 的信号。控制器 C 利用一定的算法对上述控制信号进行处理,决定是否需要调节悬架高度、需要向什么方向调节、以多快的速度调节。控制器 C 据此对液压控制阀组 H 发出适当的控制信号,使其完成适当的动作,把油泵 P 或油箱 R 接通油气弹簧的油缸 U,或堵死油缸 U。这种控制系统的主要优点之一是适应性比较强,仅需要通过改变软件就可以改变控制算法,以满足对不同产品的控制要求,而硬件系统(计算机、机械系统、液压系统)可以保持不变。

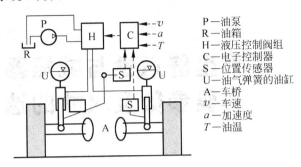

P—油泵
R—油箱
H—液压控制阀组
C—电子控制器
S—位置传感器
U—油气弹簧的油缸
A—车桥
v—车速
a—加速度
T—油温

图 5-42　一种电子控制悬架高度调节系统的原理图

6 乘坐舒适性与减振器的主要参数及尺寸的选择

6.1 概述

为了改善汽车的行驶平顺性和操纵稳定性，在悬架中需要有阻尼元件，起到降低共振幅度、衰减振动的作用。现代汽车悬架中都装有专门的减振装置，即减振器。钢板弹簧叶片间的干摩擦是一种阻尼力，但它的数值不稳定，不易控制。即使在采用钢板弹簧的悬架中一般也安装减振器。用得最多的是液力减振器。液力减振器按其结构可以分为摇臂式和筒式；按其作用原理，可以分为单向作用式和双向作用式两种。其中，筒式减振器质量较小、性能稳定、工作可靠，适宜大量生产。由于这些优点，筒式减振器已经成为汽车减振器的主流。

6.2 减振器的类型

筒式减振器又可以分为双筒式、单筒式和充气筒式等结构。

6.2.1 双筒式减振器

双筒式减振器是应用最广泛的减振器。图6-1示出其设计原理。减振器主要包括活塞1、工作缸筒2、贮油缸筒3、底阀座4、活塞杆油封5、活塞杆6、防尘罩7、活塞杆导向座8、回油孔9等。在工作缸筒2与贮油缸筒3之间是补偿腔C，其中将近一半的容积充满了油液，其作用是向工作缸补偿油液，以适应活塞杆的压入和伸出、油液热膨和冷缩而引起的油液体积的改变。油液温度可高达+120℃，有些减振器的油温可以在短时间内升至+200℃。

车轮上跳时，减振器被压缩，活塞1向下运动。一部分油液从下工作腔经阀Ⅱ流入上工作腔A，而相应于活塞杆进入上工作缸的体积的油液经底阀座4上的阀Ⅳ压入补偿腔C，压缩过程所需要的阻尼力主要由此提供。图6-2示出安装在活塞1上的阀组，阀Ⅱ实际上是由锥形弹簧压紧的盖板组成的。

6 乘坐舒适性与减振器的主要参数及尺寸的选择

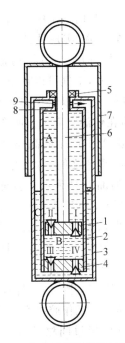

图 6-1 双筒式减振器的设计原理图
1—活塞;2—工作缸筒;3—贮油缸筒;4—底阀座;5—活塞杆油封;6—活塞杆;7—防尘罩;8—活塞杆导向座;9—回流孔;A—上工作腔;B—下工作腔;C—补偿腔;Ⅰ—活塞伸张阀;Ⅱ—活塞压缩阀;Ⅲ—伸张底阀;Ⅳ—压缩底阀

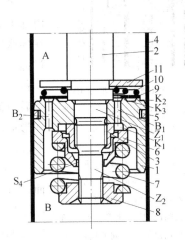

图 6-2 安装在活塞 1(见图 6-1)上的阀组
1—活塞;2—活塞杆;3—活塞固定螺母;4—工作缸筒;5—密封活塞环;6—伸张阀盘;7—调整弹簧;8—调整螺母;9—压缩阀片(即图 6-1 中的阀Ⅱ);10—锥形弹簧;11—挡圈;A、B—上、下工作腔;B_1—伸张通油孔;B_2—压缩通油孔;K_1、K_2、K_3—密封绝缘;S_4—固定油道(旁通阀);Z_1—活塞定位轴径;Z_2—与伸张阀盘下端的孔组成固定油道 S_4 的轴径

车轮下落时,减振器伸张,在上工作腔 A 中的油压升高。上工作腔 A 中的油液主要经可调的阀Ⅰ压出(见图 6-1),进入下工作腔 B,伸张行程的阻尼力主要由此提供。上工作腔中的一小部分油液通过活塞杆 6 与导向座 8 之间的缝隙 S_1(见图 6-3)和角上的通道 E、G(见图 6-3)被强制挤出,进入贮油器 R_2。当活塞杆抽出时,下工作腔 B 中缺油。补偿腔 C 中的油液通过阀Ⅲ被吸入下工作腔 B。在工作腔和补偿腔中脉动循环的油液通过贮油缸筒 3 得到冷却。

双筒式减振器的设计应该保证可以把在其工作腔中的气体排除。在双筒式减振器的工作缸中产生气泡是由于以下原因:①减振器在安装前进行了水平放置运输或水平堆搁;②长期停车后工作腔中的油面下降;③行车结束后减振器开始冷却,这时工作腔中的油液收缩。

在减振器工作腔中形成的气泡会引起令人不适的噪声,尤其是在冷天,这种现象称为"早晨病"。在减振器设计中必须保证:充满工作腔 A 和 B 的油液在停车时不会流到补偿腔 C 中,对由于油液收缩而空出的容积应进行补油。如图 6-3 所示,角环 5 和两个压入活塞杆导向座外侧、互成直角布置的通道 E 和 G 是可以满足上述设计要求的一种设计。

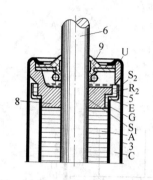

图 6-3 在双筒式减振器中采用的油封-导向座组件

3—贮油缸筒；5—角环；6—活塞杆；8—活塞杆导向座；9—油封；A—上工作腔；C—补偿腔；E、G—相互垂直的两个油道；R_2—角环 5 形成的贮油器；S_1—活塞杆 6 与其导向座之间的间隙（油道）；S_2—角环 5 与贮油缸筒 3 之间的间隙（油道）；U—固定翻边

角环 5 形成一个贮油器 R_2。冷却时，R_2 中的油液可以经过 E、G 两个通道回流到工作腔 A，实现补油。这种设计也可以使工作腔中的空气容易排出。这时，通道 E 和 G 作为排气道起作用。车轮跳动时，空气可以在很短的时间内经过它们排出。此外，角环 5 还可以阻止在活塞上移时由通道 E 射出的油束直接喷在贮油缸筒 3 上而产生乳化。在伸张阶段，活塞上方工作腔 A 中产生的高压，将油液经过缝隙 S_1（在活塞杆 6 与导向座 8 之间）以及角上的通道 E 和 G 向上压出，这些少量的油液对活塞杆起润滑作用，然后再流到贮油器 R_2 中，并经在角环 5 和贮油缸筒 3 之间形成的环形间缝 S_2 流回到补偿腔 C 中。在汽车行驶中形成的风吹在贮油缸筒 3 上，起到冷却作用。但是，环缝 S_1 及通道 E、G 可以等价为一个固定的油道。在设计活塞面积时，必须考虑其影响。在压缩阶段，活塞杆被压入，相应体积的油液受到挤压，同样会在工作腔中产生高压。也就是说，在压缩阶段也会将油液经过间隙 S_1 及油道 E、G 压出，然后再回流到贮油缸筒 3 中冷却。

双筒式减振器的伸张阀通常是由固定油道和用弹簧压紧的阀盘构成的组件，如图 6-2 所示。活塞 1 通过螺母 3 固定在活塞杆 2 的下端。工作缸筒 4 的周向密封由活塞环 5 承担。轴径 Z_1 是活塞的定位轴径。伸张阀是用调整弹簧 7 压紧在密封绝缘 K_1 上的阀盘 6。通过螺母 8 可以调整弹簧 7 的压紧力。在活塞杆 2 的轴径 Z_2 和阀盘 6 下端的圆孔之间存在环形间隙 S_4，其面积形成了固定油道（亦称旁道阀）。当活塞上移时，油液经过孔 B_1 流出，然后再流经固定油道 S_4 以及伸张阀（当阀盘 6 被顶开时）。

减振器在伸张阶段的阻尼值是按照如下方法决定的。

（1）当活塞低速运动时，伸张阀盘 6（见图 6-2）仍然关闭，减振器阻尼值由固定油道决定，包括间隙 S_4 的长度和面积大小、活塞杆 6 与其导向座 8 之间的间隙 S_1、角上的排气通道 E、G（见图 6-3）。

（2）当活塞中速运动时，减振器阻尼值主要取决于阀盘 6 的开度，其由弹簧 7 的刚度和预紧力决定（见图 6-2）。

（3）当活塞高速运动时，阀盘 6 的开度很大，减振器的阻尼值取决于孔 B_1（见图 6-2）的数量和面积。

综合考虑上述影响因素，可以调节出任何一种需要的阻尼特性曲线，包括阻尼斜率递减型、等斜率型或斜率递增型特性，如图 6-4 所示。

在减振器压缩阶段，一小部分油液通过间隙 S_4 流入上工作腔 A，而大部分油液则在顶开阀片 9 后经外侧的通道 B_2 流回，如图 6-2 所示。阀片 9 是一个较薄的圆盘，仅作单向阀用。它采用中心导向，通常由棱缘 K_2 和 K_3 密封。其压紧力由较软的锥形弹簧 10 提供。锥形弹簧 10 的上端靠在自侧面装入的挡圈 11 上。该挡圈同时还用作限位块，防

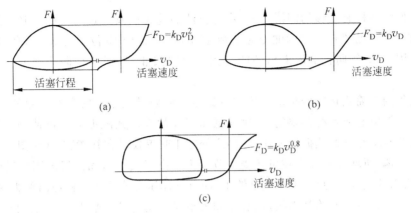

图 6-4　减振器的阻尼特性类型
（a）斜率递增型；（b）斜率恒定型；（c）斜率递减型
F_D—阻尼力；v_D—活塞杆相对于缸筒的速度；K_D—阻尼系数

止活塞在高速运动时阀口开得太大。

如图 6-2 所示，安装在活塞 1 上的零件 9、10、11 组成一个单向阀。而在压缩阶段的阻尼力主要由安装在减振器下端的底阀（图 6-1 中的 4）提供。图 6-5 示出在一些双筒式减振器上采用的底阀断面图。

如图 6-5 所示，底阀阀体 1 上开有圆孔 B_1，当车轮下落、活塞上移（伸张）时，必须向下工作腔补充油液以填补因活塞抽出而空出的容积。这时，由锥形弹簧 2 压紧的伸张阀片 3 被顶开，油液自孔 B_1 被吸出。

当车轮上跳、活塞杆压入（压缩）时，压缩阀 4（碟形弹簧片组件）被受挤压的油液顶开。压缩阀由碟形弹簧片组件 4 构成，在其最上面一层开有凹槽以形成一个固定的油道。根据压缩油孔 B_2 的直径、碟形弹簧片的数量及厚度和固定油道 S_4 开口面积（见图 6-2）的大小可以调节出所需的阻尼特性。

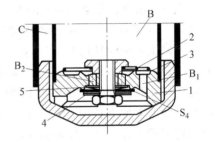

图 6-5　双筒式减振器中的底阀
1—压缩阀体；2—锥形弹簧；3—伸张阀片（图 6-1 中的阀Ⅲ）；4—碟形弹簧片组件（压缩阀）；5—阻通阀；B—下工作腔；B_1—伸张通油道；B_2—压缩油道；C—补偿腔；S_4—环缝

但是，固定油道也存在缺点，即汽车静止时，工作腔 A、B（见图 6-2、图 6-5）中的油液位置较高，从而会流入补偿腔 C 中，在工作腔中形成气泡。但当汽车重新起动、行驶一段距离以后，又可以得到补偿。只是这时会因为存在气泡而产生令人不适的噪声，即"早晨病"。在工作腔上方的空气排尽前，当车轮下落时总会使得活塞杆导向座受到油液的冲击。为了避免产生这种噪声，在图 6-5 中采用了一种阻通阀 5，其与弹簧片组件 4 串联，盖住孔 B_2，从而阻止工作腔 B 中的油液通过孔 B_2 回流进入补偿腔 C。

压缩阶段的阻尼特性由底阀、图 6-2 中的环缝 S_4 以及活塞上的单向阀 9（见图 6-2）的共同作用决定。此外，图 6-3 中所示的排气通道 E、G 以及活塞杆 6 与其导向座 8 之间的环缝 S_1 也对其有影响。

为了使活塞杆有足够的润滑,进一步防止油的乳化以及通过一定的循环改善冷却条件,上工作腔A(见图6-2)中的油压应该始终高于下工作腔B(位于活塞与底阀4之间)中的油压。因此,底阀防止油液溢出的能力大于单向阀Ⅱ(见图6-1)防止油液流经活塞的能力。

不充气的双筒式减振器是最经济的减振器。但如果汽车或底盘有一定的要求,采用充气式减振器更好或者有必要的话,则充低压气体的双筒式减振器可供使用。充气的双筒式减振器与不充气的减振器相比,不同之处在于其仅仅是在补偿腔C(见图6-3)的上半部分充有气体,所增加的成本在可接受的范围内。由于其在压缩阶段的阻尼特性仍由底阀决定,所以其充气压力约4bar就足够了,而且气体压力迫使活塞杆伸出的力很小,不影响车高。充气式减振器的基本构造、长度和大小与不充气式减振器一样,从而在选用时不需要汽车作任何改动。

充低压气体的双筒式减振器有以下优点:①在振幅较小时,阀的响应也比较敏感;②提高了汽车的行驶平顺性;③改善了极限条件(例如在坑洼路上行驶)下的阻尼特性;④流动噪声很小;⑤与充气的单筒式减振器相比,长度更短,摩擦更小;⑥在有气压损失时,仍可保证其功能。充气的双筒式减振器对气密性要求较高。

6.2.2 充气的单筒式减振器

图6-6示出带有浮动活塞的充气单筒式减振器的原理图。补偿腔3位于减振器内部的上方,其作用与双筒式减振器中的补偿腔一样,用于补偿由于油液的热胀、冷缩和活塞杆的压入、伸出而引起的容积变化。浮动活塞1将油和气体分开,并隔出实际的工作腔2。减振器活塞5的直径通常为36mm、45mm或46mm,其固定在活塞杆8上。伸张阀6和压缩阀7安装在减振器活塞5上。活塞杆的抽出方向可以布置得向下(见图6-6),也可以向上,而采用前者有利于减小悬下质量,所以一般优先采用这种布置方式。

当车轮下跳、减振器伸张时,伸张阀6(图6-7示出该阀的原理图)打开,油液通过其从活塞下方的工作腔B流入活塞上方的工作腔2。补偿腔3中的气压将浮动活塞1压下,以补偿由于活塞杆的抽出而引起的工作腔2中油液体积的减小。

当车轮上跳、减振器压缩时,减振器活塞5上行,压缩阀7打开(图6-8示出该阀的原理图),油液通过其从工作腔2流入活塞下方的工作腔B,由于活塞杆的压入使得工作腔2中的油液体积增大,浮动活塞被向上推,从而压缩补偿腔3中的气体。工作腔内的压力在腔内温度为20℃时应该至少为25bar,以保证所

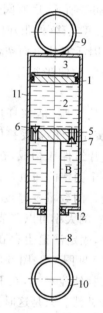

图6-6 带浮动活塞的充气单筒式
减振器的原理图

1—浮动活塞;2—上工作腔;3—补偿腔;5—减振器活塞;6—伸张阀;7—压缩阀;8—活塞杆;9,10—安装环;11—工作缸筒;12—减振器壳与活塞杆之间的密封组件;B—下工作腔

需要的阻尼力。如果阻尼力超过了由气压作用在浮动活塞上的反向力,则浮动活塞加速向上移动,使工作腔 2 中的压力降低,以致压缩阀 7 被关闭,将油路断开。当活塞直径为 36mm 时,其所需要的力为 2.8kN。当活塞直径为 46mm 时,其需要 4.6kN 的力。

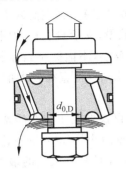 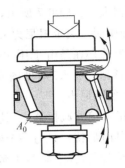

图 6-7　伸张阀的原理图(伸张阀安装在活塞下面,由弹簧片和支承盘组成)　　图 6-8　压缩阀的原理图(压缩阀安装在活塞上面,由弹簧片和支承盘组成)

补偿腔 3 中气压较高带来的缺点是会产生较大的把活塞杆压出的力 F_K,其可达 190~250N。如果汽车悬架弹簧特性较软,则在安装这种充气式减振器后会使车身有比较明显的抬高。

在汽车行驶时,减振器会发热。当油温达到 100℃ 时,压出活塞杆的力和相应的车身抬高量均增大,其中压出活塞杆的力 $F_K \approx 450N$。如果充气式减振器是原车所配产品,则汽车生产厂已经考虑到了这种影响。在这种情况下,如果用不充气的双筒式减振器代替充气单筒式减振器,建议换用较长一些的弹簧。

图 6-9 示出一种充气单筒式减振器中壳体与活塞杆的密封组件(相当于图 6-6 中的 12)。其中活塞杆导向座 1 位于油封 5、6 的外侧,所以润滑条件不太好。活塞杆导向座 1 用两个开口弹簧挡圈 2、3 限制其位移,其中挡圈 2 阻止其向外侧移动,而挡圈 3 阻止其向内侧移动,允许导向座有一定的移动位移量。

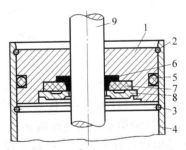

图 6-9　一种充气单筒式减振器中壳体与活塞杆的密封组件
1—活塞杆导向座;2,3—挡圈;4—减振器壳;5—O 形密封圈;6—活塞杆的单唇式油封;7—油封 6 的挡圈;8—弹性挡圈;9—活塞杆

导向座与减振器壳之间的密封由 O 形圈 5 承担。油封 6 则用来密封活塞杆。油封 6 的法兰盘安装在导向座 1 的凹槽中,其颈部则置于挡圈 7 中。安装在导向座 1 中的弹性挡圈 8 和内部的油压都向油封 6 施加压紧力,把油封的颈部压紧在活塞杆上,保证活塞杆的密封。在汽车行驶中,油液温度越高,则油压上升越高,从而油封 6 也压得越紧。如果在减振器中装有拉伸行程限位块,则它在车轮下落时会碰撞在弹性挡圈 8 上。

充气单筒式减振器的密封保持性主要取决于活塞杆表面的质量。在一些轿车和轻型载货汽车用的减振器中,活塞杆的直径为 11mm,一般用可热处理钢 Ck45 QT 制造。这种钢的强度极限在 750~900N/mm² 之间,屈服极限不低于 530N/mm²。对活塞杆表面应先进行感应淬火,使其硬度达到 58^{+2} HRC,再进行精磨,使其表面粗糙深度达到 $R_t = 0.8$~

1μm,然后镀上一层厚度为 20μm 以上的硬铬层,这可使其表面硬度增加到 $70^{\pm 2}$ HRC。接着对其进行超精研磨,使其表面粗糙深度下降到油封所要求的值 $R_t = 0.2 \mu m$。

在充气单筒式减振器中,补偿腔位于工作腔的上方(见图 6-6),这种减振器的长度比双筒式减振器大。如图 6-7 所示,当活塞杆抽出时,油液经过斜孔(在活塞上方的压缩阀旁边)流向伸张阀。决定阻尼力大小的是阀片的厚度、数量,支承盘直径和固定油道的大小。固定油道的存在是由于压缩阀最低层阀片的直径较小,不能完全封盖斜孔所致(见图 6-7)。当活塞杆压入时(见图 6-8),在整个油柱的作用下,将直径较大的压缩阀片冲开,产生一定的阻尼力。

在所有的单筒式减振器中,其阻尼特性曲线的形状仅仅取决于装在活塞上的阀片和斜孔。如果其阻尼特性只与一个或多个固定通道有关(见图 6-10(a)),则不论是在伸张阶段还是在压缩阶段,其阻尼曲线都呈急剧的斜率递增性,并且具有较大的最大阻尼力(见图 6-10(b))。当在活塞和工作缸筒壁之间存在缝隙(例如由于缺少活塞环引起的)时,同样会出现这种情况。

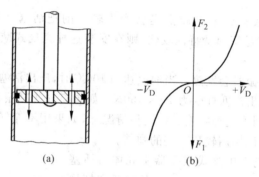

图 6-10 活塞上仅具有固定油道的减振器
(a) 结构;(b) 阻尼特性曲线

如果采用弹簧对盖在孔上的阀片进行预压,如图 6-11(a) 所示,则可以得到斜率递减的阻尼特性曲线,其优点是可将伸张阶段和压缩阶段的作用力调节得相差较大,如图 6-11(b) 所示。当这种活塞的速度较高时,其阻尼力的增长更小。图 6-4 所示的不同减振器阻尼特性类型既可以通过阀片调节(其上只加上很小的弹簧预压力)得到,也可以借助于固定通道与弹簧压紧的阀盘组合得到。

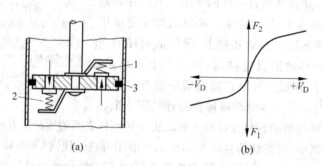

图 6-11 在活塞中的孔上采用弹簧预压阀
(a) 结构(1、2 为弹簧;3 为活塞环);(b) 阻尼特性曲线

与不充气的双筒式减振器相比,充气单筒式减振器工作腔内的油液受到气体压力的作用,其具有如下优点:①冷风直接吹在工作缸筒 11 上(见图 6-6),冷却效果好;②在同样的缸筒直径下,可使活塞的直径更大,从而可以减小工作油压;③伸张阀 6、压缩阀 7 装在活塞 5 上(见图 6-6),压缩阀受到整个油柱的作用;④在气压的作用下,油液不会产生乳化,从而在振幅较小的高频振动中也能保证减振效果;⑤采用了浮动活塞,其安装位置不受限制。

充气单筒式减振器的缺点是成本较高,因为其要求制造精度高,必须保证气体的密封。再有就是温度对压出活塞的力有影响。此外,当行程超过 100mm 时,其具有较大的轴向空间要求。

6.3 减振器主要性能参数的选择

减振器的性能一般用阻尼力-位移特性和阻尼力-速度特性来表示。图 6-12 示出一个减振器的这两种特性。图 6-12(a)示出减振器阻尼力-位移特性,其横坐标是活塞杆的位置,从其最大压缩位置到最大伸张位置;纵坐标是阻尼力,向上为其伸张行程的阻尼力,向下为其压缩行程的阻尼力。这一特性在专门的试验台上测出。图 6-13 示出测试上述减振器特性曲线的系统示意图。沿着减振器的轴线对其施加一个位移输入 Z

$$Z = A \cdot \sin\left(\frac{2 \cdot \pi \cdot n}{60} \cdot t\right) \tag{6-1}$$

其中,A 为位移振幅;n 为转速,r/min;t 为时间。如图 6-12 所示的两条阻尼力特性曲线分别是在 $n=100$r/min 和 $n=25$r/min 时测量的。当位移振幅 $A=50$mm 时,对应的减振器行程为 100mm。减振器的振动频率 n 是可变的,每个振动频率与一个封闭的回线相对应。从这个图上可以直接量出其伸张或压缩时的减振器最大阻力值,也可以量出一个全行程所消耗的功(封闭曲线以内的面积就是消耗的功)。因此,此图形也称为减振器的示功图。但是用这一图形还不能充分地反映减振器的特性,还需要阻尼力-速度特性曲线,如图 6-12(b)所示。

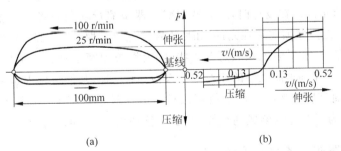

图 6-12 减振器阻尼力-位移特性和阻尼力-速度特性
(a) 减振器阻尼力-位移特性;(b) 减振器阻尼力-速度特性

减振器中阻尼力 F 和速度 v 之间的关系可用下式表示。

$$F = \delta \cdot v^i \tag{6-2}$$

其中,δ 为减振器阻尼系数;i 为常数,常用减振器的 i 值在卸荷阀打开前等于 1。

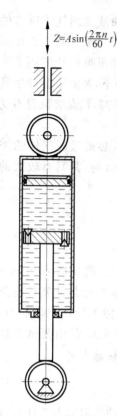

图 6-13 测试减振器阻尼特性曲线的系统示意图

F 与 v 呈线性关系的阻尼特性称为线性阻尼特性。如图 6-12(b)所示特性曲线中,在卸荷阀打开以前那一段特性曲线的斜率就是阻尼系数,压缩时的阻尼系数 δ 小于伸张时的阻尼系数。对于汽车减振器,在同样的速度 v 下,压缩时的阻尼力较小,这样可以增大悬架的缓冲性能。

设在由悬上质量-悬架组成的单自由度振动系统中采用了具有线性阻尼特性的减振器。则该系统作自由衰减振动时,其振动衰减的快慢取决于相对阻尼系数 ψ

$$\psi = \frac{\delta}{2\sqrt{C \cdot m_s}} \tag{6-3}$$

其中,δ 为一侧悬架的阻尼系数;C 为一侧悬架的刚度;m_s 为一侧悬架的悬上质量。ψ 值对行驶平顺性有明显的影响。

由此可见,悬架的主要阻尼性能参数有两个:一个是阻尼系数 δ,一个是相对阻尼系数 ψ。

6.3.1 相对阻尼系数 ψ 的选择

相对阻尼系数 ψ 的值取得较大时,有利于降低共振时的振幅,使自由振动迅速衰减,但却会把不平路面较大的冲击传递给车身,降低悬架的缓冲性能。如果 ψ 值选得过小,振动衰减慢,共振幅度大。因此,相对阻尼系数 ψ 需要在一个合理的范围内,才能获得令人满意的行驶平顺性。

为了使减振器的阻尼效果好,又不传递较大的冲击力,常把其压缩行程的相对阻尼系数 ψ_c 选得小于其伸张行程的相对阻尼系数 ψ_0,一般取 $\psi_c = 0.25 \sim 0.5\psi_0$。如果 $\psi_c = 0$,即减振器压缩时无阻尼作用,只在伸张行程时有阻尼作用,具有这种特性的减振器称为单向作用减振器。

对于不同悬架结构形式及不同的使用条件,满足行驶平顺性要求的相对阻尼系数 ψ 的大小应该有所不同。在设计时,应先选取减振器压缩行程和伸张行程相对阻尼系数的平均值 ψ。对于无内摩擦的弹性元件(如螺旋弹簧)悬架,取 $\psi = 0.25 \sim 0.35$。对于有内摩擦的钢板弹簧悬架,相对阻尼系数可取小些(因为钢板弹簧本身也有阻尼,是由干摩擦造成的)。例如解放牌汽车前悬架的相对阻尼系数 $\psi = 0.13$,其伸张行程 $\psi_0 = 0.174$,压缩行程 $\psi_c = 0.086$,而其后悬架的平均 ψ 值可以稍大些。对于越野车,应该取较大的 ψ 值,一般取 $\psi_0 > 0.3$。为了避免悬架碰到车架,ψ_c 也应该加大一些,可取 $\psi_c = 0.5\psi_0$。

6.3.2 减振器阻尼系数 δ_a 的确定

从式(6-3)可得

$$\delta = 2 \cdot \psi \cdot \sqrt{C \cdot m_s} = 2 \cdot \psi \cdot m_s \cdot \sqrt{\frac{C}{m_s}} = 2 \cdot \psi \cdot m_s \cdot \omega \tag{6-4}$$

其中,ω 为悬上质量的偏频(圆频率)。

在已知悬架阻尼系数 δ 的情况下,可以根据悬架的设计特点和减振器的安装情况求出减振器应该具有的阻尼系数 δ_a。在此,以一个双横臂式独立悬架为例,介绍根据悬架阻尼系数 δ 计算减振器应该具有的阻尼系数 δ_a 的方法。如图 6-14 所示,一侧悬架的阻尼系数 δ 是安装在车身与车轮中心之间的一个虚拟减振器的阻尼系数。图 6-14 所示双横臂式悬架中转向节的瞬时运动中心为 M,设转向节绕 M 有一个虚角速度 ε'。

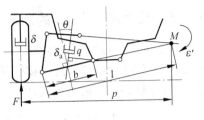

图 6-14 在双横臂式独立悬架中确定减振器阻尼系数的力学模型

设作用在车轮上的当量阻尼力为 F,车轮的跳动速度为 v。

$$v = \varepsilon' \cdot p \tag{6-5}$$

其中,p 为转向节瞬时运动中心 M 与车轮接地印迹中心之间的横向距离。

从式(6-5)可得

$$\varepsilon' = \frac{v}{p} \tag{6-6}$$

减振器的相对速度为

$$v_a = \frac{\varepsilon' \cdot l}{b} \cdot q = \frac{l \cdot q}{b} \cdot \varepsilon' \tag{6-7}$$

其中,l、b、q 都是杠杆长度,如图 6-14 所示;θ 为减振器中心线与下横臂球铰和摆臂转轴的连线 T 的垂线的夹角。

减振器的阻尼力增量为 F_d

$$F_d = \delta_a \cdot v_a = \delta_a \cdot \frac{l \cdot q}{b} \cdot \varepsilon' \tag{6-8}$$

其中,δ_a 为减振器的阻尼系数。

地面作用在车轮上的垂直力增量 F 为

$$F = \delta \cdot \varepsilon' \cdot p \tag{6-9}$$

根据虚位移原理,有如下虚功方程

$$F \cdot (p \cdot \varepsilon') = F_d \cdot (\varepsilon' \cdot l) \cdot \frac{q}{b} \tag{6-10}$$

把式(6-8)、式(6-9)代入式(6-10),得

$$(\delta \cdot \varepsilon' \cdot p) \cdot (p \cdot \varepsilon') = \left(\delta_a \cdot \frac{l \cdot q}{b} \cdot \varepsilon'\right) \cdot (\varepsilon' \cdot l) \cdot \frac{q}{b} \tag{6-11}$$

$$\delta \cdot p^2 = \delta_a \cdot \left(\frac{l \cdot q}{b}\right)^2 \tag{6-12}$$

$$\delta_a = \frac{\delta}{\left(\frac{l \cdot q}{p \cdot b}\right)^2} \tag{6-13}$$

$$\delta_a = \frac{2 \cdot \psi \cdot m_s \cdot \omega}{\left(\frac{l \cdot q}{p \cdot b}\right)^2} \tag{6-14}$$

从这里可以看出,在根据行驶平顺性要求确定悬架的相对阻尼系数 ψ 以后,为了正确选择减振器的阻尼系数,还需要考虑悬架的特性和减振器的安装特性。

6.3.3 最大卸荷力 F_0 的确定

为了减小传递到车身的冲击力,有些减振器中安装了卸荷阀。当减振器活塞振动速度达到一定的值时,卸荷阀便被打开,使减振器所提供的最大阻尼力得到限制。式(6-8)是减振器阻尼力 F_d 的表达式,即

$$F_d = \delta_a \cdot v_a = \delta_a \cdot \frac{\varepsilon' \cdot l \cdot q}{b} \cdot \cos\theta = \delta_a \cdot \frac{v \cdot l \cdot q}{p \cdot b} \cdot \cos\theta \tag{6-15}$$

而车轮跳动速度为

$$v = (A \cdot \sin\omega t)' = A \cdot \omega \cdot \cos\omega t \tag{6-16}$$

在减振器阻尼力达到最大时的活塞速度称为卸荷速度

$$v_{ax} = \frac{\varepsilon' \cdot l}{b} \cdot q = \frac{v_x \cdot l \cdot q}{p \cdot b} \tag{6-17}$$

$$v_x = A \cdot \omega \tag{6-18}$$

其中,A 为车轮振幅,取 40mm;v_x 为卸荷速度,一般为 0.15~0.3m/s;ω 为悬架偏频(圆频率)。如果已知伸张行程时的减振器阻尼系数 δ_{a0},则减振器最大卸荷力 $F_{d0} = \delta_{a0} \cdot v_{ax}$。

6.3.4 减振器主要尺寸的选择

(1) 筒式减振器工作缸直径 D 的确定

如图 6-15 所示,可先根据伸张行程的最大卸荷力 F_{d0} 和容许压力 $[p]$ 来近似地求得工作缸的直径 D,即

$$p = \frac{F_{d0}}{\frac{\pi \cdot (D^2 - d^2)}{4}} = \frac{4 \cdot F_{d0}}{\pi \cdot D^2 \cdot \left[1 - \left(\frac{d}{D}\right)^2\right]} = \frac{4 \cdot F_{d0}}{\pi \cdot D^2 \cdot (1 - \lambda^2)} \tag{6-19}$$

其中,$\lambda = d/D$ 为活塞杆直径与缸筒直径之比。双筒式减振器的 $\lambda = 0.4 \sim 0.5$;单筒式减振器的 $\lambda = 0.3 \sim 0.35$。

$$D = \sqrt{\frac{4 \cdot F_{d0}}{\pi \cdot [p] \cdot (1 - \lambda^2)}} \tag{6-20}$$

其中,$[p]$ 为缸内最大容许压力,取 3~4MPa。

求得工作缸直径 D 后,要和汽车筒式减振器的有关国标进行对照,就近选用一个标准尺寸。国标确定的工作缸直径系列为 20mm、30mm、40mm、50mm、65mm。

(2) 贮油筒直径 D_c 的确定

贮油筒在工作缸的外面,如图 6-15 所示。一般取贮油筒的直径 $D_c = (1.35 \sim 1.5)D$,其壁厚取 2mm。

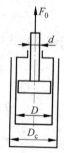

图 6-15 筒式减振器工作缸的直径 D

7 转向系统设计

7.1 概　　述

图 7-1 示出一种汽车的机械转向系统(即手动转向系统),其由转向器和转向传动机构组成。采用动力转向的汽车,还有动力系统,即动力转向油泵、油管和动力转向器等,见图 7-2。上述机械转向系统和传统的液压动力转向系统都已经得到了广泛的应用。近年来,还出现了各种随着汽车行驶速度调节转向助力的电子控制液压动力转向系统,它们在比较高级的轿车中得到了应用。为了改善汽车的燃油经济性而研制了电动转向系统,它们已经开始在比较小型的轿车上得到应用。

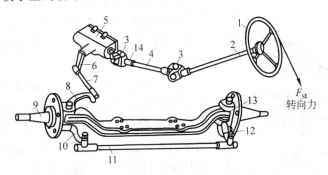

图 7-1　机械转向系统

1—转向盘;2—转向轴;3—转向万向节;4—转向传动轴;5—转向器;6—转向摇臂;7—转向直拉杆;8—转向节臂;9—左转向节;10,12—梯形臂;11—转向横拉杆;13—右转向节;14—花键

近年来,为了减轻驾驶员在撞车时受到的伤害,在许多轿车的转向系中装设了防伤装置。在图 7-2 所示转向系统中网格状的转向轴 18 就是一种防伤装置。在发生撞车事故、驾驶员胸部撞上转向盘时,当这种撞击力达到设定值时,上述网格状转向轴就会被压溃,发生塑性变形(见图 7-3),同时吸收能量,减小了对驾驶员的冲击力,从而减轻对驾驶员的伤害。

对转向系统有如下主要要求。

(1) 保证汽车具有足够小的最小转弯半径,以使其能够在有限的场地内进行转弯行驶。

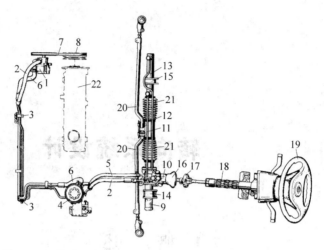

图 7-2 一种采用中央输出式齿轮齿条式转向器的动力转向系统

1—动力转向泵(叶片泵)；2—压力油管(从泵向转向器输油)；3—油管的减振支座；4—油罐；5—回油管(从转向器向油罐输油)；6—吸油管(从油罐向泵输油)；7—V形驱动皮带；8—皮带轮(安装在发动机曲轴上)；9—转向器(中间输出的齿轮齿条转向器，安装在驾驶室前围板上)；10—转向控制阀(转阀)；11,12—左、右油缸油管(在转阀和转向器动力油缸之间输油)；13—动力油缸；14,15—转向器安装支座；16—前围板密封；17—挠性万向节；18—网格状转向轴；19—转向盘；20—转向连杆；21—转向器密封套；22—发动机

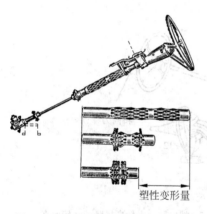

图 7-3 压溃前、后的网格状转向轴

(2) 保证汽车转弯行驶时所有的车轮都绕一个共同的瞬时转向中心进行旋转，各个车轮的侧偏角趋于一致，并且尽可能小，以延长轮胎寿命，减小轮胎噪声。

(3) 操纵轻便。汽车转向时，驾驶员施加在转向盘上的切向力(即图 7-1 中的转向力 F_{st})，对轿车不应超过 150～200N，对货车不应超过 500N。在采用动力转向的情况下，一般可以保证进行停车转向，而且最大转向力一般都明显小于上述极限值。

(4) 转向后，转向盘能够自动回正，并使汽车保持在稳定的直线行驶状态。

(5) 兼顾高速行驶操纵稳定性和低速行驶转向迅速(需要驾驶员转动转向盘的圈数比较少)、轻便的要求。对于机械转向系统(见图 7-1)，就是要采用适当的转向传动比。对于动力转向系统(见图 7-2)，既需要有适当的转向传动比，还需要提供适当的动力助力。

(6) 由于地面对转向车轮的冲击而传递到转向盘上的反冲要尽可能小，以减轻驾驶员的疲劳。这个性能要求对于在比较粗糙的路面上行驶的汽车意义比较大。

(7) 悬架导向机构和转向传动机构(杆系)应匹配适当，使车轮上、下跳动(悬架压缩、伸张)时由上述两种机构的运动干涉所引起的车轮前束角变化尽可能小；汽车转向行驶、车身发生侧倾时，由上述两种机构运动干涉所引起的侧倾转向角(车轮前束角变化)尽可能小或有利于不足转向；由悬架中橡胶元件的受力变形所引起的车轮前、后移动要尽可能不引起前束角的变化。

（8）汽车直线行驶时，转向系统中的间隙应尽可能小。为了在使用中能够减小这种间隙的变化，在转向器和转向传动机构的球头处，应装有消除因磨损而产生间隙的调整机构。

（9）在车祸中，当转向盘和转向轴由于车架或车身变形而后移时，转向系统应设计有能使驾驶员免遭或减轻伤害的防伤装置。

7.2　机械转向器

转向器是汽车转向系统的核心部件。对转向器有如下基本要求。

（1）提供准确而轻便的转向控制，同时转向盘的转角范围不允许过大。这要求转向器的自由行程（由传动零件之间的间隙引起）尽可能小，传动比适当，驾驶员主动转动转向盘时的机械效率（正效率）较高，可能还需要动力助力。

（2）使地面对前轮的扰动尽可能少地被传递到转向盘上，同时还要让驾驶员能够感觉到路面状况（粗糙程度、附着力的大小等）的变化。这就要求在前轮因受到地面干扰而转动转向盘时转向器的机械效率适当地低，即逆效率适当地低。

（3）不能妨碍汽车完成转向后、返回直线行驶状态时的前轮自动回正。这又要求转向器的逆效率适当地高。

（4）停车（车速为零）转向时驾驶员转动转向盘的力（转向力）应该被减小到最低限度。为了使驾驶员能够比较舒服地进行停车转向，一般要求采用动力助力。停车转向时所需要的转向力一般是最大的。

（5）使汽车具有良好的高速操纵稳定性。这一般要求转向器的自由行程、摩擦应尽可能小，并有适当的传动比和动力助力（在采用动力助力的情况下）。

机械转向器是指完全靠人力操纵的转向器，其通过提供一定的机械增益（传动比）来减小驾驶员转动转向盘的力（即转向力）。

7.2.1　齿轮齿条式转向器

目前，在所有前置-前驱动轿车上采用的都是齿轮齿条式转向器，一些前置-后驱动轿车也采用了这种转向器。图 7-4 示出一种两端输出式齿轮齿条式转向器，其中齿轮是输入元件，齿条是输出元件。图 7-5 示出一种采用两端输出式齿轮齿条式转向器的转向系统，其中齿条的输出由转向连杆传递到转向节，而两个转向连杆通过内侧的球铰 11 与齿条 4 的两端相连，通过外侧的球铰 14 与转向节相连。在图 7-5 所示的转向系统中，采用的是麦克弗森式独立悬架，其齿轮齿条式转向器的设计位置比较低，在这种情况下一般都采用两端输出的转向器。在采用其他独立悬架的汽车中，如果采用齿轮齿条式转向器，一般都是两端输出的。图 7-6 示出一个与双横臂式独立悬架匹配的两端输出的齿轮齿条式转向器。这样有利于获得较小的悬架与转向杆系的干涉转向角（前束角变化）。

图 7-7 示出一种中央输出式齿轮齿条式转向器，其转向连杆 2 用螺栓 3 固定在齿条 1 的中央，在螺栓 3 与连杆 2 上的孔之间安装有橡胶衬套 4，这使得该安装点相当于一个球铰，

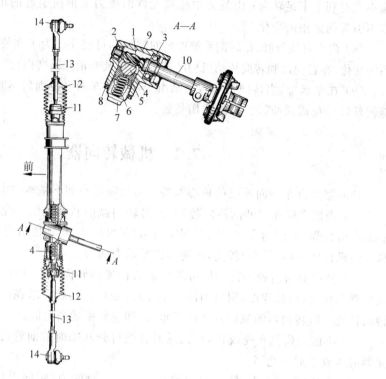

图 7-4 一种两端输出式齿轮齿条式转向器

1—齿轮；2—齿轮下轴承；3—齿轮上轴承；4—齿条；5—齿条轴承；6—弹簧；7—调节螺母；8—锁紧螺母；9—转向器壳体；10—输入轴；11—内侧球铰；12—密封护套；13—转向连杆；14—外侧球铰

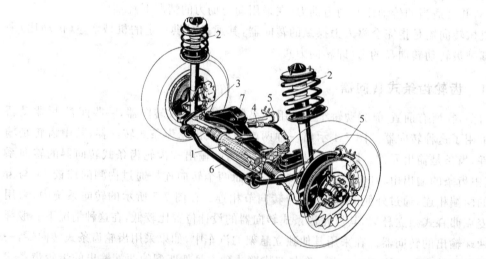

图 7-5 BMW 3 系列轿车的麦克弗森式前悬架和两端输出式齿轮齿条式转向器

1—齿轮齿条式动力转向器；2—橡胶副簧；3—拉杆；4—下横臂；5—下横臂弹性轴承；6—横向稳定杆；7—副车架

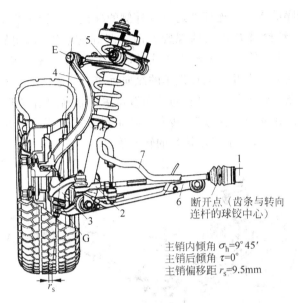

主销内倾角 $\sigma_h=9°45'$
主销后倾角 $\tau=0°$
主销偏移距 $r_s=9.5mm$

图 7-6 双横臂式独立悬架与齿轮齿条式转向器

1—转向器；2—转向横拉杆；3—转向梯形臂；4—车轮转向节；5—上横臂；6—下横臂；7—横向稳定杆；E—上横臂球铰；G—下横臂球铰

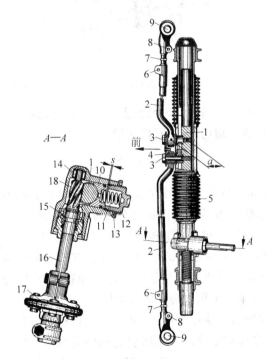

图 7-7 一种中央输出式齿轮齿条式转向器

1—齿条；2—转向连杆；3—转向连杆固定螺栓；4—橡胶衬套；5—密封套；6—锁紧螺栓；7—前束调节双头螺栓（螺旋方向相反）；8—锁紧螺栓；9—外侧球铰；10—齿条轴承；11—弹簧；12—调整螺母；13—锁紧螺母；14—齿轮下轴承；15—齿轮上轴承；16—输入轴；17—挠性万向节；18—齿轮

同时具有减振和降噪的作用。连杆 2 通过其外侧的球铰 9 与转向节相连。双头螺栓 7 用于调整前束，其两个螺栓具有相反的螺旋方向。调好前束以后，用螺栓 6、8 进行固定。

图 7-8 示出一个采用中央输出式齿轮齿条式转向器的转向系统。当汽车直线行驶时，转向连杆在齿条上的安装铰点几乎就在汽车的纵向垂直对称面上。只有在采用麦克弗森式独立悬架和齿轮齿条式转向器，并且转向器布置位置比较高的情况下，才采用中央输出式齿轮齿条式转向器。在采用这种悬架、转向连杆布置方式的情况下为了获得较小的干涉转向角（前束角变化），一般要求采用较长的转向连杆。

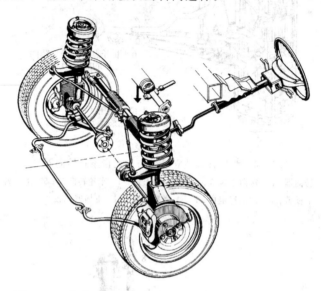

图 7-8 一种采用中央输出式齿轮齿条式转向器的转向系统

在齿轮齿条式转向器中，当转动齿轮时，齿条进行移动，而不是转动。所以，齿轮齿条式转向器没有转向器的角传动比，而是有齿条增益 G_R

$$G_R = \frac{\Delta d}{\Delta n_h} \tag{7-1}$$

其中，G_R 为齿条增益，mm/r；Δn_h 为转向盘所转动圈数的增量，r；Δd 为齿条的位移增量，mm。齿条增益 G_R 增大，相应的转向系统角传动比就会减小。

齿轮齿条式转向器的优点包括：①构造比较简单；②成本较低；③效率高，转向轻便；④可以自动防止齿轮和齿条之间的松动，并且具有均匀的固有阻尼；⑤有利于改善转向系统的刚性；⑥转向传动机构仅包括转向连杆和转向节，零件少、占用空间小（这是所有前置-前轮驱动型轿车都采用这种转向器的原因）。

齿轮齿条式转向器的主要缺点包括：①由于仅有齿轮与齿条一对传动副，摩擦小、传动效率高，由路面不平造成对车轮的冲击所引起的转向盘反击较大；②转向连杆受斜向力的作用，杆中的应力较大；③当采用两端输出式设计时转向连杆的长度受到限制；④前轮转向角的大小取决于齿条的位移，为了获得足够大的车轮转角，有时只有采用较短的转向节臂，使整个转向装置受力较大；⑤随着车轮转向角的增大，转向系统的角传动比下降，使得停车转向时很费力；⑥在非独立悬架中不能采用这种转向器。

7.2.2 整体式转向器

整体式转向器包括蜗杆曲柄指销式转向器(见图 7-9)、蜗杆蜗轮式转向器(见图 7-10)、蜗杆滚轮式转向器(见图 7-11)、循环球式转向器(见图 7-12)等。这些转向器都以转向摇臂轴作为输出元件。在这些转向器中,目前得到最广泛应用的是循环球式转向器,这主要是因为其机械效率比较高,有利于减小转向力。

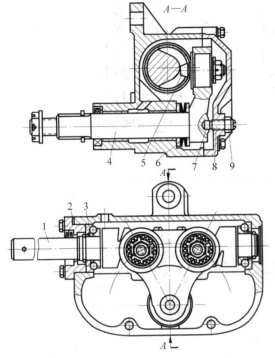

图 7-9 一种蜗杆曲柄指销式转向器
1—输入轴;2—垫片;3—轴承;4—转向摇臂轴;5—指销;
6—弹簧片;7—顶销;8—调整螺钉;9—锁紧螺母

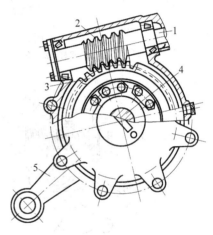

图 7-10 一种蜗杆蜗轮式转向器
1—输入轴;2—蜗杆;3—蜗轮;4—转向摇臂轴;5—转向摇臂

整体式转向器角传动比的定义:转向盘的转角增量与转向摇臂轴转角的相应增量之比,即

$$i_{\omega 0} = \frac{\Delta \varphi_h}{\Delta \beta_p} \tag{7-2}$$

其中,$i_{\omega 0}$ 为转向器的角传动比;$\Delta \varphi_h$ 为转向盘的转角增量;$\Delta \beta_p$ 为转向摇臂轴的转角增量(见图 7-12)。

图 7-13 示出循环球式转向器的力学模型,有如下关系

$$\Delta \beta_p = \frac{\Delta \varphi_h}{2 \cdot \pi} \cdot t \cdot \frac{1}{r} \tag{7-3}$$

其中,t 为螺杆螺距;r 为齿扇节圆半径。从式(7-3)可以得到这种转向器的角传动比 $i_{\omega 0}$

$$i_{\omega 0} = \frac{\Delta \varphi_h}{\Delta \beta_p} = \frac{2 \cdot \pi \cdot r}{t} \tag{7-4}$$

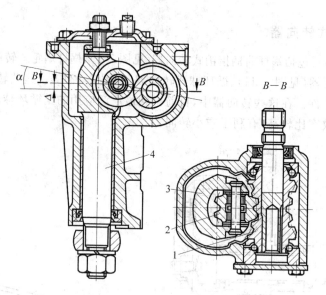

图 7-11 一种蜗杆滚轮式转向器

1—蜗杆；2—滚轮；3—转向摇臂轴的曲柄；4—转向摇臂轴

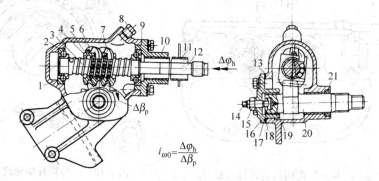

图 7-12 一种循环球式转向器

1—转向器壳体；2—推力角接触球轴承；3—转向螺杆；4—转向螺母；5—钢球；6—钢球导管卡；7—钢球导管；8—六角头锥形螺塞；9—调整垫片；10—上盖；11—转向柱管总成；12—转向轴；13—转向器侧盖衬垫；14—调整螺钉；15—螺母；16—侧盖；17—孔用弹性挡圈；18—垫片；19—摇臂轴衬套；20—转向摇臂轴(齿扇轴)；21—油封

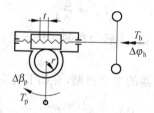

图 7-13 循环球式转向器的力学模型

t—螺杆螺距；r—齿扇节圆半径；T_h—输入轴转矩；T_p—转向摇臂轴的转矩；$\Delta\varphi_h$—转向盘的转角增量；$\Delta\beta_p$—转向摇臂轴的转角增量

整体式转向器(输出元件是转向摇臂轴的转向器)的缺点主要是其很难在前置-前轮驱动型式的轿车上采用,因为没有布置转向连杆系统的空间。当采用独立悬架的前置-后驱动汽车采用这种转向器时,需要附加断开式转向梯形机构,如图7-14所示。这会增加转向器的重量和成本,其经济性不如齿轮齿条式转向器。

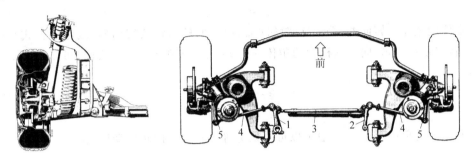

图 7-14 在前悬架为独立悬架的前置-后驱动汽车上采用整体式转向器所需要的断开式转向梯形机构

1—转向摇臂(与转向器转向摇臂轴通过花键相连);2—惰性臂;3—中央转向连杆;
4—外侧转向连杆;5—转向节臂

然而在不带转向助力的前提下比较这两种转向器,可以发现整体式转向器具有如下优点:①可以与非独立悬架匹配使用;②可以承受较大的力;③具有较大的车轮转向角,其转角范围可达±45°;④可以采用较长的转向节臂或梯形臂,以减小转向摇臂和中央拉杆中的载荷;⑤转向传动机构可以设计得使其传动比随车轮转角变化很小;⑥对地面的冲击载荷不敏感。

7.3 转向系统的主要性能参数

7.3.1 转向系统的角传动比

转向系统角传动比的定义:转向盘的转角增量与两侧转向节转角的相应增量的平均值之比。即

$$i_\omega = \frac{\Delta \varphi_h}{\frac{\Delta \beta_L + \Delta \beta_R}{2}} \tag{7-5}$$

其中,i_ω 为转向系统的角传动比;$\Delta \varphi_h$ 为转向盘的转角增量;$\Delta \beta_L$、$\Delta \beta_R$ 分别为左、右转向节的转角增量。

如图7-1所示,在采用整体式转向器的情况下,转向器以下的零件组成转向传动机构,包括转向摇臂(垂臂)、转向直拉杆、转向节臂、转向节、梯形臂、转向横拉杆等。这种转向传动机构角传动比的定义是:转向摇臂轴转角的增量与两侧转向节转角相应增量的平均值之比,即

$$i_{\omega L} = \frac{\Delta \beta_P}{\frac{\Delta \beta_L + \Delta \beta_R}{2}} \tag{7-6}$$

其中，$i_{\omega L}$为转向传动机构的角传动比；$\Delta\beta_p$为转向摇臂轴的转角增量；$\Delta\beta_L$、$\Delta\beta_R$分别为左、右转向节的转角增量。

可以看出，在采用整体式转向器的转向系统（见图7-1）中，转向器与转向传动机构角传动比的乘积就是转向系统的角传动比，即

$$i_\omega = i_{\omega 0} \cdot i_{\omega L} \tag{7-7}$$

在使用整体式转向器（循环球式转向器、蜗杆曲柄指销式转向器、蜗轮蜗杆式转向器等）的转向系统中，转向传动机构的角传动比$i_{\omega L}$大约在0.85~1.1之间，可以粗略认为是1。这样，

$$i_{\omega L} \approx 1.0 \tag{7-8}$$

$$i_\omega = i_{\omega 0} \cdot i_{\omega L} \approx i_{\omega 0} \tag{7-9}$$

即转向系统的角传动比i_ω一般可以近似认为等于转向器的角传动比$i_{\omega 0}$。

7.3.2 转向系统的转矩传动比

在实际应用中，转向系统的转矩传动比定义为

$$i_T = \frac{T_{Rt}}{T_h} = i_\omega \cdot \eta_{SG} \cdot \eta_{SL} \tag{7-10}$$

其中，i_T为转向系统的转矩传动比；T_{Rt}为在转向节上克服的转向阻力矩，由作用在左、右转向节（见图7-1）上的转向阻力矩$T_{Rt,L}$和$T_{Rt,R}$组成；T_h为驾驶员施加在转向盘上的转矩；i_ω为转向系的角传动比；η_{SG}为转向器在实际载荷下的效率；η_{SL}为转向传动机构在实际载荷下的效率。只能用实验的方法确定η_{SG}和η_{SL}。

在实际应用中，整体式转向器的转矩传动比定义为

$$i_{T0} = \frac{T_p}{T_h} = i_{\omega 0} \cdot \eta_{SG} \tag{7-11}$$

其中，i_{T0}为转向器的转矩传动比；T_p为转向摇臂轴上的转向阻力矩；$i_{\omega 0}$为转向器的角传动比；η_{SG}为转向器在实际载荷下的效率。

一般有如下关系

$$i_T = i_\omega \cdot \eta_{SG} \cdot \eta_{SL} \approx i_{\omega 0} \cdot \eta_{SG} = i_{T0} \tag{7-12}$$

即可以近似认为，转向系统的转矩传动比就是转向器的转矩传动比。

7.4 转向器的效率η_{SG}

转向器的效率有正效率和逆效率之分。

7.4.1 转向器的正效率η_{SG+}

只能应用试验方法才能确定在实际载荷下的转向器正效率η_{SG+}。图7-15示出对整体式转向器进行效率试验的示意图，其中转向器壳固定。在进行正效率试验时，主动在转向器输入轴上施加一个转矩T_h，然后测量传递到转向摇

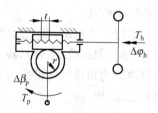

图7-15 整体式转向器的效率试验示意图

臂轴上的转矩 T_p,有如下关系:

$$T_h \cdot i_{\omega 0} \cdot \eta_{SG+} = T_p \tag{7-13}$$

$$\eta_{SG+} = \frac{T_p}{T_h \cdot i_{\omega 0}} \tag{7-14}$$

其中,$i_{\omega 0}$ 为转向器的角传动比;η_{SG+} 为转向器在实际载荷下的正效率。提高转向器的正效率有助于减小驾驶员需要向转向盘上施加的转向力。

7.4.2 转向器的逆效率 η_{SG-}

只能应用试验方法确定在实际载荷下的转向器的逆效率 η_{SG-}。图 7-15 示出对整体式转向器进行效率试验的示意图,其中转向器壳固定。在进行逆效率试验时,主动在转向摇臂轴上施加一个转矩 T_p,然后测量传递到转向器输入轴上的转矩 T_h。有如下关系

$$T_h \cdot i_{\omega 0} = T_p \cdot \eta_{SG-} \tag{7-15}$$

$$\eta_{SG-} = \frac{T_h \cdot i_{\omega 0}}{T_p} \tag{7-16}$$

其中,T_p 为在转向摇臂轴上主动施加的力矩;T_h 为被传递到转向输入轴上的转矩;$i_{\omega 0}$ 为转向器的角传动比;η_{SG-} 为转向器在实际载荷下的逆效率。

转向器的逆效率影响汽车的使用性能。在转向器逆效率较大的情况下,路面作用在车轮上的力,经过转向系统可以大部分被传递到转向盘上,这种转向器称为可逆式转向器。这种转向器可以保证汽车转向后转向车轮及转向盘自动回正,路感强,在好路面上行驶时有利于减轻驾驶员的劳动强度,提高行驶安全性。但是,当在坏路上行驶时,车轮受到的冲击力会大部分被传递给转向盘,使驾驶员感到"打手",易使其疲劳,影响行驶安全性。所以,可逆式转向器适用于在良好路面上行驶的车辆。现代汽车上采用的转向器都是可逆式转向器。其中,齿轮齿条转向器的逆效率最高,往往需要在结构设计中采取一些措施来降低其逆效率。在图 7-4 所示的齿轮齿条式转向器中,齿轮的轴线与齿条的轴线不垂直,所以属于螺旋齿轮传动。采用螺旋齿轮传动时,可以通过产生轴向力来降低逆效率。

不可逆式转向器,是指车轮受到的冲击力不能传递到转向盘的转向器。这种冲击力完全由转向传动机构的零件所承受,因此这些零件承受的载荷比较大。应该指出,在坏路面上行驶时,这种转向器可以保证转向盘不受地面冲击的影响,有助于减轻驾驶员的疲劳。但是,这种转向器不能保证车轮自动回正,驾驶员又会感到缺乏路感。由于有以上这些缺点,在现代汽车上已经基本上不采用这种转向器。

极限可逆式转向器介于上述二者之间。当车轮受到冲击力作用时,这个力只有一小部分(逆效率<50%)会传递到转向盘上。它的逆效率较低,在坏路上行驶时传递给转向传动机构的冲击力比不可逆式的要小,同时驾驶员也不会感到很紧张。

7.4.3 影响转向器效率的因素

影响转向器效率的因素有:转向器的类型、结构特点、结构参数和制造质量等。

(1) 转向器类型

汽车上常用的转向器类型有：循环球式、蜗杆滚轮式、齿轮齿条式、蜗杆曲柄指销式等几种。

齿轮齿条式转向器的效率最高，因为其只有一对传动副。

循环球式转向器因以滚动摩擦代替滑动摩擦，正、负效率都较高，一般在 75%～85% 之间。

蜗杆滚轮式转向器的正效率 $\eta_{SG+}=54\%\sim75\%$，逆效率 $\eta_{SG-}=54\%\sim60\%$。

蜗杆曲柄指销式转向器的正效率 $\eta_{SG+}=75\%$，逆效率 $\eta_{SG-}=60\%$。

转向器的效率除了与设计有关以外，与制造质量也关系密切。

(2) 转向器的结构参数与效率

对于蜗杆和螺杆类转向器，如果只考虑啮合副的摩擦损失，而忽略轴承和其他地方的摩擦损失，其正效率可表示为

$$\eta_+ = \frac{\tan\alpha_0}{\tan(\alpha_0+\rho)} \qquad (7\text{-}17)$$

式中，α_0 为蜗杆（或螺杆）的螺线导程角（螺线升角）；ρ 为摩擦角，$\tan\rho=f$；f 为摩擦系数。

其逆效率可表示为

$$\eta_- = \frac{\tan(\alpha_0-\rho)}{\tan\alpha_0} \qquad (7\text{-}18)$$

从式(7-17)和式(7-18)可见，导程角（螺线升角）α_0 增大会使正、逆效率都增大。所以，应该选一个合适的值，使正、逆效率达到综合平衡。

当导程角 $\alpha_0\leqslant\rho$，逆效率 $\eta_-\leqslant 0$ 时，表明这种转向器是不可逆式的。因此，为使转向器有适当的逆效率，导程角的最小值必须大于摩擦角。螺线的导程角 α_0 一般选在 8°～10°之间。

7.5 动力转向系统概述

在汽车上采用动力助力转向系统的主要目的，是在采用适当转向传动比的情况下，减小需要驾驶员施加到转向盘上的转向力，特别是停车转向力。为了减小转向力，转向器的一个发展方向是提高其机械效率，为此发明了循环球式转向器（见图 7-12）。但是，沿着这个方向的发展是有限度的，其效率很难超过 85%。另外一个减小转向力的发展方向是增大转向器的传动比。但是，如果传动比过大，则当汽车转向时，为了使前轮摆动一定角度而需要驾驶员转动转向盘的圈数就会过多（转向从容性差），这也是不能接受的。而采用动力转向是同时保证上述转向轻便性与转向从容性的有效措施。

在汽车上安装动力助力转向系统是从 20 世纪 30 年代开始的。当时，主要是在重型汽车上安装，其采用的助力源包括真空、压缩空气和液压。到了第二次世界大战时，液压动力助力转向系统在美国的军用车辆上得到了广泛应用，例如重型卡车、装甲车等，为现代汽车的液压动力助力转向系统打下了基础。

到了20世纪50年代初期,轿车已经明显向着大型化和高速化发展,特别是在美国。并且,为了提高乘坐舒适性而降低了轮胎的气压。轿车大型化意味着其前桥载荷的增大,再加上轮胎气压的降低,这些因素都使前轮的转向阻力增大。汽车设计的这些变化实际上意味着,为了减小转向力,或者至少把其恢复到以前的水平,动力助力转向系统已经变得必不可少了。到了20世纪50年代初期,动力助力转向系统被引入了美国轿车。它们基本上都是战时动力转向产品的改进型。自此以后,动力转向系统在轿车上的应用比例不断攀升。

但是,自从1973年因第4次中东战争而爆发了石油危机以来,制造更小和重量更轻的轿车已经成为世界的潮流。而这并没有减少对动力转向系统的需要。其原因在于,现在广泛爱好具有横置发动机的前轮驱动轿车,这导致高达65%的整车重量集中在前轮,也就是转向轮上,而且其广泛采用了低断面、宽胎面的轮胎,如果不采用动力转向系统,就会导致不可接受的转向力水平。所以,目前大多数轿车上都采用了动力转向系统。在其他类型的汽车上也广泛采用了动力转向系统。

7.5.1 动力转向系统的优点与缺点

采用动力转向系统的优点如下。

(1) 明显减小了停车转向力,使驾驶员可以比较轻松地进行停车转向。汽车行驶中的转向力也得到了减小,有利于减轻驾驶员的疲劳。

(2) 减少了转向盘从一端到另一端的极限转动圈数,一般在2.5~3圈之间,使驾驶员的转向操纵比较从容。有利于选择最佳的转向角传动比,而不必考虑转向沉重的问题。例如,根据操纵稳定性要求选择最佳传动比,兼顾低速大转角转向从容性(转向盘转动圈数要少)。转向系统的角传动比一般在14~24之间。

(3) 减小了路面对前轮的干扰和对转向盘的影响。动力转向系统具有自动抵抗这种干扰的特性,有利于减轻驾驶员的疲劳,特别是在比较差的路面上行驶时。

(4) 在某个轮胎爆破的情况下,可以更好地阻止车辆的突然转向,从而提高安全性。当汽车在行驶中发生爆胎时,由于发生爆破的轮胎的滚动半径减小、阻力增大,会使汽车迅速向爆胎的方向偏转,要阻止这种偏转,就需要对前轮施加很大的反向转矩,动力转向系统可以保证驾驶员能够以合理的转向力迅速反向转动转向盘,控制汽车的行驶方向,防止其突然转向。

(5) 在转向车轮承受较大负荷的情况下,转向力还可以保持在合理的范围以内,有利于增大汽车总体布置的自由度。

采用动力转向系统的缺点包括:①比机械转向系统复杂、成本较高;②使汽车油耗有一定程度的增大;③有可能引起振动和噪声的问题。

由于动力转向系统的优点是主要的,所以其应用范围在不断扩大。在现代汽车上得到最广泛应用的是液压动力助力转向系统,这是因为它具有如下一些优点:①具有固有的自润滑特性;②可以很容易地产生高压;③可以在很小的空间传递很大的力;④很大的力可以很容易地施加和解除;⑤液体的不可压缩性使其可以精确地控制运动;⑥它是一种封闭的系统,可以防止异物侵入;⑦可以容易地安装在可以获得的安装空间之内。

液压动力转向系统主要由动力转向泵、动力转向油管(压力油管、回油管、吸油管等)、动力转向器和动力转向油罐等组成,如图 7-2 和图 7-16 所示。

7.5.2 动力转向系统的主要性能要求

对动力转向系统的主要特性要求是安全性、敏感性和维修保养性。

1. 安全性

动力转向系统应该具有失效-安全特性。由于此原因,动力助力系统都是与常规的机械转向机构并联工作的,以保证在动力助力系统失效(例如发动机停车)的情况下,车辆仍然具有利用机械转向机构进行转向的能力。当然,在这种情况下转向力往往会大得多,而且一般只允许这种非正常工作状态持续相当短的时间,否则会引起机械转向机构的损坏。

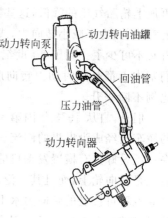

图 7-16 一种整体式动力转向系统

2. 敏感性

动力转向系统除了在各种行驶情况下都能够提供足够的动力助力以外,还应该允许在转向盘上保持足够高的路感。采用机械转向系统的汽车在进行急转弯时,一开始转向力比较大,驾驶员感到转向盘比较沉,然后随着侧向加速度的增大,驾驶员会感到转向盘开始逐渐变轻,这表明已经趋近了轮胎与地面之间的附着极限,由侧偏角引起的轮胎拖距正在消失(即轮胎回转力矩正在消失),车轮即将开始发生侧滑。所以,这种转向盘变轻的感觉是提醒驾驶员车轮即将开始发生侧滑的警告信号。

在采用动力转向时也要求这种预先警告信号能够传递到转向盘上,使驾驶员能够及时做出正确的反应来预防侧滑这种危险情况的发生。应该指出,这种要求与前述阻止路面对车轮的干扰传递到转向盘的要求有矛盾,在这两者之间应该进行合理的平衡。

为了在结冰路面上行驶时还能在转向盘上保持一定的路感,在采用动力转向的汽车上其主销后倾角一般比采用机械转向器的汽车的主销后倾角大 1°左右。这是因为主销后倾角引起的拖距不像轮胎拖距那样随着轮胎侧向力的增大而减小,使得侧向力总可以保持一个对主销的力矩(侧向力乘以主销后倾角拖距),其传递到转向盘上就是路感。

3. 维修保养性

对动力转向系统的维修保养的一般要求是:①对于轿车,每行驶 10 000km 就应该检查各处的外泄漏情况和动力转向油罐的油面高度;而对于重型货车,上述检查行驶里程间隔大约需要减半;②每行驶 20 000km 应检查动力转向泵的驱动皮带的状况和张紧力;③在动力转向油罐中有可更换的过滤器的情况下,每行驶 32 000km 予以更换。

7.6 整体式动力转向器

图 7-17 示出一种整体式动力转向器(循环球式动力转向器)。这种动力转向器的方向控制阀是转阀。

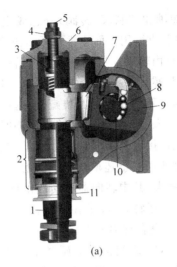

1—转向摇臂轴(输出);2—转向摇臂轴轴承和油封;3—磨损垫圈;4—锁紧螺母;5—预加载荷调整螺栓;6—侧盖;7—转向摇臂轴齿扇;8—循环球;9—齿条;10—螺杆;11—尘封

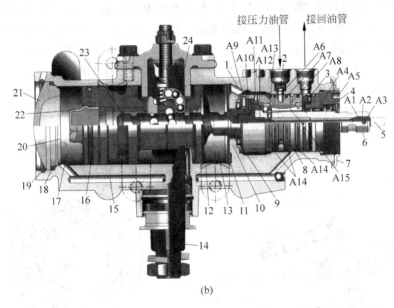

1—2号油缸油道;2—单向阀;3—上推力轴承系统;4—调整塞总成;5—扭杆;6—输入短轴;7—调整塞锁紧螺母;8—转阀总成;9—下推力轴承系统;10—挡壁;11—齿条行程限位器;12—齿条/活塞/螺母;13—2号油缸腔;14—转向摇臂轴(输出);15—1号油缸油道;16—活塞密封环;17—1号油缸腔;18—O形密封圈;19—钢丝挡圈;20—齿条行程限位器;21—端盖;22—齿条塞;23—螺杆;24—循环球返回导管;A1—O形油封;A2—扭杆铜衬套;A3—扭杆固定销;A4—输入短轴径向滚针轴承;A5—输入短轴油封;A6—阀体中制出的2号径向油孔;A7—在阀体中制出的中心油孔;A8—在阀体中制出的1号径向油孔;A9—螺杆销;A10—扭杆帽;A11—扭杆帽销;A12—扭杆铜衬套;A13—阀芯销;A14—转阀密封环;A15—阀芯

图 7-17 一种整体式动力转向器
(a) 剖视图 1;(b) 剖视图 2

如图 7-17(b)所示,输入短轴和控制阀(转阀)分总成主要包括输入短轴 6、转阀总成 3、扭杆 5。整个输入轴和转阀总成被用端面止推轴承 3、9 和径向滚针轴承 A4 支承在转向器壳体和输入短轴上,可以自由转动。这个总成还包括一个机械后备系统,当动力助力系统失效时,其把输入短轴 6 和螺杆 23 机械相连。如图 7-18 所示,在输入短轴 6 下端制有两个槽,在螺杆 23 上制有两个舌。在转向器装配时,这两个舌分别安放在输入短轴的两个槽中。在汽车直线行驶,输入短轴 6 上没有转矩作用时,舌与槽之间有间隙,输入短轴 6 仅通过扭杆 5 与螺杆机械连接。当在输入短轴 6 上施加的转矩较大,扭杆 5 大约扭转 7°时,槽与舌接触,输入短轴 6 通过上述槽与舌的接触直接与螺杆 23 相连。如果这时发动机运转,则液压助力达到最大,其中转向器中转阀的间隙已经被完全堵死,动力转向泵处于限压状态。如果发动机不运转,驾驶员在转向盘上施加的转矩仅通过上述槽与舌的接触直接传递给螺杆 23,这时没有动力助力。

阀体在转向器壳体和阀芯 A15 之间提供液压联系。在阀体外圆上开有 3 道周向环槽,3 个转阀密封环 A14 把它们相互隔开,防止发生内泄漏。在上述每个阀体外圆环槽中还在阀体中制有径向油孔 A6、A7 和 A8,其中 A7 用于直接与压力油管、油泵相通,油孔 A6 与 2 号油缸油道相通,油孔 A8 与 1 号油缸油道相通。油孔 A6、A8 通过在阀芯 A15 外圆上制出的轴向槽、在阀体内圆上制出的轴向槽与油孔 A7 相通(与动力转向泵相通)或与输入短轴中心相通(与油罐相通)。图 7-19 示出阀体、阀芯的横截面(示意图)。图 7-19 所示状态对应于汽车直线行驶,这时没有转矩作用在扭杆上,扭杆的扭角为零。改变阀芯表面的几何特性就可以改变车辆转向的感觉(见图 7-20)。这些改变(例如槽的宽度)一般都在阀芯上进行,主要是因为这样做比在阀体上做要容易得多。

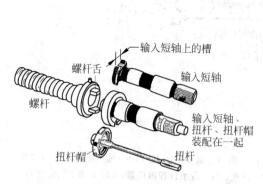

图 7-18 整体式动力转向器的机械后备系统

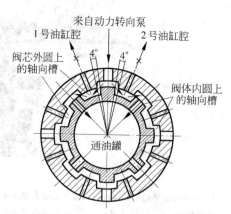

图 7-19 转阀的横剖视图(没有转矩作用在扭杆上,其扭角为零)

如图 7-17 所示,扭杆 5 在阀体和阀芯 A15 之间起扭杆弹簧的作用,它趋向于使阀芯 A15 在阀体内返回其中间位置(汽车直行位置,如图 7-19 所示)。扭杆的直径决定了其刚度,这是一个影响阀力(转向力),从而影响转向感觉(路感)的因素。一般来说,增大扭杆刚度就可以增强路感,但是又会增大转向力。所以,在确定扭杆刚度时主要考虑的就是要保证路感与转向力的合理折中。扭杆 5 的一端通过花键安装在扭杆帽 A10 上,而

7 转向系统设计 177

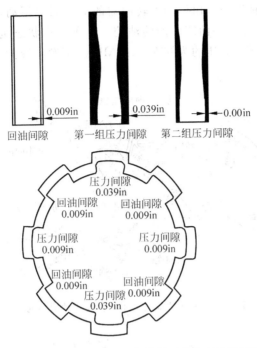

图 7-20 通过改变阀芯表面的几何特性可以改变车辆转向的感觉

扭杆帽通过扭杆帽销 A11 固定在阀体上,阀体又通过螺杆销 A9 固定在螺杆轴上。扭杆 5 的一端固结在阀体上,另一端在进行转阀平衡时用扭杆固定销 A3 固定在输入短轴 6 上。

在这个转向器壳体上加工出一个活塞孔,作为球螺母的活塞在其中滑动,形成一个双作用液压缸。在这个壳体中还制有液压油通道,连接油缸和控制阀,在壳体上还装有油封以防止发生油的外泄漏。另外,在壳体中还制有转阀孔,转阀装在其中。

7.6.1 整体式动力转向器的工作原理

图 7-16 示出一个典型的整体式动力转向系统。图 7-21 示出一种在轿车上采用的整体式动力转向系统。当发动机工作时,其曲轴通过皮带轮带动动力转向泵转动,向外输出液压油。液压油的流向依次是(见图 7-16、图 7-17、图 7-19):①动力转向泵;②压力油管;③转向器壳体上的压力油口;④转阀阀体外圆中央环形槽;⑤阀体中的中心油孔 A7;⑥阀体内圆的 4 个轴向槽。然后,油流的进一步流向是由转阀的工作状态控制的。

1. 动力转向器在汽车直线行驶时的工作状态

在汽车直线行驶时,转向盘位于中间位置,驾驶员不向转向盘施加任何转矩。这时,在扭杆弹簧的作用下,转阀中的阀芯相对于阀体处于对称位置,各个对应的阀间隙的流通面积相等,见图 7-19、图 7-20 和图 7-22。其中的油流方向如图 7-19 和图 7-22 所示,即来自动力转向泵的油流首先流进阀体外圆上的中央环槽,再通过中心油孔 A7 流进阀体内圆上的轴向槽;经过压力间隙流进在阀芯外圆上的轴向槽,再经过回油间隙流进在阀体内圆上的轴向槽;再经过在阀芯上的油孔进入输入短轴的中心,流回动力转向油罐。即压力油管与回油管直接连通。由于动力转向器的活塞固定不动,因此没有流量进入油缸,但是转阀中的压力传入了活塞两侧的油腔。这种工作状态也叫开放中心状态。在此状态下,系统压力较低(表压约为 0.3~0.4MPa),不发出液力助力,因为在活塞两边的压力相等。

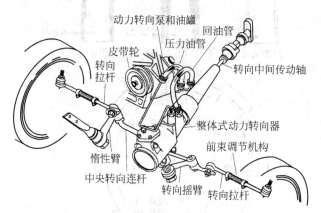

图 7-21 一种在轿车上采用的整体式动力转向系统

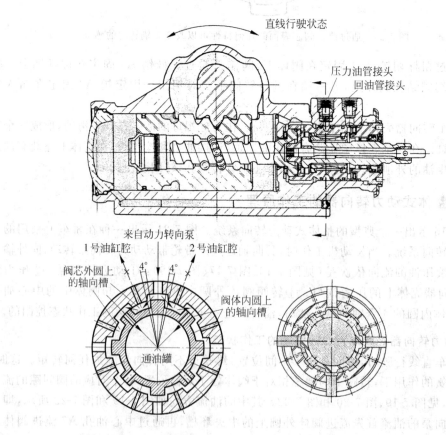

图 7-22 整体式动力转向器的工作原理图(直线行驶状态)

2. 动力转向器在汽车向右转向时的工作状态

向右转动转向盘,把一个转矩施加在输入短轴上,再通过扭杆固定销 A3 把其传递到扭杆的上端。而扭杆的下端固结在阀体和螺杆上,由于转向车轮的阻力和转向器内部的摩擦力会把一个反转矩施加在扭杆的下端,这就引起扭杆发生扭转变形,使阀芯相对于阀体转动了一个角度。假定在扭杆上施加了一个很大的转矩(相应的前轮转向阻力必须很大,否则在扭杆上也加不上这样大的转矩),使阀芯相对于阀体转动了一个足够大的角度,使阀芯相对于阀体处于图 7-23 所示的状态,使压力油管与回油管完全隔绝。这时,在动力转向器中存在两条油路,即高压油路和低压油路。

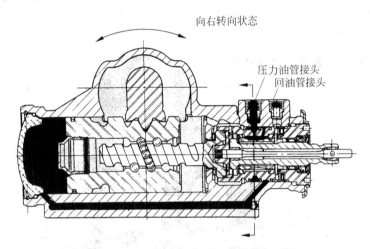

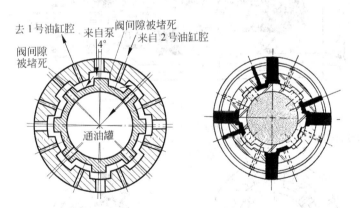

图 7-23 整体式动力转向器的工作原理图(向右转向状态)

(1) 高压油路

动力转向器活塞左侧的 1 号油缸腔仅与动力转向泵相通,来自动力转向泵的流量完全被引入 1 号油缸腔。如果转向器中的活塞不动(例如前轮已经碰到了限位块),则也没有流量进入 1 号油缸腔,但是这时动力转向泵将处于限压状态,1 号油缸腔的压力达到最大,即泵的限压压力。

(2) 低压油路

动力转向器助力活塞右侧的 2 号油缸腔仅与输入短轴中心的低压区域相通,来自 2 号油缸腔的油被直接排入油罐。如果助力活塞不动,则没有流量进入油罐,但是 2 号油缸腔的压力将与油罐中的压力基本上相等,此时为低压。

这样,便在助力活塞左、右两侧之间产生了一个较大的压力差,从而在助力活塞上形成一个向右的合力。如果它再加上驾驶员通过扭杆、螺杆、循环球施加到球螺母(即助力活塞)上的力超过了转向车轮的阻力和转向器的内摩擦力,那么球螺母/活塞会向右移动,使来自泵的高压油流会继续流进 1 号油缸腔;而在 2 号油缸腔内的油会被活塞推出,并通过转阀中的油道返回油罐。如果作用在助力活塞上的压力差和驾驶员的机械推力之和超不过前轮转向阻力与内摩擦之和,则助力活塞保持静止,从而使动力转向泵的输出通道被堵死,并使其处于限压状态。

3. 动力转向器在汽车向左转向时的工作状态

图 7-24 示出汽车向左转向时动力转向器的工作状态,其分析过程与向右转向的类似。

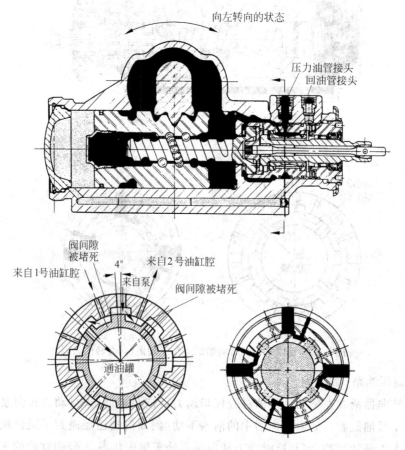

图 7-24　整体式动力转向器的工作原理图(向左转向状态)

7.6.2 对动力助力系统工作过程的基本理解

在图 7-23 和图 7-24 中所示的都是极端状态，即一侧油缸腔完全与动力转向泵出油口相通，另一侧油缸腔完全与油罐相通，系统中的油压很高（如 10MPa 或 14MPa），转向泵处于限压状态。这种状态一般出现在转向阻力较大的情况下，例如，当转向车轮已经处于其极限转角位置，并且已经碰上限位块而驾驶员还继续加大施加在转向盘上的转向力时。但是，对于大部分转向状态来说，施加在扭杆上的转矩比较小，扭杆的扭角不足以使阀芯相对于阀体转动到阀间隙都堵死的状态。如图 7-25 所示，来自泵的高压油流大部分进入 1 号油缸腔，另一部分则直接通过阀间隙返回回油管。阀间隙的大小决定了助力油缸两侧压力差的大小和助力的程度。上述阀间隙的变化与扭杆的扭角成正比，即与驾驶员施加的转向力成正比。驾驶员施加的转向力越大，扭杆的扭角就越大，阀间隙的变化就越大，在助力活塞两侧产生的压力差就越大，从而助力就越大。

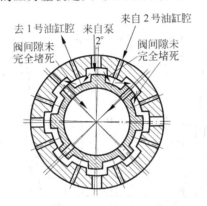

图 7-25　阀间隙未完全堵死的状态

当驾驶员释放转向盘（施加的转向力为零）时，在扭杆的作用下，阀芯在阀体内又恢复到中性位置，如图 7-22 所示，此时在助力活塞两侧的压力差为零。如果汽车在行驶中，则车轮上的回正力矩便会推动车轮、转向盘返回正常直行位置。如果扭杆过细、刚度过小，就有可能出现其弹性恢复力不足以克服转阀内部和转向管柱中的摩擦力矩，不能使转阀恢复到中性位置（见图 7-22）的情况。在这种情况下，在助力活塞的两侧还会残存一些压力差，阻止前轮自动回正。

7.6.3 转阀的特性曲线

转阀的功能特性可以用两种曲线来描述。

(1) 响应曲线，即压力差-转角（阀芯相对阀体的转角）曲线（见图 7-26）。这种曲线表明，为了在助力活塞两侧建立一定的助力压力差需要有多大的相对转角。决定转阀压力差-转角特性的主要因素是：①阀间隙随着阀芯相对于阀体转角的变化特性（见图 7-20、图 7-22～图 7-25）；②动力转向泵的流量。

(2) 压力差-转向力矩（阀力）曲线（见图 7-27）。该曲线表明，为了在助力活塞两侧建立一定的转向助力压力差需要施加多大的转向力矩。压力差-转向力矩（阀力）曲线由上述压力差-转角曲线、扭杆的扭转刚度、摩擦特性等共同决定。

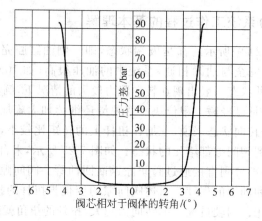

图 7-26 压力差-转角(阀芯相对阀体的转角)曲线

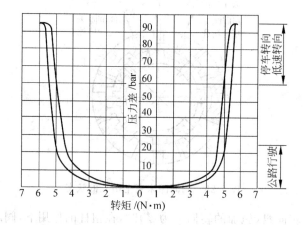

图 7-27 压力差-转向力矩曲线

7.7 齿轮齿条式动力转向器

图 7-28 示出一个中央输出式齿轮齿条式动力转向器。其中,助力油缸缸筒 5 通过螺纹安装在转向器壳体 4 的一端;助力活塞 10 安装在活塞杆 7 上,用螺母 11 固定;活塞杆的一端安装在齿条一端的圆柱孔中,用一个销钉固定;8 是活塞杆的支承,9 是活塞杆的油封;助力油缸的 1 号腔、2 号腔分别通过油管 2、3 与转阀 1 接通。

图 7-29 示出一个典型的用于齿轮齿条式动力转向器的转阀。其中,转阀壳体 1 通过注塑 3 固定在转向器壳体 2 上;4 既是输入短轴,又是阀芯,即在输入短轴外圆上制出用于助力控制的轴向槽;在阀体外圆上制有 3 道环槽,用 4 道密封环隔开;扭杆 5 的上端通过扭杆固定销钉 4A 固定在阀芯(输入短轴)的上端,扭杆 5 的下端通过花键固定在齿轮 7 上。这种转阀的工作原理与前述整体式转向器的相同,只是结构得到了简化。

7 转向系统设计

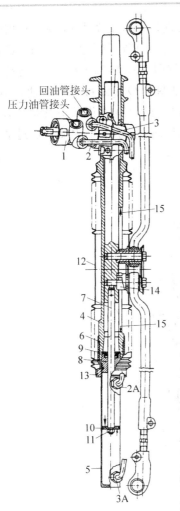

1—转阀壳体；2—助力油缸油管(通 1 号助力油缸腔)；2A—油管 2 的接头；3—助力油缸油管(通 2 号助力油缸腔)；3A—油管 3 的接头；4—转向器壳体；5—助力油缸缸筒；6—助力油缸缸筒固定螺母；7—助力活塞杆；8—活塞杆的支承；9—油封；10—助力活塞；11—活塞 10 的固定螺母；12—密封套；13—密封套 12 的衬套；14—导向器；15—齿条行程限位

图 7-28 一个中央输出式齿轮齿条式动力转向器

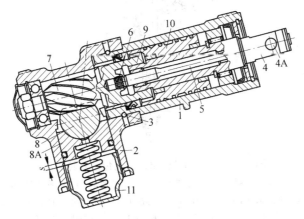

图 7-29 一个典型的用于齿轮齿条式动力转向器的转阀

1—转阀壳体；2—转向器壳体；3—注塑；4—输入短轴和阀芯；4A—扭杆固定销钉；5—扭杆；6—扭杆固定花键；7—齿轮；8—齿条；8A—齿条轴承；9—机械后备机构；10—转阀阀体；11—齿条轴承预紧力调节螺塞

图7-30示出一种两端输出式齿轮齿条式转向器。齿条壳体14一般是用铝合金制造的,钢制的助力油缸缸筒9安装在其一端;助力活塞6安装在齿条13上,其兼起活塞杆的作用;齿条的轴承有两处,一处是在齿轮处(见图7-29中的8A),另一处是在齿条的一端,即齿条轴承3A;助力油缸的油封包括齿条油封3、O形油封4、齿条油封10和O形油封11,用于防止外泄漏,而助力活塞环7用于防止内泄漏;在齿条中央制造有通气孔12,以连通齿条两端的密封护套1,使它们内部的气压达到平衡;助力油缸通过油管接头5、8与油管连接,再通过油管与转阀(见图7-29)相连。

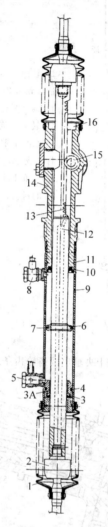

图7-30 一种两端输出式齿轮齿条式转向器

1—密封护套;2—球铰;3—齿条油封;3A—齿条轴承;4—O形油封;5—油管接头;6—助力活塞;7—活塞环;8—油管接头;9—助力油缸缸筒;10—齿条油封;11—O形油封;12—通气孔;13—齿条;14—齿条壳体;15—齿轮;16—齿条行程限位器

7.8 转阀特性曲线的计算

图 7-31 示出转阀的分析模型。当汽车的发动机运转时,动力转向泵向动力转向器输出流量 Q_T,其首先通过供油孔(中心油孔)E 进入在阀体内圆上制出的 4 条轴向油槽 F。然后,流量 Q_T 分成了两部分,即 Q_L 和 Q_R。

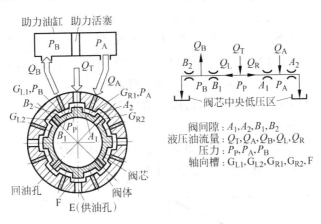

图 7-31 转阀的分析模型

(1) 流量 Q_L 流向左侧,通过阀间隙 B_1 进入在阀芯外圆上制出的 4 条轴向油槽 G_{L1}。这个流量又进一步分成两部分,其中 Q_B 进入动力转向油缸;(Q_L-Q_B) 通过阀间隙 B_2 进入在阀体内圆上制出的 4 条轴向油槽 G_{L2},然后通过在阀芯上制出的回油孔流入阀芯的中央,该处通过回油管与油罐相通,是低压区。

(2) 流量 Q_R 流向右侧,通过阀间隙 A_1 流入在阀芯外圆上制出的 4 条轴向油槽 G_{R1},与来自油缸的流量 Q_A 会合。流量 (Q_R+Q_A) 通过阀间隙 A_2 进入在阀体内圆上制出的 4 条油槽 G_{R2},然后通过在阀芯上制出的回油孔流入阀芯中央低压区。

当有转矩施加在转阀总成中的扭杆上时,阀芯相对于阀体转动一个角度,引起阀间隙 A_1、A_2、B_1、B_2 发生变化。根据液压原理中的薄壁小孔理论,有如下方程

$$Q_R = C_q \cdot A_1 \cdot \sqrt{\frac{2 \cdot (P_P - P_A)}{\rho}} \tag{7-19}$$

$$Q_A + Q_R = C_q \cdot A_2 \cdot \sqrt{\frac{2 \cdot P_A}{\rho}} \tag{7-20}$$

$$Q_L = C_q \cdot B_1 \cdot \sqrt{\frac{2 \cdot (P_P - P_B)}{\rho}} \tag{7-21}$$

$$Q_L - Q_B = C_q \cdot B_2 \cdot \sqrt{\frac{2 \cdot P_B}{\rho}} \tag{7-22}$$

$$Q_T = Q_L + Q_R \tag{7-23}$$

$$Q_A = Q_B \tag{7-24}$$

其中,假设在阀芯中央低压区的压力为零;忽略了内泄漏;P_P 为动力转向泵的输出压力;P_A、P_B 分别为在油槽 G_{R1}、G_{L1} 中的压力;C_q 为阀间隙的流量系数,$C_q=0.7$;ρ 为油的密度,$\rho=870 kg/m^3$。

在已知阀间隙 A_1、A_2、B_1、B_2 随着阀芯相对于阀体的转角而发生变化的特性、流量 Q_T、Q_A 时,就可以从式(7-19)至式(7-24)解出 P_P、P_A、P_B。图 7-32(a)示出一个转阀的阀间隙面积特性。助力活塞两侧的压力差 P_{cy} 为

$$P_{cy} = P_B - P_A \tag{7-25}$$

图 7-32(b)示出与图 7-32(a)对应的助力活塞两侧压力差 P_{cy} 的特性曲线。从图 7-32 中可以看出,流进、流出助力油缸的流量 Q_A、Q_B 对助力压力差有一定的影响。在扭杆扭角一定的情况下,助力压力差随着它们的增大而降低。而转动转向盘的速度越快,助力活塞的移动速度就越快,Q_A、Q_B 就越大,而助力活塞两侧的压力差就越低,助力就越小,驾驶员就会感到转向盘更沉。

图 7-33 示出实际测量的转阀特性和按照上述方法计算的转阀特性。从图 7-33 中可以看出,这两者相当接近。这表明了上述计算方法的合理性。

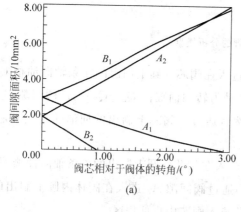

(a)

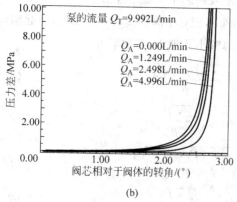

(b)

图 7-32 一个转阀的阀间隙面积特性和相应的助力压力差特性

(a) 阀间隙面积特性;(b) 阀压力差特性

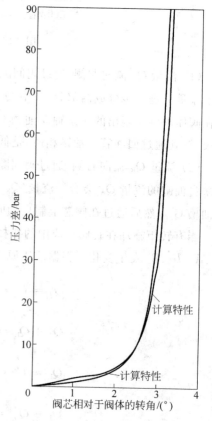

图 7-33 实际测量的转阀特性和计算的转阀特性

7.9 动力转向泵

在轿车等轻型汽车上,动力转向泵一般通过皮带轮由发动机驱动,如图7-2所示。在许多中、重型货车上动力转向泵由空气压缩机的曲轴驱动,动力转向泵与空气压缩机同轴,安装在其后方。动力转向泵的作用是把机械能转换成液压能,并且通过动力转向油管输送给动力转向器,如图7-2和图7-16所示。

7.9.1 对动力转向泵的要求

对动力转向泵的要求包括:①在发动机怠速时能够提供足够的液压油流量和压力,以满足停车转向的要求;②工作效率高,以减小能耗;③在转速一定时流量波动要小,以有利于降低噪声;④工作可靠,耐久性好;⑤工作温度在希望的范围之内;⑥带有限压阀,以限制系统中的最高油压(起安全作用);⑦带有流量控制阀,以限制动力转向泵向动力转向器输送的最大流量,从而降低泵的功率消耗,降低温度,减小振动和噪声,降低压力;⑧尺寸小、重量轻、成本较低。

目前,绝大部分动力转向泵是叶片泵。图7-34示出一个叶片式动力转向泵。图7-35示出该叶片泵的泵油原理,其中的主要泵油元件是转子、安装在转子10个径向槽中的10

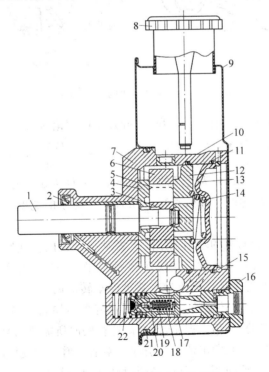

图 7-34 一种叶片式动力转向泵

1—泵轴;2—轴油封;3—转子;4—前配流盘;5—叶片;6—定子;7—泵壳体;8—油罐盖;9—油罐;10,11—油封;12—后配流盘;13—端盖;14—压紧弹簧;15—钢丝挡圈;16—出油联合接头;17—流量控制柱塞;18—限压弹簧;19—限压球阀导杆;20—限压球阀;21—油封;22—流量控制弹簧

个叶片、定子和配流盘。定子的内轮廓由 4 段圆弧和 4 段过渡曲线组成。当转子高速转动时,叶片在离心力的作用下压靠在定子的轮廓面上。在图 7-35 所示的状态中,只有两个相对的叶片分别进入了那一对大圆弧面,它们是仅有的工作叶片。定子、转子、配流盘和两个工作叶片把定子内的空间分成了两对高压区(与压力油管相通)和两对低压区(与动力转向油罐相通)。这样,在由工作叶片隔开的两个腔之间是不连通的。工作叶片在转子的驱动下转动时,压缩高压区的容积,使其中的压力升高,向压力油管泵油;同时它还增大低压区的容积,使其中的压力降低,把油从油罐吸出。所以,在工作叶片的左、右两个面之间存在压力差,动力转向泵的输入功率主要用来推动这两个工作叶片克服上述压力差向前转动,一小部分输入功率用来克服其他的阻力(主要是摩擦阻力)。实际上,在任意时刻,这种叶片泵都只有两个叶片工作,它们相对布置,分别进入一对大的圆弧面。而其他叶片两侧的腔都通过配流盘相通,在这些叶片的两个面之间都不存在压力差,因此这些叶片都是非工作叶片。

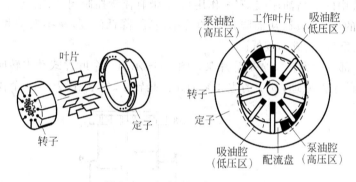

图 7-35 叶片泵的泵油原理图

叶片泵是一种容积泵。如图 7-35 所示,叶片泵的理论流量可按照下式进行计算

$$Q = 2 \cdot \left[\frac{\pi \cdot (D^2 - d^2)}{4} - m \cdot t \cdot \frac{(D - d)}{2} \right] \cdot B \cdot n \times 10^{-6} \quad (7\text{-}26)$$

其中,Q 为泵的流量,L/min;n 为转子的转速,r/min;D 为定子轮廓的大圆弧直径,mm;d 为转子直径(即定子轮廓的小圆弧直径),mm;B 为定子的宽度,mm;m 为叶片数;t 为叶片的厚度,mm。

图 7-36 示出动力转向泵的输出流量随着发动机转速的变化特性。如果叶片泵的流量不加以控制,其将随着发动机的转速线性增大,如图 7-36 中的实线所示。由于要求动力转向泵在急速时能够提供足够的流量来满足停车转向的要求,而在汽车高速行驶时发动机的转速可能超过其怠速转速的 10 倍,如果对流量不加以控制,转向泵的输出流量也可能会超过其怠速流量的 10 倍。但是,汽车高速行驶时所需要的泵流量一般不超过其怠速流量的 2~3 倍。过大的泵输出流量会引起功率消耗增大、油温过高、压力过高、零件过载、振动和噪声增大等严重问题。所以,必须对转向泵的输出流量加以控制。图 7-36 中的虚线代表在流量控制阀的作用下得到的实际泵输出流量特性曲线,即转向泵的输出流量增大到一定程度(一般不超过怠速流量的 2~3 倍)后就不再随着发动机的转速继续增大,而是基本上保持不变。这是动力转向系统所希望的转向泵的输出流量特性。

7 转向系统设计   189

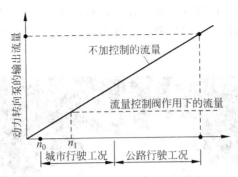

图 7-36 动力转向泵的输出流量随着发动机转速的变化特性
n_0—发动机怠速转速；n_1—流量控制起始发动机转速

图 7-37 示出一种典型动力转向泵的流量与限压阀控制油道。如图 7-34 和图 7-37 所示，该流量控制阀和限压阀总成由出油联合接头 16、流量控制柱塞 17、限压弹簧 18、限压球阀导杆 19、限压球阀 20 和流量控制弹簧 22 等组成。在泵壳体 7 上加工出一个高精度的流量控制阀孔，流量控制柱塞 17 安装在该孔中，在这个柱塞的后端安装有流量控制弹簧 22。在柱塞中的限压弹簧 18 具有较大的刚度和预紧力，只有当限压球阀 20 两侧的压力差达到限压设定值（如 10MPa）时，球阀才能被打开。出油联合接头 16 通过螺纹安装在泵壳体 7 上，在其中央有通油孔。该孔一方面用于连接压力油管，向转向器供油；另一方面用于进行流量控制和限压控制。在出油联合接头中央的通油孔的截面面积是变化的，在其截面面积最小的喉部钻出一个径向通孔，其中最细的部分是限压控制量孔。在泵

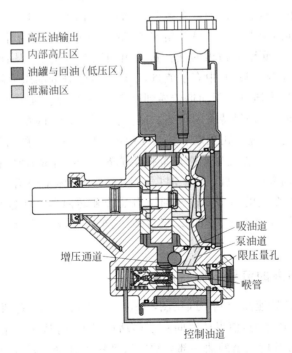

图 7-37 一种典型动力转向泵的流量与限压控制油道（低速工作模式）

体中设有控制油道,其把上述限压控制量孔与流量控制柱塞17左端连通。图7-38示出在泵体上制造控制油道的方法,即分别钻出3个相通的孔,然后利用两个钢球进行密封,从而形成上述控制油道。

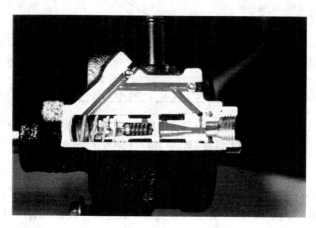

图7-38 在泵体上制造控制油道的方法(交会钻孔,利用两个钢球进行密封)

7.9.2 动力转向泵的低速工作模式

如图7-34和图7-37所示,当动力转向泵的转速为零时,在出油联合接头16中的流速也为零,所以在其喉管处的压力与柱塞17右侧的压力相同。这个压力通过控制油道被传递到柱塞17的左侧。因此,在柱塞17的左、右两侧的压力差为零。柱塞17在流量控制弹簧22的作用下被压靠在出油联合接头16的左端面上(见图7-37)。

当启动发动机时,动力转向泵就开始转动,液压油就被旋转的叶片泵出,通过泵油道和在出油联合接头16侧壁上钻出的油孔进入出油联合接头16,从而有流量输出到压力油管。由于在出油联合接头16中有了流量,所以在其喉管处的压力就低于柱塞右侧的压力。而喉管处的低压力通过控制油道传递到柱塞17的左侧。在限压球阀20两侧的压力差不足以使其打开时,其仍保持关闭状态。这样就在柱塞17的左、右两侧产生了压力差。动力转向泵的转速越高,通过出油联合接头16向压力油管输出的流量就越大,上述的压力差就越大。当这个压力差足以克服流量控制弹簧22的预紧力时,柱塞17就开始向左方移动。当动力转向泵的转速低于n_1时(见图7-36),泵体中的增压通道保持关闭状态(见图7-37),叶片所泵出的油全部输送到压力油管和转向器。在这种状态时,动力转向泵的输出流量与其转速成正比。当发动机怠速、汽车低速行驶时,动力转向泵处于这种工作状态。

7.9.3 动力转向泵的流量控制状态

当动力转向泵的转速高于n_1时(见图7-36),在柱塞17左、右两侧所产生的压力差足以克服弹簧22的压紧力,使得柱塞向左方移动得足够远,从而使泵体中的增压通道被打开(见图7-39),叶片所泵出的油一部分被输送到压力油管和转向器;另外一部分以高速射入增压通道,由于增压通道的设计保证了其沿着与吸油道(见图7-39)相切的方向射入,增压通道起到射流泵的作用,帮助转向泵把油从油罐中吸出,同时还使泵的低压油腔中的压力有所升高(见图7-39)。这些都有利于转向泵的高速工作。在这种状态时,动力转向泵输出到压力油管和转向器的流量基本上保持不变(见图7-36);而在限压球阀20两侧的压力差不足以使其打开时,其仍保持关闭状态。当汽车以中、高速行驶时,动力转向泵处于这种工作状态。

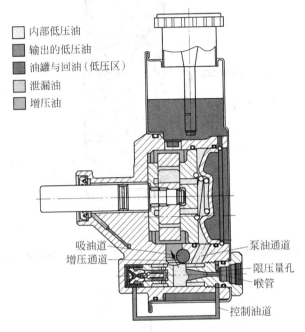

图 7-39 动力转向泵的流量控制状态

7.9.4 动力转向泵的限压状态

当前轮转到极限转角位置而碰到限位块时,动力转向器中的活塞停止运动,即使驾驶员还继续加大施加到转向盘上的力矩,也不能推动转向器活塞,只会使转向器中的转阀间隙被完全堵死。这时,动力转向泵没有流量输出,泵中的压力急剧上升,如图7-23所示。

如图7-34和图7-40所示,由于在出油联合接头16中没有流量,压力处处相等。喉管处的高压被通过控制油道传递到柱塞17的左侧。这时,在限压球阀20的两侧会产生一个足够大的压力差,克服限压弹簧18的压力使限压球阀打开。限压球阀一打开,控制油道中就有了流量,在限压量孔的两侧便产生了比较大的压力差,其中的低压被传递到柱塞17的左侧,而其右侧的压力大致与限压量孔上游(即喉管中)的压力相等,所以在柱塞17的左、右两侧之间就产生了一个足够大的压力差,克服流量控制弹簧22的压力使柱塞17向左移动足够远,使增压通道被打开,如图7-41所示。叶片所泵出的油全部以高速射入增压通道,使泵内的压力迅速降低。这个降低了的压力被通过控制油道传递到柱塞17的左侧,使限压球阀20两侧之间的压力差降低。在限压弹簧18的作用下限压球阀20被重

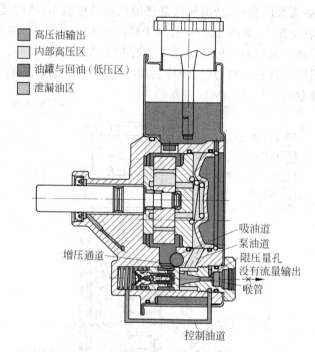

图 7-40 动力转向泵的限压状态之一（泵的输出通道被堵死，其中的压力急剧上升）

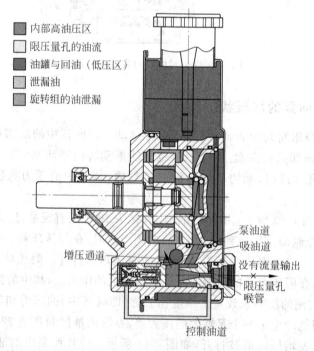

图 7-41 动力转向泵的限压状态之二（柱塞中的限压阀被打开，造成柱塞两侧的压力差，柱塞被此压力差推向左侧，使增压通道被打开，从而使泵内的压力迅速降低）

新关闭,在控制油道中的流量变为零,使得柱塞17左、右两侧的压力相等。在流量控制弹簧22的作用下,柱塞17又向右移动,关闭增压通道,使泵内的压力又迅速上升,又开始下一个限压循环。

所以,在动力转向泵处于限压状态时,柱塞17始终处于左、右快速振动状态,增压通道被不断地快速打开和关闭,以此来限制整个转向系统中的最大油压(泵内、压力油管、转向器中的压力基本上相等)。但是,由于油压较高(对于轿车,一般约为10MPa;对重型货车,最高的约为17MPa),叶片所泵出的油都在泵内循环,造成油温会迅速上升,所以动力转向泵的限压状态一般仅允许持续几秒钟,否则泵就会由于过热而损坏。动力转向泵的最高允许工作温度一般不超过135℃。

在动力转向泵处于限压状态时,一般都会发出比较特殊的振动和噪声,这时应该马上减小施加在转向盘上的力矩,直至这种振动和噪声消失。

7.9.5 动力转向泵的特性曲线

图7-42示出一个动力转向泵在输出压力为4.8265MPa时的输出流量与泵转速之间的特性曲线。压力4.8265MPa大致相当于某些汽车在良好路面上进行停车转向所需要的压力。从图7-42中可以看出,在喉管直径不同时,开始进行流量控制的转速不同,最大输出流量也不同。随着喉管直径的增大,开始进行流量控制的转速升高,最大输出流量增大。

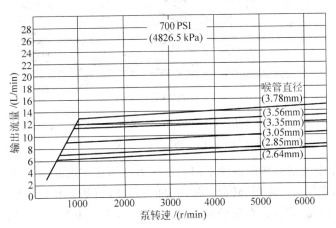

图7-42 一个动力转向泵在输出压力为4.8265MPa时的输出
流量与泵转速之间的特性曲线(1PSI=1lbf/in^2)

图7-43示出上述动力转向泵在输出压力为0.34475MPa时的输出流量与泵转速之间的特性曲线。压力0.34475MPa大致相当于汽车在公路上直线行驶(驾驶员对转向盘施加的转矩为零或接近为零)时的压力。从图7-43中可以看出,在喉管直径不同时,开始进行流量控制的转速不同,最大输出流量也不同。随着喉管直径的增大,开始进行流量控制的转速升高,最大输出流量增大。

图7-44示出上述动力转向泵在不同输出压力时所需要的输入功率与泵转速之间的特性曲线。在输出压力一定时,转向泵所需要的输入功率随着转速线性增大。转向泵的输出压力越大,其所需要的输入功率随着转速增大的斜率越大。

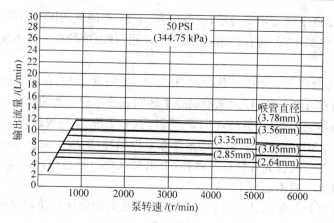

图 7-43　一种动力转向泵在输出压力为 0.34475MPa 时的输出流量与泵转速之间的特性曲线

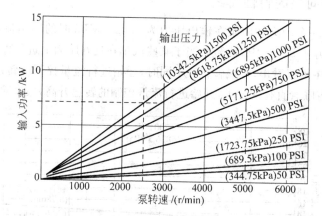

图 7-44　一种动力转向泵在不同输出压力时所需要的输入功率与泵转速之间的特性曲线

图 7-45 示出上述动力转向泵在不同输出压力时所需要的输入转矩与泵转速之间的特性曲线。在输出压力一定时，转向泵所需要的输入转矩基本上不随着转速发生变化，基本上是个常数。但是，当转向泵的输出压力不同时，这个转矩常数也不同。

图 7-45　一种动力转向泵在不同输出压力时所需要的输入转矩与泵转速之间的特性曲线

7.9.6 动力转向泵的安装

动力转向泵应该刚性地安装在发动机上,如果采用安装支架,其刚度应该尽可能的大。转向泵的安装高度一般应该高于动力转向器。发动机向各个方向转动和振动不应该引起皮带轮的前后振动,因为如果这样会在动力转向泵的驱动轴上引起轴向力。

7.10 动力转向油罐

7.10.1 动力转向油罐的功能

(1) 用于向动力转向系统添加液压油;
(2) 用于检查动力转向系统液压油的液面高度;
(3) 为动力转向系统液压油的热膨胀提供空间(油温范围为 $-40 \sim 149℃$);
(4) 当动力转向系统的油管膨胀时(如动力转向泵限压时)提供补偿液压油;
(5) 用于除去动力转向系统中的空气。

7.10.2 动力转向油罐的类型

(1) 整体式油罐

直接安装在动力转向泵上的油罐称为整体式油罐,如图 7-34 所示。整体式油罐的制造成本、维修成本都比较低。在有安装空间的情况下应尽可能采用整体式油罐。

(2) 远距离油罐

不直接安装在动力转向泵上的油罐称为远距离油罐,如图 7-2 所示。这种油罐主要用在安装空间紧张的场合。在布置中,这种油罐离开泵的距离应该尽可能的短,建议不超过 450mm。采用远距离油罐的转向系统的冷起动性能不如采用整体式油箱的转向系统,由于有更多的潜在泄漏点,成本较高,当发动机上的垂直加速度超过 25g 时,这种油罐不能装在发动机上。

7.10.3 动力转向油罐的设计指南

(1) 油罐应该具有足够的容积,一般要求不小于 600cm³(见图 7-46)。

(2) 油罐中空气体积与液压油体积的比率为 1:2~1:2.5(如在总容积为 600cm³ 的油罐中,空气体积为 200cm³,油的体积为 400cm³)。

(3) 油罐应该带有加油颈和回油管接头;安装油罐盖,其功能包括:密封,即液压油封闭在油箱之内;提供油面高度指示;通大气,即允许空气进入、排出油罐,保持油罐中的气压适当,有利于冷却。

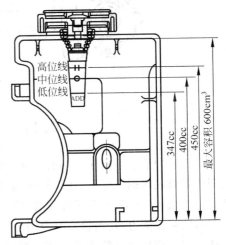

图 7-46 动力转向油罐的示意图

(4)回油管接头能够使油顺畅地从转向器流向油箱,并且不引起涡流(它会把掺入空气的油吸入转向泵的进油口),为此回油管接头一般布置在油箱底部(在油面以下至少50mm),以免回油打破油面,引起空气吸入;油罐的吸油口也必须总是位于油面以下(至少50mm),并且使由回油引起的涡流不集中在进油口。

(5)在油罐中适当设置阻隔板,以控制流动,减小油中的空气含量,防止引起油的泡沫化。

(6)在任何情况下(如急转向、爬陡坡时),与吸油管相连的吸油口都必须在油面以下。

(7)能为动力转向泵顺畅的供油,防止由回油引起的气泡进入吸油管。

(8)设置磁铁槽,把磁铁安放在涡流最小的位置,并适当固定,以收集外来的铁和钢粒子。

(9)油罐中的工作油面应该高于动力转向泵,在整体式油罐中的油面至少应该比转向泵的进油口高30mm。

(10)外部颜色一般采用黑色。

(11)油罐的材料应该能够满足使用温度的要求,一般的工作温度范围为-40~+150℃。

对于远距离油罐还有如下设计要求:吸油管的直径至少为15.88mm,以保证把油顺畅地从远距离油罐输送到动力转向泵的吸油口;从油罐到动力转向泵的距离一般不超过450mm,油罐中的油面至少比转向泵的进油口高75mm,如图7-47所示;远距离油罐的设计标准要求其最小容积是转向泵每分钟流量的两倍,但是动力转向油罐的容积一般都不能达到这个标准,所以加隔板减弱涡流是很重要的。

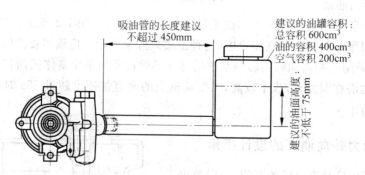

图7-47 推荐的远距离油箱的布置

7.11 动力转向油管

动力转向油管包括压力油管和回油管,如图7-2、图7-16、图7-48和图7-49所示。在采用远距离油罐的情况下,还包括吸油管,如图7-2和图7-47所示。可以看出,动力转向油管都是由硬管(钢管)和柔性油管(橡胶油管)组成的。为了保证压力油管和回油管具有足够的抗腐蚀能力,在钢管上有专门的覆盖层。为了加强散热、降低油温,在一些回油管上还安装了散热片型散热器或管型散热器,如图7-49所示。图7-50示出一种散热片型散热器的外形。

7 转向系统设计　　197

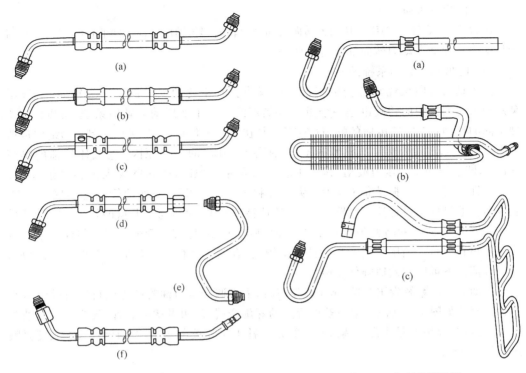

图 7-48　典型的压力油管
(a) 普通压力油管；(b) 高膨胀压力油管；
(c) 侧面有孔的压力油管；(d) 具有有孔端体的压力油管；
(e) 连接油管；(f) 具有快速连接器的压力油管

图 7-49　典型的回油管
(a) 回油管；(b) 在回油管上安装的散热片型冷却器；
(c) 安装在回油管上的管型冷却器

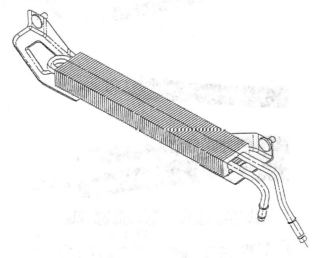

图 7-50　一种散热片型散热器的外形

7.11.1　动力转向油管的功能

动力转向油管具有如下主要功能。

(1) 传输液压油

压力油管(见图 7-48)用于从动力转向泵向动力转向器传输压力油。回油管(见图 7-49)用于从动力转向器向动力转向油罐传输回油。

(2) 降低动力转向系统的噪声

液压动力转向系统常常会引起严重的噪声。其主要的噪声源是动力转向泵(液压泵),动力转向器中的转阀也是一个重要的噪声源。对于液压动力转向系统,可以定义 3 种不同的噪声:①空气传播的噪声(ABN),其在空气中传播,人耳可以听到;②结构传播的噪声(SBN),即系统组件的机械振动,其往往是 ABN 的直接原因;③液体传播的噪声(FBN),即液压油中的压力波动,其往往是 SBN 的主要原因,而 SBN 常常又会引起 ABN。

柔性油管对于隔振是很有效的,从而有利于减小 SBN。柔性油管也是很好的 FBN 衰减器。通过仔细设计液压管路(如适当地选择其长度)可以避免共振的发生,使 FBN 最小化。图 7-48 所示的高膨胀压力油管的径向刚度较小(橡胶油管中的帘线与油管中心线成一斜角布置),在油压作用下其直径变化较大,有利于降低系统的固有频率,增大阻尼,在一些情况下可以有效地降低噪声。

当动力转向系统发出呻吟(moan)噪声时,采用调谐压力油管的方法可以有效地减小这种噪声。如图 7-51 所示,把一条可弯曲的螺旋金属管(叫做调谐器管)放置在橡胶油管总成之内,构成调谐器油管。调谐器油管是一种 1/4 波长衰减器,即调谐器管的长度是噪声波长的 1/4。

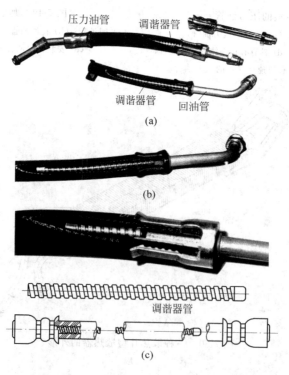

图 7-51 在压力油管和回油管中的调谐器管
(a) 各种调谐器油管;(b) 调谐器回油管;(c) 调谐器压力油管

颤抖(shudder)噪声是一种在发动机低转速下进行转向时所发生的振动和噪声。在一些情况下，可以通过在动力转向系统的回油管中加装调谐器管来消除它，如图 7-51 所示。从图 7-51(a)中可以看出，回油管中的调谐器管较长，而压力油管中的调谐器管较短，这意味着回油管中的颤抖(shudder)噪声具有比较大的波长，即比较低的频率。

仅当绝对必要时才采用调谐器油管，因为其成本较高。

(3) 降低液压油温度

动力转向油管中的钢管部分散热性能较好。在出现油温过高的情况下，需要加强散热，一般可以在回油管上安装散热片型散热器或管型散热器，如图 7-49 和图 7-50 所示。

轿车的动力转向油管的连续工作状态一般如下：对于压力油管，在温度 135℃ 时允许的压力为 11.03MPa；对于回油管，在温度 135℃ 时允许的压力为 0.68MPa；对于远距离油罐的吸油管，在温度 135℃ 时允许的压力为 0.136MPa。如果温度超过了上述推荐的水平，需要考虑采用管型冷却器或散热片型冷却器，如图 7-49 和图 7-50 所示。

7.11.2 动力转向油管在车辆上的安装

为了在发动机罩下适当布置油管，必须考虑如下因素：①发动机相对车架的运动情况；②悬架的运动情况；③转向杆系的运动情况；④与发动机热零件的接近程度；⑤是否暴露于从路面溅起的泥、水等之中；⑥由于调整皮带引起的零部件位置改变。

为了保证动力转向油管能够正常工作，在其布置中应该保证其与相邻的零部件之间具有需要的间隙，如表 7-1 所示。

表 7-1 动力转向油管与相邻零部件之间的最小间隙要求

间隙的位置	间隙/mm
钢管与热零件(如排气歧管)之间	15
橡胶油管与热零件之间	60
钢管与运动零件之间	25
橡胶油管与运动零件之间	30
钢管与固定零件之间	10
橡胶油管与固定零件之间	30

发动机对外输出转矩时会发生侧倾。应该这样布置动力转向油管，即当发动机侧倾时橡胶油管仅发生弯曲，而不发生扭转和拉伸。图 7-52 示出布置动力转向油管的一些情况。为此，油管的最小长度一般不短于 300mm，橡胶油管的最小半径应该不小于 60mm。

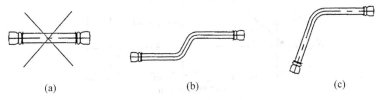

(a)   (b)   (c)

图 7-52 一些动力转向油管布置的例子

(a) 不可接受；(b) 可以接受；(c) 最好

7.12 转向器角传动比的变化规律

转向系统的基本功能之一就是减小驾驶员操纵转向盘的转向力。汽车的转向力一般是随着转向盘离开直线行驶位置的角度增大而增大的,这实际上是因为前轮对主销轴线的转向阻力矩随着其转角的增大而增大。在汽车行驶时,造成这个转向阻力矩的因素主要包括:①轮胎侧偏角引起的侧向力对主销轴线的回正力矩,这个回正力矩的力臂包括轮胎拖距和主销后倾角引起的机械拖距,在前轮转角较小时这个转向阻力矩是主要的;②由主销内倾角引起的汽车前部升起而造成的转向阻力矩,在前轮转角较大时,其是主要的转向阻力矩。

在采用机械转向系统的情况下,如果其转向角传动比是恒定的,则转向力将随着前轮转角的增大而增大。为了减小前轮大转角时的转向力,可以采用变速比转向器。图7-53示出一个机械变速比循环球式转向器。从图7-53中可以看出,其在直线行驶位置及其附近,即转向摇臂轴的转角在0°~3°时,该转向器的角传动比为24;转向摇臂轴的转角在从3°~26°的范围内,该转向器的角传动比从24逐渐增大到28,几乎是线性增大的;当转向摇臂轴的转角超过26°以后,转向器的角传动比保持28不变。在采用机械转向系统的情况下,主要是解决转向操纵的轻便性问题。由于转向阻力矩一般随车轮转角的增大而增大,所以转向器的角传动比曲线也是这样变化的。

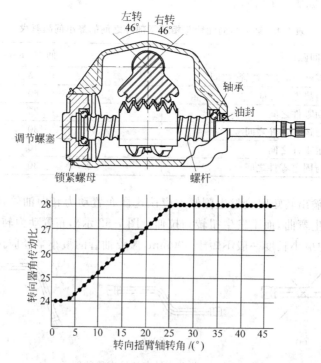

图7-53 一个机械变速比循环球式转向器及其角传动比的特性曲线

循环球齿条齿扇式转向器的角传动比可以由式(7-4)计算,即

$$i_{\omega 0} = \frac{\Delta \varphi_h}{\Delta \beta_p} = \frac{2 \cdot \pi \cdot r}{t}$$

其中,t 为螺杆螺距;r 为齿扇的啮合半径。在变速比设计中,一般螺杆螺距 t 是恒定的,可以通过改变齿扇的节圆半径 r 来实现变速比。从图 7-53 中可以看出,当齿条位于直线行驶位置(即转向摇臂轴的转角为零)时,齿条距离齿扇中心最近,即齿扇半径最小,这时转向器的角传动比最小;而随着齿条向两侧移动,齿条离齿扇中心逐渐变远,齿扇半径逐渐增大,转向器的角传动比也逐渐增大。

在采用机械转向系统的情况下,增大转向器的角传动比,可以减轻驾驶员转动转向盘的力(转向力),使操纵轻便。但是,这却会降低驾驶员操纵转向盘的从容性,即为了获得一定的前轮转角,驾驶员需要转动转向盘的角度增大,要求其进行快速操作。所以,转向操纵的轻便性和从容性是有矛盾的。为了解决这对矛盾,采用了动力转向系统。

在采用动力转向系统的情况下,驾驶员操纵转向盘的力主要用来扭转扭杆,使阀芯相对于阀体转动一个角度,从而在助力活塞上产生助力压力差,基本上靠这个压力差引起的液压助力来克服前轮的转向阻力矩。因此,驾驶员在操纵转向盘时基本上不存在转向沉重的问题,转向系统角传动比的选择主要是考虑控制前轮转向角及其转动速度、转向感觉的问题。转向系统在直线行驶位置的角传动比是由汽车高速行驶的操纵稳定性决定的,从转向从容性的角度来看,这种角传动比一般还嫌过大。为了进一步改善转向从容性,要求汽车在低速行驶、前轮大转角转向时系统的角传动比进一步减小,以减少驾驶员需要转动转向盘的圈数。这与变速比机械转向系统所要求的角传动比变化规律正好相反。

图 7-54 示出一个变速比整体式动力转向器。其中,转向摇臂轴的转角在 5°以下时,转向器的角传动比为 15,这是由汽车的高速操纵稳定性决定的;从 5°到约 32°,转向器的角传动比逐渐减小,最后减小到 13;在转向摇臂轴的转角超过 32°时,转向器的角传动比保持 13 不变。这种转向器角传动比的变化特性可以兼顾高速操纵稳定性和低速转向从容性。

图 7-55 示出循环球齿条齿扇式转向器实现变速比的原理。图 7-55(b)示出与汽车直线行驶对应的转向器状态,其中齿扇的节圆半径 $r=38.1$mm;螺杆螺距 $t=14.9606$mm,是个常数。转向摇臂轴转角为零时的转向器角传动比为

$$i_{\omega 0} = \frac{2 \cdot \pi \cdot r}{t} = \frac{2 \times 3.14 \times 38.1}{14.9606} = 15.99$$

图 7-55(a)示出与汽车前轮大转角、低速行驶对应的转向器状态,其中齿扇的节圆半径 $r=27.3812$mm,这时转向器的角传动比为

$$i_{\omega 0} = \frac{2 \cdot \pi \cdot r}{t} = \frac{2 \times 3.14 \times 27.3812}{14.9606} = 11.49$$

应该指出,在一些重型货车的动力转向器中也采用了与图 7-53 所示相类似的角传动比变化特性,即中间传动比小,两端传动比大,其主要目的也是减小汽车在重载时的转向力。

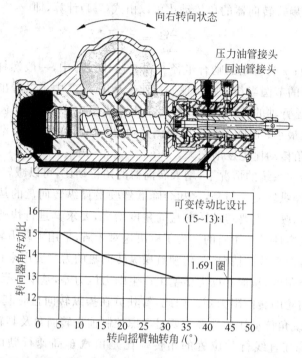

图 7-54 一种变速比整体式动力转向器及其角传动比的变化特性

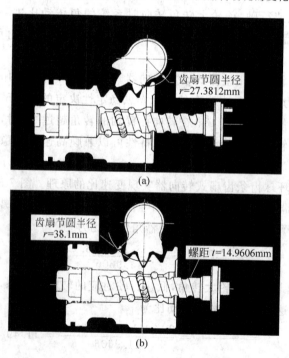

图 7-55 变速比原理——齿扇节圆半径随齿轮转角发生变化
(a) 最小角传动比状态；(b) 最大角传动比状态

7.13 转向梯形设计

在图 7-1 所示的转向系统中,转向梯形机构由左、右梯形臂 10、12 和转向横拉杆 11 组成,用来保证在汽车转弯行驶时,所有的车轮都尽可能绕一个瞬时转向中心、在不同的圆周上作无滑动的纯滚动。只有进行适当设计,转向梯形机构才能最大限度地完成这个任务。

汽车的转向梯形有整体式和断开式两种。图 7-1 所示的转向梯形是整体式的,其特点是有一根完整的转向横拉杆 11。图 7-5、图 7-6、图 7-8、图 7-14 和图 7-21 所示的都是断开式转向梯形,其特点是转向横拉杆由多段杆件组成。在采用独立前悬架的汽车上一般都采用断开式转向梯形。

转向梯形机构一般布置在前轴之后,因为这样布置其会受到前轴的保护,比较安全。但是,当发动机位置很低或前轴驱动时,由于在前轴之后没有安装转向梯形的空间,也有把转向梯形机构置于前轴之前的。

7.13.1 两轴汽车转向时理想的内、外前轮转角关系

图 7-56 示出一辆正在转向行驶的两轴汽车(俯视图)。其中,L 为轴距,B、A 分别为左、右主销中心线的延长线与地面的交点;K 为 A、B 两点之间的距离。这辆汽车正在向右转向行驶,假定汽车转向时速度很慢,其侧向加速度很小,车轮的侧偏角可以忽略。在转向过程中,为了使各个车轮都处于纯滚动状态而无滑动发生,则要求全部车轮都绕一个瞬时转向中心作圆周运动。对两个后轮来说,它们的运动方向应该与它们到转向中心的连线垂直,即转向中心在后轴轴线的延长线上。同样,内前轮的运动方向也与它到转向中心的连线垂直,这样就可以确定上述 3 个车轮的转向中心 O。如果外前轮的滚动轴线的延长线也与 O 相交,则各个车轮都绕同一个瞬时转向中心 O 作圆周运动,各个车轮均处于纯滚动状态。这时有如下关系

$$L \cdot \cot\theta_o - L \cdot \cot\theta_i = K \tag{7-27}$$

$$\cot\theta_o - \cot\theta_i = \frac{K}{L} \tag{7-28}$$

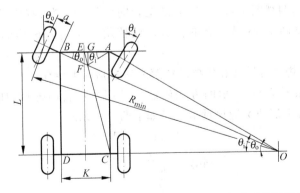

图 7-56 两轴汽车转向时理想的内、外前轮转角关系分析模型

其中，θ_o为外前轮转角；θ_i为内前轮转角。式(7-28)称为理想的内、外前轮转角关系，也称为阿克曼(Ackerman)转向几何关系。汽车转向时若能满足上述条件，则车轮作纯滚动运动。但是，这是有条件的，即在轮胎的侧偏角可以忽略的情况下。现有汽车的转向梯形机构尚不能在整个转向范围内使上述条件得到满足。

如图 7-56 所示，BD 和 AC 是两条平行于汽车纵轴线的直线，分别与后轴相交于 D、C 点。E 点是纵轴线与 AB 的交点，连接 E、C 点得到 EC 线。在 EC 线上任取一点 F，它与 A、B 两点连线所组成的 $\angle FBE$ 和 $\angle FAE$，就是符合式(7-28)的理想内、外前轮转角。下面对其进行证明。

过 F 作 AB 的垂线，G 是垂足。设 $\angle FBE = \theta_o$（外轮转角），$\angle FAE = \theta_i$（内轮转角），则

$$\cot\theta_o = \frac{BG}{FG} = \frac{BE + EG}{FG} \tag{7-29}$$

$$\cot\theta_i = \frac{AG}{FG} = \frac{AE - EG}{FG} = \frac{BE - EG}{FG} \tag{7-30}$$

$$\cot\theta_o - \cot\theta_i = \frac{2 \cdot EG}{FG} \tag{7-31}$$

由于 $\triangle EGF \sim \triangle EAC$，所以

$$\cot\theta_o - \cot\theta_i = \frac{2 \cdot EG}{FG} = \frac{2 \cdot \frac{K}{2}}{L} = \frac{K}{L} \tag{7-32}$$

因此，直线 EC 就是保证内、外前轮转角正确关系的理想特性线。根据这条线，就可以比较方便地用图解法来校核转向梯形的设计质量。

7.13.2 整体式转向梯形机构的设计和校核

图 7-57 示出确定校核用当量转向梯形的方法。在图 7-57 中的侧视图上，E 点是转向横拉杆与梯形臂的球铰中心。过 E 点作主销轴线的垂线，V 是垂足。E 点到 V 点的水平距离为 a。过 V 点作平行于地面的直线，并且延长到图 7-57 中的后视图上。

在图 7-57 中的后视图中，上述过 V 点的水平线与左、右侧主销轴线分别相交于 V_L、V_R。V_L 与 B，V_R 与 A 之间的水平距离都是 b。其中，B、A 分别是主销轴线的延长线与地面的交点。

在图 7-57 中的俯视图中，E_L、E_R 分别是转向横拉杆与左、右梯形臂的球铰中心，根据尺寸 a、b 就可以确定 V_L、V_R 点的位置。校核用当量转向梯形的顶点就是 E_L、E_R、V_L、V_R。

对转向梯形机构进行设计和校核的图解方法包括如下步骤。

(1) 首先，按照图 7-57 所示的方法确定校核用当量转向梯形，如图 7-58 所示。其中，a 和当量转向梯形底角 γ 应该近似满足如下两个关系式

$$a = (0.11 \sim 0.15)K \tag{7-33}$$

$$\tan\gamma = \frac{L}{\frac{K}{2} - b} \tag{7-34}$$

(2) 画出在中间位置时的当量转向梯形，如图 7-58(b) 所示，再给出一系列内轮转角

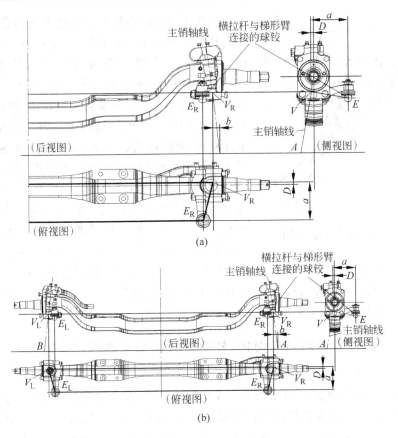

图 7-57 确定校核用当量转向梯形的方法
(a) 一半前桥；(b) 完整的前桥

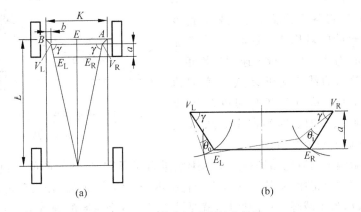

图 7-58 校核用当量转向梯形

θ_i，利用校核用当量转向梯形通过作图求得对应的外轮转角 θ_o。

(3) 再分别以 A 和 B（主销轴线与地面的交点）为原点，把 θ_i 和 θ_o 画在图上（见图 7-59），得到一对射线。每对射线有一个交点，把这些交点连接起来，就得到在选定的梯形底角 γ 下的实际特性曲线。

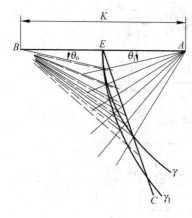

图 7-59 转向梯形与实际特性曲线

如果上述实际特性曲线不能令人满意,那么可以再选择一个底角 γ_1,用同样的方法可以得到另一条实际特性曲线。在图 7-59 中画出了两条实际特性曲线,其对应的当量梯形底角分别是 γ 和 γ_1。EC 是理想特性曲线。若给出一系列梯形底角,便得到一系列的实际特性曲线。可以从其中选取一条比较理想的实际特性曲线,以其底角作为最后选定的梯形底角 γ。考虑到轮胎的侧偏角,应该使实际内、外前轮转角的差值比利用式(7-28)计算的小些。通常要求在内轮转到最大转角时使实际特性曲线与理想特性曲线 EC 相交,这一般要求横拉杆的两个球铰中心距比较大。由于转向节及安装在其上的零部件(制动底板等)的结构限制,横拉杆球铰中心距往往不足以保证满足这个要求,使得在内轮达到最大转角以前,实际特性曲线就已经与理想特性曲线 EC 相交(见图 7-59)。因此在设计中,应该尽可能地增大横拉杆的球铰中心距。

7.13.3 轮胎侧偏角对转向时内、外前轮转角之间理想关系的影响

应该指出,式(7-28)所描述的理想特性(阿克曼转向几何关系)比较适用于低速转向行驶的场合,例如车速在 5km/h 以下。在这种情况下,汽车的侧向加速度很小,轮胎提供的侧向力也很小,从而使轮胎的侧偏角很小,可以忽略不计。但是,当汽车在以中、高速行驶中进行转向时,其侧向加速度可能会比较大,轮胎会产生较大的侧向力和侧偏角,这时它们对阿克曼转向几何关系有影响。如图 7-60 所示,在汽车转向行驶时,各个轮胎都产生了侧偏角,使得各个轮胎中心的瞬时速度方向都偏离了轮胎的对称线。这时,各个轮胎的瞬时运动中心仍然在与其行驶速度矢量相垂直的直线上。这些直线相交于 B 点,它就是汽车的瞬时转动中心。从图 7-60 中可以看出,上述轮胎侧偏角使汽车的瞬时转向中心从 A 变到了 B,即向前移了一个距离。

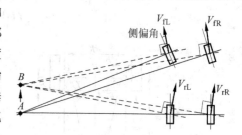

图 7-60 轮胎侧偏角对汽车瞬时转向中心位置的影响

有人对轮胎侧偏角对轮胎磨损速率的影响进行了研究,发现轮胎的磨损速率与侧偏角的平方至 4 次方成正比,具体方次取决于轮胎本身的结构、地面情况、车轮定位参数、使用情况等。所以,为了减轻轮胎的磨损,就要设法减小各个轮胎的侧偏角。而使各个轮胎的侧偏角相等,就可以避免大侧偏角的产生,使各个轮胎的磨损都比较小。因此,在存在侧偏角的情况下,理想的内、外前轮转角(转向前、后车轮对称线之间的夹角)应该保证它们具有相同的侧偏角。米其林美国研发公司应用汽车操纵性模拟软件对这个问题进行了研究,它们得出的结论是:在阿克曼校正率为 73%~93% 时,内、外前轮的侧偏角趋于一致,轮胎的磨损最小。其中,阿克曼校正率 R_A 的定义式为

$$R_A = \frac{\theta_{ia} - \theta_o}{\theta_i - \theta_o} \qquad (7-35)$$

其中，θ_o 为外前轮转角；θ_i 为根据 θ_o 利用阿克曼转向几何关系式(7-28)计算得到的内前轮转角；θ_{ia} 为外前轮转角为 θ_o 时汽车的实际内前轮转角。

作者根据这种原理对保证内、外前轮侧偏角相等的理想内、外前轮转角关系进行了模拟研究，其中利用三自由度汽车操纵性模型根据前轮转角的输入来计算轮胎的侧偏角。图 7-61 示出一些研究结果，即保证内、外前轮侧偏角相等的理想内、外前轮转角关系曲线。在图 7-61 中也示出了对应的不考虑侧偏角(实际上侧偏角为零)的阿克曼转向几何关系曲线，即式(7-28)描述的内、外前轮转角关系曲线。从图 7-61 中可以看出，在车速为 5km/h 时，保证内、外前轮侧偏角相等所要求的内、外侧车轮转角差与阿克曼转向几何关系基本上相同，这是因为在这样低的车速转向行驶时侧向加速度很小，轮胎基本上没有侧偏角；汽车行驶速度越高，前轮转角越小，保证内、外前轮侧偏角相等所要求的内、外前轮的转角差就越小，当达到 80km/h 的车速时，基本上要求内、外前轮的转角相等，即基本上是平行转向；而车速达到 100km/h 时，甚至要求内前轮的转角小于外前轮的转角。

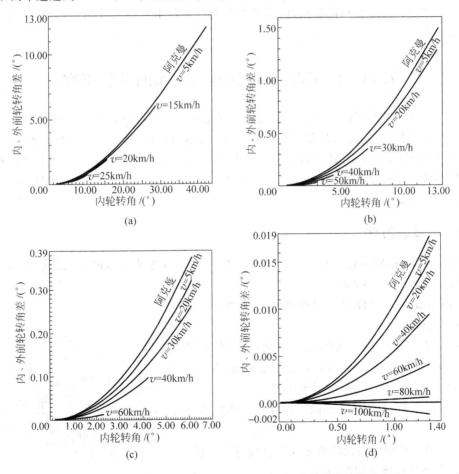

图 7-61 保证内、外前轮侧偏角相等的理想内、外前轮转角关系曲线

在前面介绍整体式转向梯形设计校核时提到,通常要求在内轮转到最大转角时使实际特性曲线与理想特性曲线 EC 相交。这种设计是符合保证侧偏角相等的原理的。内轮以最大转角转向行驶时一定对应的是低车速,所以这时满足阿克曼转向几何关系可以保证轮胎的磨损最小。而随着内轮转角的减小,汽车转向行驶的车速也可以逐渐提高,内、外前轮转角之差小于阿克曼转向几何关系所规定的值(即阿克曼校正率<100%),有利于减小内、外前轮的侧偏角,使其趋于一致。实际上,只要使在内轮最大转角时的阿克曼校正率在 75% 以上,效果一般都很好,即轮胎不会发生异常磨损,而且还可以减小汽车的转向半径。一些轿车的阿克曼校正率在 60% 以下,主要就是为了减小转向半径,同时也没有发生轮胎异常磨损的现象。

整体式转向梯形机构仅适用于采用非独立前悬架的汽车。如果汽车的转向轮(前轮)采用独立悬架,由于要保证左、右车轮的跳动没有相互影响,转向梯形中的横拉杆都做成断开式的,即断开式转向梯形,如图 7-5、图 7-6、图 7-8 和图 7-14 所示。对于这种断开式的转向梯形机构,其设计的基本指导思想与设计整体式梯形是相同的,即确定转向时内、外前轮之间转角关系目标曲线的方法相同,转向梯形的设计也是要尽可能保证实际特性曲线与上述目标曲线尽可能地接近,只是根据内轮转角求对应的外轮转角的计算方法比较复杂。

7.14 汽车内、外前轮转角关系的试验研究

现代汽车,特别是轿车,行驶速度变化范围比较大。在以较高车速转向行驶时轮胎会发生一定的侧偏角,以提供必要的转向侧向力。在这种情况下,式(7-28)所描述的理想特性(阿克曼转向几何关系)就不再是完全理想的内、外前轮转角关系。为了对合理选择内、外前轮转角关系提供参考,对 11 种不同汽车的内、外前轮转角关系进行了测量,并对测量数据进行了分析。

7.14.1 试验方法

用于汽车内、外前轮转角关系测量的仪器是 GCD-I 型光束水准车轮定位仪(武汉汽车研究所),其试验步骤如下:

(1) 将试验车辆停于平坦的路面上,调整转向盘,置于中间位置。

(2) 将千斤顶置于车辆前悬架一侧的下方,支起车身直到车轮离开地面。随后,把转角测量转盘(见图 7-62)移至车轮正下方,落下千斤顶。

(3) 按步骤(2)把另一侧的车轮放置在转角测量转盘的中央。

(4) 适当调整转向盘使车轮处于直线行驶的位置,并将转角测量转盘的刻度调零。

(5) 从中间位置开始向左转动转向盘,大约每间隔

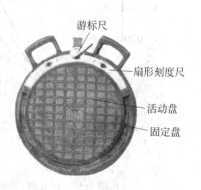

图 7-62 车轮转角测量转盘

1°读取左侧测量转盘的读数并记录,同时记录右侧测量转盘相应的读数,一直转动到左侧的极限转向位置。

(6) 转动转向盘到中间位置,按步骤(4)调零。

(7) 从中间位置开始向右转动转向盘,按步骤(5)记录读数。

(8) 重复步骤(4)~(7),再测量并记录第 2 组数据。

运用上述方法对 11 种不同汽车的内、外前轮转角关系进行了测量。在此仅列出对其中一款赛欧轿车测量的 1 组数据,见表 7-2。表 7-3 示出各试验车辆的情况。

表 7-2 赛欧轿车的内、外前轮转角测量值

向左转时的转角/(°)		向右转时的转角/(°)	
内轮(左)	外轮(右)	内轮(右)	外轮(左)
1.3	1.4	1.0	1.0
2.1	2.1	2.0	2.0
3.0	3.1	3.0	3.0
4.0	4.0	4.1	4.1
5.1	5.0	5.1	5.0
6.0	6.0	6.2	6.1
6.9	6.9	7.1	7.1
8.0	7.8	8.1	8.0
9.0	8.7	9.3	9.0
10.0	9.5	10.5	10.1
11.1	10.4	11.5	11.1
12.1	11.5	12.4	12.2
13.0	12.2	13.4	13.1
14.1	13.4	14.5	14.0
15.0	14.1	15.8	15.2
16.3	15.2	16.9	16.0
17.1	16.0	18.0	17.0
18.0	16.9	19.0	18.0
19.0	17.6	20.3	19.1
20.0	18.5	21.8	20.3
21.1	19.2	22.8	21.0
22.0	20.1	23.9	22.1
23.1	21.0	25.1	23.1
24.0	21.9	26.3	24.0
25.0	22.7	27.8	25.2
26.1	23.5	29.0	26.3
27.0	24.2	30.3	27.3
28.1	25.0	31.3	28.0
29.0	25.6	33.0	29.0
30.1	26.5	34.6	30.1
31.1	27.2	35.8	31.0

续表

向左转时的转角/(°)		向右转时的转角/(°)	
内轮(左)	外轮(右)	内轮(右)	外轮(左)
32.1	28.0	37.1	32.0
33.0	28.5		
34.2	29.4		
35.3	30.0		
36.1	30.6		
37.1	31.1		
38.1	32.0		
38.6	32.2		

表 7-3 试验车辆的情况

车型名称	生产商	轮距/mm	轴距/mm	前悬架型式
宝来 1.8T	一汽大众	1513	2513	麦克弗森
帕萨特 1.8GLI	上海大众	1498	2803	四连杆独立悬架
赛欧 SL1.6	上海通用	1387	2443	麦克弗森
神龙富康 988	湖北神龙	1470	2540	麦克弗森
威驰 GL-i	天津一汽	1450	2500	麦克弗森
奇瑞 SLX	安徽奇瑞	1439	2468	麦克弗森
奥拓 SC7080A	重庆长安	1215	2175	麦克弗森
本田 today	日本本田	1240	2330	麦克弗森
庞蒂亚克 Trans Sport	美国通用	1520	2785	麦克弗森
跃进 NJ1040	南汽	1475	3308	纵置板簧式
依维柯 NJ2045	南汽	1670	2800	双横臂式

7.14.2 试验数据分析

利用测量的数据可以绘制出如图 7-63 所示的实测内、外前轮转角关系特性曲线。在此仅列出赛欧轿车的第一组与第二组实测特性曲线。

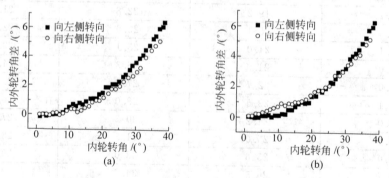

图 7-63 赛欧轿车的内、外前轮转角关系特性曲线(实测数据)
(a) 第一组测量数据；(b) 第二组测量数据

式(7-36)是反映汽车实际内、外前轮转角关系与阿克曼转角几何关系(式(7-28))接近程度的阿克曼校正率的另外一个表达式

$$R_{AC} = 100 \cdot \frac{\theta_i - \theta_{or}}{\theta_i - \theta_o} \tag{7-36}$$

其中,R_{AC}为阿克曼校正率,%;θ_i为给定的内轮转角;θ_o为利用阿克曼转角几何关系式(7-28)从θ_i计算的理想外轮转角;θ_{or}为汽车的与θ_i相对应的实际外轮转角。

把式(7-28)代入式(7-36),整理可得

$$\theta_{or} = \theta_i - \frac{R_{AC}}{100}\left[\theta_i - \arctan\left[\frac{1}{\frac{T}{L}+\cot\theta_i}\right]\right] \tag{7-37}$$

利用式(7-37)对各种试验车辆的试验数据进行最小二乘拟合,得到它们内、外前轮转角关系的平均百分比阿克曼校正率值R_{AC}。各车的拟合结果如表7-4所示。

表7-4　各试验车的平均百分比阿克曼校正率 R_{AC}　　　　　单位:%

车名	第一组		第二组	
	左转	右转	左转	右转
跃进	117	105	118	114
依维柯	31	34	30	36
赛欧	58	48	55	52
宝来	65	64	63	68
帕萨特	62	75	62	75
富康	61	51	54	51
威驰	51	43	45	43
奇瑞	48	50	40	50
奥拓	61	60	58	58
本田	23	35	28	36
庞蒂亚克	63	61	58	60

根据拟合出的R_{AC}(见表7-4),可以利用式(7-37)计算出各种车辆的对应内轮转角θ_i和外轮转角θ_{or}。作为示例,图7-64和图7-65分别示出两种汽车的试验数据与拟合曲线的对比情况。其中,试验数据与拟合曲线数据的均方差E_{rror}为

$$E_{rror} = \sqrt{\frac{\sum_{i=1}^{n}\left[(\theta_i - \theta_{or}) - \frac{R_{AC}}{100}(\theta_i - \theta_o)\right]^2}{n-1}} \tag{7-38}$$

其中,n为试验数据点的个数。从图7-64和图7-65中可以看出,试验数据与拟合曲线的吻合较好。

从表7-4中可以看出,除了采用纵置板簧式非独立悬架的跃进 NJ1040 的平均百分比阿克曼校正率R_{AC}是大于100%的以外,其他所有采用独立悬架的汽车的平均百分比阿克曼校正率R_{AC}都小于100%。在这些汽车中,帕萨特具有最大的R_{AC}值,平均为68.5%;本田具有最小的R_{AC}值,平均为30.5%。另外,有4种汽车(跃进、赛欧、富康、威驰)向左转时的R_{AC}明显大于向右转时的R_{AC};5种车辆(依维柯、宝来、帕萨特、奇瑞、本田)向左

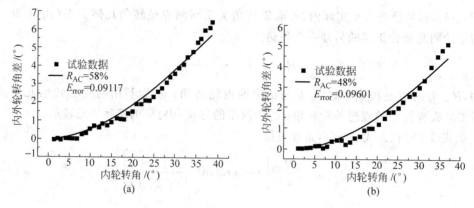

图 7-64 赛欧的实测及拟合内、外前轮转角特性曲线
(a) 第一组左转;(b) 第一组右转

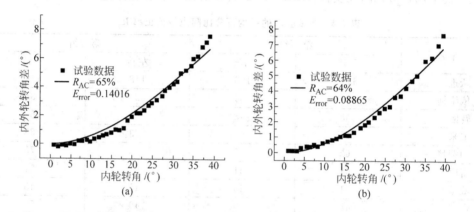

图 7-65 宝来的实测及拟合内、外前轮转角特性曲线
(a) 第一组左转;(b) 第一组右转

转时的 R_{AC} 明显小于向右转时的 R_{AC};2 种汽车(奥拓、庞蒂亚克)向左转时的 R_{AC} 与向右转时的 R_{AC} 差别较小。

为了帮助在汽车设计中适当选择平均百分比阿克曼校正率 R_{AC},有必要对上述试验车辆的拟合结果进行统计分析。在上述这 11 辆试验汽车中有 10 辆采用独立悬架,仅有 1 辆采用非独立悬架,即跃进轻型卡车,且该车的平均百分比阿克曼校正率>100%。大于 100% 的百分比阿克曼校正率是不利的,既不利于减小轮胎的磨损,也不利于减小汽车的转向半径。因此,仅对 10 辆采用独立悬架的汽车的拟合结果进行统计分析,结果如表 7-5 所示。

表 7-5　10 种采用独立悬架的汽车的 R_{AC} 的统计分析结果

	左转	右转
平均值 $\bar{R}_{AC}$	50.6%	52.7%
标准差 σ_{AC}	13.4%	12.5%

表 7-4 和表 7-5 中的数据对于在进行汽车转向杆系设计时选取平均百分比阿克曼校正率和利用式(7-37)计算内、外前轮转角关系具有参考价值。应该指出的是,为了更全面

地了解现有汽车的内、外前轮转角关系,为进行新汽车转向杆系的设计提供更可靠的参考,还应该对更多的汽车进行试验研究与分析。

7.15 动力转向系统的参数设计

动力转向系统的设计首先要保证能够进行停车转向。

7.15.1 停车转向阻力矩

轮胎在停车转向时的转向阻力矩可以利用如下公式计算

$$T_z = \frac{\mu}{3} \cdot \sqrt{\frac{G_t^3}{p}} \tag{7-39}$$

其中,T_z 为一个轮胎的停车转向阻力矩,N·m;μ 为轮胎和路面间的滑动摩擦系数,一般取 $\mu=1.0$;G_t 为作用在一个轮胎上的垂直负荷,N;p 为轮胎的气压,Pa。

一个前桥上的停车转向阻力矩 T_a 为

$$T_a = 2 \cdot T_z = \frac{2}{3} \cdot \mu \cdot \sqrt{\frac{G_t^3}{p}} \tag{7-40}$$

应该指出,在良好路面上进行停车转向时,一个前桥所受到的转向阻力矩一般都小于利用式(7-40)所计算得到的值。但是,为了满足在任何行驶情况下(如下坡行驶中在进行制动的同时进行转向)的转向要求,应该根据上述 T_a 来设计动力转向系统。

汽车转向行驶时所遇到的前桥最大转向阻力矩 T_x 大约是停车转向阻力矩的1/3,即

$$T_x = 0.33 \cdot T_a \tag{7-41}$$

7.15.2 整体式动力转向器的输出力矩要求

在停车转向时,要求整体式动力转向器输出的转矩 T_G 为

$$T_G = \frac{T_a}{i_L \cdot \eta} \tag{7-42}$$

其中,i_L 为转向传动机构的角传动比,η 为转向传动机构的机械效率。一般可以近似认为

$$T_G = T_a \tag{7-43}$$

7.15.3 整体式动力转向器的活塞面积与对动力转向泵限压压力的要求

整体式动力转向器的输出力矩按照下式计算

$$T_G = p_G \cdot A \cdot r_G \cdot \eta_G = p_G \cdot \frac{\pi \cdot D^2}{4} \cdot r_G \cdot \eta_G \tag{7-44}$$

其中,p_G 为转向器中的最高油压,近似为动力转向泵的限压压力,轿车的最高油压一般不超过10MPa,重型货车的最高油压一般为13~17MPa;A 为助力活塞的面积;D 为助力活塞的直径;r_G 为齿扇的节圆半径;η_G 为转向器的机械效率,一般可以取为0.9。

7.15.4 整体式动力转向器要求的流量和对动力转向泵的流量要求

整体式动力转向器需要的怠速流量按照下式计算

$$Q_{do} = t \cdot n_h \cdot A \cdot 10^{-6} = t \cdot n_h \cdot \frac{\pi \cdot D^2}{4} \cdot 10^{-6} \tag{7-45}$$

其中,Q_{do} 为需要的流量,L/min;t 为螺杆的螺距,mm;n_h 为停车转向时驾驶员转动转向盘的转速,r/min,一般可取 n_h = 90r/min;A 为助力活塞的面积,mm²;D 为助力活塞的直径,mm。

再考虑到大约10%的内泄漏(发生在转阀密封环、助力活塞环等处),需要的怠速流量 Q_d 应为

$$Q_d = 1.1 \cdot Q_{do} = 1.1 \cdot t \cdot n_h \cdot A \cdot 10^{-6} = 1.1 \cdot t \cdot n_h \cdot \frac{\pi \cdot D^2}{4} \cdot 10^{-6} \tag{7-46}$$

动力转向泵处于流量控制状态的流量(汽车以中、高速行驶时动力转向泵提供的流量)一般为怠速流量的 1.5~2.5 倍,以满足紧急转动转向盘规避危险的要求。

7.15.5 动力助力失效时的转向力分析

转向器动力助力失效时完全靠驾驶员的手力进行转向。在国家标准《汽车转向系基本要求》(GB 17675—1999)3.9 中规定:"以 10km/h 车速、24m 转弯直径前行转弯时,不带助力时转向力应小于 245N,带助力转向但助力转向失效时,其转向力应小于 588N"。

在动力助力失效时,转向器的输出转矩 T_{Gf} 为

$$T_{Gf} = F_h \cdot r_{hw} \cdot i_{\omega 0} \cdot \eta_+ = F_h \cdot r_{sw} \cdot \frac{2 \cdot \pi \cdot r_G}{t} \cdot \eta_+ \tag{7-47}$$

其中,F_h 为驾驶员的转向力;r_{sw} 为转向盘的半径;$i_{\omega 0}$ 为转向器的角传动比;η_+ 为转向器的正效率,一般取为 0.8;t 为转向器的螺杆螺距;r_G 为转向器齿扇的节圆半径。

在汽车行驶中发生动力助力失效(例如动力转向泵的驱动皮带发生断裂或发动机停转)时,一般要求驾驶员能够操纵汽车停在路边即可,循环球式转向器中球螺母传动机构一般是按照这种工况要求设计的。然后,修理动力转向系统,使其恢复正常工作以后再继续行驶。一般不允许在动力助力失效的情况下长距离地使用转向器,否则将很快造成球螺母机构的损坏。

在动力助力失效的情况下,也不允许尝试进行停车转向,因为在球螺母机构的设计中没有考虑承受这样大的载荷,这种操作也会导致球螺母机构发生损坏。而在汽车行驶中的最大转向阻力矩 T_x 大约为 $0.33 \cdot T_a$,所以在动力助力失效时应该满足如下关系式:

$$T_{Gf} = F_h \cdot r_{hw} \cdot i_{\omega 0} \cdot \eta_+ = F_h \cdot r_{sw} \cdot \frac{2 \cdot \pi \cdot r_G}{t} \cdot \eta_+ \geqslant T_x = 0.33 \cdot T_a \tag{7-48}$$

$$i_{\omega 0} \geqslant \frac{0.33 \cdot T_a}{F_h \cdot r_{sw} \cdot \eta_+} \tag{7-49}$$

其中,驾驶员转向力 F_h 取为 588N。重型货车的转向盘半径约为 250mm。

7.16 汽车转向传动机构元件

本节主要介绍转向连杆的设计。图 7-1 示出典型货车的转向杆系，其主要包括转向纵拉杆和横拉杆。图 7-14 和图 7-21 示出在采用独立前悬架和整体式转向器的汽车上采用的转向杆系，其主要包括中央转向连杆、外侧转向连杆、惰性臂等。在采用齿轮齿条式转向器的汽车中（见图 7-4～图 7-6），其转向连杆分别通过球铰与齿条、转向节相连。除了上述中央转向连杆外，一根转向连杆主要是由球头销和杆身所组成的。

1. 球头销（球铰）

因为汽车的转向车轮有外倾角和前束角、主销有后倾角和内倾角，所以转向及车轮上、下跳动时转向连杆一般作空间运动。为此，传动机构的关节处应用球头销（球铰）铰接。

球头销根据它的形状有整球形（见图 7-66）和双球形（见图 7-67）两种。双球形球头销由两个同心而半径不同的半球构成。半径大的半球是工作半球，半径小的半球是导向半球。这种结构多用于前轴负荷小的车辆上。

在球铰中应该有保证零件磨损后能够消除间隙的机构。按照零件磨损后消除间隙的方法，分为用弹簧（见图 7-66、图 7-67）或用楔形块（见图 7-68）两种球头销。根据弹簧作用的原理又可分为径向的和轴向的两种。径向的球头销弹簧力作用在与球头销轴线相垂直并沿球面半径的方向上，如图 7-66(a)、(b)、(c)所示。轴向的球头销弹簧力作用在球头销轴线的方向，如图 7-66(d)、(e)所示。

在图 7-66(a)、(b)、(c)中，球铰中的径向弹簧以很大的力压紧到球头碗和球头销的球形表面上。这个力应该足以抗衡汽车在不平道路上直线行驶和转弯时所产生的沿着连杆方向作用的力，对于货车此力可达到 3000～3200N。

在图 7-66(d)、(e)和图 7-67(a)、(b)中所示的球铰采用轴向弹簧消除间隙，弹簧以不大的力作用在球头销的轴线方向，并将球头碗压紧到球头销上。货车横拉杆球头销的轴向压紧力约为 500～600N。

在图 7-68(a)所示的结构中，在拉杆和球头碗之间装有楔形块，它在弹簧的作用下，将球头碗挤压在球头销上，并用导向销钉防止一个楔形块相对另一个转动。在图 7-68(b)所示的结构中，采用切向楔形球头碗，它被弹簧 2 推开，并采用在拉杆端部的圆柱槽里沿弧线移动，从而压紧在球头销的球形表面上。在图 7-68(c)所示的结构中，球头碗在拉杆端部与球头销轴线倾斜的槽里移动。两个球头碗同球头销一起处在轴向弹簧力的作用下，由于其装在端部斜槽里，两个球头碗则总是压紧在球头销的球形表面上。球头销因磨损而形成椭圆形后，可采用把楔形块把球头碗分开，并采用在球头碗上转动一个比较大的角度的办法来消除间隙，但是这样做比较困难，故应用较少。

球头销的工作表面应该润滑良好，故在球头碗或球头销上设计有油道。为了减少保养工作，通常采用不必加注润滑油的塑料球头碗，这种球头碗已得到了日益广泛的应用，如图 7-69 所示。

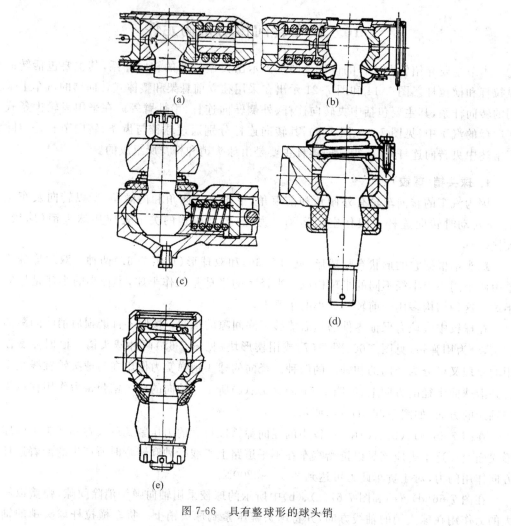

图 7-66 具有整球形的球头销

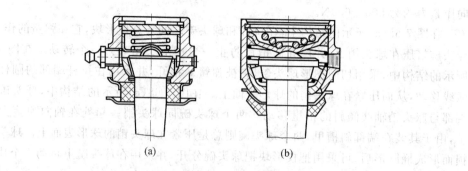

图 7-67 具有双球形的球头销

球头销的形状虽然复杂,然而其各部分的尺寸和球头直径总有一定的比例关系。球头直径与前轮的负荷有关,对于卡车前桥转向系统中的球头销可以参考表 7-6 推荐的范围选用。球头销可用渗碳钢 12CrNi$_3$、15CrMo、20CrNi 或氰化钢 35Cr、35CrNi 制造。

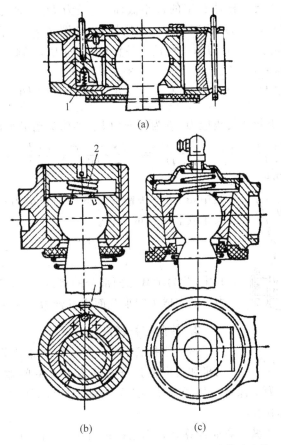

图 7-68 磨损后用楔形装置自动消除间隙的球头销
1,2—弹簧

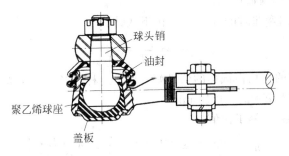

图 7-69 一种免维护球铰

表 7-6 推荐的球铰选用范围（适用于卡车前桥转向系统中的球头销）

球头直径/mm	20	22	25	27	30	35	40	45	50
转向轮负荷/N	至6000	6000~9000	9000~12500	12500~16000	16000~24000	24000~34000	34000~49000	49000~70000	70000~100000

对于球铰,一般需要校核球头销的最小截面(直径为 D_b)、球头销安装截面(直径为 D_c)的强度和球面的单位压力(校核球面的耐磨性)。如图 7-70 所示,假定已经知道了作用在球铰中心的径向力 F_R(其与球头销轴线垂直)和轴向力 F_a,则

$$\sigma_1 = \frac{F_R \cdot b}{\frac{\pi \cdot D_b^4}{64}} \cdot \frac{D_b}{2} + \frac{F_a}{\frac{\pi \cdot D_b^2}{4}} = \frac{32 \cdot F_R \cdot b}{\pi \cdot D_b^3} + \frac{4 \cdot F_a}{\pi \cdot D_b^2} \leqslant 300 \text{MPa} \tag{7-50}$$

其中,σ_1 为球头销最小截面的正应力;b 为径向力 F_R 到球头销最小截面的力臂。

$$\sigma_2 = \frac{F_R \cdot c}{\frac{\pi \cdot D_c^4}{64}} \cdot \frac{D_c}{2} + \frac{F_a}{\frac{\pi \cdot D_c^2}{4}} = \frac{32 \cdot F_R \cdot c}{\pi \cdot D_c^3} + \frac{4 \cdot F_a}{\pi \cdot D_c^2} \leqslant 300 \text{MPa} \tag{7-51}$$

其中,σ_2 为球头销安装截面的正应力;c 为径向力 F_R 到球头销安装截面的力臂。

$$P = \frac{F}{A} = \frac{\sqrt{F_R^2 + F_a^2}}{A} \leqslant 25 \sim 35 \text{MPa} \tag{7-52}$$

其中,P 为承载球面部分的单位压力;F 为作用在球心的合力;A 为球头销承载面沿着合力 F 方向的投影面积。

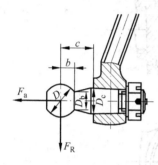

图 7-70 球铰的受力图

2. 转向连杆杆身

转向纵拉杆、转向横拉杆通常用钢管制成。为了使发动机和转向横拉杆之间有必要的间隙,有时将转向横拉杆中间部分做成弯的。为了保持与相邻零部件之间的适当间隙,转向纵拉杆有时也做成弯的,这就减小了其纵向刚度。

转向连杆按受压和纵向弯曲计算。若作用在转向连杆上的力为 F,则压应力 σ_c 为

$$\sigma_c = \frac{F}{A} \tag{7-53}$$

其中,A 为转向连杆的横截面积。

转向连杆在纵向弯曲时的应力 σ_{cr} 可由下式计算

$$\sigma_{cr} = \frac{\pi^2 \cdot E \cdot J}{L^2 \cdot A} \tag{7-54}$$

其中,J 为转向连杆的平均横截面的惯性矩;L 为连杆的长度;A 为连杆的横截面面积;E 为材料的弹性模量,$E = 2 \times 10^5 \text{N/mm}^2$。

稳定性安全系数 n_{cr} 等于比值

$$n_{cr} = \frac{\sigma_{cr}}{\sigma_c} = \frac{\pi^2 \cdot E \cdot J}{L^2 \cdot A} \cdot \frac{A}{F} = \frac{\pi^2 \cdot E \cdot J}{F \cdot L^2} \tag{7-55}$$

转向拉杆的稳定性安全系数 n_{cr} 最好不小于 1.0。转向连杆常用 20、30、40 钢制成。

7.17 汽车转向系统的摩擦特性

7.17.1 整体式转向器的摩擦特性

转向器的内摩擦变化会使驾驶员感到用来控制转向的力发生了改变,对驾驶员的转

向感觉有重要影响。

图 7-71 示出测量整体式转向器摩擦特性的原理图,其测量方法如下。

(1) 把转向器的壳体固定,转向摇臂轴可以自由转动;

(2) 把整体式动力转向器内部的油排出;

(3) 在转向器输入轴上安装一个转矩传感器,记录在输入轴上所施加的转矩,即转动力矩(turning torque);

(4) 在转向器输入轴上施加转动力矩,从左转极端位置开始,转到右转极端位置,再转回到左转极端位置,输入轴转速不大于 10r/min。在此过程中,可获得一条转动力矩-输入轴转角

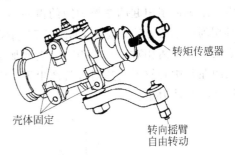

图 7-71 测量整体式转向器摩擦特性的原理图

曲线,用来反映摩擦力矩的变化情况,如图 7-72 所示。转动力矩变化较小时(见图 7-72(a)),驾驶员的转向感觉就较好;转动力矩变化较大时(见图 7-72(b)),驾驶员的转向感觉就较差。在转动力矩-输入轴转角曲线中间的大峰值是与转向器的间隙特性相一致的,这样的间隙特性可以保证车辆在直线行驶时转向器中不存在间隙。

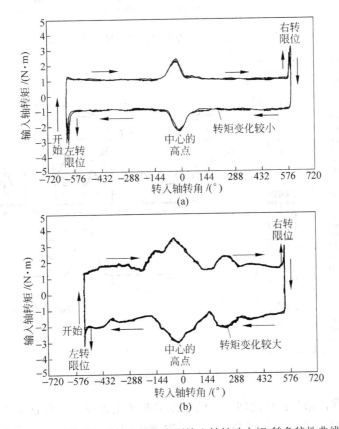

图 7-72 两种整体式转向器的实测输入轴转动力矩-转角特性曲线

(a) 良好的输入轴转动力矩-转角特性曲线(转矩变化较小);(b) 较差的输入轴转动力矩-转角特性曲线(转矩变化较大)

图7-73示出一种整体式动力转向器的理想转动力矩特性及其摩擦力矩的分解。从图7-73中可以看出,在中心位置(与汽车直线行驶位置对应)的摩擦力矩有个峰值,其中由齿条和齿扇引起的摩擦力矩约占一半。由齿条和齿扇引起的摩擦力矩是由利用齿条刀具切削齿扇的方法决定的,如图7-74所示。在加工齿扇的中心部位时齿条刀具与齿扇中心之间的距离相对于参考距离最大增加了0.008in。这样,在转向器装配时,齿条与齿扇之间在其中心位置及其附近就产生了一定的过盈量和预紧力,消除了间隙,并且造成了比较大的摩擦力矩。

图7-73 一种整体式动力转向器的理想转动力矩特性

转向摇臂 轴转角/(°)	相对于参考 中心距的 变化 /in	齿条刀具的 行程 /in
70	0.0000	1.6066
↓		
8.5	0.0000	0.1951
8	0.0001	0.1836
7	0.0010	0.1607
6	0.0023	0.1377
5	0.0037	0.1148
4	0.0050	0.0918
3	0.0064	0.0689
2	0.0077	0.0459
1	0.0080	0.0230
0	0.0080	0.0000
1	0.0080	0.0230
2	0.0077	0.0459
3	0.0064	0.0689
4	0.0050	0.0918
5	0.0037	0.1148
6	0.0023	0.1377
7	0.0010	0.1607
8	0.0001	0.1936
8.5	0.0000	0.1951
↓		
70	0.0000	1.6066

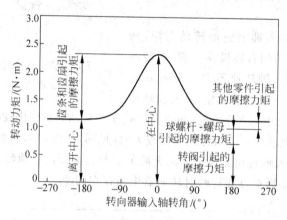

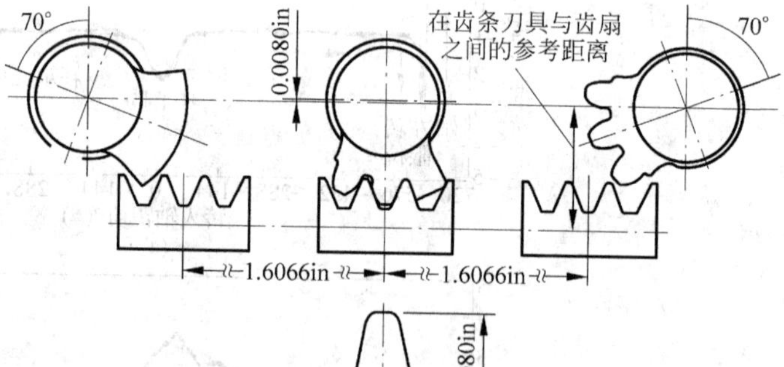

图7-74 利用齿条刀具切削齿扇的方法

但是,仅靠在齿条与齿扇之间产生的过盈量和预紧力还不能保证完全消除转向器中的间隙,还需要对球螺杆-螺母机构进一步采取措施,如图7-75所示。所采取的措施一般是使螺杆螺槽的深度发生变化,即在螺杆中心位置及其附近的螺槽较浅,离开螺杆中心位置的螺槽较深。这样加工后的螺杆有的呈腰鼓形变化,有的呈锭子形变化,在螺杆两端有锥度。这样,在螺杆中心位置时,在螺杆-球-螺母之间也会产生一定的过盈量和预紧力,消除了间隙,造成摩擦力矩增大。

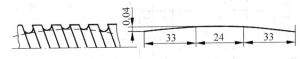

图 7-75　螺杆螺槽深度的变化形式(单位:mm)

7.17.2　齿轮齿条式转向器的摩擦特性

下面是一个转向系统制造公司的齿轮齿条式转向器的转动力矩试验规范。

(1) 把齿条轴承预紧力调节塞(图 7-29 中 11)拧紧到 10N·m,然后倒转 30°~45°。

(2) 把动力转向器中的油排出。

(3) 把转向器的壳体固定,使齿条可以自由移动。

(4) 在转向器输入轴上安装一个转矩传感器,记录在输入轴上所施加的转矩,即转动力矩(turning torque)。

(5) 在转向器输入轴上施加转动力矩,从左转极限位置开始,转到右转极限位置,再转回到左转极限位置,输入轴转速不大于 10r/min。在此过程中,可获得一条转动力矩-输入轴转角曲线,用来反映该转向器摩擦力矩的变化情况,如图 7-76 所示。

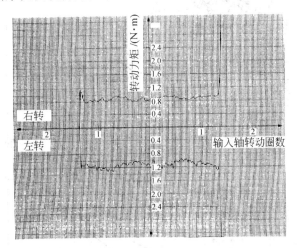

图 7-76　对一种齿轮齿条式转向器测量的转动力矩-输入轴转角曲线

(6) 测量的转向器转动力矩-输入轴转角特性应该满足如下要求(见图 7-77):在输入轴中心附近的±90°范围内,输入轴转动力矩的平均值(最大值和最小值的平均值)必须在 0.8~1.2N·m 的范围之内,转动力矩的变程(最大值与最小值之差)不超过 0.4N·m;在距离输入轴中心±90°范围以外,所有的测量值都应该落在图 7-77 中所示的包线以内;在任何情况下,输入轴上的转动力矩都不允许超过 2.0N·m。

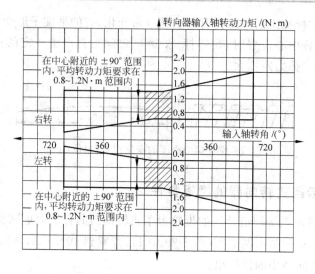

图 7-77 对转动力矩-输入轴转角特性的要求

7.18 整体式转向器的刚度试验

图 7-78 示出测量整体式转向器的刚度特性的原理图,其测量方法如下。

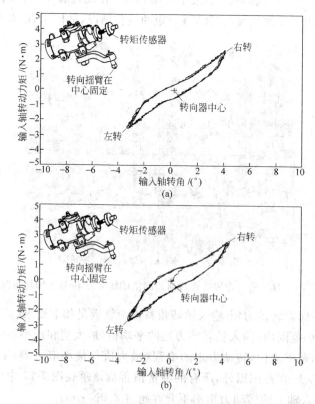

图 7-78 对整体式动力转向器测量的刚度特性曲线
(a) 良好的转向器刚度特性(滞回线包围的面积较小);(b) 较差的转向器刚度特性(滞回线包围的面积较大)

(1) 把转向器的壳体固定,把转向摇臂在转向器的中心位置固定。
(2) 把整体式动力转向器内部的油排出。
(3) 在转向器输入轴上安装一个转矩传感器,记录在输入轴上所施加的转矩。
(4) 在转向器输入轴上向两个方向施加最大为 2.5N·m 的转矩,获得一条输入轴转矩-输入轴转角曲线,如图 7-78 所示。理想的刚度特性是一条直线,如图 7-79 所示。而实际测量的刚度特性都是滞回线。若滞回线所包围的面积较小(见图 7-78(a)),则比较接近理想的刚度特性,是比较好的刚度特性;若滞回线包围的面积较大(见图 7-78(b)),则与理想的刚度特性差别较大,是比较差的刚度特性。

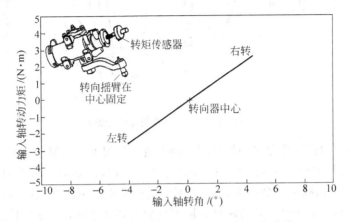

图 7-79 理想的转向器刚度特性曲线(一条直线)

(5) 转向器的刚度是所测量刚度特性曲线的平均斜率。

7.19 可变转向力转向系统

7.19.1 概述

研究表明,为了保证良好的转向操纵感觉,一个动力转向系统应该满足如下要求。

(1) 停车及低速转向时的转向力尽可能小,这要求采用刚度尽可能小的扭杆,也就是直径尽可能小的扭杆。图 7-80 示出扭杆直径对转阀特性的影响,可以看出,为了产生一定的液压压力,扭杆直径越小,所需要的输入轴转矩就越小,即转向力越小。

(2) 当汽车以中、高速行驶时,要求转向系统"忠实"地跟随转向盘的微小转动,以能够快速、准确地调整车辆的行驶方向。这就要求扭杆减小扭转角度,并且具有适当的转向力,从而要求刚度较大的扭杆。

(3) 转向后,转向系统要保证汽车具有良好的回正性。这也要求扭杆具有足够的直径和刚度,能够提供足够的弹性恢复力矩,以克服转向中间传动轴、转向轴、转向盘的惯性和摩擦,带动它们以及转阀返回直线行驶位置,消除液压助力。

(4) 有利于驾驶员紧急转动转向盘,以规避危险,特别是在以中、高速行驶时。这就要求动力转向泵能够提供足够的液压油流量。如图 7-81 所示,当向右转向时,助力活塞以速度 V_G 移动,活塞的横截面积 A 乘以 V_G 就是油缸中的容积变化率 $F_G = A \cdot V_G$。当

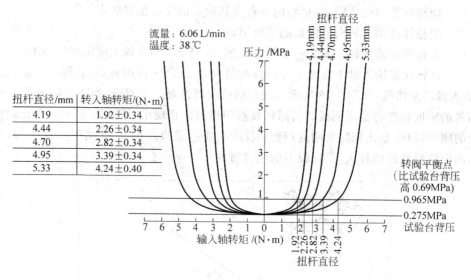

图 7-80 扭杆直径对转阀特性的影响

汽车以较高的车速行驶,驾驶员突然发现前面有危险情况而进行紧急规避时,其转动转向盘的转速可以达到 120r/min,使活塞移动的速度 V_G 较大。如果此时动力转向泵的流量 $F_P < F_G$,则在左侧油缸中就会产生真空,这时的转向器不但不能提供助力,反而会产生阻力,致使驾驶员转动转向盘的转速降低。随着驾驶员转动转向盘的速度降低,活塞移动速度 V_G 也降低。一旦动力转向泵的流量 F_P 超过了 F_G,转向器又开始提供助力,使驾驶员又能够以较低的转速转动转向盘。因此,当汽车以中、高速行驶时,要求动力转向泵能够提供足够的流量,以使驾驶员在转动转向盘的速度达到 120r/min 时,转向器仍然能够提供足够的助力。

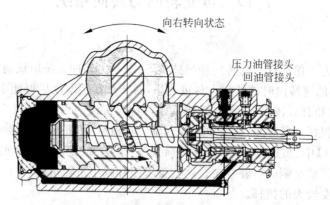

图 7-81 整体式动力转向器的右转状态

因此,低速性能的要求与高速性能的要求是有矛盾的。在常规液压动力转向器设计中,只能选择一个扭杆直径和刚度,这就需要在停车、低速转向轻便性与高速转向感觉、转向回正性之间进行适当的折中,这就导致它们很难同时达到最佳。为了解决这种矛盾,同时达到上述各项转向性能要求的最佳化,发展了可变转向力转向系统。

7.19.2 流量调节动力转向泵

图 7-82 示出一种转阀的压力差-转角特性曲线。从图 7-82 中可以看出,在转阀结构一定时,转阀的压力差-转角特性随着供给转阀的油流量不同而发生变化,即油流量越大,为获得一定压力差所需要的阀芯相对于阀体的转角就越小。在转向器的转阀和扭杆一定时,为了获得一定的压力差所需要在输入轴上施加的转矩也随着供给转阀的流量发生变化,即流量越大,所需要施加的转矩就越小,如图 7-83 所示。因此,随着车速调节供给转向器的油流量可以实现转向力的改变,即低速时供给转向器的流量最大,随着车速的提高,供给转向器的流量逐渐减小。

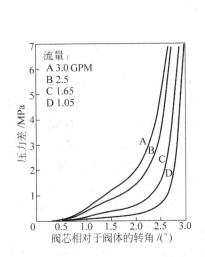

图 7-82 一种转阀的压力差-转角特性曲线

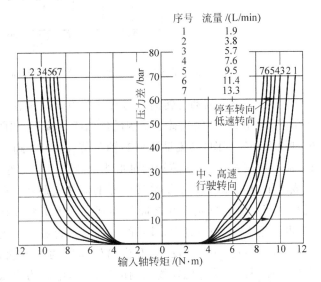

图 7-83 供给转阀的油流量对压力差-输入轴转矩特性的影响

美国德尔福沙基诺转向系统公司(Delphi Saginaw Steering Systems)的流量调节动力转向泵系统称为 EVO(Electronic Variable Orifice,电子可变量孔)系统。图 7-84 示出一个典型的 EVO 系统(整体式转向系统),它是在常规液压动力转向系统的基础上发展而来的,增加了 EVO 控制器、车速传感器(利用发动机控制器的车速传感器)、转向盘转

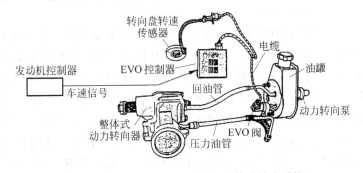

图 7-84 一种典型的 EVO 系统(整体式转向系统)

速传感器、信号线和电缆,对流量控制阀系统进行了改变,采用了 EVO 阀。图 7-85 示出典型的 EVO 系统的流量-车速、输入轴转矩-车速特性曲线(示意图)。

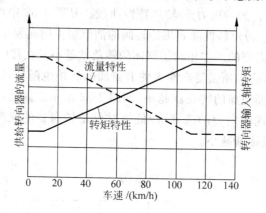

图 7-85 典型的 EVO 系统的流量-车速、输入轴转矩-车速特性曲线(示意图)

EVO 系统中的动力转向泵与常规动力转向泵在结构上的差别主要在于出油联合接头不同,即用 EVO 阀代替了常规的出油联合接头,如图 7-84 所示。图 7-86 示出 EVO 阀的剖视图和原理图,其流量调节芯轴与装在 EVO 阀中的一个固定量孔共同构成可变量孔(流量控制量孔)。该芯轴的锥形头部离固定量孔越近,量孔的面积就越小,在量孔两侧形成的压力差就越大,泵供给转向器的流量就越小;反之,泵供给转向器的流量就越大。流量调节芯轴与固定量孔之间的相互位置由机构壳体中电磁铁线圈中的电流大小所决定,电流越大,电磁力越大,针轴的头部离固定量孔就越近,流量控制量孔就越小,泵供给转向器的流量就越小;反之,泵供给转向器的流量就越大。当车速较低(在 10km/h 以下)时,控制器供给电磁铁线圈的电流很小,电磁力也很小,在液压油的作用下,芯轴的头部远离量孔,泵供给转向器的流量大,需要对转向器输入轴施加的转矩较小;当车速超过一定值(如 10km/h)时,控制器供给电磁铁线圈的电流开始逐渐增大,电磁力也开始逐渐增大,芯轴克服液压油的作用逐渐移近固定量孔,使泵供给转向器的流量逐渐减小,输入轴需要施加的转矩逐渐增大;当车速超过又一较高的值(如 108km/h)时,控制器供给电磁铁线圈的电流开始保持较大的值而不再增大,电磁力也不再增大,芯轴与固定量孔之间的相互位置不再改变,使泵供给转向器的流量保持一定值而不再增大,输入轴所需要施加的转矩也保持不变(见图 7-85)。

图 7-87 示出 EVO 系统的转向盘角速度传感器的安装情况,其作用是防止驾驶员在高速行驶中进行紧急转向时感到转向沉重。从图 7-85 中可以看出,汽车高速行驶时供给转向器的流量较小,这时如果驾驶员快速转动转向盘以规避危险,就可能出现供给转向器的流量 F_P 小于油缸中的容积变化率 F_G 的情况(参见 7.19.1 节),以致驾驶员快速转动转向盘时的转速降低,感到转向很沉重,不利于行车安全。采用转向盘转速传感器以后,其一直把转向盘的转速信号输往 EVO 控制器,EVO 控制器如果检测到该信号超过一定水平就会向 EVO 系统发出最小电流,使供给转向器的流量达到最大,避免出现 F_P 小于油缸中的容积变化率 F_G 的情况出现,使驾驶员能够快速地转动转向

7 转向系统设计　　**227**

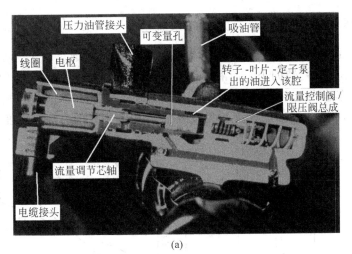

(a)

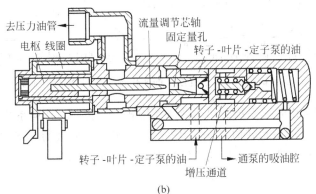

(b)

图 7-86　EVO 阀的剖视图和原理图
(a) EVO 阀的剖视图；(b) EVO 阀的原理图

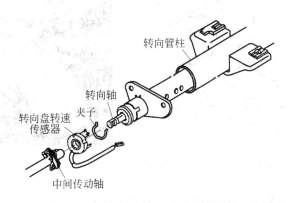

图 7-87　EVO 系统的转向盘角速度传感器的安装情况

盘以进行紧急规避。

采用 EVO 系统以后,由于汽车行驶中动力转向泵供给转向器的流量减小了,还可以降低油温和汽车的油耗。

7.19.3 液压作用式可变转向力转向系统

EVO 系统是动力转向泵相关的可变转向力转向系统,其通过改变转向泵供给转向器的流量来随着车速改变转向力。而液压作用式可变转向力转向系统是转向器相关的系统,其通过随着车速改变转向器的扭杆有效刚度来改变转向力,如图 7-88 所示。如图 7-80 和图 7-88 所示,在供给转阀的流量不变的情况下,改变扭杆的直径和刚度也可以改变转向力。

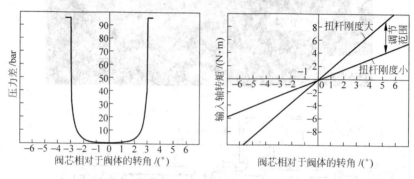

图 7-88 输入轴转矩随着扭杆刚度的变化特性(供给转阀的流量不变)

美国德尔福沙基诺转向系统公司的液压作用式可变转向力转向系统称为 SSS(Speed Sensitive Steering,速度敏感转向)系统。图 7-89 示出一个典型的 SSS 系统(齿轮齿条式转向系统),它是在常规液压动力转向系统的基础上发展而来的。图 7-90 是一种 SSS 转向器的照片。

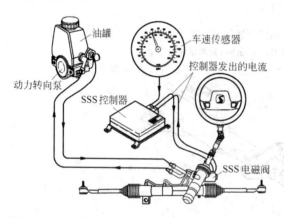

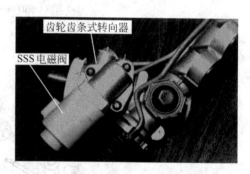

图 7-89 一个典型的 SSS 系统(齿轮齿条式转向系统)　　图 7-90 一种 SSS 转向器的照片

图 7-91 示出 SSS 转向器的剖视图。其在普通转阀的基础上增加了一套液压作用系统。在 SSS 转向器的齿轮(与阀体相固结)上制作有 4 个液压作用油缸,每个油缸中有一个液压作用活塞,该活塞在其背后的液压作用下(实际上是在该活塞两侧压力差的作用下)向外伸出,活塞头部伸进制作在输入轴(阀轴)上的槽中,阻止驾驶员扭转扭杆,从而使转向力增大,这相当于增大扭杆的有效刚度。转向力增大的程度取决于活塞背后液压力

的大小,液压力越大,转向力增大得越大;液压力越小,转向力增大得越小。这个液压作用压力由 SSS 电磁调压阀(装在阀壳上)来调节。车速低时,SSS 控制器供给这个电磁调压阀的电流较小,液压作用压力较低,转向力较小;车速高时,控制器供给这个电磁调压阀的电流较大,液压作用压力较高,转向力较大。

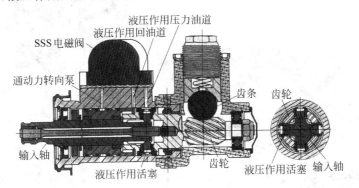

图 7-91　SSS 转向器的剖视图

7.19.4　电磁作用式可变转向力转向系统

美国德尔福沙基诺转向系统公司的电磁作用式可变转向力转向系统称为 MAGNASTEER 系统(见图 7-92),它是一种转向器相关的系统,通过随着车速改变转向器的扭杆有效刚度来改变转向力。MAGNASTEER 系统是在常规液压动力转向系统的基础上发展而来的。图 7-93 是一种 MAGNASTEER 转向器的照片。

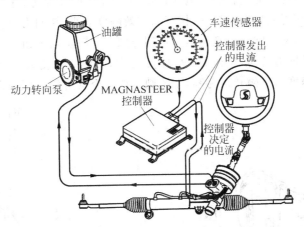

图 7-92　MAGNASTEER 系统

图 7-94 示出一种典型的 MAGNASTEER 阀的剖视图。它在普通转阀的基础上增加了一套电磁系统,其中有一个环形永磁铁通过永磁铁固定器和注塑与阀轴相固结;一个双环形带齿的电磁铁通过上套筒与阀体相固结;电磁铁的励磁线圈固定安装在阀壳里。这个电磁系统实际上是一个助力电机,它把一个电磁转矩施加在阀轴和阀体之间,与扭杆的恢复力矩并联。图 7-95 示出这个助力电机的示意图。

图 7-93 MAGNASTEER 转向器的照片

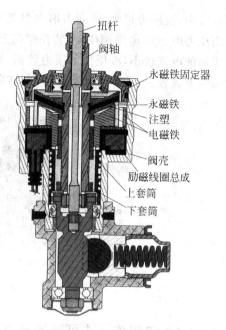

图 7-94 MAGNASTER 阀的剖视图

当给励磁线圈供给电流时,在环形永磁铁与带齿双环形电磁铁之间便产生一个电磁转矩,它作用在阀轴与阀体之间。电流方向改变时,这个电磁转矩的作用方向也发生改变。MAGNASTEER 控制器供给线圈的电流范围在 $-3\sim+3$ A 之间。如图 7-96 所示,当电流为"一"时(对应于低速行驶),电磁转矩的作用方向与驾驶员扭转扭杆的转矩方向相同,帮助驾驶员获得液压助力转向,扭杆的有效刚度变小,转向力也变小;相反,当电流为"+"时(对应于高速行驶),电磁转矩的作用方向与驾驶员扭转扭杆的转矩方向相反,阻止驾驶员获得液压助力转向,扭杆的有效刚度变大,转向力也变大。当电流为零时(对应于某个中等行驶速度),电磁转矩为零,系统则变成一个常规的液压动力转向系统。

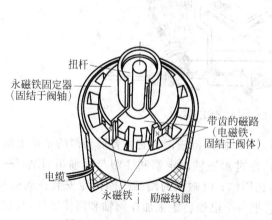

图 7-95 助力电机的示意图

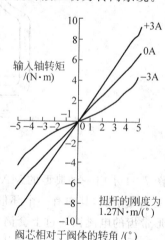

图 7-96 励磁线圈中的电流对扭杆有效刚度的影响

图 7-97 示出 MAGNASTEER 转向器的压力差-输入轴转矩特性曲线。当汽车高速行驶时,MAGNASTEER 控制器供给励磁线圈的电流为 +3A,转向助力压力差一般为 7bar;当汽车停车转向时,MAGNASTEER 控制器供给励磁线圈的电流为 -3A,停车转向压力差一般为 80bar。与这两个压力差对应的输入轴转矩之差(高速行驶时的转向转矩-停车转向转矩)称为转矩范围。MAGNASTEER 的转矩范围为 2.2N·m。这个转矩范围越大,表明转向力的调节范围越大,可变转向力系统的性能就越好。

图 7-98 示出 EVO、SSS、MAGNASTEER 系统的转向力调节范围,其中假定它们的高速行驶助力压力差和对应的输入轴转矩都相等,它们的停车转向压力差也都相等。从图 7-98 中可以看出,EVO 系统的停车转向转矩大于高速行驶转向转矩,所以其转矩范围是负值,其转向力调节范围最小,性能最差;SSS 系统的停车转向转矩只是略小于高速行驶转向转矩,其转矩范围是一个很小的正值,转向力调节范围中等,性能中等;MAGNASTEER 系统的停车转向转矩明显小于高速行驶转向转矩,其转矩范围是一个较大的正值,转向力调节范围较大,性能最好。

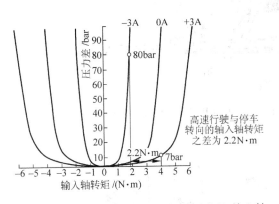

图 7-97 MAGNASTEER 转向器的压力差-输入轴转矩特性曲线

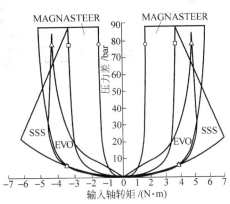

图 7-98 EVO、SSS、MAGNASTEER 系统的转向力调节范围

7.19.5 电动液压动力转向系统

在常规液压动力转向系统中,动力转向泵都是安装在发动机上,由发动机驱动的。这种转向系统适合于在发动机前置的汽车上应用,其动力转向泵与动力转向器相距较近,各项性能令人满意。而对于发动机中置、后置的汽车,如果仍然把动力转向泵安装在发动机上,由发动机来驱动,则会因为动力转向器与发动机相距较远,所需要的油管长度过大,从而造成一系列的问题,例如转向系统对驾驶员转向操纵的响应性变差,在寒冷天气中油管造成的背压过大,起动性和响应性进一步变差等。所以,在发动机中置或后置的汽车上一般不适于采用常规的液压动力转向系统。为了解决这个问题,后来又开发了电动液压动力转向系统,一般称为 EHPS(Electro-Hydraulic Power Steering)系统,该系统适合于在发动机中置或后置的汽车上采用,如图 7-99 所示。

图 7-100 示出 EHPS 系统的拆分图,其主要由如下部件组成。

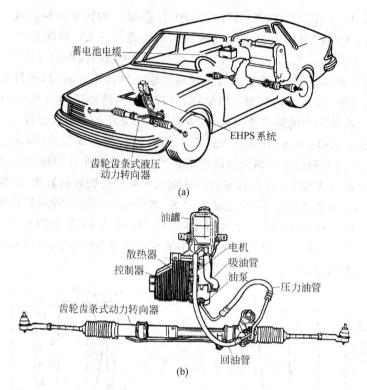

图 7-99 在一种发动机后置的轿车上采用的电动液压动力转向系统
(a) EHPS 系统在汽车上的安装；(b) EHPS 系统

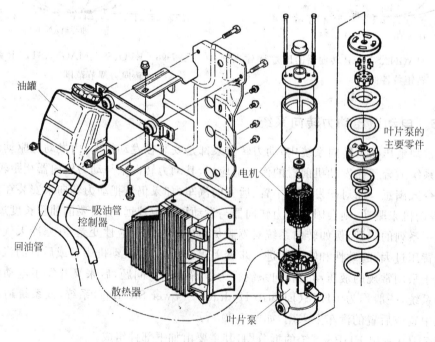

图 7-100 EHPS 系统的拆分图

(1) 叶片泵。其基本上就是常规的液压平衡式双作用叶片泵。

(2) 黏度更稳定的液压油。常规的动力转向液压油在极低温(-15℃以下)时其黏度迅速增大。在常规动力转向系统中,动力转向泵从发动机中获得不受限制的功率来使液压油在系统中循环,使油温不断上升,直至一个稳态工作温度,而不管环境温度是多少。而在 EHPS 系统中,由于用一个电动机来驱动液压泵,其功率是有限的,在极低温的情况下,难以使油温升高,甚至都难以使高黏度的液压油循环起来。为了解决这个问题而采用了一种黏度随着温度变化更小的液压油。

(3) 永磁有刷电机。该电机的最高转速为 5000r/min,接近于发动机的最高转速。该电机的功率取决于动力转向泵的液压功率和电机的效率(约 0.65)。该电机的堵转电流高达 120A。该电机的电压、电流都受到控制器的控制。

(4) 控制器。控制器采用开环控制方式。控制器的控制信号是点火开关信号和车速信号。发动机一起动,控制器就使电机开始驱动液压泵转动。动力转向泵本身不带流量控制阀和限压阀。流量控制和限压功能都是通过控制器调节电机的电流、电压来实现的。

图 7-101 为电机电流、液压泵的流量随着车速的变化特性。从图 7-101 中可以看出,在车速低于 10MPH(1MPH = 1mile/h)时,泵的流量达到最大,为 1.45GPM(1GPM = 1gal/min);车速在 10~50MPH 之间,泵的流量基本上随着车速线性下降;在车速达到 50MPH 时,泵的流量达到最小,为 0.28GPM,并且不再随着车速的提高而改变。

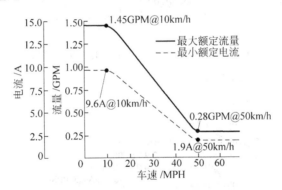

图 7-101 电机电流、液压泵流量随着车速的变化特性

图 7-102 示出在停车转向(车速为 0MPH)时电机电流、液压泵流量随着压力的变化特性。从图 7-102 中可以看出,流量为 0GPM(电机堵转时)时油压达到最大,为 700PSI,这相当于常规动力转向泵的限压状态。

图 7-103 和图 104 分别示出在车速为 30MPH 和 50MPH 时电机电流、液压泵流量随着压力的变化特性。

(5) 常规的齿轮齿条式液压动力转向器。图 7-105 示出其转阀的压力-输入轴转矩特性曲线,其中输入轴转矩的单位是 in·lb(英寸·磅)。从图 7-105 中可以看出,车速低时(0~10MPH),在同样的助力压力情况下输入轴转矩较小,这是靠低速时大流量(见图 7-101)来保证的;在高速行驶时(车速超过 50MPH),在同样的助力压力情况下输入轴转矩较大,这是靠高速时小流量(见图 7-101)来保证的。

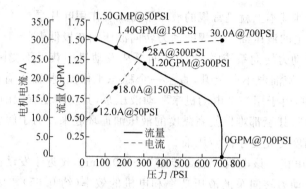

图 7-102　停车转向(车速为 0MPH)时电机电流、液压泵流量随着压力的变化特性

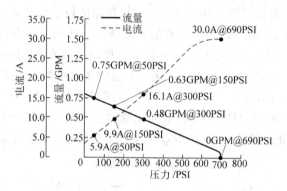

图 7-103　车速为 30MPH 时电机电流、液压泵流量随着压力的变化特性

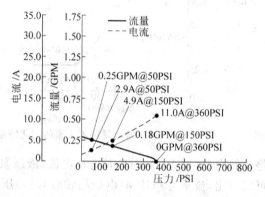

图 7-104　车速为 50MPH 时电机电流、液压泵流量随着压力的变化特性

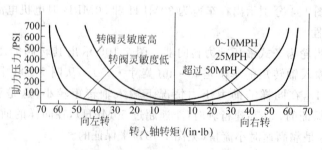

图 7-105　EHPS 转向器的转阀压力-输入轴转矩特性曲线

采用 EHPS 系统的一个优点是,当汽车发动机停转以后还有动力转向能力,这时靠蓄电池给转向系统供电。

7.19.6 电动转向系统

在采用液压转向系统(包括 EHPS 系统)的车辆上,只要发动机一启动,动力转向泵便被驱动并向系统供油,而不管是否需要转向助力,直到发动机熄火为止。在此过程中都需要消耗能量。另外,在可变转向力转向系统中,控制器、调控装置也都需要供电驱动。所以整个系统能量消耗较大,对汽车的燃油经济性有不利的影响。

电动转向系统通常称为 EPS(Electric Power Steering)系统,其动力助力源是电机,利用机械传动装置直接把电机的功率传递给转向轴(见图 7-106)或转向器的齿条(见图 7-107)。最初,发展电动转向系统主要是为了改善汽车的燃油经济性。由于 EPS 系统便于进行电子控制,有利于其功能的扩展。

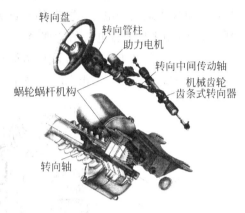

图 7-106 对转向轴助力的 EPS 系统

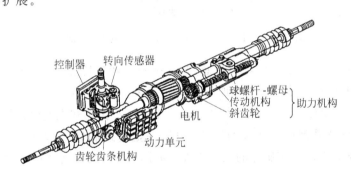

图 7-107 日本本田公司的 EPS 系统

下面以日本本田公司开发的电动转向系统为例来介绍电动转向系统的基本原理。图 7-108 示出 EPS 系统的组成,其中包括 EPS 转向器、两个车速传感器、保险丝、继电器盒和故障指示灯。

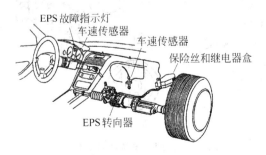

图 7-108 日本本田公司的 EPS 系统组成

图 7-107 示出 EPS 齿轮齿条式电动转向器，它是在常规的机械齿轮齿条式转向器的基础上发展而来的，主要增加了如下部件：①一个转向传感器，用来检测转向输入，即输入轴转矩和转速；②一个控制器，根据来自转向传感器的输入信号(输入轴转矩、转速)和车速信号来计算(利用查表法)最佳的转向助力，并且把该计算结果传输给动力单元，同时其还具有对系统本身进行故障诊断的功能；③一个动力单元，根据来自控制器的指令信号对电机发出适当的电压、电流，驱动助力电机运转；④一个助力机构，其是一个球螺杆-螺母机构，用来把来自电机的功率(转矩和转速)转换成驱动齿条移动的功率(力和速度)。这些部件都安装在 EPS 转向器中，结构很紧凑，有利于工作性能的稳定，减小重量、散热和自动装配。图 7-109 示出 EPS 系统的工作原理图。

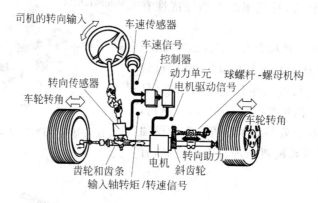

图 7-109 日本本田公司的 EPS 系统的工作原理图

图 7-110 示出 EPS 系统的转向传感器，包括一个转矩传感器和一个转速传感器，它们分别用来检测驾驶员对转向盘施加的转矩和转速。如图 7-110 所示，输入轴转速传感器由固结于输入轴的齿轮、惰轮、固结于直流发电机的小齿轮和直流电机组成。输入轴的转速被上述齿轮系升高以后驱动直流发电机，并把转速和转动方向信号输往控制器。图 7-111 示出输入轴转矩传感器的工作原理。如图 7-110 所示，转矩传感器由输入轴(与

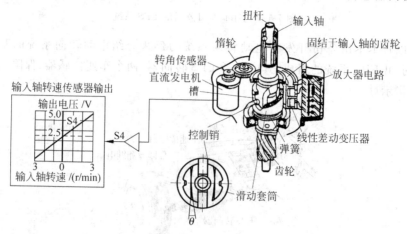

图 7-110 EPS 系统的转向传感器

转向盘相连)、转向器的小齿轮、扭杆(位于输入轴和转向器小齿轮之间,并连接它们)、滑动套筒(安装在转向器小齿轮上,仅可以沿着该齿轮的轴线移动)、弹簧(阻止滑动套筒偏离直线行驶位置,使该套中的槽与固结于输入轴的控制销始终保持接触)、线性差动变压器(把滑动套筒的移动转换成电信号)组成。如图7-111所示,当向右转动转向盘时,就在输入轴上施加了一个向右的转矩,位于输入轴和转向器小齿轮之间的扭杆就有了一个扭角,固结在输入轴上的控制销通过滑动套中的槽克服弹簧力向下推滑动套,这样就把扭杆的扭角转换成了滑动套向下的移动位移;当驾驶员松开转向盘时,输入轴上的转矩消失,在扭杆恢复力矩的作用下,扭杆的扭角也消失了,汽车恢复为直线行驶状态;当向左转动转向盘时,就在输入轴上施加了一个向左的转矩,位于输入轴和转向器小齿轮之间的扭杆就有了一个扭角,固结在输入轴上的控制销通过滑动套中的槽克服弹簧力向上推滑动套,这样就把扭杆的扭角转换成了滑动套向上的移动位移。所以,这些移动位移的大小和方向直接反映的是扭杆扭转角的大小和方向。由于扭杆的刚度是一定的,所以上述移动位移的大小和方向也反映了输入轴转矩的大小及方向。在图7-111中,差动变压器的输出S3是输入轴转矩信号,信号S1和S2用作故障诊断信号。

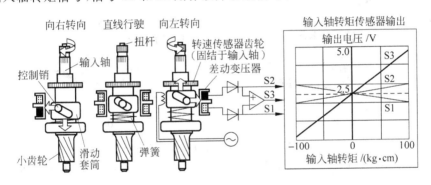

图7-111 输入轴转矩传感器的工作原理

采用EPS系统的一个优点是当汽车发动机停转以后还有动力转向能力,这时靠蓄电池给转向系统供电。电动转向系统只有当需要助力时,控制器才向助力电机供应电功率,这样既节省了能源,又有利于改善汽车的燃油经济性。

如图7-106和图7-107所示,EPS系统中的电机电枢、传动机构零件(蜗轮、蜗杆或球螺杆、螺母等)的转动惯量、质量不利于转向回正。因此,在转向回正时,需要利用电机的转矩来克服它们的不利影响,这是EPS控制策略的一个重要方面。

图7-112示出日本本田公司在2007年款的轻型卡车上采用的EPS系统,是前述EPS系统的发展型,原理也是相同的。该轻型卡车的质量为2157~2270kg。图7-113示出两种不同的EPS系统。其中,在图7-113(a)中,电机通过一个蜗轮蜗杆机构对齿轮-齿条式转向器的齿轮施加助力转矩、转速;在图7-113(b)所示的齿轮齿条式转向器中,除了转向盘直接控制的齿轮以外,还专门增加了一个助力齿轮,电机通过一个蜗轮蜗杆机构对助力齿轮施加助力转矩、转速,并由转向盘操纵转向传感器。

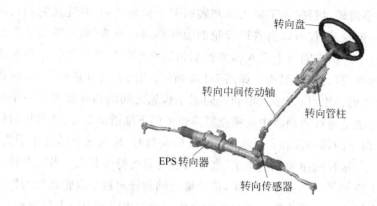

图 7-112　日本本田公司在 2007 年款的轻型卡车上采用的 EPS 系统

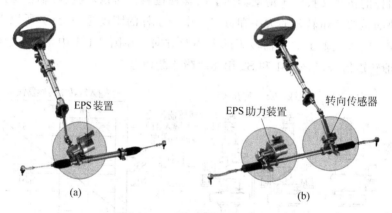

图 7-113　两种不同的 EPS 系统
(a) 对齿轮-齿条式转向器的齿轮施加助力转矩；(b) 对专门增加的助力齿轮施加助力转矩

图 7-114 示出两种 EPS 系统的照片。

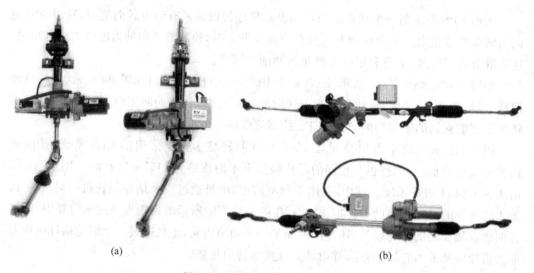

图 7-114　两种 EPS 系统的照片

8 车轮定位参数概述

8.1 车轮定位参数

车轮(前轮和后轮)定位参数包括车轮外倾角、主销内倾角、主销偏移距、主销后倾角、前束角(或前束),如图 8-1 和图 8-2 所示。车轮定位参数对汽车的操纵稳定性、转向性能、轮胎磨损寿命、悬架零件和转向系统零件受力等有重要影响。在汽车行驶过程中,车轮定位参数一般会随着车轮相对于车架或车身的运动和车轮受力而发生变化。在汽车设计中,一般通过适当的悬架设计和转向系统来控制车轮定位参数的变化规律,使其有利于汽车的有关性能,这是汽车悬架和转向系统设计的基本内容。因此,正确理解车轮定位参数及其影响对于悬架和转向系统的设计是极其重要的。本章主要介绍车轮定位参数的定义、空车和设计位置的定位参数设定及其影响,主要是对轮胎磨损的影响。在第 11~14 章中将分别介绍各个车轮定位参数的变化特性及其对操纵稳定性、零部件受力等的影响。

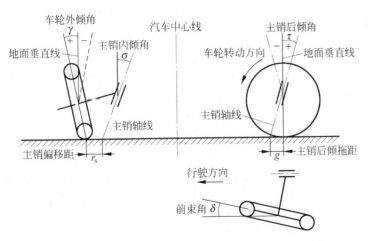

图 8-1 车轮定位参数的示意图

表 8-1 示出几种汽车转向轮的定位参数。需要注意的是,在修理车间进行车轮定位参数测量,检验其与生产厂家规定值的符合性时,该车辆应该处于空车状态。

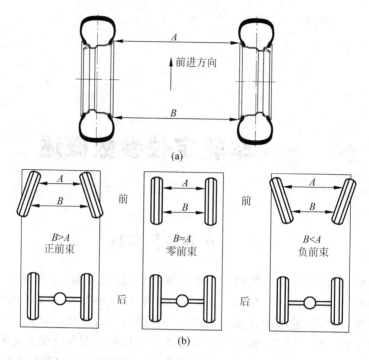

图 8-2 前束与负前束

(a) A—轮辋最前点之间的距离,B—轮辋最后点之间的距离;(b) 前束定义($B-A$)及正前束、零前束、负前束

表 8-1 几种汽车的转向轮定位参数

汽车型号	主销后倾角	主销内倾角	前轮外倾角	前轮前束/mm
北京 BJ1040	1°30′	7°30′	1°	1.5～3
北京 BJ2020	3°	5°20′	1°30′	3～5
跃进 NJ1041A	2°30′	8°	1°	1.5～3
解放 CA1091	1°30′	8°	1°	2～4
东风 EQ1090E	2°30′	6°	1°	8～12
东风 EQ2080	0°30′	8°	1°	2～5
黄河 JN1150	2°	6°50′	1°40′	6～8
黄河 JN1181C13	2°	5°	1°	3～4.5
红旗 CA7560	−1°−30′	7°−30′	0°+30′	5～7
上海桑塔纳	30′		−30′±20′	−1～3
一汽奥迪 100	1.16°	14.2°	−0°30′±30′	0.5～1
一汽高尔夫	1°30′±30′(不可调)		−30′±20′	±10′
一汽捷达	1°30′±30′	14°	−30′±20′	(0～±10′)
斯太尔 991.200/4×2		6°50′	1°40′	0～4
吉林 JL1010	2°30′	11°30′	1°30′	6～10
黄海 HH680	1°	6°50′	1°40′	6～8

8.2 车轮外倾角

在汽车前视图中(见图 8-1),车轮外倾角 γ 是车轮中心平面相对于地面垂直线的倾角。车轮外倾角有正、负之分。车轮上部离开汽车中心线的为正的车轮外倾角;反之为负的车轮外倾角。比较老的车辆常具有较大的正的车轮外倾角,其目的是保证车轮垂直于那时的表面弧度比较大的单车道路面。

货车空车时对其前轮有外倾角要求,一般要求是正的车轮外倾角。而当满载时由于其前轴受载变形,车轮外倾角明显减小以至为零。实际上,货车在满载时其车轮垂直于地面是有利的。所以,使货车满载时其前轮外倾角为零是设计其空车时前轮外倾角的一个指导思想。可以利用如下思路确定空车时的货车前轮外倾角:计算其前桥系统在满载时相对于空车时的弯曲变形增量、车轮轴的转角增量(例如采用有限元分析法),以这个车轮轴的转角增量作为空车时的前轮外倾角。也可以参考类似车辆前轮外倾角的统计数据来选择前轮外倾角。

在现代轿车上,前轮外倾角通常在 $0°\sim-1°20'$ 之间,制造公差通常为 $\pm30'$,左、右车轮外倾角之差不允许超过 $30'$。应在空车状态下对车轮的外倾角进行测量和调整。

设定的车轮外倾角应该有利于减小轮胎磨损,这也是选择车轮外倾角的主要考虑因素之一。不正确的车轮外倾角会造成轮胎快速、异常磨损。如图 8-3 所示,过大的正的车轮外倾角会使轮胎外侧发生异常磨损,这是因为轮胎的外侧承受的负荷大于其内侧。而过大的负的车轮外倾角则会引起轮胎内侧的异常磨损,其原因是轮胎内侧承受的负荷大于其外侧。

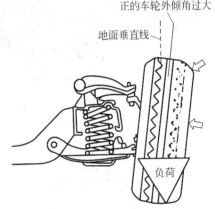

图 8-3 正的车轮外倾角过大时会引起轮胎外侧异常磨损

8.3 主销后倾角

在汽车的侧视图中(见图 8-1),主销后倾角 τ 是主销轴线(转向车轮的旋转轴线)相对于地面垂直线的倾角。主销后倾角有正、负之分。主销轴线上部向后倾斜的是正的主销后倾角,主销轴线上部向前倾斜的是负的主销后倾角。

在图 8-4 所示货车的前桥(非独立悬架)中,确实有主销这个零件,前轮在转向时就绕着它旋转,旋转轴线与主销的轴线重合。这便是主销内倾角这个术语的最初来源。

但是,在采用独立悬架的汽车中不存在主销这个零件,只有主销轴线。在图 8-5 所示的双横臂式悬架中,主销轴线是转向节上、下球头销中心的连线。在图 8-6 所示的麦克弗森式悬架中,主销轴线是在立柱上支点处的轴承中心与悬架横摆臂球头销中心的连线。图 8-7 示出一个四连杆式独立悬架,其导向机构由上、下两组连杆组成,每组连杆又包括

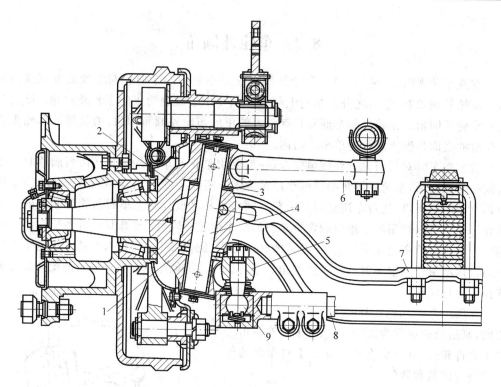

图 8-4 货车的转向桥(非断开式转向从动桥)

1—转向节推力轴承；2—转向节；3—调整垫片；4—主销；5—转向梯形臂；6—转向节臂；7—前梁；8—转向横拉杆；9—球头销

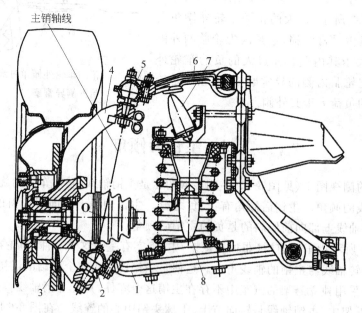

图 8-5 双横臂式悬架及其主销轴线

1,6—下横臂及上横臂；2,5—球头销；3—半轴等速万向节；4—转向节；7,8—缓冲块

前、后两个连杆。每个连杆在内侧都有自己的转轴,每个连杆在外侧都通过一个球铰与转向节相连。对于每个连杆,都可通过其内侧的转轴中心和外侧的球铰中心画一条中心连线。两个上方连杆的中心连线相交于点 E,两个下方连杆的中心连线相交于点 G。E 和 G 的连线就是这种多连杆式独立悬架的虚拟主销轴线。转向时,车轮就是绕上述主销轴线转动的。

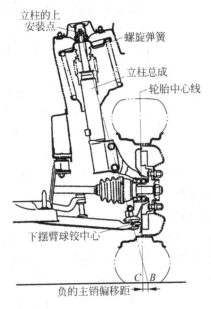

图 8-6 麦克弗森式悬架及其主销轴线

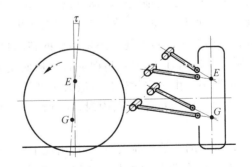

图 8-7 一种四连杆式独立悬架及其虚拟主销轴线 EG

如图 8-8 所示,正的主销后倾角的作用是使主销轴线与地面的交点 B 位于轮胎接地印迹中心 C 之前,它们之间的距离 $r_{\tau,k}$ 称为主销后倾拖距或机械拖距。汽车在转向时,转向车轮上作用有侧向力,这个力会引起弹性轮胎出现侧偏角。地面对轮胎作用的侧向力 F_y 的作用点 A 位于轮胎的地面印迹中心 C 之后,A 和 C 之间的距离称为轮胎拖距 $r_{\tau,T}$。

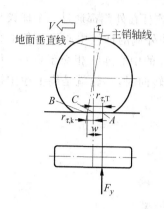

图 8-8 主销后倾角的作用原理
A—侧向力作用点;B—主销轴线与地面的交点;C—车轮在地面上的印迹中心

这时,侧向力对主销的回正力矩 A_T 可近似为

$$A_T = F_y(r_{\tau,k} + r_{\tau,T}) = F_y w \quad (8-1)$$

其中,w 为总拖距

$$w = r_{\tau,k} + r_{\tau,T} \quad (8-2)$$

所以,由于这种机械拖距 $r_{\tau,k}$ 的存在,加大了侧向力对主销轴线的回正力矩。这种回正力矩在汽车以高、中速行驶,且以较小的转向轮转角转向时效果较大。这种回正力矩的增大会增大驾驶员转动转向盘的力,即转向力。

采用负的主销后倾角可以减小侧向力对主销的回正力矩,从而可以减小驾驶员的转向力。在前轴负荷较大,没有采用动力转向的汽车上可以采用这种负的主销后倾角,以减小转向力。但是,如果负的主销后倾角过大则可能会引起汽车的方向稳定性变差,以致驾驶员必须不断地转动转向盘进行方向修正才能维持沿直线行驶。

在发动机前置—后轮驱动的现代轿车上,其主销后倾角的范围大致在 $+4°\sim+11°$ 之间。在发动机前置—前轮驱动的现代轿车上,主销后倾角一般在 $1°\sim4°$ 之间。主销后倾角的公差一般为 $\pm30'$,也有放大到 $\pm1°30'$ 的,以降低制造成本。一般还要求左、右侧主销后倾角之差不大于 $30'$,以避免车辆向一侧偏驶。因此,在公差图纸上的主销后倾角标注格式应为:主销后倾角 $\tau=4°\pm30'$,左、右侧主销后倾角之差不允许超过 $30'$。应在空车状态下进行主销后倾角的测量和调整。

如果主销后倾角过大,在汽车转向、车轮绕主销轴线转动时会引起车轮外倾角的变化(见图 8-9),从而可能间接地引起轮胎的磨损。图 8-9 示出一辆汽车的右前轮,其具有正的主销后倾角。在向左转向时(见图 8-9(a)),该车轮是外轮;由于具有正的主销后倾角,可以近似认为车轮绕主销轴线的转动可以分解出一个绕前后方向水平轴线的逆时针转动(从后向前看),从而使车轮外倾角向负的方向变化,趋于引起轮胎内侧的磨损。而当汽车向右转向时(见图 8-9(c)),车轮绕主销轴线的转动也可以分解出一个绕前后方向水平轴线的转动,但是为顺时针转动(从后向前看),从而使车轮外倾角向正的方向变化,趋于引起轮胎外侧的磨损。由于内轮转角一般大于外轮转角,所以轮胎外侧的磨损一般比内侧的磨损大。当主销后倾角在 $2°$ 以内时,这种由主销后倾角间接引起的轮胎磨损一般不明显。

如果某些汽车的前轴负荷较小,并且出现了回正性能不良的情况,可以考虑采用较大的主销后倾角。但是,除了增大转向力以外,过大的主销后倾角还会引起其他问题。汽车行驶时车轮会由于地面不平而受到交变的侧向干扰力。主销后倾角越大,这些侧向干扰力对主销的动态力矩就越大,从而对转向系统零件的动态载荷和转向盘的冲击力就越大,还可能引起振动和噪声问题。研究表明,过大的主销后倾角还有引起车轮摆振的可能。另外,主销后倾角越大,汽车对侧向风的敏感性也越大(见图 13-8)。

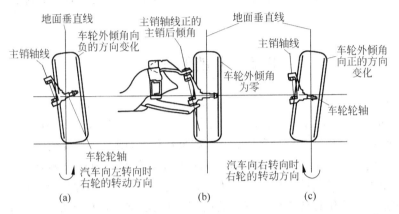

图 8-9 汽车右前轮转向时由于主销后倾角引起的车轮外倾角的变化
(a) 向左转向；(b) 向前行驶；(c) 向右转向

8.4 主销内倾角

在汽车前视图中（见图 8-1），主销内倾角 σ 是前轮的旋转轴线（主销轴线）相对于地面垂直线的倾角。在现代汽车中，主销内倾角的范围一般在 $3°\sim15°30'$ 之间。重型卡车前桥的主销内倾角较小，目的是减小转向力。由于主销内倾角与车轮外倾角直接相关，一般仅对车轮外倾角设定公差，而不单独对主销内倾角设定公差。

主销内倾角对改善汽车的操纵性是有利的，因为它的存在可向转向轮施加一个回正力矩。图 8-10 示出汽车直线行驶时的状态，F 点为车轮的中心，过 F 点作主销轴线的垂线，与主销轴线交于 E 点。当转向轮绕倾斜的主销轴线转动时，E 点的位置保持不变。而从前视图（见图 8-10）中看，车轮中心将沿着 F 点和 E 点的连线向 E 点移动，即其高度逐渐降低，这样使轮胎的接地点也逐渐降低。但是，在地面的约束下，轮胎接地点的高度是不变的，从而使 E 点的高度升高，也就是使转向节和汽车的前部升高，势能增大，有降低高度的趋势，而且这种趋势在汽车向前和向后行驶中都存在。这会引起一个转向阻力矩。主销内倾角越大，这个转向阻力矩就越大。而且，随着车轮转角的增

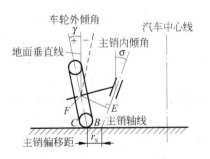

图 8-10 车轮绕主销轴线转动时主销内倾角对车轮中心高度的影响

大,这个由主销内倾角造成的转向阻力矩会越来越大。

主销内倾角也会引起转向时车轮外倾角的变化。如图13-12所示,在主销后倾角$\tau=0°$时,随着车轮绕主销轴线转动,车轮外倾角总是向正的方向变化,即使车轮轴线向外指向下方。而在主销后倾角$\tau>0°$时(见图13-14),随着车轮作为转向时的内轮绕主销轴线转动,车轮外倾角向正的方向变化,也使车轮轴线向外指向下方;而随着车轮作为外轮绕主销轴线转动,车轮外倾角向负的方向变化,则使车轮轴线向外指向上方。所以,主销内倾角的存在会使转向时车轮外倾角发生变化,从而对轮胎内、外侧的磨损造成影响。

8.5 主销偏移距

在汽车前视图(见图8-1)中,主销偏移距r_s是主销轴线与地面的交点和车轮中心线与地面交点之间的距离。主销偏移距也有正负之分。如果主销轴线与地面的交点在车轮中心线与地面交点的内侧,则主销偏移距为正;如果在外侧,则为负。现代轿车的主销偏移距r_s一般在$-18\sim+20$mm之间。图8-6示出一个主销偏移距为负的例子。

最初,采用主销内倾角的主要目的是为了减小主销偏移距。从图8-4～图8-6中可以看出,汽车的主销或主销轴线都位于车轮的内侧,如果没有主销内倾角,就会导致比较大的主销偏移距。在汽车行驶、车轮受到纵向冲击力或制动力时,特别是当两侧车轮受力不相同时,它们会对主销作用一个比较大的力矩,从而把较大的载荷传递给转向杆系、转向盘,从而会影响驾驶员的驾驶舒适性和转向杆系强度、刚度的设计。

当主销轴线与地面的交点和轮胎在地面上的印迹中心重合时,偏移距为零,这种转向称为中心点转向。在图8-7中,一种四连杆式独立悬架的虚拟主销轴线EG与轮胎接地中心相交,属于中心点转向。中心点转向的一个重要优点在于,制动力和驱动力(在转向驱动桥情况下)对主销轴线均无转矩作用,因为它们都通过轮胎接地中心。在这种情况下,主销内倾角一般不小于$10°$。而当主销偏移距为负时,主销内倾角会更大。

如果主销偏移距不等于零,则在停车转向时,车轮将绕主销轴线与地面的交点B边滚、边滑(见图8-10),这样可以在某种程度上减小转向阻力。而如果偏移距为零,即C点与B点重合,则停车转向时,车轮将绕C点纯滑动,这时的转向阻力较大。

在一些比较新型的汽车中采用了负的主销偏移距,如图8-6所示。采用负的主销偏移距的优点是:在一个轮胎放气或左、右车轮上制动力不相等时,其具有抵抗汽车改变行驶方向的能力。如图8-11所示,假设汽车正在进行制动,驾驶员握紧转向盘,防止其转动。汽车右前轮上作用的制动力$F_{B,R}$大于左前轮上的制动力$F_{B,L}$,这会在汽车上作用一个使汽车向右转的不平衡力矩。但是,由于存在负的主销偏移距,即主销轴线与地面的交点B位于轮胎接地印迹中心C的外侧,这些制动力还会对车轮作用一个绕B点的力矩,这些力矩作用到转向系统上,通过使转向杆系产生弹性变形而使右前轮沿逆时针方向转动一个角度α_R,使左前轮沿顺时针方向转动一个角度α_L,并且$\alpha_R>\alpha_L$。这两个角度就是侧偏角,产生对应的侧向力分别为$F_{L,R}$和$F_{L,L}$,并且$F_{L,R}>F_{L,L}$,从而使汽车向左转向。因此,汽车的上述两个转向作用相互抵消,有助于维持汽车的直线行驶。但当主销偏移距

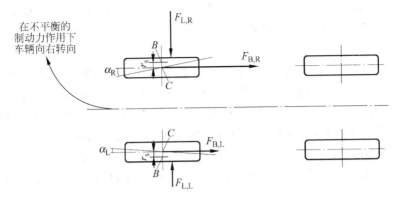

图 8-11 负的主销偏移距对汽车行驶的影响

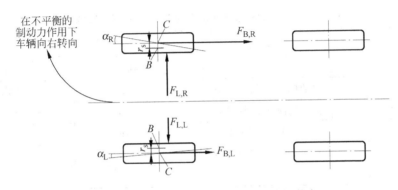

图 8-12 正的主销偏移距对汽车行驶的影响

为正时(见图 8-12),则不具有这种维持直线行驶的特性,不平衡的制动力所引起的侧向力的总的影响是加剧汽车向右转向。

采用负的主销后倾角的代价是增大了转向阻力矩,因为为了获得负的主销偏移距必须采用较大的主销内倾角。

主销偏移距的尺度一般不超过轮胎接地印迹宽度的一半,因为继续增大其尺度也不会使停车转向阻力继续减小,反而会增大地面冲击对转向盘的影响。

8.6 前 束

如图 8-1 和图 8-2 所示,在汽车的俯视图上,前束角是车轮中心线与汽车纵向对称轴线之间的夹角。如下是比较典型的轿车前桥前束角设定值:①+15′±10′(后桥驱动);②0°±10′(前桥驱动)。如果没有特别指出前束角公差,则一般取±25′的公差。

在实际中,还采用前束这个参数(见图 8-2),其定义为左、右车轮轮辋最后点之间的距离 B 与左、右轮轮辋最前点之间的距离 A 之差,即 $B-A$。一般为 0~5mm。

在前轮不是驱动轮时,往往设置前束,即当汽车静止时,前轮具有故意设置的前束。但是当汽车行驶时,在从动轮前轮上作用有向后的力(例如滚动阻力等,它们是地面作用在车轮上的力),这种力会使转向杆系发生变形,在主销偏移距为正时,将趋于使前束向负的方向变化。这样,当汽车行驶起来以后,两个前轮将趋于相互平行。而如果主销偏移距为负,则在车辆静止时设置负的前束也可以取得相同的效果。应该指出,当汽车行驶时,零前束是希望的。

对于前轮驱动汽车,当主销偏移距为正时,往往设置负的前束(当汽车静止时)。当汽车行驶时,在前轮上作用有地面驱动力(方向向前),它们也会使转向杆系发生变形,使前束向正的方向变化。所以,当汽车行驶起来以后,两个前轮将趋于相互平行。但如果主销偏移距为负,则汽车静止时,前轮应该设置正的前束,而不是负的前束。

如果上述纵向力所引起的前束角变化不大,也可以选择零前束或不大的正前束(在汽车静止时)。另外,在设定前束角时,还应该考虑汽车制动力所引起的前束角变化情况。

表 8-2 示出一些汽车的前束角或前束的设定值(适用于空载状态)。

表 8-2 一些汽车的前束角或前束的设定值(适用于空载状态)

汽车	驱动形式	前束角/前束	
		前轴	后轴
奔驰 190E	发动机前置-后轮驱动	$+20'\pm10'$	$+25'^{+10'}_{-5'}$
奔驰 500SE	发动机前置-后轮驱动	$+3\pm1$mm	$+3.5^{+1}_{-1.5}$mm
福特 Escort	发动机前置-前轮驱动	-2.5 ± 1mm	
奥迪 80	发动机前置-前轮驱动	$+10'\pm15'$	
奥迪 100 quattro	全轮驱动	$0°^{+5'}_{-10'}$	$-10'\pm10'$

前束选择得过大,会引起轮胎的异常磨损。过大的前束对于斜交轮胎所造成的磨损模式与子午线轮胎不同。图 8-13 和图 8-14 分别示出不正确的前束设定对斜交轮胎、子午线轮胎造成的磨损模式。过大的正的前束会引起子午线轮胎外侧的异常磨损(见图 8-14)。而过大的负的前束会引起子午线轮胎内侧的异常磨损。这种磨损模式与过大的车轮外倾角所引起的异常磨损看起来很相似,很容易引起误判。因此,应该在测量了所有车轮定位参数以后,再做出判断。

前束也有抵消车轮外倾角影响的作用。如果存在车轮外倾角,左、右车轮分别向外侧转动。而如果左、右两轮带有向内的前束角,则又使它们向内侧转动。在适当选择车轮外倾角和前束的情况下,这两者的作用可以相互抵消,使左、右车轮沿直线行进,如图 8-15 所示。

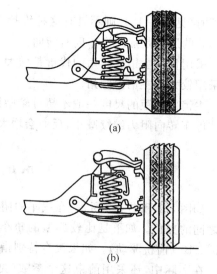

图 8-13 不正确的前束设定对斜交轮胎造成的磨损模式
(a) 过大的正的前束所引起的羽毛状轮胎磨损;
(b) 过大的负的前束所引起的羽毛状轮胎磨损

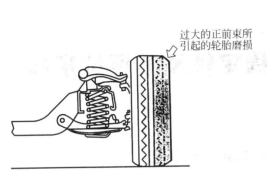

图 8-14 不正确的前束设定对子午线轮胎造成的磨损模式

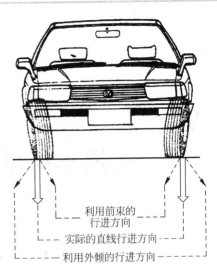

图 8-15 车轮前束与车轮外倾角对汽车行驶的影响

8.7 车轮定位参数的变化

应该指出，上述车轮定位参数一般都是空车时的定位参数。

当汽车使用时，一般都认为其处于设计位置。汽车的设计位置也称为零位置(zero position)或通常位置(normal position)。汽车的设计位置与设计载荷状态相对应。对于卡车来说，设计位置对应于满载状态。表 8-3 示出乘用车的设计载荷状态，其根据是国际标准 ISO/IS 1958 "道路车辆：对乘用车的外部保护"。对于一辆五座轿车，其设计位置是车内乘坐 3 人时的状态，其中每人质量为 68kg，2 人坐在前排座椅，1 人坐在后排座椅。为了使左、右两侧车轮的负荷对称，后排乘员应该坐在后排座位的中间位置。在这个状态测量的车轮定位参数称为静态车轮定位参数。它们是汽车静止时的参数。但是，当汽车行驶时，车轮定位参数一般都会随着车轮相对于车架或车身的运动和车轮受力而发生变化。这种变化的特性就是悬架的 K 特性和 C 特性。K 特性是指悬架系统的刚体运动学特性，即认为悬架的零件是刚体，它们之间利用球铰、圆柱铰等连接起来，在这种系统运动时所引起的车轮定位参数变化。C 特性是指悬架系统在受到各种力和力矩作用时所引起的车轮定位参数变化。

在研究汽车悬架车轮定位参数变化特性时，起始点是设计位置，即车轮定位参数的变化是相对于在设计位置的相应参数的变化。

在汽车悬架、转向系统及相关接口零件的设计中，应保证底盘系统具有正确的 K 特性和 C 特性，保证车轮定位参数、车轮位置具有正确的变化规律，这是悬架和转向系统设计的基本内容。在第 11～14 章中将具体介绍这些内容。

表 8-3 乘用车的设计载荷状态
（每个人的质量为 68kg）

车辆的座位总数	载荷状态（车内人员数量及其位置）
2 和 3	2 人，都在前排座位
4 和 5	2 人在前排座位；1 人在后排座位
6 和 7	2 人在前排座位；2 人在后排座位

9 汽车操纵稳定性及其评价指标

9.1 不足转向度的定义

由 Olley 提出的古典不足转向的定义是基于车辆在固定转向半径行驶中对转向角输入的响应的(见图 9-1)。为了保持转向半径不变,随着车速或侧向加速度的不同,需要改变前轮或转向盘的转角(见图 9-2)。需要改变的角度取决于车辆的特性(操纵性特性)。

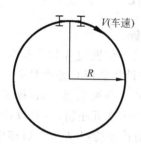
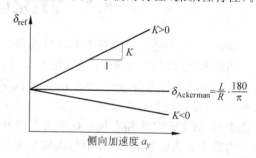

图 9-1 汽车的定半径转向试验   图 9-2 在汽车定半径转向中不足转向度 K 的定义

假设车辆具有线性特性(在侧向加速度不超过 0.3g 时,这种线性假设一般比较符合实际情况),随着侧向加速度或车速的增加,所需要的前轮或转向盘转角线性变化(见图 9-2),即

$$\delta_{ref} = \frac{L}{R} \cdot \frac{180}{\pi} + K a_y = \delta_{Ackerman} + K a_y \qquad (9-1)$$

$$\delta_{ref} = \frac{\delta_{SW}}{R_{st}} \qquad (9-2)$$

$$\delta_{Ackerman} = \frac{L}{R} \cdot \frac{180}{\pi} \qquad (9-3)$$

式中,L 是车辆轴距;R 是转向半径;δ_{ref} 是前轮参考转角;δ_{SW} 是转向盘转角;R_{st} 是转向系统的角传动比;$\delta_{Ackerman}$ 是车辆以极低的车速行驶(侧向加速度趋于零)、转向半径 R 很大时所需要的前轮参考转角,也称为阿克曼转角,如图 9-3 所示;a_y 是侧向加速度;K 是不足转向度,即为了保持等半径

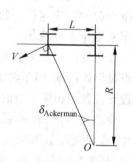

图 9-3 车辆以极低车速(侧向加速度趋于零)转向

行驶所需要的前轮参考转角 δ_{ref} 的变化斜率。在确定前轮参考转角 δ_{ref} 时,假设转向系统是理想的,不考虑其中的间隙、弹性变形等影响因素。

如图 9-2 所示,如果斜率 $K>0$,则随着侧向加速度的增大需要增大前轮转角 δ_{ref} 才能保持转向半径 R 不变(通过转动转向盘实现),这种车辆具有不足转向特性;如果 $K=0$,则随着侧向加速度的增大不需要增大前轮转角 δ_{ref} 也能保持转向半径 R 不变,这种车辆具有中性转向特性;如果 $K<0$,则随着侧向加速度的增大需要减小前轮转角 δ_{ref} 才能保持转向半径 R 不变,这种车辆具有过多转向特性。一般希望车辆具有适当的不足转向特性,即 $K>0$。

不足转向度 K 的意义是:为了使车辆保持等半径稳态行驶,单位侧向加速度增量所需要的前轮转向角增量。K 的单位是 $(°)/(m/s^2)$ 或 $(°)/g$。由于车辆的不足转向特性一般与速度有关,这种定义有一些小的误差。但是,这种不足转向的物理定义很直观,易于理解和计算。在车辆的不足转向性能设计中,一般可以忽略上述不大的误差。应该注意,上述不足转向的定义是在稳态转向工况(车速和转向半径都保持不变的行驶工况)下作出的。

图 9-4 示出实际的汽车定半径 R 稳态操纵稳定性试验结果($R=42m$),两辆试验车都具有不足转向特性,而且在侧向加速度低于 $3m/s^2$(约 $0.3g$)时,转向盘的转角基本上随着侧向加速度线性增加,不足转向度 K 是正常数。

利用图 9-4 所示这类道路试验方法测量的是一辆汽车的总的不足转向。这个总的不足转向是一些不同的不足转向影响的总和,而这些不足转向影响是由许多车辆和轮胎的参数所决定的。如果可以确定各个影响因素各自对不足转向的贡献,就可以为改进设计指出比较明确的方向。

一般认为有三种操纵性行驶工况,即低侧向加速度、中侧向加速度和高侧向加速度行驶工况。在正常行驶中遇到的情况一般属于低侧向加速度行驶工况,包括正常转弯、超车换道等。在这些行驶工况中,侧向加速度(车速 u 的平方除以转向半径 R,即 u^2/R)不超过 $0.3g$。低侧向加速度范围是最经常碰到的行驶工况,在这种工况中车辆一般具有线性特性(见图 9-4)。紧急规避行驶一般属于中等侧向加速度行驶工况,侧向加速度的范围在 $0.3g\sim0.5g$ 之间。在高侧向加速度范围内,侧向加速度在 $0.5g$ 以上,这时车辆轮胎即将丧失或者已经丧失驱动能力。

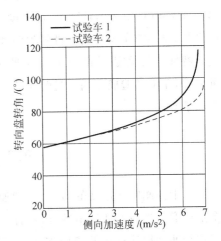

图 9-4 实际的汽车定半径 R 稳态操纵稳定性试验结果($R=42m$)

9.2 引起车辆不足转向的原因

造成车辆不足转向的原因主要有 4 个,具体如下。
(1) 车身侧倾的影响。车身侧倾引起悬架弹性元件的变形,由于悬架导向机构和转向杆系的运动学特性引起车轮转向角和外倾角的变化,从而对车辆不足转向造成影响。

(2) 轮胎力和力矩的影响。由于悬架和转向系统的弹性特性,作用在轮胎上的力和力矩引起车轮转向角和外倾角变化,从而对车辆不足转向造成影响。

(3) 重量分布和轮胎侧偏刚度的影响。车辆重量在前、后轴上的分配不同,引起在稳态转向时作用在前、后轴上的侧向力不同。为了产生这两个不同的侧向力,前、后轮胎的侧偏角不同,从而对车辆不足转向造成影响。

(4) 回正力矩对刚性车身的影响。由于轮胎回正力矩试图使车辆脱离转向行驶而对车辆不足转向造成影响。

上述影响车辆不足转向的原因可以分成两类,即 K 特性和 C 特性。其中,K 是 kinematics 的首字母,即运动学,其认为悬架的零件是刚体,它们之间利用球铰、圆柱铰等连接起来。K 特性是指在车轮相对于车架或车身进行运动(悬架压缩、伸张)时,由于悬架、转向系统有关零件的刚体运动学关系所引起的车轮定位参数或车轮位置的变化特性;而 C 是 compliance 的首字母,即柔度,是指在地面对车轮作用的力、力矩作用下悬架、转向系统、车架或车身有关零件发生弹性变形,从而引起车轮定位参数、车轮位置所发生的变化特性。与柔度(compliance)相当的一个词是弹性运动学(elastokinematics)。按照这种分类,在上述造成车辆不足转向的 4 个原因中,车辆侧倾的影响属于 K 特性,其他影响都属于 C 特性。

9.3 线性假设

由于低侧向加速度范围(侧向加速度在 0.3g 以下)是最经常碰到的行驶工况,在这个加速度范围内保证汽车具有适当的不足转向度 K 具有重要意义。而在汽车设计中能够比较准确地计算在低侧向加速度范围的不足转向度 K,并且据此及时对设计进行修改,对于保证汽车具有适当的不足转向度是很重要的。

为了简化低侧向加速度不足转向度 K 的计算,有必要做出一些假设。在低侧向加速度范围内,所涉及的车辆和轮胎特性一般比较接近线性,在此认为它们就是线性的。这是第一个假设。

在车辆进行稳态转向时,在内、外侧车轮之间要发生载荷转移,即内侧车轮上的一部分载荷转移到外侧车轮上。而这种车轮载荷的变化会影响到车轮的侧偏特性。但是,在低侧向加速度范围内,由于这种车轮载荷的转移量比较小,可以近似认为在一个车轴的内、外侧车轮上发生的侧偏特性变化可以基本上相互抵消。所以,第 2 个假设是,在一个车轴上车轮总的侧偏特性不受车轮上载荷转移的影响。

应该指出,在中等和高侧向加速度范围内上述两个假设都不成立。因此,在本章中介绍的计算不足转向度 K 的方法仅适用于低侧向加速度范围。

9.4 线性三自由度车辆操纵性模型及模型参数

图 9-5 示出线性三自由度车辆操纵性模型,其中采用 SAE 操纵性坐标系统,Z 轴通过车辆总质心垂直向下,坐标原点 O 是 Z 轴与悬上质量侧倾轴线 x'-x' 的交点,X 轴水平向前,Y 轴水平向右。三个自由度分别是横摆角速度 ω、质心偏离角 β、悬上质量侧倾角 ϕ。该模型适用于低侧向加速度范围。

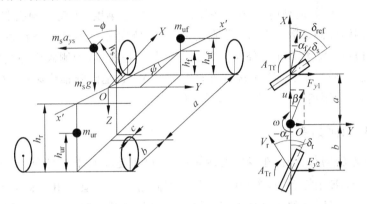

图 9-5 线性三自由度车辆操纵性模型

当汽车进行稳态转向时的有关模型公式如下:

$$\delta_{\text{ref}} = \delta_{\text{s}} - \alpha_{\text{f}} + \frac{u\beta + a\omega}{u} \cdot \frac{180}{\pi} \tag{9-4}$$

$$\alpha_{\text{f}} = \frac{u\beta + a\omega}{u} \cdot \frac{180}{\pi} + \delta_{\text{s}} - \delta_{\text{ref}} \tag{9-5}$$

$$\frac{-u\beta + b\omega}{u} \cdot \frac{180}{\pi} = -\alpha_{\text{r}} - \delta_{\text{r}} \tag{9-6}$$

$$\alpha_{\text{r}} = \frac{u\beta - b\omega}{u} \cdot \frac{180}{\pi} - \delta_{\text{r}} \tag{9-7}$$

$$F_{y1} = -2C_{\alpha\text{f}}\alpha_{\text{f}} + 2C_{\gamma\text{f}}\gamma_{\text{f}} \tag{9-8}$$

$$F_{y2} = -2C_{\alpha\text{r}}\alpha_{\text{r}} + 2C_{\gamma\text{r}}\gamma_{\text{r}} \tag{9-9}$$

$$\delta_{\text{s}} = -E_{\phi\text{f}}\phi + E_{y\text{f}}\frac{m_{\text{sf}}(u\omega)}{2} - E_{n\text{f}} \cdot \frac{A_{\text{Tf}}}{2} \tag{9-10}$$

$$A_{\text{Tf}} = 2N_{\alpha\text{f}}\alpha_{\text{f}} + 2N_{\gamma\text{f}}\gamma_{\text{f}} \tag{9-11}$$

$$\gamma_{\text{f}} = \Gamma_{\phi\text{f}}\phi - \Gamma_{y\text{f}}\frac{m_{\text{sf}}(u\omega)}{2} + \Gamma_{n\text{f}}\frac{A_{\text{Tf}}}{2} \tag{9-12}$$

$$\delta_{\text{r}} = -E_{\phi\text{r}}\phi + E_{y\text{r}}\frac{m_{\text{sr}}(u\omega)}{2} - E_{n\text{r}}\frac{A_{\text{Tr}}}{2} \tag{9-13}$$

$$A_{\text{Tr}} = 2N_{\alpha\text{r}}\alpha_{\text{r}} + 2N_{\gamma\text{r}}\gamma_{\text{r}} \tag{9-14}$$

$$\gamma_{\text{r}} = -\Gamma_{\phi\text{r}}\phi + \Gamma_{y\text{r}}\frac{m_{\text{sr}}(ur)}{2} - \Gamma_{n\text{r}}\frac{A_{\text{Tr}}}{2} \tag{9-15}$$

以上各式及图 9-5 中，α_f、α_r 分别是前、后轴侧偏角；u 是车辆前驶速度；a、b 分别是车辆质心至前、后轴的距离；δ_{ref} 是前轴的参考转角；δ_s、δ_r 分别是前、后轴的变形转向角；F_{y1}、F_{y2} 分别是前、后轴的侧向力；C_{af}、C_{ar} 分别是前、后轴一侧轮胎的侧偏刚度；γ_f、γ_r 分别是前、后轴车轮的外倾角；$C_{\gamma f}$、$C_{\gamma r}$ 分别是前、后轴一侧轮胎的外倾刚度；$E_{\phi f}$、$E_{\phi r}$ 分别是前、后轴侧倾转向系数；E_{yf}、E_{yr} 分别是前、后轴侧向力变形转向系数；E_{nf}、E_{nr} 分别是前、后轴回正力矩变形转向系数；m_{uf}、m_{ur} 分别是前、后轴悬下质量；m_{sf}、m_{sr} 分别是前、后轴悬上质量；A_{Tf}、A_{Tr} 分别是前、后轴回正力矩；N_{af}、N_{ar} 分别是前、后轴一侧轮胎回正力矩刚度（侧偏角引起）；$N_{\gamma f}$、$N_{\gamma r}$ 分别是前、后轴一侧轮胎回正力矩刚度（车轮外倾引起）；$\Gamma_{\phi f}$、$\Gamma_{\phi r}$ 分别是前、后轴侧倾外倾系数；Γ_{yf}、Γ_{yr} 分别是前、后轴侧向力变形车轮外倾系数；Γ_{nf}、Γ_{nr} 分别是前、后轴回正力矩变形车轮外倾系数；h_f、h_r 分别是前、后轴侧倾中心高度；h_{uf}、h_{ur} 分别是前、后轴悬下质量质心高度；m_s 是车辆悬上质量；ψ 是侧倾轴线倾角；h_s 是悬上质量质心至侧倾轴线的距离；a_{ys} 是悬上质心的侧向加速度。

9.4.1 车身侧倾的影响

当车辆向左转向行驶时，车身向右侧倾，使右侧车轮相对于车身向上移动，左侧车轮向下移动。在 SAE 坐标系中，车身向右侧倾，侧倾角 ϕ 取正值。由于悬架导向机构和转向杆系的运动学特性，这种运动会引起车轮转向角和外倾角的变化。这些变化会影响车辆的不足转向。

1. 侧倾转向（roll steer）

测量侧倾转向特性的试验原理如图 9-6 所示。其中，车身固定，使支承车轮的地面绕车辆纵向垂直对称平面与水平地面的交线转动，转角即为车身侧倾角。同时测量车轮转向角和车身侧倾角，得到如图 9-7 所示的车轮转向角-车身侧倾角特性曲线。利用这些曲线计算侧倾转向系数（roll steer coefficient）E_ϕ，也就是在 0 侧倾角时的曲线斜率，这是因为在低侧向加速度范围内所发生的侧倾角一般比较小。E_ϕ 的计算公式为

$$E_\phi = \frac{\dfrac{\Delta\delta_R + \Delta\delta_L}{2}}{\Delta\phi} \tag{9-16}$$

式中，$\Delta\delta_R$、δ_L 分别是同一轴上右、左侧车轮的转向角增量；$\Delta\phi$ 是车身侧倾角增量。注意图 9-7 中车轮转向角的符号，即在汽车向左转向行驶、侧倾角 ϕ 取正的情况下，规定向右的转向角 δ 取正，其有利于不足转向。

2. 侧倾外倾（roll camber）

在车身发生侧倾时，由于悬架导向机构和转向杆系的运动学特性，车轮的外倾角一般也发生变化。车轮外倾角会引起一个侧向力（车轮外倾推力），它对车辆的不足转向有影响。在利用图 9-6 所示试验系统进行侧倾试验时，在测量车轮转向角和车身侧倾角的同时，还测量车轮外倾角，得到如图 9-8 所示的车轮外倾角-车身侧倾角特性曲线。利用这些曲线计算侧倾外倾系数 Γ_ϕ，也就是在 0 侧倾角时的曲线斜率，这是因为在低侧向加速度范围内所发生的侧倾角一般比较小。Γ_ϕ 的计算公式为

9 汽车操纵稳定性及其评价指标   255

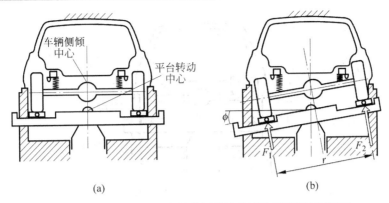

图 9-6 测量侧倾转向和车轮外倾特性的试验原理图(后视图)
(a) 可转动平台处于水平位置；(b) 可转动平台发生了转动

$$\Gamma_\phi = \frac{\frac{\Delta\gamma_R - \Delta\gamma_L}{2}}{\Delta\phi} \tag{9-17}$$

式中，$\Delta\gamma_R$、$\Delta\gamma_L$ 分别是同一轴上右、左侧车轮的外倾角增量；$\Delta\phi$ 是车身侧倾角增量。注意图 9-8 中车轮外倾角的符号，即车轮上端偏向车辆外侧为正、偏向内侧为负。

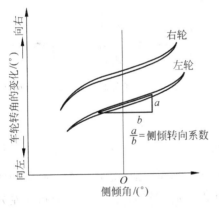
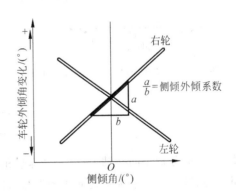

图 9-7 车轮转向角-车身侧倾角特性曲线   图 9-8 车轮外倾角-车身侧倾角特性曲线

9.4.2 轮胎力的影响

当车辆进行转向行驶时，在轮胎接地面上作用有侧向力。这些侧向力作用在悬架和转向系统上。由于悬架和转向系统具有一定的弹性，这些力造成车轮转向角和外倾角的变化，分别称为侧向力变形转向(lateral force compliance steer)和侧向力变形外倾(lateral force compliance camber)。

图 9-9 示出用于测量侧向力变形转向和侧倾的试验原理，其中在浮动轮胎托盘上施加一个侧向力 F_y，同时测量车轮转向角 δ 和外倾角 γ，获得车轮转向角-侧向力特性曲线(见图 9-10)和车轮外倾角-侧向力特性曲线(见图 9-11)。

从图 9-10 所示曲线可以计算侧向力变形转向系数 E_y，也就是在 0 侧向力时的曲线斜率。E_y 的计算公式为

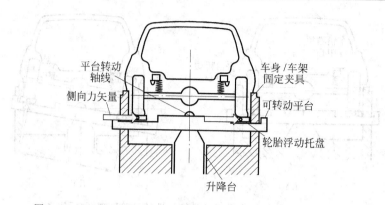

图 9-9 用于测量侧向力变形转向和外倾的试验原理图(前视图)

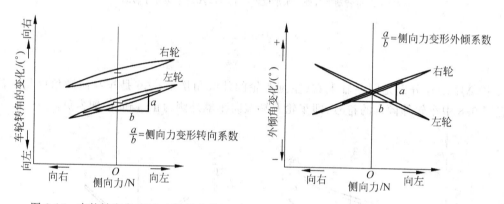

图 9-10 车轮转向角-侧向力特性曲线 　　图 9-11 车轮外倾角-侧向力特性曲线

$$E_y = \frac{\frac{\Delta\delta_R + \Delta\delta_L}{2}}{\Delta F_y} \tag{9-18}$$

式中,$\Delta\delta_R$、δ_L 分别是同一轴上右、左侧车轮的转向角增量;ΔF_y 是在每个轮胎上的侧向力增量。注意图 9-10 中车轮转向角的符号,即在汽车向左转向行驶、侧向力指向左方的情况下(见图 9-9),规定向右的转向角 δ 取正,其有利于不足转向。

从图 9-11 所示曲线可以计算侧向力变形外倾系数 Γ_y,也就是在 0 侧向力时的曲线斜率。Γ_y 的计算公式为

$$\Gamma_y = \frac{\frac{\Delta\gamma_R - \Delta\gamma_L}{2}}{\Delta F_y} \tag{9-19}$$

式中,$\Delta\gamma_R$、$\Delta\gamma_L$ 分别是同一轴上右、左侧车轮的外倾角增量;ΔF_y 是在每个轮胎上的侧向力增量。注意图 9-11 中车轮外倾角的符号,即车轮上端偏向车辆外侧为正、偏向内侧为负。

9.4.3 轮胎回正力矩的影响

当车辆进行转向行驶时,地面对轮胎还作用有回正力矩,其作用是试图减小车轮的转

向角。这些回正力矩作用在悬架和转向系统上。由于悬架和转向系统具有一定的弹性，这些力矩造成车轮转向角和外倾角的变化，分别称为回正力矩变形转向（aligning torque compliance steer）和回正力矩变形外倾（aligning torque compliance camber）。

图 9-12 示出用于测量回正力矩变形转向和侧倾的试验原理，其中在浮动轮胎托盘上施加一个回正力矩 A_T，同时测量车轮转向角 δ 和外倾角 γ，获得车轮转向角-回正力矩特性曲线（见图 9-13）。虽然也可以获得车轮外倾角-回正力矩特性曲线，但是，由回正力矩引起的车轮外倾角对车辆不足转向的贡献一般很小，约为车轮转向角贡献的百分之一，往往可以忽略。

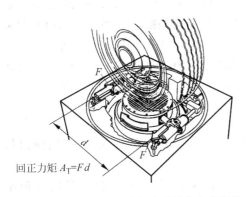

图 9-12　用于测量回正力矩变形转向和外倾的试验原理图

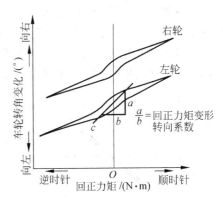

图 9-13　车轮转向角-回正力矩特性曲线

在车辆行驶中，轮胎回正力矩是由轮胎侧偏角和外倾角所决定的。应该注意，车身侧倾和轮胎侧向力都会引起车轮外倾角的变化，从而对轮胎回正力矩造成影响。

从图 9-13 所示曲线可以计算回正力矩变形转向系数 E_n，也就是在 0 回正力矩时的曲线斜率。E_n 的计算公式为

$$E_n = \frac{\dfrac{\Delta\delta_R + \Delta\delta_L}{2}}{\Delta A_T} \tag{9-20}$$

式中，$\Delta\delta_R$、$\Delta\delta_L$ 分别是同一轴上右、左侧车轮的转向角增量；ΔA_T 是在每个轮胎上的回正力矩增量。注意图 9-13 中车轮转向角的符号，即在回正力矩方向为顺时针的情况下，规定顺时针方向的转向角 δ 取正。

9.4.4　车辆重量分布和轮胎侧偏刚度的影响

车辆重量在前、后轴上的分布直接决定车辆在转向行驶时前、后轴上需要发出的侧向力。为了产生这些侧向力，前、后轴轮胎需要产生的侧偏角对车辆的不足转向影响比较大。在前轴轮胎上产生的侧偏角试图使车辆脱离转向行驶，有利于不足转向。而在后轴轮胎上产生的侧偏角试图使车辆加剧转向，有利于过多转向。这些侧偏角的大小取决于轮胎上的垂直载荷和轮胎的侧偏刚度。垂直载荷越大、轮胎侧偏刚度越小，侧偏角就越大。

9.4.5 刚体车身回正力矩转向

这种影响是由于作用在所有轮胎上的回正力矩都试图转动这个车辆使其脱离转向行驶而造成的。其作用总是有利于不足转向,但是数值一般比较小,对大部分车辆来说在 $0.25(°)/g$ 左右。即一般取刚体车身回正力矩转向(rigid body aligning torque steer) $D_{bA}=0.25(°)/g$。

9.4.6 侧倾角刚度的测量

车辆侧倾角刚度(roll stiffness)的单位是 $N·m/(°)$。图9-6示出进行侧倾角刚度测量的原理图,其中车身固定。分别测量前、后悬架的侧倾角刚度,然后把它们叠加起来得到车辆的侧倾角刚度。在试验中旋转轮胎支承面(可转动平台),同时测量各个轮胎托盘上的正交力 F_1、F_2,把左、右轮胎上的正交力相减,得到正交力之差 $\Delta F=F_2-F_1$,ΔF 乘以轮距 T 的一半就是侧倾力矩 M_ϕ,即

$$M_\phi = \Delta F \frac{T}{2} \tag{9-21}$$

图9-14示出获得的侧倾力矩-侧倾角特性曲线。

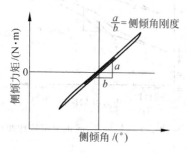

图 9-14 侧倾力矩-侧倾角特性曲线

从图9-14所示曲线可以计算侧倾角刚度 K_ϕ,也就是在0侧倾角时的曲线斜率。K_ϕ 的计算公式为

$$K_\phi = \frac{\Delta M_\phi}{\Delta \phi} \tag{9-22}$$

式中,ΔM_ϕ 是侧倾力矩增量;$\Delta \phi$ 是车身侧倾角增量。

9.4.7 制动转向

汽车在制动中引起车轮转向角的现象称为制动转向(brake steer)。制动转向会造成制动跑偏,即制动时车辆向左或右偏驶。发生制动转向的可能原因如下。

(1) 悬架和转向系统的变形

车辆左、右侧悬架或转向系统的刚度可能存在差别,车辆左、右侧的主销偏移距也可能不同。在这些情况下,即使左、右侧制动力相同,也会发生左、右侧车轮前束角变化不同的情况,造成制动转向、制动跑偏。

在刚性车轴的情况下,如果左、右侧悬架的刚度不同,在制动时会使车轴发生转动,引起制动转向。

(2) 制动点头的影响

制动时由于重量转移使前悬架压缩、后悬架伸张,如果左、右侧悬架和转向杆系的运动学特性有差别,就可能造成左、右侧车轮运动干涉转向角的差别,从而造成制动转向。

(3) 左、右侧制动力不均衡

制动器材料摩擦系数或制动器夹紧力的差别可能是造成左、右侧制动力不均衡的原

因,这种不均衡会引起车辆制动转向。

图 9-15 示出进行制动转向测量的原理图,其中车身固定不动。在试验中,向两侧轮胎各施加一个相同的向后的力(模拟制动力),同时在垂直方向移动车轮托盘,以模拟制动点头现象。在试验过程中,测量车轮转向角、外倾角。在车辆左、右侧测量的这些角度的差别就指明制动转向的程度。

如果观察到有明显的制动转向,可以通过改变施加制动力、垂直位移的工况(例如仅施加制动力或仅施加垂直位移)来确定引起制动转向的原因。

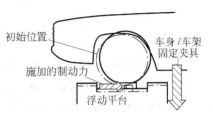

图 9-15 进行制动转向测量的原理图

如果未观察到明显的制动转向,则通过施加不均衡的制动力来确定车辆对于制动力不均衡的敏感程度。

9.5 不足转向度 K 的计算

图 9-5、图 9-16 示出考虑了车辆悬架变形、侧倾特性的车辆转向模型。设转动转向盘,转向盘的转角为 δ_{SW},转向系统的角传动比为 R_{st},则得到一个前轮的参考转角 δ_{ref},即

$$\delta_{ref} = \frac{\delta_{SW}}{R_{st}}$$

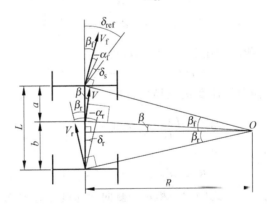

图 9-16 考虑了转向柔度的车辆转向模型

在转向过程中,由于轮胎上的作用力、力矩(例如垂直力、轮胎侧向力、回正力矩等)和悬架的运动,使车轮产生变形转角 δ_s(前轮)、δ_r(后轮),轮胎产生侧偏角 α_f(前轮)、α_r(后轮),如图 9-5、图 9-16 所示。

把式(9-4)和式(9-6)相加,得

$$\delta_{ref} - \delta_r - \alpha_r = \delta_s - \alpha_f + \frac{u\beta + a\omega}{u} \cdot \frac{180}{\pi} + \frac{-u\beta + b\omega}{u} \cdot \frac{180}{\pi}$$
$$= \delta_s - \alpha_f + \frac{L\omega}{u} \cdot \frac{180}{\pi} = \delta_s - \alpha_f + \frac{L}{R} \cdot \frac{180}{\pi}$$

因而有

$$\delta_{ref} = \delta_s - \alpha_f + \delta_r + \alpha_r + \frac{L}{R} \cdot \frac{180}{\pi} \tag{9-23}$$

把式(9-23)与式(9-1)进行比较,可以看出

$$Ka_y = \delta_s - \alpha_f + \delta_r + \alpha_r$$

$$K = \frac{\delta_s - \alpha_f + \delta_r + \alpha_r}{a_y} \tag{9-24}$$

在线性系统情况下,可以利用式(9-24)计算车辆的不足转向度。

下面介绍推导不足转向度 K 表达式的另外一种方法(见图 9-16)。前、后桥中心的速度矢量分别为 V_f、V_r,它们的偏离角分别是 β_f、β_r,O 是瞬时转向中心,R 是转向半径。有如下关系式:

$$R\left(\beta_f \frac{\pi}{180}\right) + R\left(\beta_r \frac{\pi}{180}\right) = L$$

$$\beta_f + \beta_r = \frac{L}{R} \frac{180}{\pi} \tag{9-25}$$

从图 9-16 可以看出

$$\beta_f = \delta_{ref} - \delta_s - (-\alpha_f) = \delta_{ref} - \delta_s + \alpha_f \tag{9-26}$$

$$\beta_r = (-\alpha_r) - \delta_r = -\delta_r - \alpha_r \tag{9-27}$$

把式(9-26)、式(9-27)代入式(9-25),得

$$\delta_{ref} - \delta_s + \alpha_f + (-\delta_r - \alpha_r) = \frac{L}{R} \frac{180}{\pi}$$

$$\delta_{ref} = \delta_s - \alpha_f - (-\delta_r - \alpha_r) + \frac{L}{R} \frac{180}{\pi} \tag{9-28}$$

对式(9-28)相对于侧向加速度 a_y 求导数,得

$$\delta'_{ref} = \delta'_s - \alpha'_f - (-\delta'_r - \alpha'_r) \tag{9-29}$$

对式(9-1)相对于侧向加速度 a_y 求导数,得

$$\delta'_{ref} = \left(\frac{L}{R} \frac{180}{\pi}\right)' + Ka'_y = K \tag{9-30}$$

由式(9-29)、式(9-30)可得

$$K = \delta'_s - \alpha'_f - (-\delta'_r - \alpha'_r) \tag{9-31}$$

应该注意,在对式(9-1)、式(9-28)相对于侧向加速度 a_y 求导数时都利用到了转向半径 R 固定不变这个条件,即认为车辆进行固定半径 R 行驶。

定义两个参数,即前桥转向柔度 D_f、后桥转向柔度 D_r,其中

$$D_f = \frac{d(\delta_s - \alpha_f)}{da_y} = \delta'_s - \alpha'_f \tag{9-32}$$

$$D_r = \frac{d(-\delta_r - \alpha_r)}{da_y} = -\delta'_r - \alpha'_r \tag{9-33}$$

因此,有

$$K = D_f - D_r \tag{9-34}$$

在稳态转向时,侧向加速度 a_y 为

$$a_y = \omega u \tag{9-35}$$

式中，ω 是车辆的横摆角速度；u 是汽车前进速度。它们都是常数。

9.5.1 前桥转向柔度 D_f 的分析

对式(9-11)相对于侧向加速度 a_y 求导数，得

$$A'_{Tf} = 2N_{\alpha f}\alpha'_f + 2N_{\gamma f}\gamma'_f \tag{9-36}$$

对式(9-12)相对于侧向加速度 a_y 求导数，得

$$\gamma'_f = \Gamma_{\phi f}\phi' - \Gamma_{yf}\frac{m_{sf}(u\omega)'}{2} + \Gamma_{nf}\frac{A'_{Tf}}{2} \tag{9-37}$$

把式(9-36)代入式(9-37)，得

$$\gamma'_f = \Gamma_{\phi f}\phi' - \Gamma_{yf}\frac{m_{sf}}{2} + \frac{\Gamma_{nf}}{2}(2N_{\alpha f}\alpha'_f + 2N_{\gamma f}\gamma'_f)$$

$$= \Gamma_{\phi f}\phi' - \Gamma_{yf}\frac{m_{sf}}{2} + \Gamma_{nf}N_{\alpha f}\alpha'_f + \Gamma_{nf}N_{\gamma f}\gamma'_f$$

$$(1 - \Gamma_{nf}N_{\gamma f})\gamma'_f = \Gamma_{\phi f}\phi' - \Gamma_{yf}\frac{m_{sf}}{2} + \Gamma_{nf}N_{\alpha f}\alpha'_f$$

$$\gamma'_f = \frac{1}{1 - \Gamma_{nf}N_{\gamma f}}\left(\Gamma_{\phi f}\phi' - \Gamma_{yf}\frac{m_{sf}}{2} + \Gamma_{nf}N_{\alpha f}\alpha'_f\right) \tag{9-38}$$

令

$$A_1 = -\frac{1}{1 - \Gamma_{nf}N_{\gamma f}}\Gamma_{yf}\frac{m_{sf}}{2} \tag{9-39}$$

$$A_2 = \frac{1}{1 - \Gamma_{nf}N_{\gamma f}}\Gamma_{\phi f} \tag{9-40}$$

$$A_3 = \frac{1}{1 - \Gamma_{nf}N_{\gamma f}}\Gamma_{nf}N_{\alpha f} \tag{9-41}$$

把式(9-39)~式(9-41)代入式(9-38)，得

$$\gamma'_f = A_1 + A_2\phi' + A_3\alpha'_f \tag{9-42}$$

由式(9-8)可得

$$F_{y1} = (m_{sf} + m_{uf})(u\omega) = -2C_{\alpha f}\alpha_f + 2C_{\gamma f}\gamma_f$$

$$(m_{sf} + m_{uf}) = -2C_{\alpha f}\alpha'_f + 2C_{\gamma f}\gamma'_f$$

$$\alpha'_f = -\frac{m_{sf} + m_{uf}}{2C_{\alpha f}} + \frac{C_{\gamma f}}{C_{\alpha f}}\gamma'_f \tag{9-43}$$

把式(9-43)代入式(9-42)，得

$$\gamma'_f = A_1 + A_2\phi' - A_3\frac{m_{sf} + m_{uf}}{2C_{\alpha f}} + A_3\frac{C_{\gamma f}}{C_{\alpha f}}\gamma'_f \tag{9-44}$$

$$\left(1 - A_3\frac{C_{\gamma f}}{C_{\alpha f}}\right)\gamma'_f = A_1 + A_2\phi' - A_3\frac{m_{sf} + m_{uf}}{2C_{\alpha f}} \tag{9-45}$$

$$\gamma'_f = \frac{1}{1 - A_3\dfrac{C_{\gamma f}}{C_{\alpha f}}}\left(A_1 + A_2\phi' - A_3\frac{m_{sf} + m_{uf}}{2C_{\alpha f}}\right) \tag{9-46}$$

参见图 9-5，有如下关系式：

$$m_s a_y h_s + m_s g h_s (-\phi) \frac{\pi}{180} - (C_{\phi f} + C_{\phi r})(-\phi) = 0 \tag{9-47}$$

$$m_s a_y h_s = -\left(-m_s g h_s \frac{\pi}{180} + C_{\phi f} + C_{\phi r}\right)\phi \tag{9-48}$$

$$\phi = -\frac{m_s a_y h_s}{C_{\phi f} + C_{\phi r} - m_s g h_s \frac{\pi}{180}} \tag{9-49}$$

式中，侧倾角 ϕ 的单位是 $(°)$。

对式 (9-49) 相对于侧向加速度 a_y 求导数，得

$$\phi' = -\frac{m_s h_s}{C_{\phi f} + C_{\phi r} - m_s g h_s \frac{\pi}{180}} \tag{9-50}$$

式中，ϕ' 称为侧倾度，即单位侧向加速度所引起的车身（悬上质量）的侧倾角。

把求出的 ϕ' 代入式 (9-46) 计算 γ'_f，再把 γ'_f 代入式 (9-43) 计算 α'_f。

对式 (9-10) 相对于侧向加速度 a_y 求导数，得

$$\delta'_s = -E_{\phi f}\phi' + E_{yf}\frac{m_{sf}(u\omega)'}{2} - E_{nf}\frac{A'_{T,f}}{2} \tag{9-51}$$

把式 (9-36) 代入式 (9-51)，得

$$\delta'_s = -E_{\phi f}\phi' + E_{yf}\frac{m_{sf}}{2} - \frac{E_{nf}}{2}(2N_{\alpha f}\alpha'_f + 2N_{\gamma f}\gamma'_f) \tag{9-52}$$

把式 (9-43)、式 (9-52) 代入式 (9-32)，得

$$\begin{aligned}
D_f &= \delta'_s - \alpha'_f \\
&= -E_{\phi f}\phi' + E_{yf}\frac{m_{sf}}{2} - \frac{E_{nf}}{2}(2N_{\alpha f}\alpha'_f + 2N_{\gamma f}\gamma'_f) + \frac{m_{sf}+m_{uf}}{2C_{\alpha f}} - \frac{C_{\gamma f}}{C_{\alpha f}}\gamma'_f \\
&= -E_{\phi f}\phi' + E_{yf}\frac{m_{sf}}{2} - \frac{E_{nf}}{2}(2N_{\alpha f}\alpha'_f + 2N_{\gamma f}\gamma'_f) + \frac{m_{sf}+m_{uf}}{2C_{\alpha f}} \\
&\quad - \frac{C_{\gamma f}}{C_{\alpha f}}\left(\Gamma_{\phi f}\phi' - \Gamma_{yf}\frac{m_{sf}}{2} + \Gamma_{nf}\frac{A'_{T,f}}{2}\right) \\
&= -E_{\phi f}\phi' + E_{yf}\frac{m_{sf}}{2} - \frac{E_{nf}}{2}(2N_{\alpha f}\alpha'_f + 2N_{\gamma f}\gamma'_f) + \frac{m_{sf}+m_{uf}}{2C_{\alpha f}} \\
&\quad - \frac{C_{\gamma f}}{C_{\alpha f}}\Gamma_{\phi f}\phi' + \frac{C_{\gamma f}}{C_{\alpha f}}\Gamma_{yf}\frac{m_{sf}}{2} - \frac{C_{\gamma f}}{C_{\alpha f}}\frac{\Gamma_{nf}}{2}(2N_{\alpha f}\alpha'_f + 2N_{\gamma f}\gamma'_f)
\end{aligned} \tag{9-53}$$

按照式 (9-53) 计算的前桥转向柔度 D_f 的单位是 $(°)/(m/s^2)$。D_f 可以分解如下。

(1) 重量分配转向 $D_{w,f}$

$$D_{w,f} = \frac{m_{sf} + m_{uf}}{2C_{\alpha f}} \tag{9-54}$$

(2) 侧倾转向 (roll steer) $D_{\phi s,f}$

$$D_{\phi s,f} = -E_{\phi f}\phi' \tag{9-55}$$

(3) 侧向力转向(lateral force steer)$D_{ys,f}$

$$D_{ys,f} = E_{yf}\frac{m_{sf}}{2} \tag{9-56}$$

(4) 回正力矩转向(aligning torque steer)$D_{sn,f}$

$$D_{sn,f} = -\frac{E_{nf}}{2}(2N_{\alpha f}\alpha'_f + 2N_{\gamma f}\gamma'_f) \tag{9-57}$$

(5) 侧倾外倾转向 $D_{\phi c,f}$

$$D_{\phi c,f} = -\frac{C_{\gamma f}}{C_{\alpha f}}\Gamma_{\phi f}\phi' \tag{9-58}$$

(6) 侧向力外倾转向 $D_{yc,f}$

$$D_{yc,f} = \frac{C_{\gamma f}}{C_{\alpha f}}\Gamma_{yf}\frac{m_{sf}}{2} \tag{9-59}$$

(7) 回正力矩外倾转向 $D_{cn,f}$

$$D_{cn,f} = -\frac{C_{\gamma f}}{C_{\alpha f}}\frac{\Gamma_{nf}}{2}(2N_{\alpha f}\alpha'_f + 2N_{\gamma f}\gamma'_f) \tag{9-60}$$

前悬架的总不足转向柔度 D_f 为它们的代数和,即

$$D_f = D_{\phi s,f} + D_{\phi c,f} + D_{ys,f} + D_{yc,f} + D_{cn,f} + D_{sn,f} + D_{w,f} \tag{9-61}$$

9.5.2 后桥转向柔度 D_r 的分析

后桥转向柔度 D_r 的表达式为式(9-33),即

$$D_r = \frac{d(-\delta_r - \alpha_r)}{da_y} = -\delta'_r - \alpha'_r$$

对式(9-14)相对于侧向加速度 a_y 求导数,得

$$A'_{T,r} = 2N_{\alpha r}\alpha'_r + 2N_{\gamma r}\gamma'_r \tag{9-62}$$

对式(9-15)相对于侧向加速度 a_y 求导数,得

$$\gamma'_r = -\Gamma_{\phi r}\phi' + \Gamma_{yr}\frac{m_{sr}(u\omega)'}{2} - \Gamma_{nr}\frac{A'_{T,r}}{2} \tag{9-63}$$

把式(9-62)代入式(9-63),得

$$\gamma'_r = -\Gamma_{\phi r}\phi' + \Gamma_{yr}\frac{m_{sr}}{2} - \frac{\Gamma_{nr}}{2}(2N_{\alpha r}\alpha'_r + 2N_{\gamma r}\gamma'_r)$$

$$= -\Gamma_{\phi r}\phi' + \Gamma_{yr}\frac{m_{sr}}{2} - \Gamma_{nr}N_{\alpha r}\alpha'_r - \Gamma_{nr}N_{\gamma r}\gamma'_r \tag{9-64}$$

$$(1 + \Gamma_{nr}N_{\gamma r})\gamma'_r = -\Gamma_{\phi r}\phi' + \Gamma_{yr}\frac{m_{sr}}{2} - \Gamma_{nr}N_{\alpha r}\alpha'_r \tag{9-65}$$

$$\gamma'_r = \frac{1}{1 + \Gamma_{nr}N_{\gamma r}}\left(-\Gamma_{\phi r}\phi' + \Gamma_{yr}\frac{m_{sr}}{2} - \Gamma_{nr}N_{\alpha r}\alpha'_r\right) \tag{9-66}$$

令

$$C_1 = \frac{1}{1 + \Gamma_{nr}N_{\gamma r}}\Gamma_{yr}\frac{m_{sr}}{2} \tag{9-67}$$

$$C_2 = -\frac{1}{1+\Gamma_{nr}N_{\gamma r}}\Gamma_{\phi r} \tag{9-68}$$

$$C_3 = -\frac{1}{1+\Gamma_{nr}N_{\gamma r}}\Gamma_{nr}N_{\alpha r} \tag{9-69}$$

$$\gamma'_r = C_1 + C_2\phi' + C_3\alpha'_r \tag{9-70}$$

由式(9-9)可以得到

$$F_{y2} = (m_{sr} + m_{ur})(u\omega) = -2C_{\alpha r}\alpha_r + 2C_{\gamma r}\gamma_r \tag{9-71}$$

对式(9-71)相对于侧向加速度 a_y 求导数,得

$$(m_{sr} + m_{ur}) = -2C_{\alpha r}\alpha'_r + 2C_{\gamma r}\gamma'_r \tag{9-72}$$

$$\alpha'_r = -\frac{m_{sr}+m_{ur}}{2C_{\alpha r}} + \frac{C_{\gamma r}}{C_{\alpha r}}\gamma'_r \tag{9-73}$$

把式(9-73)代入式(9-70),得

$$\gamma'_r = C_1 + C_2\phi' - C_3\frac{m_{sr}+m_{ur}}{2C_{\alpha r}} + C_3\frac{C_{\gamma r}}{C_{\alpha r}}\gamma'_r \tag{9-74}$$

$$\left(1 - C_3\frac{C_{\gamma r}}{C_{\alpha r}}\right)\gamma'_r = C_1 + C_2\phi' - C_3\frac{m_{sr}+m_{ur}}{2C_{\alpha r}} \tag{9-75}$$

$$\gamma'_r = \frac{1}{1 - C_3\frac{C_{\gamma r}}{C_{\alpha r}}}\left(C_1 + C_2\phi' - C_3\frac{m_{sr}+m_{ur}}{2C_{\alpha r}}\right) \tag{9-76}$$

把从式(9-50)求出的 ϕ' 代入式(9-76)计算 γ'_r,再把 γ'_r 代入式(9-73)计算 α'_r。

对式(9-13)相对于侧向加速度 a_y 求导数,得

$$\delta'_r = -E_{\phi r}\phi' + E_{yr}\frac{m_{sr}(u\omega)'}{2} - E_{nr}\frac{A'_{T,r}}{2} \tag{9-77}$$

把式(9-62)代入式(9-77),得

$$\delta'_r = -E_{\phi r}\phi' + E_{yr}\frac{m_{sr}}{2} - \frac{E_{nr}}{2}(2N_{\alpha r}\alpha'_r + 2N_{\gamma r}\gamma'_r) \tag{9-78}$$

$$\begin{aligned}D_r &= -\delta'_r - \alpha'_r \\ &= E_{\phi r}\phi' - E_{yr}\frac{m_{sr}}{2} + \frac{E_{nr}}{2}(2N_{\alpha r}\alpha'_r + 2N_{\gamma r}\gamma'_r) + \frac{m_{sr}+m_{ur}}{2C_{\alpha r}} - \frac{C_{\gamma r}}{C_{\alpha r}}\gamma'_r \\ &= E_{\phi r}\phi' - E_{yr}\frac{m_{sr}}{2} + \frac{E_{nr}}{2}(2N_{\alpha r}\alpha'_r + 2N_{\gamma r}\gamma'_r) \\ &\quad + \frac{m_{sr}+m_{ur}}{2C_{\alpha r}} - \frac{C_{\gamma r}}{C_{\alpha r}}\left(-\Gamma_{\phi r}\phi' + \Gamma_{yr}\frac{m_{sr}}{2} - \Gamma_{nr}\frac{A'_{T,r}}{2}\right) \\ &= E_{\phi r}\phi' - E_{yr}\frac{m_{sr}}{2} + \frac{E_{nr}}{2}(2N_{\alpha r}\alpha'_r + 2N_{\gamma r}\gamma'_r) + \frac{m_{sr}+m_{ur}}{2C_{\alpha r}} \\ &\quad + \frac{C_{\gamma r}}{C_{\alpha r}}\Gamma_{\phi r}\phi' - \frac{C_{\gamma r}}{C_{\alpha r}}\Gamma_{yr}\frac{m_{sr}}{2} + \frac{C_{\gamma r}}{C_{\alpha r}}\frac{\Gamma_{nr}}{2}(2N_{\alpha r}\alpha'_r + 2N_{\gamma r}\gamma'_r) \end{aligned} \tag{9-79}$$

按照式(9-79)计算的后桥转向柔度 D_r 的单位是 $(°)/(m/s^2)$。D_r 可以分解如下。

(1) 重量分配转向 $D_{w,r}$

$$D_{w,r} = \frac{m_{sr} + m_{ur}}{2C_{ar}} \tag{9-80}$$

(2) 侧倾转向(roll steer) $D_{\phi s,r}$

$$D_{\phi s,r} = E_{\phi r}\phi' \tag{9-81}$$

(3) 侧向力转向(lateral force steer) $D_{ys,r}$

$$D_{ys,r} = -E_{yr}\frac{m_{sr}}{2} \tag{9-82}$$

(4) 回正力矩转向(aligning torque steer) $D_{sn,r}$

$$D_{sn,r} = \frac{E_{nr}}{2}(2N_{ar}\alpha'_r + 2N_{\gamma r}\gamma'_r) \tag{9-83}$$

(5) 侧倾外倾转向 $D_{\phi c,r}$

$$D_{\phi c,r} = \frac{C_{\gamma r}}{C_{ar}}\Gamma_{\phi r}\phi' \tag{9-84}$$

(6) 侧向力外倾转向 $D_{yc,r}$

$$D_{yc,r} = -\frac{C_{\gamma r}}{C_{ar}}\Gamma_{yr}\frac{m_{sr}}{2} \tag{9-85}$$

(7) 回正力矩外倾转向 $D_{cn,r}$

$$D_{cn,r} = \frac{C_{\gamma r}}{C_{ar}}\frac{\Gamma_{nr}}{2}(2N_{ar}\alpha'_r + 2N_{\gamma r}\gamma'_r) \tag{9-86}$$

后桥的总不足转向柔度 D_r 为它们的代数和,即

$$D_r = D_{\phi s,r} + D_{\phi c,r} + D_{ys,r} + D_{yc,r} + D_{cn,r} + D_{sn,r} + D_{w,r} \tag{9-87}$$

9.5.3 车辆不足转向影响的叠加

车辆总的不足转向度 K 为前、后桥转向柔度之差,即

$$K = D_f - D_r \tag{9-88}$$

在考虑刚体车身回正力矩转向 D_{bA}(在 0.25(°)/g 附近)的情况下,车辆不足转向度为

$$K = D_f - D_r + D_{bA} \tag{9-89}$$

从以上分析可以看出,车辆稳态不足转向度 K 的计算仅涉及代数运算和很简单的求导数运算。上述分析方法的难点和关键是如何合理地确定车辆的动力学参数,即车辆质心至前轴、后轴的距离 a、b;前轴、后轴一侧轮胎的侧偏刚度 C_{af}、C_{ar};前轴、后轴一侧轮胎的侧倾刚度 $C_{\gamma f}$、$C_{\gamma r}$;前轴、后轴侧倾转向系数 $E_{\phi f}$、$E_{\phi r}$;前轴、后轴侧向力变形转向系数 E_{yf}、E_{yr};前轴、后轴回正力矩变形转向系数 E_{nf}、E_{nr};前轴、后轴悬下质量 m_{uf}、m_{ur};前轴、后轴悬上质量 m_{sf}、m_{sr};前轴、后轴一侧轮胎回正力矩刚度(侧偏角引起) N_{af}、N_{ar};前轴、后轴一侧轮胎回正力矩刚度(车轮外倾引起) $N_{\gamma f}$、$N_{\gamma r}$;前轴、后轴侧倾外倾系数 $\Gamma_{\phi f}$、$\Gamma_{\phi r}$;前轴、后轴侧向力变形车轮外倾系数 Γ_{yf}、Γ_{yr};前轴、后轴回正力矩变形车轮外倾系数 Γ_{nf}、Γ_{nr};前轴、后轴侧倾中心高度 h_f、h_r;前轴、后轴悬下质量质心高度 h_{uf}、h_{ur};车辆悬上质量 m_s;侧倾轴线倾角 ψ;悬上质量质心至侧倾轴线的距离 h_s;前轴、后轴悬架侧倾角刚度

$C_{\phi f}$、$C_{\phi r}$。在 9.4 节中已经介绍了确定这些参数的原理。在实际工作中，可以利用试验的方法，也可以利用分析的方法，来确定上述参数。其中，利用试验方法测量的参数比较准确。

在保证车辆具有适当的稳态不足转向度 K 和前、后桥转向柔度 D_f、D_r 适当组合的情况下，一般可以保证车辆具有良好的稳态及动态操纵稳定性特性。所以，在此介绍的稳态不足转向度分析方法是一种既有效又比较简单的工程分析方法。

【例 9-1】 一辆轿车的操纵性参数如下：

	前桥	后桥
(1) 总质量(kg)	1702.00	
(2) 轴距(mm)	2568.00	
(3) 车辆总质心高度(mm)	477.00	
(4) 总的转向角传动比	13.80	
(5) 车速(km/h)	100.00	
(6) 车桥总质量(kg)	926.000	776.000
(7) 悬下质量(kg)	95.000	132.000
(8) 侧倾中心高度(mm)	57.000	194.000
(9) 悬下质量质心高度(mm)	305.000	310.000
(10) 总的侧倾角刚度系数(N·m/(°))	1303.000	730.000
(11) 侧倾外倾系数(°)/(°)	0.650	−0.100
(12) 侧倾转向系数(°)/(°)	−0.170	0.080
(13) 回正力矩变形转向系数((°)/(100N·m))	1.100	−0.140
(14) 回正力矩变形车轮外倾系数((°)/(100N·m))	0.070	0.010
(15) 侧向力变形转向系数((°)/kN)	0.280	−0.010
(16) 侧向力变形车轮外倾系数((°)/kN)	0.250	−0.400
(17) 一侧轮胎的侧偏刚度(N/(°))	1608.485	1391.366
(18) 一侧轮胎的外倾刚度(N/(°))	46.300	38.800
(19) 一侧轮胎回正力矩刚度(侧偏角引起)(N·m/(°))	45.004	32.597
(20) 一侧轮胎回正力矩刚度(车轮外倾引起)(N·m/(°))	0.000	0.000
(21) 刚体车身回正力矩转向((°)/g)	0.050	−0.060

试计算：

(1) 该车辆的不足转向度 K；

(2) 前、后桥转向柔度 D_f、D_r 及其分解；

(3) 车辆以 0.4g 侧向加速度作定半径等速行驶时的前、后桥广义侧偏角之差；

(4) 车辆以 0.4g 侧向加速度作定半径等速行驶时的车身侧倾角。

解：

(1) 转向柔度 D_f、D_r 及其分解

转向柔度 D_f、D_r 的分解((°)/g) 如下：

	前桥	后桥
重量分配转向	2.821	2.733
刚体车身回正力矩转向	0.050	−0.060
侧倾外倾转向	0.054	0.008
侧倾转向	−0.490	−0.230
侧向力转向	1.140	0.032
侧向力外倾转向	0.029	0.035
回正力矩转向	1.439	0.127
回正力矩外倾转向	0.003	0.000
合计	5.046	2.644

即前桥转向柔度 $D_f=5.046(°)/g$,后桥转向柔度 $D_r=2.644(°)/g$。

(2) 车辆的不足转向度 K

车辆的不足转向度 K 为

$$K = D_f - D_r = 2.403(°)/g = 0.245(°)/(m/s^2)$$

(3) 车辆以 $0.4g$ 侧向加速度作定半径等速行驶时的前、后桥广义侧偏角之差

当侧向加速度为 $0.4g$ 时,前、后桥的广义侧偏角之差为 $0.4K=0.9612°$。

(4) 车辆以 $0.4g$ 侧向加速度作定半径等速行驶时的车身侧倾角

图 9-17 示出整车悬上质量 m_s 的质心到车身侧倾轴线的距离 h_s 的分析图。给定的参数包括:整车总质量 $m_a=1702$kg;整车总质心的高度 $H=477$mm;车辆轴距 $L=2568$mm;前桥总质量 $m_f=926$kg;后桥总质量 $m_r=776$kg;前桥悬下质量 $m_{uf}=95$kg;后桥悬下质量 $m_{ur}=132$kg;前桥悬下质量质心高度 $h_{uf}=305$mm;后桥悬下质量质心高度 $h_{ur}=310$mm;前桥侧倾中心高度 $h_f=57$mm;后桥侧倾中心高度 $h_r=194$mm。

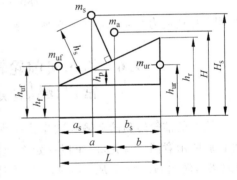

图 9-17 整车悬上质量 m_s 的质心到车身侧倾轴线的距离 h_s 的分析图

确定车辆总质心的水平位置,即确定 a、b。

因为

$$(m_f + m_r)b = m_f L$$

所以得

$$b = \frac{m_f L}{m_f + m_r}$$

$$a = L - b$$

确定总悬上质量 m_s 的质心位置,即确定其高度 H_s、水平位置 a_s 和 b_s。

因为

$$m_s = m_a - m_{uf} - m_{ur}$$

$$m_s(H_s - H) = m_{uf}(H - h_{uf}) + m_{ur}(H - h_{ur})$$

$$H_s = H + \frac{m_{uf}(H - h_{uf}) + m_{ur}(H - h_{ur})}{m_s}$$

$$m_{sf} = m_f - m_{uf}$$

$$m_{sr} = m_r - m_{ur}$$

$$(m_{sf} + m_{sr})b_s = m_{sf}L$$

所以得

$$b_s = \frac{m_{sf}L}{m_{sf} + m_{sr}}$$

$$a_s = L - b_s$$

从而得

$$h_p = \frac{h_r - h_f}{L}a_s$$

$$h_s = (H_s - h_f - h_p)\frac{L}{\sqrt{L^2 + (h_r - h_f)^2}}$$

$$h_s = 0.385659 \text{m}$$

所以侧倾度为

$$\phi' = -\frac{m_s h_s}{C_{\phi f} + C_{\phi r} - m_s g h_s \frac{\pi}{180}} = -0.2939 (°)/(\text{m/s}^2) = -2.880 (°)/\text{g}$$

当侧向加速度为 0.4g 时，车身侧倾角 $\phi = 0.4\phi' = -1.152°$。

9.6 汽车对前轮转角阶跃输入的响应和常用操纵稳定性评价指标

汽车的前轮转角阶跃输入试验是一种常用的汽车操纵稳定性试验。图 9-18 示出这种试验的示意图。首先，汽车以一定车速进行直线行驶；然后，给前轮一个阶跃角输入 δ_{ref}（参考转角，$\delta_{ref} = \delta_{sw}/R_{st}$，其中 δ_{sw} 是转向盘转角，R_{st} 是转向系统角传动比），以这个时刻为起始时间 $t=0$，汽车开始转向；一开始，汽车的横摆角速度 ω、侧向加速度 a_y、汽车质心偏离角 β、车身侧倾角 ϕ（见图 9-5）等响应都随着时间发生变化，这称为瞬态响应；经过一段时间以后，这些瞬态响应都趋于各自的稳态值，汽车开始进行等速、定半径行驶（稳态）。在图 9-18 中，正则化的响应代表上述各个响应与其稳态值的比值。

在汽车的前轮转角阶跃试验中所得到的性能评价指标（见图 9-18）如下。

(1) 响应时间：一次响应第一次达到其稳态值的 90% 的时间。响应不同，其对应的响应时间一般不同。响应时间长，驾驶员就会感觉汽车转向迟钝，是不利的。因此，响应时间越短越好。

(2) 超调量：一次响应的正则响应的最大峰值 P 减去 1（即 $P-1$）就是超调量。超调量表明瞬态响应中执行指令的"误差"。响应不同，其对应的超调量一般不同。

(3) 稳定时间：如果一次响应在某个时间以后相对于其稳态值的波动范围一直在

9 汽车操纵稳定性及其评价指标

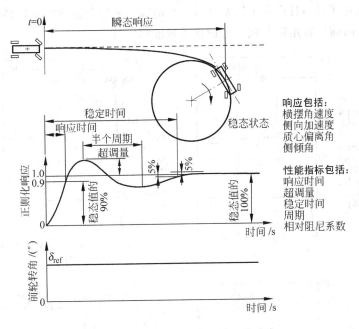

图 9-18 汽车对前轮阶跃输入的响应

±5%以内,这个时间就是该响应的稳定时间。稳定时间应该尽可能短。

(4) 周期:一次响应的瞬态响应的波动周期,其一般取第一个峰值与第二个峰值之间的时间间隔(见图 9-19)。

(5) 相对阻尼系数:相对阻尼系数 ζ 反映的是瞬态响应峰、谷值相对于其稳态值衰减的快慢程度。如图 9-20 所示,相对阻尼系数对瞬态响应的峰、谷值及其相对于其稳态值衰减得快慢有重要影响。一般希望相对阻尼系数在 0.4~0.8 之间。

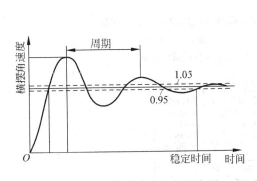

图 9-19 横摆角速度响应的示意图

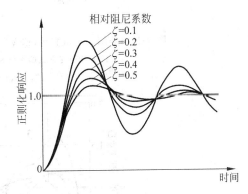

图 9-20 相对阻尼系数对正则化响应波形的影响

图 9-21 示出美国安全试验车(ESV)的瞬态横摆角速度响应的满意区域。试验时汽车以 40km/h 和 110km/h 的车速直线行驶,以不小于 500(°)/s 的角速度转动转向盘,转向盘的转角是事先估计好的,要求汽车进入稳态时的侧向加速度为 0.4g。满意区域的上界限是针对 110km/h 的阶跃试验而制定的;下界限是针对 40km/h 阶跃试验而制定的。

图 9-21 中还示出了日本日产和丰田安全试验车的瞬态横摆角速度响应特性曲线。图 9-22 示出一些汽车的前轮转角阶跃试验的横摆角速度响应特性。

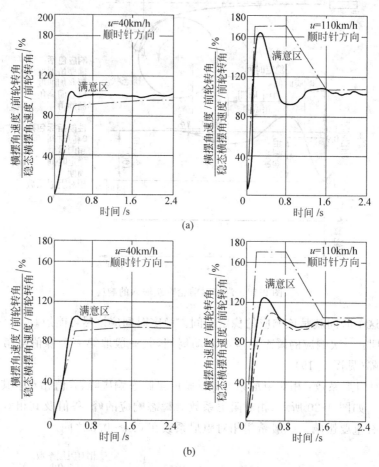

图 9-21 美国安全试验车(ESV)的瞬态横摆角速度响应的满意区域
(a) 日本日产安全试验车(ESV)的前轮转角阶跃试验响应；
(b) 日本丰田安全试验车(ESV)的前轮转角阶跃试验响应

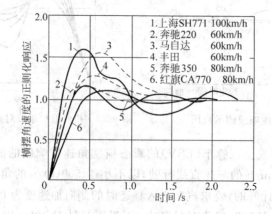

图 9-22 一些汽车的前轮转角阶跃试验的横摆角速度响应特性

在实际进行汽车前轮转角阶跃输入试验时,驾驶员不可能实现理论上的前轮转角阶跃输入(见图 9-18),一般要求其以不小于 500(°)/s 的角速度转动转向盘。在这种情况下,如图 9-23 所示,响应时间和稳定时间都从前轮参考转角达到稳态值 δ_{ref} 的一半即 $0.5\delta_{ref}$ 的时刻开始计时,而不是从 $t=0$ 的时刻开始计时。

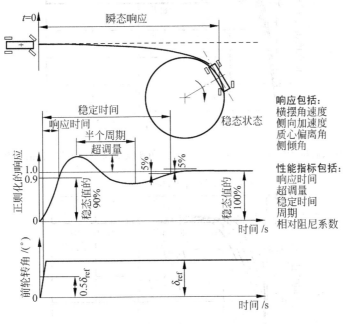

图 9-23 汽车对前轮阶跃输入的响应

9.7 不足转向度 K、前桥转向柔度 D_f 和后桥转向柔度 D_r 对汽车瞬态响应的影响

为了保证稳态转向性能,一般仅需要保证不足转向度 K 取适当值。但是,为了同时获得良好的瞬态操纵稳定性,还要求前、后桥转向柔度 D_f、D_r 具有适当的组合。有人对可以得到相同不足转向度 K 的不同前、后桥转向柔度 D_f、D_r 组合对瞬态操纵稳定性的影响(前轮转角阶跃试验)进行了研究,结果如图 9-24 和图 9-25 所示。可以看出,在不足转向度 $K=3$(°)/g 保持不变的情况下,不同的前、后桥转向柔度 D_f、D_r 组合对瞬态操纵稳定性的影响也不同。当 D_f 与 D_r 的数值都最小时,即 $D_f=4$,$D_r=1$ 时,瞬态响应最好,即响应时间最短、超调量最小。在进行汽车设计时应该注意这个问题,既要注意获得合适的不足转向度 K,也要注意使前、后桥转向柔度 D_f、D_r 具有适当的组合。

在稳态转向时,根据式(9-1),有如下关系式:

$$\delta_{ref} = \frac{L}{R}\frac{180}{\pi} + Ka_y = \frac{L}{\frac{u}{\omega}}\frac{180}{\pi} + K(u\omega) = \omega\left(\frac{L}{u}\frac{180}{\pi} + Ku\right)$$

$$\omega = \frac{\delta_{ref}}{\frac{L}{u}\frac{180}{\pi} + Ku} \tag{9-90}$$

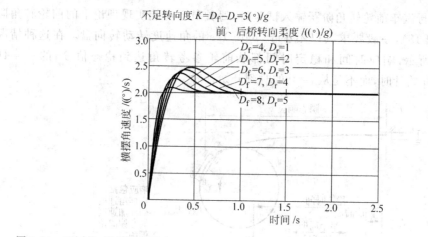

图 9-24　不同前、后桥转向柔度 D_f、D_r 组合对横摆角速度瞬态响应的影响（前轮转角阶跃试验）

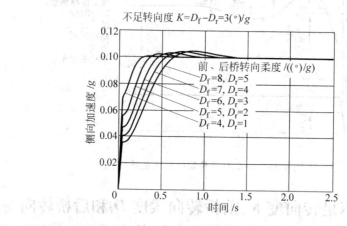

图 9-25　不同前、后桥转向柔度 D_f、D_r 组合对侧向加速度瞬态响应的影响（前轮转角阶跃试验）

因此，对于给定的车速 u 和前轮参考转角 δ_{ref}，稳态横摆角速度 ω、侧向加速度 $a_y = u\omega$ 取决于不足转向度 K。稳态侧向加速度 a_y 确定以后，根据式（9-49），车身侧倾角 ϕ 也就确定了，即

$$\phi = \frac{m_s a_y h_s}{C_{\phi f} + C_{\phi r} - m_s g h_s \dfrac{\pi}{180}}$$

在系统线性时，式（9-32）可以改写成

$$D_f = \frac{\mathrm{d}(\delta_s - \alpha_f)}{\mathrm{d}a_y} = \frac{\delta_s - \alpha_f}{a_y} = \delta_s' - \alpha_f' \tag{9-91}$$

$$\delta_s - \alpha_f = D_f a_y \tag{9-92}$$

把式（9-92）代入式（9-26），得

$$\beta_f = \delta_{\text{ref}} - \delta_s + \alpha_f = \delta_{\text{ref}} - D_f a_y \tag{9-93}$$

在系统线性时，式（9-33）可以改写成

$$D_r = \frac{\mathrm{d}(-\delta_r - \alpha_r)}{\mathrm{d}a_y} = \frac{-\delta_r - \alpha_r}{a_y} = -\delta_r' - \alpha_r' \tag{9-94}$$

$$-\delta_r - \alpha_r = D_r a_y \tag{9-95}$$

把式(9-95)代入式(9-27),得

$$\beta_r = -\delta_r - \alpha_r = D_r a_y \tag{9-96}$$

因此,前、后桥转向柔度 D_f、D_r 分别决定前、后桥的偏离角 β_f、β_r,见图 9-16。确定了 β_f、β_r,就可以确定汽车质心偏离角 β 为

$$\beta = \frac{b - R\beta_r \frac{\pi}{180}}{R} \frac{180}{\pi} = \frac{b \frac{180}{\pi} - R\beta_r}{\frac{u}{\omega}} = \frac{\omega \left(b \frac{180}{\pi} - RD_r a_y \right)}{u}$$

$$= \frac{\omega \left(b \frac{180}{\pi} - RD_r u\omega \right)}{u} = \omega \left(\frac{b}{u} \frac{180}{\pi} - RD_r \omega \right) \tag{9-97}$$

因此,对于给定的车速 u、前轮参考转角 δ_{ref},汽车的不足转向度 K 决定了稳态响应参数横摆角速度 ω、侧向加速度 $a_y = u\omega$、侧倾角 ϕ,而前、后桥的偏离角 β_f、β_r 分别还取决于前、后桥转向柔度 D_f、D_r,从而决定整车质心偏离角 β。这也说明,汽车的稳态操纵稳定性既取决于其不足转向度 K,也取决于其前、后桥转向柔度 D_f、D_r 的组合情况。根据图 9-24、图 9-25 所示的研究结果,在不足转向度 K 一定时,前、后桥转向柔度 D_f、D_r 的值较小有利于获得较好的瞬态响应特性(较短的响应时间、较小的超调量)。而根据式(9-93)、式(9-96),D_f、D_r 的值较小就意味着前桥偏离角 β_f 比较大,而后桥偏离角 β_r 比较小,使汽车转向中心 O 更加趋近后桥的延长线(见图 9-16)。这样有利于加快汽车对前轮转角输入的瞬态响应、较小的超调量,从而获得较好的瞬态响应特性。

9.8 轿车动力学参数的统计结果

所研究的轿车绝大部分是在北美出售的正式生产车型,只有少量属于样车(其参数与生产车型相同)。几乎所有轿车的质量都处于设计状态。

9.8.1 质量和惯量特性

在测量质量和惯量参数时,轿车都处于整备质量状态。

1. 质心位置

前置发动机-后轮驱动轿车的前轴负荷为 40%～59%。包括其他驱动形式时,前轴负荷为 40%～67%。轿车的质心高度在地面以上 437～579mm 之间。

2. 绕 Y 轴的转动惯量参数

图 9-26 示出用于惯量参数的车辆坐标系,其中车身底板平面在侧视图上的投影是汽车的水平参考线;X 轴平行于该水平参考线,指向前方;Z 轴垂直于该水平参考线,指向下方;Y 轴垂直于 XZ 平面,指向右方。有两个车辆坐标系,一个以悬上质量质心为原点,另外一个以汽车总质量质心为原点。

图 9-27 示出整车绕 Y 轴的转动惯量,其中坐标系以总质心为原点。根据该测量结

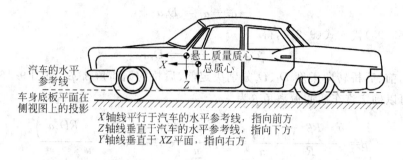

X 轴线平行于汽车的水平参考线，指向前方
Z 轴线垂直于汽车的水平参考线，指向下方
Y 轴线垂直于 XZ 平面，指向右方

图 9-26 用于惯量参数的车辆坐标系

果，整车绕 Y 轴的转动惯量 $I_{Y,t}(\text{kg}\cdot\text{m}^2)$ 近似与汽车总质量 $m_t(\text{kg})$ 成正比，即

$$I_{Y,t} = 2.56m_t - 1103 \tag{9-98}$$

应该指出，运动型轿车的整车绕 Y 轴的转动惯量在该直线以下，旅行车（SUV）的在该直线之上。

图 9-28 示出悬上质量绕 Y 轴的转动惯量，其中坐标系以悬上质量质心为原点。根据该测量结果，悬上质量绕 Y 轴的转动惯量 $I_{Y,s}(\text{kg}\cdot\text{m}^2)$ 近似与汽车总质量 $m_t(\text{kg})$ 成正比，即

$$I_{Y,s} = 2.18m_t - 1006 \tag{9-99}$$

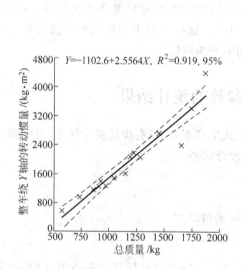

图 9-27 整车绕 Y 轴的转动惯量（坐标系以总质心为原点）

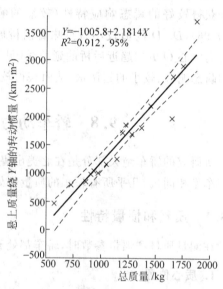

图 9-28 悬上质量绕 Y 轴的转动惯量（坐标系以悬上质量质心为原点）

3. 绕 Z 轴的转动惯量参数

图 9-29 示出整车绕 Z 轴的转动惯量，其中坐标系以总质心为原点。根据该测量结果，整车绕 Z 轴的转动惯量 $I_{Z,t}(\text{kg}\cdot\text{m}^2)$ 近似与汽车总质量 $m_t(\text{kg})$ 成正比，即

$$I_{Z,t} = 2.86m_t - 1315 \tag{9-100}$$

图 9-30 示出悬上质量绕 Z 轴的转动惯量，其中坐标系以悬上质量质心为原点。根据该

测量结果,悬上质量绕 Z 轴的转动惯量 $I_{Z,s}(\mathrm{kg \cdot m^2})$ 近似与汽车总质量 $m_t(\mathrm{kg})$ 成正比,即
$$I_{Z,s} = 2.42m_t - 1198 \tag{9-101}$$

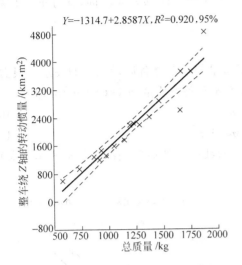

图 9-29　整车绕 Z 轴的转动惯量(坐标系以总质心为原点)

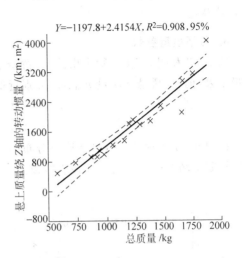

图 9-30　悬上质量绕 Z 轴的转动惯量(坐标系以悬上质量质心为原点)

4. 绕 X 轴的转动惯量参数

图 9-31 示出整车绕 X 轴的转动惯量,其中坐标系以总质心为原点。根据该测量结果,整车绕 X 轴的转动惯量 $I_{X,t}(\mathrm{kg \cdot m^2})$ 近似与汽车总质量 $m_t(\mathrm{kg})$ 成正比,即
$$I_{X,t} = 0.37m_t - 86.4 \tag{9-102}$$

图 9-32 示出悬上质量绕 X 轴的转动惯量,其中坐标系以悬上质量质心为原点。根据该测量结果,悬上质量绕 X 轴的转动惯量 $I_{X,s}(\mathrm{kg \cdot m^2})$ 近似与汽车总质量 $m_t(\mathrm{kg})$ 成正比,即
$$I_{X,s} = 0.28m_t - 71.6 \tag{9-103}$$

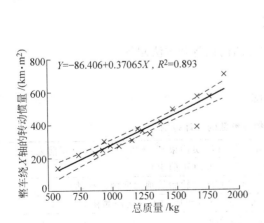

图 9-31　整车绕 X 轴的转动惯量(坐标系以总质心为原点)

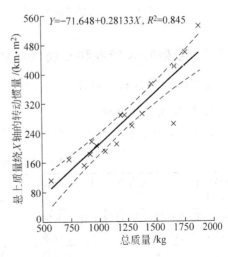

图 9-32　悬上质量绕 X 轴的转动惯量(坐标系以悬上质量质心为原点)

5. 关于 X-Z 轴的惯性积参数

测量的悬上质量关于 X-Z 轴的惯性积在 $-190 \sim +190 \text{kg} \cdot \text{m}^2$ 之间,其与任何车辆参数都不相关。

6. 悬下质量参数

图 9-33 和图 9-34 分别示出前、后桥悬下质量与整车整备质量之间的关系。根据该测量结果,前、后桥悬下质量 m_{uf}、m_{ur} 分别近似与整车整备质量 m_t(kg)成正比,即

$$m_{uf} = 0.056 m_t + 16.0 \tag{9-104}$$

$$m_{ur} = 0.078 m_t + 8.4 \tag{9-105}$$

在图 9-34 所示的后桥悬下质量分布中,在直线以下的通常是前轮驱动轿车的参数,而后轮驱动轿车的参数通常在该直线以上。

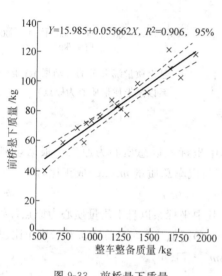

图 9-33 前桥悬下质量

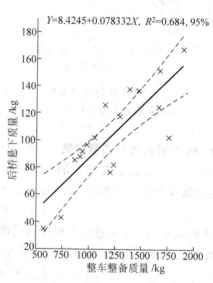

图 9-34 后桥悬下质量

9.8.2 悬架的 K 特性和 C 特性参数

悬架的 K 特性和 C 特性利用 9.4 节中介绍的设备和方法测量。

1. 悬架 K 特性参数

表 9-1 示出悬架 K 特性参数的统计范围。

表 9-1 悬架 K 特性参数的统计范围

两侧车轮平行跳动引起的前束角变化(压缩)	前轴	$-0.2(°)/\text{cm}$(负前束)$\sim +0.04(°)/\text{cm}$(正前束)
	后轴	$0 \sim 0.05(°)/\text{cm}$(正前束)
两侧车轮平行跳动引起的车轮外倾角变化(压缩)	前轴	$0 \sim 0.37(°)/\text{cm}$(轮胎的顶部向内侧移动)
	后轴	$0 \sim 0.47(°)/\text{cm}$(轮胎的顶部向内侧移动)
侧倾角刚度	前轴	$300 \sim 1200 \text{N} \cdot \text{m}/(°)$
	后轴	$180 \sim 700 \text{N} \cdot \text{m}/(°)$

续表

侧倾中心高度	前轴	0~14cm（地面以上）
	后轴	0~40cm（地面以上）
侧倾转向系数	前轴	0.2(°)/(°)（不足转向）~0.1(°)/(°)（过多转向）
	后轴	0.13(°)/(°)（不足转向）~0.06(°)/(°)（过多转向）
侧倾外倾系数	前轴	0.61~0.88(°)/(°)（不足转向）
	后轴	0~0.86(°)/(°)（过多转向）

2. 悬架 C 特性参数

表 9-2 示出悬架 C 特性参数的统计范围。

表 9-2 悬架 C 特性参数的统计范围

侧向力变形转向系数	前轴	0.60(°)/1000N（不足转向）~0.22(°)/1000N（过多转向）
	后轴	0.02(°)/1000N（不足转向）~0.22(°)/1000N（过多转向）
回正力矩变形转向系数	前轴（力矩较大）	0.40~1.6(°)/100N·m（不足转向）
	前轴（力矩较小）	1.00~2.7(°)/100N·m（不足转向）
	后轴	0.00~0.25(°)/100N·m（过多转向）
侧向力变形外倾系数	前轴	0.24~0.75(°)/1000N（不足转向）
	后轴	0.20~0.82(°)/1000N（过多转向）

9.8.3 汽车操纵稳定性指标的统计范围

表 9-3、表 9-4 示出一些汽车的操纵稳定性指标的统计范围，这些指标都是利用汽车前轮转角阶跃试验获得的。其中，转向灵敏度（steering sensitivity）$K_{a,sw}$ 是转向盘转角 δ_{sw} 所引起的稳态侧向加速度，即

$$K_{a,SW} = \frac{\frac{a_y}{g}}{\delta_{SW}} = \frac{\frac{u\omega}{g}}{\delta_{ref}R_{st}} \tag{9-106}$$

式中，a_y 是稳态侧向加速度；u 是汽车前进速度，取 $u=100$km/h；ω 是汽车横摆角速度；δ_{SW} 是转向盘转角；δ_{ref} 是前轮参考转角；R_{st} 是转向系统的角传动比。

表 9-3 汽车操纵稳定性指标与驱动桥位置的关系

操纵稳定性指标	驱动轴位置	最小值	平均值	最大值
转向灵敏度/(g/100°(转向盘转角))	前驱动（FWD）	0.59	1.01	2.15
	后驱动（RWD）	0.57	0.97	1.94
不足转向度/((°)/g)	前驱动（FWD）	0.7	4.2	8.2
	后驱动（RWD）	1.2	4.7	7.8
侧倾度/((°)/g)	前驱动（FWD）	3.9	6.9	9.9
	后驱动（RWD）	3.0	6.3	11.0
侧向加速度响应时间/s	前驱动（FWD）	0.28	0.43	0.77
	后驱动（RWD）	0.28	0.40	0.59

表 9-4 汽车操纵稳定性指标统计范围与汽车生产国的关系

操纵稳定性指标	生产国	最小值	平均值	最大值
转向灵敏度/(g/100°(转向盘转角))	美国	0.57	1.01	2.15
	其他国	0.77	1.20	1.90
不足转向度/((°)/g)	美国	0.7	4.4	8.2
	其他国	1.3	2.6	5.8
侧倾度/((°)/g)	美国	3.0	6.4	11.0
	其他国	2.9	7.1	9.6
侧向加速度响应时间/s	美国	0.28	0.41	0.77
	其他国	0.24	0.37	0.51

把式(9-1)代入式(9-106)得

$$K_{a,\mathrm{SW}} = \frac{\frac{u\omega}{g}}{\left(\frac{L}{R}\frac{180}{\pi}+Ka_y\right)R_{\mathrm{st}}} = \frac{\frac{u\omega}{g}}{\left(\frac{L}{R}\frac{180}{\pi}+Ku\omega\right)R_{\mathrm{st}}} = \frac{\frac{u}{g}}{\left(\frac{L}{R\omega}\frac{180}{\pi}+Ku\right)R_{\mathrm{st}}}$$

$$= \frac{\frac{u}{g}}{\left(\frac{L}{u}\frac{180}{\pi}+Ku\right)R_{\mathrm{st}}} = \frac{1}{\left(\frac{L}{u^2}\frac{180}{\pi}+K\right)R_{\mathrm{st}}g}(g/(°)(\text{转向盘转角}))$$

$$= \frac{100}{\left(\frac{L}{u^2}\frac{180}{\pi}+K\right)R_{\mathrm{st}}g}(g/100°(\text{转向盘转角})) \tag{9-107}$$

式中，L 是轴距；g 是重力加速度；R_{st} 是转向系统的角传动比；K 是不足转向度，$(°)/(\mathrm{m/s^2})$。

当汽车特性保持线性时，利用式(9-107)计算转向灵敏度 $K_{a,\mathrm{SW}}$。在进行阶跃试验时，一般在侧向加速度为 $0.15g$ 处确定转向灵敏度，车速 $u=100\mathrm{km/h}$。

图 9-35～图 9-38 分别示出转向灵敏度、不足转向度、侧倾度、侧向加速度响应时间的分布情况。可以看出，数据分散度比较大。

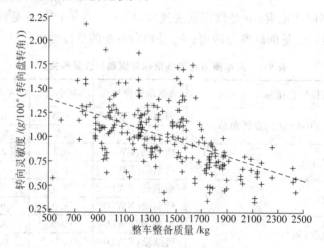

图 9-35 转向灵敏度的分布情况

9 汽车操纵稳定性及其评价指标

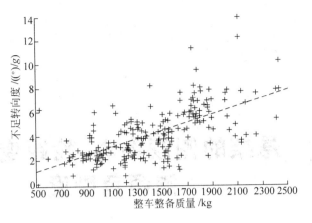

图 9-36　不足转向度的分布情况

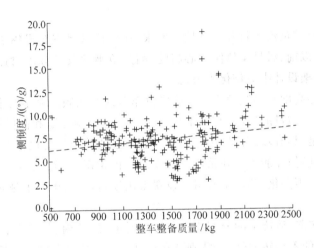

图 9-37　侧倾度的分布情况

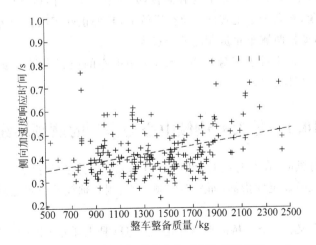

图 9-38　侧向加速度响应时间的分布情况

10 悬架的侧倾中心、轮距变化和侧倾角刚度

悬架不仅应该满足汽车行驶平顺性的要求，还应该满足汽车操纵稳定性的要求。在悬架性能参数中，以前、后悬架侧倾中心高度、侧倾角刚度及其分配对操纵稳定性影响最为重要，所以在悬架设计中应该优先考虑。

悬架侧倾中心高度和侧倾角刚度是决定汽车转向时侧倾角大小的主要因素。侧倾中心高，其趋近于悬上质量的质心，有利于减小转向时的侧倾力矩和侧倾角，从而增加舒适感和安全感。但是，具有较高侧倾中心的独立悬架会使轮距的变化较大，不利于直线行驶的稳定性、轮胎抗磨损性能等。在采用非独立悬架的情况下，轮距不发生变化，所以侧倾中心高度不影响轮距变化，侧倾中心可以设置得比较高，有利于减小侧向角。这是非独立悬架的一个重要优点。

侧倾角刚度在前、后桥上的分配决定了转向时前、后桥内、外侧车轮上载荷转移的大小，从而影响汽车的不足转向性能，特别是在较高侧向加速度范围。前桥侧倾角刚度较大有利于增大在前桥上内、外侧车轮上的载荷转移，有利于减小前桥车轮的总侧偏刚度，从而增大前桥侧偏角，有利于不足转向；而在后桥上，趋势正好相反。而为了获得较好的驱动性，却不希望驱动桥两侧车轮负荷的差异过大。

实际上，随着车轮相对于车身发生运动，侧倾中心的位置会发生变化。在悬架设计中，应该设法减小这种变化。

10.1 悬架的侧倾中心与车身的侧倾轴线

汽车在转向行驶时，在车身质心上作用一个离心力，引起车身侧倾。转向时车身侧倾角是一个关键的操纵稳定性指标，而悬架侧倾中心、侧倾轴线的位置是对侧倾角具有重要影响的设计参数。

侧倾中心的定义：一个车桥的侧倾中心是车身（悬上质量）上的一个点，其位于通过该车桥车轮中心线的垂直平面以内，地面作用在该车桥左、右车轮上的侧向力仅借助于悬架导向机构传递到该点，而悬架弹簧不参与传力。

侧倾轴线的定义：前、后悬架侧倾中心的连线就是侧倾轴线。汽车转向行驶时，车身（悬上质量）绕侧倾轴线转动的角度就是侧倾角。

10.2　独立悬架的侧倾中心与轮距变化

图 10-1(a)示出一个单横臂式独立悬架，其中没有包括弹簧，而且仅示出转向时的动态力。其中，左、右车轮接地中心所承受的地面作用垂直力 F_z 的大小相等、方向相反，而侧向力 F_y 的大小和方向都相同，这对应于侧向加速度极低的稳态转向工况，F_z 是内、外侧车轮负荷的变化。左、右车轮的瞬时运动中心分别是 M_1、M_2。在没有弹簧参与传递上述转向引起的动态力的情况下，悬架能够传递的地面作用力必须分别沿着 A 与 M_1 或 B 与 M_2 的连线作用，这两条连线的交点是 R。如果仅在 R 点作用一个侧向力 $2F_y$，则在没有弹簧参与平衡该力的情况下，地面对悬上质量的反作用力 F_a 只能分别沿着 A 与 M_1 或 B 与 M_2 的连线作用，使悬架系统处于受力平衡状态。因此，R 就是侧倾中心。F_a 的水平分力就是地面对车轮的侧向力 F_y。

由于悬架安装在车身上，所以侧倾中心 R 是车身这个刚体上的一个点，则在没有弹簧参与平衡上述转向引起的力的情况下，地面对车轮接地中心的作用力通过 R 点作用在车身上，如图 10-1(b)所示。两侧车轮地面侧向力的合力 $2F_y$ 作用在车身上的侧倾中心 R，与作用在汽车质心上的离心惯性力 $2F_y$ 形成车身侧倾力矩 $T=2F_y(h_g-h_R)$，其中 h_g 是汽车质心高度，h_R 是侧倾中心 R 的高度。在该侧倾力矩 T 作用下，悬架中的弹性元件发生变形，形成侧倾角。因此，侧倾中心 R 的高度 h_R 越大，侧倾力矩 T 就越小，有利于减小侧倾角。应该指出，为了简化讨论，此处忽略了悬下质量。

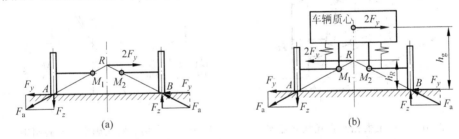

图 10-1　单横臂式独立悬架的侧倾中心 R
(a)以极低侧向加速度转向时悬架导向杆系的受力分析；(b)侧倾力矩形成机制

对各种独立悬架一般都可以找到与其对应的等效单横臂式独立悬架，所以可以利用类似的方法确定它们的侧倾中心，即首先找到左、右车轮的瞬时运动中心 M_1、M_2，左、右车轮接地中心 A、B 分别与 M_1、M_2 的连线的交点就是侧倾中心 R。

图 10-2 示出双横臂式独立悬架，其中 M_1、M_2 分别是左、右车轮的瞬时运动中心，在没有弹簧传力的情况下，地面对左、右车轮接地中心 A、B 的作用力只能分别沿着 A 与 M_1 或 B 与 M_2 的连线作用，这两条连线的交点就是侧倾中心 R。

图 10-3 示出确定麦克弗森式独立悬架侧倾中心 R 的方法。车轮-转向节刚体在其与下横臂铰点 G（下横臂外侧球铰中心）处的瞬时运动中心 M 位于 G 与 D 的连线上；其

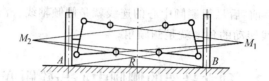

图 10-2 双横臂式独立悬架的侧倾中心 R

在与减振器活塞杆上端铰点 E 重合处的瞬时运动中心 M 与 E 点的连线 EM 与活塞杆的中心线垂直。上述两条瞬时运动轴线的交点是 M，即车轮-转向节刚体的瞬时运动中心。M 与轮胎接地中心 A 的连线和汽车垂直对称轴线的交点就是侧倾中心 R。

从图 10-3 可以看出，轮胎接地中心 A 的瞬时运动速度 V 与连线 AR（R 是侧倾中心）垂直。可以利用这个特性确定悬架的侧倾中心 R。图 10-4 示出在车轮上、下跳动过程中所测量的车轮接地印迹中心 A 的运动轨迹。这个轨距反映了轮距随着车轮跳动的变化情况。过 A 点画这个轨迹的切线；过 A 点画上述切线的垂直线，该垂直线与汽车中心线的交点就是悬架的侧倾中心 R。侧倾中心的高度可以利用下式计算：

$$h_R = \frac{\Delta b}{\Delta s} \cdot \frac{B}{2} \tag{10-1}$$

式中，h_R 是侧倾中心高度；$\Delta b/\Delta s$ 是 A 点运动轨迹的切线斜率，Δb 是轮距增量，Δs 是车轮垂直位移增量；B 是轮距。从式（10-1）也可以看出，侧倾中心高度 h_R 与轮距增量 Δb 成正比，即侧倾中心越高，轮距变化越大。这种轮距变化是独立悬架的一个缺点。

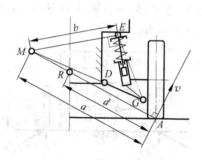

图 10-3 确定麦克弗森式独立悬架侧倾中心 R 的方法

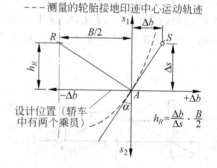

图 10-4 利用试验法确定悬架侧倾中心 R 的概念

图 10-5 示出一个双横臂式独立悬架，其上、下横臂外端球铰中心与其内侧的转轴中心的连线相交于 M 点，M 点就是转向节的瞬时运动中心，其位于地面上。A 点是车轮接地印迹中心，A 点与 M 点的连线与汽车中心线的交点 R 也在地面上，即侧倾中心 R 位于地面上。在这种情况下，轮胎接地印迹中心 A 的瞬时速度 V 与地面垂直。所以，在该位置，车轮上、下跳动时不发生轮距的变化。这种设计对轮胎抗磨损性能比较有利。但是，由于侧倾中心 R 位于地面上，使得 R 距离悬上质量质心的距离比较远，从而使得转向时的

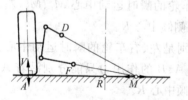

图 10-5 一个双横臂式独立悬架（其侧倾中心 R 位于地面上）

侧倾力矩比较大,会造成比较大的车身侧倾角,对操纵稳定性不利。应该指出,由于上、下横臂的铰点 D、F 都安装在车身上,所以这种轮胎接地中心的瞬时垂直运动是在两侧车轮相对于车身同步上、下跳动时的运动。而当汽车转向、车身发生侧倾时,两侧车轮外倾角的变化几乎与车身侧倾角相同,这对操纵稳定性也是不利的。

图 10-6 示出三种轿车的前桥一侧轮距随着车轮相对于车身跳动的变化特性。其中,欧宝(Opel)和奥迪(Audi)采用的是麦克弗森式独立悬架,而本田(Honda)采用的是双横臂式独立悬架。表 10-1 示出它们的侧倾中心高度。可以看出,欧宝的侧倾中心最低,随着车轮跳动侧倾中心高度的变化最大,这种特性对轮胎抗磨损性能有利,但是不利于减小转向时的车身侧倾角。本田的侧倾中心最高,但是其还在通常的数值范围(0～140mm)以内,而且随着车轮跳动侧倾中心高度变化得最小。奥迪处于前两者之间。一般认为,在上述三种侧倾中心变化特性中本田的特性是最有利的。

表 10-1 三种汽车前桥的侧倾中心高度   mm

汽车	侧倾中心高度 h_R	
	设计位置	最大装载状态
欧宝	40	15
奥迪 100	77	30
本田 Accord	138	111

图 10-7 示出三种轿车后悬架的一侧轮距随悬架压缩、伸张的变化特性。其中,奔驰和宝马 3 系列轿车的后桥都是驱动桥,本田雅阁轿车的后桥是非驱动桥。表 10-2 示出其侧倾中心高度 h_R 的数值。

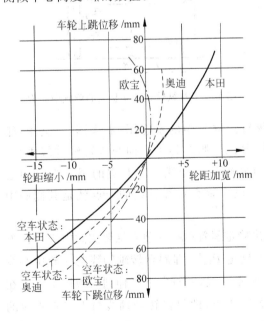

图 10-6 三种轿车的前桥轮距变化特性

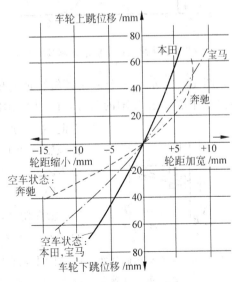

图 10-7 三种轿车后悬架的轮距随悬架压缩、伸张的变化特性

表 10-2 三种轿车后桥的侧倾中心高度   mm

汽 车	侧倾中心高度 h_R	
	设计位置	最大装载状态
宝马	122	92
雅阁	74	58
奔驰	65	—（地面以下）

应该指出，在一些采用双横臂式独立悬架的高越野性越野车中，侧倾中心高达 450mm，也未出现轮胎的异常磨损。这类汽车侧倾中心比较高的原因主要是因为其最小离地间隙比较大，一般为 400mm。

如图 2-50、图 2-51 所示，当轮距随着悬架压缩、伸张而发生变化时，会引起轮胎的侧偏角、侧向力，从而可能损害汽车直线行驶的方向稳定性，还会增大轮胎的滚动阻力。因此，在设计独立悬架时，还是应该注意控制侧倾中心的高度，综合考虑侧倾角、方向稳定性、轮胎磨损、滚动阻力等的要求。在侧倾中心较低时，可以通过适当增大悬架的侧倾角刚度（例如适当增大弹簧刚度、采用横向稳定杆等）来控制车身侧倾角的大小。

图 10-8 示出确定单纵臂式独立悬架侧倾中心的方法。在后视图中，车轮接地中心 B 的运动方向是与地面垂直的，B 点的瞬时运动中心在过 B 点的水平横线上，其与汽车垂直对称轴线的交点（也就是该对称轴线与地面的交点）就是侧倾中心 R。在双纵臂式独立悬架中，车轮接地中心在后视图中的运动方向也与地面垂直，如图 10-9 所示。因此，汽车垂直对称轴线与地面的交点就是其侧倾中心 R。

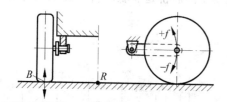
图 10-8 单纵臂式独立悬架的侧倾中心 R

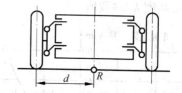
图 10-9 双纵臂式独立悬架的侧倾中心 R

图 10-10 示出一个采用倾斜转轴的单纵臂独立悬架的示意图（后视图）。其中，轮胎接地中心 B 在转轴的后方，在该后视图中，B 点的瞬时运动方向与该转轴轴线垂直。因此，过 B 点画该转轴的平行线 BR（B 点的瞬时运动中心在该轴线上），其与汽车垂直对称轴线的交点就是其侧倾中心 R。

图 10-11 示出确定斜置单臂式独立悬架侧倾中心 R 的方法：①在俯视图上确定 P_1 点，即斜臂转轴轴线与车轮中心线的交点；过 P_1 点画垂直线，一直向下延伸到后视图上。②在后视图上，首先确定 P_2 点，即斜臂转轴轴线与上述垂直线的交点，它就是转向节的瞬时运动中心；连接 P_2 点和车轮接地印迹中心 N 的直线与汽车中心线的交点就是侧倾中心 R。

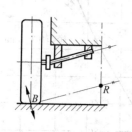
图 10-10 一个采用倾斜转轴的单纵臂独立悬架的示意图

图 10-12 示出宝马 7 系列轿车斜置单臂式独立悬架的 K 特性。其中,制动反作用支撑角、对角弹簧作用角分别是图 14-5 中所示的 ε、η。

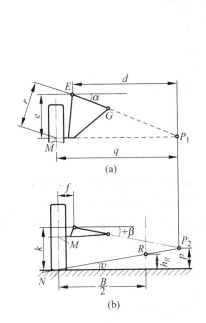

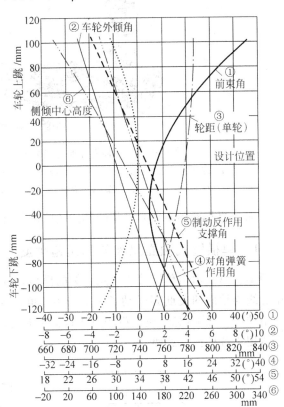

图 10-11 确定斜置单臂式独立悬架
侧倾中心 R 的方法
(a) 俯视图;(b) 后视图

图 10-12 BMW7 系列轿车斜置单臂式独立悬架的 K 特性

10.3 独立悬架的侧倾角刚度

悬架的侧倾角刚度定义为当悬上质量发生单位侧倾角时悬架给悬上质量(车身)的弹性恢复力矩。所以,悬架侧倾角刚度对于车身的侧倾角有明显的影响。在汽车总体设计中一般要求,在 0.4g 的侧向加速度时,货车车身的侧倾角不超过 6°～7°,而轿车的侧倾角不超过 2.5°～4°。这就要求悬架具有足够的侧倾角刚度。而侧倾角刚度与悬架的形构形式、布置、尺寸、弹性元件的刚度等有密切关系。实际上,汽车操纵稳定性要求悬架侧倾角刚度较大,而行驶平顺性要求偏频较低,这两者是矛盾的。解决这个矛盾的有效方法之一是采用横向稳定杆,如图 1-3、图 1-6、图 1-12、图 1-39、图 1-42、图 1-43、图 1-45、图 1-58、图 10-13 所示。采用横向稳定杆可以在不影响偏频的情况下明显提高悬架的侧倾角刚度。另外,还要注意前、后悬架侧倾角刚度的相对大小,一般要求前悬架的侧倾角刚度大于后悬架的,以有利于增强汽车的不足转向。所以,为了保证汽车的操纵稳定性,在设计中还要求在前、后悬架上适当分配侧倾角刚度。

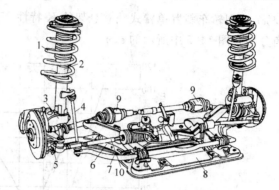

图 10-13 一种麦克弗森式悬架及齿轮齿条式转向系统
1—螺旋弹簧；2—筒式减振器；3—转向节；4—连接杆；5—球头销；6—下横臂；
7—横向稳定杆；8—前托架；9—等速半轴；10—齿轮齿条式转向器

下面介绍几种典型独立悬架的侧倾角刚度的计算方法。

10.3.1 单横臂式独立悬架的侧倾角刚度

图 10-14(a)示出单横臂式独立悬架的模型，其中假定悬上质量被固定住，而地面绕汽车中心线与地面的交点 E 转动了一个与侧倾角 Φ 相等的角度。利用运动的相对性，则在地面不动的情况下，悬上质量就相对于地面反向转动相同的角度 Φ，即侧倾角。这种分析方法适用于各种独立悬架。

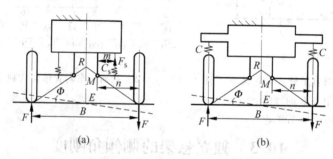

图 10-14 单横臂式独立悬架的侧倾角刚度分析模型
(a) 单横臂式独立悬架的模型；(b) 单横臂式独立悬架的当量模型

图 10-14(b)示出单横臂式悬架侧倾角刚度分析的当量模型，其中刚度为 C_s 的实际弹簧被刚度为 C 的虚拟弹簧所替换，该虚拟弹簧轴线与车轮中心线重合，在车轮与车身之间传力。在图 10-14(a)中，M 是一侧车轮的瞬时运动中心，假设地面转动角度 Φ 是虚位移，则根据虚位移原理有如下关系：

$$F\Phi\frac{B}{2} = F_s \frac{\Phi\frac{B}{2}}{n}m \tag{10-2}$$

式中，F 是地面对车轮的作用力增量；B 是轮距；F_s 是实际弹簧力增量；n、m 是杠杆长度。也可以这样理解，n 是一侧车轮瞬时运动中心 M 到车轮接地中心的水平距离，m 是 M 到弹簧轴线的距离，则有

$$F = C\Phi \frac{B}{2} \tag{10-3}$$

$$F_s = C_s \frac{\Phi \frac{B}{2}}{n} m \tag{10-4}$$

把式(10-3)、式(10-4)代入式(10-2),得

$$\left(C\Phi \frac{B}{2}\right)\Phi \frac{B}{2} = \left(C_s \frac{\Phi \frac{B}{2}}{n}\right) m \frac{\Phi \frac{B}{2}}{n} m$$

$$C\left(\frac{B}{2}\right)^2 \Phi^2 = C_s \left(\frac{m}{n}\right)^2 \left(\frac{B}{2}\right)^2 \Phi^2$$

$$C = C_s \left(\frac{m}{n}\right)^2 \tag{10-5}$$

如图 10-14(b)所示,由于地面转动了 Φ,地面对悬架施加一个转动力矩 T,则有

$$T = F \cdot B \tag{10-6}$$

把式(10-3)、式(10-5)代入式(10-6),得

$$T = \left(C\Phi \frac{B}{2}\right)B = C_s \left(\frac{m}{n}\right)^2 \Phi \frac{B}{2} B = \frac{1}{2} C_s \left(\frac{Bm}{n}\right)^2 \Phi \tag{10-7}$$

侧倾角刚度 C_Φ 为

$$C_\Phi = \frac{dT}{d\Phi} = \frac{1}{2} C_s \left(\frac{Bm}{n}\right)^2 \tag{10-8}$$

$$C_\Phi = \frac{1}{2} CB^2 \tag{10-9}$$

式(10-9)是各类独立悬架侧倾角刚度的统一表达式。

10.3.2 双横臂式独立悬架的侧倾角刚度

图 10-15(a)示出双横臂式独立悬架的侧倾角刚度分析模型。其中,悬上质量固定,地面绕汽车中心线与地面的交点 E 转动一个角度 Φ。图 10-15(b)示出双横臂式独立悬架的当量模型,其中刚度为 C_s 的实际弹簧被刚度为 C 的虚拟弹簧所替换,该虚拟弹簧轴线与车轮中心线重合,在车轮与车身之间传力。

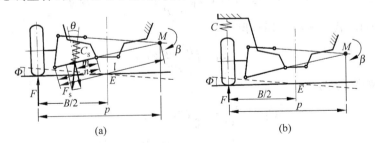

图 10-15 双横臂式独立悬架的侧倾角刚度分析模型
(a) 双横臂式独立悬架的模型;(b) 双横臂式独立悬架的当量模型

在图 10-15(a)中,M 是一侧车轮的瞬时运动中心,假定转向节绕 M 点转动一个虚角位移 β,根据虚位移原理有如下关系:

$$p\beta F = F_s\cos\theta\left(l\beta\frac{m}{n}\right) \tag{10-10}$$

式中,p、l、m、n 都是杠杆长度;θ 是弹簧中心线与下横臂外侧球铰中心与其内侧转轴中心连线的垂线的夹角;F 是地面对车轮垂直力的增量;F_s 是实际弹簧力的增量。

而由 β 引起的垂直力增量 F 可以表示为

$$F = C(p\beta) \tag{10-11}$$

由 β 引起的弹簧力增量 F_s 的表达式为

$$F_s = C_s\left(\beta l\frac{m}{n}\cos\theta\right) \tag{10-12}$$

把式(10-11)、式(10-12)代入式(10-10),得

$$p[C(p\beta)] = C_s\left(\beta l\frac{m}{n}\cos\theta\right)\cos\theta\left(l\frac{m}{n}\right)$$

$$pCp = l\frac{m}{n}\cos\theta C_s\cos\theta\frac{lm}{n}$$

$$C = C_s\left(\frac{lm\cos\theta}{pn}\right)^2 \tag{10-13}$$

如图 10-15(b) 所示,由于地面转动了 Φ,地面对悬架施加一个转动力矩 T,则有

$$T = FB \tag{10-14}$$

把式(10-11)、式(10-13)代入式(10-14),得

$$T = (Cp\beta)B = C_s\left(\frac{lm\cos\theta}{pn}\right)^2 p\beta B \tag{10-15}$$

如图 10-15(b) 所示,有如下关系:

$$\beta p = \Phi\frac{B}{2} \tag{10-16}$$

式中,p 是转向节瞬时运动中心 M 到车轮接地印迹中心中点的水平距离。所以

$$\beta = \frac{1}{2}\frac{B}{p}\Phi \tag{10-17}$$

把式(10-17)代入式(10-15),得

$$T = (Cp\beta)B = Cp\left(\frac{1}{2}\frac{B}{p}\Phi\right)B = \frac{1}{2}CB^2\Phi \tag{10-18}$$

把式(10-13)代入式(10-18),得

$$T = \frac{1}{2}C_s\left(\frac{lm\cos\theta}{pn}\right)^2 B^2\Phi \tag{10-19}$$

侧倾角刚度 C_Φ 为

$$C_\Phi = \frac{dT}{d\Phi} = \frac{1}{2}CB^2 \tag{10-20}$$

$$C_\Phi = \frac{dT}{d\Phi} = \frac{1}{2}C_s\left(\frac{lmB}{pn}\cos\theta\right)^2 \tag{10-21}$$

在悬架中有横向稳定杆的情况下,式(10-20)中的 C 还应该叠加上横向稳定杆的当量刚度。如图 10-16 所示,假设当两侧车轮进行交错运动时横向稳定杆的刚度为 C_h,则(见 10.7.1 节)

$$F_h = C_h f_c \quad (10\text{-}22)$$

式中,F_h 是作用在横向稳定杆外端的垂直力增量; C_h 是横向稳定杆的刚度;f_c 是横向稳定杆外端的垂直位移增量。根据虚位移原理有如下关系:

$$F_a \beta p = F_h \left(\frac{l\beta}{n}\right) e \quad (10\text{-}23)$$

$$F_a = C_a \beta p \quad (10\text{-}24)$$

$$F_h = C_h \left(\frac{l\beta}{n}\right) e \quad (10\text{-}25)$$

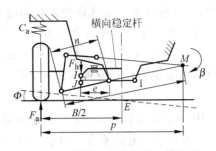

图 10-16 带横向稳定杆的双横臂式独立悬架

式中,F_a 是地面作用在车轮上的垂直力增量;C_a 是横向稳定杆的当量虚拟弹簧的刚度。

把式(10-24)、式(10-25)代入式(10-23),得

$$(C_a \beta p)\beta p = \left(C_h \frac{l\beta}{n} e\right)\left(\frac{l\beta}{n}\right) e$$

$$C_a \beta^2 p^2 = C_h \left(\frac{le}{n}\right)^2 \beta^2$$

$$C_a = C_h \left(\frac{le}{np}\right)^2 \quad (10\text{-}26)$$

因此,在有横向稳定杆的情况下,双横臂式悬架的侧倾角刚度为

$$C_\Phi = \frac{dT}{d\Phi} = \frac{1}{2}(C + C_a)B^2 \quad (10\text{-}27)$$

把式(10-13)、式(10-26)代入式(10-27),得

$$C_\Phi = \frac{dT}{d\Phi} = \frac{1}{2}\left[C_s \left(\frac{lm\cos\theta}{pn}\right)^2 + C_h \left(\frac{le}{pn}\right)^2\right]B^2$$

$$= \frac{1}{2}\left[C_s \left(\frac{lmB\cos\theta}{pn}\right)^2 + C_h \left(\frac{leB}{pn}\right)^2\right] \quad (10\text{-}28)$$

10.3.3 麦克弗森式(滑柱摆臂式)独立悬架的侧倾角刚度

图 10-17(a)示出麦克弗森式独立悬架的模型。其中,悬上质量固定,地面绕汽车中心线与地面的交点 E 转动一个角度 Φ。图 10-17(b)示出麦克弗森式独立悬架的当量模

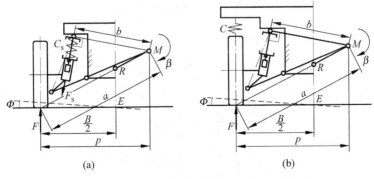

图 10-17 麦克弗森式独立悬架的侧倾角刚度分析模型
(a) 麦克弗森式悬架的模型;(b) 麦克弗森式悬架的当量模型

型,其中刚度为 C_s 的实际弹簧被刚度为 C 的虚拟弹簧所替换,该虚拟弹簧轴线与车轮中心线重合在车轮与车身之间传力。

在图 10-17(a) 中,M 是一侧车轮的瞬时运动中心,假定转向节绕 M 点转动一个虚角位移 β,根据虚位移原理有如下关系:

$$Fp\beta = F_s b\beta \tag{10-29}$$

式中,p、b 都是杠杆长度;F 是地面对车轮垂直力的增量;F_s 是实际弹簧力的增量。

而由 β 引起的垂直力增量 F 可以表示为

$$F = C(p\beta) \tag{10-30}$$

由 β 引起的弹簧力增量 F_s 的表达式为

$$F_s = C_s b\beta \tag{10-31}$$

把式 (10-30)、式 (10-31) 代入式 (10-29),得

$$(Cp\beta)p\beta = (C_s b\beta)b\beta$$

$$Cp^2\beta^2 = C_s b^2 \beta^2$$

$$C = C_s \left(\frac{b}{p}\right)^2 \tag{10-32}$$

如图 10-17(b) 所示,当由于地面转动了 Φ,地面对悬架施加一个转动力矩 T,则有

$$T = FB \tag{10-33}$$

式中,F 是车轮对地面的作用力增量;B 是轮距。

把式 (10-30) 代入式 (10-33),得

$$T = FB = (Cp\beta)B \tag{10-34}$$

如图 10-17(b) 所示,当由 β 引起的车轮垂直位移等于由 Φ 引起的垂直位移时,有如下关系:

$$\beta p = \Phi \frac{B}{2} \tag{10-35}$$

式中,p 是转向节瞬时运动中心 M 到车轮接地印迹中心中点的水平距离,所以有

$$\beta = \frac{1}{2}\frac{B}{p}\Phi \tag{10-36}$$

把式 (10-36) 代入式 (10-34),得

$$T = Cp\left(\frac{1}{2}\frac{B}{p}\Phi\right)B = \frac{1}{2}CB^2\Phi \tag{10-37}$$

把式 (10-32) 代入式 (10-37),得

$$T = \frac{1}{2}\left[C_s \left(\frac{b}{p}\right)^2\right]B^2\Phi = \frac{1}{2}C_s\left(\frac{bB}{p}\right)^2\Phi \tag{10-38}$$

侧倾角刚度 C_Φ 为

$$C_\Phi = \frac{dT}{d\Phi} = \frac{1}{2}CB^2 \tag{10-39}$$

$$C_\Phi = \frac{dT}{d\Phi} = \frac{1}{2}C_s\left(\frac{bB}{p}\right)^2 \tag{10-40}$$

悬架中有横向稳定杆时,还需要采用类似于在 10.3.2 节中所介绍的方法考虑其对侧

倾角刚度的影响，得到类似于式(10-26)～式(10-28)那样的公式。

10.4 非独立悬架的侧倾中心与侧倾角刚度

10.4.1 纵置钢板弹簧非独立悬架的侧倾中心 *R* 及其侧倾角刚度

图 10-18 示出确定纵置钢板弹簧非独立悬架侧倾中心 R 的方法。参见图 10-18(b)，过纵置钢板弹簧前、后卷耳中心的垂直线与其主片片厚中心线的交点分别是 H_1、H_2，H_1 与 H_2 的连线与过车轮中心的垂直线的交点就是侧倾中心 R。轿车为了降低车身高度，常把后桥安装在钢板弹簧之上，可以认为侧倾中心就在车轴中心上，如图 10-18(c) 所示。车身侧倾时，轮距不发生变化，可以通过采用较高的侧倾中心以减小侧倾力矩、侧倾角。这是非独立悬架的一个重要优点。

图 10-18 确定纵置钢板弹簧非独立悬架侧倾中心 R 的方法

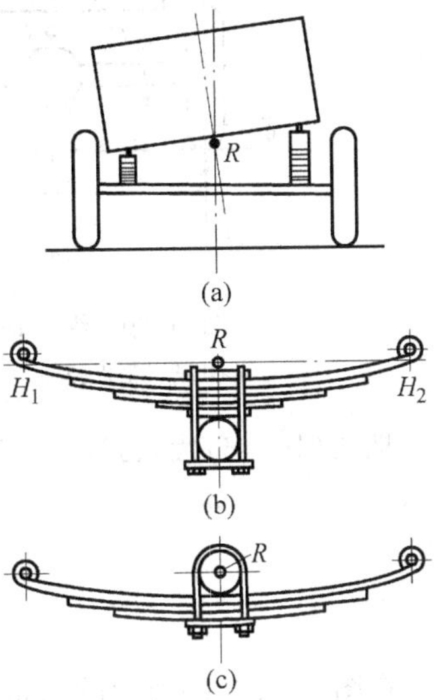

图 10-19 示出纵置钢板弹簧式非独立悬架的侧倾角刚度分析模型。其中悬上质量绕悬架的侧倾中心 R 转动了一个侧倾角 Φ，而悬架对其施加了一个抵抗侧倾的力矩 T，则有

$$T = 2F_s q \tag{10-41}$$

式中，q 是板簧中心距的一半；F_s 是由侧倾角 Φ 在一侧弹簧中引起的弹簧力的增量，F_s 的计算式为

$$F_s = C_s \Phi q \tag{10-42}$$

式中，C_s 是一侧钢板弹簧的刚度。

把式(10-42)代入式(10-41)，得

$$T = 2(C_s \Phi q) q = 2C_s q^2 \Phi \tag{10-43}$$

侧倾角刚度 C_Φ 为

$$C_\Phi = \frac{dT}{d\Phi} = 2C_s q^2 \tag{10-44}$$

可以看出，增大 q 可以增大侧倾角刚度。但是，在纵置板弹簧式悬架中，q 的增大受到限制。这是因为，在卡车前悬架中板簧的布置要为前轮的转向运动留出空间；在卡车后悬架中一般采用双胎，这些使得两侧板簧的中心距 $2q$ 一般约为轮距 B 的一半。这限制了侧倾角刚度的增大。这是转向时卡车侧倾角比较大的主要原因。

图 10-19 纵置钢板弹簧式非独立悬架的侧倾角刚度分析模型

应该指出，当车身侧倾时，纵置钢板弹簧还会被扭转，从而增大了抵抗这种上、下移动加扭转的组合变形的抵抗力，最终表现为刚度 C_s 的增大，其一般比两侧车轮平行跳动时的刚度增大约 16%。

图 10-20 示出纵置钢板弹簧式非独立悬架侧倾角刚度分析的另外一种方法。其中，假定车身固定，地面绕汽车垂直对

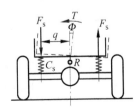

称轴线与地面的交点 E 转动一个角度 Φ。在图 10-20(a) 所示模型中,假定 Φ 是虚位移,则根据虚位移原理有如下关系:

$$F\Phi\frac{B}{2} = F_s\Phi q \tag{10-45}$$

式中,F 是地面对车轮作用力的增量;B 是轮距;F_s 是弹簧力的增量,F_s 的计算式为

$$F_s = C_s\Phi q \tag{10-46}$$

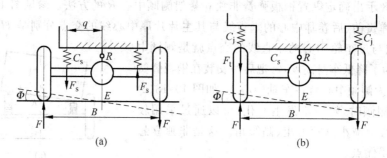

图 10-20 纵置钢板弹簧式非独立悬架侧倾角刚度分析的当量模型
(a) 纵置钢板弹簧式非独立悬架;(b) 纵置钢板弹簧式非独立悬架的当量模型

把式(10-46)代入式(10-45),得

$$F\Phi\frac{B}{2} = (C_s\Phi q)\Phi q$$

$$F\frac{B}{2} = C_s q^2 \Phi \tag{10-47}$$

在图 10-20(b) 所示的当量模型中,在相同虚位移 Φ 的情况下,有如下关系式:

$$F\Phi\frac{B}{2} = F_t\Phi\frac{B}{2} \tag{10-48}$$

式中,F_t 是虚弹簧力,其计算式为

$$F_t = C_j\Phi\frac{B}{2} \tag{10-49}$$

式中,C_j 是虚拟弹簧的刚度。

把式(10-49)代入式(10-48),得

$$F = F_t = C_j\Phi\frac{B}{2} \tag{10-50}$$

把式(10-50)代入式(10-47),得

$$\left(C_j\Phi\frac{B}{2}\right)\frac{B}{2} = C_s q^2 \Phi$$

$$C_j = C_s\left(\frac{2q}{B}\right)^2 \tag{10-51}$$

式中,C_j 是在侧倾时车轮与车身之间的虚拟弹簧线刚度。

地面对悬架的侧倾力矩 T 为

$$T = FB = \left(C_j\Phi\frac{B}{2}\right)B = \frac{1}{2}C_j B^2 \Phi \tag{10-52}$$

侧倾角刚度为

$$C_\Phi = \frac{dT}{d\Phi} = \frac{1}{2}C_j B^2 \tag{10-53}$$

把式(10-51)代入式(10-53),得到

$$C_\Phi = \frac{1}{2}C_j B^2 = \frac{1}{2}C_s \left(\frac{2q}{B}\right)^2 B^2 = 2C_s q^2$$

此即式(10-44)。

10.4.2 其他一些非独立悬架的侧倾中心

如图 10-21 所示,在非独立悬架的导向机构中采用了 V 形杆,V 形杆顶端的球铰中心就是悬架的侧倾中心 R。这种侧倾中心比较高,可以减小侧倾力矩,有利于减小转向行驶时的车身侧倾角。

图 10-22 示出一种四连杆式后驱动桥,其比较多地用作发动机前置-后轮驱动轿车的驱动桥,它属于非独立悬架。其两个平行杆布置在驱动桥的下方。上方的两根连杆倾斜布置,在俯视图、侧视图中它们都是倾斜的,它们用来承受侧向力,并且和下方的两根平行杆一起承受驱动力、制动力。其侧倾中心 R 按照如下顺序来确定:①在俯视图中,两根斜杆的轴线相交于 P_1 点;过 P_1 点向下画一条垂直线,直到侧视图中。②在侧视图中,沿着上斜杆的轴线画一条直线,与上述垂直线相交于 P_2 点;过 P_2 点画一条水平线,与过车轮中心的垂线相交于 R 点,R 点就是侧倾中心。

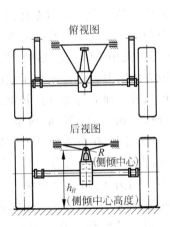

图 10-21 在采用 V 形杆的非独立悬架中的侧倾中心 R(V 形杆顶端球铰中心)

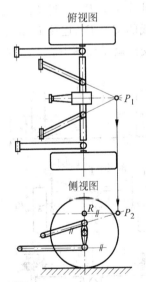

图 10-22 一种四连杆式驱动桥及其侧倾中心 R

图 10-23 示出一种在轿车后桥上采用的瓦特连杆系统,其用来控制车身相对车桥的横向移动并承受侧向力。该连杆系统的中央转轴安装在整体后桥的中央,在两侧车轮同步上、下跳动时系统中的垂直连杆绕该转轴进行有限转动,可以保证没有车身相对于车桥的任何侧向位移,仅进行垂直相对移动。在转向、车身侧倾时,车身将绕该转轴转动。瓦

特连杆系统的中央转轴中心就是侧倾中心 R。

在采用潘哈德杆承受侧向力的情况下(见图 1-6~图 1-8、图 1-13),车身的侧倾中心 R 是潘哈德杆的轴线与汽车垂直对称轴线的交点,如图 10-24 所示。

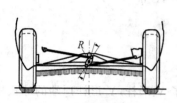

图 10-23 一种在轿车后桥上采用的瓦特连杆系统

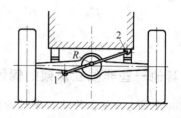

图 10-24 车身的侧倾中心 R 是潘哈德杆的轴线与汽车垂直对称轴线的交点(在采用潘哈德杆承受侧向力的情况下)

1—潘哈德杆与整体车桥的铰点;2—潘哈德杆与车身的铰点

10.5 拖臂扭转梁式悬架的侧倾中心

图 10-25 示出确定左、右车轮交错上、下跳动时扭转梁式悬架侧倾中心 R 的方法:①在俯视图上,连接左侧纵臂转轴的中心 O_1 和横梁的中点 S 得到一条直线,该直线与右侧车轮轴线交于 P_1 点,过 P_1 点画垂直线直到后视图;②在后视图上,确定上述垂直线与车轮轴线的交点 P_2,连接 P_2 和左侧车轮接地印迹中心 N 得到一条直线,该直线与汽车中心线的交点就是侧倾中心 R。这个侧倾中心用来确定当左、右车轮交错上、下跳动时的车轮外倾角和前束角的变化。而汽车转向时由该后轴承受的侧向力的作用点为 R',其是过纵臂转轴中心 O 的水平线与过车轮中心的垂直线的交点,如图 10-26 所示。这是因为侧向力是由转轴 O 承受的。

下面对单纵臂式独立悬架和扭转梁式悬架进行侧向力受力分析。如图 10-27(a)所示,在地面对车轮的侧向力 F_y 作用下,在单纵臂的安装圆柱铰上有一个大小相等、方向相反的反力和一个反力矩 $T = aF_y$。因此,在侧向力 F_y 与一个单纵臂安装圆柱铰中心线构成的平面内,该单纵臂相当于与车身固结,而地面侧向力沿着地面作用在车身上。因此,单纵臂的侧倾中心在地面以内,如图 10-8 所示。

如图 10-27(b)所示,在采用扭转梁式悬架(由两个纵臂和一个整体横梁组成)的情况下,在地面对车轮的侧向力 F_y 作用下,在两个纵臂安装圆柱铰处没有转矩。因此,地面侧向力 F_y 通过上述两个安装圆柱铰的中心线作用在车身上。作用在上述每个安装

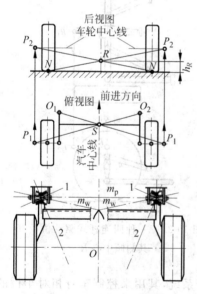

图 10-25 确定左、右车轮交错上、下跳动时扭转梁式悬架侧倾中心的方法

圆柱铰中心上的纵向力 F_x（$F_x b = F_y a$）、侧向力 $F_y/2$ 沿着水平面向后等效移动到通过车轮中心线的垂直平面与汽车垂直对称线的交点 R' 上（见图 10-26），则在该点上只剩下 2 个侧向力 $F_y/2$。因此，两个纵臂安装圆柱铰中心线在过车轮中心线的垂直平面内的投影与汽车垂直对称线的交点就是地面侧向力对车身的作用点 R'。

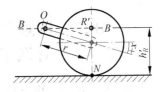

图 10-26 扭转梁式悬架的侧向力受力点 R'

如果整体车桥允许两侧车轮进行交错运动（该桥的扭转刚度较低，一般采用倒 U 形截面），这种交错运动的侧倾中心 R 仅用来确定汽车的侧倾轴线、车轮运动规律，而侧倾力矩由 R' 与悬上质量的质心位置关系来确定。

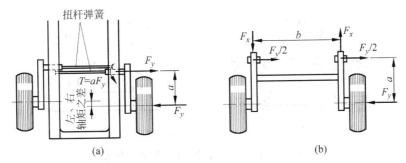

图 10-27 单纵臂式悬架和扭转梁式悬架的侧向力分析
(a) 单纵臂式独立悬架的侧向力分析；(b) 扭转梁式悬架的侧向力分析

10.6 车身侧倾轴线的确定

如图 10-28 所示，汽车的侧倾轴线 c-c 是前、后悬架侧倾中心 R_f、R_r 的连线。在设计位置，轿车前悬架的侧倾中心通常布置得比后悬架的侧倾中心更靠近地面。其主要原因是为了减小前轮的轮距变化，因为轿车前悬架都是独立悬架，侧倾中心更靠近地面意味着轮距随着悬架压缩、伸张的变化更小，有利于增强直线行驶方向稳定性，减小前轮胎的磨损。通常先根据允许的轮距变化确定前悬架的侧倾中心位置，然后确定后悬架的侧倾中心位置。现代轿车前悬架侧倾中心高度一般在 0～140mm 范围内；而后悬架侧倾中心高度一般在 0～400mm 范围内。一般可以在上述范围内选择轿车前、后悬架的侧倾中心高度。如果后悬架采用独立悬架，一般使后悬架的侧倾中心与前悬架的等高或稍微高一点。但是，也有后悬架侧倾中心更低的情况，例如后悬架采用单纵臂式悬架，其侧倾中心 R 在地平面内。而如果后悬架采用整体式后桥非独立悬架，由于其弹簧的跨距较小，造成后悬架的侧倾角刚度较小。为了减小车辆的侧倾角，一般把后悬架的侧倾中心设定得较高，以减小侧倾力臂，从而减小车辆的侧倾角，而且这样也不会引起轮距的变化。

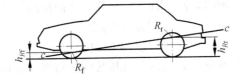

图 10-28 前、后悬架侧倾中心与侧倾轴线

10.7 侧倾角刚度在汽车前、后桥上的分配及其对汽车操纵稳定性的影响

图 10-29 示出汽车稳态转向时的车身侧倾角分析模型。在图 10-29(a)(侧视图)中，R_f、R_r 分别是前、后悬架的侧倾中心，连接它们的直线就是侧倾轴线；h_{Rf}、h_{Rr} 分别是前、后悬架的侧倾中心高度；α 是侧倾轴线的倾角，其一般是个小角度；O 是悬上质量的质心；h_s 是 O 到侧倾轴线的距离。

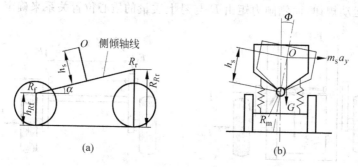

图 10-29 汽车稳态转向时的车身侧倾角分析模型
(a) 侧倾轴线；(b) 侧倾角计算模型

汽车在进行稳态转向行驶时，侧倾角 Φ 是个常数，如图 10-29(b)所示。设前、后悬架的侧倾角刚度分别是 $C_{\Phi f}$、$C_{\Phi r}$，则近似有如下关系式：

$$m_s a_y h_s + G h_s \Phi \frac{\pi}{180} = (C_{\Phi f} + C_{\Phi r})\Phi \tag{10-54}$$

式中，m_s 是悬上质量；a_y 是侧向加速度；h_s 是悬上质量质心到侧倾轴线的距离；G 是悬上质量的重力，G 按下式计算：

$$G = m_s g \tag{10-55}$$

式中，g 是重力加速度。把式(10-55)代入式(10-54)，整理得

$$m_s a_y h_s = \left(C_{\Phi f} + C_{\Phi r} - m_s g h_s \frac{\pi}{180}\right)\Phi$$

$$\Phi = \frac{m_s h_s}{C_{\Phi f} + C_{\Phi r} - m_s g h_s \frac{\pi}{180}} a_y \tag{10-56}$$

侧倾度 K_Φ 是汽车稳态转向时侧倾角与侧向加速度的比值。所以，从式(10-56)可得

$$K_\Phi = \frac{\Phi}{a_y} = \frac{m_s h_s}{C_{\Phi f} + C_{\Phi r} - m_s g h_s \frac{\pi}{180}} \tag{10-57}$$

汽车进行稳态转向行驶时，分别由前、后悬架承受的侧倾力矩为 $T_{\Phi f}$、$T_{\Phi r}$，则有

$$T_{\Phi f} = C_{\Phi f} \Phi \tag{10-58}$$

$$T_{\Phi r} = C_{\Phi r} \Phi \tag{10-59}$$

所以，在前、后悬架上所分配的侧倾力矩与其侧倾角刚度成正比。悬架上所承受的侧倾力矩越大，在左、右车轮间所引起的负荷转移就越大。图 10-30 定性地示出上述车轮负

荷转移对轮胎侧偏刚度的影响。如图10-30所示，轮胎侧偏刚度C_α一般随着垂直载荷而呈现非线性变化。假设汽车直线行驶时两侧车轮的垂直载荷相等，均为F_{zs}，对应的每个轮胎的侧偏刚度均为$C_{\alpha s}$，它们的平均值也是$C_{\alpha s}$；在汽车转向行驶时动态载荷转移为ΔF_z；内侧轮胎负荷$F_{zi}=F_{zs}-\Delta F_z$，其对应的侧偏刚度为$C_{\alpha i}$；外侧车轮负荷$F_{zo}=F_{zs}+\Delta F_z$，其对应的侧偏刚度为$C_{\alpha o}$。它们的平均侧偏刚度$C_{\alpha m}$为

$$C_{\alpha m}=\frac{C_{\alpha i}+C_{\alpha o}}{2} \quad (10\text{-}60)$$

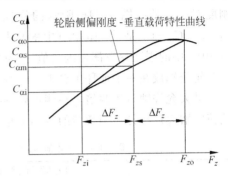

图10-30 车轮负荷转移对轮胎侧偏刚度影响的定性分析

如图10-30所示，如果动态载荷转移ΔF_z较小，内、外侧轮胎的侧偏刚度趋于沿着轮胎侧偏刚度-垂直载荷特性曲线线性变化，则

$$C_{\alpha m}=\frac{C_{\alpha i}+C_{\alpha o}}{2}\rightarrow C_{\alpha s}$$

即内、外侧轮胎侧偏刚度之和$C_{\alpha i}+C_{\alpha o}$趋于$2C_{\alpha s}$，内、外侧垂直载荷转移对该车桥的总侧偏刚度基本上没有影响。汽车在以较低侧向加速度转向行驶时一般就是这种状态。

而在汽车转向行驶的侧向加速度较大并且所研究的车桥具有较大的侧倾角刚度的情况下会引起较大的动态载荷转移ΔF_z，以致外侧车轮的侧偏刚度-垂直力特性曲线进入明显的非线性区（见图10-30）。在这种情况下，两侧轮胎的侧倾刚度之和$C_{\alpha i}+C_{\alpha o}$小于$2C_{\alpha s}$，即

$$C_{\alpha m}=\frac{C_{\alpha i}+C_{\alpha o}}{2}<C_{\alpha s}$$

即该车桥总的侧偏刚度减小了。该车桥总的侧偏刚度减小，会使该车桥侧偏角增大。为了使这种现象有利于不足转向，应该使前悬架的侧倾角刚度大于后悬架的侧倾角刚度。轿车的前、后悬架侧倾角刚度的比值一般为1.4~2.6。在悬架上安装横向稳定杆可以有效地增加其侧倾角刚度。通常横向稳定杆装在前悬架上，也有一些车辆在其后悬架上也采用横向稳定杆。表10-3示出一些国外轿车前、后悬架的侧倾角刚度值。

表10-3 一些国外轿车前、后悬架的侧倾角刚度值

车型	前悬架			后悬架		
	形式	侧倾角刚度 /(N·m/rad)	横向稳定杆刚度 /(N/mm)	形式	侧倾角刚度 /(N·m/rad)	横向稳定杆刚度 /(N/mm)
菲亚特124	A	31×10^3	19.0	D	11.7×10^3	6.3
福特-卡派利	B	23.7×10^3	6.1	D	11.1×10^3	—
福特-爱司卡脱	B	13.9×10^3		E	9.1×10^3	
鹰牌	C	17.2×10^3		D	12.9×10^3	
大众411	B	29.2×10^3	9.2	F	27.3×10^3	

注：A—双横臂式独立悬架，螺旋弹簧；B—麦克弗森式独立悬架；C—双横臂式独立悬架，横置钢板弹簧；D—非独立悬架，螺旋弹簧；E—非独立悬架，钢板弹簧；F—斜置式独立悬架，螺旋弹簧。横向稳定杆刚度是车轮上单位垂直位移所需要的力，即图10-16所示的横向稳定杆在车轮处的当量刚度C_a。

表10-4示出一些前、后悬架都采用独立悬架的轿车的侧倾参数。其中,前、后垂直刚度C_f、C_r是车轮处的虚拟弹簧刚度C(见图10-14、图10-15、图10-17);横向稳定杆当量刚度C_{af}、C_{ar}是如图10-16所示的横向稳定杆在车轮处的当量刚度C_a;侧倾线刚度C_f+C_{af}、C_r+C_{ar}是式(10-27)中的虚拟弹簧刚度C与横向稳定杆当量刚度C_a之和。表10-4中的刚度参数都是测量值,测量仪器是精度为1N的两个地秤。每个车桥上的两个车轮分别放在一个地秤平台上。在测量垂直刚度时,两个地秤平台同步举升,最大载荷可达最大允许轴荷的两倍。在测量侧倾线刚度时,两侧地秤平台交错垂直移动,使得一侧载荷的增大量与另一侧载荷的减小量相等。

表10-4 一些前、后悬架都采用独立悬架的轿车的侧倾参数

汽车型号	投产年代	前悬架一侧刚度/(N/mm)			后悬架一侧刚度/(N/mm)			侧倾中心高度[②]/mm		轴荷分配/%	
		侧倾线刚度 C_f+C_{af}	垂直刚度 C_f	横向稳定杆当量刚度 C_{af}	侧倾线刚度 C_r+C_{ar}	垂直刚度 C_r	横向稳定杆当量刚度 C_{ar}	前	后	前轴	后轴
(1) 发动机前置-后轮驱动											
福特-格雷那达-2300	1974	26.0	13.0	13.0	18.0	18.0		73	155	53	47
BMW-图林格-2000	1973	25.0	19.5	5.5	18.8	17.3	1.5	90	130	52	48
戴姆勒-奔驰-200	1974	36.5	15.0	21.5	22.2	18.0	4.2	95	115	52	48
(2) 发动机后置-后轮驱动											
大众-1303	1973	17.2	9.0	8.2	17.8	17.8		80	100	43	57
大众-1303[①]	1974	15.9	8.5	7.4	17.8	17.8		65	100	43	57
(3) 发动机前置-前驱动											
雪铁龙-阿米-苏贝尔	1974	25.4	19.0	6.4	14.3	10.1	4.2	0	0	59	41
雷诺-5	1974	12.1	10.0	2.1	13.1	13.1	—	50	0	58	42
雷诺-6	1974	11.6	9.0	2.6	19.0	12.4	5.6	100	0	54	46
菲亚特-127	1973	26.0	19.0	7.0	21.0	15.0	6.0	110	175	60	40

① 具有负的主销偏移距。
② 车厢中乘坐2人。

表10-5示出一些前悬架采用独立悬架、后悬架采用整体桥非独立悬架的轿车的侧倾参数。其中,前垂直刚度C_f是车轮处的虚拟弹簧刚度C(见图10-15、图10-16);后悬架垂直刚度C_r就是该悬架两侧车轮同步上跳时的刚度;后悬架计算侧倾线刚度就是图10-20(b)所示的虚拟弹簧刚度C_j;后悬架测量侧倾线刚度C_{rm}就是与图10-20(b)所示虚拟弹簧刚度C_j对应的测量值;横向稳定杆当量刚度C_{af}、C_{ar}是图10-16所示的横向稳定杆在车轮处的当量刚度C_a;前悬架侧倾线刚度C_f+C_{af}是式(10-27)中的虚拟弹簧刚度C与横向稳定杆当量刚度C_a之和;$B_g=C_{rm}/C_{jr}$。表10-5中的刚度参数都是测量值,测量仪器是精度为1N的两个地秤。每个车桥上的两个车轮分别放在一个地秤平台上。在测量垂直刚度时,两个地秤平台同步举升,最大载荷可达最大允许轴荷的两倍。在测量侧倾线刚度时,两侧地秤平台交错垂直移动,使得一侧载荷的增大量与另一侧载荷的减小量相

等。从表 10-5 可以看出,后悬架的测量侧倾线刚度 C_{rm} 要大于对应的计算值 C_{jr}。这是因为在后桥两侧车轮进行交错运动时,无论是纵置钢板弹簧,还是悬架中的支承元件都被扭转,从而增大了抵抗这种上下移动加扭转的组合变形的抵抗能力,最终表现为刚度增大。而在利用式(10-51)计算 C_j 时没有考虑这种扭转,因此计算值小于测量值 C_{rm}。在表 10-5 中,福特-卡普利后悬架采用的是纵置钢板弹簧,其两侧车轮同步上、下跳动时弹簧刚度为 $C_{jr}=10.8$N/mm;而在两侧车轮交错上、下跳动时测量的侧倾线刚度 $C_{rm}=12.5$N/mm。这两个刚度之比 $B_g=C_{rm}/C_{jr}=1.16$,即由于交错运动时钢板弹簧还承受扭矩使其刚度增大了约 16%。

表 10-5 一些前悬架采用独立悬架、后悬架采用整体桥非独立悬架的轿车的侧倾参数

汽车型号	投产年代	前悬架一侧刚度/(N/mm)			后悬架一侧刚度/(N/mm)						侧倾中心高度*/mm		轴荷分配*/%	
		侧倾线刚度 C_f+C_{af}	垂直刚度 C_f	横向稳定杆当量刚度 C_{af}	侧倾线刚度 $C_{rm}+C_{ar}$	垂直刚度 C_r	计算侧倾线刚度 C_{jr}	测量侧倾线刚度 C_{rm}	B_g	横向稳定杆当量刚度 C_{ar}	前	后	前轴	后轴
(1)发动机前置-后轮驱动														
福特-陶奴斯-600	1974	23.3	13.3	10.0	11.0	22.0	9.3	10.0	1.08	1.0	100	380	54	46
福特-卡普利-Ⅰ-2600	1973	20.4	15.6	4.8	14.7	18.4	10.8	12.5	1.16	2.2	105	230	53	47
奥贝尔-记录-Ⅱ-1700	1974	26.6	13.5	13.1	23.6	19.5	9.8	10.1	1.03	13.5	25	270	52	48
(2)发动机前置-前轮驱动														
奥迪-80	1974	23.9	13.0	10.9	20.0	17.0	10.0	—	—	10.0	50	215	61	39
大众-帕萨特	1974	20.8	13.5	7.3	25.4	21.2	11.6	—	—	13.8	50	215	59	41
雷诺-15TC	1974	27.2	12.8	14.4	14.2	15.0	7.5	8.3	1.11	5.9	10	335	59	41

* 车厢中坐 2 人。

图 10-31 示出一辆汽车(质量 1544kg)的定半径(42m)操纵稳定性试验结果。其中,该汽车的前、后悬架都采用横向稳定杆,有两种不同的前、后横向稳定杆刚度组合。方案 1 的横向稳定杆刚度分布是前 16.5N/m,后 3.0N/m。方案 2 的横向稳定杆刚度分布是前 9.75N/m,后 9.75N/m。可以看出,在侧向加速度低于 0.3g(2.94m/s²)时,上述不同方案对车辆的不足转向度基本上没有影响;而随着侧向加速度水平的提高,方案 1(增大了前悬架的侧倾角刚度,减小了后悬架的侧倾角刚度)的不足转向度逐渐高于方案 2。这样证明了前述分析结论:①在低侧向加速度(一般低于 0.3g)时,内、外侧车轮上的垂直载荷转移对车辆不足转向特性的影响可以忽略;②在侧向加速度较高(一般高于 0.3g)

时,随着加速度水平的升高,内、外侧车轮上的垂直载荷转移对车辆不足转向特性的影响越来越明显。一个车桥具有较大的侧倾角刚度,其在侧向加速度较高时的总侧偏刚度就降低较多,相应地使该车桥的侧偏角也增大较多。

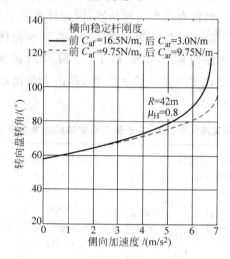

图 10-31　一辆汽车(质量 1544kg)的定半径(42m)操纵稳定性试验结果

10.8　横向稳定杆的设计

为了降低汽车的偏频,改善行驶平顺性,轿车上悬架的垂直刚度设计得比较低(静挠度比较大),这就使汽车的侧倾角刚度也比较低。结果,在汽车转弯时会产生比较大的车身侧倾角,影响行驶稳定性。为了既获得比较大的静挠度(比较低的偏频),又得到比较大的侧倾角刚度,在汽车中已经比较广泛地采用了横向稳定杆,如图 1-3、图 1-6、图 1-12、图 1-39、图 1-42、图 1-43、图 1-45、图 1-58、图 10-13 所示。同时,在前、后悬架上采用横向稳定杆还可以调整前、后悬架的侧倾角刚度之比,获得需要的转向特性。在一些前置-前轮驱动汽车的后悬架上也采用横向稳定杆,其目的是减小转向时前轮(驱动轮)上的载荷转移,有利于其充分利用地面附着力发出驱动力。如果前轮驱动汽车采用普通锥齿轮式差速器,则在左、右轮间分配的转矩基本上相等,所以前桥上能够发出的驱动力取决于垂直负荷较小的车轮(内侧车轮)上的附着力,外侧车轮上的附着力不能得到充分利用。

横向稳定杆的采用也会带来一些不利的影响。当汽车在坑洼不平的路面上行驶时,左、右车轮的垂直位移不同,横向稳定杆被扭转,加强了左、右车轮之间的运动联系,对行驶平顺性不利。

图 10-32 示出横向稳定杆在双横臂式独立悬架上的安装方式,其中横向稳定杆 1 的杆身安装在铰支点 2 上,而铰支点 2 一般通过橡胶

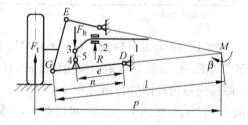

图 10-32　横向稳定杆在双横臂式独立悬架上的安装示意图
1—横向稳定杆；2—横向稳定杆杆身铰支点；
3,4—连接球铰；5—连接杆

衬套固定在车身或车架上。横向稳定杆的杆端通过球铰 3、连接杆 5 和球铰 4 与下横臂相连。为了缓冲、隔振以及降低噪声,横向稳定杆杆身的铰支点一般都有橡胶套。在有的悬架中,球铰 3、4 也被橡胶件代替。

由于布置上的原因,横向稳定杆往往做成比较复杂的形状。这时,可以考虑利用有限元分析法进行分析。也可以利用材料力学、理论力学方法进行近似分析。在此介绍这种近似分析方法。为了简化计算,一般近似认为横向稳定杆是一个等臂梯形,如图 10-33 所示。同时假定,在车身侧倾时,力臂的变化可以忽略不计。

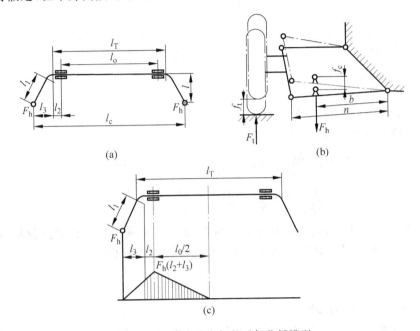

图 10-33 横向稳定杆的近似分析模型
(a) 近似认为横向稳定杆是一个等臂梯形;(b) 悬架的受力与变形;(c) 横向稳定杆半边的弯矩图

设在车身侧倾时,在横向稳定杆的一个端点作用一个力 F_h,在其另一个端点作用着一个大小相等、方向相反的力。下面推导在 F_h 作用下横向稳定杆端点的位移 f_c,如图 10-32、图 10-33 所示。

图 10-33(c)示出横向稳定杆半边的弯矩图。在力 F_h 作用下横向稳定杆要发生弹性变形,F_h 做的功与横向稳定杆中总的变形位能相等。可以利用这种关系计算位移 f_c。横向稳定杆半边的变形位能包括:l_T 段的扭转位能 U_1;l_1 段的弯曲位能 U_2;l_0 段的弯曲位能 U_3;l_2 段的弯曲位能 U_4。

利用材料力学的分析结果,上述位能的计算公式如下。

(1) l_T 段的一半中的扭转位能 U_1

$$U_1 = \frac{(F_h l)^2 l_T}{4 G J_p} \tag{10-61}$$

式中,J_p 是横向稳定杆的截面极惯性矩;G 是材料剪切弹性模量;l 是力 F_h 的力臂,如图 10-33(a)所示;l_T 是发生扭转变形的杆的长度,如图 10-33(c)所示。

(2) l_1 段的弯曲位能 U_2

$$U_2 = \frac{F_h^2 l_1^3}{6EJ} \tag{10-62}$$

式中，J 是横向稳定杆的截面惯性矩；E 是材料弹性模量；l_1 如图 10-33(c)所示。

(3) l_o 段的一半中的弯曲位能 U_3

$$U_3 = \int_0^{\frac{l_o}{2}} \frac{M^2(x)}{2EJ} dx = \frac{1}{2EJ} \int_0^{\frac{l_o}{2}} \left[\frac{F_h(l_3+l_2)x}{\frac{l_o}{2}} \right]^2 dx$$

$$= \frac{1}{2EJ} \cdot \frac{4F_h^2(l_3+l_2)^2}{l_o^2} \int_0^{\frac{l_o}{2}} x^2 dx = \frac{1}{2EJ} \cdot \frac{4F_h^2(l_3+l_2)^2}{l_o^2} \cdot \frac{1}{3} \left(\frac{l_o}{2}\right)^3$$

$$= \frac{F_h^2}{12EJ}(l_3+l_2)^2 l_o \tag{10-63}$$

式中，x 轴的原点在横向稳定杆的对称中心。

(4) l_2 段的弯曲位能 U_4

$$U_4 = \int_0^{l_2} \frac{M^2(x)}{2EJ} dx = \frac{1}{2EJ} \int_0^{l_2} [F_h(l_3+x)]^2 dx$$

$$= \frac{F_h^2}{2EJ} \left[\frac{(l_3+x)^3}{3} \right] \Big|_0^{l_2} = \frac{F_h^2}{6EJ} [(l_3+l_2)^3 - l_3^3] \tag{10-64}$$

设在力 F_h 作用下，横向稳定杆端点的位移为 f_g。在横向稳定杆端点位移从 0 变到 f_g 的过程中，力 F_h 的值也从 0 变到 F_h，所以在此过程中所做的功为

$$\frac{C_h f_g^2}{2} = \frac{(C_h f_g) f_g}{2} = \frac{F_h f_g}{2} \tag{10-65}$$

式中，C_h 是横向稳定杆的线刚度。

因为 F 做的功与横向稳定杆中总的变形位能相等，所以

$$\frac{F_h f_g}{2} = U_1 + U_2 + U_3 + U_4$$

$$= \frac{(F_h l)^2 l_T}{4GJ_p} + \frac{F_h^2 l_1^3}{6EJ} + \frac{F_h^2}{12EJ}(l_3+l_2)^2 l_o$$

$$+ \frac{F_h^2}{6EJ}[(l_3+l_2)^3 - l_3^3] \tag{10-66}$$

所以

$$f_g = \frac{2}{F_h} \left\{ \frac{(F_h l)^2 l_T}{4GJ_p} + \frac{F_h^2 l_1^3}{6EJ} + \frac{F_h^2}{12EJ}(l_3+l_2)^2 l_o + \frac{F_h^2}{6EJ}[(l_3+l_2)^3 - l_3^3] \right\} \tag{10-67}$$

由于 l_2 一般很小，忽略式中右边第四项对计算精度影响不大，因此有

$$f_g = F_h \left[\frac{l^2 l_T}{2GJ_p} + \frac{l_1^3}{3EJ} + \frac{(l_3+l_2)^2 l_o}{6EJ} \right] \tag{10-68}$$

此外，还应该考虑橡胶支座(轴承)和连接杆上橡胶垫所产生的位移 f_d，f_d 按下式计算：

$$f_d = \frac{F_h}{C_n} + \frac{F_h}{C_o'} = F_h \left(\frac{1}{C_n} + \frac{1}{C_o'} \right) = F_h \left(\frac{C_n + C_o'}{C_n C_o'} \right) = \frac{F_h}{C_z} \tag{10-69}$$

式中，C_z 是总的换算橡胶零件线刚度，所以

$$C_z = \frac{C_n C'_o}{C_n + C'_o} \tag{10-70}$$

式中，C_n 是连接杆上橡胶垫的线刚度（在图 10-32 中 5 号零件是连接杆）；C'_o 是换算到横向稳定杆端点的橡胶支座线刚度，设 R 是橡胶支座上的力（见图 10-32、图 10-33），所以有

$$R = F_h \frac{l_c}{l_o} \tag{10-71}$$

式中，l_c 是横向稳定杆两端之间的横向距离。

支座变形为

$$f_o = \frac{R}{C_o} = \frac{F_h l_c}{C_o l_o} \tag{10-72}$$

式中，C_o 是橡胶支座的径向刚度。

相应的横向稳定杆的端点位移为

$$f'_o = f_o \frac{l_c}{l_o} = \frac{F_h}{C_o} \left(\frac{l_c}{l_o}\right)^2 = \frac{F_h}{C_o \left(\frac{l_o}{l_c}\right)^2} \tag{10-73}$$

所以

$$C'_o = \frac{F_h}{f'_o} = C_o \left(\frac{l_o}{l_c}\right)^2 \tag{10-74}$$

把式(10-74)代入式(10-70)，得

$$C_z = \frac{C_n C'_o}{C_n + C'_o} = \frac{C_n C_o \left(\frac{l_o}{l_c}\right)^2}{C_n + C_o \left(\frac{l_o}{l_c}\right)^2} = \frac{C_n C_o l_o^2}{C_n l_c^2 + C_o l_o^2} \tag{10-75}$$

因此，横向稳定杆的总位移 f_c 等于横向稳定杆本身的端点位移 f_g 与橡胶件变形产生的位移 f_d 之和，即

$$f_c = f_g + f_d = F_h \left[\frac{l^2 l_T}{2GJ_p} + \frac{l_1^3}{3EJ} + \frac{(l_3 + l_2)^2 l_o}{6EJ}\right] + \frac{F_h}{C_z}$$

$$= F_h \left[\frac{l^2 l_T}{2GJ_p} + \frac{l_1^3}{3EJ} + \frac{(l_3 + l_2)^2 l_o}{6EJ} + \frac{1}{C_z}\right] \tag{10-76}$$

$$F_h = C_h f_c \tag{10-77}$$

式中，C_h 是横向稳定杆的刚度，因而有

$$C_h = \frac{1}{\frac{l^2 l_T}{2GJ_p} + \frac{l_1^3}{3EJ} + \frac{(l_3 + l_2)^2 l_o}{6EJ} + \frac{1}{C_z}} \tag{10-78}$$

由于横向稳定杆主要承受扭矩作用，一般仅校核扭转剪应力，即

$$\tau = \frac{T}{J_p} \cdot \frac{d}{2} = \frac{T}{\frac{\pi d^4}{32}} \frac{d}{2} = \frac{16T}{\pi d^3} < [\tau]$$

式中，d 是横向稳定杆的直径；$[\tau]$ 是许用扭转应力。横向稳定杆采用与螺旋弹簧相同的材料制造，热处理也相同，许用应力可取 $[\tau] = 800\text{N/mm}^2$。

11 车轮外倾角和主销内倾角的变化特性

11.1 车轮外倾角的变化特性

11.1.1 车轮外倾角与汽车操纵稳定性

图 11-1、图 2-62、图 2-63 示出典型的轮胎侧偏特性与车轮外倾角的关系。可以看出,在车轮外倾角为正时,轮胎在同样侧偏角下可以获得的侧向力减小,或在侧向力一定时需要轮胎发出更大的侧偏角;而当车轮外倾角为负时,在同样的侧偏角下可以获得更大的侧向力,或者在侧向力一定时所需要轮胎发出的侧偏角减小。因此,采用负的车轮外倾角有利于改进汽车的操纵稳定性(缩短响应时间、减小超调量等),而且随着车轮外倾角向负的方向增大,这种效果更明显。但是,过大的车轮外倾角会引起轮胎的过度磨损。应该在操纵稳定性与轮胎磨损之间进行适当平衡。

现在,为了使汽车在转向行驶时轮胎可以提供更大的侧向力、减小侧偏角、改善操纵稳定性,轿车的车轮外倾角一般设定成负值,即使在空车时一般也要求是负的车轮外倾角。在比较新的生产型轿车上,前悬架的车轮外倾角范围一般是 $0°\sim-1°20'$。车轮外倾角的公差一般是 $\pm 30'$。

在独立悬架中,车轮外倾角往往与主销内倾角具有相同的变化量。为了避免当汽车直线行驶时向一个方向跑偏,一般要求两侧的主销内倾角之差不超过 $\Delta\sigma=30'$。下面是一个典型的车轮外倾角精度要求:车轮外倾角 $-40'\pm 30'$,左、右两侧之差不超过 $30'$,在空车状态下进行测量,即一般在空车状态下进行车轮外倾角的测量和调整。

在采用独立悬架或拖臂扭转梁式悬架的后桥上,一般采用较大的负车轮外倾角,在空车状态下的典型

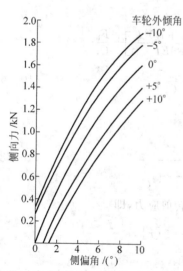

图 11-1 典型轮胎侧偏特性与车轮外倾角的关系

精度要求是：车轮外倾角 $-1°30'±20'$，左、右两侧之差不超过 $20'$。

11.1.2 车轮外倾角的运动学变化

汽车转向时其车身要发生侧倾，趋于使外侧车轮的外倾角向正的方向变化（车轮的顶部向外侧运动），而使内侧车轮的外倾角向负的方向变化（车轮的顶部向内侧运动）。为了防止转向时提供大部分侧向力的外侧车轮出现明显的正的外倾角，在悬架设计时一般要保证悬架压缩时车轮外倾角向负的方向变化，而当伸张时向正的方向变化。图 11-2 示出汽车转向时车轮外倾角的形成机制，其中采用的是双横臂式独立悬架。图 11-2(a)所示是汽车直线行驶时悬架的状态（后视图）。假设汽车向左转向行驶，车身要向右侧倾，相当于车身不动而地面绕汽车中心线与地面的交点 E 向左转动一个等于侧倾角 Φ 的角度，如图 11-2(b)所示。可以看出，外侧车轮（右轮）相对于车身向上跳动，同时相对于车身产生一个负的车轮外倾角变化，即 $-\gamma_{w,o}$；而内侧车轮（左轮）相对于车身向下跳动，同时相对于车身产生一个正的车轮外倾角变化，即 $+\gamma_{w,i}$。把图 11-2(b)绕 E 向右转动 Φ，得到图 11-2(c)，这是汽车向左转向时的真实状态。这时，内、外轮相对于地面的外倾角分别为

$$\gamma_i = \gamma_{w,i} - \Phi \tag{11-1}$$

$$\gamma_o = \Phi - (-\gamma_{w,o}) = \Phi + \gamma_{w,o} \tag{11-2}$$

一般要求

$$\gamma_i = \gamma_{w,i} - \Phi > 0 \tag{11-3}$$

$$\gamma_o = \Phi + \gamma_{w,o} < 0 \tag{11-4}$$

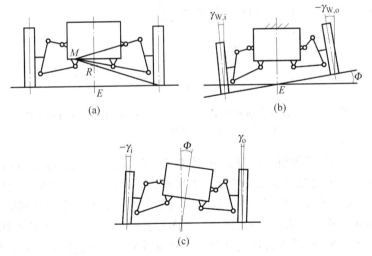

图 11-2 汽车向左稳态转向行驶时其车轮外倾角的形成机制
(a) 直线行驶时的悬架状态；(b) 车身固定、地面绕 E 点转动一个等于车身侧倾角 Φ 的角度；
(c) 向左稳态转向时的状态（地面水平）

图 11-3 示出三种轿车前悬架相对于车身的车轮外倾角 γ_w 随着两侧车轮同步上、下跳动（悬架压缩、伸张）的变化特性。其中，本田（Honda）轿车采用双横臂式独立悬架（前悬架），宝马（BMW）3 系列和奔驰（Mercedes）轿车采用麦克弗森式悬架（图 7-5 示出宝马 3 系列轿车的前悬架）。

应该指出,当两侧车轮同步上、下跳动时,车轮相对于车身的外倾角 γ_w 就等于车轮相对于地面的外倾角 γ,即 $\gamma=\gamma_w$,因为车身侧倾角 $\Phi=0°$。如果汽车车身发生了侧倾角 Φ,则外轮相对于地面的外倾角 $\gamma_o=\Phi+\gamma_w$,内轮相对于地面的外倾角 $\gamma_i=\gamma_w-\Phi$。

从图 11-3 可以看出,本田轿车在设计位置的车轮外倾角 $\gamma=\gamma_w=0°$;随着车轮上跳(悬架压缩),相对于车身的车轮外倾角 γ_w 向负方向变化的速率逐渐增大。这种特性对于转向行驶、车身发生侧倾时使外侧车轮外倾角(相对于地面)$\gamma_o=\Phi+\gamma_w$ 为负、内轮相对于地面的外倾角 $\gamma_i=\gamma_w-\Phi$ 为正是有利的。同时,在直线行驶时,车轮外倾角 $\gamma=\gamma_w=0°$,车轮与地面垂直,性能最佳。而其他两个采用麦克弗森悬架的轿车的这种特性不太理想,随着车轮上跳(悬架压缩),它们相对于车身的车轮外倾角 γ_w 向负方向变化的速率逐渐减小。为了防止转向行驶时外侧车轮相对于地面的车轮外倾角 $\gamma_o=\Phi+\gamma_w$ 为正,它们在设计位置都有负的车轮外倾角 $\gamma=\gamma_w$,对直线行驶不太有利。

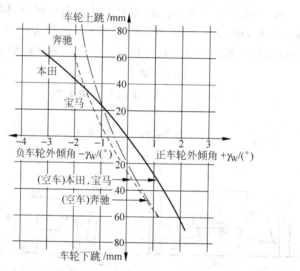

图 11-3 三种轿车前悬架车轮相对于车身的外倾角随着两侧车轮同步上、下跳动的变化特性

图 11-4 示出同样三种轿车后悬架相对于车身的车轮外倾角 γ_w 随着两侧车轮同步上、下跳动(悬架压缩、伸张)的变化特性。本田雅阁轿车的后悬架也是双横臂式,在设计位置,车轮外倾角 $\gamma=\gamma_w=0°$;随着车轮上跳(悬架压缩),相对于车身的车轮外倾角 γ_w 向负方向变化的速率逐渐增大,这种特性对于转向行驶、车身发生侧倾时使外侧车轮外倾角(相对于地面)$\gamma_o=\Phi+\gamma_w$ 保持为负是有利的。奔驰轿车采用多连杆式后独立悬架,在设计位置(有三人坐在车内),车轮外倾角 $\gamma=\gamma_w=-1°30'$;随着车轮上跳(悬架压缩),相对于车身的车轮外倾角 γ_w 向负方向变化的速率稍有增大。在空车时,车轮外倾角 $\gamma=\gamma_w=-35'$。

宝马轿车采用的是多连杆式独立悬架(见图 1-51),其车轮外倾角随悬架压缩、伸张的变化特性是条直线,随着车轮上跳(悬架压缩),相对于车身的车轮外倾角 γ_w 向负方向变化的速率不变。空车时,车轮外倾角 $\gamma_w=+1°$;在设计位置,车轮外倾角 $\gamma_w=-1°$;随着悬架压缩,相对于车身的车轮外倾角 γ_w 的绝对值小于奔驰轿车的对应外倾角的绝对值。

图 11-5 示出单纵臂式独立悬架车轮外倾角（相对于车身）和前束随着车轮跳动的变化特性。可以看出，随着车轮的上、下跳动，相对于车身的车轮外倾角变化很小。而当转向行驶、发生车身侧倾时，相对于地面的车轮外倾角的变化几乎与车身侧倾角一样，趋于使外侧车轮得到正的车轮外倾角，这对操纵稳定性是不利的。为了避免出现这种正的外侧车轮外倾角，在设计位置设定了一个约 $-0.9°$ 的车轮外倾角。

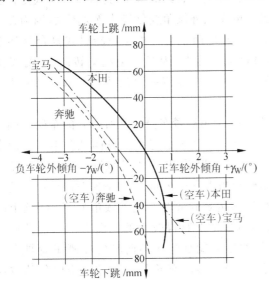

图 11-4 三种轿车后悬架相对于车身的车轮外倾角随着两侧车轮同步上、下跳动的变化特性

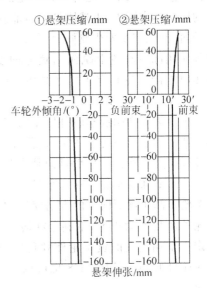

图 11-5 一种单纵臂式独立悬架的车轮外倾角（相对于车身）和前束随着车轮跳动的变化特性

在一些斜置单臂式独立悬架中，在满载状态下负的车轮外倾角较大，这可能导致比较严重的轮胎磨损、过热。图 11-6 示出一种斜置单臂式悬架车轮前束、车轮外倾角随着车轮上、下跳动的变化特性。可以看出，在设计位置的车轮外倾角约为 $-4°$；当车轮上跳 70mm 时，车轮外倾角达到约 $-6°$。应该指出，这些车轮外倾角是当两侧悬架进行同步压缩、伸张时的车轮外倾角。一般通过调整控制臂的角度 α、β 来减小车轮外倾角的变化（见图 10-11）。

除了单纵臂式悬架，独立式悬架的一个共同缺点是其车轮外倾角随两侧悬架同步压缩、伸张时都会发生变化，对直线行驶性能不太有利。而在采用整体式车桥的非独立悬架（包括车桥采用开口截面、具有较低扭转刚度而允许两侧车轮进行上、下交错运动的复合悬架）中，当两侧悬架同

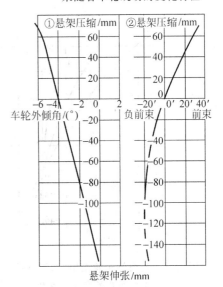

图 11-6 斜置单臂式悬架车轮前束、车轮外倾角随着车轮上、下跳动的变化特性

步压缩、伸张时车轮外倾角基本上不发生变化,这是这类悬架的一个重要优点。

而当整体式车桥非独立悬架中两侧车轮进行上、下交错运动时,车轮外倾角也会发生变化。图 11-7 示出刚性车桥非独立悬架、拖臂扭转梁式复合悬架、单纵臂式独立悬架在两侧车轮进行上、下交错运动时的车轮外倾角(相对于车身)的变化情况。可以看出,刚性车桥非独立悬架的车轮外倾角变化最大,单纵臂式独立悬架的最小,拖臂扭转梁式复合悬架的居中。实际上,上述刚性车桥非独立悬架的车轮外倾角变化特性意义不大,因为在汽车转向行驶、车身发生侧倾时,其车轮仍然保持与地面垂直。由于扭转梁式复合悬架车轮外倾角随着车轮上跳而向负方向变化的斜率不够大,为了避免汽车转向、车身发生侧倾时外侧车轮具有正的外倾角,在空车时一般需要设定一个约为 $-1°30'\pm20'$ 的车轮外倾角。

车身侧倾会引起车轮外倾角的变化。图 9-6 示出测量车身侧倾所引起的车轮外倾角变化特性的试验原理。图 11-8 示出一种大众高尔夫轿车后悬架在侧倾试验中测量的车轮外倾角变化特性。该后悬架是拖臂扭转梁式。可以看出,在设计位置的车轮外倾角约为 $-3°24'$;随着车轮相对于车身上跳(该车轮相当于汽车转向、车身侧倾时的外侧车轮),其车轮外倾角逐渐向正的方向变化,在上跳位移达 80mm 时车轮外倾角为零;继续上跳车轮外倾角变为正值,不利于在转向时的外侧车轮上获得较大的侧向力。在设计位置设定一个相当大的负车轮外倾角($-3°24'$)的目的就是防止转向时的外侧车轮具有正的车轮外倾角。从图 11-8 也可以看出,随着车轮下跳,车轮外倾角进一步向负的方向变化。

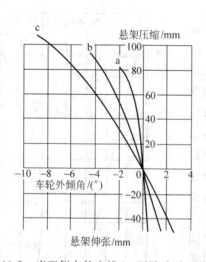

图 11-7 当两侧车轮交错上、下跳动时三种悬架中车轮外倾角的变化特性

a—单纵臂式独立悬架;b—扭转梁式悬架;c—刚性车桥非独立悬架

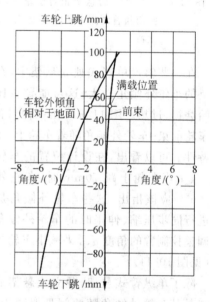

图 11-8 一种大众高尔夫轿车后悬架在侧倾试验中测量的车轮外倾角变化特性

11.1.3 侧向力引起的车轮外倾角变化

当车辆进行转弯行驶时,在轮胎接地面上作用有侧向力。这些侧向力作用在悬架和转向系统上。由于悬架和转向系统具有一定的弹性,这些力造成车轮外倾角的变化,称为侧向力变形外倾(lateral force compliance camber)。图 9-9 示出用于测量侧向力变形转向和外倾的试验原理。

图 11-9 示出两种低中级轿车前悬架车轮外倾角变化与侧向力的关系,它们都是采用麦克弗森式前悬架的发动机前置-前轮驱动汽车。图 11-10 示出几种中级轿车从动后桥的车轮外倾角变化与侧向力的关系,它们都是发动机前置-前轮驱动汽车。其中,欧宝(Opel)和菲亚特(Fiat)采用拖臂扭转梁式悬架,蓝旗亚(Lancia)和丰田(Toyota)采用麦克弗森式悬架,雷诺(Renault)采用单纵臂式悬架。可以看出,采用拖臂扭转梁式悬架的欧宝、菲亚特的车轮外倾角变化最小。

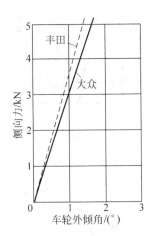

图 11-9 两种低中级轿车前悬架车轮外倾角变化与侧向力的关系(它们都是采用麦克弗森式前悬架的发动机前置-前轮驱动汽车)

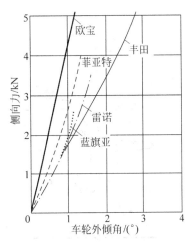

图 11-10 几种中级轿车从动后桥的车轮外倾角变化与侧向力的关系(它们都是发动机前置-前轮驱动汽车)

11.2 主销内倾角、主销偏移距与车轮外倾角

采用主销内倾角 σ 的主要目的是减小主销偏移距 r_s (见图 8-1)。因此,这两个车轮定位参数是相关的。目前,轿车的主销内倾角 σ 的范围是 $11°\sim15°30'$;主销偏移距 r_s 的范围是 $-18\sim+20$mm。考虑到卡车,主销内倾角 σ 的范围是 $3°\sim15°30'$。重型卡车前桥的主销内倾角较小,目的是减小转向力。

在整体式前桥中,随着悬架压缩、伸张,主销内倾角不发生变化。而在独立悬架中,随着悬架的压缩、伸张,主销内倾角的变化与车轮外倾角的变化基本上相同。图 11-11 示出在一个双横臂式独立悬架中的车轮外倾角 γ 和主销内倾角 σ。因此,在独立悬架中一般不需要单独设定主销内倾角的公差,而在转向节的详细设计图纸上一般规定车轮外倾角 γ 和主销内倾角 σ 之和 $\gamma+\sigma$ 的公差。如果车轮外倾角得到了正确设定,主销内倾角也是正确的。但是,要注意保证两侧参数设定的对称性。

11.2.1 主销内倾角和地面垂直支承力引起的主销回正力矩

如图 11-12 所示,把地面对轮胎接地中心的垂直力 F_z 在其与过车轮中心的水平线的交点进行分解,其中与主销轴线平行的力分量为 $F_z\cos\sigma$,与主销轴线正交的力分量为 $F_z\sin\sigma$。上述力分解点到主销轴线的距离 r_n 为

$$r_n = (r_s + r\tan\sigma)\cos\sigma \tag{11-5}$$

图 11-13 示出汽车转向行驶时的受力分析,其中 δ 是车轮转向角。在转向角 δ 是小角度时,与主销轴线正交的力分量 $F_z\sin\sigma$ 对主销的转矩 $A_{T,z}$ 为

$$A_{T,z} = F_z\sin\sigma\, r_n\sin\delta \tag{11-6}$$

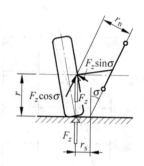

图 11-12 垂直力 F_z 的分解

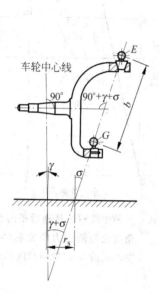

图 11-11 一个双横臂式悬架中的车轮外倾角 γ 和主销内倾角 σ

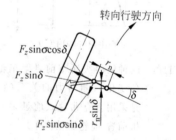

图 11-13 转向行驶时的受力分析

如果令 F_z 是前桥负荷,δ 是左、右车轮转向角 δ_L、δ_R 的平均值,即

$$\delta = \frac{\delta_L + \delta_R}{2} \tag{11-7}$$

则利用式(11-6)计算的 $A_{T,z}$ 就是由于主销内倾角 σ 引起的前桥转向阻力矩。应该指出,在上述公式推导中没有考虑主销后倾角的影响。

11.2.2 主销内倾角、主销偏移距与制动力引起的主销力矩

如果汽车采用车轮制动器,则当进行制动时,地面制动力 F_b 对主销轴线有一个力矩,

见图 11-14。在后视图(见图 11-14(b))上,从地面制动力 F_b 作用点作主销轴线的垂线, N 点是垂足。把 F_b 移动到 N 点,得到一个绕主销轴线的力矩 $A_{T,b}$ 和作用在 N 点的力 F_b'。F_b' 的大小和方向都与 F_b 相同。而

$$A_{T,b} = F_b r_b \tag{11-8}$$

式中,r_b 就是制动力臂,则有

$$r_b = r_s \cos\sigma \tag{11-9}$$

在式(11-8)、式(11-9)的推导中没有考虑主销后倾角。

$A_{T,b}$ 由转向杆系承受,引起车轮前束角向负的方向变化,如图 11-15 所示。

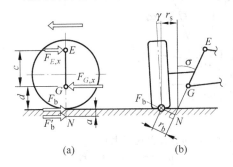
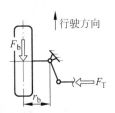

图 11-14 地面制动力 F_b 对主销轴线的力矩(汽车采用车轮制动器)
(a) 侧视图;(b) 后视图

图 11-15 地面制动力 F_b 在转向横拉杆中引起的力 F_T

根据图 11-14,转向节上球铰 E 的水平力 $F_{E,x}$ 为

$$F_{E,x} = \frac{F_b'(a+d)}{c} = \frac{F_b(a+d)}{c} \tag{11-10}$$

其中

$$a = r_s \cos\sigma \sin\sigma \tag{11-11}$$

转向节下球铰 G 的水平力 $F_{G,x}$ 的值为

$$F_{G,x} = F_b + F_{E,x} \tag{11-12}$$

在图 11-16 所示汽车中,制动器不是布置在车轮上,而是布置在半轴和主减速器壳上。图 11-17(a)示出在这样布置的情况下汽车制动时的受力分析。制动时,通过半轴把制动转矩传给动力总成,即相互固结在一起的发动机、离合器、变速器、主减速器和差速器总成。在动力总成的安装支座上引起作用力 ΔF_z

$$\Delta F_z = \frac{F_b r}{c} \tag{11-13}$$

式中,r 是车轮半径;c 是动力总成前、后支座之间的有效距离。

如图 11-17(b)所示,把地面制动力 F_b 平移

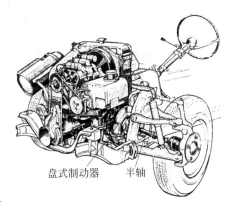

图 11-16 制动器布置在半轴和主减速器壳上

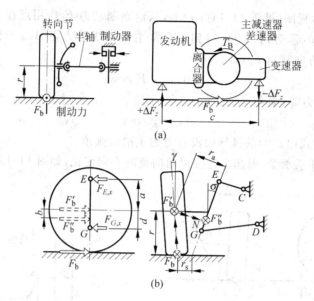

图 11-17 制动时的受力分析(制动器布置在差速器上)
(a) 制动力矩通过半轴、制动器作用在动力总成上；(b) 悬架中的受力分析

到车轮中心得到一个转矩 $F_b r$（由半轴承受）和一个力 F_b'。F_b' 与 F_b 的大小相等、方向相同。过 F_b' 的作用点作主销轴线的垂线，N 是垂足。把 F_b' 平移至垂足 N，得到一个力 F_b'' 和一个绕主销轴线的力矩 $A_{T,b}$，其中

$$F_b'' = F_b' = F_b \tag{11-14}$$

$$A_{T,b} = F_b'' r_a = F_b r_a \tag{11-15}$$

式中，力臂 r_a 为

$$r_a = (r\tan\gamma + r_s + r\tan\sigma)\cos\sigma \tag{11-16}$$

$A_{T,b}$ 趋于使车轮的前束角向负的方向变化。

$$b = r_a \sin\sigma = (r\tan\gamma + r_s + r\tan\sigma)\cos\sigma\sin\sigma \tag{11-17}$$

转向节上球铰的受力 $F_{E,x}$ 的大小为

$$F_{E,x} = \frac{F_b''(d-b)}{a+d} = \frac{F_b(d-b)}{a+d} \tag{11-18}$$

转向节下球铰的受力 $F_{G,x}$ 的大小为

$$F_{G,x} = F_b'' - F_{E,x} = F_b - \frac{F_b(d-b)}{a+d} \tag{11-19}$$

12 车轮前束的变化特性

12.1 前束角的设定及偏航角的定义

应该指出,汽车直线行驶时车轮外倾角和前束角都为零是比较有利的,即具有最低的轮胎磨损和滚动阻力。设定的前束角应该有利于汽车在行驶中实现这种比较理想的状态。

首先分析前桥是驱动桥的情况。在发动机前置-前轮驱动轿车上一般都采用具有两个等速万向节的半轴,如图 12-1 所示。目前应用最广泛的等速万向节是球笼式(rzeppa)万向节。球笼式万向节包括固定式万向节和可伸缩式万向节。固定式球笼万向节用作汽车转向驱动桥等速半轴的外侧万向节,可伸缩式万向节用作等速半轴的内侧万向节。

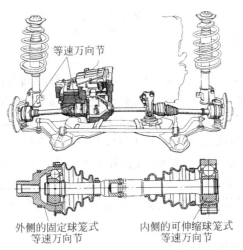

图 12-1 在发动机前置-前轮驱动轿车上采用的具有两个等速万向节的半轴

固定式球笼万向节用作等速半轴的外侧万向节,在轴间交角达到 45°时仍然能够可靠地运转,在轿车上得到了广泛应用。特别是,其内部定心设计简化了这种万向节的装配和在汽车上的布置。半轴外侧万向节(固定式球笼万向节)的运动和传递转矩的特性对汽车转向性能和操纵稳定性具有一定影响,在此对其进行分析。

图 12-2 示出一个典型的固定式球笼万向节,图 12-3 示出这种万向节的工作原理。输入轴 1 通过花键、卡环与传力球的内滚道固结。在内滚道(即输入轴 1)中加工有传力球的圆滚道,滚道圆半径为 r,圆心为 O_1。O_1 在输入轴轴线上,相对于该轴线固定不动。内滚道的中心线圆的半径为 $R_3 = r + r_q$,其中 r_q 是传力球的半径。内滚道的外表面为球面,其圆心为 O(即万向节的中心)、半径为 R_1,该球面与球笼的内球面(圆心也为 O、半径也为 R_1)配合。外滚道(即输出轴 2)中制造有传力球的滚道,其圆心为 O_2(O_2 在输出轴轴线上,相对于该轴线固定不动),半径为 R,且 $R = r + 2r_q$,外滚道的中心线圆的半径为 $R_3 = R - r_q = r + r_q$;外滚道的内表面为球面,其圆心为 O,半径为 R_2。球笼的外表面是半径为 R_2 的球面,其球心为万向节中心。万向节的中心为 O,并且 $O_1 O = O O_2$,而

$$R_3 = \sqrt{R_4^2 + c^2} \tag{12-1}$$

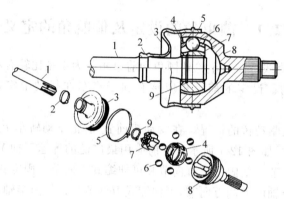

图 12-2 一种固定球笼式等速万向节
1—主动轴;2,5—钢带箍;3—外罩;4—保持架(球笼);6—钢球;
7—星形套(内滚道);8—球形壳(外滚道);9—卡环

如图 12-2 和图 12-3(a)所示,球笼分别通过其内、外球面与内、外滚道的相应球面配合,其球心相对于输入轴、输出轴的位置保持不变,即万向节中心 O 点。这就在结构上保证了输入轴、输出轴都绕 O 点转动,且 O 点相对于输入轴、输出轴的位置保持不变。在球笼中开有 6 个传力球安装孔,该孔是圆柱形的,半径与传力球的半径相等。当输入轴、输出轴之间的夹角发生变化时,传力球要沿内、外滚道滚动,同时还沿该圆柱形孔运动。

在球笼式万向节中,球笼的作用是防止传力球从球滚道中脱出。

下面分析图 12-3 所示万向节的等速传动条件。如图 12-3(a)、(b)所示,分析的坐标系如下:

(1) 以 O 为原点的固定坐标系 OXY。

(2) 以 O 为原点,建立固结于球笼的坐标系 OX_2Y_2,假设在输入轴 1 绕 O 转动 β 角、球笼绕 O 点顺时针转动一个角 α(相对于固定的输出轴 2),则有如下关系:

$$\begin{bmatrix} X \\ Y \end{bmatrix} = \begin{bmatrix} \cos\alpha & \sin\alpha \\ -\sin\alpha & \cos\alpha \end{bmatrix} \begin{bmatrix} X_2 \\ Y_2 \end{bmatrix} \tag{12-2}$$

(3) 以 O 为原点,建立固结于输入轴 1 的坐标系 OX_1Y_1;假设球笼相对于输入轴 1 的转角为 γ,则有如下关系:

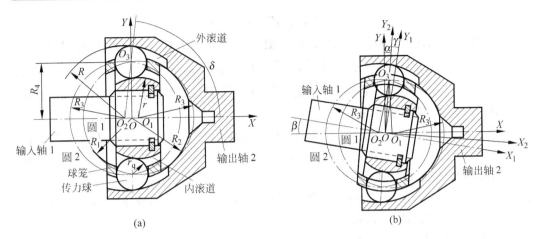

图 12-3 球笼内、外球表面的球心均与万向节中心 O 重合的球笼式万向节(示意图)
(a) 输入轴、输出轴轴线相同时的情况;(b) 输入轴、输出轴之间有任意夹角 β 时的情况

$$\begin{bmatrix} X_1 \\ Y_1 \end{bmatrix} = \begin{bmatrix} \cos\gamma & -\sin\gamma \\ \sin\gamma & \cos\gamma \end{bmatrix} \begin{bmatrix} X_2 \\ Y_2 \end{bmatrix} \tag{12-3}$$

转角有如下关系:

$$\alpha = \beta - \gamma \tag{12-4}$$

假设输入轴 1 绕 O 转动 β 角,球笼绕 O 点顺时针转动一个角 α(相对于固定的输出轴 2),同时传力球在球笼中的圆柱孔中移动了 d,则传力球球心在 OX_2Y_2 坐标系中的坐标为

$$X_2 = 0 \tag{12-5}$$

$$Y_2 = R_4 + d \tag{12-6}$$

其在 OXY 坐标系中的坐标为

$$\begin{pmatrix} X \\ Y \end{pmatrix} = \begin{bmatrix} \cos\alpha & \sin\alpha \\ -\sin\alpha & \cos\alpha \end{bmatrix} \begin{pmatrix} X_2 \\ Y_2 \end{pmatrix} = \begin{bmatrix} \cos\alpha & \sin\alpha \\ -\sin\alpha & \cos\alpha \end{bmatrix} \begin{pmatrix} 0 \\ R_4 + d \end{pmatrix} \tag{12-7}$$

$$X = (R_4 + d)\sin\alpha \tag{12-8}$$

$$Y = (R_4 + d)\cos\alpha \tag{12-9}$$

设在输入轴 1 绕 O 转动 β 角后,球笼绕 O 点相对于输入轴 1 逆时针转动一个角 γ,同时传力球在球笼中的圆柱孔中移动了 d,则传力球球心在 OX_2Y_2 坐标系中的坐标为

$$X_2 = 0 \tag{12-10}$$

$$Y_2 = R_4 + d \tag{12-11}$$

其在 OX_1Y_1 坐标系中的坐标为

$$\begin{bmatrix} X_1 \\ Y_1 \end{bmatrix} = \begin{bmatrix} \cos\gamma & -\sin\gamma \\ \sin\gamma & \cos\gamma \end{bmatrix} \begin{bmatrix} X_2 \\ Y_2 \end{bmatrix} = \begin{bmatrix} \cos\gamma & -\sin\gamma \\ \sin\gamma & \cos\gamma \end{bmatrix} \begin{bmatrix} 0 \\ R_4 + d \end{bmatrix} \tag{12-12}$$

$$X_1 = -(R_4 + d)\sin\gamma \tag{12-13}$$

$$Y_1 = (R_4 + d)\cos\gamma \tag{12-14}$$

从图 12-3 可以看出,在任何情况下,传力球都必须与其内、外滚道相切,所以其球心 O_3 到内、外滚道中心 O_1、O_2 的距离 R_3 保持不变,因此

$$\sqrt{(X+c)^2 + Y^2} = R_3 \tag{12-15}$$

$$\sqrt{(c-X_1)^2+Y_1^2}=R_3 \tag{12-16}$$

把式(12-8)、式(12-9)代入式(12-15),把式(12-13)、式(12-14)代入式(12-16),得

$$\sqrt{[c+(R_4+d)\sin\alpha]^2+(R_4+d)^2\cos^2\alpha}=R_3 \tag{12-17}$$

$$\sqrt{[c+(R_4+d)\sin\gamma]^2+(R_4+d)^2\cos^2\gamma}=R_3 \tag{12-18}$$

对式(12-17)进行整理,得

$$c^2+2c(R_4+d)\sin\alpha+(R_4+d)^2\sin^2\alpha+(R_4+d)^2\cos^2\alpha=R_3^2 \tag{12-19}$$

$$c^2+2c(R_4+d)\sin\alpha+(R_4+d)^2=R_3^2 \tag{12-20}$$

对式(12-18)进行整理,可得

$$c^2+2c(R_4+d)\sin\gamma+(R_4+d)^2\sin^2\gamma+(R_4+d)^2\cos^2\gamma=R_3^2 \tag{12-21}$$

$$c^2+2c(R_4+d)\sin\gamma+(R_4+d)^2=R_3^2 \tag{12-22}$$

把式(12-20)代入式(12-22),得

$$c^2+2c(R_4+d)\sin\gamma+(R_4+d)^2=c^2+2c(R_4+d)\sin\alpha+(R_4+d)^2 \tag{12-23}$$

$$2c(R_4+d)\sin\gamma=2c(R_4+d)\sin\alpha \tag{12-24}$$

$$\sin\gamma=\sin\alpha \tag{12-25}$$

$$\gamma=\alpha \tag{12-26}$$

把式(12-26)代入式(12-14)和式(12-9),则可以发现,球心 O_3 到输入轴 1 的距离 Y_1 等于 O_3 到输出轴 2 的距离 Y,即

$$Y_1=(R_4+d)\cos\gamma=Y=(R_4+d)\cos\alpha \tag{12-27}$$

因此,传力球球心 O_3 到输入轴 1 和输出轴 2 的距离相等,可以保证等角速传动。

把式(12-26)代入式(12-4),得

$$\alpha=\beta-\alpha \tag{12-28}$$

$$\alpha=\frac{\beta}{2}=\gamma \tag{12-29}$$

下面分析等速万向节的转矩传递特性。如图 12-3(b)所示,所有传力球的球心都位于过 OY_2 轴且与 OX_2Y_2 平面垂直的平面上,所以输出轴 2 所受到的总转矩 T_a 沿着 OX_2 轴线(见图 12-4),其与车轮轴线 OX 之间的夹角为 $\alpha=\beta/2$。

在发动机前置-前轮驱动汽车的布置中,应该使外侧固定式万向节的中心 O 与主销轴线和车轮轴线的交点重合,如图 12-5 所示。图 12-5 所示是个双横臂式独立悬架,转向节的上球铰 5 与下球铰 2 的中心连线就是主销轴线,σ 是主销内倾角。在图 12-4 中,r_s 是主销偏移距。

如图 12-4 所示,把作用在轮胎接地中心 B 的地面驱动力 F_a 垂直平移至车轮中心 A,得到力 F_a',其与 F_a 大小相等、方向相同。

万向节输出轴 2 所受到的总转矩 T_a 可以分解成两个相互正交的转矩,其中沿着车轮轴线的水平分量 T 为

$$T=T_a\cos\alpha \tag{12-30}$$

$$T_a=\frac{T}{\cos\alpha} \tag{12-31}$$

万向节输出轴 2 所受到的总转矩 T_a 的垂直分量 T_v 为

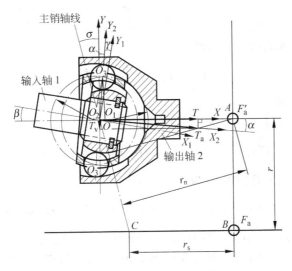

图 12-4 等速万向节传递转矩分析图

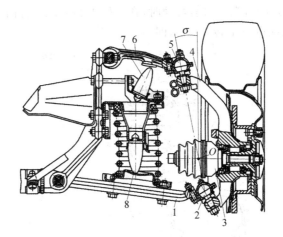

图 12-5 外侧固定式万向节的中心 O 与主销轴线和车轮轴线的交点重合

1,6—下横臂及上横臂；2,5—球头销；3—半轴等速万向节；4—转向节；7,8—缓冲块

$$T_v = T_a \sin\alpha \tag{12-32}$$

T_v 又可以分解成两个相互正交的分量，其中沿主销轴线的分量 T_{vk} 为

$$T_{vk} = T_v \cos\sigma = T_a \sin\alpha \cos\sigma = \frac{T}{\cos\alpha} \sin\alpha \cos\sigma = T\tan\alpha \cos\sigma = T\tan\frac{\beta}{2}\cos\sigma \tag{12-33}$$

如图 12-4 所示，由于万向节输入轴 1 与输出轴 2 的转速相等，所以上述传给车轮的转矩 $T = T_a\cos\alpha$ 就是半轴（输入轴 1）沿其轴线传递的转矩。另外半轴也承受一个与其轴线正交的转矩 $T_v = T_a\sin\alpha$。

地面驱动力 F_a 对车轮中心线的转矩为 T_t，则有

$$T_t = F_a r \tag{12-34}$$

式中，r 是车轮半径。而 F_a 与 T 之间有如下关系：

$$F_a = \frac{T}{r} \tag{12-35}$$

把式(12-35)代入式(12-34),得

$$T_t = F_a r = \frac{T}{r} r = T$$

所以,T 与 T_t 相互平衡。

另外,F_a 也对主销轴线有一个力矩 T_{ka},即

$$T_{ka} = F'_a r_n = F_a(r_s + r\tan\sigma)\cos\sigma = \frac{T}{r}(r_s + r\tan\sigma)\cos\sigma \tag{12-36}$$

因此,对主销轴线的总转矩 T_k 为

$$T_k = T_{vk} + T_{ka} = T\tan\frac{\beta}{2}\cos\sigma + \frac{T}{r}(r_s + r\tan\sigma)\cos\sigma \tag{12-37}$$

绕主销轴线的力矩 T_k 作用在转向节、转向横拉杆上,引起它们的弹性变形,产生正的车轮前束角的变化。而为了抵消这个正的前束角变化,在汽车静止时应该对车轮设定一个适当的负前束角。

如果前桥是从动桥,当汽车向前行驶时,在车轮中心上作用有向后的滚动阻力 F_R,见图 12-6,其对主销轴线有一个转矩 T_{kR},即

$$T_{kR} = F_R r_n = F_R(r_s + r\tan\sigma)\cos\sigma \tag{12-38}$$

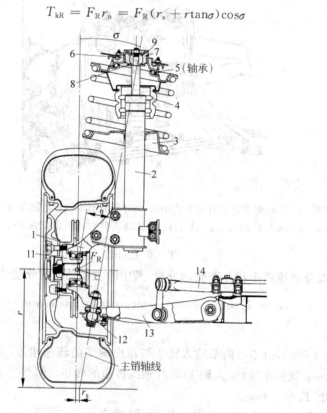

图 12-6 在从动桥车轮中心作用一个滚动阻力 F_R(后视图)

1—转向节;2—减振器;3—弹簧下支座;4—橡胶副簧;5—轴承;6—橡胶衬套;7—低刚度橡胶衬套;8—挡圈;9—钢板套;10—等速万向节;11—轮毂;12—球铰;13—下横臂;14—横向稳定杆

当汽车制动时,如果采用车轮制动器,在轮胎接地中心作用一个制动力 F_b,如图 12-7 所示,其对主销轴线有一个转矩 T_{kb},即

$$T_{kb} = F_b r_s \cos\sigma \tag{12-39}$$

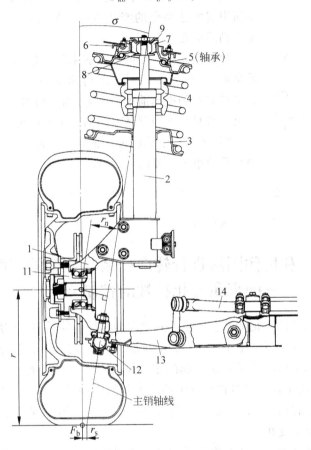

图 12-7 制动时作用在轮胎接地中心的制动力 F_b(后视图,采用车轮制动器)
1—转向节;2—减振器;3—弹簧下支座;4—橡胶副簧;5—轴承;6—橡胶衬套;7—低刚度橡胶衬套;8—挡圈;9—钢板套;10—等速万向节;11—轮毂;12—球铰;13—下横臂;14—横向稳定杆

如果制动器布置在半轴和主减速器壳上(见图 11-16),制动力 F_b 也将与从动桥的滚动阻力 F_R 一样作用在车轮中心(见图 12-6),F_b 对主销的转矩 T_{kb} 则为

$$T_{kb} = F_b r_n = F_b(r_s + r\tan\sigma)\cos\sigma \tag{12-40}$$

T_{kR}、T_{kb} 都趋于引起一个负的前束角变化。为了抵消这个负的前束角变化,在汽车静止时应该对车轮设定一个适当的正前束角。

根据前面分析,对于从动桥,汽车静止时应该设置正的前束。在实际中,在从动前桥上设定的前束角一般都是正的。而对于驱动桥,驱动行驶时应该设置负的前束。但是,当驾驶员松开加速踏板时,开始进行发动机制动,驱动桥中的 F_a、T 都变成负值,其方向都与图 12-4 所示方向相反,前轮又会增加一个负的前束角增量,在这种情况下汽车静止时又应该设定一个正前束角比较理想。考虑到上述矛盾,在驱动前桥上可以设定零前束角,

也可能设定一个正的前束角。一般通过调整转向横拉杆的长度来调节前束角。

应该指出,前述分析都是在主销偏移距 r_s 取正值的基础上进行的。如果 r_s 取负值,还需要重新判断上述各个对主销的转矩所引起的前束角的变化方向。另外,在上述分析中,没有考虑主销后倾角。

如下是比较典型的前桥前束角设定值(在空车静止状态的设定值):①$+15'\pm10'$(后桥驱动);②$0°\pm10'$(前桥驱动)。如果没有特别指出前束角公差,则一般取 $\pm25'$ 的公差。表 8-2 示出一些具有不同驱动形式的汽车的前束角设定值。

图 12-8 示出偏航角 β' 的概念。偏航角 β' 是后桥右侧与左侧车轮前束角之差的一半,即

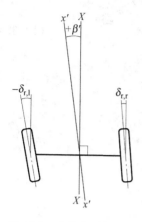

图 12-8 偏航角 β' 的概念

$$\beta' = \frac{\delta_{r,r} - \delta_{r,l}}{2} \tag{12-41}$$

偏航角 β' 的公差一般是 $\pm10'\sim\pm25'$。

12.2 利用作图法进行转向杆系与悬架的匹配设计——前束角变化特性的控制

汽车前桥前束角的变化特性主要是由悬架和转向杆系的适当匹配所决定的。在汽车转向杆系与悬架的匹配设计中主要考虑如下要求:①当车轮上、下跳动(悬架压缩、伸张)时由转向杆系与悬架的运动干涉所引起的车轮前束角变化尽可能小;②汽车转向行驶、车身发生侧倾时,由上述两种机构运动干涉所引起的侧倾转向角(车轮前束角变化)尽可能小或有利于不足转向;③由悬架中橡胶元件的受力变形所引起的车轮前、后移动要尽可能不引起前束角的变化。

汽车转向杆系的布置方式与汽车采用的悬架、转向器的类型直接相关。

12.2.1 在前悬架是纵置钢板弹簧的汽车中转向纵拉杆的布置

在前悬架是纵置钢板弹簧的汽车中,转向杆系与悬架的匹配设计就是如何布置转向纵拉杆的问题。图 12-9 示出常规的货车转向纵拉杆的布置情况。如图 12-9 所示,转向纵拉杆的两端分别通过球铰 G、E 与转向摇臂、转向节臂相连。

首先分析车桥的运动规律。图 12-10 示出汽车满载时车架、钢板弹簧、前轴的位置。对一般的钢板弹簧(对称或近似对称)而言,在车轮上、下跳动时,其中部与前桥夹紧的一段与前桥一起作平移运动。弹簧主片中心点 A 的轨迹为一圆弧,其圆心 Q 的位置在纵向(沿着钢板弹簧前、后卷耳中心 C、D 的连线方向)与卷耳中心 C 相距 $L_e/4$,其中 L_e 为卷耳中心到前 U 形螺栓中心线的距离;沿着垂直于 C、D 连线的方向,Q 点与卷耳中心相距 $e/2$,其中 e 是卷耳半径。由于前桥随着钢板弹簧中部被 U 形螺栓夹紧段作平移运动,故转向节臂与转向纵拉杆的球铰中心 E 与主片中心 A 的连线 AE 也作平移运动。连接 A、Q,且从 E 点开始作 AQ 的平行线 ER;再从 Q 开始作 AE 的平行线与 RE 交于 R 点,则得到一

个平行四边形 $AERQ$，即 E 点的回转中心是 R。只有这样，才能保证前轴在跳动时，AE 点的连线总相互平行，即前轴作平移运动。以 R 为圆心、RE 为半径画圆弧，此圆弧即为悬架决定的 E 点的运动轨迹（圆弧）。

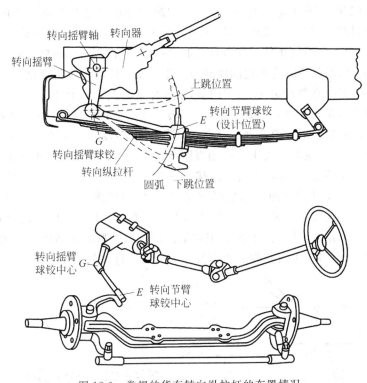

图 12-9 常规的货车转向纵拉杆的布置情况

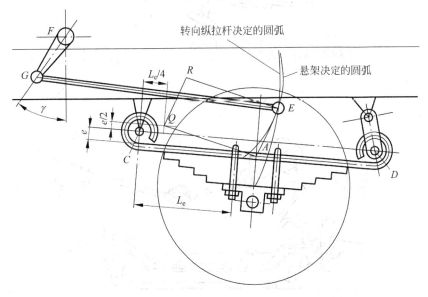

图 12-10 转向纵拉杆与钢板弹簧悬架的匹配分析图

在图 12-10 中，转向纵拉杆与转向摇臂的球铰中心 G 与 R 点不重合，当车轮上、下跳动时，只要转向纵拉杆不发生变形或断裂，E 点由该转向纵拉杆决定的运动轨迹是以 G 点为圆心、GE 为半径的圆弧，即转向纵拉杆决定的圆弧。可以看出，其与由悬架决定的圆弧不重合。因此，随着车轮的上、下跳动，转向纵拉杆将迫使 E 点到 G 点的距离保持不变，即沿转向纵拉杆决定的圆弧运动，这必将迫使转向节绕主销发生转动，从而发生不希望的前轮转角。所以，当汽车处于直行位置时，应该使转向器转向摇臂与转向纵拉杆的铰点 G 与 R 点重合，以避免随着车轮的跳动而产生不希望的前轮转角变化。

另外，在制动时，在制动力 F_B 的作用下，钢板弹簧会发生 S 形变形，如图 12-11 所示。钢板弹簧在发生 S 形变形时，一般近似认为其转动中心在钢板弹簧第一片的中点 A 的下方一个卷耳半径 e 处。钢板弹簧及前桥将绕该转动中心转动。在图 12-11 中，E 点布置得较高，离开板簧 S 形变形转动中心有相当距离。在钢板弹簧发生 S 形变形时，E 将绕该转动中心转动一个角度 φ，从而使其向前移动一个距离，这是由悬架决定的运动。但是，在转向纵拉杆不发生变形或断裂的情况下，E 点到 G 点的距离保持不变，即迫使 E 点基本上不向前移动。这相当于使 E 点向后移动了一个距离。从图 12-11 可以看出，这会使前轮向右转动一个角度。因此，在 E 点相对于板簧 S 形变形的转动中心布置得较高的情况下，在制动时汽车将发生向右的制动跑偏。为了避免这种制动跑偏，应该使转向纵拉杆

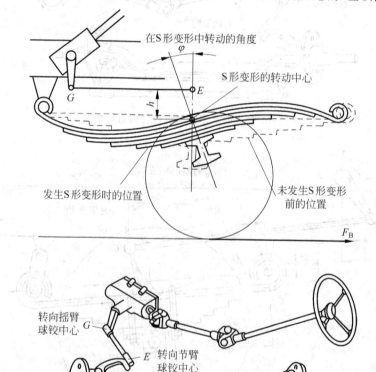

图 12-11　制动时钢板弹簧发生的 S 形变形及其对转向的影响

与转向节臂连接的球铰中心 E 在侧视图上与钢板弹簧的 S 形变形转动中心重合。图 12-12 示出最佳的转向纵拉杆布置位置,其可以保证制动时不发生制动跑偏,车轮上、下跳动时车轮不发生绕主销的转动。

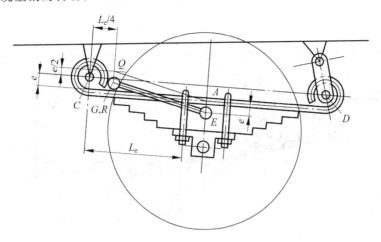

图 12-12 最佳的转向纵拉杆布置位置

在汽车设计中,一般可以比较容易地实现 E 点与钢板弹簧 S 形变形转动中心相重合(在侧视图上)。但是,有时不能把 G 点布置在理想的 R 点(见图 12-13)。例如,在很多平头货车上,其驾驶员的位置很靠前,而转向器又在驾驶员之前,这就决定了不方便把 G 点布置得与 R 点重合。在这种情况下,可以在 E 点和 R 点连线的延长线上布置 G 点。这样,一般也可以保证车轮上、下跳动时其绕主销的转角比较小,而且上、下跳动时该干涉转角的转动方向相同。

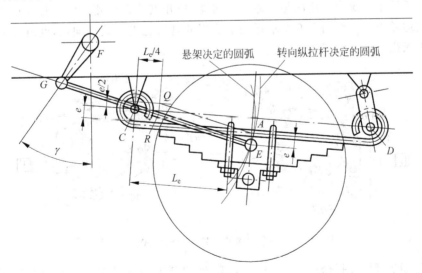

图 12-13 在 E、R 点连线的延长线上布置 G 点

而为了获得侧倾不足转向性能,可以把 G 点适当地布置在 E 点、R 点连线的延长线的下方,如图 12-14 所示。假设汽车向右转向行驶,左前轮是外侧车轮,其相对于车架向

上跳动。根据图 12-14 所示悬架决定的圆弧和转向纵拉杆决定的圆弧之间的相互关系，转向纵拉杆会拉动转向节臂球铰中心 E 点向前，从而使左前轮绕主销向左转动一个角度，再通过转向梯形也使右前轮向左转动一个角度。因此，这种干涉转角是有利于不足转向的。

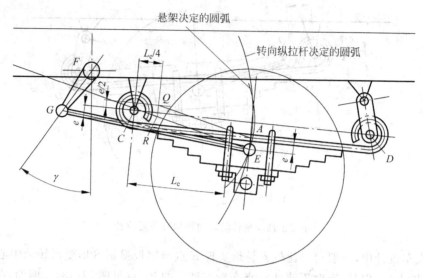

图 12-14　G 点布置在 E、R 连线的延长线的下方以获得侧倾不足转向

12.2.2　在采用双横臂式前悬架的汽车中的转向杆系布置

在采用双横臂式前悬架的汽车中布置转向杆系主要就是确定断开式梯形的断开点。在图 12-15 所示系统中采用的是整体式转向器，断开点就是外侧转向连杆与中央转向连杆连接的球铰中心。在图 7-6 所示系统中采用的是齿轮齿条式转向器，断开点就是转向连杆与齿条端部连接的球铰中心。

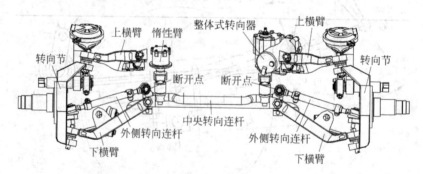

图 12-15　一个双横臂式悬架和整体式转向系统

在此，介绍利用图解法（基于三心定理）确定断开点的方法。如图 12-16 所示，已知条件是汽车在设计状态时如下关键点的位置，即上横臂的转轴 C、球铰 E，下横臂的转轴 D、球铰 G，转向节臂球铰 U。待求的是断开点 T，实际上就是确定转向连杆的方位和长度。

在图 12-16 所示系统中，转向节臂铰点 U 高于悬架下横臂与转向节的铰点 G，低于上横臂与转向节的铰点 E。在这个系统中确定断开点 T 的步骤如下。

（1）确定转向节的瞬时运动中心 P_1 点。它是 E、C 连线的延长线与 G、D 连线的延长线的交点。

（2）确定 P_2 点。它是 G、E 连线的延长线与 D、C 连线的延长线的交点。

（3）确定角 α。它是 G、D 连线与 U、P_1 连线的夹角。其中，U、P_1 的连线就是转向连杆的方位。此外还需要确定转向连杆的长度。

（4）确定 P_3 点。作直线 P_1P_3，使其与直线 P_1P_2 的夹角为 α。由于直线 P_1U 在直线 P_1G 的上方，所以直线 P_1P_3 要在直线 P_1P_2 的上方。直线 P_1P_3 与 U、E 连线的延长线的交点就是 P_3。

（5）确定断开点 T。P_3、C 连线的延长线与直线 P_1U 的交点就是 T。

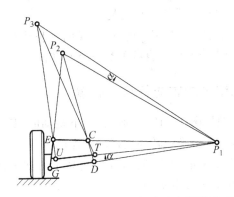

图 12-16 在双横臂式独立悬架中确定断开点 T（情况 1：转向节臂铰点 U 高于悬架下横臂与转向节的铰点 G，低于上横臂与转向节的铰点 E）

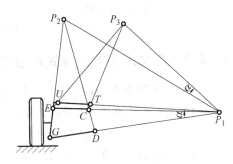

图 12-17 在双横臂式独立悬架中确定断开点 T（情况 2：转向节臂铰点 U 高于悬架上横臂与转向节的铰点 E）

在图 12-17 所示系统中，转向节臂铰点 U 高于悬架上横臂与转向节的铰点 E。在这个系统中确定断开点 T 的步骤如下。

（1）确定转向节的瞬时运动中心 P_1 点。它是 E、C 连线的延长线与 G、D 连线的延长线的交点。

（2）确定 P_2 点。它是 G、E 连线的延长线与 D、C 连线的延长线的交点。

（3）确定角 α。它是 G、D 连线与 U、P_1 连线的夹角。其中，U、P_1 的连线就是转向连杆的方位。此外还需要确定转向连杆的长度。

（4）确定 P_3 点。作直线 P_1P_3，使其与直线 P_1P_2 的夹角为 α。由于直线 P_1U 在直线 P_1G 的上方，所以直线 P_1P_3 要在直线 P_1P_2 的上方。直线 P_1P_3 与 E、U 连线的延长线的交点就是 P_3。

（5）确定断开点 T。P_3、C 连线与直线 P_1U 的交点就是 T。

在图 12-18 所示系统中，两个横臂互相平行，转向节臂铰点 U 低于悬架上横臂与转

向节的铰点 E、高于下横臂与转向节的铰点 G。在这个系统中确定断开点 T 的步骤如下。

（1）由于上、下横臂相互平行，转向节的瞬时运动中心 P_1 点在无穷远处。

（2）确定转向连杆的方位。过 U 点作直线 GD 的平行线，即为转向连杆的方位。这两条平行线之间的距离为 a。

（3）确定 P_2 点。它是 G、E 连线的延长线与 D、C 连线的延长线的交点。

（4）确定 P_3 点。过 P_2 作直线 GD 的平行线，在该直线上方再作一条直线 GD 的平行线，使上述两条新作平行线之间的距离为 a。其中，较高平行线与 U、E 连线的延长线的交点就是 P_3。

（5）确定断开点 T。P_3、C 连线的延长线与过 U 点、平行于直线 GD 的直线的交点就是 T。

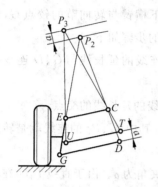

图 12-18 在双横臂式独立悬架中确定断开点 T（情况 3：两个横臂互相平行，转向节臂铰点 U 低于悬架上横臂与转向节的铰点 E、高于下横臂与转向节的铰点 G）

12.2.3 在采用麦克弗森式前悬架的汽车中的转向杆系的布置

在汽车采用麦克弗森式独立悬架情况下，参见图 12-19，当前轮上、下跳动时，E 和 G 点之间的距离要发生变化。因此，要采用不同的方法确定转向连杆断开点的位置。

在图 12-19 所示系统中，转向节臂铰点 U 在主销轴线外侧，并且稍高于悬架下横臂与转向节的铰点 G。在这个系统中确定断开点 T 的步骤如下。

（1）确定转向节的瞬时运动中心 P_1。转向节在 E 点的绝对速度就是沿着减振器轴线的相对速度，因为在这一点的牵连速度（由减振器轴线绕 E 点转动引起）为零，所以转向节在 E 点的瞬时运动中心位于过 E 点所作的与减振器轴线相垂直的直线 EP_1 上。悬架控制臂外侧球铰 G 与其转动轴线 D 的连线延长线与 EP_1 相交于 P_1 点，P_1 就是转向节的瞬时运动中心。

（2）确定 P_2 点。过 G 点作直线 EP_1 的平行线 GP_2，其与 E、D 连线的延长线交于 P_2 点。

（3）确定角 α。U 点是转向节臂与转向横拉杆的铰点。转向横拉杆应该位于 U、P_1 点的连线上。直线 EP_1 与直线 UP_1 之间的夹角为 α。

（4）确定 P_3 点。过 P_1 作一条直线 P_1P_3，使其与直线 P_1P_2 的夹角也为 α；P_1P_3 与 U、G 连线的延长线交于点 P_3。

（5）确定断开点 T。P_3、D 点连线的延长线与直线 P_1U 交于点 T，它就是转向连杆的断开点。

在图 12-20 所示系统中，转向节臂铰点 U 在主销轴线内侧，并且比较高。而 U 点位置越高（高过 G 点），并且其越靠内侧，则将获得越长的转向连杆 UT。这导致采用中央输出式齿轮齿条转向器（见图 1-39、图 7-2）。

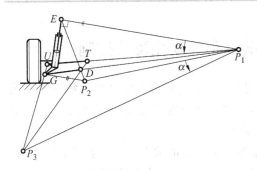

图 12-19 在麦克弗森式悬架中确定断开点 T（情况 1：转向节臂铰点 U 在主销轴线外侧，并且稍高于悬架下横臂与转向节的铰点 G）

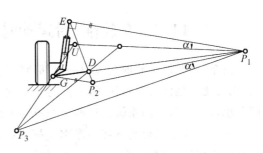

图 12-20 在麦克弗森式悬架中确定断开点 T（情况 2：转向节臂铰点 U 的位置比较高）

12.3 前束角随着前轮上、下跳动的变化特性曲线

图 12-21 示出三辆前轮驱动汽车的左前轮的前束角随着车轮上、下跳动的变化特性曲线（测量结果）。其中，具有特性曲线 1、2 的汽车采用的基本上是按照前述方法确定的转向连杆断开点。其特点是，在设计位置附近前束角随着车轮上、下跳动而变化的斜率基本上是零，而且在整个车轮跳动范围内前束角的变化比较小（最大变化量一般不超过 1°）。特性曲线 3 不同，其在设计位置的前束角变化斜率为一个负值，即随着车轮上跳前束角减小；而在汽车向右转向行驶时，左前轮是外侧车轮，由于车身侧倾，其相对于车身向上跳动，前束角减小，有利于不足转向。如图 12-22 所示，假设转向节球铰 U 在前轮中心线以前（见图 1-39），则把断开点 T_2 布置在理想断开点 T 之上就可以获得图 12-21 中曲线 3 那样的前束角变化特性，即当车轮向上跳动时，U 点就会被推向外侧，引起车轮的前束角减小。当然，如果要定量评价侧倾不足转向，一般需要对车轮的运动规律进行空间运动学分析。

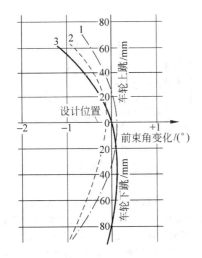

图 12-21 三辆前轮驱动汽车的左前轮前束角随着车轮上、下跳动的变化特性曲线（测量结果）

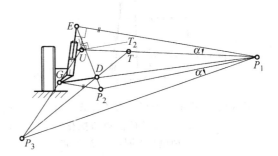

图 12-22 把断开点 T_2 布置在理想断开点 T 之上

12.4 车轮前、后运动时前束角的变化及其控制

汽车行驶时,车轮的前束角一般都会发生变化。这种变化可能是悬架压缩、伸张引起的,也可能是地面对车轮作用的力、力矩引起的。适当控制这种变化,使其有利于汽车性能要求,是悬架、转向系统设计的一个重要工作内容。

图 12-23 示出奔驰 S 级轿车多连杆式后悬架一个车轮的前束角变化特性,其中两侧悬架同步压缩、伸张。在设计位置,前束角为 12′。当车轮上不作用任何前、后方向的作用力时,随着悬架压缩、伸张车轮前束角基本上不发生变化。当在车轮中心上作用一个恒定的驱动力 $F_{t,r}=3\text{kN}$ 时,在设计位置的车轮前束角增大了 3′,这是由系统的弹性变形引起的(后悬架具有正的主销偏移距)。当在车轮接地中心作用一个恒定的制动力 $F_{b,r}=1.89\text{kN}$ 时,在设计位置的车轮前束角增大了 10′,这主要是由悬架、转向杆系的刚体运动学特性引起的,如图 12-24 所示。其中,车轮承受的纵向力主要由纵杆 4 承受,其前端铰接在悬架横摆臂 1 上,后端支承在弹性支座 5 上。在制动力 F_b 作用下,弹性支座 5 发生变形,允许悬架横摆臂 1 绕支座 D 向后转动,G 点(相当于主销)移动到位置 8,横拉杆外侧球铰 U 移动到位置 9,使车轮和转向节有了向后的位移,同时绕主销 G 向右转动一个小角度,形成一个正的前束角变化。关键的设计参数是杆 1 与杆 7 之间的夹角 ξ。

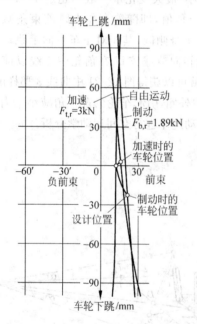

图 12-23 奔驰 S 级轿车多连杆式后悬架一个车轮的前束角变化特性(两侧悬架同步压缩、伸张)

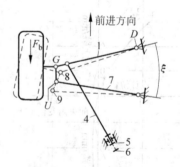

图 12-24 奔驰 S 级轿车多连杆式后悬架机构
1—悬架前横摆臂;4—纵杆;5—弹性支座;6—弹性支座 5 变形后的位置;7—悬架后横摆臂;8—悬架变形后 G 点(相当于主销)移动到的位置;9—悬架变形后横拉杆外侧球铰 U 移动到的位置

制动时，在制动力作用下车轮的前束向正的方向增大有利于行驶稳定性。这可以通过采用负的主销偏移距来实现，也可以通过适当设计悬架、转向杆系来实现。

许多前置-前轮驱动轿车采用麦克弗森式后悬架。图 12-25 示出一个这样的悬架。如图 12-25、图 12-26 所示，这种悬架的后下横臂一般比前下横臂长。当制动时，制动力

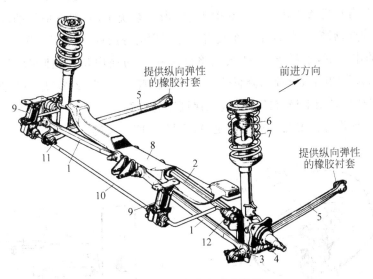

图 12-25 麦克弗森式后悬架

1—后下横臂；2—前下横臂；3—后下横臂与转向节的铰点；4—前下横臂与转向节的铰点；5—纵臂；6—副簧；7—密封套；8—后副车架；9—后横向稳定杆支架；10—后横向稳定杆；11—纵臂安装螺栓；12—后横向稳定杆与转向节的安装机构

$F_{b,r}$ 基本上由纵臂 5 承受，由于纵臂 5 前部铰点中有橡胶衬套，其会发生弹性变形，使车轮有一个向后的位移。而在后下横臂比前下横臂长的情况下，这种车轮的向后移动使得后下横臂与转向节的铰点 3 变到 3A，前下横臂与转向节的铰点 4 变到 4A，使后轮产生一个正的前束角增量 Δt。另外，制动力 $F_{b,r}$ 对主销轴线有一个力矩 $M = F_{b,r} r_s$，其会在杆系中引起弹性变形，产生负的前束角增量。所以，这两个前束角增量相互抵消，最终产生一个正的前束角变化。这对制动时的方向稳定性是有利的。

现在的汽车一般都采用子午线轮胎，因为它们具有滚动阻力低、侧偏刚度高、寿命长等优点。但是，它们的缺点是具有动态滚动噪声。子午线轮胎中有刚度很大的带(belt)，其会引起纵向振动，而这种振动会通过转向节、转向横拉杆传到车身，引起一种令人不愉快的噪声。在卵石路、粗糙水泥路以低于 80km/h 的车

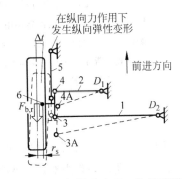

图 12-26 在制动力 $F_{b,r}$ 作用下后轮产生的前束角 Δt 变化（麦克弗森式后悬架）

1—后下横臂；2—前下横臂；3—后下横臂与转向节的铰点；4—前下横臂与转向节的铰点；5—纵臂；6—主销轴线与地面的交点；r_s—主销偏移距

速行驶时,这种噪声最明显。而允许车轮、转向节相对于车身进行适当的前、后运动就可以消除这种噪声。一般前、后位移为12～14mm。但是,在车轮进行上述前、后相对运动时,要注意防止出现不利的前束角变化。

图12-27示出一个为了达到这个目的而采用的悬架和转向杆系设计,其中采用麦克弗森式悬架和齿轮齿条式转向器。在图12-27所示系统中,悬架下横臂的前安装点 A 相当于一个球铰点,后安装点 B 是一个具有一定刚度的橡胶件。在驱动力 F_a、制动力(或滚动阻力)F_R 的作用下,下横臂在 B 点处将发生一定的横向位移,使车轮能够向前移动14mm、向后移动12mm,以此来降低子午线轮胎的噪声。图12-28是一个类似系统的原理图,转向连杆和悬架下横臂的设计应该保证车轮在纵向力作用下只作平动而不发生前束角的变化。该设计主要是要适当确定 A、G、U、T 四个关键点的坐标。

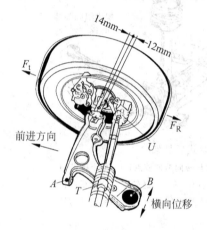

图12-27 麦克弗森式前悬架(下横臂)与齿轮齿条式转向器
A—下横臂在水平面内的转动中心;B—橡胶件;U—转向节铰点;T—齿条铰点(转向连杆断开点);F_t—驱动力;F_R—滚动阻力(或制动力)

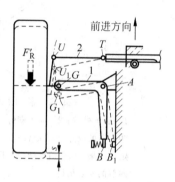

图12-28 车轮前、后运动时对前束角变化的控制的原理图(麦克弗森式悬架与齿轮齿条式转向器)
1—下摆臂;2—转向连杆;A—下横臂水平摆动中心;B—下横臂的橡胶铰点;U—转向节铰点;T—转向连杆断开点;s—车轮的偏移距离

图12-29示出另外一种麦克弗森式悬架及其实现车轮前、后相对运动的方案。如图12-29(b)所示,横摆臂1主要承受侧向力,纵向杆5主要承受轴向力,同时也是横向稳定杆。7是转向横拉杆。纵向杆5的每一端都通过橡胶衬套4安装在横摆臂1中的孔内。由于橡胶衬套4具有一定的弹性,允许横摆臂1绕其安装支座 D 前、后摆动,从而使车轮、转向节能够进行前、后运动。为了防止车轮在进行上述前、后运动时引起前束角变化,需要适当设计 D、G、U、T 四点的坐标。

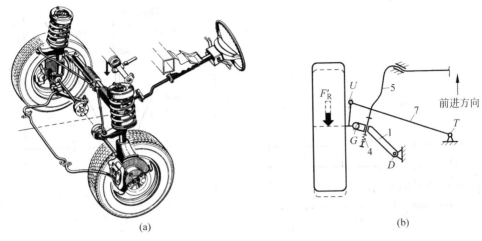

图 12-29 一种麦克弗森式悬架实现车轮前、后相对运动的方案
（a）一种麦克弗森式悬架；（b）麦克弗森式悬架的力学模型
1—横摆臂；4—橡胶衬套；5—纵向杆及横向稳定杆；7—转向横拉杆

12.5 车身侧倾引起的车轮前束角变化

车身侧倾引起车轮前束角变化的特性称为侧倾转向特性。测量侧倾转向特性的试验原理如图 9-6 所示。

图 12-30 示出汽车向右转向行驶时具有不足转向效应的前束角变化。即，前桥外轮前束角向负方向变化，而外轮相对于车身上跳；前桥内轮前束角向正方向变化，而内轮相对于车身下跳；后桥外轮前束角向正方向变化，而外轮相对于车身上跳；后桥内轮前束角向负方向变化，而内轮相对于车身下跳。上述结论也适用于汽车左转的情况。不足转向效应是指不利于汽车绕其中心加速转动的作用。

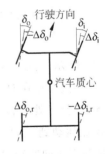

图 12-30 汽车向右转向行驶时具有不足转向效应的前束角变化

图 12-31 示出一种轿车（欧宝）前桥在车身侧倾时所发生的车轮前束角变化。车轮相对于车身上跳，意味着该轮是转向时的外轮；下跳意味着是转向时的内轮。从图 12-31 可以看出，随着车轮上跳，车轮前束角都向负的方向变化；而随着车轮下跳，车轮前束角都向正的方向变化。这种变化特性有利于不足转向，是侧倾不足转向。这就属于故意设计的侧倾前束角变化特性。

图 12-32 示出一种轿车（奥迪 A6）后悬架的前束角变化特性。车轮上跳（意味着该轮是转向时的外轮）时，车轮前束角向正的方向变化，有利于不足转向。这也属于故意设计的侧倾前束角变化特性。

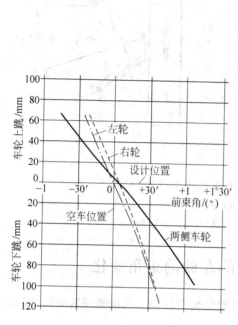
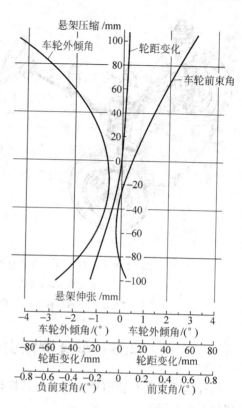

图 12-31　一种轿车（欧宝）前桥在车身侧倾时所发生的车轮前束角变化（车内坐有三人）

图 12-32　一种轿车（奥迪 A6）后悬架的前束角变化特性

图 12-33 示出汽车转向时整体式车桥所发生的轴转向，其中采用纵置钢板弹簧。在图 12-33 中，汽车正在向左转向行驶，车身向右侧倾，则相当于右轮向上跳、左轮向下跳。右侧的 S 点（汽车处于满载静止状态时的车轮中心）运动到 S_c，向后移动一个距离 X_c；而左侧的 S 点运动到 S_r，向前移动一个距离 X_r，使车轴产生了一个轴转向角 α。由于这种轴转向是在汽车向左转向过程中产生的，如果该悬架是前悬架，则有利于不足转向；如果是后悬架，则有利于过多转向。

在后悬架中，为了获得有利于不足转向的侧倾轴转向，通常采用图 12-34 所示的布置方式，即把板簧的前卷耳中心 C 布置得明显低于其后卷耳中心 D，以使 A 高于 Q 点（见图 12-33）。图 12-35 示出一种汽车转向、车身侧倾时所引起的整体式后桥的桥转向，其是有利于不足转向的。

如果主减速器安装在整体式车桥上，传动轴所传递转矩对车身的反作用转矩也会引起车身侧倾和桥转向，如图 12-36 所示。传动轴传递到驱动桥的转矩会使该车桥左、右车轮上的载荷发生变化，同时使悬上质量（车架、车身等）承受一个大小相等、方向相反的侧倾转矩，引起其发生侧倾。图 12-36 示出汽车直线行驶时后驱动桥及车身承受传动轴转矩 T 的情况，其中汽车采用中间轴式变速器，所以传动轴与发动机转动方向相同（从汽车

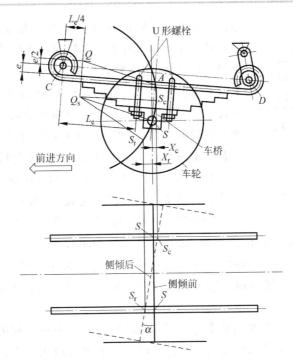

图 12-33　在纵置钢板弹簧非独立悬架中由于向左转向时车身侧倾引起的轴转向

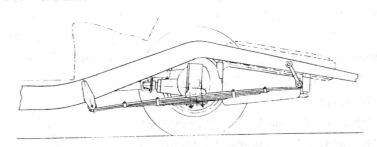

图 12-34　一种采用钢板弹簧的后悬架（板簧的前卷耳低于后卷耳）

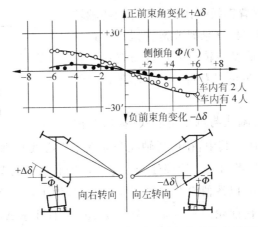

图 12-35　一种汽车转向、车身侧倾时所引起的整体式后桥的桥转向

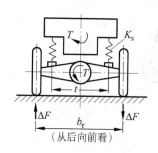

图 12-36 后驱动桥及车身承受传动轴转矩 T 的情况

后部向前看为逆时针方向)。后驱动桥受到沿逆时针方向作用的转矩 T。而车身承受沿顺时针方向作用的转矩 T,其使车身向右侧倾,这个转矩 T 分别由前、后悬架承受。假设后悬架承受的转矩为 T_2,则 $T_2<T$,并且 T_2 与传动轴对驱动桥的转矩 T 的方向相反。后驱动桥承受的总转矩为 $T-T_2$,其使左后轮的垂直负荷增大 $\Delta F=(T-T_2)/b_r$(b_r 是后轮距),而使右后轮的垂直负荷减小 ΔF。在极端情况下,右后轮甚至会离开地面,即 ΔF 大于了车轮的静负荷。可以看出,前悬架相对于后悬架的侧倾刚度越大,T_2 就越小,后轮垂直负荷增量 $\Delta F=(T-T_2)/b_r$ 就越大。当存在悬架与转向杆系的干涉或悬架变形引起轴转向的情况下,这种传动轴反作用转矩引起的车身侧倾会引起汽车的转向效应。当向左转向时,车身承受的转矩 T 会增大车身的侧倾角;而当向右转向时,T 会减小车身的侧倾角。这可能引起向不同方向转向时汽车具有不同的不足转向特性。

应该指出,这种左、右驱动轮垂直力不均衡的情况不利于充分利用地面附着力(轮胎与地面之间的摩擦系数乘以后桥负荷),这是因为普通锥齿轮式差速器对左、右半轴分配的转矩近似相等,后桥的最大驱动力近似是垂直力较小的车轮的附着力的 2 倍。在这种情况下,采用高摩擦式差速器,其对左、右半轴分配的转矩差别较大,有利于比较充分地利用车桥的附着力。当驱动桥采用独立悬架时,一般都把主减速器和差速器安装在车身或车架上,传动轴的转矩成为车架或车身的内力,在车架或车身中得到平衡,对悬架没有影响,从而不影响两侧车轮的垂直力,有利于充分利用地面的附着力。

而汽车转向时,由于车身发生侧倾,驱动桥两侧车轮的垂直力总会发生变化。如果其悬架的侧倾刚度较大,则两侧车轮之间的垂直力差别就较大,不利于充分利用驱动桥的地面附着力,是不利的。

与图 12-33 所示纵置钢板弹簧非独立悬架的轴转向情况类似,在单纵臂式独立悬架或拖臂扭转梁式悬架中,把纵臂在车身上的安装转轴中心 O 布置在车轮中心以下(见图 12-37)也可以获得有利于不足转向的轴转向。

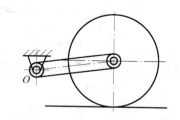

图 12-37 在单纵臂式独立悬架或拖臂扭转梁式悬架中把纵臂安装铰点 O 布置在车轮中心下方

图 12-38 示出后桥轴线与汽车中心线(纵向对称轴线)不垂直引起的问题。其中,在后桥轴线和与汽车中心线相垂直的直线之间的夹角为 $\Delta\delta_r$。汽车行驶时,如果两个前轮都处于理论上向前行驶的位置(前束角相等),则后桥将使汽车后部向右摆,以致使汽车向左转向。因此,为了使汽车能够向前直线行驶,需要向右转动转向盘,使前轮向右转动一个角度 $\Delta\delta_f$,并且要求 $\Delta\delta_f=\Delta\delta_r$,即使前轮平行于后轮。

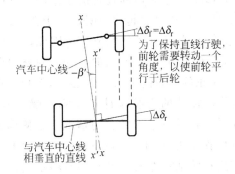

图 12-38 后桥轴线与汽车中心线不垂直引起的问题

12.6 侧向力引起的车轮前束角变化

当车辆进行转弯行驶时,在轮胎接地面上作用有侧向力。这些侧向力作用在悬架和转向系统上。由于悬架和转向系统具有一定的弹性,这些力造成车轮转向角的变化,称为侧向力变形转向(lateral force compliance steer)。

图 9-9 示出用于测量侧向力变形转向和外倾的试验原理。图 12-39 示出几种轿车的后悬架车轮前束角变化与侧向力的关系。其中,欧宝(Opel)和菲亚特(Fiat)采用的是拖臂扭转梁式悬架,蓝旗亚(Lancia)和丰田(Toyota)采用的是麦克弗森式悬架,雷诺(Renault)采用的是单纵臂式悬架(见图 1-55)。可以看出,在外轮承受侧向力时,丰田(Corolla)的车轮前束角向正的方向变化;内侧车轮受到侧向力时,其车轮前束角向负的方向变化。两者都有利于不足转向(见图 12-30)。其他汽车侧向力引起的车轮前束角变化都有利于过多转向。

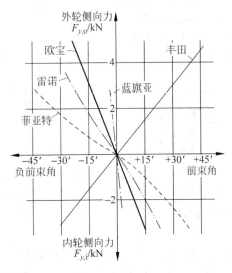

图 12-39 几种轿车的后悬架车轮前束角变化与侧向力的关系

图12-40示出丰田(Corolla)后悬架横向连杆的示意图。其中,横向连杆1更靠近车轮中心线,外侧车轮侧向力 $F_{y,o}$ 在其中引起的力明显大于在横向连杆2中引起的力。而且,连杆1在车身上的安装支座 A 具有较低的刚度。因此,在外侧车轮侧向力 $F_{y,o}$ 作用下,横向连杆1的外端点从点6变到点7;而横向连杆2的外端点8的位置基本上不变。因此,外侧后车轮产生了一个正的车轮前束角变化 $\Delta\delta_{r,o}$,有利于不足转向。

在扭转梁式悬架中,纵臂转轴的安装设计对于降低噪声和操纵稳定性都很重要。图12-41示出汽车在向左转向行驶时悬架的受力情况。在侧向力 $F_{L,i}$ 和 $F_{L,o}$ 作用下,两个纵臂的转轴对纵臂有纵向作用力 F_{ax} 和 F_{ix} 以及侧向作用力 F_{iy} 和 F_{ay},使悬架保持受力平衡。它们的反作用力作用在转轴零件上。图12-42(a)示出传统的转轴结构,为了降低噪声,其中采用了橡胶衬套。在上述纵向力和侧向力的作用下,悬架发生了如图12-42(b)所示的轴转向,这种轴转向主要是由纵臂转轴中橡胶衬套的纵向变形引起的。其中,转轴中心点 O 的位置保持不变,因为转轴被刚性地固定在车身上。可以看出,这种轴转向有利于过多转向,应该设法予以纠正。应该指出,单纵臂式、斜置单臂式独立悬架在转向时的侧向力作用下都具有与此类似的轴转向特性。

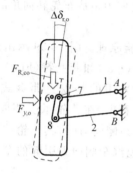

图12-40 丰田(Corolla)后悬架横向连杆的示意图
1—前横向连杆;2—后横向连杆;6—前横向连杆1的外铰点位置(未受侧向力 $F_{y,o}$ 时);7—前横向连杆1的外铰点位置(受侧向力 $F_{y,o}$ 时);8—后横向连杆外铰点

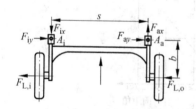

图12-41 汽车向左转向行驶时的扭转梁式悬架的受力分析图

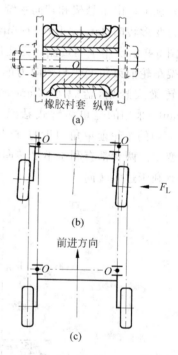

图12-42 扭转梁式悬架纵臂转轴结构与转向时悬架在侧向力作用下的变形(轴转向)

为了纠正转向时在侧向力作用下有利于过多转向的悬架变形(见图12-42),采用了具有楔形金属件的纵臂转轴安装结构,如图12-43所示。在向左转向行驶时,在侧向力的作用下,纵臂和横梁总成向左移动一个距离,同时在斜面作用下左纵臂被向后推一个距

离，而右纵臂被向前推一个距离，其造成的轴转向方向与图 12-42(b)所示的由左、右橡胶套纵向变形所引起的轴转向方向相反。通过适当设计可以使两者相互抵消，则这时的悬架变形情况如图 12-44 所示，即在侧向力作用下，悬架只是沿着其作用方向进行了平移，而没有发生转动，侧向力不再引起轴转向（前束角变化），有效地改善了其转向性能。

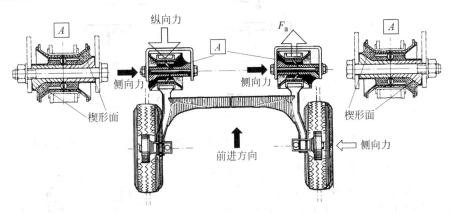

图 12-43 在扭转梁式悬架中采用的带有楔形金属件的纵臂转轴安装结构

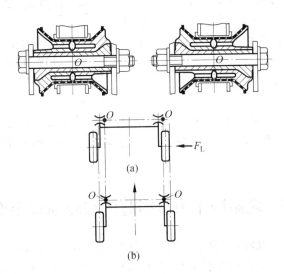

图 12-44 在扭转梁式悬架中采用带有楔形金属件的纵臂转轴安装结构的效果
(a) 向左转向行驶；(b) 直线行驶

转向时侧向力引起车轮前束角变化的一个原因是主销轴线与地面的交点与轮胎接地中心不重合，这可能是主销后倾角 τ 造成的，如图 12-45 所示。如果前桥具有正的主销后倾角 τ_f，则主销轴线与地面的交点 B 在轮胎接地中心 C 的前方，转向时外侧车轮侧向力 $F_{y,f,o}$ 趋于使其前束角 $\Delta\delta_{f,o}$ 向负的方向变化，而内侧车轮的侧向力 $F_{y,f,i}$ 趋于使其前束角 $\Delta\delta_{f,i}$ 向正的方向变化，都有利于不足转向。而如果后桥也具有正的主销后倾角 τ_r，则侧向力引起的车轮前束角变化将有利于过多转向。因此，在后桥上采用负的主销后倾角可以使侧向力引起的车轮前束角变化有利于不足转向。

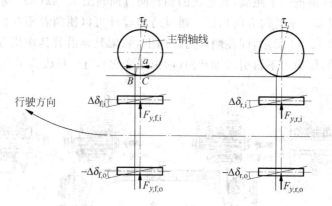

图 12-45　汽车转向行驶时主销后倾角 τ 对侧向力所引起的车轮前束角变化的影响

图 12-46 示出侧向力对整体桥非独立悬架轴转向的影响,在悬架中采用潘哈德杆承受侧向力。潘哈德杆布置在车轮中心线的后方。在汽车转向行驶时,潘哈德杆承受的侧向力 $F_{T,y} = F_{y,o} + F_{y,i}$,对后桥作用一个转矩 $F_{T,y} \cdot a$,从而在两个纵臂中产生交错的纵向力 $+F_x$、$-F_x$,并且

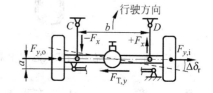

图 12-46　侧向力对整体桥非独立悬架(采用潘哈德杆承受侧向力)轴转向的影响

$$F_x = \frac{(F_{y,o} + F_{y,i})a}{b}$$

由于纵臂在车身上的安装支座 C、D 中有橡胶衬套,在纵向力 $+F_x$、$-F_x$ 作用下,会发生纵向的弹性变形,从而使后桥发生一个角度为 $\Delta\delta_r$ 的轴转向,其有利于不足转向。

12.7　轮胎回正力矩引起的车轮前束角变化

当车辆进行转弯行驶时,在轮胎接地面上还作用有回正力矩,其作用是试图减小车轮的转向角。这些回正力矩作用在悬架和转向系统上。由于悬架和转向系统具有一定的弹性,这些力矩造成车轮转向角的变化,称为回正力矩变形转向(aligning torque compliance steer)。

图 9-12 示出用于测量回正力矩变形转向和外倾的试验原理。

12.8　驱动对车轮前束角变化的影响

对于发动机前置-前轮驱动并且发动机横置的汽车来说,如果差速器偏置,即其布置位置偏离汽车中心线,则两个半轴的长度就不同,如图 12-47 所示。在图 12-47 所示情况中,左侧半轴比右侧半轴短。

12 车轮前束的变化特性

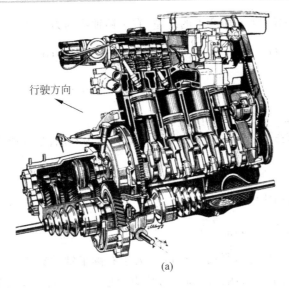

(a)

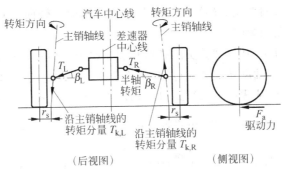

(b)

图 12-47 一种发动机前置-前轮驱动汽车的横置发动机和变速驱动桥(差速器偏置)
(a) 剖视图；(b) 示意图

如图 12-48 所示,在汽车以低挡向前行驶时,车身受到半轴的反作用转矩 T_p,趋于使车身发生仰头,即汽车前部升高、后部降低。这会进一步增大两侧半轴与水平面夹角 β_L、β_R 之间的差别,如图 12-47(b)所示。

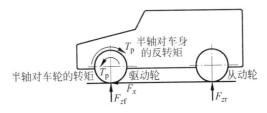

图 12-48 发动机前置-前轮驱动汽车驱动时车身所承受的半轴反转矩 T_p

利用式(12-37),即

$$T_k = T_{vk} + T_{ka} = T\tan\frac{\beta}{2}\cos\sigma + \frac{T}{r}(r_s + r\tan\sigma)\cos\sigma$$

可以计算由于半轴驱动转矩 T 而产生的绕左、右主销轴线的力矩 $T_{k,L}$、$T_{k,R}$ 为

$$T_{k,L} = T_L \tan\frac{\beta_L}{2}\cos\sigma + \frac{T_L}{r}(r_s + r\tan\sigma)\cos\sigma \tag{12-42}$$

$$T_{k,R} = T_R \tan\frac{\beta_R}{2}\cos\sigma + \frac{T_R}{r}(r_s + r\tan\sigma)\cos\sigma \tag{12-43}$$

式中,T_L、T_R 分别是左、右半轴传递的转矩。

在采用普通锥齿轮式差速器的情况下,可以近似认为左、右半轴所传递的转矩大小相等,即

$$T_L = T_R = T \tag{12-44}$$

因此,绕两侧主销轴线的转矩之差 ΔT_k 为

$$\Delta T_k = T_{k,L} - T_{k,R} = T\left(\tan\frac{\beta_L}{2} - \tan\frac{\beta_R}{2}\right)\cos\sigma \tag{12-45}$$

这表明,由于左侧半轴与水平面的夹角 β_L 大于右侧半轴的夹角 β_R,使得沿左侧主销轴线的转矩分量 $T_{k,L}$ 大于沿右侧主销轴线的转矩分量 $T_{k,R}$。$T_{k,L}$、$T_{k,R}$ 都分别使左、右车轮的前束角向正的方向变化。转矩差 ΔT_k 趋于使汽车向右转向。应该指出,在上述分析中忽略了主销后倾角的影响。

而在进行发动机制动时(驾驶员的脚离开加速踏板),传动轴中作用有方向相反的转矩,而且车身承受的半轴反转矩方向也相反,趋于使车身发生点头,即车身前部降低、后部升高。在这种情况下,从式(12-42)、式(12-43)、式(12-44)、式(12-45)可得

$$T_{k,L} = -T_L \tan\frac{\beta_L}{2}\cos\sigma - \frac{T_L}{r}(r_s + r\tan\sigma)\cos\sigma \tag{12-46}$$

$$T_{k,R} = -T_R \tan\frac{\beta_R}{2}\cos\sigma - \frac{T_R}{r}(r_s + r\tan\sigma)\cos\sigma \tag{12-47}$$

$$\Delta T_k = T_{k,L} - T_{k,R} = -T\left(\tan\frac{\beta_L}{2} - \tan\frac{\beta_R}{2}\right)\cos\sigma \tag{12-48}$$

即 $T_{k,L}$、$T_{k,R}$ 的方向与图 12-47 中所示方向相反。沿主销轴线的转矩分量之差 ΔT_k 将趋于使汽车向左转向。$T_{k,L}$、$T_{k,R}$ 都分别使左、右车轮的前束角向负的方向变化。

发动机功率越大,这种因左、右侧半轴长度不同而引起的转向就越明显。因此,在采用大功率发动机的前轮驱动汽车上一般都采用一个中间传动轴,以使两侧半轴的长度相等,如图 12-1 所示。

13 主销纵向偏移距和主销后倾角的变化特性

13.1 主销后倾角及其公差

一般在工程图纸上会标出空车状态的主销后倾角。通常利用光学方法来测量主销后倾角。

与主销后倾角有关的一个参量是主销纵向偏移距 $r_{\tau,w}$。图 13-1 示出主销纵向偏移距 $r_{\tau,w}$ 的定义,即主销轴线 EG 与过车轮中心 O 的水平线的交点 D 与车轮中心 O 之间的水平距离。在主销后倾角 τ 为零时,主销纵向偏移距 $r_{\tau,w}$ 就是侧向力 F_y(作用在车轮接地中心)对主销轴线的力臂 $n_{\tau,k}$。该侧向力 F_y 对主销轴线的回正力矩为 $F_y r_{\tau,w}$。

在不设定主销纵向偏移距 $r_{\tau,w}$ 的情况下,为了保证回正性能,发动机前置-后轮驱动轿车的主销后倾角在 $4°\sim 8°$ 之间。在设定一个负的主销纵向偏移距 $r_{\tau,w}$ 的情况下,主销后倾角增大到 $8°\sim 11°$。转向系统的类型也对主销后倾角的设定有影响。如果采用动力转向系统,系统中的阻力较大,为了获得较好的回正性,一般采用较大的主销后倾角。而当采用机械转向系统的情况下,为了控制转向力的水平,一般采用较小的主销后倾角。

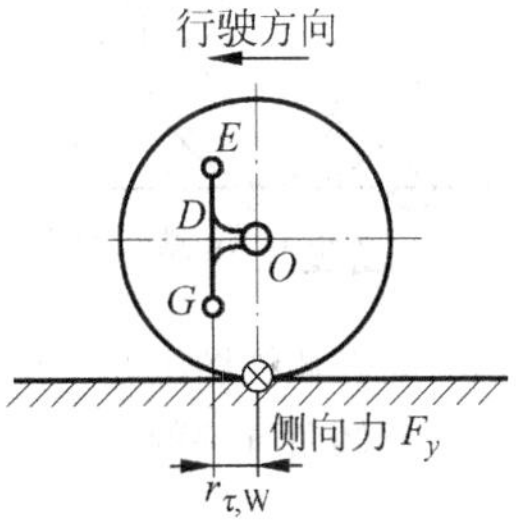

图 13-1 主销纵向偏移距 $r_{\tau,w}$(侧视图)

对于发动机前置-前轮驱动轿车,主销后倾角一般在 $1°\sim 4°$ 之间。驱动力 F_a 与轮胎侧向拖距 r_T 的乘积 $F_a r_T$ 就是一个较大的回正力矩(见图 13-5),不需要采用较大的主销后倾角来改进回正性能。

主销后倾角的公差一般是 $\pm 30'$,也有放大到 $\pm 1°30'$ 的,以降低制造成本。一般还要求左、右侧主销后倾角之差不大于 $30'$,以避免车辆向一侧偏驶。因此,在图纸上的主销后倾角标注格式应该为:

主销后倾角 $\tau = 4°\pm 30'$,左、右侧之差不允许超过 $30'$。

在修理车间进行车轮定位参数测量、检验其与生产厂家规定值的符合性时,车辆应该处于空车状态。而当研究悬架压缩、伸张时的车轮定位参数变化时,起始点是设计位置,即车轮定位参数的变化是由于车轮从设计位置开始相对于车身上、下跳动时所引起的变化。这时,在一辆五座轿车中应该乘坐3人,每人重68kg,其中2人在前排座椅、1人在后排座椅。为了使左、右侧车轮的负荷对称,后排乘员应该坐在后排座位的中间位置。在这个状态测量的车轮定位参数称为静态车轮定位参数。

13.2　主销后倾角、主销纵向偏移距和轮胎侧向拖距

图13-2示出与主销后倾角有关的一些参量的定义:①$r_{\tau,k}$是主销后倾角τ引起的机械拖距,即主销轴线与地面的交点K与轮胎接地中心N之间的距离;②$n_{\tau,k}$是侧向力力臂,即轮胎接地中心N到主销轴线的距离。侧向力F_y对主销轴线的回正力矩为$F_y n_{\tau,k}$。

大部分汽车前轮都采用正的转向后倾角,如图13-2所示。而在一些发动机前置-前轮驱动汽车上,由于驱动力引起的回正力矩较大,在前轮上采用了负的主销后倾角(见图13-3),以适当减小对主销轴线的回正力矩。这样设计的缺点是,当前轮转向时外侧车轮会产生正的车轮外倾角。在一些汽车的后悬架中采用负的主销后倾角,其目的是获得有利的侧向力引起的前束角变化特性(有利于不足转向)。

为了在汽车转向行驶时能够既减小对主销轴线的回正力矩,又防止外侧车轮产生正的外倾角,也有采用图13-4所示的设计的,即同时采用正的主销后倾角τ和负的主销纵向偏移距$-r_{\tau,w}$。

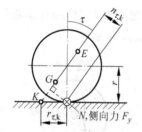
图13-2　在侧视图上与主销后倾角有关的一些参量

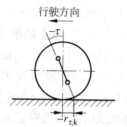
图13-3　负的主销后倾角

图13-4　同时采用正的主销后倾角和负的主销纵向偏移距

当汽车转向行驶时,由于产生侧向力F_y、侧偏角α而使轮胎接地印迹发生变形,如图13-5所示。其中,$r_{\tau,T}$是轮胎拖距,其由侧向力在轮胎接地印迹上的分布规律所决定,一般在10~40mm之间。图13-6示出地面侧向力F_y的作用点位置。这个地面侧向力是在轮胎接地印迹中分布的侧向力的合力。把这个侧向力平移到轮胎接地印迹中心(见图13-1、图13-2和图13-4),另外还有一个轮胎对车轮的回正力矩$F_y r_{\tau,T}$。

如图13-5所示,汽车转向行驶时,由于产生侧向力F_y、侧偏角α而使轮胎接地印迹变得就像一个肾形,使得侧向力

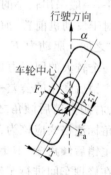
图13-5　向右转向时轮胎接地印迹的变形情况

F_y 的作用点位于车轮中心后方一个轮胎拖距 $r_{\tau,T}$。如果汽车是发动机前置-前轮驱动,驱动力 F_a 的作用点偏离车轮对称线一个距离 r_T,r_T 按下式计算:

$$r_T \approx \frac{30F_y}{F_z}(\text{mm}) \quad (13\text{-}1)$$

式中,r_T 是轮胎侧向拖距;F_z 是车轮垂直力;F_y 是车轮侧向力。轮胎侧向拖距 r_T 的存在是前轮驱动汽车驱动力引起绕主销回正力矩的主要原因。如图 13-7 所示,轮胎侧向拖距 r_T 的存在还会破坏左、右侧车轮驱动力对各自主销轴线转矩的平衡,从而引起一个有利于不足转向的前束角变化。

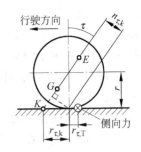

图 13-6 轮胎接地印迹中的分布侧向力的合力 F_y 的作用点位置

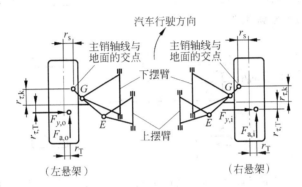

图 13-7 汽车向右转向行驶时的两侧车轮受力分析

对于发动机前置-前轮驱动汽车,差速器中的摩擦会影响其转向行驶时的回正力矩。如图 13-7 所示,如果差速器中的摩擦可以忽略,则在汽车转向行驶时内、外侧车轮上的驱动力 $F_{a,i}$、$F_{a,o}$ 大小相等,即 $F_{a,i}=F_{a,o}$。而当差速器中的摩擦不能忽略时,转速低的内侧车轮上的驱动力 $F_{a,i}$ 的值大于转速高的外侧车轮上的驱动力 $F_{a,o}$ 的值,即 $F_{a,i}>F_{a,o}$。其作用是双重的,一是使绕两侧主销的转矩不平衡,引起有利于不足转向的变形前束角变化;二是对汽车质心作用一个横摆力矩,其试图阻止汽车转向,也有利于不足转向。注意,上述分析基于正的主销偏移距 r_s(见图 13-7)。

13.3 主销后倾角与汽车直线行驶稳定性

在汽车前轮上采用主销后倾角的主要目的是获得侧向力力臂 $n_{\tau,k}$,得到侧向力 F_y 对主销轴线的回正力矩 $F_y n_{\tau,k}$,从而改进汽车直线行驶的稳定性。在前轮上采用正的主销后倾角、在采用独立悬架的后轮上采用负的主销后倾角还有利于得到有利于不足转向的侧向力引起的前束角变化特性(见图 12-45)。汽车在直线行驶时,一旦由于某种原因发生轻微的转向,上述特性都有利于使车轮自动回正、回到直线行驶位置,因此都有利于汽车直线行驶的稳定性。

但是,主销后倾角也对保持汽车直线行驶稳定性有不利影响。当汽车在不平路面上行驶时,在轮胎接地中心会作用有大小、方向都不断发生变化的侧向力 F_y,从而形成绕主销轴线的干扰力矩 $F_y n_{\tau,k}$。这个干扰力矩将传递到整个转向系统。主销后倾角越大,这些侧向干扰力对主销的动态力矩就越大,从而对转向系统零件的动态载荷及转向盘受到的冲击力就越大,还可能引起振动、噪声问题。研究表明,大的主销后倾角有引起车轮摆振的可能。

主销后倾角还会增大汽车对侧向风的敏感性,趋于使汽车向着顺风方向转向行驶。如图 13-8 所示,汽车在直线行驶时受到一个侧风作用,侧风引起的侧向合力 F_w 一般作用在汽车质心的前面,其在各个轮胎接地印迹的中心引起一个方向相反的侧向力 $F_{y,f}$ 或 $F_{y,r}$。由于主销后倾角造成的侧向力力臂为 $n_{\tau,k}$,其使在前轮上的 $F_{y,f}$ 对主销有一个力矩 $F_{y,f} n_{\tau,k}$。这个力矩会使两个前轮都向左转动一个小角度 δ,从而使汽车向左转向,即顺着风的方向转向。主销后倾角越大,侧向力力臂 $n_{\tau,k}$ 越大,上述车轮转矩 $F_{y,f} n_{\tau,k}$ 及转角 δ 就越大,汽车向左转的现象就越明显。

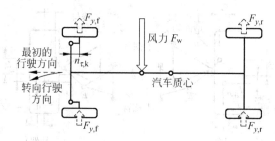

图 13-8 主销后倾角引起的侧向力力臂 $n_{\tau,k}$ 与汽车侧风敏感性分析图

13.4 汽车转向行驶时的前轴回正力矩分析

图 13-9 示出汽车向右转向时地面作用在右侧轮胎上的侧向力 F_y 和垂直力 F_z,在此分析它们对主销轴线的力矩。由于一般既有主销内倾角 σ,又有主销后倾角 τ,所以车轮绕主销轴线的转动是个空间运动。为了便于分析侧向力 F_y 和垂直力 F_z 对主销轴线的转矩,建立了三个坐标系,即 $OXYZ$、$OX_1Y_1Z_1$、$OX_2Y_2Z_2$。其中,这三个坐标系的原点 O 是车轮轴线与主销轴线的交点。OZ 垂直向下,OX 水平向前,OY 水平向右。$O_1X_1Y_1Z_1$ 坐标系是通过把 $OXYZ$ 坐标系绕 OX 轴的负方向转动 σ(主销内倾角)得到的,因此有

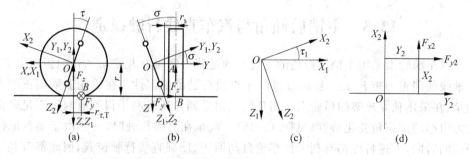

图 13-9 地面对轮胎接地中心侧向力 F_y 和垂直力 F_z 的分解
(a) 侧视图;(b) 后视图;(c) 沿着 OY_1 反向看;(d) 力对 OZ_2 轴的力矩分析

$$\begin{bmatrix} X_1 \\ Y_1 \\ Z_1 \end{bmatrix} = \begin{bmatrix} 1 & 0 & 0 \\ 0 & \cos\sigma & -\sin\sigma \\ 0 & \sin\sigma & \cos\sigma \end{bmatrix} \begin{bmatrix} X \\ Y \\ Z \end{bmatrix} \tag{13-2}$$

$OX_2Y_2Z_2$ 坐标系是通过把 $OX_1Y_1Z_1$ 坐标系绕 OY_1 轴的正方向转动 τ_1 得到的,其中 OZ_2 沿着主销轴线,因此有

$$\begin{bmatrix} X_2 \\ Y_2 \\ Z_2 \end{bmatrix} = \begin{bmatrix} \cos\tau_1 & 0 & -\sin\tau_1 \\ 0 & 1 & 0 \\ \sin\tau_1 & 0 & \cos\tau_1 \end{bmatrix} \begin{bmatrix} X_1 \\ Y_1 \\ Z_1 \end{bmatrix} \tag{13-3}$$

从式(13-2)、式(13-3)可得

$$\begin{bmatrix} X_2 \\ Y_2 \\ Z_2 \end{bmatrix} = \begin{bmatrix} \cos\tau_1 & 0 & -\sin\tau_1 \\ 0 & 1 & 0 \\ \sin\tau_1 & 0 & \cos\tau_1 \end{bmatrix} \begin{bmatrix} 1 & 0 & 0 \\ 0 & \cos\sigma & -\sin\sigma \\ 0 & \sin\sigma & \cos\sigma \end{bmatrix} \begin{bmatrix} X \\ Y \\ Z \end{bmatrix}$$

$$= \begin{bmatrix} \cos\tau_1 & -\sin\tau_1\sin\sigma & -\sin\tau_1\cos\sigma \\ 0 & \cos\sigma & -\sin\sigma \\ \sin\tau_1 & \cos\tau_1\sin\sigma & \cos\tau_1\cos\sigma \end{bmatrix} \begin{bmatrix} X \\ Y \\ Z \end{bmatrix} \tag{13-4}$$

$$\begin{bmatrix} X \\ Y \\ Z \end{bmatrix} = \begin{bmatrix} \cos\tau_1 & 0 & \sin\tau_1 \\ -\sin\tau_1\sin\sigma & \cos\sigma & \cos\tau_1\sin\sigma \\ -\sin\tau_1\cos\sigma & -\sin\sigma & \cos\tau_1\cos\sigma \end{bmatrix} \begin{bmatrix} X_2 \\ Y_2 \\ Z_2 \end{bmatrix} \tag{13-5}$$

下面求转角 τ_1。在坐标系 $OX_2Y_2Z_2$ 中取一个点 $(0,0,1)$,则其在 $OXYZ$ 坐标系中的坐标为

$$\begin{bmatrix} X \\ Y \\ Z \end{bmatrix} = \begin{bmatrix} \cos\tau_1 & 0 & \sin\tau_1 \\ -\sin\tau_1\sin\sigma & \cos\sigma & \cos\tau_1\sin\sigma \\ -\sin\tau_1\cos\sigma & -\sin\sigma & \cos\tau_1\cos\sigma \end{bmatrix} \begin{bmatrix} 0 \\ 0 \\ 1 \end{bmatrix} = \begin{bmatrix} \sin\tau_1 \\ \cos\tau_1\sin\sigma \\ \cos\tau_1\cos\sigma \end{bmatrix}$$

$$\tan\tau = \frac{X}{Z} = \frac{\sin\tau_1}{\cos\tau_1\cos\sigma} = \frac{\tan\tau_1}{\cos\sigma}$$

$$\tan\tau_1 = \tan\tau\cos\sigma \tag{13-6}$$

侧向力 F_y 在 $OXYZ$ 坐标系中的分量为 $(0, F_y, 0)$,其在坐标系 $OX_2Y_2Z_2$ 中的分量为

$$\begin{bmatrix} F_{x2,y} \\ F_{y2,y} \\ F_{z2,y} \end{bmatrix} = \begin{bmatrix} \cos\tau_1 & -\sin\tau_1\sin\sigma & -\sin\tau_1\cos\sigma \\ 0 & \cos\sigma & -\sin\sigma \\ \sin\tau_1 & \cos\tau_1\sin\sigma & \cos\tau_1\cos\sigma \end{bmatrix} \begin{bmatrix} 0 \\ F_y \\ 0 \end{bmatrix} = \begin{bmatrix} -\sin\tau_1\sin\sigma \\ \cos\sigma \\ \cos\tau_1\sin\sigma \end{bmatrix} F_y \tag{13-7}$$

侧向力 F_y 的作用点 B 在 $OXYZ$ 坐标系中的分量为 $(-r_{\tau,T}, r_s + r\tan\sigma, r)$,其在坐标系 $OX_2Y_2Z_2$ 中的分量为

$$\begin{bmatrix} X_{2,B} \\ Y_{2,B} \\ Z_{2,B} \end{bmatrix} = \begin{bmatrix} \cos\tau_1 & -\sin\tau_1\sin\sigma & -\sin\tau_1\cos\sigma \\ 0 & \cos\sigma & -\sin\sigma \\ \sin\tau_1 & \cos\tau_1\sin\sigma & \cos\tau_1\cos\sigma \end{bmatrix} \begin{bmatrix} -r_{\tau,T} \\ r_s + r\tan\sigma \\ r \end{bmatrix}$$

$$= \begin{bmatrix} -r_{\tau,T}\cos\tau_1 - (r_s + r\tan\sigma)\sin\tau_1\sin\sigma - r\sin\tau_1\cos\sigma \\ \cos\sigma(r_s + r\tan\sigma) - r\sin\sigma \\ -r_{\tau,T}\sin\tau_1 + (r_s + r\tan\sigma)\cos\tau_1\sin\sigma + r\cos\tau_1\cos\sigma \end{bmatrix} \tag{13-8}$$

式中，r_s 为主销偏移距；r 为车轮半径。

垂直力 F_z 在 $OXYZ$ 坐标系中的分量为 $(0, 0, -F_z)$，其在坐标系 $OX_2Y_2Z_2$ 中的分量为

$$\begin{bmatrix} F_{x2,z} \\ F_{y2,z} \\ F_{z2,z} \end{bmatrix} = \begin{bmatrix} \cos\tau_1 & -\sin\tau_1\sin\sigma & -\sin\tau_1\cos\sigma \\ 0 & \cos\sigma & -\sin\sigma \\ \sin\tau_1 & \cos\tau_1\sin\sigma & \cos\tau_1\cos\sigma \end{bmatrix} \begin{bmatrix} 0 \\ 0 \\ -F_z \end{bmatrix} = \begin{bmatrix} \sin\tau_1\cos\sigma \\ \sin\sigma \\ -\cos\tau_1\cos\sigma \end{bmatrix} F_z \quad (13\text{-}9)$$

垂直力 F_z 的作用点 A 在 $OXYZ$ 坐标系中的分量为 $(0, r_s + r\tan\sigma, 0)$，其在坐标系 $OX_2Y_2Z_2$ 中的分量为

$$\begin{bmatrix} X_{2,A} \\ Y_{2,A} \\ Z_{2,A} \end{bmatrix} = \begin{bmatrix} \cos\tau_1 & -\sin\tau_1\sin\sigma & -\sin\tau_1\cos\sigma \\ 0 & \cos\sigma & -\sin\sigma \\ \sin\tau_1 & \cos\tau_1\sin\sigma & \cos\tau_1\cos\sigma \end{bmatrix} \begin{bmatrix} 0 \\ r_s + r\tan\sigma \\ 0 \end{bmatrix}$$

$$= \begin{bmatrix} -\sin\tau_1\sin\sigma \\ \cos\sigma \\ \cos\tau_1\sin\sigma \end{bmatrix} (r_s + r\tan\sigma) \quad (13\text{-}10)$$

从图 13-9(d) 可以看出，F_y、F_z 对 OZ_2 轴（主销轴线）的力矩 T_{z2} 为

$$T_{z2} = -F_{x2,y}Y_{2,B} + F_{y2,y}X_{2,B} - F_{x2,z}Y_{2,A} + F_{y2,z}X_{2,A}$$

$$= \sin\tau_1\sin\sigma F_y[\cos\sigma(r_s + r\tan\sigma) - r\sin\sigma] +$$
$$\cos\sigma F_y[-r_{\tau,T}\cos\tau_1 - (r_s + r\tan\sigma)\sin\tau_1\sin\sigma - r\sin\tau_1\cos\sigma] -$$
$$\sin\tau_1\cos\sigma F_z\cos\sigma(r_s + r\tan\sigma) - \sin\sigma F_z\sin\tau_1\sin\sigma(r_s + r\tan\sigma)$$

$$= F_y[\sin\tau_1\sin\sigma\cos\sigma(r_s + r\tan\sigma) - r\sin\tau_1\sin^2\sigma] - F_y[r_{\tau,T}\cos\sigma\cos\tau_1 +$$
$$(r_s + r\tan\sigma)\sin\tau_1\sin\sigma\cos\sigma + r\sin\tau_1\cos^2\sigma] - \sin\tau_1 F_z(r_s + r\tan\sigma)$$

$$= F_y[-r\sin\tau_1\sin^2\sigma] - F_y[r_{\tau,T}\cos\sigma\cos\tau_1 + r\sin\tau_1\cos^2\sigma] - \sin\tau_1 F_z(r_s + r\tan\sigma)$$

$$= F_y[-r\sin\tau_1] - F_y[r_{\tau,T}\cos\sigma\cos\tau_1] - \sin\tau_1 F_z(r_s + r\tan\sigma)$$

$$= -F_y[r\sin\tau_1 + r_{\tau,T}\cos\sigma\cos\tau_1] - F_z\sin\tau_1(r_s + r\tan\sigma) \quad (13\text{-}11)$$

此处绕主销轴线的力矩 T_{z2} 取负值，意味着其方向是 OZ_2 轴的反方向。式 (13-11) 适合于汽车直线行驶和以极小的前轮转向角行驶时的情况。这时，绕两侧主销轴线的转矩之差 ΔT_{z2} 为

$$\Delta T_{z2} = -2F_y(r\sin\tau_1 + r_{\tau,T}\cos\sigma\cos\tau_1) - (F_{zR} - F_{zL})\sin\tau_1(r_s + r\tan\sigma) \quad (13\text{-}12)$$

式中，F_{zR}、F_{zL} 分别是右侧与左侧车轮的垂直力的值；假设两侧车轮的侧向力相等，均为 F_y。这个转矩之差 ΔT_{z2} 由转向器的输出转矩平衡。

应该指出，在每一侧车轮处垂直力 F_z 引起的绕主销轴线的力矩分量 $-F_z\sin\tau_1(r_s + r\tan\sigma)$ 都会引起前束角变化，但是两侧分量的作用方向相反。[这意味着，它们各自引起的车轮弹性变形转角的方向相反，但是却使两侧车轮的前束角向相同的方向变化，即同时引起两侧车轮都向正前束方向变化，或者都向负前束方向变化。] 如果两侧垂直力相等，则上述垂直力引起的力矩分量相互抵消，对转向器的输出力矩没有影响。

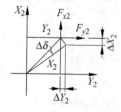

图 13-10 车轮绕主销轴线 OZ_2 转动一个小角度 $\Delta\delta$

13 主销纵向偏移距和主销后倾角的变化特性

如果让车轮绕主销轴线 OZ_2 转动一个小角度 $\Delta\delta$,如图 13-10 所示,则有

$$\Delta X_{2,B} = Y_{2,B}\Delta\delta \quad (13\text{-}13)$$

$$\Delta Y_{2,B} = X_{2,B}\Delta\delta \quad (13\text{-}14)$$

$$\Delta X_{2,A} = Y_{2,A}\Delta\delta \quad (13\text{-}15)$$

$$\Delta Y_{2,A} = X_{2,A}\Delta\delta \quad (13\text{-}16)$$

在车轮绕主销轴线 OZ_2 转动一个小角度 $\Delta\delta$ 的情况下(见图 13-10),则转矩 T_{z2} 为

$$\begin{aligned}
T_{z2} =& -F_{x2,y}(Y_{2,B}+\Delta Y_{2,B})+F_{y2,y}(X_{2,B}-\Delta X_{2,B})-\\
& F_{x2,z}(Y_{2,A}+\Delta Y_{2,A})+F_{y2,z}(X_{2,A}-\Delta X_{2,A})\\
=& -F_{x2,y}Y_{2,B}+F_{y2,y}X_{2,B}-F_{x2,z}Y_{2,A}+F_{y2,z}X_{2,A}-\\
& F_{x2,y}\Delta Y_{2,B}-F_{y2,y}\Delta X_{2,B}-F_{x2,z}\Delta Y_{2,A}-F_{y2,z}\Delta X_{2,A}\\
=& -F_y(r\sin\tau_1+r_{\tau,T}\cos\sigma\cos\tau_1)-F_z\sin\tau_1(r_s+r\tan\sigma)-\\
& F_{x2,y}X_{2,B}\Delta\delta-F_{y2,y}Y_{2,B}\Delta\delta-F_{x2,z}X_{2,A}\Delta\delta-F_{y2,z}Y_{2,A}\Delta\delta\\
=& -F_y(r\sin\tau_1+r_{\tau,T}\cos\sigma\cos\tau_1)-F_z\sin\tau_1(r_s+r\tan\sigma)-\\
& F_y(-\sin\tau_1\sin\sigma)X_{2,B}\Delta\delta-F_y\cos\sigma Y_{2,B}\Delta\delta-F_z(\sin\tau_1\cos\sigma)X_{2,A}\Delta\delta-F_z\sin\sigma Y_{2,A}\Delta\delta\\
=& -F_y(r\sin\tau_1+r_{\tau,T}\cos\sigma\cos\tau_1)-F_z\sin\tau_1(r_s+r\tan\sigma)-\\
& F_y(-\sin\tau_1\sin\sigma)[-r_{\tau,T}\cos\tau_1-(r_s+r\tan\sigma)\sin\tau_1\sin\sigma-r\sin\tau_1\cos\sigma]\Delta\delta-\\
& F_y\cos\sigma[\cos\sigma(r_s+r\tan\sigma)-r\sin\sigma]\Delta\delta-F_z(\sin\tau_1\cos\sigma)(-\sin\tau_1\sin\sigma)(r_s+r\tan\sigma)\Delta\delta-\\
& F_z\sin\sigma\cos\sigma(r_s+r\tan\sigma)\Delta\delta\\
=& -F_y(r\sin\tau_1+r_{\tau,T}\cos\sigma\cos\tau_1)-F_z\sin\tau_1(r_s+r\tan\sigma)-\\
& F_y[\sin\tau_1\cos\tau_1\sin\sigma r_{\tau,T}+(r_s+r\tan\sigma)\sin^2\tau_1\sin^2\sigma+r\sin^2\tau_1\sin\sigma\cos\sigma]\Delta\delta-\\
& F_y[\cos^2\sigma(r_s+r\tan\sigma)-r\sin\sigma\cos\sigma]\Delta\delta+F_z(\sin^2\tau_1\cos\sigma\sin\sigma)(r_s+r\tan\sigma)\Delta\delta-\\
& F_z\sin\sigma\cos\sigma(r_s+r\tan\sigma)\Delta\delta\\
=& -F_y(r\sin\tau_1+r_{\tau,T}\cos\sigma\cos\tau_1)-F_z\sin\tau_1(r_s+r\tan\sigma)-\\
& F_y[\sin\tau_1\cos\tau_1\sin\sigma r_{\tau,T}+(r_s+r\tan\sigma)(1-\cos^2\tau_1)\sin^2\sigma+r\sin^2\tau_1\sin\sigma\cos\sigma]\Delta\delta-\\
& F_y[\cos^2\sigma(r_s+r\tan\sigma)-r\sin\sigma\cos\sigma]\Delta\delta+F_z(1-\cos^2\tau_1)\cos\sigma\sin\sigma(r_s+r\tan\sigma)\Delta\delta-\\
& F_z\sin\sigma\cos\sigma(r_s+r\tan\sigma)\Delta\delta\\
=& -F_y(r\sin\tau_1+r_{\tau,T}\cos\sigma\cos\tau_1)-F_z\sin\tau_1(r_s+r\tan\sigma)-\\
& F_y[\sin\tau_1\cos\tau_1\sin\sigma r_{\tau,T}-(r_s+r\tan\sigma)\cos^2\tau_1\sin^2\sigma+r\sin^2\tau_1\sin\sigma\cos\sigma]\Delta\delta-\\
& F_y[(r_s+r\tan\sigma)-r\sin\sigma\cos\sigma]\Delta\delta-F_z\cos^2\tau_1\cos\sigma\sin\sigma(r_s+r\tan\sigma)\Delta\delta\\
=& -F_y(r\sin\tau_1+r_{\tau,T}\cos\sigma\cos\tau_1)-F_z\sin\tau_1(r_s+r\tan\sigma)-\\
& F_y[\sin\tau_1\cos\tau_1\sin\sigma r_{\tau,T}-(r_s+r\tan\sigma)\cos^2\tau_1(1-\cos^2\sigma)+r\sin^2\tau_1\sin\sigma\cos\sigma]\Delta\delta-\\
& F_y[(r_s+r\tan\sigma)-r\sin\sigma\cos\sigma]\Delta\delta-F_z\cos^2\tau_1\cos\sigma\sin\sigma(r_s+r\tan\sigma)\Delta\delta\\
=& -F_y(r\sin\tau_1+r_{\tau,T}\cos\sigma\cos\tau_1)-F_z\sin\tau_1(r_s+r\tan\sigma)-\\
& F_y[\sin\tau_1\cos\tau_1\sin\sigma r_{\tau,T}-(r_s+r\tan\sigma)\cos^2\tau_1+(r_s+r\tan\sigma)\cos^2\tau_1\cos^2\sigma+\\
& r\sin^2\tau_1\sin\sigma\cos\sigma+(r_s+r\tan\sigma)-r\sin\sigma\cos\sigma]\Delta\delta-F_z\cos^2\tau_1\cos\sigma\sin\sigma(r_s+r\tan\sigma)\Delta\delta
\end{aligned}$$

$$=-F_y(r\sin\tau_1+r_{\tau,T}\cos\sigma\cos\tau_1)-F_z\sin\tau_1(r_s+r\tan\sigma)-$$
$$F_y[\sin\tau_1\cos\tau_1\sin\sigma r_{\tau,T}-(r_s+r\tan\sigma)\cos^2\tau_1+r_s\cos^2\tau_1\cos^2\sigma+r\sin\sigma\cos\sigma+$$
$$(r_s+r\tan\sigma)-r\sin\sigma\cos\sigma]\Delta\delta-F_z\cos^2\tau_1\cos\sigma\sin\sigma(r_s+r\tan\sigma)\Delta\delta$$

$$=-F_y(r\sin\tau_1+r_{\tau,T}\cos\sigma\cos\tau_1)-F_z\sin\tau_1(r_s+r\tan\sigma)-$$
$$F_y[\sin\tau_1\cos\tau_1\sin\sigma r_{\tau,T}-(r_s+r\tan\sigma)\cos^2\tau_1+r_s\cos^2\tau_1\cos^2\sigma+(r_s+r\tan\sigma)]\Delta\delta-$$
$$F_z\cos^2\tau_1\cos\sigma\sin\sigma(r_s+r\tan\sigma)\Delta\delta$$

$$=-F_y(r\sin\tau_1+r_{\tau,T}\cos\sigma\cos\tau_1)-F_z\sin\tau_1(r_s+r\tan\sigma)-$$
$$F_y[\sin\tau_1\cos\tau_1\sin\sigma r_{\tau,T}+(r_s+r\tan\sigma)\sin^2\tau_1+r_s\cos^2\tau_1\cos^2\sigma]\Delta\delta-$$
$$F_z\cos^2\tau_1\cos\sigma\sin\sigma(r_s+r\tan\sigma)\Delta\delta \tag{13-17}$$

这时,绕两侧主销轴线的转矩之差 $\Delta T_{z2,d}$ 为

$$\Delta T_{z2,d}=-2F_y(r\sin\tau_1+r_{\tau,T}\cos\sigma\cos\tau_1)-(F_{zR}-F_{zL})\sin\tau_1(r_s+r\tan\sigma)-$$
$$(F_{zR}+F_{zL})\cos^2\tau_1\cos\sigma\sin\sigma(r_s+r\tan\sigma)\Delta\delta$$
$$=-2F_y r\sin\tau_1-2F_y r_{\tau,T}\cos\sigma\cos\tau_1-(F_{zR}-F_{zL})\sin\tau_1(r_s+r\tan\sigma)-$$
$$(F_{zR}+F_{zL})\cos^2\tau_1\cos\sigma\sin\sigma(r_s+r\tan\sigma)\Delta\delta \tag{13-18}$$

式中,F_{zR}、F_{zL} 分别是右侧与左侧车轮的垂直力;假设两侧车轮的侧向力相等,均为 F_y。

这个两侧转矩之差 $\Delta T_{z2,d}$ 由转向器的输出转矩或力来平衡,其也是转向后推动车轮返回直线行驶位置的动力。一般来说,当前轮转角很小时,转向后对主销的回正力矩基本上是由轮胎侧向力引起,主销后倾角引起的机械拖距和轮胎拖距影响较大,而垂直力对回正力矩的影响很小。但是,当汽车以很低速度行驶、前轮以大转角转向时,回正力矩往往主要是由垂直力引起的,主销内倾角影响较大。

13.5 前轮转向角所引起的主销内倾角、车轮外倾角和主销后倾角的变化特性

为了分析前轮转向角 δ_d 所引起的车轮外倾角 γ 的变化特性,对图 13-9 所示的坐标系进行修改,即通过把 $OX_2Y_2Z_2$ 坐标系绕 OZ_2 轴(主销轴线)转动 δ_d 形成一个新的坐标系 $OX_3Y_3Z_3$,其固结在车轮上,如图 13-11 所示。

如图 13-11 所示,有如下关系:

$$\begin{bmatrix}X_3\\Y_3\\Z_3\end{bmatrix}=\begin{bmatrix}\cos\delta_d & \sin\delta_d & 0\\-\sin\delta_d & \cos\delta_d & 0\\0 & 0 & 1\end{bmatrix}\begin{bmatrix}X_2\\Y_2\\Z_2\end{bmatrix} \tag{13-19}$$

$$\begin{bmatrix}X_2\\Y_2\\Z_2\end{bmatrix}=\begin{bmatrix}\cos\delta_d & -\sin\delta_d & 0\\\sin\delta_d & \cos\delta_d & 0\\0 & 0 & 1\end{bmatrix}\begin{bmatrix}X_3\\Y_3\\Z_3\end{bmatrix} \tag{13-20}$$

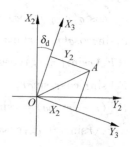

图 13-11 通过把 $OX_2Y_2Z_2$ 坐标系(见图 13-9)绕 OZ_2 轴(主销轴线)转动 δ_d 形成一个新的坐标系 $OX_3Y_3Z_3$(其固结在车轮上)

式(13-10)给出了车轮中心点 A 在 $OX_2Y_2Z_2$ 坐标

系中的坐标，即

$$\begin{bmatrix} X_{2,A} \\ Y_{2,A} \\ Z_{2,A} \end{bmatrix} = \begin{bmatrix} -\sin\tau_1\sin\sigma \\ \cos\sigma \\ \cos\tau_1\sin\sigma \end{bmatrix}(r_s + r\tan\sigma)$$

由于 $OX_3Y_3Z_3$ 固结在车轮上，所以 A 点在坐标系 $OX_3Y_3Z_3$ 中的坐标与当 $\delta_d = 0$ 时其在 $OX_2Y_2Z_2$ 坐标系中的相同。所以，在车轮绕主销轴线（OZ_2）转动 δ_d 后，有如下关系：

$$\begin{bmatrix} X_{2,A,d} \\ Y_{2,A,d} \\ Z_{2,A,d} \end{bmatrix} = \begin{bmatrix} \cos\delta_d & -\sin\delta_d & 0 \\ \sin\delta_d & \cos\delta_d & 0 \\ 0 & 0 & 1 \end{bmatrix} \begin{bmatrix} -\sin\tau_1\sin\sigma \\ \cos\sigma \\ \cos\tau_1\sin\sigma \end{bmatrix}(r_s + r\tan\sigma)$$

$$= \begin{bmatrix} -\cos\delta_d\sin\tau_1\sin\sigma - \sin\delta_d\cos\sigma \\ -\sin\delta_d\sin\tau_1\sin\sigma + \cos\delta_d\cos\sigma \\ \cos\tau_1\sin\sigma \end{bmatrix}(r_s + r\tan\sigma) \tag{13-21}$$

把式（13-21）代入式（13-5），得

$$\begin{bmatrix} X_{A,d} \\ Y_{A,d} \\ Z_{A,d} \end{bmatrix} = \begin{bmatrix} \cos\tau_1 & 0 & \sin\tau_1 \\ -\sin\tau_1\sin\sigma & \cos\sigma & \cos\tau_1\sin\sigma \\ -\sin\tau_1\cos\sigma & -\sin\sigma & \cos\tau_1\cos\sigma \end{bmatrix} \begin{bmatrix} X_{2,A,d} \\ Y_{2,A,d} \\ Z_{2,A,d} \end{bmatrix}$$

$$= \begin{bmatrix} \cos\tau_1 & 0 & \sin\tau_1 \\ -\sin\tau_1\sin\sigma & \cos\sigma & \cos\tau_1\sin\sigma \\ -\sin\tau_1\cos\sigma & -\sin\sigma & \cos\tau_1\cos\sigma \end{bmatrix} \begin{bmatrix} -\cos\delta_d\sin\tau_1\sin\sigma - \sin\delta_d\cos\sigma \\ -\sin\delta_d\sin\tau_1\sin\sigma + \cos\delta_d\cos\sigma \\ \cos\tau_1\sin\sigma \end{bmatrix}(r_s + r\tan\sigma)$$

$$X_{A,d} = [\cos\tau_1(-\cos\delta_d\sin\tau_1\sin\sigma - \sin\delta_d\cos\sigma) + \sin\tau_1\cos\tau_1\sin\sigma](r_s + r\tan\sigma)$$

$$= (-\cos\delta_d\cos\tau_1\sin\tau_1\sin\sigma - \sin\delta_d\cos\tau_1\cos\sigma + \sin\tau_1\cos\tau_1\sin\sigma)(r_s + r\tan\sigma)$$

$$= [(1-\cos\delta_d)\cos\tau_1\sin\tau_1\sin\sigma - \sin\delta_d\cos\tau_1\cos\sigma](r_s + r\tan\sigma) \tag{13-22}$$

$$Y_{A,d} = [-\sin\tau_1\sin\sigma(-\cos\delta_d\sin\tau_1\sin\sigma - \sin\delta_d\cos\sigma) + \cos\sigma(-\sin\delta_d\sin\tau_1\sin\sigma + \cos\delta_d\cos\sigma)$$
$$+ \cos\tau_1\sin\sigma\cos\tau_1\sin\sigma](r_s + r\tan\sigma)$$

$$= (+\sin\tau_1\sin\sigma\cos\delta_d\sin\tau_1\sin\sigma + \sin\tau_1\sin\sigma\sin\delta_d\cos\sigma -$$
$$\cos\sigma\sin\delta_d\sin\tau_1\sin\sigma + \cos\sigma\cos\delta_d\cos\sigma + \cos\tau_1\sin\sigma\cos\tau_1\sin\sigma)(r_s + r\tan\sigma)$$

$$= (+\sin^2\tau_1\sin^2\sigma\cos\delta_d + \cos\delta_d\cos^2\sigma + \cos^2\tau_1\sin^2\sigma)(r_s + r\tan\sigma)$$

$$= [\cos\delta_d(\sin^2\tau_1\sin^2\sigma + \cos^2\sigma) + \cos^2\tau_1\sin^2\sigma](r_s + r\tan\sigma) \tag{13-23}$$

$$Z_{A,d} = [-\sin\tau_1\cos\sigma(-\cos\delta_d\sin\tau_1\sin\sigma - \sin\delta_d\cos\sigma) - \sin\sigma(-\sin\delta_d\sin\tau_1\sin\sigma + \cos\delta_d\cos\sigma) +$$
$$\cos\tau_1\cos\sigma\cos\tau_1\sin\sigma](r_s + r\tan\sigma)$$

$$= (\cos\sigma\cos\delta_d\sin^2\tau_1\sin\sigma + \sin\tau_1\sin\delta_d\cos^2\sigma + \sin\delta_d\sin\tau_1\sin^2\sigma - \sin\sigma\cos\delta_d\cos\sigma +$$
$$\cos^2\tau_1\cos\sigma\sin\sigma)(r_s + r\tan\sigma)$$

$$= (\cos\sigma\cos\delta_d\sin^2\tau_1\sin\sigma + \sin\tau_1\sin\delta_d - \sin\sigma\cos\delta_d\cos\sigma +$$
$$\cos^2\tau_1\cos\sigma\sin\sigma)(r_s + r\tan\sigma)$$

$$= (-\cos\delta_d\cos^2\tau_1\sin\sigma\cos\sigma + \sin\tau_1\sin\delta_d + \cos^2\tau_1\cos\sigma\sin\sigma)(r_s + r\tan\sigma)$$

$$= [(1-\cos\delta_d)\cos^2\tau_1\sin\sigma\cos\sigma + \sin\tau_1\sin\delta_d](r_s + r\tan\sigma) \tag{13-24}$$

设车轮外倾角变化为 $\Delta\gamma$(在后视图中),则

$$\tan\Delta\gamma = \frac{\Delta Z_A}{Y_A} \tag{13-25}$$

$$\Delta Z_A = Z_{A,d} - Z_A = Z_{A,d} - 0 = Z_{A,d}$$
$$= [(1-\cos\delta_d)\cos^2\tau_1\sin\sigma\cos\sigma + \sin\tau_1\sin\delta_d](r_s + r\tan\sigma) \tag{13-26}$$

把式(13-26)、式(13-23)代入式(13-25),得

$$\tan\Delta\gamma = \frac{(1-\cos\delta_d)\cos^2\tau_1\sin\sigma\cos\sigma + \sin\tau_1\sin\delta_d}{\cos\delta_d(\sin^2\tau_1\sin^2\sigma + \cos^2\sigma) + \cos^2\tau_1\sin^2\sigma} \tag{13-27}$$

如果 $\sigma = 12°25' = 12.417°$, $\tau = 0°$, 则

$$\tan\tau_1 = \tan\tau\cos\sigma = 0$$
$$\tau_1 = 0°$$

$$\tan\Delta\gamma = \frac{(1-\cos\delta_d)\sin\sigma\cos\sigma}{\cos\delta_d\cos^2\sigma + \sin^2\sigma} \tag{13-28}$$

图 13-12 示出利用式(13-28)计算的车轮外倾角变化 $\Delta\gamma$ 随着车轮转向角 δ_d 的变化特性。从图 13-9、图 13-11 可以看出,$\delta_d > 0$ 意味着汽车向右转向,所分析的车轮是右轮,也就是内轮。而另外一侧车轮,即外轮的转角 $\delta_d < 0$。可以看出,在主销后倾角 $\tau = 0°$ 的情况下,车轮外倾角的变化是关于车轮转向角对称的,即转向时,两侧车轮的外倾角都随着车轮转向而向正的方向变化。

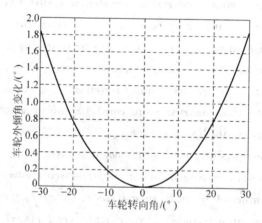

图 13-12 车轮外倾角变化 $\Delta\gamma$ 随着车轮转向角 δ_d 的变化特性($\sigma = 12°25' = 12.417°$, $\tau = 0°$)

有一种奔驰轿车的主销内倾角 $\sigma = 14°40' = 14.667°$,主销后倾角 $\tau = 10°10' = 10.167°$,主销偏移距 $r_s = -14\text{mm}$,主销纵向偏移距 $r_{\tau,w} = -28\text{mm}$。在具有非零主销纵向偏移距 $r_{\tau,w}$ 时,分析坐标系如图 13-13 所示,即坐标系的原点 O 仍然在过车轮中心的水平面与主销轴线的交点,四个坐标系 $OXYZ$、$OX_1Y_1Z_1$、$OX_2Y_2Z_2$、$OX_3Y_3Z_3$ 之间的关系相同,即式(13-4)、式(13-15)、式(13-19)、式(13-20)、式(13-27)仍然成立,A 点在 $OXYZ$ 坐标系中的坐标仍然是 $(0, r_s + r\tan\sigma, 0)$。但是,这时垂直力 F_z 的作用点是 A_1 点,而不是 A 点。因此,有

$$\tau_1 = \arctan(\tan\tau\cos\sigma) = \arctan(\tan 10.167°\cos 14.667°) = 9.842°$$

$$\tan\Delta\gamma = \frac{(1-\cos\delta_d)\cos^2\tau_1\sin\sigma\cos\sigma + \sin\tau_1\sin\delta_d}{\cos\delta_d(\sin^2\tau_1\sin^2\sigma + \cos^2\sigma) + \cos^2\tau_1\sin^2\sigma} \tag{13-29}$$

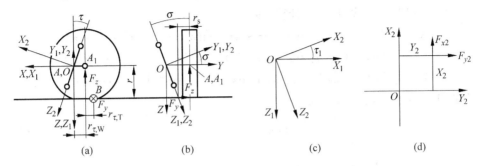

图 13-13 地面对轮胎接地中心侧向力 F_y 和垂直力 F_z 的分解
(a) 侧视图；(b) 后视图；(c) 沿着 OY_1 反向看；(d) 力对 OZ_2 轴的力矩分析

图 13-14(a) 示出利用式(13-29)计算的车轮外倾角变化 $\Delta\gamma$ 随着车轮转角 δ_d 的变化特性，图 13-14(b) 示出在该奔驰轿车上实测的特性曲线，可以看出计算值与实测数值吻合很好，这表明式(13-29)的正确性。从图 13-14 可以看出，由于车轮转向所引起的外侧车轮外倾角小于零，而内侧车轮外倾角大于零，这有利于转向时两侧车轮都获得较大的侧向力(在侧偏角一定时)，有利于改善操纵稳定性。这是正的主销后倾角有利于操纵稳定性的另外一个方面。

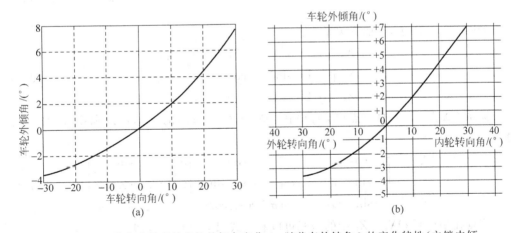

图 13-14 一种奔驰轿车的车轮外倾角变化 $\Delta\gamma$ 随着车轮转角 δ 的变化特性(主销内倾角 $\sigma=14°40'$，主销后倾角 $\tau=10°10'$，主销偏移距 $r_s=-14$mm，主销纵向偏移距 $r_{\tau,w}=-28$mm)
(a) 计算特性曲线；(b) 在一种奔驰轿车上实测的特性曲线

为了分析前轮转向角 δ_d 所引起的主销内倾角 σ、主销后倾角 τ 的变化特性，在图 13-9 所示坐标系中再增加一个坐标系，即通过把 $OXYZ$ 坐标系绕 OZ 轴转动 δ_{dd} 形成一个新的坐标系 $OX_4Y_4Z_4$，车轮中心 A 总是位于 OY_4Z_4 平面上，如图 13-15 所示。其中，认为车

轮绕主销轴线 OZ_2 转动 δ_d 时,坐标系 $OX_4Y_4Z_4$ 是通过把 $OXYZ$ 坐标系绕 OZ 轴转动 δ_{d4} 形成的,使车轮中心 A 总是位于 OY_4Z_4 平面上。下面求 δ_{d4} 与 δ_d 之间的关系。

在车轮绕主销轴线(OZ_2)转动 δ_d 后,车轮中心点 A 在坐标系 $OXYZ$ 中的坐标由式(13-22)、式(13-23)、式(13-24)计算,即

$$X_{A,d} = [(1-\cos\delta_d)\cos\tau_1\sin\tau_1\sin\sigma - \sin\delta_d\cos\tau_1\cos\sigma](r_s + r\tan\sigma)$$

$$Y_{A,d} = [\cos\delta_d(\sin^2\tau_1\sin^2\sigma + \cos^2\sigma) + \cos^2\tau_1\sin^2\sigma](r_s + r\tan\sigma)$$

$$Z_{A,d} = [(1-\cos\delta_d)\cos^2\tau_1\sin\sigma\cos\sigma + \sin\tau_1\sin\delta_d](r_s + r\tan\sigma)$$

如图 13-16 所示,有如下关系式:

$$\tan\delta_{d4} = \frac{-X_{A,d}}{Y_{A,d}} \tag{13-30}$$

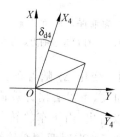
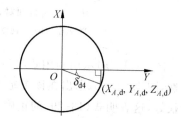

图 13-15 通过把 $OXYZ$ 坐标系(见图 13-9)绕 OZ 轴(主销轴线)转动 δ_{d4} 形成一个新的坐标系 $OX_4Y_4Z_4$(车轮中心 A 总是在 OY_4Z_4 平面上)

图 13-16 车轮绕主销轴线(OZ_2)转动 δ_d 时车轮中心点 A 在坐标系 $OXYZ$ 中的坐标

如图 13-15 所示,有如下关系式:

$$\begin{bmatrix} X_4 \\ Y_4 \\ Z_4 \end{bmatrix} = \begin{bmatrix} \cos\delta_{d4} & \sin\delta_{d4} & 0 \\ -\sin\delta_{d4} & \cos\delta_{d4} & 0 \\ 0 & 0 & 1 \end{bmatrix} \begin{bmatrix} X \\ Y \\ Z \end{bmatrix} \tag{13-31}$$

在坐标系 $OX_2Y_2Z_2$ 中的一点$(0,0,1)$在 $OXYZ$ 坐标系中的坐标可以利用式(13-5)计算,即

$$\begin{bmatrix} X \\ Y \\ Z \end{bmatrix} = \begin{bmatrix} \cos\tau_1 & 0 & \sin\tau_1 \\ -\sin\tau_1\sin\sigma & \cos\sigma & \cos\tau_1\sin\sigma \\ -\sin\tau_1\cos\sigma & -\sin\sigma & \cos\tau_1\cos\sigma \end{bmatrix} \begin{bmatrix} 0 \\ 0 \\ 1 \end{bmatrix} = \begin{bmatrix} \sin\tau_1 \\ \cos\tau_1\sin\sigma \\ \cos\tau_1\cos\sigma \end{bmatrix} \tag{13-32}$$

该点在坐标系 $OX_4Y_4Z_4$ 中的坐标可以利用式(13-31)计算,即

$$\begin{bmatrix} X_4 \\ Y_4 \\ Z_4 \end{bmatrix} = \begin{bmatrix} \cos\delta_{d4} & \sin\delta_{d4} & 0 \\ -\sin\delta_{d4} & \cos\delta_{d4} & 0 \\ 0 & 0 & 1 \end{bmatrix} \begin{bmatrix} \sin\tau_1 \\ \cos\tau_1\sin\sigma \\ \cos\tau_1\cos\sigma \end{bmatrix}$$

$$X_4 = \cos\delta_{d4}\sin\tau_1 + \sin\delta_{d4}\cos\tau_1\sin\sigma \tag{13-33}$$

$$Y_4 = -\sin\delta_{d4}\sin\tau_1 + \cos\delta_{d4}\cos\tau_1\sin\sigma \tag{13-34}$$

$$Z_4 = \cos\tau_1\cos\sigma \tag{13-35}$$

设主销轴线在坐标系 $OX_4Y_4Z_4$ 中的内倾角为 σ',则

$$\tan\sigma' = \frac{Y_4}{Z_4} = \frac{-\sin\delta_{d4}\sin\tau_1 + \cos\delta_{d4}\cos\tau_1\sin\sigma}{\cos\tau_1\cos\sigma}$$

$$= \frac{-\sin\delta_{d4}\tan\tau_1 + \cos\delta_{d4}\sin\sigma}{\cos\sigma} \tag{13-36}$$

把式(13-6),即

$$\tan\tau_1 = \tan\tau\cos\sigma$$

代入式(13-36),得

$$\tan\sigma' = \frac{-\sin\delta_{d4}\tan\tau\cos\sigma + \cos\delta_{d4}\sin\sigma}{\cos\sigma} = -\sin\delta_{d4}\tan\tau + \cos\delta_{d4}\tan\sigma \tag{13-37}$$

设主销轴线在坐标系 $OX_4Y_4Z_4$ 中的后倾角为 τ',则

$$\tan\tau' = \frac{X_4}{Z_4} = \frac{\cos\delta_{d4}\sin\tau_1 + \sin\delta_{d4}\cos\tau_1\sin\sigma}{\cos\tau_1\cos\sigma}$$

$$= \frac{\cos\delta_{d4}\tan\tau_1 + \sin\delta_{d4}\sin\sigma}{\cos\sigma} \tag{13-38}$$

把式(13-6)代入式(13-38),得

$$\tan\tau' = \frac{\cos\delta_{d4}\tan\tau\cos\sigma + \sin\delta_{d4}\sin\sigma}{\cos\sigma} = \cos\delta_{d4}\tan\tau + \sin\delta_{d4}\tan\sigma \tag{13-39}$$

有一种奔驰轿车的主销内倾角 $\sigma = 14°40' = 14.667°$,主销后倾角 $\tau = 10°10' = 10.167°$,主销偏移距 $r_s = -14\text{mm}$,主销纵向偏移距 $r_{\tau,w} = -28\text{mm}$。车轮半径取为 $r = 280\text{mm}$。图 13-17 示出其主销内倾角 σ' 随着车轮转角 δ_d 的变化特性。图 13-18 示出其主销后倾角 τ' 随着车轮转角 δ_d 的变化特性,可以看出计算值与实测数值吻合较好,这表明式(13-39)的正确性。

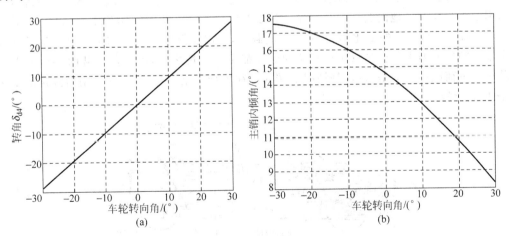

图 13-17 一种奔驰轿车的主销内倾角 σ' 随着车轮转角 δ_d 的变化特性(主销内倾角 $\sigma = 14°40'$,主销后倾角 $\tau = 10°10'$,主销偏移距 $r_s = -14\text{mm}$,主销纵向偏移距 $r_{\tau,w} = -28\text{mm}$,车轮半径取为 $r = 280\text{mm}$)

(a) 转角 δ_{d4} 随着车轮转角 δ_d 的变化特性;(b) 主销内倾角 σ' 随着车轮转角 δ_d 的变化特性

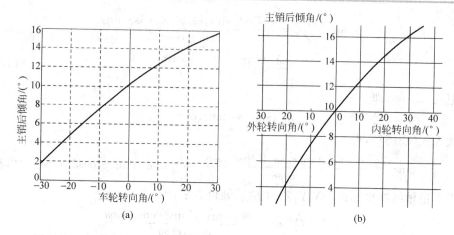

图 13-18　一种奔驰轿车的主销后倾角 τ' 随着车轮转角 δ_d 的变化特性（主销内倾角 $\sigma = 14°40'$，主销后倾角 $\tau = 10°10'$，主销偏移距 $r_s = -14$mm，主销纵向偏移距 $r_{\tau,w} = -28$mm，车轮半径取为 $r = 280$mm）
（a）计算特性曲线；（b）在一种奔驰轿车上实测的特性曲线

13.6　车轮跳动引起的主销后倾角的变化

如果两个人坐在轿车的前排座位上，全部车轮几乎相对于车身平行跳动，则主销后倾角几乎不变。这是因为前排座位位于前、后桥之间，前排乘员的质心比较靠近轴距的中间点，如图 13-19 所示。但是，如果两个或三个人坐在后排座位，或者轿车后部的行李箱重载，则增加的重量绝大部分都施加在后桥上，引起后悬架发生比前悬架更大的压缩量，从而引起车身相对于地面发生一个倾角变化 $\Delta\theta$，如图 13-20 所示。倾角变化 $\Delta\theta$ 可达 1°～2.5°。而主销后倾角的变化 $\Delta\tau = \Delta\theta$。在满载时，转向变得更加沉重的主要原因就是这种主销后倾角的增大。很多汽车行李箱的形心都位于后桥之后，因此其重载时甚至可以使前桥的负荷减小。但是，在这种情况下转向往往更加沉重，这主要是因主销后倾角的变化 $\Delta\tau$ 更大所致。

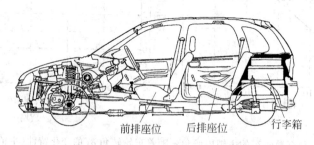

图 13-19　前、后排座位和行李箱与前、后桥之间的关系

主销后倾角发生变化就会使绕主销轴线的回正力矩发生变化，从而使驾驶员操纵转向盘的手力发生变化，这是不利的。

图 13-21 示出上、下横臂转轴相互平行的双横臂式独立悬架。在图 13-22 所示的麦克弗森式独立悬架中，主销轴线 EG 与下横臂转轴 AB 相互垂直。在这些悬架中，当悬架

压缩、伸张时，主销后倾角基本上不发生变化。

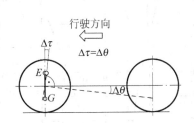

图 13-20　因后排坐人或行李箱重载而引起的轿车车身相对于地面的倾角变化 $\Delta\theta$ 和主销后倾角变化 $\Delta\tau=\Delta\theta$

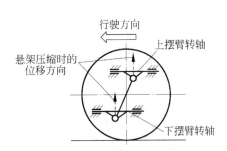

图 13-21　上、下横臂转轴相互平行的双横臂式独立悬架

在图 13-23 所示的双横臂式独立悬架中，为了获得抗制动点头作用，其上横臂转轴向后倾斜一个角度。在图 13-24 所示的麦克弗森式独立悬架中，也是为了获得抗制动点头作用，其主销轴线 EG 向后倾斜一个角度。在这种情况下，在悬架压缩、伸张时，主销后倾角会发生一个变化 $\Delta\tau$。

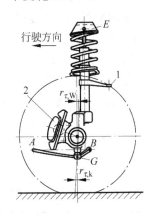

图 13-22　主销轴线 EG 与下横臂转轴 AB 相互垂直的麦克弗森式独立悬架

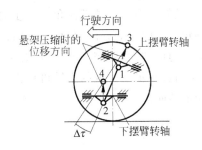

图 13-23　上横臂转轴倾斜的双横臂式独立悬架

图 13-25 示出三种采用麦克弗森式前悬架的轿车的主销后倾角随着车轮跳动的变化特性。其中，奔驰(Mercedes)轿车的主销后倾角较大，而且随着车轮上跳(悬架压缩)而逐渐向正的方向变化，这表明其具有类似于图 13-24 所示的设计，主销轴线 EG 向后倾斜，具有抗制动点头作用；菲亚特(Fiat Uno)轿车的主销后倾角几乎不变，这表明其具有类似于图 13-22 所示的设计，即主销轴线 EG 与下横臂转动轴线垂直，基本上没有抗制动点头作用；大众(VW Polo)轿车的主销后倾角随着车轮上跳(悬架压缩)而逐渐向负的方向变化，这表明其主销轴线 EG 向前倾斜，有利于增大制动点头效应。

在一种奔驰轿车上采用了一种多连杆式独立后悬架，如图 13-26 所示，其中四个连杆用来承受侧向力，另外一个连杆就是转向横拉杆，这是一种五连杆独立后悬架。两个上连杆的

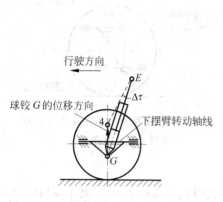

图 13-24 下横臂转轴与主销轴线 EG 不垂直的麦克弗森式独立悬架

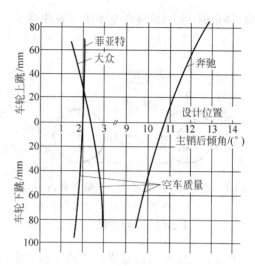

图 13-25 三种采用麦克弗森式前悬架的轿车的主销后倾角随着车轮跳动的变化特性

球铰中心连线相交于 E 点,两个下连杆球铰中心的连线相交于 G 点。E、G 的连线就是理论上的主销轴线。主销后倾角是负的,目的是获得有利于不足转向的侧向力变形转向效应。

图 13-27 示出该奔驰轿车后悬架的主销后倾角随着车轮跳动的变化特性(测量特性)。该后悬架的主销机械拖距 $r_{\tau,k} = -15$ mm,在设计位置的主销后倾角 $\tau = -3°$。随着车轮上跳(悬架压缩),主销后倾角进一步向负的方向变化;而随着车轮下跳(悬架伸张),主销后倾角逐渐向正的方向变化。这种特性表明,该后悬架具有较强的抗制动点头作用。随着侧向加速度增大,外侧车轮上跳(悬架压缩)位移也增大,主销后倾角进一步向负的方向变化,从而进一步增大负的主销机械拖距 $r_{\tau,k}$,进一步增大侧向力所引起的有利于不足转向的变形转向效应。

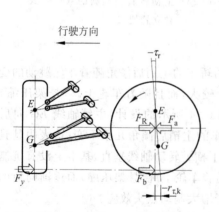

图 13-26 在一种奔驰轿车上采用的一种多连杆式独立后悬架

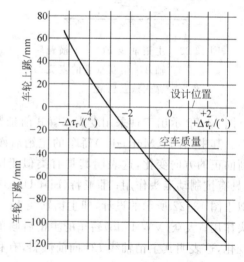

图 13-27 一种奔驰轿车后悬架的主销后倾角随着车轮跳动的变化特性

13.7 转向角输入所引起的车身高度、车身侧倾角的变化

可以利用式(13-26)计算有转向角 δ_d 输入时车轮相对于车身的高度升高 ΔH，即

$$\Delta H = -\Delta Z_A = -[(1-\cos\delta_d)\cos^2\tau_1\sin\sigma\cos\sigma + \sin\tau_1\sin\delta_d](r_s + r\tan\sigma) \quad (13\text{-}40)$$

图 13-28 示出利用式(13-40)计算的车轮中心 A(见图 13-9)随着转向角 δ_d 相对于车身的高度变化特性，其中主销内倾角 $\sigma=6°$，主销偏移距 $r_s=+25\text{mm}$，车轮半径 $r=280\text{mm}$。如图 13-9 所示，转向角 $\delta_d>0$ 意味着是内轮转角，$\delta_d<0$ 意味着是外轮转角。可以看出，在主销后倾角 $\tau=0$ 时，内轮、外轮中心 A(见图 13-9)的高度都随着转向角 δ_d 而降低，实际上是车身升高。在主销后倾角 $\tau>0$ 的情况下，当有转向角 δ_d 输入时，内轮中心 A 的高度降低($\delta_d>0$)，该处的车身升高；外轮中心 A 的高度升高($\delta_d<0$)，该处的车身高度降低。主销后倾角 τ 越大，上述车身高度的变化趋势就越明显。

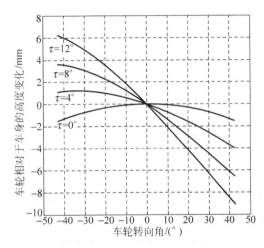

图 13-28　利用式(13-40)计算的车轮中心 A(见图 13-9)随着转向角 δ_d 相对于车身的高度
变化特性(主销内倾角 $\sigma=6°$，主销偏移距 $r_s=+25\text{mm}$，车轮半径 $r=280\text{mm}$)

当汽车进行低速转向行驶时，转向角 δ_d 可以较大，而且一般是内轮的转角大于外轮的转角，从图 13-28 可以看出，总的效果还是车轮中心 A 降低，而车身升高，造成转向阻力增大。可以利用式(13-40)计算转向时由于使汽车前部升高而对主销轴线的总转向阻力矩 T_w。设内、外轮的中心高度变化分别是 ΔH_i、ΔH_o，则

$$\Delta H_i = -[(1-\cos\delta_{d,i})\cos^2\tau_1\sin\sigma\cos\sigma + \sin\tau_1\sin\delta_{d,i}](r_s + r\tan\sigma) \quad (13\text{-}41)$$

$$\Delta H_o = -[(1-\cos\delta_{d,o})\cos^2\tau_1\sin\sigma\cos\sigma + \sin\tau_1\sin\delta_{d,o}](r_s + r\tan\sigma) \quad (13\text{-}42)$$

设汽车车身前部的平均升高高度为 H_b，则

$$H_b = -\frac{\Delta H_i + \Delta H_o}{2} = \frac{1}{2}[(2-\cos\delta_{d,i}-\cos\delta_{d,o})\cos^2\tau_1\sin\sigma\cos\sigma + \sin\tau_1(\sin\delta_{d,i}+\sin\delta_{d,o})](r_s + r\tan\sigma) \quad (13\text{-}43)$$

假设为了减小转向直径而采用平行转向,即内、外轮转向角相同,即 $\delta_{d,i} = -\delta_{d,o}$,则

$$H_b = -\frac{\Delta H_i + \Delta H_o}{2} = (1 - \cos\delta_{d,i})\cos^2\tau_1 \sin\sigma\cos\sigma(r_s + r\tan\sigma) \quad (13\text{-}44)$$

对式(13-44)相对于内轮转向角 $\delta_{d,i}$ 求微分,得

$$dH_b = \sin\delta_{d,i} \cos^2\tau_1 \sin\sigma\cos\sigma(r_s + r\tan\sigma)d\delta_{d,i} \quad (13\text{-}45)$$

根据虚位移原理,有如下关系

$$T_w d\delta_{d,i} = dH_b F_{zf} \quad (13\text{-}46)$$

式中,T_w 是由于举升汽车车身前部而需要在主销轴线上施加的总转矩(总的转向阻力矩);F_{zf} 是汽车前轴负荷。

把式(13-45)代入式(13-46),得

$$T_w = F_{zf}\sin\delta_{d,i} \cos^2\tau_1 \sin\sigma\cos\sigma(r_s + r\tan\sigma) \quad (13\text{-}47)$$

图 13-29 示出由于举升汽车前部引起的总的主销转向阻力矩随着车轮转向角 δ_d 的变化特性,其中主销后倾角 $\tau = 4°$,主销偏移距 $r_s = +25$mm,车轮半径 $r = 280$mm,前轴负荷 $F_{zf} = 8000$N。

而按照经验公式计算的前桥停车转向阻力矩 T_a 为

$$T_a = \frac{2}{3}\sqrt{\frac{\left(\frac{F_{zf}}{2}\right)^3}{p}} \quad (13\text{-}48)$$

式中,p 是轮胎气压,Pa。假设汽车的轮胎气压 $p = 230$kPa,则

$$T_a = \frac{2}{3}\sqrt{\frac{\left(\frac{F_{zf}}{2}\right)^3}{p}} = \frac{2}{3} \times \sqrt{\frac{\left(\frac{8000}{2}\right)^3}{230000}} = 352(\text{N} \cdot \text{m})$$

从图 13-29 可以看出,当主销内倾角 $\sigma = 14°$,车轮转向角 $\delta_d = 40°$时,由于举升汽车前部引起的主销转向阻力矩约为 120N·m,占 T_a 的比例为 120/352 = 34%。

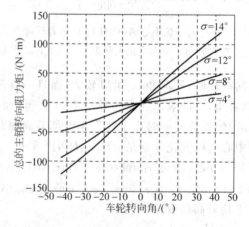

图 13-29 由于举升汽车前部引起的总的主销转向阻力矩随着车轮转向角 δ_d 的变化特性
(主销后倾角 $\tau = 4°$,主销偏移距 $r_s = +25$mm,车轮半径 $r = 280$mm,$F_{zf} = 8000$N)

根据前面的分析,在主销后倾角 $\tau>0$ 的情况下,在有转向角 δ_d 输入时,内轮处的车身高度升高($\delta_d>0$);外轮处的车身高度降低($\delta_d<0$),从而使车身略微向着外轮倾斜,类似于实际转向行驶时的车身侧倾情况。从图 13-28 可以看出,由于转向角 δ_d 输入而引起的两侧车身高度的变化之差不超过 20mm。假设轮距为 1200mm,则所引起的车身侧倾角不超过 $20/1200\times180/3.14=0.96°$。由于存在这种车身侧倾角,使转向的外侧车轮外倾角略微增大、内侧车轮外倾角略微减小。

14

悬架的抗制动点头和抗加速仰头性能分析

14.1 悬架的抗制动点头性能分析

汽车在制动时会发生点头现象,即车身前部降低、后部升高。发生这种现象会影响车内乘员的舒适性,在设计中应该采取措施适当减小制动点头的程度。

图 14-1 示出制动时作用在汽车上的各种动态力,它们是引起"点头"的根本原因。其中,前、后悬架都是双横臂式独立悬架,把支承悬架下横臂的弹簧(其刚度为 C_s)等效成安装在车轮中心与车身之间的虚拟弹簧,其刚度为 C,C 与 C_s 之间的关系由式(10-13)描述(见图 10-15),即

$$C = C_s \left(\frac{lm\cos\theta}{pn} \right)^2$$

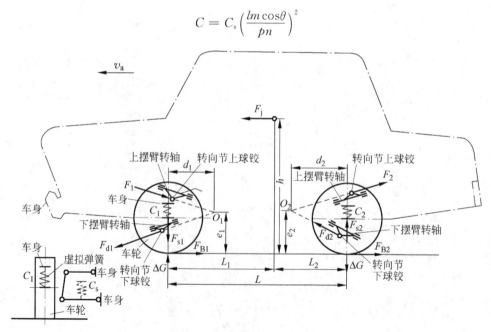

图 14-1 汽车制动时所受到的动态力及弹簧的附加变形

设前、后虚拟弹簧的刚度分别是 C_1、C_2。

汽车制动时在前、后桥上一个车轮上引起的垂直力增量 ΔG 为

$$\Delta G = \frac{F_j h}{2L} \tag{14-1}$$

式中，F_j 是总的制动力；h 是汽车质心高度；L 是轴距。

在前、后桥一个车轮上作用的制动力 F_{B1}、F_{B2} 可以分别表示为

$$F_{B1} = \frac{\beta F_j}{2} \tag{14-2}$$

$$F_{B2} = \frac{(1-\beta) F_j}{2} \tag{14-3}$$

式中，β 是制动力分配系数。

首先分析作用在前轮上的动态力。地面制动力 F_{B1} 的作用会使上、下横臂分别对转向节的上、下球铰各作用一个力，即 F_1、F_{d1}。由于已经把悬架中的螺旋弹簧等效到了车轮与车身之间，所以 F_1、F_{d1} 只能沿着与上、下横臂转动轴线相平行的方向作用，它们的延长线交于 O_1 点，该点是前轮的俯仰摆动瞬心。

车身通过虚拟弹簧对前车轮作用一个力增量 F_{s1} 为

$$F_{s1} = C_1 \Delta f_1 \tag{14-4}$$

式中，Δf_1 是车身前部的下沉量。

对前车轮关于 O_1 点建立力矩平衡方程为

$$(F_{s1} - \Delta G) d_1 + F_{B1} e_1 = 0 \tag{14-5}$$

式中，d_1 是 O_1 到前轮中心的水平距离；e_1 是 O_1 到地面的距离。把式(14-4)代入式(14-5)，得

$$(C_1 \Delta f_1 - \Delta G) d_1 + F_{B1} e_1 = 0 \tag{14-6}$$

$$\Delta f_1 = \frac{1}{C_1 d_1}(\Delta G d_1 - F_{B1} e_1) \tag{14-7}$$

把式(14-1)、式(14-2)代入式(14-7)，得

$$\Delta f_1 = \frac{1}{C_1 d_1}(\Delta G d_1 - F_{B1} e_1) = \frac{1}{C_1 d_1}\left(\frac{F_j h}{2L} d_1 - \frac{\beta F_j}{2} e_1\right)$$

$$= \frac{F_j}{2 C_1 d_1}\left(\frac{h}{L} d_1 - \beta e_1\right) \tag{14-8}$$

下面分析作用在后轮上的动态力。地面制动力 F_{B2} 的作用会使上、下横臂分别对转向节的上、下球铰各作用一个力，即 F_2、F_{d2}。由于已经把悬架中的螺旋弹簧等效到了车轮与车身之间，所以 F_2、F_{d2} 只能沿着与上、下横臂转动轴线相平行的方向作用，它们的延长线交于 O_2 点，该点是后轮的俯仰摆动瞬心。

车身通过虚拟弹簧对后车轮作用一个力增量 F_{s2} 为

$$F_{s2} = C_2 \Delta f_2 \tag{14-9}$$

式中，Δf_2 是车身后部的上升量。

对后车轮关于 O_2 点建立力矩平衡方程为

$$(F_{s2} - \Delta G) d_2 + F_{B2} e_2 = 0 \tag{14-10}$$

式中，d_2 是 O_2 到后轮中心的水平距离；e_2 是 O_2 到地面的距离。把式(14-9)代入

式(14-10),得

$$(C_2 \Delta f_2 - \Delta G)d_2 + F_{B2}e_2 = 0 \tag{14-11}$$

$$\Delta f_2 = \frac{1}{C_2 d_2}(\Delta G d_2 - F_{B2}e_2) \tag{14-12}$$

把式(14-1)、式(14-3)代入式(14-12),得

$$\Delta f_2 = \frac{1}{C_2 d_2}(\Delta G d_2 - F_{B2}e_2) = \frac{1}{C_2 d_2}\left(\frac{F_j h}{2L}d_2 - \frac{(1-\beta)F_j}{2}e_2\right)$$

$$= \frac{F_j}{2C_2 d_2}\left[\frac{h}{L}d_2 - (1-\beta)e_2\right] \tag{14-13}$$

Δf_1、Δf_2 反映了车身制动点头的程度。从式(14-8)、式(14-13)可以看出,Δf_1、Δf_2 与制动力 F_j 有关;与总布置参数 L、h 有关;与制动力分配系数 β 有关。除此之外,还与俯仰瞬心位置 O_1、O_2 有关,即与 d_1、e_1 和 d_2、e_2 有关。

对于前轮来说,如果 $\Delta f_1 = 0$,则无制动点头。这时有

$$\Delta f_1 = \frac{F_j}{2C_1 d_1}\left(\frac{h}{L}d_1 - \beta e_1\right) = 0 \tag{14-14}$$

$$\frac{h d_1}{L} - \beta e_1 = 0 \tag{14-15}$$

$$\frac{e_1}{d_1} = \frac{h}{\beta L} \tag{14-16}$$

如果发生制动点头,则

$$\Delta f_1 = \frac{F_j}{2C_1 d_1}\left(\frac{h}{L}d_1 - \beta e_1\right) > 0$$

$$\frac{h d_1}{L} - \beta e_1 > 0$$

$$\frac{e_1}{d_1} < \frac{h}{\beta L}$$

$$\frac{e_1 \beta L}{d_1 h} < 1 \tag{14-17}$$

一般用一个参数 η_{d1} 来表示前悬架的抗制动点头的效率,即

$$\eta_{d1} = \frac{e_1 \beta L}{d_1 h} \times 100\% \tag{14-18}$$

η_{d1} 也称为前悬架的抗制动点头率。

类似地可以定义后悬架的抗制动点头率 η_{d2},即

$$\eta_{d2} = \frac{e_2(1-\beta)L}{d_2 h} \times 100\% \tag{14-19}$$

抗制动点头率的数值越大,制动点头的程度就越小。在轿车设计中,一般把前悬架的抗制动点头率选为 $\eta_{d1} = 30\% \sim 50\%$。100%的抗制动点头率意味着在紧急制动时车身将保持完全水平。道路试验专家表示,这会对驾驶员和乘客造成严重的冲击。所以 100% 的抗制动点头率并不好。

对于一辆总体设计参数已定的汽车,h、L、β 值已被确定,为了限制制动点头的程度,

悬架设计人员只有从选择合适的俯仰瞬心 O_1、O_2 的位置来着手,也就是通过选择合适的悬架上、下横臂的摆动轴线的布置方案来限制制动点头。从图 14-1 和上述公式推导可以看出,为了在前悬架获得抗制动点头作用,在侧视图上悬架上横臂的转动轴线应该向后下方向倾斜,而下横臂的转动轴线应该向后上方向倾斜,以增大 e_1、减小 d_1。为了在后悬架获得抗制动点头作用,在侧视图上悬架上横臂的转动轴线应该向前下方向倾斜,而下横臂的转动轴线应该向前上方向倾斜,以增大 e_2、减小 d_2。

下面讨论悬架具有抗制动点头作用的机理。图 14-2 示出制动时作用在车轮和车身上的动态力的近似分析图(侧视图),其中没有包括悬架弹簧,仅研究悬架导向机构的受力。由于制动力 F_B 的作用而在转向节上、下球铰 E_1、E_2 上引起的合力分别是 F_1、F_d,它们分别沿着与上、下横臂的转动轴线相平行的方向作用;ΔG 是车轮上的垂直力增量。F_1 可以分解成一个水平力分量 $F_{1,x}$、一个垂直力分量 $F_{1,z}$;F_d 可以分解成一个水平力分量 $F_{d,x}$、一个垂直力分量 $F_{d,z}$。其中,$F_{1,z}$、$F_{d,z}$ 都是车身直接通过悬架的控制臂传到车轮上的垂直力,这些力没有经过弹簧传递,所以使弹簧在制动时传递的垂直力的增量小于了车轮上的垂直力增量 ΔG,从而使其变形量 Δf 有所减小。

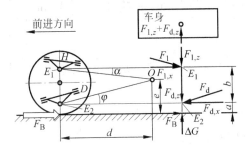

图 14-2 汽车制动时作用在车轮和车身上的动态力近似分析图(图中未画弹簧力)

设如果垂直力增量 ΔG 完全经过虚拟弹簧(见图 14-1)传递所引起的弹簧变形量为 Δf_0,则

$$\Delta f_0 = \frac{\Delta G}{C} \tag{14-20}$$

式中,C 是位于车身与车轮中心之间的虚拟弹簧的刚度(见图 14-1);ΔG 按照式(14-1)计算。而在图 14-2 所示的情况下,虚拟弹簧的变形量为 Δf,则有

$$\Delta f = \frac{\Delta G - F_{1,z} - F_{d,z}}{C} \tag{14-21}$$

抗制动点头率 η_d 可以表示为

$$\eta_d = \frac{\Delta f_0 - \Delta f}{\Delta f_0} = \frac{\Delta G - (\Delta G - F_{1,z} - F_{d,z})}{\Delta G} = \frac{F_{1,z} + F_{d,z}}{\Delta G} \tag{14-22}$$

关于 E_2 点建立力矩平衡方程

$$F_B a = F_{1,x} b \tag{14-23}$$

$$F_{1,x} = \frac{F_B a}{b} \tag{14-24}$$

$$F_{1,z} = F_{1,x}\tan\alpha = \frac{F_B a}{b}\tan\alpha \tag{14-25}$$

$$F_{d,x} = F_B + F_{1,x} = F_B + \frac{F_B a}{b} = F_B\left(1+\frac{a}{b}\right) \tag{14-26}$$

$$F_{d,z} = F_{d,x}\tan\varphi = F_B\left(1+\frac{a}{b}\right)\tan\varphi \tag{14-27}$$

假设图14-2所示是前轮,则其制动力 F_B 的大小由式(14-2)计算,即

$$F_B = \frac{\beta F_j}{2} \tag{14-28}$$

把式(14-28)分别代入式(14-25)、式(14-27),得

$$F_{1,z} = \frac{\beta F_j a}{2b}\tan\alpha \tag{14-29}$$

$$F_{d,z} = \frac{\beta F_j}{2}\left(1+\frac{a}{b}\right)\tan\varphi \tag{14-30}$$

把式(14-29)、式(14-30)、式(14-1)代入式(14-22),得

$$\eta_d = \frac{F_{1,z}+F_{d,z}}{\Delta G} = \left[\frac{\beta F_j a}{2b}\tan\alpha + \frac{\beta F_j}{2}\left(1+\frac{a}{b}\right)\tan\varphi\right]\frac{1}{\dfrac{F_j h}{2L}}$$

$$= \left[\frac{\beta a}{b}\tan\alpha + \beta\left(1+\frac{a}{b}\right)\tan\varphi\right]\frac{1}{\dfrac{h}{L}} = \frac{\beta L}{h}\left[\frac{a}{b}\tan\alpha + \left(1+\frac{a}{b}\right)\tan\varphi\right]$$

$$= \frac{\beta L}{bh}(a\tan\alpha + b\tan\varphi + a\tan\varphi) \tag{14-31}$$

从图14-2可以得出如下关系:

$$b = d\tan\alpha + d\tan\varphi = d(\tan\alpha + \tan\varphi) \tag{14-32}$$

$$a = e - d\tan\varphi \tag{14-33}$$

把式(14-32)、式(14-33)代入式(14-31),得

$$\eta_d = \frac{\beta L}{d(\tan\alpha + \tan\varphi)h}[(e-d\tan\varphi)\tan\alpha + d(\tan\alpha + \tan\varphi)\tan\varphi + (e-d\tan\varphi)\tan\varphi]$$

$$= \frac{\beta L}{d(\tan\alpha + \tan\varphi)h}[e\tan\alpha + d\tan\varphi\tan\varphi + e\tan\varphi - d\tan\varphi\tan\varphi]$$

$$= \frac{\beta L}{d(\tan\alpha + \tan\varphi)h}e(\tan\alpha + \tan\varphi)$$

$$= \frac{e\beta L}{dh} \tag{14-34}$$

与式(14-34),即

$$\eta_{d1} = \frac{e_1 \beta L}{d_1 h} \times 100\%$$

比较可以看出,利用这两种方法得出的抗制动点头率完全相同。

图14-3示出一个处于制动中的麦克弗森式独立悬架的侧视图,关于 E_2 点建立作用在车轮上的力矩平衡方程为

$$F_B a = F_1 b \tag{14-35}$$

$$F_1 = \frac{F_B a}{b} \tag{14-36}$$

$$F_{1,z} = F_1 \sin\alpha = \frac{F_B a}{b} \sin\alpha \tag{14-37}$$

$$F_{1,x} = F_1 \cos\alpha = \frac{F_B a}{b} \cos\alpha \tag{14-38}$$

$$F_{d,x} = F_B + F_{1,x} = F_B + \frac{F_B a}{b}\cos\alpha = F_B\left(1 + \frac{a}{b}\cos\alpha\right) \tag{14-39}$$

$$F_{d,z} = F_{d,x}\tan\varphi = F_B\left(1 + \frac{a}{b}\cos\alpha\right)\tan\varphi \tag{14-40}$$

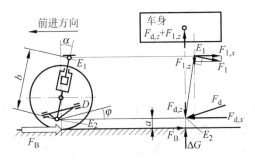

图 14-3 一个麦克弗森式悬架的侧视图

假设图 14-3 所示是前轮,则其制动力 F_B 的大小由式(14-2)计算,即

$$F_B = \frac{\beta F_j}{2} \tag{14-41}$$

把式(14-41)分别代入式(14-37)、式(14-40),得

$$F_{1,z} = \frac{\beta F_j a}{2b}\sin\alpha \tag{14-42}$$

$$F_{d,z} = \frac{\beta F_j}{2}\left(1 + \frac{a}{b}\cos\alpha\right)\tan\varphi \tag{14-43}$$

把式(14-42)、式(14-43)、式(14-1)代入式(14-22),得

$$\eta_d = \frac{F_{1,z} + F_{d,z}}{\Delta G} = \left[\frac{\beta F_j a}{2b}\sin\alpha + \frac{\beta F_j}{2}\left(1 + \frac{a}{b}\cos\alpha\right)\tan\varphi\right]\frac{1}{\frac{F_j h}{2L}}$$

$$= \left[\frac{\beta a}{b}\sin\alpha + \beta\left(1 + \frac{a}{b}\cos\alpha\right)\tan\varphi\right]\frac{1}{\frac{h}{L}}$$

$$= \frac{\beta L}{h}\left[\frac{a}{b}\sin\alpha + \left(1 + \frac{a}{b}\cos\alpha\right)\tan\varphi\right]$$

$$= \frac{\beta L}{bh}(a\sin\alpha + b\tan\varphi + a\cos\alpha\tan\varphi) \tag{14-44}$$

图 14-4 示出一个处于制动中的单纵臂式后悬架的侧视图,在前、后方向建立作用在车轮上的受力平衡方程为

$$F_{o,x} = F_B \tag{14-45}$$

关于 E_2 点(车轮接地中心)建立力矩平衡方程为

$$F_{o,x}e = F_{o,z}d \tag{14-46}$$

$$F_{o,z} = \frac{F_{o,x}e}{d} = \frac{F_B e}{d} \tag{14-47}$$

由于图 14-4 所示是后轮,所以制动力 F_B 的值按照式(14-3)计算,即

$$F_B = \frac{(1-\beta)F_j}{2} \tag{14-48}$$

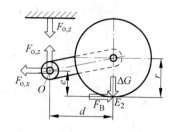

图 14-4 一个制动中的单纵臂式后悬架的侧视图

把式(14-48)代入式(14-47),得

$$F_{o,z} = \frac{F_B e}{d} = \frac{(1-\beta)F_j e}{2d} \tag{14-49}$$

抗制动点头率为

$$\eta_d = \frac{F_{o,z}}{\Delta G} = \frac{(1-\beta)F_j e}{2d} \cdot \frac{1}{\frac{F_j h}{2L}} = \frac{e(1-\beta)L}{dh} \tag{14-50}$$

图 14-5 示出一个斜置单臂式后悬架的示意图,其中 ε、η 分别是制动反作用支撑角、对角弹簧作用角。在分析其抗制动点头率时可以把它等效成一个单纵臂式悬架。图 14-5(b) 示出等效的单纵臂式悬架(俯视图),关键是确定车轮的俯仰瞬时运动中心 O。确定 O 的方法如下:①首先在俯视图(见图 14-5(b))上确定 O 点的横向和纵向位置,即延长斜置单臂的转动轴线,其与车轮对称线的交点就是 O。过该 O 点画垂直线,一直延伸到后视图(见图 14-5(a))上。②在后视图(见图 14-5(a))上确定 O 点的高度,即把斜置单臂的转动轴线延长,与上述垂直线相交,交点就是 O。这样就完全确定了斜置单臂式悬架的当量单纵臂式悬架,如图 14-5(c)所示。其抗制动点头率就是式(14-50)。

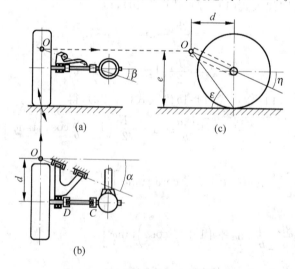

图 14-5 确定斜置单臂式后悬架的当量单纵臂式悬架
(a) 后视图;(b) 侧视图;(c) 俯视图

图 14-6 示出一个四连杆式刚性后桥非独立悬架的示意图,其受力情况、车轮的俯仰瞬时运动中心 O 的确定方法都与双横臂式悬架(见图 14-1)的相同,所以其抗制动点头率

的表达式就是式(14-19),即

$$\eta_d = \frac{e(1-\beta)L}{dh} \times 100\%$$

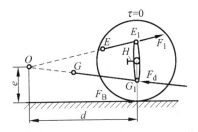

图 14-6　一个制动中的四连杆式刚性后桥非独立悬架(示意图)

14.2　悬架的抗加速仰头性能分析

汽车在加速时会发生仰头现象,即车身前部升高、后部降低。发生这种现象会影响车内乘员的舒适性,在设计中应该采取措施适当减小加速仰头的程度。

图 14-7 示出了加速时作用在汽车上的各种动态力,它们是引起"仰头"的根本原因。其中,前、后悬架都是双横臂式独立悬架。实际上,图 14-7 来自于图 14-1,只是把图 14-1 中的前、后轮制动力 F_{B1}、F_{B2} 分别用作用在车轮中心的前、后轮驱动力 F_{x1}、F_{x2} 代替,使整车加速阻力 F_j 的方向向后,对由它们引起的动态力的方向进行了相应的改变。

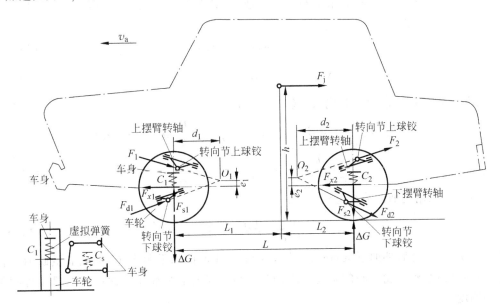

图 14-7　加速时作用在汽车上的各种动态力

汽车加速时在前、后桥上一个车轮上引起的垂直力增量 ΔG 为

$$\Delta G = \frac{F_j h}{2L} \tag{14-51}$$

式中，F_j 是总的加速阻力的值，对各种加速惯性力矩都忽略不计；h 是汽车质心高度；L 是轴距。

假定图 14-7 所示是一辆全时 4×4 汽车，在前、后桥一个车轮上作用的驱动力 F_{x1}、F_{x2} 可以分别表示为

$$F_{x1} = \frac{\beta_x F_j}{2} \tag{14-52}$$

$$F_{x2} = \frac{(1-\beta_x) F_j}{2} \tag{14-53}$$

式中，β_x 是桥间差速器的转矩分配系数。

首先分析作用在前轮上的动态力。驱动力 F_{x1} 的作用会使上、下横臂分别对转向节的上、下球铰各作用一个力，即 F_1、F_{d1}。由于已经把悬架中的螺旋弹簧等效到了车轮与车身之间，所以 F_1、F_{d1} 只能沿着与上、下横臂转动轴线相平行的方向作用，它们的延长线交于 O_1 点，该点是前轮的俯仰摆动瞬心。

车身通过弹簧对车轮作用一个力增量 F_{s1}，其值为

$$F_{s1} = C_1 \Delta f_1 \tag{14-54}$$

式中，Δf_1 是车身前部的上升量；C_1 是位于车身和前轮中心之间的前悬架虚拟弹簧的刚度。

对车轮关于 O_1 点建立力矩平衡方程为

$$(F_{s1} - \Delta G) d_1 + F_{x1} e_1 = 0 \tag{14-55}$$

式中，d_1 是 O_1 到前轮中心的水平距离；e_1 是 O_1 到车轮中心的垂直距离。把式(14-54)代入式(14-55)，得

$$(C_1 \Delta f_1 - \Delta G) d_1 + F_{x1} e_1 = 0 \tag{14-56}$$

$$\Delta f_1 = \frac{1}{C_1 d_1} (\Delta G d_1 - F_{x1} e_1) \tag{14-57}$$

把式(14-51)、式(14-52)代入式(14-57)，得

$$\Delta f_1 = \frac{1}{C_1 d_1}(\Delta G d_1 - F_{x1} e_1) = \frac{1}{C_1 d_1}\left(\frac{F_j h}{2L} d_1 - \frac{\beta_x F_j}{2} e_1\right)$$

$$= \frac{F_j}{2 C_1 d_1}\left(\frac{h}{L} d_1 - \beta_x e_1\right) \tag{14-58}$$

对后轮采用类似的分析方法，可得

$$\Delta f_2 = \frac{F_j}{2 C_2 d_2}\left[\frac{h}{L} d_2 - (1-\beta_x) e_2\right] \tag{14-59}$$

式中，Δf_2 是车身后部的下沉量；d_2 是 O_2 到后轮中心的水平距离，O_2 是后轮的瞬时俯仰中心；e_2 是 O_2 到车轮中心的垂直距离；C_2 是位于车身和后轮中心之间的后悬架虚拟弹簧的刚度。

Δf_1、Δf_2 反映了车身加速仰头的程度。从式(14-58)、式(14-59)可以看出，Δf_1、Δf_2 与总的加速阻力 F_j 有关；与总布置参数 L、h 有关；与前、后桥驱动力分配系数 β_x 有关。除此之外，还与瞬心位置 O_1、O_2 有关，即与 d_1、e_1 和 d_2、e_2 有关。

对于前轮来说，如果 $\Delta f_1 = 0$，则无加速仰头。这时有

$$\Delta f_1 = \frac{F_j}{2C_1 d_1}\left(\frac{h}{L}d_1 - \beta_x e_1\right) = 0 \qquad (14\text{-}60)$$

$$\frac{hd_1}{L} - \beta_x e_1 = 0 \qquad (14\text{-}61)$$

$$\frac{e_1}{d_1} = \frac{h}{\beta_x L} \qquad (14\text{-}62)$$

如果发生加速仰头,则

$$\Delta f_1 = \frac{F_j}{2C_1 d_1}\left(\frac{h}{L}d_1 - \beta_x e_1\right) > 0$$

$$\frac{hd_1}{L} - \beta_x e_1 > 0$$

$$\frac{e_1}{d_1} < \frac{h}{\beta_x L}$$

$$\frac{e_1 \beta_x L}{d_1 h} < 1 \qquad (14\text{-}63)$$

可以用一个参数 η_{x1} 来表示前悬架的抗加速仰头的效率

$$\eta_{x1} = \frac{e_1 \beta_x L}{d_1 h} \times 100\% \qquad (14\text{-}64)$$

式中,η_{x1} 定义为抗加速仰头率。

类似地,可以定义后悬架的抗加速仰头率为

$$\eta_{x2} = \frac{e_2(1-\beta_x)L}{d_2 h} \times 100\% \qquad (14\text{-}65)$$

抗加速仰头率的数值越大,加速仰头的程度就越小。

应该注意,只有驱动轮才有抗加速仰头作用。如果 $\beta_x = 1$,即前轮驱动时,有

$$\eta_{x1} = \frac{e_1 \beta_x L}{d_1 h} \times 100\% = \frac{e_1 L}{d_1 h} \times 100\% \qquad (14\text{-}66)$$

如果 $\beta_x = 0$,即后轮驱动时,有

$$\eta_{x2} = \frac{e_2 L}{d_2 h} \times 100\% \qquad (14\text{-}67)$$

后轮驱动轿车的后悬架抗加速仰头率一般为 $80\% \sim 95\%$。

15 悬架受力分析与强度计算

在控制车轮运动的同时,车桥、悬架的导向机构还要承受、传递车轮受到的所有力和力矩。这些力、力矩还通过它们传递到车架或承载式车身上,是决定车架或车身强度的主要因素。上述汽车零部件应该具有足够的强度、刚度、使用寿命和可靠度。为了保证上述性能,首先需要能够对悬架中各个零件的受力情况进行正确的分析。在进行汽车零部件强度计算时,关键的是要正确地确定其强度计算工况和计算载荷。研究表明,影响悬架零件强度、工作寿命、可靠性的载荷主要是垂直力 F_V、侧向力 F_L、纵向力 F_A 和制动力 F_B(见图 3-2)。在第 3 章中介绍的各种载荷工况是对悬架、车桥承载零件进行受力分析和强度计算的基础。

由于双横臂式和麦克弗森式独立悬架得到的应用比较广泛,而且其受力情况比较复杂,所以在本章中主要介绍这两种独立悬架的受力分析与强度计算。

6×4、8×4 重型卡车的中桥和后桥一般采用平衡悬架(见图 1-63),其结构比较复杂、承受载荷大,在本章中也将对其受力情况进行分析。

15.1 双横臂式独立悬架的受力分析

由于悬架的受力具有可叠加性,所以首先对悬架在各个力单独作用时的情况进行分析。悬架的设计计算工况就是在第 3 章中介绍的各个工况,除了最大垂直力工况以外,都是垂直力与其他力的组合工况。可以按照本节介绍的方法分别分析在各个力作用下悬架的受力,然后把它们叠加起来,就得到各个工况的受力。这种分析方法比较简便、有效,在实际设计工作中得到了广泛应用。

15.1.1 车轮上只有垂直力 F_V 作用

图 15-1 示出只承受地面垂直力 F_V 作用的双横臂式独立悬架的力学模型。其中,上、下横臂分别通过球铰 A、B 与转向节相连,只要知道了作用在这两个球铰上的力就可以知道悬架中各个零件的受力。所以,悬架受力分析首先就是要确定这两个球铰上的作用力。

图 15-1 示出的力都是作用在车轮和转向节上的力,其中假设车轮与转向节固结。车

轮接地中心受到地面垂直力 F_V 作用，上、下横臂在 A、B 点对转向节分别作用有力 F_Q 和 F_T。弹簧下端支承在下横臂上，其上端支承在车身上，所以上横臂可以视为一个二力杆，其受力 F_Q 的作用线就是球铰 A 与上横臂转动轴线 D 的连线。根据平衡条件，这三个力必汇交于一点。由于已经知道垂直力 F_V 的大小和方向以及 F_Q 的方向，并且已知 B、A 点的坐标，而 F_T 的作用线必通过 B 点，所以利用作图法就可以确定 F_Q 和 F_T：力 F_Q 与力 F_V 的作用线相交于 O 点；力 F_T 的作用线通过 O、B 的连线。这样便得到了力三角形（见图 15-1 右上角），进而求出上、下横臂作用力 F_Q、F_T 的方向和大小。

也可以利用解析法来确定作用在球铰 B、A 上的力。

(1) 悬架控制臂不碰撞限位块的情况

图 15-2 示出车轮上只有垂直力 F_V 作用、悬架控制臂不碰限位块的力学模型。其中，各个力都是作用在车轮-转向节上的。

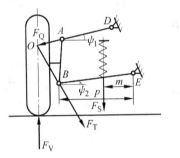

图 15-1 只承受地面垂直力 F_V 作用的双横臂式独立悬架的力学模型

图 15-2 车轮上只有垂直力 F_V 作用的力学模型（无限位块，各力都作用在车轮-转向节上）

车轮-转向节受力平衡方程为

$$F_V - F_{B,z,V} + F_Q \sin\psi_1 = 0 \tag{15-1}$$

$$F_{B,y,V} - F_Q \cos\psi_1 = 0 \tag{15-2}$$

车轮-转向节绕 B 点转矩平衡方程为

$$F_V L_1 - F_Q \cos\psi_1 L_3 \quad F_Q \sin\psi_1 L_3 \tan\theta = 0 \tag{15-3}$$

$$F_V L_1 - F_Q L_3 (\cos\psi_1 + \sin\psi_1 \tan\theta) = 0 \tag{15-4}$$

$$F_Q = \frac{L_1}{L_3(\cos\psi_1 + \sin\psi_1 \tan\theta)} F_V \tag{15-5}$$

由式(15-1)，可得

$$F_{B,z,V} = F_V + F_Q \sin\psi_1 = F_V + \frac{L_1}{L_3(\cos\psi_1 + \sin\psi_1 \tan\theta)} F_V \sin\psi_1$$

$$= \left[1 + \frac{L_1 \sin\psi_1}{L_3(\cos\psi_1 + \sin\psi_1 \tan\theta)}\right] F_V \tag{15-6}$$

由式(15-2)，可得

$$F_{B,y,V} = F_Q \cos\psi_1 = \frac{L_1 \cos\psi_1}{L_3(\cos\psi_1 + \sin\psi_1 \tan\theta)} F_V \tag{15-7}$$

$$F_{\mathrm{T}} = \sqrt{F_{\mathrm{B},y,\mathrm{v}}^2 + F_{\mathrm{B},z,\mathrm{v}}^2} \qquad (15\text{-}8)$$

(2) 悬架上控制臂碰撞限位块的情况

图 15-3 示出车轮上只有垂直力 F_V 作用并且上控制臂碰撞限位块的力学模型。其中 F_p 是碰撞限位块的力,F_s 是弹簧力,它们分别作用在上、下横臂上;其他力都作用在车轮-转向节上。

假设 $F_{\mathrm{V}0}$ 是在上横臂刚碰到限位块时的地面垂直力,对应的弹簧力为 F_s。则当地面垂直力 F_V 继续增大时 ($F_\mathrm{V} > F_{\mathrm{V}0}$),$F_\mathrm{s}$ 将保持不变。上横臂碰到限位块以后,车轮-转向节在垂直方向的受力平衡方程为

$$F_{\mathrm{Q},z,\mathrm{v}} + F_{\mathrm{B},z,\mathrm{v}} = F_\mathrm{V} \qquad (15\text{-}9)$$

作用在下横臂上的力对 E 点的力矩平衡方程为

$$F_\mathrm{s} L_7 = F_{\mathrm{B},z,\mathrm{v}} L_6 + F_{\mathrm{B},y,\mathrm{v}} L_6 \tan\psi_2 \qquad (15\text{-}10)$$

注意,在图 15-3 中示出的 $F_{\mathrm{B},z,\mathrm{v}}$、$F_{\mathrm{B},y,\mathrm{v}}$ 都是作用在车轮-转向节上的,它们的反作用力作用在下横臂上,方向相反。

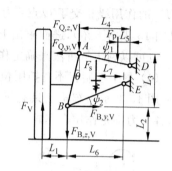

图 15-3 车轮上只有垂直力 F_V 作用并且上控制臂碰撞限位块的力学模型 (F_p 是碰撞限位块的力,F_s 是弹簧力,它们分别作用在上、下横臂上;其他力都作用在车轮-转向节上)

作用在车轮-转向节上的力对 A 点的力矩平衡方程为

$$F_\mathrm{V}(L_1 + L_3 \tan\theta) = F_{\mathrm{B},z,\mathrm{v}} L_3 \tan\theta + F_{\mathrm{B},y,\mathrm{v}} L_3 \qquad (15\text{-}11)$$

$$F_{\mathrm{B},y,\mathrm{v}} = \frac{F_\mathrm{V}(L_1 + L_3 \tan\theta) - F_{\mathrm{B},z,\mathrm{v}} L_3 \tan\theta}{L_3} \qquad (15\text{-}12)$$

把式 (15-12) 代入式 (15-10),得

$$F_\mathrm{s} L_7 = F_{\mathrm{B},z,\mathrm{v}} L_6 + \frac{F_\mathrm{V}(L_1 + L_3 \tan\theta) - F_{\mathrm{B},z,\mathrm{v}} L_3 \tan\theta}{L_3} L_6 \tan\psi_2 \qquad (15\text{-}13)$$

$$F_\mathrm{s} L_7 = F_{\mathrm{B},z,\mathrm{v}}(L_6 - L_6 \tan\psi_2 \tan\theta) + \frac{F_\mathrm{V}(L_1 + L_3 \tan\theta)}{L_3} L_6 \tan\psi_2 \qquad (15\text{-}14)$$

$$F_{\mathrm{B},z,\mathrm{v}} = \frac{1}{L_6(1 - \tan\psi_2 \tan\theta)} \left[F_\mathrm{s} L_7 - \frac{F_\mathrm{V}(L_1 + L_3 \tan\theta)}{L_3} L_6 \tan\psi_2 \right] \qquad (15\text{-}15)$$

由式 (15-9) 可得

$$F_{\mathrm{Q},z,\mathrm{v}} = F_\mathrm{V} - F_{\mathrm{B},z,\mathrm{v}}$$

$$= F_\mathrm{V} - \frac{1}{L_6(1 - \tan\psi_2 \tan\theta)} \left[F_\mathrm{s} L_7 - \frac{F_\mathrm{V}(L_1 + L_3 \tan\theta)}{L_3} L_6 \tan\psi_2 \right] \qquad (15\text{-}16)$$

对车轮-转向节建立水平方向受力平衡方程,得

$$F_{\mathrm{Q},y,\mathrm{v}} = F_{\mathrm{B},y,\mathrm{v}} = \frac{F_\mathrm{V}(L_1 + L_3 \tan\theta) - F_{\mathrm{B},z,\mathrm{v}} L_3 \tan\theta}{L_3} \qquad (15\text{-}17)$$

作用在上横臂上的力对 D 点的力矩平衡方程为

$$F_\mathrm{p} L_5 = F_{\mathrm{Q},z,\mathrm{v}} L_4 + F_{\mathrm{Q},y,\mathrm{v}} L_4 \tan\psi_1 \qquad (15\text{-}18)$$

注意,在图 15-3 中示出的 $F_{\mathrm{Q},z,\mathrm{v}}$、$F_{\mathrm{Q},y,\mathrm{v}}$ 都是作用在车轮-转向节上的,它们的反作用力作用在上横臂上,方向相反。

$$F_p = \frac{F_{Q,z,V}L_4 + F_{Q,y,V}L_4\tan\psi_1}{L_5} \qquad (15\text{-}19)$$

下面介绍弹簧力 F_s 的计算方法。设悬架的偏频为 n，一个车轮的悬上质量为 M_s，则

$$n = \frac{1}{2\pi}\sqrt{\frac{C}{M_s}} \qquad (15\text{-}20)$$

式中，C 是位于车轮与车身之间的虚拟弹簧的刚度（见图 10-15）。

$$C = (2\pi n)^2 M_s \qquad (15\text{-}21)$$

设 f_d 是悬架上跳的动挠度，F_{Vj} 是一个车轮的满载静载荷，则当上横臂碰撞限位块时的垂直载荷 F_{V0} 的值为

$$F_{V0} = F_{Vj} + Cf_d \qquad (15\text{-}22)$$

利用式（15-6）、式（15-7）根据 F_{V0} 计算 $F_{B,z,V0}$、$F_{B,y,V0}$，有如下关系式

$$F_{B,z,V,0} = \left[1 + \frac{L_1\sin\psi_1}{L_3(\cos\psi_1 + \sin\psi_1\tan\theta)}\right]F_{V0} \qquad (15\text{-}23)$$

$$F_{B,y,V,0} = \frac{L_1\cos\psi_1}{L_3(\cos\psi_1 + \sin\psi_1\tan\theta)}F_{V0} \qquad (15\text{-}24)$$

下横臂在 $F_{B,z,V,0}$、$F_{B,y,V,0}$、F_s 作用下对 E 点的力矩平衡方程为

$$F_s L_7 = F_{B,z,V,0}L_6 + F_{B,y,V,0}L_6\tan\psi_2 \qquad (15\text{-}25)$$

$$F_s = \frac{F_{B,z,V,0}L_6 + F_{B,y,V,0}L_6\tan\psi_2}{L_7} \qquad (15\text{-}26)$$

应该首先求出弹簧力 F_s，然后再计算碰撞限位块时的力 $F_{B,z,V}$、$F_{B,y,V}$、$F_{Q,z,V}$、$F_{Q,y,V}$、F_p。

15.1.2 车轮仅受到侧向力 F_L 作用

图 15-4 示出只承受地面侧向力 F_L 作用的双横臂式独立悬架的力学模型。车轮受到侧向力 F_L 作用，上横臂（一个二力杆）对车轮的力 F_q 沿着其球铰中心 B 与上横臂转动轴线 D 的连线方向，与侧向力 F_L 相交于 O' 点。为了能够达到力的平衡，下横臂对车轮作用力 F_t 的作用线必通过 O' 和其球铰 A 的连线。这样就可以作出力三角形（见图 15-4）。在已知 F_L 的情况下，就可以求出 F_q 和 F_t 的值。

也可以利用解析法来确定作用在球铰 B、A 上的力。

图 15-5 示出车轮上只有侧向力 F_L 作用的力学模型。

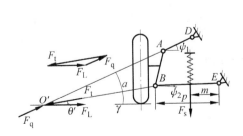

图 15-4 只承受地面侧向力 F_L 作用的双横臂式独立悬架的力学模型

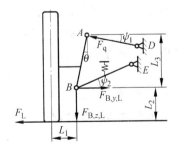

图 15-5 车轮仅受到侧向力 F_L 作用（无限位块，各个力都作用在车轮-转向节上）

车轮-转向节受力平衡方程为

$$F_{B,z,L} - F_q \sin\psi_1 = 0 \tag{15-27}$$

$$F_{B,y,L} - F_q \cos\psi_1 - F_L = 0 \tag{15-28}$$

车轮-转向节绕 B 点力矩平衡方程为

$$F_L L_2 - F_q \cos\psi_1 L_3 - F_q \sin\psi_1 L_3 \tan\theta = 0 \tag{15-29}$$

$$F_L L_2 - F_q L_3 (\cos\psi_1 + \sin\psi_1 \tan\theta) = 0 \tag{15-30}$$

$$F_q = \frac{L_2}{L_3(\cos\psi_1 + \sin\psi_1 \tan\theta)} F_L \tag{15-31}$$

由式(15-27)可得

$$F_{B,z,L} = F_q \sin\psi_1 = \frac{L_2 \sin\psi_1}{L_3(\cos\psi_1 + \sin\psi_1 \tan\theta)} F_L \tag{15-32}$$

由式(15-28)可得

$$F_{B,y,L} = F_q \cos\psi_1 + F_L = \left[\frac{L_2 \cos\psi_1}{L_3(\cos\psi_1 + \sin\psi_1 \tan\theta)} + 1\right] F_L \tag{15-33}$$

$$F_t = \sqrt{F_{B,y,L}^2 + F_{B,z,L}^2} \tag{15-34}$$

15.1.3 车轮上仅受制动力 F_B 作用

图 15-6 示出车轮上仅受纵向力 F_B 作用的力学模型。

$$L_9 = (L_1 - L_2 \tan\theta) \cos\theta \sin\theta \tag{15-35}$$

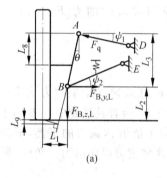
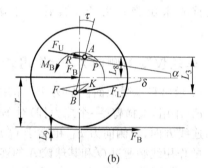

图 15-6　车轮上仅受纵向力 F_B 作用的力学模型(各个力都作用在车轮-转向节上)

(a) 后视图；(b) 侧视图

关于 B 点建立力矩平衡方程为

$$F_U \cos\alpha L_3 + F_U \sin\alpha L_3 \tan\tau = M_B - F_B(L_3 - L_8) \tag{15-36}$$

在采用车轮制动器时,有

$$M_B = F_B(r + L_9) \tag{15-37}$$

式中,r 是车轮半径。

在采用传动轴制动器时,有

$$M_B = 0$$

$$F_U = \frac{M_B - F_B(L_3 - L_8)}{L_3(\cos\alpha + \sin\alpha \tan\tau)} \tag{15-38}$$

对车轮-转向节建立水平方向的力平衡方程为

$$F_U \cos\alpha + F_B = F_L \cos\delta \tag{15-39}$$

$$F_L = \frac{F_U \cos\alpha + F_B}{\cos\delta} \tag{15-40}$$

15.1.4 车轮上仅受驱动力 F_A 作用

如图 15-6 所示，令

$$F_A = -F_B \tag{15-41}$$

$$M_B = 0 \tag{15-42}$$

把式(15-41)、式(15-42)代入式(15-38)、式(15-40)，得

$$F_U = \frac{M_B - F_B(L_3 - L_8)}{L_3(\cos\alpha + \sin\alpha\tan\tau)} = \frac{0 - (-F_A)(L_3 - L_8)}{L_3(\cos\alpha + \sin\alpha\tan\tau)}$$

$$= \frac{F_A(L_3 - L_8)}{L_3(\cos\alpha + \sin\alpha\tan\tau)} \tag{15-43}$$

$$F_L = \frac{F_U \cos\alpha + F_B}{\cos\delta} = \frac{F_U \cos\alpha + (-F_A)}{\cos\delta} = \frac{F_U \cos\alpha - F_A}{\cos\delta} \tag{15-44}$$

如果计算出的力为负值，则意味着其方向与图 15-6 中所示方向相反。

15.2 麦克弗森式独立悬架的受力分析

15.2.1 车轮上只有垂直力 F_V 作用

图 15-7 示出只承受地面垂直力 F_V 作用的麦克弗森式独立悬架的力学模型。其中，下横臂内侧的转轴固定在车身上，其外侧通过球铰 A 与立柱（转向节）相连，立柱（转向节）通过活塞杆顶端的球铰（活塞杆顶端的安装机构相当于一个球铰）安装在车身上。只要知道了作用在球铰 A、B 上的力就可以知道该悬架中各个零件的受力。所以，悬架受力分析首先就是要确定这两个球铰上的作用力。

图 15-7 所示出的力都是作用在车轮和立柱（转向节）上的力，其中假设车轮与立柱（转向节）固结。车轮接地中心受到地面垂直力 F_V。下横臂可以视为一个二力杆，其受力 F_T 的作用线就是球铰 A 与下横臂转动轴线 E 的连线。垂直力 F_V 与 F_T 的作用线交于 O 点。根据平衡条件，球铰 B 对立柱的作用力 F_Q 沿着 B 与 O 的连线作用。利用解析法确定 F_Q 和 F_T，参见图 15-7。可以列出如下方程式：

$$F_V = F_Q \cos\psi_1 - F_T \sin\psi_2 \tag{15-45}$$

$$F_Q \sin\psi_1 = F_T \cos\psi_2 \tag{15-46}$$

式中，ψ_1 是 F_Q 的作用方向与垂直线之间的夹角；ψ_2 是 F_T 的作用方向与水平线之间的夹角，如图 15-7 所示。可以看出，列出上述公式需要预先确定 O 点和 F_Q

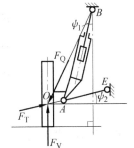

图 15-7　只承受地面垂直力 F_V 作用的麦克弗森式独立悬架的力学模型

的作用线方向。

由式(15-46)可得

$$F_T = \frac{F_Q \sin\psi_1}{\cos\psi_2} \tag{15-47}$$

把式(15-47)代入式(15-45),得

$$F_V = F_Q \cos\psi_1 - \frac{F_Q \sin\psi_1}{\cos\psi_2}\sin\psi_2 = F_Q(\cos\psi_1 - \tan\psi_2 \sin\psi_1) \tag{15-48}$$

$$F_Q = \frac{F_V}{\cos\psi_1 - \tan\psi_2 \sin\psi_1} \tag{15-49}$$

把式(15-49)代入式(15-47),得

$$F_T = \frac{F_V}{\cos\psi_1 - \tan\psi_2 \sin\psi_1} \frac{\sin\psi_1}{\cos\psi_2} \tag{15-50}$$

15.2.2 车轮仅受到侧向力 F_L 作用

图 15-8 示出只承受地面侧向力 F_L 作用的麦克弗森式独立悬架的力学模型,其中各个力都是作用在车轮-立柱上的。车轮受到侧向力 F_L 作用,下横臂(一个二力杆)对车轮的力 F_t 沿着其球铰中心 A 与下横臂转动轴线 E 的连线方向,与侧向力 F_L 相交于 O' 点。为了能够达到力的平衡,立柱铰点 B 对车轮的作用力 F_q 的作用线必通过 O' 和 B 的连线。在已知 F_L 的情况下,就可以求出 F_q 和 F_t。

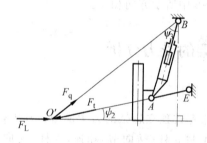

图 15-8 只承受地面侧向力 F_L 作用的麦克弗森式独立悬架的力学模型

采用解析方法求各个力。有如下力平衡方程:

$$F_L - F_t \cos\psi_2 + F_q \sin\psi_3 = 0 \tag{15-51}$$

$$F_q \cos\psi_3 - F_t \sin\psi_2 = 0 \tag{15-52}$$

从式(15-52)可得

$$F_t = \frac{\cos\psi_3}{\sin\psi_2} F_q \tag{15-53}$$

把式(15-53)代入式(15-51),得

$$F_L - F_q \frac{\cos\psi_3}{\sin\psi_2}\cos\psi_2 + F_q \sin\psi_3 = 0 \tag{15-54}$$

$$F_L - F_q(\cos\psi_3 \cot\psi_2 - \sin\psi_3) = 0 \tag{15-55}$$

$$F_q(\cos\psi_3 \cot\psi_2 - \sin\psi_3) = F_L \tag{15-56}$$

$$F_q = \frac{F_L}{\cos\psi_3 \cot\psi_2 - \sin\psi_3} \tag{15-57}$$

把式(15-57)代入式(15-53),得

$$F_t = \frac{\cos\psi_3}{\sin\psi_2} \frac{F_L}{\cos\psi_3 \cot\psi_2 - \sin\psi_3} \tag{15-58}$$

15.2.3 车轮上仅受纵向力 F_A 作用

图 15-9 示出只承受纵向力 F_A（驱动力或冲击力）的麦克弗森式独立悬架的力学模型，其作用在车轮中心 W 点。在后视图上，连接立柱上铰点 B 和下横臂与立柱（转向节）的铰点 A 得到主销轴线，过车轮中心 W 作上述主销轴线的垂线，Z 点是垂足。把纵向力 F_A 等效到 Z 点，由此形成的绕主销轴线的力矩由转向连杆（在图 15-9 中未示出）承受。

侧视图如图 15-9(b) 所示，关于立柱（转向节）下球铰 A 建立力矩平衡方程为

$$F_u(b+a) = F_A a \tag{15-59}$$

式中，F_u 是作用在立柱（转向节）上铰点 B 的水平力。

$$F_u = F_A \frac{a}{b+a} \tag{15-60}$$

$$F_d = F_A - F_u = F_A - F_A \frac{a}{b+a} = F_A \frac{b}{b+a} \tag{15-61}$$

式中，F_d 是作用在立柱（转向节）下球铰 A 的水平力。

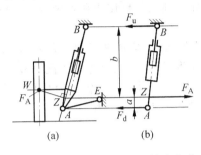

图 15-9 只承受纵向力 F_A 的麦克弗森式独立悬架的力学模型
(a) 后视图；(b) 侧视图

15.2.4 车轮上仅受制动力 F_B 作用

图 15-10 示出车轮上仅作用有制动力 F_B 的情况，其作用在车轮接地印迹中心 W 点。在后视图上，连接立柱上铰点 B 和下横臂与立柱（转向节）的铰点 A 得到主销轴线，过 W 点作上述主销轴线的垂线，Z 点是垂足。把制动力 F_B 等效到 Z 点，由此形成的绕主销轴线的力矩由转向连杆（在图 15-10 中未示出）承受。

关于立柱（转向节）下球铰 A 建立力矩平衡方程为

$$F_U b = F_B a \tag{15-62}$$

式中，F_U 是作用在立柱（转向节）上铰点 B 的水平力。

$$F_U = F_B \frac{a}{b} \tag{15-63}$$

$$F_D = F_B + F_U = F_B + F_B \frac{a}{b} = F_B \left(1 + \frac{a}{b}\right) \tag{15-64}$$

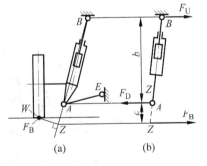

图 15-10 车轮上仅作用有制动力 F_B 的情况
(a) 后视图；(b) 侧视图

15.3 卡车平衡悬架的受力分析

图 1-63 示出一种卡车的平衡悬架。图 15-11 示出一种重型卡车平衡悬架的三维数字模型。卡车的平衡悬架主要包括中桥、后桥、上导向杆（中桥、后桥各有一根）、下导向杆

(中桥、后桥各有两根,一侧一根)、钢板弹簧(一侧一个)、平衡轴和钢板弹簧座(固结在中桥、后桥上)。如图 15-11 和图 15-12 所示,钢板弹簧利用 U 形螺栓固定在平衡轴转鼓上,由于在该转鼓与平衡轴轴头之间安装有轴承,钢板弹簧可以随着该转鼓自由转动。钢板弹簧随着该转鼓的实际转动情况取决于中桥、后桥的受力情况。在理论上,中桥、后桥所受到的垂直力总保持相等。

为了对重型卡车车桥、悬架、车架等零件进行有效的有限元分析,首先需要对作用在卡车车轮、车桥和悬架上的作用力进行分析;然后,在此基础上分析作用在各个零件上的作用力,作为它们有限元分析的载荷。

在分析中,都是分别在车轮上仅作用一个力的情况下,求出车桥、平衡轴、板簧上的受力。悬架的设计计算工况就是在第 3 章中介绍的各个工况,除了最大垂直力工况以外,都是垂直力与其他力的组合工况。可以按照本节介绍的方法分别分析在各个力作用下车桥、平衡轴、板簧上的受力,然后把它们叠加起来,就得到各个工况的受力。

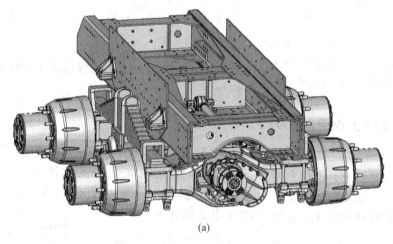

(a)

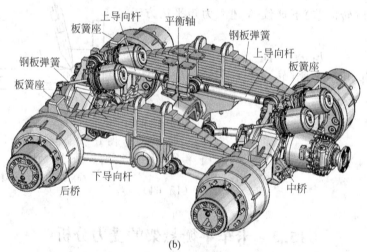

(b)

图 15-11 一种重型卡车的平衡悬架三维数字模型
(a) 平衡悬架安装在车架上;(b) 中桥、后桥、平衡轴、钢板弹簧、控制杆的连接情况
(c) 平衡轴;(d) 中桥(带与不带制动气室);(e) 后桥(不带制动气室)

15 悬架受力分析与强度计算

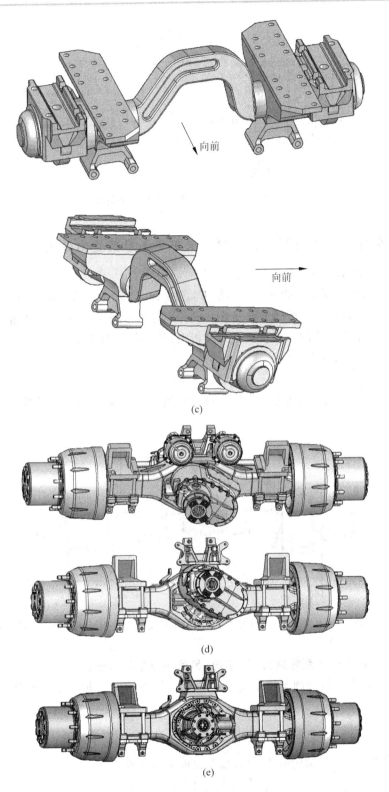

(c)

(d)

(e)

图 15-11 （续）

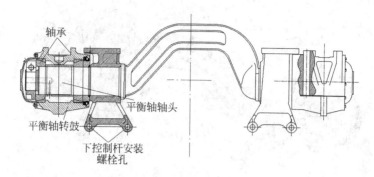

图 15-12 一种卡车平衡悬架的平衡轴

15.3.1 车轮上仅作用有垂直力时的卡车平衡悬架受力分析

1. 车桥两侧车轮所承受的垂直力相同

设中桥、后桥一侧车轮的垂直力都是 F_V。图 15-13 示出车桥两侧车轮上都仅作用垂直力并且它们相等时的车桥受力分析图。每个板簧座的中心都承受一个相等的垂直力 F_V。图 15-14 示出对应的一侧板簧受力分析图,其中各个力都作用在板簧上。平衡轴对板簧的垂直力 F_E 的值为

$$F_E = 2F_V \tag{15-65}$$

图 15-15 示出平衡轴的受力情况。每个平衡轴在板簧中心线处承受一个向上的力 $F_E = 2F_V$。

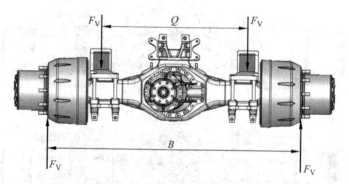

图 15-13 车桥两侧车轮上都仅作用垂直力 F_V 时的车桥受力分析图(B 是轮距;Q 是板簧中心距)

2. 车桥一侧车轮承受垂直力 F_V 工况(另外一侧车轮不受力)

图 15-16 示出车桥一侧车轮承受垂直力 F_V、另外一侧车轮不受力时的车桥受力分析图。

$$F_V\left(\frac{B}{2} + \frac{Q}{2}\right) = F_{sR}Q \tag{15-66}$$

式中,B 是轮距;Q 是板簧中心距;F_{sR} 是右侧板簧对车桥的力。

$$F_{sR} = \frac{F_V}{Q}\left(\frac{B}{2} + \frac{Q}{2}\right) = F_V\frac{B+Q}{2Q} \tag{15-67}$$

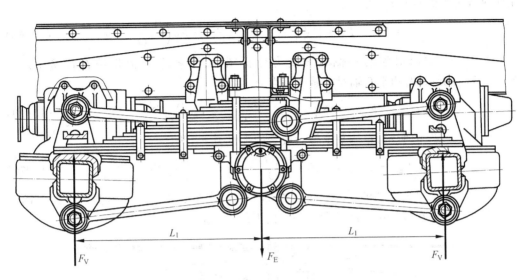

图 15-14 一侧钢板弹簧的受力分析(两侧车轮垂直力相等工况。图中的力都作用在板簧上)

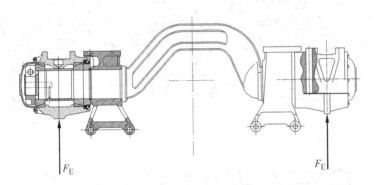

图 15-15 平衡轴的受力分析(两侧车轮垂直力相等工况。图中的力都作用在平衡轴上)

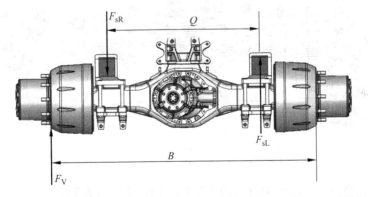

图 15-16 车桥右侧车轮承受垂直力 F_V 工况(左侧车轮不受力)(B 是轮距；Q 是板簧中心距。图中的力都作用在车桥上)

左侧板簧对车桥的力 F_{sL} 为

$$F_{sL} = F_{sR} - F_V = \frac{F_V}{Q}\left(\frac{B}{2} + \frac{Q}{2}\right) - F_V = F_V\left(\frac{B+Q}{2Q} - 1\right) \tag{15-68}$$

图 15-17 示出对应的一侧板簧受力分析图,其中各个力都作用在板簧上。如图 15-17(a)所示,右侧平衡轴对板簧的垂直力 F_{ER} 为

$$F_{ER} = 2F_{sR} = 2F_V\frac{B+Q}{2Q} = F_V\frac{B+Q}{Q} \tag{15-69}$$

如图 15-17(b)所示,左侧平衡轴对板簧的垂直力 F_{EL} 为

$$F_{EL} = 2F_{sL} = 2F_V\left(\frac{B+Q}{2Q} - 1\right) = F_V\left(\frac{B+Q}{Q} - 2\right) \tag{15-70}$$

图 15-18 示出平衡轴的受力情况。右侧平衡轴在板簧中心线处承受一个向上的力 F_{ER},左侧平衡轴在板簧中心线处承受一个向下的力 F_{EL}。

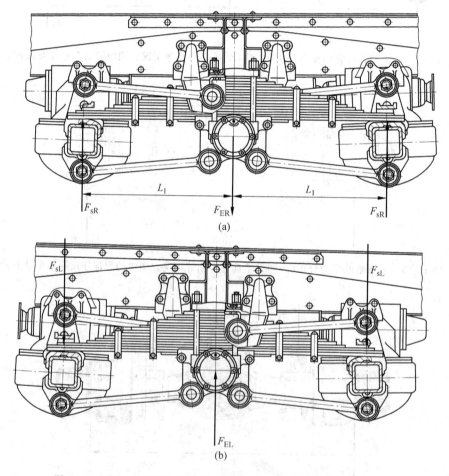

图 15-17 一侧钢板弹簧的受力分析(车桥右侧车轮承受垂直力 F_V,左侧车轮不受力。图中的力都作用在板簧上)
(a) 右侧板簧受力分析;(b) 左侧板簧受力分析

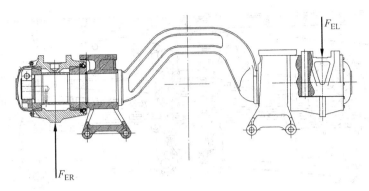

图 15-18 平衡轴的受力分析(右侧车轮承受垂直力 F_V,左侧车轮不受力。图中的力都作用在平衡轴上)

15.3.2 车轮反跳时平衡悬架的受力分析

设中桥、后桥反跳时对一侧板簧向下拉的垂直力都是 F_{Vf}。图 15-19 示出车桥反跳时的受力分析图。每个板簧座的中心都承受一个相等的、向上的垂直力 F_{Vf}。图 15-20 示出对应的一侧板簧受力分析图,其中各个力都作用在板簧上。平衡轴对板簧的垂直力 F_{Ef} 为

$$F_{Ef} = 2F_{Vf} \tag{15-71}$$

图 15-21 示出平衡轴的受力情况。每个平衡轴在板簧中心线处承受一个向下的力 $F_{Ef}=2F_{Vf}$。

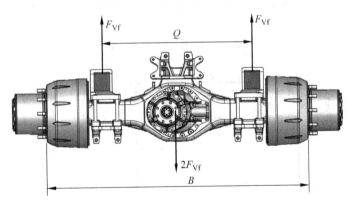

图 15-19 车桥反跳时的受力分析(B 是轮距;Q 是板簧中心距)

15.3.3 车轮上仅承受侧向力的平衡悬架受力分析

图 15-22 示出车桥两侧车轮仅承受侧向力 F_L 时的车桥受力分析图。其中,车桥上板簧座的内立面用来承受板簧传递来的侧向力 F_{sL},则

$$F_{sL} = 2F_L \tag{15-72}$$

$$2F_L L_3 = F_{VL} Q \tag{15-73}$$

式中,F_{VL} 是板簧对车桥上板簧座的垂直力。

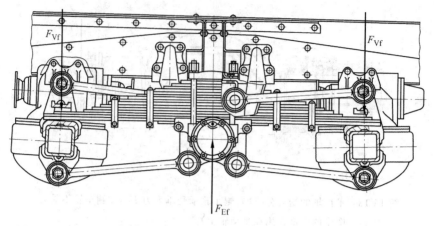

图 15-20　一侧钢板弹簧的受力分析(车轮反跳工况。图中的力都作用在板簧上)

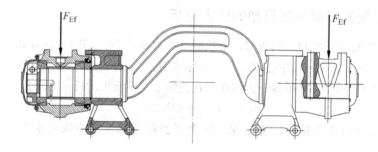

图 15-21　平衡轴的受力分析(车轮反跳工况。图中的力都作用在平衡轴上)

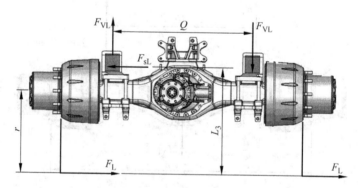

图 15-22　车桥两侧车轮承受侧向力 F_L 的受力分析(Q 是板簧中心距。图中的力都作用在车桥上)

$$F_{VL} = 2F_L \frac{L_3}{Q} \tag{15-74}$$

图 15-23 示出对应的一侧板簧受力分析图。在图 15-23(a)中，F_{VL} 和 F_{sLs} 作用在板簧上，其他力都作用在转鼓上。F_{sLs} 与 F_{sL} 的大小相等、方向相反。在图 15-23(b)中，各个力都作用在板簧上。如图 15-23(b)所示，左侧平衡轴对板簧的垂直力 F_{ELL} 为

$$F_{ELL} = 2F_{VL} = 2\left(2F_L \frac{L_3}{Q}\right) = 4F_L \frac{L_3}{Q} \tag{15-75}$$

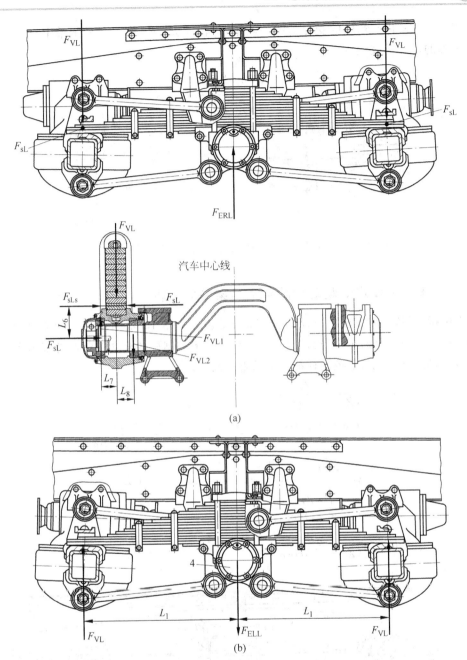

图 15-23 一侧钢板弹簧的受力分析(车桥两侧车轮都仅承受侧向力。图中的力都作用在板簧上)
(a) 右侧板簧受力分析(F_{VL}和F_{sLs}作用在板簧上；其他力都作用在转鼓上)；(b) 左侧板簧受力分析

如图 15-23(a)所示，右侧平衡轴对板簧安装转鼓的垂直力 F_{VL2} 为

$$F_{VL2} = \frac{F_{sL}L_6 - 2F_{VL}L_7}{L_7 + L_8} \tag{15-76}$$

$$F_{VL1} = 2F_{VL} + F_{VL1} = 2F_{VL} + \frac{F_{sL}L_6 - 2F_{VL}L_7}{L_7 + L_8} \tag{15-77}$$

图 15-24 示出平衡轴的受力情况。其中，F_{VL1}、F_{VL2}、F_{sL} 作用在平衡轴上；F_{ELL} 作用在平衡轴的左侧转鼓上。

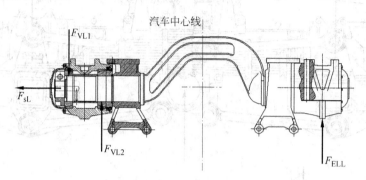

图 15-24　平衡轴的受力分析（车桥两侧车轮都仅承受侧向力）

15.3.4　车轮上仅承受驱动力的平衡悬架受力分析

设中桥、后桥一侧车轮的驱动力分别是 F_{A1}、F_{A2}。图 15-25 示出每个车桥两侧车轮上都仅作用驱动力时的车桥受力分析图。由于上、下控制杆的横向斜角通常都不大，为了分析简化，近似认为上、下控制杆都位于垂直平面内。

$$F_{G1} = \frac{F_{A1} Z_2}{(Z_2 + Z_1)\cos\alpha_1} \tag{15-78}$$

$$\begin{aligned}F_{G2} &= \frac{F_{A1} - F_{G1}\cos\alpha_1}{\cos\alpha_2} = \frac{1}{\cos\alpha_2}\left[F_{A1} - \frac{F_{A1} Z_2 \cos\alpha_1}{(Z_2 + Z_1)\cos\alpha_1}\right] \\ &= \frac{1}{\cos\alpha_2}\left[F_{A1} - \frac{F_{A1} Z_2}{(Z_2 + Z_1)}\right] = \frac{F_{A1} Z_1}{\cos\alpha_2(Z_1 + Z_2)} \end{aligned} \tag{15-79}$$

$$F_{G3} = \frac{F_{A2} Z_4}{(Z_3 + Z_4)\cos\alpha_3} \tag{15-80}$$

$$F_{G4} = \frac{F_{A2} Z_3}{(Z_3 + Z_4)\cos\alpha_4} \tag{15-81}$$

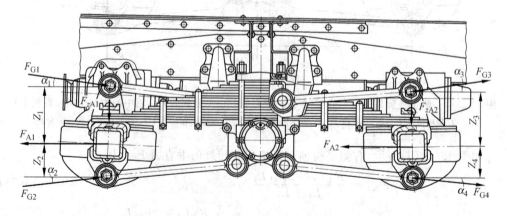

图 15-25　车桥两侧车轮上都仅作用驱动力时的车桥受力分析图

$$F_{zA1} = F_{G2}\sin\alpha_2 - F_{G1}\sin\alpha_1 \tag{15-82}$$

$$F_{zA2} = F_{G4}\sin\alpha_4 - F_{G3}\sin\alpha_3 \tag{15-83}$$

图 15-26～图 15-29 分别示出中桥、后桥、板簧、平衡轴的受力情况。其中

$$F_{EA} = F_{zA1} + F_{zA2} \tag{15-84}$$

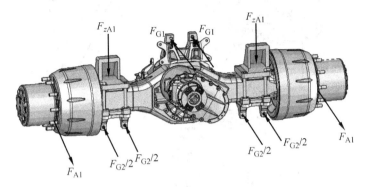

图 15-26　中桥的受力分析（两侧车轮仅承受驱动力。图中的力都作用在中桥上）

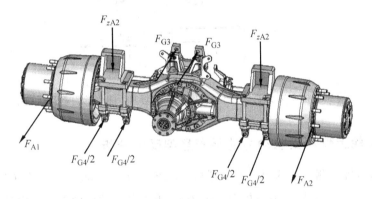

图 15-27　后桥的受力分析（两侧车轮仅承受驱动力。图中的力都作用在后桥上）

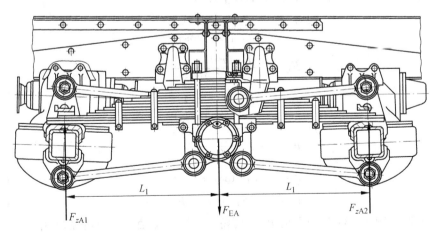

图 15-28　一侧钢板弹簧的受力分析（车桥两侧车轮仅承受驱动力。图中的力都作用在板簧上）

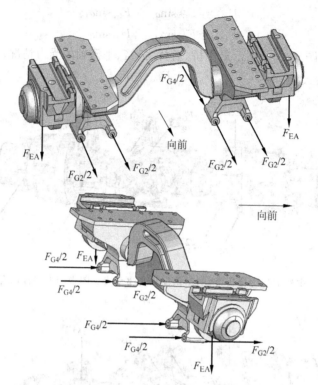

图 15-29 平衡轴的受力分析(两侧车轮仅承受驱动力。图中的力都作用在平衡轴上)

15.3.5 车轮上仅承受制动力的平衡悬架受力分析

设中桥、后桥一侧车轮的制动力分别是 F_{B1}、F_{B2}。图 15-30 示出每个车桥两侧车轮上都仅作用制动力时的车桥受力分析图。由于上、下控制杆的横向斜角通常都不大,为了分析简化,近似认为上、下控制杆都位于垂直平面内。

$$F_{J1} = \frac{F_{B1}(r-Z_2)}{(Z_2+Z_1)\cos\alpha_1} \tag{15-85}$$

$$F_{J2} = \frac{F_{B1}(r+Z_1)}{(Z_2+Z_1)\cos\alpha_2} \tag{15-86}$$

$$F_{J3} = \frac{F_{B2}(r-Z_4)}{(Z_3+Z_4)\cos\alpha_3} \tag{15-87}$$

$$F_{J4} = \frac{F_{B2}(r+Z_3)}{(Z_3+Z_4)\cos\alpha_4} \tag{15-88}$$

$$F_{zB1} = F_{J2}\sin\alpha_2 + F_{J1}\sin\alpha_1 \tag{15-89}$$

$$F_{zB2} = -F_{J4}\sin\alpha_4 - F_{J3}\sin\alpha_3 \tag{15-90}$$

图 15-31～图 15-34 分别示出中桥、后桥、板簧、平衡轴的受力情况,其中

$$F_{EB} = F_{zB1} + F_{zB2} \tag{15-91}$$

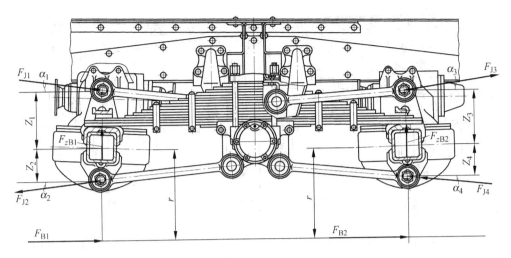

图 15-30 车桥两侧车轮上都仅作用制动力时的车桥受力分析图

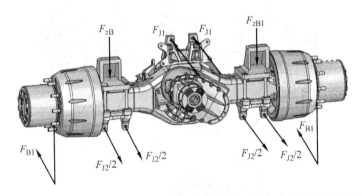

图 15-31 中桥的受力分析（两侧车轮仅承受制动力。图中的力都作用在中桥上）

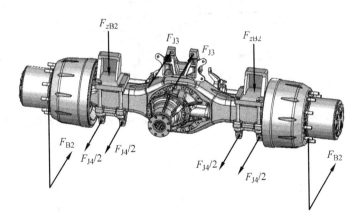

图 15-32 后桥的受力分析（两侧车轮仅承受制动力。图中的力都作用在后桥上）

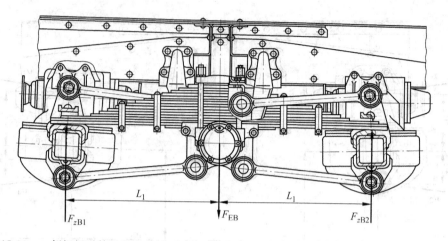

图 15-33　一侧钢板弹簧的受力分析（车桥两侧车轮仅承受制动力。图中的力都作用在板簧上）

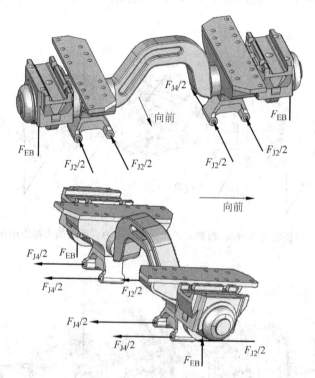

图 15-34　平衡轴的受力分析（两侧车轮仅承受制动力。图中的力都作用在平衡轴上）

16 双横臂式独立悬架和整体式转向系统匹配设计的三维运动学分析方法

在 12.2 节中介绍了利用作图法进行转向杆系与悬架的匹配设计方法,该方法的特点是可以在悬架压缩、伸张时使前束角的变化最小。该方法是在悬架设计已知的情况下进行转向杆系与其的匹配设计。但是,不包括转向杆系的悬架在运动学上是不完整的,悬架本身不能单独控制车轮的运动规律,还必须有转向杆系。因此,在实际的汽车设计中,悬架和转向杆系的设计往往是同时进行的。当悬架压缩、伸张和车轮进行转向运动时,悬架和转向杆系组成的系统一般进行比较复杂的空间运动。悬架和转向杆系匹配设计的关键是能够比较准确地对这种运动进行分析。为此,一般需要采用三维空间运动学分析方法。在本章及第 17~19 章中将分别介绍几种典型悬架和转向杆系匹配设计的三维运动学分析方法。

16.1 双横臂式独立悬架和整体式转向系统的刚体运动学模型

图 16-1 示出一种越野车的双横臂式独立悬架和整体式转向系统,其中悬架弹簧和减振器是油气弹簧。所研究的车辆具有前、后两个车轴。图 16-2 示出其刚体运动学模型。其中,H 点是左、右车轮中心连线的中点,轴线 HX_H 水平向前,轴线 HZ_H 垂直向下;轴线 HY_H 水平向右。

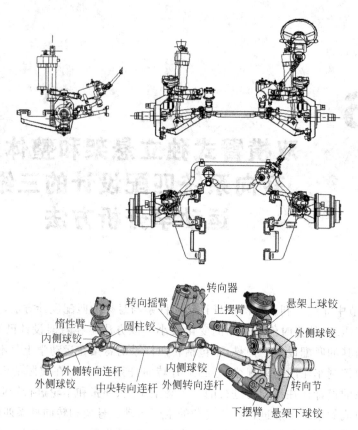

图 16-1 一种在越野车上采用的整体式动力转向系统

16.2 需要输入的数据

(1) 关键点在 $HX_HY_HZ_H$ 坐标系中的坐标值

如图 16-2 所示,关键点包括 P、R、O、K、F、B、G、E、I、J、M 点,需要输入它们在 $HX_HY_HZ_H$ 坐标系中的坐标值,即

上横臂转动轴线上的后点 $P(P_{XH},P_{YH},P_{ZH})$,上横臂转动轴线上的前点 $R(R_{XH},R_{YH},R_{ZH})$,上横臂球铰中心 $O(O_{XH},O_{YH},O_{ZH})$,下横臂转动轴线上的后点 $K(K_{XH},K_{YH},K_{ZH})$,下横臂转动轴线上的前点 $F(F_{XH},F_{YH},F_{ZH})$,下横臂球铰中心 $B(B_{XH},B_{YH},B_{ZH})$;外侧转向连杆内侧球铰中心 $G(G_{XH},G_{YH},G_{ZH})$,外侧转向连杆外侧球铰中心 $E(E_{XH},E_{YH},E_{ZH})$,车轮中心点 $J(J_{XH},J_{YH},J_{ZH})$,在车轮转动轴线上位于 J 点内侧的一点 $I(I_{XH},I_{YH},I_{ZH})$,车轮接地面积中心点 $M(M_{XH},M_{YH},M_{ZH})$。

(2) 一个长度

如图 16-2(k)所示,一个长度是转向器转向摇臂的长度 L_D。

(3) 一个角度

如图 16-2(k)所示,一个角度是转向器转向摇臂轴的轴线与垂直线之间的夹角 a_{n1}。

16 双横臂式独立悬架和整体式转向系统匹配设计的三维运动学分析方法

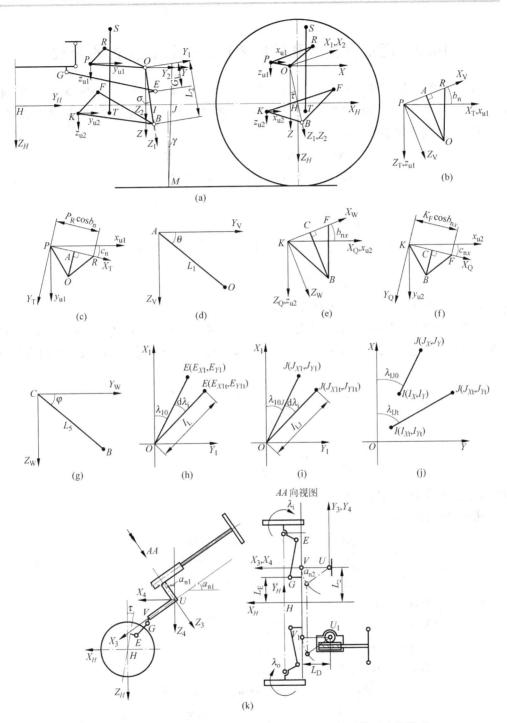

图 16-2 一种在越野车上采用的悬架和转向系统的刚体运动学模型

(a) 悬架和外侧转向连杆模型；(b) PX_VZ_V 和 PX_TZ_T 位于同一个垂直平面内；(c) 沿着 PZ_T 看的视图；(d) 沿着 PX_V 看的视图；(e) KX_WZ_W 和 KX_QZ_Q 位于同一个垂直平面内；(f) 沿着 KZ_Q 看的视图；(g) 沿着 KX_W 看的视图；(h) 沿着 OZ_1 看的视图(E 点坐标变化)；(i) 沿着 OZ_1 看的视图(J 点坐标变化)；(j) 沿着 OZ 看的视图；(k) 转向系统模型

16.3 确定在悬架和转向系统处于设计位置的参数

首先计算上横臂的有关参数。如图 16-2(a)、(b)所示，过线段 PR 画垂直平面，PX_VZ_V 和 PX_TZ_T 平面都在垂直平面内，PZ_T 与地面垂直。坐标系 $PX_VY_VZ_V$、$PX_TY_TZ_T$ 之间有如下关系：

$$\begin{bmatrix} X_V \\ Y_V \\ Z_V \end{bmatrix} = \begin{bmatrix} \cos b_n & 0 & -\sin b_n \\ 0 & 1 & 0 \\ \sin b_n & 0 & \cos b_n \end{bmatrix} \begin{bmatrix} X_T \\ Y_T \\ Z_T \end{bmatrix} \tag{16-1}$$

P、R 点之间的距离 P_R 为

$$P_R = \sqrt{(R_{XH} - P_{XH})^2 + (R_{YH} - P_{YH})^2 + (R_{ZH} - P_{ZH})^2} \tag{16-2}$$

$$\sin b_n = \frac{P_{ZH} - R_{ZH}}{P_R} \tag{16-3}$$

式中，b_n 是轴线 PX_V 与 PX_T 之间的夹角。

如图 16-2(a)、(b)、(c)所示，坐标系 $Px_{ul}y_{ul}z_{ul}$ 中的轴线 Px_{ul}、Py_{ul}、Pz_{ul} 分别与轴线 HX_H、HY_H、HZ_H 平行。沿 PZ_T 看，坐标系 $Px_{ul}y_{ul}z_{ul}$ 与坐标系 $PX_TY_TZ_T$ 之间有如下关系：

$$\begin{bmatrix} x_{ul} \\ y_{ul} \\ z_{ul} \end{bmatrix} = \begin{bmatrix} \cos c_n & -\sin c_n & 0 \\ \sin c_n & \cos c_n & 0 \\ 0 & 0 & 1 \end{bmatrix} \begin{bmatrix} X_T \\ Y_T \\ Z_T \end{bmatrix} \tag{16-4}$$

$$\sin c_n = \frac{R_{YH} - P_{YH}}{P_R \cos b_n} \tag{16-5}$$

式中，c_n 是轴线 Px_{ul}、PX_T 之间的夹角。

从式(16-4)可得

$$\begin{bmatrix} X_T \\ Y_T \\ Z_T \end{bmatrix} = \begin{bmatrix} \cos c_n & \sin c_n & 0 \\ -\sin c_n & \cos c_n & 0 \\ 0 & 0 & 1 \end{bmatrix} \begin{bmatrix} x_{ul} \\ y_{ul} \\ z_{ul} \end{bmatrix} \tag{16-6}$$

把式(16-6)代入式(16-1)，可得

$$\begin{aligned} \begin{bmatrix} X_V \\ Y_V \\ Z_V \end{bmatrix} &= \begin{bmatrix} \cos b_n & 0 & -\sin b_n \\ 0 & 1 & 0 \\ \sin b_n & 0 & \cos b_n \end{bmatrix} \begin{bmatrix} X_T \\ Y_T \\ Z_T \end{bmatrix} \\ &= \begin{bmatrix} \cos b_n & 0 & -\sin b_n \\ 0 & 1 & 0 \\ \sin b_n & 0 & \cos b_n \end{bmatrix} \begin{bmatrix} \cos c_n & \sin c_n & 0 \\ -\sin c_n & \cos c_n & 0 \\ 0 & 0 & 1 \end{bmatrix} \begin{bmatrix} x_{ul} \\ y_{ul} \\ z_{ul} \end{bmatrix} \\ &= \begin{bmatrix} \cos b_n \cos c_n & \cos b_n \sin c_n & -\sin b_n \\ -\sin c_n & \cos c_n & 0 \\ \sin b_n \cos c_n & \sin b_n \sin c_n & \cos b_n \end{bmatrix} \begin{bmatrix} x_{ul} \\ y_{ul} \\ z_{ul} \end{bmatrix} = [T_{VU}] \begin{bmatrix} x_{ul} \\ y_{ul} \\ z_{ul} \end{bmatrix} \end{aligned} \tag{16-7}$$

$$[T_{\text{VU}}] = \begin{bmatrix} \cos b_n \cos c_n & \cos b_n \sin c_n & -\sin b_n \\ -\sin c_n & \cos c_n & 0 \\ \sin b_n \cos c_n & \sin b_n \sin c_n & \cos b_n \end{bmatrix} \quad (16\text{-}8)$$

由式(16-7)、式(16-8)可得

$$\begin{bmatrix} x_{u1} \\ y_{u1} \\ z_{u1} \end{bmatrix} = \begin{bmatrix} \cos b_n \cos c_n & -\sin c_n & \sin b_n \cos c_n \\ \cos b_n \sin c_n & \cos c_n & \sin b_n \sin c_n \\ -\sin b_n & 0 & \cos b_n \end{bmatrix} \begin{bmatrix} X_V \\ Y_V \\ Z_V \end{bmatrix} = [T_{\text{UV}}] \begin{bmatrix} X_V \\ Y_V \\ Z_V \end{bmatrix} \quad (16\text{-}9)$$

$$[T_{\text{UV}}] = \begin{bmatrix} \cos b_n \cos c_n & -\sin c_n & \sin b_n \cos c_n \\ \cos b_n \sin c_n & \cos c_n & \sin b_n \sin c_n \\ -\sin b_n & 0 & \cos b_n \end{bmatrix} \quad (16\text{-}10)$$

在坐标系 $Px_{u1}y_{u1}z_{u1}$ 中,O 点的坐标为

$$O_{xu1} = O_{XH} - P_{XH} \quad (16\text{-}11)$$
$$O_{yu1} = O_{YH} - P_{YH} \quad (16\text{-}12)$$
$$O_{zu1} = O_{ZH} - P_{ZH} \quad (16\text{-}13)$$

利用式(16-7)、式(16-11)~式(16-13)计算 O 点在坐标系 $PX_VY_VZ_V$ 中的坐标

$$\begin{bmatrix} O_{XV} \\ O_{YV} \\ O_{ZV} \end{bmatrix} = [T_{\text{VU}}] \begin{bmatrix} O_{xu1} \\ O_{yu1} \\ O_{zu1} \end{bmatrix} = \begin{bmatrix} \cos b_n \cos c_n & \cos b_n \sin c_n & -\sin b_n \\ -\sin c_n & \cos c_n & 0 \\ \sin b_n \cos c_n & \sin b_n \sin c_n & \cos b_n \end{bmatrix} \begin{bmatrix} O_{xu1} \\ O_{yu1} \\ O_{zu1} \end{bmatrix} \quad (16\text{-}14)$$

如图 16-2(b)、(c)所示,在坐标系 $PX_VY_VZ_V$ 中,O 点的坐标 O_{XV} 在车轮跳动过程中保持不变。图 16-2(d)中,O 点的摆动臂长 L_1(O 与 A 之间的距离)为

$$L_1 = \sqrt{O_{YV}^2 + O_{ZV}^2} \quad (16\text{-}15)$$

$$\sin\theta = \frac{O_{ZV}}{L_1} \quad (16\text{-}16)$$

可以根据设计位置时的数据确定 L_1 和初始 θ 角,即 θ_0。

下面计算下横臂的有关参数。如图 16-2(a)、(e)所示,过线段 KF 画垂直平面,KX_WZ_W 和 KX_QZ_Q 平面都在垂直平面内,KZ_W 与地面垂直。坐标系 $KX_WY_WZ_W$、$KX_QY_QZ_Q$ 之间有如下关系:

$$\begin{bmatrix} X_W \\ Y_W \\ Z_W \end{bmatrix} = \begin{bmatrix} \cos b_{nx} & 0 & -\sin b_{nx} \\ 0 & 1 & 0 \\ \sin b_{nx} & 0 & \cos b_{nx} \end{bmatrix} \begin{bmatrix} X_Q \\ Y_Q \\ Z_Q \end{bmatrix} \quad (16\text{-}17)$$

K、F 点之间的距离 K_F 为

$$K_F = \sqrt{(F_{XH} - K_{XH})^2 + (F_{YH} - K_{YH})^2 + (F_{ZH} - K_{ZH})^2} \quad (16\text{-}18)$$

$$\sin b_{nx} = \frac{K_{ZH} - F_{ZH}}{K_F} \quad (16\text{-}19)$$

式中,b_{nx} 是轴线 PX_W 与 PX_Q 之间的夹角。

如图 16-2(a)、(e)、(f)所示,坐标系 $Kx_{u2}y_{u2}z_{u2}$ 中的轴线 Kx_{u2}、Ky_{u2}、Kz_{u2} 分别与轴线 HX_H、HY_H、HZ_H 平行。沿 KZ_Q 看,坐标系 $Kx_{u2}y_{u2}z_{u2}$ 与坐标系 $KX_QY_QZ_Q$ 之间有如

下关系：

$$\begin{bmatrix} x_{u2} \\ y_{u2} \\ z_{u2} \end{bmatrix} = \begin{bmatrix} \cos c_{nx} & -\sin c_{nx} & 0 \\ \sin c_{nx} & \cos c_{nx} & 0 \\ 0 & 0 & 1 \end{bmatrix} \begin{bmatrix} X_Q \\ Y_Q \\ Z_Q \end{bmatrix} \qquad (16-20)$$

$$\sin c_{nx} = \frac{F_{YH} - K_{YH}}{K_F} \qquad (16-21)$$

式中，c_{nx} 是轴线 Kx_{u2}、KX_Q 之间的夹角。

由式(16-20)可得

$$\begin{bmatrix} X_Q \\ Y_Q \\ Z_Q \end{bmatrix} = \begin{bmatrix} \cos c_{nx} & \sin c_{nx} & 0 \\ -\sin c_{nx} & \cos c_{nx} & 0 \\ 0 & 0 & 1 \end{bmatrix} \begin{bmatrix} x_{u2} \\ y_{u2} \\ z_{u2} \end{bmatrix} \qquad (16-22)$$

把式(16-22)代入式(16-17)，可得

$$\begin{bmatrix} X_W \\ Y_W \\ Z_W \end{bmatrix} = \begin{bmatrix} \cos b_{nx} & 0 & -\sin b_{nx} \\ 0 & 1 & 0 \\ \sin b_{nx} & 0 & \cos b_{nx} \end{bmatrix} \begin{bmatrix} X_Q \\ Y_Q \\ Z_Q \end{bmatrix}$$

$$= \begin{bmatrix} \cos b_{nx} & 0 & -\sin b_{nx} \\ 0 & 1 & 0 \\ \sin b_{nx} & 0 & \cos b_{nx} \end{bmatrix} \begin{bmatrix} \cos c_{nx} & \sin c_{nx} & 0 \\ -\sin c_{nx} & \cos c_{nx} & 0 \\ 0 & 0 & 1 \end{bmatrix} \begin{bmatrix} x_{u2} \\ y_{u2} \\ z_{u2} \end{bmatrix}$$

$$= \begin{bmatrix} \cos b_{nx}\cos c_{nx} & \cos b_{nx}\sin c_{nx} & -\sin b_{nx} \\ -\sin c_{nx} & \cos c_{nx} & 0 \\ \sin b_{nx}\cos c_{nx} & \sin b_{nx}\sin c_{nx} & \cos b_{nx} \end{bmatrix} \begin{bmatrix} x_{u2} \\ y_{u2} \\ z_{u2} \end{bmatrix} = [T_{WU}]\begin{bmatrix} x_{u2} \\ y_{u2} \\ z_{u2} \end{bmatrix} \qquad (16-23)$$

$$[T_{WU}] = \begin{bmatrix} \cos b_{nx}\cos c_{nx} & \cos b_{nx}\sin c_{nx} & -\sin b_{nx} \\ -\sin c_{nx} & \cos c_{nx} & 0 \\ \sin b_{nx}\cos c_{nx} & \sin b_{nx}\sin c_{nx} & \cos b_{nx} \end{bmatrix} \qquad (16-24)$$

由式(16-23)、式(16-24)可得

$$\begin{bmatrix} x_{u2} \\ y_{u2} \\ z_{u2} \end{bmatrix} = \begin{bmatrix} \cos b_{nx}\cos c_{nx} & -\sin c_{nx} & \sin b_{nx}\cos c_{nx} \\ \cos b_{nx}\sin c_{nx} & \cos c_{nx} & \sin b_{nx}\sin c_{nx} \\ -\sin b_{nx} & 0 & \cos b_{nx} \end{bmatrix} \begin{bmatrix} X_W \\ Y_W \\ Z_W \end{bmatrix} = [T_{UW}]\begin{bmatrix} X_W \\ Y_W \\ Z_W \end{bmatrix} \qquad (16-25)$$

$$[T_{UW}] = \begin{bmatrix} \cos b_{nx}\cos c_{nx} & -\sin c_{nx} & \sin b_{nx}\cos c_{nx} \\ \cos b_{nx}\sin c_{nx} & \cos c_{nx} & \sin b_{nx}\sin c_{nx} \\ -\sin b_{nx} & 0 & \cos b_{nx} \end{bmatrix} \qquad (16-26)$$

在坐标系 $Kx_{u2}y_{u2}z_{u2}$ 中，B 点的坐标为

$$B_{xu2} = B_{XH} - K_{XH} \qquad (16-27)$$
$$B_{yu2} = B_{YH} - K_{YH} \qquad (16-28)$$
$$B_{zu2} = B_{ZH} - K_{ZH} \qquad (16-29)$$

利用式(16-23)、式(16-27)～式(16-29)计算 B 点在坐标系 $KX_WY_WZ_W$ 中的坐标为

$$\begin{bmatrix} B_{XW} \\ B_{YW} \\ B_{ZW} \end{bmatrix} = [T_{WU}] \begin{bmatrix} B_{xu2} \\ B_{yu2} \\ B_{zu2} \end{bmatrix}$$

$$= \begin{bmatrix} \cos b_{nx}\cos c_{nx} & \cos b_{nx}\sin c_{nx} & -\sin b_{nx} \\ -\sin c_{nx} & \cos c_{nx} & 0 \\ \sin b_{nx}\cos c_{nx} & \sin b_{nx}\sin c_{nx} & \cos b_{nx} \end{bmatrix} \begin{bmatrix} B_{xu2} \\ B_{yu2} \\ B_{zu2} \end{bmatrix} \quad (16\text{-}30)$$

如图 16-2(e)、(f)所示,在坐标系 $KX_WY_WZ_W$ 中,B 点的坐标 B_{XW} 在车轮跳动过程中保持不变。如图 16-2(g)所示,O 点的摆动臂长 L_5(B 与 C 之间的距离)为

$$L_5 = \sqrt{B_{YW}^2 + B_{ZW}^2} \quad (16\text{-}31)$$

$$\sin\varphi = \frac{B_{ZW}}{L_5} \quad (16\text{-}32)$$

可以根据设计位置时的数据确定 L_5 和初始 φ 角,即 φ_0。

在坐标系 $Px_{u1}y_{u1}z_{u1}$ 中 K 点坐标为

$$K_{xu1} = K_{XH} - P_{XH} \quad (16\text{-}33)$$

$$K_{yu1} = K_{YH} - P_{YH} \quad (16\text{-}34)$$

$$K_{zu1} = K_{ZH} - P_{ZH} \quad (16\text{-}35)$$

在坐标系 $Px_{u1}y_{u1}z_{u1}$ 中 B 点坐标为

$$B_{xu1} = K_{xu1} + B_{xu2} \quad (16\text{-}36)$$

$$B_{yu1} = K_{yu1} + B_{yu2} \quad (16\text{-}37)$$

$$B_{zu1} = K_{zu1} + B_{zu2} \quad (16\text{-}38)$$

O 点与 B 点之间的距离 L_2 为

$$L_2 = \sqrt{(O_{xu1} - B_{xu1})^2 + (O_{yu1} - B_{yu1})^2 + (O_{zu1} - B_{zu1})^2} \quad (16\text{-}39)$$

$$\sin\sigma = \frac{B_{yu1} - O_{yu1}}{\sqrt{(B_{yu1} - O_{yu1})^2 + (B_{zu1} - O_{zu1})^2}} \quad (16\text{-}40)$$

$$\sin\tau = \frac{B_{xu1} - O_{xu1}}{\sqrt{(B_{xu1} - O_{xu1})^2 + (B_{zu1} - O_{zu1})^2}} \quad (16\text{-}41)$$

或

$$\tan\tau = \frac{B_{xu1} - O_{xu1}}{B_{zu1} - O_{zu1}} \quad (16\text{-}42)$$

式中,σ、τ 分别是设计位置的主销内倾角 σ_0、主销后倾角 τ_0。

注意,以上所求都是在设计位置的参数。

16.4 在车轮跳动过程中悬架和转向杆系的刚体运动学分析

在车轮跳动过程中,对任意上横臂的摆角 $\theta = \theta_t$,在坐标系 $PX_VY_VZ_V$ 中有如下关系:

$$O_{XVt} = O_{XV} \quad (16\text{-}43)$$

$$O_{YVt} = L_1\cos\theta_t \quad (16\text{-}44)$$

$$O_{ZVt} = L_1 \sin\theta_t \tag{16-45}$$

在坐标系 $Px_{u1}y_{u1}z_{u1}$ 中，O 点的坐标为

$$\begin{bmatrix} O_{xu1t} \\ O_{yu1t} \\ O_{zu1t} \end{bmatrix} = [T_{UV}] \begin{bmatrix} O_{XVt} \\ O_{YVt} \\ O_{ZVt} \end{bmatrix} = \begin{bmatrix} \cos b_n \cos c_n & -\sin c_n & \sin b_n \cos c_n \\ \cos b_n \sin c_n & \cos c_n & \sin b_n \sin c_n \\ -\sin b_n & 0 & \cos b_n \end{bmatrix} \begin{bmatrix} O_{XVt} \\ O_{YVt} \\ O_{ZVt} \end{bmatrix} \tag{16-46}$$

在坐标系 $KX_WY_WZ_W$ 中，B 点的坐标为

$$B_{XWt} = B_{XW} \tag{16-47}$$

$$B_{YWt} = L_5 \cos\varphi_t \tag{16-48}$$

$$B_{ZWt} = L_5 \sin\varphi_t \tag{16-49}$$

在坐标系 $Kx_{u2}y_{u2}z_{u2}$ 中，B 点的坐标为

$$\begin{bmatrix} B_{xu2t} \\ B_{yu2t} \\ B_{zu2t} \end{bmatrix} = [T_{UW}] \begin{bmatrix} B_{XWt} \\ B_{YWt} \\ B_{ZWt} \end{bmatrix} = \begin{bmatrix} \cos b_{nx} \cos c_{nx} & -\sin c_{nx} & \sin b_{nx} \cos c_{nx} \\ \cos b_{nx} \sin c_{nx} & \cos c_{nx} & \sin b_{nx} \sin c_{nx} \\ -\sin b_{nx} & 0 & \cos b_{nx} \end{bmatrix} \begin{bmatrix} B_{XWt} \\ B_{YWt} \\ B_{ZWt} \end{bmatrix}$$

$$= \begin{bmatrix} \cos b_{nx} \cos c_{nx} & -\sin c_{nx} & \sin b_{nx} \cos c_{nx} \\ \cos b_{nx} \sin c_{nx} & \cos c_{nx} & \sin b_{nx} \sin c_{nx} \\ -\sin b_{nx} & 0 & \cos b_{nx} \end{bmatrix} \begin{bmatrix} B_{XW} \\ L_5 \cos\varphi_t \\ L_5 \sin\varphi_t \end{bmatrix}$$

$$= \begin{bmatrix} \cos b_{nx} \cos c_{nx} B_{XW} - \sin c_{nx} L_5 \cos\varphi_t + \sin b_{nx} \cos c_{nx} L_5 \sin\varphi_t \\ \cos b_{nx} \sin c_{nx} B_{XW} + \cos c_{nx} L_5 \cos\varphi_t + \sin b_{nx} \sin c_{nx} L_5 \sin\varphi_t \\ -\sin b_{nx} B_{XW} + 0 + \cos b_{nx} L_5 \sin\varphi_t \end{bmatrix}$$

$$= \begin{bmatrix} a_{11} + a_{12} \cos\varphi_t + a_{13} \sin\varphi_t \\ a_{21} + a_{22} \cos\varphi_t + a_{23} \sin\varphi_t \\ a_{31} + 0 + a_{33} \sin\varphi_t \end{bmatrix} \tag{16-50}$$

其中

$$a_{11} = \cos b_{nx} \cos c_{nx} B_{XW} \tag{16-51}$$

$$a_{12} = -\sin c_{nx} L_5 \tag{16-52}$$

$$a_{13} = \sin b_{nx} \cos c_{nx} L_5 \tag{16-53}$$

$$a_{21} = \cos b_{nx} \sin c_{nx} B_{XW} \tag{16-54}$$

$$a_{22} = \cos c_{nx} L_5 \tag{16-55}$$

$$a_{23} = \sin b_{nx} \sin c_{nx} L_5 \tag{16-56}$$

$$a_{31} = -\sin b_{nx} B_{XW} \tag{16-57}$$

$$a_{33} = \cos b_{nx} L_5 \tag{16-58}$$

在坐标系 $Px_{u1}y_{u1}z_{u1}$ 中，B 点的坐标为

$$B_{xu1t} = (K_{XH} - P_{XH}) + B_{xu2t} = (K_{XH} - P_{XH}) + a_{11} + a_{12}\cos\varphi_t + a_{13}\sin\varphi_t \tag{16-59}$$

$$B_{yu1t} = (K_{YH} - P_{YH}) + B_{yu2t} = (K_{YH} - P_{YH}) + a_{21} + a_{22}\cos\varphi_t + a_{23}\sin\varphi_t \tag{16-60}$$

$$B_{zu1t} = (K_{ZH} - P_{ZH}) + B_{zu2t} = (K_{ZH} - P_{ZH}) + a_{31} + a_{33}\sin\varphi_t \tag{16-61}$$

在车轮跳动时，需要在已知上横臂角度 θ_t 的情况下求出下横臂的角度 φ_t。在车轮跳动时，O 和 B 之间的距离不变，总为 L_2，所以有

16 双横臂式独立悬架和整体式转向系统匹配设计的三维运动学分析方法

$$L_2^2 = (B_{xult} - O_{xult})^2 + (B_{yult} - O_{yult})^2 + (B_{zult} - O_{zult})^2$$
$$= (a_{12}\cos\varphi_t + a_{13}\sin\varphi_t + a_{14})^2 + (a_{22}\cos\varphi_t + a_{23}\sin\varphi_t + a_{24})^2 +$$
$$(a_{33}\sin\varphi_t + a_{34})^2 \tag{16-62}$$

其中

$$a_{14} = (K_{XH} - P_{XH}) + a_{11} - O_{xult} \tag{16-63}$$
$$a_{24} = (K_{YH} - P_{YH}) + a_{21} - O_{yult} \tag{16-64}$$
$$a_{34} = (K_{ZH} - P_{ZH}) + a_{31} - O_{zult} \tag{16-65}$$

由式(16-62)可得

$$L_2^2 = (a_{12}\cos\varphi_t + a_{13}\sin\varphi_t)^2 + 2a_{14}(a_{12}\cos\varphi_t + a_{13}\sin\varphi_t) + a_{14}^2 +$$
$$(a_{22}\cos\varphi_t + a_{23}\sin\varphi_t)^2 + 2a_{24}(a_{22}\cos\varphi_t + a_{23}\sin\varphi_t) + a_{24}^2 +$$
$$a_{33}^2 \sin^2\varphi_t + 2a_{33}a_{34}\sin\varphi_t + a_{34}^2$$
$$= a_{12}^2 \cos^2\varphi_t + 2a_{12}a_{13}\cos\varphi_t\sin\varphi_t + a_{13}^2 \sin^2\varphi_t +$$
$$2a_{14}a_{12}\cos\varphi_t + 2a_{14}a_{13}\sin\varphi_t + a_{14}^2 +$$
$$a_{22}^2 \cos^2\varphi_t + 2a_{22}a_{23}\cos\varphi_t\sin\varphi_t + a_{23}^2 \sin^2\varphi_t +$$
$$2a_{24}a_{22}\cos\varphi_t + 2a_{24}a_{23}\sin\varphi_t + a_{24}^2 + a_{33}^2 \sin^2\varphi_t + 2a_{33}a_{34}\sin\varphi_t + a_{34}^2$$
$$= (a_{12}^2 + a_{22}^2)\cos^2\varphi_t + (a_{13}^2 + a_{23}^2 + a_{33}^2)\sin^2\varphi_t +$$
$$2(a_{12}a_{13} + a_{22}a_{23})\sin\varphi_t\cos\varphi_t + 2(a_{14}a_{12} + a_{24}a_{22})\cos\varphi_t +$$
$$2(a_{14}a_{13} + a_{24}a_{23} + a_{33}a_{34})\sin\varphi_t + (a_{14}^2 + a_{24}^2 + a_{34}^2) \tag{16-66}$$

$$a_{12}^2 + a_{22}^2 = \sin^2 c_{nx} L_5^2 + \cos^2 c_{nx} L_5^2 = L_5^2 \tag{16-67}$$
$$a_{13}^2 + a_{23}^2 + a_{33}^2 = (\sin^2 b_{nx}\cos^2 c_{nx} + \sin^2 b_{nx}\sin^2 c_{nx} + \cos^2 b_{nx})L_5^2 = L_5^2 \tag{16-68}$$
$$2(a_{12}a_{13} + a_{22}a_{23}) = 2(-\sin b_{nx}\sin c_{nx}\cos c_{nx} + \sin b_{nx}\sin c_{nx}\cos c_{nx})L_5^2 = 0 \tag{16-69}$$

把式(16-67)、式(16-68)、式(16-69)代入式(16-66),得

$$L_2^2 = L_5^2 \cos^2\varphi_t + L_5^2 \sin^2\varphi_t + b_4\cos\varphi_t + b_5\sin\varphi_t + b_6$$
$$= L_5^2 + b_4\cos\varphi_t + b_5\sin\varphi_t + b_6 \tag{16-70}$$

其中

$$b_4 = 2(a_{14}a_{12} + a_{24}a_{22}) \tag{16-71}$$
$$b_5 = 2(a_{14}a_{13} + a_{24}a_{23} + a_{33}a_{34}) \tag{16-72}$$
$$b_6 = (a_{14}^2 + a_{24}^2 + a_{34}^2) \tag{16-73}$$

由式(16-70)可得

$$L_2^2 - L_5^2 - b_6 = b_4\cos\varphi_t + b_5\sin\varphi_t \tag{16-74}$$

令

$$c = L_2^2 - L_5^2 - b_6 \tag{16-75}$$
$$a = b_4 \tag{16-76}$$
$$b = b_5 \tag{16-77}$$

把式(16-75)~式(16-77)代入式(16-74),得

$$c = a\cos\varphi_t + b\sin\varphi_t \tag{16-78}$$

$$\frac{c}{\sqrt{a^2+b^2}} = \frac{a}{\sqrt{a^2+b^2}}\cos\varphi_t + \frac{b}{\sqrt{a^2+b^2}}\sin\varphi_t \tag{16-79}$$

(1) 如果 $b \geqslant 0$，令

$$\sin\mu = \frac{a}{\sqrt{a^2+b^2}} \tag{16-80}$$

$$\mu = \arcsin\left(\frac{a}{\sqrt{a^2+b^2}}\right) \tag{16-81}$$

$$\cos\mu = \frac{b}{\sqrt{a^2+b^2}} \tag{16-82}$$

把式(16-80)、式(16-82)代入式(16-79)，得

$$\frac{c}{\sqrt{a^2+b^2}} = \sin\varphi_t\cos\mu + \cos\varphi_t\sin\mu = \sin(\varphi_t + \mu) \tag{16-83}$$

$$\varphi_t = \arcsin\left(\frac{c}{\sqrt{a^2+b^2}}\right) - \mu \tag{16-84}$$

(2) 如果 $b<0$，从式(16-79)可得

$$\frac{-c}{\sqrt{a^2+b^2}} = \frac{-a}{\sqrt{a^2+b^2}}\cos\varphi_t + \frac{-b}{\sqrt{a^2+b^2}}\sin\varphi_t \tag{16-85}$$

令

$$\sin\mu = \frac{-a}{\sqrt{a^2+b^2}} \tag{16-86}$$

$$\mu = \arcsin\left(\frac{-a}{\sqrt{a^2+b^2}}\right) \tag{16-87}$$

$$\cos\mu = \frac{-b}{\sqrt{a^2+b^2}} \tag{16-88}$$

把式(16-86)、式(16-88)代入式(16-85)，得

$$\frac{-c}{\sqrt{a^2+b^2}} = \sin\varphi_t\cos\mu + \cos\varphi_t\sin\mu = \sin(\varphi_t + \mu)$$

$$\varphi_t = \arcsin\left(\frac{-c}{\sqrt{a^2+b^2}}\right) - \mu \tag{16-89}$$

对于任意上横臂角度 θ_t，主销内倾角 σ 和主销后倾角 τ 分别为 σ_t、τ_t，则

$$\sin\sigma_t = \frac{B_{y\text{ult}} - O_{y\text{ult}}}{\sqrt{(O_{y\text{ult}} - B_{y\text{ult}})^2 + (O_{z\text{ult}} - B_{z\text{ult}})^2}} \tag{16-90}$$

$$\tan\sigma_t = \frac{B_{y\text{ult}} - O_{y\text{ult}}}{B_{z\text{ult}} - O_{z\text{ult}}} \tag{16-91}$$

$$\tan\tau_t = \frac{B_{x\text{ult}} - O_{x\text{ult}}}{B_{z\text{ult}} - O_{z\text{ult}}} \tag{16-92}$$

如图 16-2(a)所示，$OXYZ$ 方位保持不变，OX 与地面平行，指向车辆前进方向；OZ 与地面垂直；OY 指向取决于 OX 和 OZ。坐标系 $OX_1Y_1Z_1$ 中的 OY_1Z_1 平面、坐标系 $OX_2Y_2Z_2$ 中的 OY_2Z_2 平面总是在过 OB 的、与车辆纵向对称垂直平面相垂直的平面 Γ

16 双横臂式独立悬架和整体式转向系统匹配设计的三维运动学分析方法

内,OZ_1 总是沿着 OB 方向。坐标系 $OX_1Y_1Z_1$、$OX_2Y_2Z_2$ 的方向随着车轮的跳动而发生变化。

坐标系 $OX_2Y_2Z_2$ 是坐标系 $OXYZ$ 绕 OY 轴转动 τ_t 得到的,因此有

$$\begin{bmatrix} X \\ Y \\ Z \end{bmatrix} = \begin{bmatrix} \cos\tau_t & 0 & \sin\tau_t \\ 0 & 1 & 0 \\ -\sin\tau_t & 0 & \cos\tau_t \end{bmatrix} \begin{bmatrix} X_2 \\ Y_2 \\ Z_2 \end{bmatrix} \tag{16-93}$$

坐标系 $OX_2Y_2Z_2$ 绕 OX_2 轴转动 σ_1 得到坐标系 $OX_1Y_1Z_1$,其中 OZ_1 就是主销轴线,因此有如下关系式:

$$\begin{bmatrix} X_2 \\ Y_2 \\ Z_2 \end{bmatrix} = \begin{bmatrix} 1 & 0 & 0 \\ 0 & \cos\sigma_1 & \sin\sigma_1 \\ 0 & -\sin\sigma_1 & \cos\sigma_1 \end{bmatrix} \begin{bmatrix} X_1 \\ Y_1 \\ Z_1 \end{bmatrix} \tag{16-94}$$

其中

$$\tan\sigma_1 = \tan\sigma_t \cos\tau_t \tag{16-95}$$

把式(16-94)代入式(16-93),得

$$\begin{bmatrix} X \\ Y \\ Z \end{bmatrix} = \begin{bmatrix} \cos\tau_t & 0 & \sin\tau_t \\ 0 & 1 & 0 \\ -\sin\tau_t & 0 & \cos\tau_t \end{bmatrix} \begin{bmatrix} 1 & 0 & 0 \\ 0 & \cos\sigma_1 & \sin\sigma_1 \\ 0 & -\sin\sigma_1 & \cos\sigma_1 \end{bmatrix} \begin{bmatrix} X_1 \\ Y_1 \\ Z_1 \end{bmatrix}$$

$$= \begin{bmatrix} \cos\tau_t & -\sin\tau_t\sin\sigma_1 & \sin\tau_t\cos\sigma_1 \\ 0 & \cos\sigma_1 & \sin\sigma_1 \\ -\sin\tau_t & -\cos\tau_t\sin\sigma_1 & \cos\tau_t\cos\sigma_1 \end{bmatrix} \begin{bmatrix} X_1 \\ Y_1 \\ Z_1 \end{bmatrix} \tag{16-96}$$

$$\begin{bmatrix} X_1 \\ Y_1 \\ Z_1 \end{bmatrix} = \begin{bmatrix} \cos\tau_t & 0 & -\sin\tau_t \\ -\sin\tau_t\sin\sigma_1 & \cos\sigma_1 & -\cos\tau_t\sin\sigma_1 \\ \sin\tau_t\cos\sigma_1 & \sin\sigma_1 & \cos\tau_t\cos\sigma_1 \end{bmatrix} \begin{bmatrix} X \\ Y \\ Z \end{bmatrix} \tag{16-97}$$

下面证明式(16-95)。沿着 OZ_1 取一个单位矢量,其在坐标系 $OX_1Y_1Z_1$ 中的坐标是 $(0,0,1)$,其在坐标系 $OXYZ$ 中的坐标为

$$\begin{bmatrix} X_0 \\ Y_0 \\ Z_0 \end{bmatrix} = \begin{bmatrix} \cos\tau_t & -\sin\tau_t\sin\sigma_1 & \sin\tau_t\cos\sigma_1 \\ 0 & \cos\sigma_1 & \sin\sigma_1 \\ -\sin\tau_t & -\cos\tau_t\sin\sigma_1 & \cos\tau_t\cos\sigma_1 \end{bmatrix} \begin{bmatrix} 0 \\ 0 \\ 1 \end{bmatrix} = \begin{bmatrix} \sin\tau_t\cos\sigma_1 \\ \sin\sigma_1 \\ \cos\tau_t\cos\sigma_1 \end{bmatrix} \tag{16-98}$$

有如下关系:

$$\tan\sigma_t = \frac{Y_0}{Z_0} = \frac{\sin\sigma_1}{\cos\tau_t\cos\sigma_1} = \frac{\tan\sigma_1}{\cos\tau_t} \tag{16-99}$$

因此,有

$$\tan\sigma_1 = \tan\sigma_t\cos\tau_t$$

16.5 转向时前轴内轮转角 λ_i、外轮转角 λ_o 的计算

在计算转向时的前轴内、外轮转角时,假定悬架处于设计位置,即上横臂转角 $\theta = \theta_t = \theta_0$。

16.5.1 车轮处于直线行驶位置时的有关参数计算

在坐标系 $HX_HY_HZ_H$ 中 E、O 的坐标分别为 (E_{XH}, E_{YH}, E_{ZH})、(O_{XH}, O_{YH}, O_{ZH})，则 E 点在坐标系 $OXYZ$ 中的坐标为

$$E_X = E_{XH} - O_{XH} \tag{16-100}$$

$$E_Y = E_{YH} - O_{YH} \tag{16-101}$$

$$E_Z = E_{ZH} - O_{ZH} \tag{16-102}$$

E 点在坐标系 $OX_1Y_1Z_1$ 中的坐标为

$$\begin{bmatrix} E_{X1} \\ E_{Y1} \\ E_{Z1} \end{bmatrix} = \begin{bmatrix} \cos\tau_t & 0 & -\sin\tau_t \\ -\sin\tau_t\sin\sigma_1 & \cos\sigma_1 & -\cos\tau_t\sin\sigma_1 \\ \sin\tau_t\cos\sigma_1 & \sin\sigma_1 & \cos\tau_t\cos\sigma_1 \end{bmatrix} \begin{bmatrix} E_X \\ E_Y \\ E_Z \end{bmatrix} \tag{16-103}$$

如图 16-2(h) 所示，沿着 OZ_1 看，有

$$I_L = \sqrt{E_{X1}^2 + E_{Y1}^2} \tag{16-104}$$

下面确定 E 点在车轮处于直线行驶位置时的方位角 λ_{10}。

(1) 如果 $E_{X1} > 0, E_{Y1} > 0$

$$\lambda_{10} = \arctan \frac{E_{Y1}}{E_{X1}} \tag{16-105}$$

如果 $E_{X1} < 10^{-20}$，则

$$\lambda_{10} = \frac{\pi}{2} \tag{16-106}$$

(2) 如果 $E_{X1} < 0, E_{Y1} > 0$

$$\lambda_{10} = \pi + \arctan \frac{E_{Y1}}{E_{X1}} \tag{16-107}$$

如果 $|E_{X1}| < 10^{-20}$，则

$$\lambda_{10} = \frac{\pi}{2} \tag{16-108}$$

(3) 如果 $E_{X1} < 0, E_{Y1} < 0$

$$\lambda_{10} = \pi + \arctan \frac{E_{Y1}}{E_{X1}} \tag{16-109}$$

如果 $|E_{X1}| < 10^{-20}$，则

$$\lambda_{10} = \frac{3\pi}{2} \tag{16-110}$$

(4) 如果 $E_{X1} > 0, E_{Y1} < 0$

$$\lambda_{10} = 2\pi + \arctan \frac{E_{Y1}}{E_{X1}} \tag{16-111}$$

如果 $|E_{X1}| < 10^{-20}$，则

$$\lambda_{10} = \frac{3\pi}{2} \tag{16-112}$$

在坐标系 $HX_HY_HZ_H$ 中 J 点的坐标为 (J_{XH}, J_{YH}, J_{ZH})，则 J 点在坐标系 $OXYZ$ 中的

坐标为

$$J_X = J_{XH} - O_{XH} \quad (16\text{-}113)$$

$$J_Y = J_{YH} - O_{YH} \quad (16\text{-}114)$$

$$J_Z = J_{ZH} - O_{ZH} \quad (16\text{-}115)$$

J 点在坐标系 $OX_1Y_1Z_1$ 中的坐标为

$$\begin{bmatrix} J_{X1} \\ J_{Y1} \\ J_{Z1} \end{bmatrix} = \begin{bmatrix} \cos\tau_t & 0 & -\sin\tau_t \\ -\sin\tau_t\sin\sigma_1 & \cos\sigma_1 & -\cos\tau_t\sin\sigma_1 \\ \sin\tau_t\cos\sigma_1 & \sin\sigma_1 & \cos\tau_t\cos\sigma_1 \end{bmatrix} \begin{bmatrix} J_X \\ J_Y \\ J_Z \end{bmatrix} \quad (16\text{-}116)$$

如图 16-2(i) 所示,沿着 OZ_1 看,有

$$I_{LJ} = \sqrt{J_{X1}^2 + J_{Y1}^2} \quad (16\text{-}117)$$

下面确定 J 点在车轮处于直线行驶位置时的方位角 λ_{10J}。

(1) 如果 $J_{X1} > 0, J_{Y1} > 0$

$$\lambda_{10J} = \arctan\frac{J_{Y1}}{J_{X1}} \quad (16\text{-}118)$$

如果 $J_{X1} < 10^{-20}$,则

$$\lambda_{10J} = \frac{\pi}{2} \quad (16\text{-}119)$$

(2) 如果 $J_{X1} < 0, J_{Y1} > 0$

$$\lambda_{10J} = \pi + \arctan\frac{J_{Y1}}{J_{X1}} \quad (16\text{-}120)$$

如果 $|J_{X1}| < 10^{-20}$,则

$$\lambda_{10J} = \frac{\pi}{2} \quad (16\text{-}121)$$

(3) 如果 $J_{X1} < 0, J_{Y1} < 0$

$$\lambda_{10J} = \pi + \arctan\frac{J_{Y1}}{J_{X1}} \quad (16\text{-}122)$$

如果 $|J_{X1}| < 10^{-20}$,则

$$\lambda_{10J} = \frac{3\pi}{2} \quad (16\text{-}123)$$

(4) 如果 $J_{X1} > 0, J_{Y1} < 0$

$$\lambda_{10J} = 2\pi + \arctan\frac{J_{Y1}}{J_{X1}} \quad (16\text{-}124)$$

如果 $|J_{X1}| < 10^{-20}$,则

$$\lambda_{10J} = \frac{3\pi}{2} \quad (16\text{-}125)$$

在坐标系 $HX_HY_HZ_H$ 中 I 点的坐标为 (I_{XH}, I_{YH}, I_{ZH}),则 I 点在坐标系 $OXYZ$ 中的坐标为

$$I_X = I_{XH} - O_{XH} \quad (16\text{-}126)$$

$$I_Y = I_{YH} - O_{YH} \quad (16\text{-}127)$$

$$I_Z = I_{ZH} - O_{ZH} \tag{16-128}$$

I 点在坐标系 $OX_1Y_1Z_1$ 中的坐标为

$$\begin{bmatrix} I_{X1} \\ I_{Y1} \\ I_{Z1} \end{bmatrix} = \begin{bmatrix} \cos\tau_t & 0 & -\sin\tau_t \\ -\sin\tau_t\sin\sigma_1 & \cos\sigma_1 & -\cos\tau_t\sin\sigma_1 \\ \sin\tau_t\cos\sigma_1 & \sin\sigma_1 & \cos\tau_t\cos\sigma_1 \end{bmatrix} \begin{bmatrix} I_X \\ I_Y \\ I_Z \end{bmatrix} \tag{16-129}$$

在图 16-2(i) 中,如果把 J 换成 I,则

$$I_{LI} = \sqrt{I_{X1}^2 + I_{Y1}^2} \tag{16-130}$$

下面确定 I 点在车轮处于直线行驶位置时的方位角 λ_{10I}。

(1) 如果 $I_{X1} > 0, I_{Y1} > 0$

$$\lambda_{10I} = \arctan\frac{I_{Y1}}{I_{X1}} \tag{16-131}$$

如果 $I_{X1} < 10^{-20}$,则

$$\lambda_{10I} = \frac{\pi}{2} \tag{16-132}$$

(2) 如果 $I_{X1} < 0, I_{Y1} > 0$

$$\lambda_{10I} = \pi + \arctan\frac{I_{Y1}}{I_{X1}} \tag{16-133}$$

如果 $|I_{X1}| < 10^{-20}$,则

$$\lambda_{10I} = \frac{\pi}{2} \tag{16-134}$$

(3) 如果 $I_{X1} < 0, I_{Y1} < 0$

$$\lambda_{10I} = \pi + \arctan\frac{I_{Y1}}{I_{X1}} \tag{16-135}$$

如果 $|I_{X1}| < 10^{-20}$,则

$$\lambda_{10I} = \frac{3\pi}{2} \tag{16-136}$$

(4) 如果 $I_{X1} > 0, I_{Y1} < 0$

$$\lambda_{10I} = 2\pi + \arctan\frac{I_{Y1}}{I_{X1}} \tag{16-137}$$

如果 $|I_{X1}| < 10^{-20}$,则

$$\lambda_{10I} = \frac{3\pi}{2} \tag{16-138}$$

如图 16-2(j) 所示,按照如下方法计算 λ_{IJ0}。

$$J_{IX} = J_X - I_X \tag{16-139}$$
$$J_{IY} = J_Y - I_Y \tag{16-140}$$
$$J_{IZ} = J_Z - I_Z \tag{16-141}$$

下面确定车轮处于直线行驶位置时的方位角 λ_{IJ0}(见图 16-2(j))。

(1) 如果 $J_{IX} > 0, J_{IY} > 0$

$$\lambda_{IJ0} = \arctan\frac{J_{IY}}{J_{IX}} \tag{16-142}$$

如果 $J_{IX} < 10^{-20}$,则

$$\lambda_{IJ0} = \frac{\pi}{2} \tag{16-143}$$

(2) 如果 $J_{IX} < 0, J_{IY} > 0$

$$\lambda_{IJ0} = \pi + \arctan\frac{J_{IY}}{J_{IX}} \tag{16-144}$$

如果 $|J_{IX}| < 10^{-20}$,则

$$\lambda_{IJ0} = \frac{\pi}{2} \tag{16-145}$$

(3) 如果 $J_{IX} < 0, J_{IY} < 0$

$$\lambda_{IJ0} = \pi + \arctan\frac{J_{IY}}{J_{IX}} \tag{16-146}$$

如果 $|J_{IX}| < 10^{-20}$,则

$$\lambda_{IJ0} = \frac{3\pi}{2} \tag{16-147}$$

(4) 如果 $J_{IX} > 0, J_{IY} < 0$

$$\lambda_{IJ0} = 2\pi + \arctan\frac{J_{IY}}{J_{IX}} \tag{16-148}$$

如果 $|J_{IX}| < 10^{-20}$,则

$$\lambda_{IJ0} = \frac{3\pi}{2} \tag{16-149}$$

在坐标系 $HX_HY_HZ_H$ 中 M 点的坐标为 (M_{XH}, M_{YH}, M_{ZH}),则 M 点在坐标系 $OXYZ$ 中的坐标为

$$M_X = M_{XH} - O_{XH} \tag{16-150}$$

$$M_Y = M_{YH} - O_{YH} \tag{16-151}$$

$$M_Z = M_{ZH} - O_{ZH} \tag{16-152}$$

M 点在坐标系 $OX_1Y_1Z_1$ 中的坐标为

$$\begin{bmatrix} M_{X1} \\ M_{Y1} \\ M_{Z1} \end{bmatrix} = \begin{bmatrix} \cos\tau_t & 0 & -\sin\tau_t \\ -\sin\tau_t\sin\sigma_1 & \cos\sigma_1 & -\cos\tau_t\sin\sigma_1 \\ \sin\tau_t\cos\sigma_1 & \sin\sigma_1 & \cos\tau_t\cos\sigma_1 \end{bmatrix} \begin{bmatrix} M_X \\ M_Y \\ M_Z \end{bmatrix} \tag{16-153}$$

在图 16-2(i) 中,如果把 J 换成 M,则

$$I_{LM} = \sqrt{M_{X1}^2 + M_{Y1}^2} \tag{16-154}$$

下面确定 M 点在车轮处于直线行驶位置时的方位角 λ_{10M}。

(1) 如果 $M_{X1} > 0, M_{Y1} > 0$

$$\lambda_{10M} = \arctan\frac{M_{Y1}}{M_{X1}} \tag{16-155}$$

如果 $M_{X1} < 10^{-20}$,则

$$\lambda_{10M} = \frac{\pi}{2} \tag{16-156}$$

(2) 如果 $M_{X1}<0, M_{Y1}>0$

$$\lambda_{10M} = \pi + \arctan\frac{M_{Y1}}{M_{X1}} \tag{16-157}$$

如果 $|M_{X1}|<10^{-20}$,则

$$\lambda_{10M} = \frac{\pi}{2} \tag{16-158}$$

(3) 如果 $M_{X1}<0, M_{Y1}<0$

$$\lambda_{10M} = \pi + \arctan\frac{M_{Y1}}{M_{X1}} \tag{16-159}$$

如果 $|M_{X1}|<10^{-20}$,则

$$\lambda_{10M} = \frac{3\pi}{2} \tag{16-160}$$

(4) 如果 $M_{X1}>0, M_{Y1}<0$

$$\lambda_{10M} = 2\pi + \arctan\frac{M_{Y1}}{M_{X1}} \tag{16-161}$$

如果 $|M_{X1}|<10^{-20}$,则

$$\lambda_{10M} = \frac{3\pi}{2} \tag{16-162}$$

16.5.2 汽车转向时前轴内轮转角 λ_i、外轮转角 λ_o 的计算

计算汽车转向时前轴内轮转角 λ_i、外轮转角 λ_o 时,上横臂的摆角 $\theta=\theta_0$,即保持设计位置时的摆角。在图 16-2 中,当车轮绕着 OZ_1 的正方向转动时,该轮为内轮,设转角为 $\mathrm{d}\lambda_i$,则 E 点在 $OX_1Y_1Z_1$ 中的坐标为

$$E_{X1t} = I_L\cos(\lambda_{10} + \mathrm{d}\lambda_i) \tag{16-163}$$

$$E_{Y1t} = I_L\sin(\lambda_{10} + \mathrm{d}\lambda_i) \tag{16-164}$$

$$E_{Z1t} = E_{Z1} \tag{16-165}$$

E 点在坐标系 $OXYZ$ 中的坐标为

$$\begin{bmatrix} E_{Xt} \\ E_{Yt} \\ E_{Zt} \end{bmatrix} = \begin{bmatrix} \cos\tau_t & -\sin\tau_t\sin\sigma_1 & \sin\tau_t\cos\sigma_1 \\ 0 & \cos\sigma_1 & \sin\sigma_1 \\ -\sin\tau_t & -\cos\tau_t\sin\sigma_1 & \cos\tau_t\cos\sigma_1 \end{bmatrix} \begin{bmatrix} E_{X1t} \\ E_{Y1t} \\ E_{Z1t} \end{bmatrix} \tag{16-166}$$

当车轮绕着 OZ_1 的正方向转动 $\mathrm{d}\lambda_i$ 时,则 J 点在坐标系 $OX_1Y_1Z_1$ 中的坐标为

$$J_{X1t} = I_{LJ}\cos(\lambda_{10J} + \mathrm{d}\lambda_i) \tag{16-167}$$

$$J_{Y1t} = I_{LJ}\sin(\lambda_{10J} + \mathrm{d}\lambda_i) \tag{16-168}$$

$$J_{Z1t} = J_{Z1} \tag{16-169}$$

J 点在坐标系 $OXYZ$ 中的坐标为

$$\begin{bmatrix} J_{Xt} \\ J_{Yt} \\ J_{Zt} \end{bmatrix} = \begin{bmatrix} \cos\tau_t & -\sin\tau_t\sin\sigma_1 & \sin\tau_t\cos\sigma_1 \\ 0 & \cos\sigma_1 & \sin\sigma_1 \\ -\sin\tau_t & -\cos\tau_t\sin\sigma_1 & \cos\tau_t\cos\sigma_1 \end{bmatrix} \begin{bmatrix} J_{X1t} \\ J_{Y1t} \\ J_{Z1t} \end{bmatrix} \tag{16-170}$$

当车轮绕着 OZ_1 的正方向转动 $\mathrm{d}\lambda_i$ 时,则 I 点在坐标系 $OX_1Y_1Z_1$ 中的坐标为

$$I_{X1t} = I_{LI}\cos(\lambda_{10I} + \mathrm{d}\lambda_i) \tag{16-171}$$

$$I_{Y1t} = I_{LI}\sin(\lambda_{10I} + \mathrm{d}\lambda_i) \tag{16-172}$$

$$I_{Z1t} = I_{Z1} \tag{16-173}$$

I 点在坐标系 $OXYZ$ 中的坐标为

$$\begin{bmatrix} I_{Xt} \\ I_{Yt} \\ I_{Zt} \end{bmatrix} = \begin{bmatrix} \cos\tau_t & -\sin\tau_t\sin\sigma_1 & \sin\tau_t\cos\sigma_1 \\ 0 & \cos\sigma_1 & \sin\sigma_1 \\ -\sin\tau_t & -\cos\tau_t\sin\sigma_1 & \cos\tau_t\cos\sigma_1 \end{bmatrix} \begin{bmatrix} I_{X1t} \\ I_{Y1t} \\ I_{Z1t} \end{bmatrix} \tag{16-174}$$

如图 16-2(j) 所示,按照如下方法计算 λ_{IJt}。

$$J_{IXt} = J_{Xt} - I_{Xt} \tag{16-175}$$

$$J_{IYt} = J_{Yt} - I_{Yt} \tag{16-176}$$

$$J_{IZt} = J_{Zt} - I_{Zt} \tag{16-177}$$

下面确定车轮的方位角 λ_{IJt}(见图 16-2(j))。

(1) 如果 $J_{IXt} > 0, J_{IYt} > 0$

$$\lambda_{IJt} = \arctan\frac{J_{IYt}}{J_{IXt}} \tag{16-178}$$

如果 $J_{IXt} < 10^{-20}$,则

$$\lambda_{IJt} = \frac{\pi}{2} \tag{16-179}$$

(2) 如果 $J_{IXt} < 0, J_{IYt} > 0$

$$\lambda_{IJt} = \pi + \arctan\frac{J_{IYt}}{J_{IXt}} \tag{16-180}$$

如果 $|J_{IXt}| < 10^{-20}$,则

$$\lambda_{IJt} = \frac{\pi}{2} \tag{16-181}$$

(3) 如果 $J_{IXt} < 0, J_{IYt} < 0$

$$\lambda_{IJt} = \pi + \arctan\frac{J_{IYt}}{J_{IXt}} \tag{16-182}$$

如果 $|J_{IXt}| < 10^{-20}$,则

$$\lambda_{IJt} = \frac{3\pi}{2} \tag{16-183}$$

(4) 如果 $J_{IXt} > 0, J_{IYt} < 0$

$$\lambda_{IJt} = 2\pi + \arctan\frac{J_{IYt}}{J_{IXt}} \tag{16-184}$$

如果 $|J_{IXt}| < 10^{-20}$,则

$$\lambda_{IJt} = \frac{3\pi}{2} \tag{16-185}$$

因此,内轮转角为

$$\lambda_i = \lambda_{IJt} - \lambda_{IJ0} \tag{16-186}$$

当车轮(内轮)绕着 OZ_1 的正方向转动 $\mathrm{d}\lambda_i$ 时,车轮中心点 J 的高度变化为

$$\mathrm{d}J_{Zi} = J_{Zt} - J_Z \tag{16-187}$$

下面确定与内轮转角 $d\lambda_i$ 对应的转向器转向摇臂的转角 a_{n2}。如图 16-2(k) 所示,坐标系 $UX_4Y_4Z_4$ 是固定坐标系,其中 UX_4 与地面平行,指向车辆前进方向;UZ_4 与地面垂直;UY_4 指向取决于 UX_4 和 UZ_4;坐标系 $UX_3Y_3Z_3$ 是坐标系 $UX_4Y_4Z_4$ 绕 UY_4 轴线转动 a_{n1} 形成的,有如下关系:

$$\begin{bmatrix} X_4 \\ Y_4 \\ Z_4 \end{bmatrix} = \begin{bmatrix} \cos a_{n1} & 0 & -\sin a_{n1} \\ 0 & 1 & 0 \\ \sin a_{n1} & 0 & \cos a_{n1} \end{bmatrix} \begin{bmatrix} X_3 \\ Y_3 \\ Z_3 \end{bmatrix} \tag{16-188}$$

$$\begin{bmatrix} X_3 \\ Y_3 \\ Z_3 \end{bmatrix} = \begin{bmatrix} \cos a_{n1} & 0 & \sin a_{n1} \\ 0 & 1 & 0 \\ -\sin a_{n1} & 0 & \cos a_{n1} \end{bmatrix} \begin{bmatrix} X_4 \\ Y_4 \\ Z_4 \end{bmatrix} \tag{16-189}$$

如图 16-2(k) 所示,UVV_1U_1 构成一个平行四边形,而外侧转向连杆的内侧球铰 G 就固结在中央转向连杆 VV_1 上。设相对于向前行驶时的位置转向器转向摇臂转动一个角度 a_{n2},则中央转向连杆 VV_1 作平动,其上任何一点的位移相等,则 V 点在坐标系 $UX_3Y_3Z_3$ 中的位移为

$$\Delta X_3 = -L_D(1-\cos a_{n2}) \tag{16-190}$$

$$\Delta Y_3 = -L_D \sin a_{n2} \tag{16-191}$$

$$\Delta Z_3 = 0 \tag{16-192}$$

V 点在坐标系 $UX_4Y_4Z_4$ 中的位移为

$$\begin{bmatrix} \Delta X_4 \\ \Delta Y_4 \\ \Delta Z_4 \end{bmatrix} = \begin{bmatrix} \cos a_{n1} & 0 & -\sin a_{n1} \\ 0 & 1 & 0 \\ \sin a_{n1} & 0 & \cos a_{n1} \end{bmatrix} \begin{bmatrix} \Delta X_3 \\ \Delta Y_3 \\ \Delta Z_3 \end{bmatrix} \tag{16-193}$$

由于中央转向连杆 VV_1 作平动,G 点固结在其上,所以 G 点的位移与 V 点的相同。在设计位置时,G 点在坐标系 $OXYZ$ 中的坐标为

$$G_X = G_{XH} - O_{XH} \tag{16-194}$$

$$G_Y = G_{YH} - O_{YH} \tag{16-195}$$

$$G_Z = G_{ZH} - O_{ZH} \tag{16-196}$$

外侧转向连杆的长度 G_E(G 与 E 之间的距离)为

$$G_E = \sqrt{(G_X - E_X)^2 + (G_Y - E_Y)^2 + (G_Z - E_Z)^2} \tag{16-197}$$

设与给定的内轮转角 $d\lambda_i$ 对应的转向器转向摇臂的转角为 a_{n2},则有如下关系式:

$$G_E = \sqrt{[(G_X + \Delta X_4) - E_{Xt}]^2 + [(G_Y + \Delta Y_4) - E_{Yt}]^2 + [(G_Z + \Delta Z_4) - E_{Zt}]^2} \tag{16-198}$$

即外侧转向连杆的长度 G_E 保持不变。解方程(16-198)就可以求出 a_{n2}。从而可以利用式(16-190)~式(16-192)计算出 V 点的位移,而 G 点的位移与 V 点的相同。

下面计算与内轮绕主销轴线的转角 $d\lambda_i$ 对应的外轮绕主销轴线的转角 $d\lambda_o$。考虑到转向连杆系统设计的对称性,令 G 点的位移为

$$\Delta X_{3a} = -L_D[1 - \cos(-a_{n2})] = -L_D(1 - \cos a_{n2}) \tag{16-199}$$

$$\Delta Y_{3a} = -L_D \sin(-a_{n2}) = L_D \sin a_{n2} \tag{16-200}$$

$$\Delta Z_{3a} = 0 \tag{16-201}$$

G 点在坐标系 $UX_4Y_4Z_4$ 中的位移为

$$\begin{bmatrix} \Delta X_{4a} \\ \Delta Y_{4a} \\ \Delta Z_{4a} \end{bmatrix} = \begin{bmatrix} \cos a_{n1} & 0 & -\sin a_{n1} \\ 0 & 1 & 0 \\ \sin a_{n1} & 0 & \cos a_{n1} \end{bmatrix} \begin{bmatrix} \Delta X_{3a} \\ \Delta Y_{3a} \\ \Delta Z_{3a} \end{bmatrix} \tag{16-202}$$

如图 16-2(h) 所示,当车轮绕着 OZ_1 的负方向转动时,该轮为外轮,设转角为 $\mathrm{d}\lambda_o$,则 E 点在坐标系 $OX_1Y_1Z_1$ 中的坐标为

$$E_{X1ta} = I_L \cos(\lambda_{10} - \mathrm{d}\lambda_o) \tag{16-203}$$

$$E_{Y1ta} = I_L \sin(\lambda_{10} - \mathrm{d}\lambda_o) \tag{16-204}$$

$$E_{Z1ta} = E_{Z1} \tag{16-205}$$

E 点在 $OXYZ$ 中的坐标为

$$\begin{bmatrix} E_{Xta} \\ E_{Yta} \\ E_{Zta} \end{bmatrix} = \begin{bmatrix} \cos\tau_t & -\sin\tau_t\sin\sigma_1 & \sin\tau_t\cos\sigma_1 \\ 0 & \cos\sigma_1 & \sin\sigma_1 \\ -\sin\tau_t & -\cos\tau_t\sin\sigma_1 & \cos\tau_t\cos\sigma_1 \end{bmatrix} \begin{bmatrix} E_{X1ta} \\ E_{Y1ta} \\ E_{Z1ta} \end{bmatrix} \tag{16-206}$$

则有如下关系式:

$$G_E = \sqrt{[(G_X + \Delta X_{4a}) - E_{Xta}]^2 + [(G_Y + \Delta Y_{4a}) - E_{Yta}]^2 + [(G_Z + \Delta Z_{4a}) - E_{Zta}]^2} \tag{16-207}$$

即外侧转向连杆的长度 G_E 保持不变。解方程(16-207)就可以求出外轮转角 $\mathrm{d}\lambda_o$。

当车轮绕着 OZ_1 的负方向转动 $\mathrm{d}\lambda_o$ 时,则 J 点在坐标系 $OX_1Y_1Z_1$ 中的坐标为

$$J_{X1ta} = I_{LJ} \cos(\lambda_{10J} - \mathrm{d}\lambda_o) \tag{16-208}$$

$$J_{Y1ta} = I_{LJ} \sin(\lambda_{10J} - \mathrm{d}\lambda_o) \tag{16-209}$$

$$J_{Z1ta} = J_{Z1} \tag{16-210}$$

J 点在坐标系 $OXYZ$ 中的坐标为

$$\begin{bmatrix} J_{Xta} \\ J_{Yta} \\ J_{Zta} \end{bmatrix} = \begin{bmatrix} \cos\tau_t & -\sin\tau_t\sin\sigma_1 & \sin\tau_t\cos\sigma_1 \\ 0 & \cos\sigma_1 & \sin\sigma_1 \\ -\sin\tau_t & -\cos\tau_t\sin\sigma_1 & \cos\tau_t\cos\sigma_1 \end{bmatrix} \begin{bmatrix} J_{X1ta} \\ J_{Y1ta} \\ J_{Z1ta} \end{bmatrix} \tag{16-211}$$

当车轮绕着 OZ_1 的负方向转动 $\mathrm{d}\lambda_o$ 时,则 I 点在 $OX_1Y_1Z_1$ 中的坐标为

$$I_{X1ta} = I_{LI} \cos(\lambda_{10J} - \mathrm{d}\lambda_o) \tag{16-212}$$

$$I_{Y1ta} = I_{LI} \sin(\lambda_{10J} - \mathrm{d}\lambda_o) \tag{16-213}$$

$$I_{Z1ta} = I_{Z1} \tag{16-214}$$

I 点在坐标系 $OXYZ$ 中的坐标为

$$\begin{bmatrix} I_{Xta} \\ I_{Yta} \\ I_{Zta} \end{bmatrix} = \begin{bmatrix} \cos\tau_t & -\sin\tau_t\sin\sigma_1 & \sin\tau_t\cos\sigma_1 \\ 0 & \cos\sigma_1 & \sin\sigma_1 \\ -\sin\tau_t & -\cos\tau_t\sin\sigma_1 & \cos\tau_t\cos\sigma_1 \end{bmatrix} \begin{bmatrix} I_{X1ta} \\ I_{Y1ta} \\ I_{Z1ta} \end{bmatrix} \tag{16-215}$$

如图 16-2(j) 所示,按照如下方法计算 λ_{IJta}。

$$J_{IXta} = J_{Xta} - I_{Xta} \tag{16-216}$$

$$J_{IYta} = J_{Yta} - I_{Yta} \tag{16-217}$$

$$J_{IZta} = J_{Zta} - I_{Zta} \tag{16-218}$$

确定车轮的方位角 λ_{IJta}（见图 16-2(j)）。

(1) 如果 $J_{IXta} > 0, J_{IYta} > 0$

$$\lambda_{IJta} = \arctan\frac{J_{IYta}}{J_{IXta}} \tag{16-219}$$

如果 $J_{IXta} < 10^{-20}$，则

$$\lambda_{IJta} = \frac{\pi}{2} \tag{16-220}$$

(2) 如果 $J_{IXta} < 0, J_{IYta} > 0$

$$\lambda_{IJta} = \pi + \arctan\frac{J_{IYta}}{J_{IXta}} \tag{16-221}$$

如果 $|J_{IXta}| < 10^{-20}$，则

$$\lambda_{IJta} = \frac{\pi}{2} \tag{16-222}$$

(3) 如果 $J_{IXta} < 0, J_{IYta} < 0$

$$\lambda_{IJta} = \pi + \arctan\frac{J_{IYta}}{J_{IXta}} \tag{16-223}$$

如果 $|J_{IXta}| < 10^{-20}$，则

$$\lambda_{IJta} = \frac{3\pi}{2} \tag{16-224}$$

(4) 如果 $J_{IXta} > 0, J_{IYta} < 0$

$$\lambda_{IJta} = 2\pi + \arctan\frac{J_{IYta}}{J_{IXta}} \tag{16-225}$$

如果 $|J_{IXta}| < 10^{-20}$，则

$$\lambda_{IJta} = \frac{3\pi}{2} \tag{16-226}$$

因此，外轮转角为

$$\lambda_o = \lambda_{IJ0} - \lambda_{IJta} \tag{16-227}$$

当车轮（外轮）绕着 Z_1 的负方向转动 $d\lambda_o$ 时，车轮中心点 J 的高度变化为

$$dJ_{Zo} = J_{Zta} - J_Z \tag{16-228}$$

转向传动机构角传动比为

$$i_\omega = \frac{a_{n2}}{\dfrac{\lambda_i + \lambda_o}{2}} \tag{16-229}$$

16.6 汽车直线行驶的车轮跳动干涉转角 λ_b、轮距变化、主销后倾角变化和主销内倾角变化的计算

在计算汽车直线行驶的车轮跳动干涉转角 λ_b 时，转向摇臂的转角为零，即

$$a_{n2} = 0$$

G 点保持在设计位置不变。其在坐标系 $OXYZ$ 中的坐标按照式(16-194)~式(16-196)计算。

如图 16-2(d)所示,在车轮跳动时上横臂的角度 θ 发生变化,即 $\theta = \theta_t$。设与 $\theta = \theta_t$ 对应的车轮绕主销干涉转角为 $d\lambda_b$,则利用式(16-163)~式(16-165)可以计算 E 点在坐标系 $OX_1Y_1Z_1$ 中的坐标,即

$$E_{X1tb} = I_L \cos(\lambda_{10} + d\lambda_b) \tag{16-230}$$

$$E_{Y1tb} = I_L \sin(\lambda_{10} + d\lambda_b) \tag{16-231}$$

$$E_{Z1tb} = E_{Z1} \tag{16-232}$$

E 点在坐标系 $OXYZ$ 中的坐标为

$$\begin{bmatrix} E_{Xtb} \\ E_{Ytb} \\ E_{Ztb} \end{bmatrix} = \begin{bmatrix} \cos\tau_t & -\sin\tau_t\sin\sigma_1 & \sin\tau_t\cos\sigma_1 \\ 0 & \cos\sigma_1 & \sin\sigma_1 \\ -\sin\tau_t & -\cos\tau_t\sin\sigma_1 & \cos\tau_t\cos\sigma_1 \end{bmatrix} \begin{bmatrix} E_{X1tb} \\ E_{Y1tb} \\ E_{Z1tb} \end{bmatrix} \tag{16-233}$$

则有如下关系式:

$$G_E = \sqrt{(G_X - E_{Xtb})^2 + (G_Y - E_{Ytb})^2 + (G_Z - E_{Ztb})^2} \tag{16-234}$$

即外侧转向连杆的长度 G_E 保持不变。解方程(16-234)就可以求出外轮转角 $d\lambda_b$。

当车轮绕着 OZ_1 的正方向转动 $d\lambda_b$ 时,则 J 点在坐标系 $OX_1Y_1Z_1$ 中的坐标为

$$J_{X1tb} = I_{LJ}\cos(\lambda_{10J} + d\lambda_b) \tag{16-235}$$

$$J_{Y1tb} = I_{LJ}\sin(\lambda_{10J} + d\lambda_b) \tag{16-236}$$

$$J_{Z1tb} = J_{Z1} \tag{16-237}$$

J 点在坐标系 $OXYZ$ 中的坐标为

$$\begin{bmatrix} J_{Xtb} \\ J_{Ytb} \\ J_{Ztb} \end{bmatrix} = \begin{bmatrix} \cos\tau_t & -\sin\tau_t\sin\sigma_1 & \sin\tau_t\cos\sigma_1 \\ 0 & \cos\sigma_1 & \sin\sigma_1 \\ -\sin\tau_t & -\cos\tau_t\sin\sigma_1 & \cos\tau_t\cos\sigma_1 \end{bmatrix} \begin{bmatrix} J_{X1tb} \\ J_{Y1tb} \\ J_{Z1tb} \end{bmatrix} \tag{16-238}$$

当车轮绕着 OZ_1 的正方向转动 $d\lambda_b$ 时,则 I 点在坐标系 $OX_1Y_1Z_1$ 中的坐标为

$$I_{X1tb} = I_{LI}\cos(\lambda_{10J} + d\lambda_b) \tag{16-239}$$

$$I_{Y1tb} = I_{LI}\sin(\lambda_{10J} + d\lambda_b) \tag{16-240}$$

$$I_{Z1tb} = I_{Z1} \tag{16-241}$$

I 点在坐标系 $OXYZ$ 中的坐标为

$$\begin{bmatrix} I_{Xtb} \\ I_{Ytb} \\ I_{Ztb} \end{bmatrix} = \begin{bmatrix} \cos\tau_t & -\sin\tau_t\sin\sigma_1 & \sin\tau_t\cos\sigma_1 \\ 0 & \cos\sigma_1 & \sin\sigma_1 \\ -\sin\tau_t & -\cos\tau_t\sin\sigma_1 & \cos\tau_t\cos\sigma_1 \end{bmatrix} \begin{bmatrix} I_{X1tb} \\ I_{Y1tb} \\ I_{Z1tb} \end{bmatrix} \tag{16-242}$$

如图 16-2(j)所示,按照如下方法计算 λ_{IJtb}。

$$J_{IXtb} = J_{Xtb} - I_{Xtb} \tag{16-243}$$

$$J_{IYtb} = J_{Ytb} - I_{Ytb} \tag{16-244}$$

$$J_{IZtb} = J_{Ztb} - I_{Ztb} \tag{16-245}$$

确定车轮的方位角 λ_{IJtb}(见图 16-2(j))。

(1) 如果 $J_{IXtb} > 0, J_{IYtb} > 0$

$$\lambda_{IJtb} = \arctan \frac{J_{IYtb}}{J_{IXtb}} \tag{16-246}$$

如果 $|J_{IXtb}| < 10^{-20}$,则

$$\lambda_{IJtb} = \frac{\pi}{2} \tag{16-247}$$

(2) 如果 $J_{IXtb} < 0, J_{IYtb} > 0$

$$\lambda_{IJtb} = \pi + \arctan \frac{J_{IYtb}}{J_{IXtb}} \tag{16-248}$$

如果 $|J_{IXtb}| < 10^{-20}$,则

$$\lambda_{IJtb} = \frac{\pi}{2} \tag{16-249}$$

(3) 如果 $J_{IXtb} < 0, J_{IYtb} < 0$

$$\lambda_{IJtb} = \pi + \arctan \frac{J_{IYtb}}{J_{IXtb}} \tag{16-250}$$

如果 $|J_{IXtb}| < 10^{-20}$,则

$$\lambda_{IJtb} = \frac{3\pi}{2} \tag{16-251}$$

(4) 如果 $J_{IXtb} > 0, J_{IYtb} < 0$

$$\lambda_{IJtb} = 2\pi + \arctan \frac{J_{IYtb}}{J_{IXtb}} \tag{16-252}$$

如果 $|J_{IXtb}| < 10^{-20}$,则

$$\lambda_{IJtb} = \frac{3\pi}{2} \tag{16-253}$$

因此,车轮跳动引起的干涉转角为

$$\lambda_b = \lambda_{IJtb} + \lambda_{IJ0} \tag{16-254}$$

当车轮跳动时,车轮中心点 J 的高度变化为

$$dJ_{Zb} = J_Z - J_{Ztb} \tag{16-255}$$

当车轮绕着 OZ_1 的正方向转动 $d\lambda_b$ 时,则 M 点在坐标系 $OX_1Y_1Z_1$ 中的坐标为

$$M_{X1tb} = l_{LM} \cos(\lambda_{10M} + d\lambda_b) \tag{16-256}$$

$$M_{Y1tb} = l_{LM} \sin(\lambda_{10M} + d\lambda_b) \tag{16-257}$$

$$M_{Z1tb} = M_{Z1} \tag{16-258}$$

M 点在坐标系 $OXYZ$ 中的坐标为

$$\begin{bmatrix} M_{Xtb} \\ M_{Ytb} \\ M_{Ztb} \end{bmatrix} = \begin{bmatrix} \cos\tau_t & -\sin\tau_t \sin\sigma_1 & \sin\tau_t \cos\sigma_1 \\ 0 & \cos\sigma_1 & \sin\sigma_1 \\ -\sin\tau_t & -\cos\tau_t \sin\sigma_1 & \cos\tau_t \cos\sigma_1 \end{bmatrix} \begin{bmatrix} M_{X1tb} \\ M_{Y1tb} \\ M_{Z1tb} \end{bmatrix} \tag{16-259}$$

因此,相对于直线行驶状态,单侧轮距的变化为

$$dM_{Yt} = M_{Ytb} - M_Y \tag{16-260}$$

在车轮跳动、上横臂摆角 $\theta=\theta_t$ 时,主销内倾角 σ_t、主销后倾角 τ_t 分别利用式(16-91)、式(16-92)计算。相对于设计位置的主销内倾角、主销后倾角的变化分别为

$$d\sigma_t = \sigma_t - \sigma_0 \tag{16-261}$$

$$d\tau_t = \tau_t - \tau_0 \tag{16-262}$$

车轮接地中心 M 点的高度变化为

$$dM_{Zt} = M_Z - M_{Ztb} \tag{16-263}$$

【例 16-1】 一辆汽车在坐标系 $HX_HY_HZ_H$ 中各个关键点的坐标如下:

P_{XH}(m):	−0.135000	E_{XH}(m):	−0.220000
P_{YH}(m):	0.445000	E_{YH}(m):	0.790000
P_{ZH}(m):	−0.353560	E_{ZH}(m):	0.072000
R_{XH}(m):	0.135000	G_{XH}(m):	−0.200000
R_{YH}(m):	0.445000	G_{YH}(m):	0.400000
R_{ZH}(m):	−0.397560	G_{ZH}(m):	0.000000
O_{XH}(m):	−0.011000	I_{XH}(m):	0.000000
O_{YH}(m):	0.750820	I_{YH}(m):	0.900000
O_{ZH}(m):	−0.311200	I_{ZH}(m):	0.000000
K_{XH}(m):	−0.100000	J_{XH}(m):	0.000000
K_{YH}(m):	0.418500	J_{YH}(m):	1.000000
K_{ZH}(m):	−0.020000	J_{ZH}(m):	0.000000
F_{XH}(m):	0.280000	M_{XH}(m):	0.000000
F_{YH}(m):	0.418500	M_{YH}(m):	1.000000
F_{ZH}(m):	−0.020000	M_{ZH}(m):	0.420000
B_{XH}(m):	0.004000		
B_{YH}(m):	0.842900		
B_{ZH}(m):	0.058100		

转向摇臂长度 $L_D=0.139$m,转向摇臂轴的轴线与水平线之间的夹角 $u_{nl}=18°$;汽车的轴距 $L=3$m,轮距 $T_f=2$m。

图 16-3 示出该汽车的前轴内、外轮转向角关系。其中阿克曼转角关系利用下式计算:

$$\cot\lambda_o - \cot\lambda_i = \frac{T_f}{L} = \frac{2}{3}$$

式中,λ_i、λ_o 分别是前轴内、外轮转角;$T=2$m 是轮距;$L=3$m 是轴距。

图 16-4 示出汽车转向传动机构角传动比随着内轮转角的变化特性。图 16-5 示出车轮垂直跳动所引起的车轮干涉转角特性。图 16-6 示出车轮垂直跳动所引起的单侧轮距变化特性。图 16-7 示出车轮垂直跳动所引起的主销后倾角变化特性。图 16-8 示出车轮垂直跳动所引起的主销内倾角变化特性。

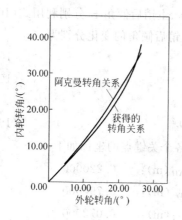

图 16-3 前轴内、外轮转向角关系

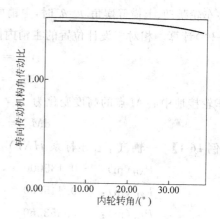

图 16-4 汽车转向传动机构角传动比随着内轮转角的变化特性

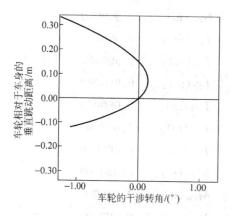

图 16-5 车轮垂直跳动所引起的车轮干涉转角特性

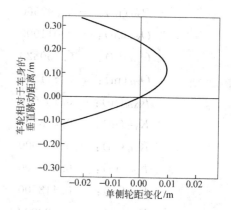

图 16-6 车轮垂直跳动所引起的单侧轮距变化特性

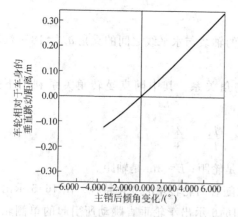

图 16-7 车轮垂直跳动所引起的主销后倾角变化特性(在设计位置的主销后倾角为 2.33°)

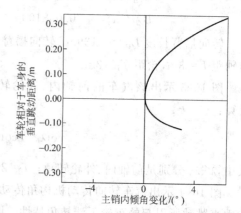

图 16-8 车轮垂直跳动所引起的主销内倾角变化特性(在设计位置的主销内倾角为 14°)

16.7 转向连杆位置的优化设计

假定是在悬架设计已经确定的情况下进行转向连杆的匹配设计,优化设计变量是点 E 和点 G 在 $HX_HY_HZ_H$ 坐标系中的坐标 $E(E_{XH}, E_{YH}, E_{ZH})$、$G(G_{XH}, G_{YH}, G_{ZH})$。

对于给定的阿克曼校正率 $R_{AC}(\%)$,可以根据式(7-37)得到目标前轴内、外轮转角关系计算公式:

$$\lambda_{or,j} = \lambda_{i,j} - \frac{R_{AC}}{100}\left[\lambda_{i,j} - \arctan\left(\frac{1}{\frac{T}{L} + \cot\lambda_{i,j}}\right)\right] \tag{16-264}$$

式中, $\lambda_{i,j}(j=1,2,\cdots,N_1)$ 是利用式(16-186)计算的汽车内轮转角; $\lambda_{or,j}$ 是与 $\lambda_{i,j}$、R_{AC} 对应的目标外轮转角; T 是轮距; L 是轴距。针对内、外轮转角关系的优化目标函数为

$$f_1(E_{XH}, E_{YH}, E_{ZH}, G_{XH}, G_{YH}, G_{ZH}) = \sum_{j=1}^{N_1} |\lambda_{or,j} - \lambda_{o,j}| \tag{16-265}$$

式中, $\lambda_{o,j}$ 是利用式(16-227)计算的与 $\lambda_{i,j}$ 对应的汽车外轮转角。

设当悬架压缩、伸张时的下横臂摆角为 $\theta_{t,j}(j=1,2,\cdots,N_2)$,与 $\theta_{t,j}$ 对应的车轮干涉转角为 $\lambda_{b,j}$(利用式(16-254)计算)、车轮接地中心 M 的高度变化为 $dM_{Zt,j}$(利用式(16-263)计算),则针对车轮干涉转角的优化目标函数为

$$f_2(E_{XH}, E_{YH}, E_{ZH}, G_{XH}, G_{YH}, G_{ZH}) = \sum_{j=1}^{N_2} |\lambda_{b,j} - K_Z dM_{Zt,j}| \tag{16-266}$$

式中, K_Z 是期望的车轮干涉转角随着车轮接地中心跳动而发生变化的斜率,其大小取决于希望的侧倾不足转向。

设 $i_{\omega T}$ 是目标转向传动机构角传动比,则针对转向角传动比的优化目标函数为

$$f_3(E_{XH}, E_{YH}, E_{ZH}, G_{XH}, G_{YH}, G_{ZH}) = \sum_{j=1}^{N_1} |i_{\omega,j} - i_{\omega T}| \tag{16-267}$$

式中, $i_{\omega,j}$ 是利用式(16-229)计算的与 $\lambda_{i,j}$ 对应的转向系统角传动比,即

$$i_{\omega,j} = \frac{a_{n2,j}}{\frac{\lambda_{i,j} + \lambda_{o,j}}{2}} \tag{16-268}$$

式中, $a_{n2,j}$ 是与 $\lambda_{i,j}$ 对应的转向摇臂转角。

但是,式(16-267)与式(16-265)、式(16-266)的单位不同。下面对转向角传动比的优化目标函数进行改变,使其具有与式(16-265)和式(16-266)相同的单位。

由式(16-268)可得

$$\frac{\lambda_{i,j} + \lambda_{o,j}}{2} = \frac{a_{n2,j}}{i_{\omega,j}} \tag{16-269}$$

参考式(16-269),把对转向角传动比的优化目标函数改变成如下形式:

$$f_3(E_{XH}, E_{YH}, E_{ZH}, G_{XH}, G_{YH}, G_{ZH}) = \sum_{j=1}^{N_1} \left|\frac{\lambda_{i,j} + \lambda_{o,j}}{2} - \frac{a_{n2,j}}{i_{\omega T}}\right| \tag{16-270}$$

这样,式(16-270)便具有与式(16-265)和式(16-266)相同的单位。

总的优化目标函数为

$$f_T(E_{XH}, E_{YH}, E_{ZH}, G_{XH}, G_{YH}, G_{ZH}) = W_{n1} f_1(E_{XH}, E_{YH}, E_{ZH}, G_{XH}, G_{YH}, G_{ZH}) +$$
$$f_2(E_{XH}, E_{YH}, E_{ZH}, G_{XH}, G_{YH}, G_{ZH}) + W_{n2} f_3(E_{XH}, E_{YH}, E_{ZH}, G_{XH}, G_{YH}, G_{ZH})$$
$$= W_{n1} \sum_{j=1}^{N_1} |\lambda_{or,j} - \lambda_{o,j}| + \sum_{j=1}^{N_2} |\lambda_{b,j} - K_z dM_{Zt,j}| + W_{n2} \sum_{j=1}^{N_1} \left| \frac{\lambda_{i,j} + \lambda_{o,j}}{2} - \frac{a_{n2,j}}{i_{\omega T}} \right|$$

(16-271)

式中，W_{n1}、W_{n2} 是加权系数。

约束条件为

$$E_{X\max} - E_X \geq 0 \quad (16-272)$$
$$E_X - E_{X\min} \geq 0 \quad (16-273)$$
$$E_{Y\max} - E_Y \geq 0 \quad (16-274)$$
$$E_Y - E_{Y\min} \geq 0 \quad (16-275)$$
$$E_{Z\max} - E_Z \geq 0 \quad (16-276)$$
$$E_Z - E_{Z\min} \geq 0 \quad (16-277)$$
$$G_{X\max} - G_X \geq 0 \quad (16-278)$$
$$G_X - G_{X\min} \geq 0 \quad (16-279)$$
$$G_{Y\max} - G_Y \geq 0 \quad (16-280)$$
$$G_Y - G_{Y\min} \geq 0 \quad (16-281)$$
$$G_{Z\max} - G_Z \geq 0 \quad (16-282)$$
$$G_Z - G_{Z\min} \geq 0 \quad (16-283)$$

其中，要根据车辆设计的实际情况来适当确定上述优化参数的最大、最小值。这是一个令优化目标函数最小化的约束最优化问题，需要应用非线性最优化方法（例如可变容差法）求解。

如果还要优化悬架特性，例如随着悬架压缩、伸张轮距、主销后倾角、主销内倾角的变化特性，一般还需要把 P、R、O、K、F、B 点的空间坐标作为优化变量。

为了寻找可以接受的悬架和转向杆系设计，不一定都需要利用最优化算法。在很多情况下，采用人机交互的方法往往可以较快地找到可以接受的上述所谓优化参数的组合。即首先输入一组上述参数，计算各个特性，观察各个特性，看其是否可以满足要求；如果不满足要求，适当改变一个或几个参数的数值，重新计算各个特性；反复进行该过程，直到找到可以接受的上述参数的组合。

17 麦克弗森式独立悬架和齿轮齿条式转向系统的匹配设计

17.1 麦克弗森式独立悬架和齿轮齿条式转向系统的刚体运动学模型

所研究的车辆具有前、后两个车轴。图 17-1 示出麦克弗森式独立悬架和齿轮齿条式转向系统的刚体运动学模型。其中,坐标系 $OXYZ$ 固定在车身上,认为是固定坐标系, OX 指向汽车前进方向, OZ 垂直向下, OY 指向右侧;轴线 OY_3 和平面 OY_3Z_3 总垂直于汽车的纵向垂直对称平面。因此,有如下关系:

$$\begin{bmatrix} X \\ Y \\ Z \end{bmatrix} = \begin{bmatrix} \cos\tau & 0 & \sin\tau \\ 0 & 1 & 0 \\ -\sin\tau & 0 & \cos\tau \end{bmatrix} \begin{bmatrix} X_3 \\ Y_3 \\ Z_3 \end{bmatrix} \tag{17-1}$$

式中, τ 是主销后倾角。

平面 OY_2Z_2 总位于 OY_3Z_3 平面之内, OZ_2 沿着由点 O、B 决定的直线。因此,有如下关系:

$$\begin{bmatrix} X_3 \\ Y_3 \\ Z_3 \end{bmatrix} = \begin{bmatrix} 1 & 0 & 0 \\ 0 & \cos\sigma' & \sin\sigma' \\ 0 & -\sin\sigma' & \cos\sigma' \end{bmatrix} \begin{bmatrix} X_2 \\ Y_2 \\ Z_2 \end{bmatrix} \tag{17-2}$$

式中, σ' 是 OY_3 与 OZ_2 之间的夹角。

下面确定 σ'。把式(17-2)代入式(17-1),得

$$\begin{bmatrix} X \\ Y \\ Z \end{bmatrix} = \begin{bmatrix} \cos\tau & 0 & \sin\tau \\ 0 & 1 & 0 \\ -\sin\tau & 0 & \cos\tau \end{bmatrix} \begin{bmatrix} 1 & 0 & 0 \\ 0 & \cos\sigma' & \sin\sigma' \\ 0 & -\sin\sigma' & \cos\sigma' \end{bmatrix} \begin{bmatrix} X_2 \\ Y_2 \\ Z_2 \end{bmatrix}$$

$$= \begin{bmatrix} \cos\tau & -\sin\tau\sin\sigma' & \sin\tau\cos\sigma' \\ 0 & \cos\sigma' & \sin\sigma' \\ -\sin\tau & -\cos\tau\sin\sigma' & \cos\tau\cos\sigma' \end{bmatrix} \begin{bmatrix} X_2 \\ Y_2 \\ Z_2 \end{bmatrix} = [T_{M2}] \begin{bmatrix} X_2 \\ Y_2 \\ Z_2 \end{bmatrix} \tag{17-3}$$

其中

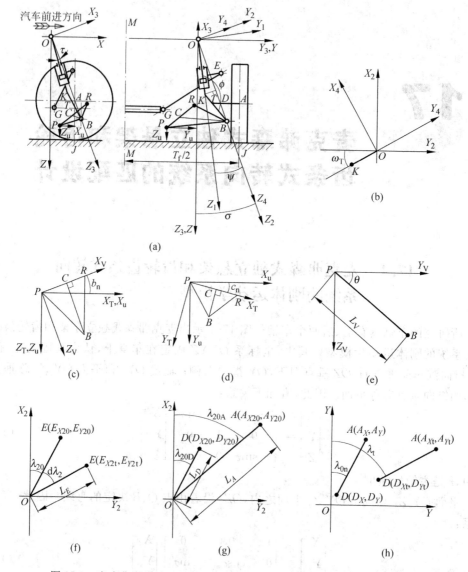

图 17-1 麦克弗森式独立悬架和齿轮齿条式转向系统的刚体运动学模型

(a) 悬架和转向杆系;(b) 沿 OZ_2 的视图;(c) PX_VZ_V, PX_uZ_u 和 PX_TZ_T 都位于垂直平面以内;(d) 沿 PZ_T 的视图;(e) 沿 PX_V 的视图;(f) 沿 OZ_2 的视图(E 点的坐标变化);(g) 沿 OZ_2 的视图(A、D 点的坐标变化);(h) 沿 OZ 的视图

$$[T_{M2}] = \begin{bmatrix} \cos\tau & -\sin\tau\sin\sigma' & \sin\tau\cos\sigma' \\ 0 & \cos\sigma' & \sin\sigma' \\ -\sin\tau & -\cos\tau\sin\sigma' & \cos\tau\cos\sigma' \end{bmatrix} \quad (17\text{-}4)$$

沿着主销轴线 OZ_2 取一个单位矢量,其在坐标系 $OX_2Y_2Z_2$ 中的坐标是 $(0,0,1)$,其在坐标系 $OXYZ$ 中的坐标为

$$\begin{bmatrix} X_0 \\ Y_0 \\ Z_0 \end{bmatrix} = \begin{bmatrix} \cos\tau & -\sin\tau\sin\sigma' & \sin\tau\cos\sigma' \\ 0 & \cos\sigma' & \sin\sigma' \\ -\sin\tau & -\cos\tau\sin\sigma' & \cos\tau\cos\sigma' \end{bmatrix} \begin{bmatrix} 0 \\ 0 \\ 1 \end{bmatrix} = \begin{bmatrix} \sin\tau\cos\sigma' \\ \sin\sigma' \\ \cos\tau\cos\sigma' \end{bmatrix} \quad (17\text{-}5)$$

17 麦克弗森式独立悬架和齿轮齿条式转向系统的匹配设计

$$\tan\sigma = \frac{Y_0}{Z_0} = \frac{\sin\sigma'}{\cos\tau\cos\sigma'} = \frac{\tan\sigma'}{\cos\tau} \tag{17-6}$$

式中,σ 是主销后倾角。因此,有

$$\tan\sigma' = \tan\sigma\cos\tau \tag{17-7}$$

OY_1Z_1 平面由点 O、K、B 三点确定,OZ_1 沿着减振器活塞杆的轴线。由于 B、K 的位置随着车轮相对于车身的跳动而发生变化,所以 OY_1Z_1 也发生变化。平面 OY_4Z_4 总位于 OY_1Z_1 平面之内,OZ_4 沿着由点 O、B 决定的直线。有如下关系:

$$\begin{bmatrix} X_1 \\ Y_1 \\ Z_1 \end{bmatrix} = \begin{bmatrix} 1 & 0 & 0 \\ 0 & \cos\psi & \sin\psi \\ 0 & -\sin\psi & \cos\psi \end{bmatrix} \begin{bmatrix} X_4 \\ Y_4 \\ Z_4 \end{bmatrix} \tag{17-8}$$

式中,ψ 是 OZ_1 与 OZ_4 之间的夹角。

如图 17-1(b)所示,坐标系 $OY_2Z_2Z_2$ 是 $OY_4Z_4Z_4$ 绕 OZ_4 转动角度 ω_T 得到的。当前轮不绕主销轴线 OB 转动时,ω_T 保持不变。

$$\begin{bmatrix} X_2 \\ Y_2 \\ Z_2 \end{bmatrix} = \begin{bmatrix} \cos\omega_T & \sin\omega_T & 0 \\ -\sin\omega_T & \cos\omega_T & 0 \\ 0 & 0 & 1 \end{bmatrix} \begin{bmatrix} X_4 \\ Y_4 \\ Z_4 \end{bmatrix} \tag{17-9}$$

由式(17-8)可得

$$\begin{bmatrix} X_4 \\ Y_4 \\ Z_4 \end{bmatrix} = \begin{bmatrix} 1 & 0 & 0 \\ 0 & \cos\psi & -\sin\psi \\ 0 & \sin\psi & \cos\psi \end{bmatrix} \begin{bmatrix} X_1 \\ Y_1 \\ Z_1 \end{bmatrix} \tag{17-10}$$

把式(17-10)代入式(17-9),得

$$\begin{bmatrix} X_2 \\ Y_2 \\ Z_2 \end{bmatrix} = \begin{bmatrix} \cos\omega_T & \sin\omega_T & 0 \\ -\sin\omega_T & \cos\omega_T & 0 \\ 0 & 0 & 1 \end{bmatrix} \begin{bmatrix} 1 & 0 & 0 \\ 0 & \cos\psi & -\sin\psi \\ 0 & \sin\psi & \cos\psi \end{bmatrix} \begin{bmatrix} X_1 \\ Y_1 \\ Z_1 \end{bmatrix}$$

$$= \begin{bmatrix} \cos\omega_T & \sin\omega_T\cos\psi & -\sin\omega_T\sin\psi \\ -\sin\omega_T & \cos\omega_T\cos\psi & -\cos\omega_T\sin\psi \\ 0 & \sin\psi & \cos\psi \end{bmatrix} \begin{bmatrix} X_1 \\ Y_1 \\ Z_1 \end{bmatrix}$$

$$= [T_{21}] \begin{bmatrix} X_1 \\ Y_1 \\ Z_1 \end{bmatrix} \tag{17-11}$$

其中

$$[T_{21}] = \begin{bmatrix} \cos\omega_T & \sin\omega_T\cos\psi & -\sin\omega_T\sin\psi \\ -\sin\omega_T & \cos\omega_T\cos\psi & -\cos\omega_T\sin\psi \\ 0 & \sin\psi & \cos\psi \end{bmatrix} \tag{17-12}$$

式中,ω_T 是悬架、转向系统处于设计位置的角度。

把式(17-11)代入式(17-3),得

$$\begin{bmatrix} X \\ Y \\ Z \end{bmatrix} = [T_{M2}][T_{21}] \begin{bmatrix} X_1 \\ Y_1 \\ Z_1 \end{bmatrix} \tag{17-13}$$

$$\begin{bmatrix} X_1 \\ Y_1 \\ Z_1 \end{bmatrix} = ([T_{M2}][T_{21}])^T \begin{bmatrix} X \\ Y \\ Z \end{bmatrix} = [T_{21}]^T [T_{M2}]^T \begin{bmatrix} X \\ Y \\ Z \end{bmatrix} \quad (17\text{-}14)$$

式中，$[T_{M2}]^T$、$[T_{21}]^T$ 分别是 $[T_{M2}]$、$[T_{21}]$ 的转置矩阵。

17.2 需要输入的数据

(1) 关键点在 $OXYZ$ 坐标系中的坐标值

如图 17-1 所示，关键点包括 O、P、R、B、K、J、A、D、E、G 点，需要输入它们在 $OXYZ$ 坐标系中的坐标值，包括：减振器活塞杆在车身上的铰点中心 $O(O_X, O_Y, O_Z)$、下横臂转动轴线上的后点 $P(P_X, P_Y, P_Z)$、下横臂转动轴线上的前点 $R(R_X, R_Y, R_Z)$、下横臂球铰中心 $B(B_X, B_Y, B_Z)$、转向节上位于减振器轴线上的一点 $K(K_X, K_Y, K_Z)$、车轮接地面积中心点 $J(J_X, J_Y, J_Z)$、车轮中心点 $A(A_X, A_Y, A_Z)$、在车轮转动轴线上位于 A 点内侧的一点 $D(D_X, D_X, D_Z)$、外侧转向连杆外侧球铰中心 $E(E_X, E_Y, E_Z)$、外侧转向连杆内侧球铰中心 $G(G_X, G_Y, G_Z)$。

(2) 整车参数

需要输入的整车参数包括轴距 L 和轮距 T_f。

(3) 转向系统参数

需要输入的转向系统参数包括齿轮齿条增益 C_{fac}、目标转向角传动比 S_{RT} 和目标阿克曼校正率 R_{AC}。

表 17-1 示出一辆轿车的悬架和转向系统在设计位置的有关参数。

表 17-1 一辆轿车的悬架和转向系统在设计位置的有关参数

$O_X = 0.0000\text{m}, O_Y = 0.5180\text{m}, O_Z = 0.0000\text{m}$

$P_X = -0.0863\text{m}, P_Y = -0.1480\text{m}, P_Z = 0.5480\text{m}$

$R_X = 0.5393\text{m}, R_Y = -0.1558\text{m}, R_Z = 0.5736\text{m}$

$B_X = 0.0281\text{m}, B_Y = 0.1425\text{m}, B_Z = 0.6143\text{m}$

$K_X = 0.0259\text{m}, K_Y = 0.0783\text{m}, K_Z = 0.4353\text{m}$

$J_X = 0.0229\text{m}, J_Y = 0.1755\text{m}, J_Z = 0.8020\text{m}$

$A_X = 0.0229\text{m}, A_Y = 0.1755\text{m}, A_Z = 0.5000\text{m}$

$D_X = 0.0229\text{m}, D_Y = 0.1255\text{m}, D_Z = 0.5000\text{m}$

$E_X = -0.0951\text{m}, E_Y = 0.0652\text{m}, E_Z = 0.3792\text{m}$

$G_X = -0.0851\text{m}, G_Y = -0.2450\text{m}, G_Z = 0.3638\text{m}$

$T_f = 1.542\text{m}$（汽车的轮距）

$L = 2.568\text{m}$（汽车的轴距）

$C_{fac} = 50\text{mm/r}$（齿轮齿条增益）

$S_{RT} = 13.5$（转向系统角传动比的目标值）

$R_{AC} = 42\%$（目标阿克曼校正率）

17.3 悬架和转向系统处于设计位置时的参数计算

如图 17-1(a)、(c)所示,过点 P、R 作一个垂直平面。平面 PX_VZ_V、PX_TZ_T 都位于该平面之内,其中 PX_V 沿着直线 PR、PX_T 平行于地平面、PZ_T 垂直于地平面。因此,有

$$\sin b_n = \frac{P_Z - R_Z}{P_R} \tag{17-15}$$

式中,b_n 是 PX_V 与 PX_T 之间的夹角。P、R 之间的距离 P_R 为

$$P_R = \sqrt{(P_X - R_X)^2 + (P_Y - R_Y)^2 + (P_Z - R_Z)^2} \tag{17-16}$$

$$\begin{bmatrix} X_T \\ Y_T \\ Z_T \end{bmatrix} = \begin{bmatrix} \cos b_n & 0 & \sin b_n \\ 0 & 1 & 0 \\ -\sin b_n & 0 & \cos b_n \end{bmatrix} \begin{bmatrix} X_V \\ Y_V \\ Z_V \end{bmatrix} \tag{17-17}$$

如图 17-1(a)所示,坐标系 $PX_uY_uZ_u$ 平行于坐标系 $OXYZ$。如图 17-1(d)所示,有

$$\sin c_n = \frac{R_Y - P_Y}{P_R \cos b_n} \tag{17-18}$$

式中,c_n 是 PX_T 与 PX_u 之间的夹角。有如下关系:

$$\begin{bmatrix} X_u \\ Y_u \\ Z_u \end{bmatrix} = \begin{bmatrix} \cos c_n & -\sin c_n & 0 \\ \sin c_n & \cos c_n & 0 \\ 0 & 0 & 1 \end{bmatrix} \begin{bmatrix} X_T \\ Y_T \\ Z_T \end{bmatrix} \tag{17-19}$$

把式(17-17)代入式(17-19),得

$$\begin{bmatrix} X_u \\ Y_u \\ Z_u \end{bmatrix} = \begin{bmatrix} \cos c_n & -\sin c_n & 0 \\ \sin c_n & \cos c_n & 0 \\ 0 & 0 & 1 \end{bmatrix} \begin{bmatrix} \cos b_n & 0 & \sin b_n \\ 0 & 1 & 0 \\ -\sin b_n & 0 & \cos b_n \end{bmatrix} \begin{bmatrix} X_V \\ Y_V \\ Z_V \end{bmatrix}$$

$$= \begin{bmatrix} \cos c_n \cos b_n & -\sin c_n & \cos c_n \sin b_n \\ \sin c_n \cos b_n & \cos c_n & \sin c_n \sin b_n \\ -\sin b_n & 0 & \cos b_n \end{bmatrix} \begin{bmatrix} X_V \\ Y_V \\ Z_V \end{bmatrix} \tag{17-20}$$

$$\begin{bmatrix} X_V \\ Y_V \\ Z_V \end{bmatrix} = \begin{bmatrix} \cos b_n \cos c_n & \cos b_n \sin c_n & -\sin b_n \\ -\sin c_n & \cos c_n & 0 \\ \sin b_n \cos c_n & \sin b_n \sin c_n & \cos b_n \end{bmatrix} \begin{bmatrix} X_u \\ Y_u \\ Z_u \end{bmatrix} \tag{17-21}$$

在坐标系 $PX_uY_uZ_u$ 中,B 点的坐标为

$$B_{Xu} = B_X - P_X \tag{17-22}$$

$$B_{Yu} = B_Y - P_Y \tag{17-23}$$

$$B_{Zu} = B_Z - P_Z \tag{17-24}$$

把式(17-22)~式(17-24)代入式(17-21)可以计算 B 点在坐标系 $PX_VY_VZ_V$ 中的坐标,即

$$\begin{bmatrix} B_{XV} \\ B_{YV} \\ B_{ZV} \end{bmatrix} = \begin{bmatrix} \cos b_n \cos c_n & \cos b_n \sin c_n & -\sin b_n \\ -\sin c_n & \cos c_n & 0 \\ \sin b_n \cos c_n & \sin b_n \sin c_n & \cos b_n \end{bmatrix} \begin{bmatrix} B_{Xu} \\ B_{Yu} \\ B_{Zu} \end{bmatrix} \tag{17-25}$$

如图 17-1(c)、(d)和(e)所示,在悬架压缩、伸张时,角度 θ 发生变化,但是 X_{BV} 和 L_V(点 B 与直线 PR 之间的距离)都是常数,即

$$L_V = \sqrt{B_{YV}^2 + B_{ZV}^2} \tag{17-26}$$

$$\sin\theta = \sin\theta_0 = \frac{B_{ZV}}{L_V} \tag{17-27}$$

令点 K 和点 B 之间的距离为 K_B,则

$$K_B = \sqrt{(K_X - B_X)^2 + (K_Y - B_Y)^2 + (K_Z - B_Z)^2} \tag{17-28}$$

令点 O 和点 B 之间的距离为 O_B,则

$$O_B = \sqrt{B_X^2 + B_Y^2 + B_Z^2} \tag{17-29}$$

令点 O 和点 K 之间的距离为 O_K,则

$$O_K = \sqrt{K_X^2 + K_Y^2 + K_Z^2} \tag{17-30}$$

令直线 KO 和直线 KB 之间的夹角为 ϕ,则

$$O_B^2 = O_K^2 + K_B^2 - 2O_K K_B \cos\phi \tag{17-31}$$

$$\cos\phi = \frac{O_K^2 + K_B^2 - O_B^2}{2O_K K_B} \tag{17-32}$$

令直线 OK 与直线 OB 之间的夹角为 $\psi = \psi_0$,则

$$K_B^2 = O_K^2 + O_B^2 - 2O_K O_B \cos\psi \tag{17-33}$$

$$\cos\psi = \cos\psi_0 = \frac{O_K^2 + O_B^2 - K_B^2}{2O_K O_B} \tag{17-34}$$

点 K 在坐标系 $OX_1Y_1Z_1$ 中的坐标为

$$K_{X1} = 0 \tag{17-35}$$

$$K_{Y1} = 0 \tag{17-36}$$

$$K_{Z1} = O_K \tag{17-37}$$

由式(17-8)可得

$$\begin{bmatrix} X_4 \\ Y_4 \\ Z_4 \end{bmatrix} = \begin{bmatrix} 1 & 0 & 0 \\ 0 & \cos\psi & -\sin\psi \\ 0 & \sin\psi & \cos\psi \end{bmatrix} \begin{bmatrix} X_1 \\ Y_1 \\ Z_1 \end{bmatrix} \tag{17-38}$$

把式(17-35)~式(17-37)代入式(17-38),得

$$\begin{bmatrix} K_{X4} \\ K_{Y4} \\ K_{Z4} \end{bmatrix} = \begin{bmatrix} 1 & 0 & 0 \\ 0 & \cos\psi & -\sin\psi \\ 0 & \sin\psi & \cos\psi \end{bmatrix} \begin{bmatrix} K_{X1} \\ K_{Y1} \\ K_{Z1} \end{bmatrix} = \begin{bmatrix} 1 & 0 & 0 \\ 0 & \cos\psi & -\sin\psi \\ 0 & \sin\psi & \cos\psi \end{bmatrix} \begin{bmatrix} 0 \\ 0 \\ O_K \end{bmatrix} = \begin{bmatrix} 0 \\ -\sin\psi O_K \\ \cos\psi O_K \end{bmatrix}$$

$$\tag{17-39}$$

把式(17-39)代入式(17-9),得

$$\begin{bmatrix} K_{X2} \\ K_{Y2} \\ K_{Z2} \end{bmatrix} = \begin{bmatrix} \cos\omega_T & \sin\omega_T & 0 \\ -\sin\omega_T & \cos\omega_T & 0 \\ 0 & 0 & 1 \end{bmatrix} \begin{bmatrix} K_{X4} \\ K_{Y4} \\ K_{Z4} \end{bmatrix}$$

$$= \begin{bmatrix} \cos\omega_T & \sin\omega_T & 0 \\ -\sin\omega_T & \cos\omega_T & 0 \\ 0 & 0 & 1 \end{bmatrix} \begin{bmatrix} 0 \\ -\sin\psi O_K \\ \cos\psi O_K \end{bmatrix} = \begin{bmatrix} -\sin\omega_T \sin\psi O_K \\ -\cos\omega_T \sin\psi O_K \\ \cos\psi O_K \end{bmatrix} \quad (17\text{-}40)$$

把式(17-40)代入式(17-3),得

$$\begin{bmatrix} K_X \\ K_Y \\ K_Z \end{bmatrix} = \begin{bmatrix} \cos\tau & -\sin\tau\sin\sigma' & \sin\tau\cos\sigma' \\ 0 & \cos\sigma' & \sin\sigma' \\ -\sin\tau & -\cos\tau\sin\sigma' & \cos\tau\cos\sigma' \end{bmatrix} \begin{bmatrix} K_{X2} \\ K_{Y2} \\ K_{Z2} \end{bmatrix}$$

$$= \begin{bmatrix} \cos\tau & -\sin\tau\sin\sigma' & \sin\tau\cos\sigma' \\ 0 & \cos\sigma' & \sin\sigma' \\ -\sin\tau & -\cos\tau\sin\sigma' & \cos\tau\cos\sigma' \end{bmatrix} \begin{bmatrix} -\sin\omega_T \sin\psi O_K \\ -\cos\omega_T \sin\psi O_K \\ \cos\psi O_K \end{bmatrix} \quad (17\text{-}41)$$

由式(17-41)可得

$$K_X = -\cos\tau\sin\omega_T \sin\psi O_K + \sin\tau\sin\sigma' \cos\omega_T \sin\psi O_K + \sin\tau\cos\sigma' \cos\psi O_K$$
$$= -\cos\tau\sin\omega_T \sin\psi O_K + \sin\tau O_K(\sin\sigma' \cos\omega_T \sin\psi + \cos\sigma' \cos\psi) \quad (17\text{-}42)$$

$$K_Z = \sin\tau\sin\omega_T \sin\psi O_K + \cos\tau\sin\sigma' \cos\omega_T \sin\psi O_K + \cos\tau\cos\sigma' \cos\psi O_K$$
$$= \sin\tau\sin\omega_T \sin\psi O_K + \cos\tau O_K(\sin\sigma' \cos\omega_T \sin\psi + \cos\sigma' \cos\psi) \quad (17\text{-}43)$$

$$\cos\tau K_X = -\cos^2\tau\sin\omega_T \sin\psi O_K + \cos\tau\sin\tau O_K(\sin\sigma' \cos\omega_T \sin\psi + \cos\sigma' \cos\psi) \quad (17\text{-}44)$$

$$\sin\tau K_Z = \sin^2\tau\sin\omega_T \sin\psi O_K + \sin\tau\cos\tau O_K(\sin\sigma' \cos\omega_T \sin\psi + \cos\sigma' \cos\psi) \quad (17\text{-}45)$$

$$\sin\tau K_Z - \cos\tau K_X = \sin\omega_T \sin\psi O_K$$

$$\sin\omega_T = \frac{\sin\tau K_Z - \cos\tau K_X}{\sin\psi O_K} \quad (17\text{-}46)$$

$$\tan\tau = \tan\tau_0 = \frac{B_X}{B_Z} \quad (17\text{-}47)$$

$$\tan\sigma = \tan\sigma_0 = \frac{B_Y}{B_Z} \quad (17\text{-}48)$$

利用式(17-14)计算 E、A、D、J 点在坐标系 $OX_1Y_1Z_1$ 中的坐标

$$\begin{bmatrix} E_{X1} \\ E_{Y1} \\ E_{Z1} \end{bmatrix} = ([T_{M2}][T_{21}])^T \begin{bmatrix} E_X \\ E_Y \\ E_Z \end{bmatrix} = [T_{21}]^T [T_{M2}]^T \begin{bmatrix} E_X \\ E_Y \\ E_Z \end{bmatrix} \quad (17\text{-}49)$$

$$\begin{bmatrix} A_{X1} \\ A_{Y1} \\ A_{Z1} \end{bmatrix} = ([T_{M2}][T_{21}])^T \begin{bmatrix} A_X \\ A_Y \\ A_Z \end{bmatrix} = [T_{21}]^T [T_{M2}]^T \begin{bmatrix} A_X \\ A_Y \\ A_Z \end{bmatrix} \quad (17\text{-}50)$$

$$\begin{bmatrix} D_{X1} \\ D_{Y1} \\ D_{Z1} \end{bmatrix} = ([T_{M2}][T_{21}])^T \begin{bmatrix} D_X \\ D_Y \\ D_Z \end{bmatrix} = [T_{21}]^T [T_{M2}]^T \begin{bmatrix} D_X \\ D_Y \\ D_Z \end{bmatrix} \quad (17\text{-}51)$$

$$\begin{bmatrix} J_{X1} \\ J_{Y1} \\ J_{Z1} \end{bmatrix} = ([T_{M2}][T_{21}])^T \begin{bmatrix} J_X \\ J_Y \\ J_Z \end{bmatrix} = [T_{21}]^T [T_{M2}]^T \begin{bmatrix} J_X \\ J_Y \\ J_Z \end{bmatrix} \quad (17\text{-}52)$$

17.4 悬架压缩、伸张时悬架和转向系统的坐标转换矩阵

如图 17-1(a)、(e)所示，悬架压缩、伸张时，下横臂的摆角 θ 发生变化，设 $\theta=\theta_t$。但是，点 B 在坐标系 $PX_VY_VZ_V$ 中的坐标 $B_{Vt}=B_V$ 保持不变（利用式(17-25)计算）。有如下关系：

$$B_{XVt} = B_{XV} \tag{17-53}$$

$$B_{YVt} = L_V\cos\theta_t \tag{17-54}$$

$$B_{ZVt} = L_V\sin\theta_t \tag{17-55}$$

利用式(17-20)计算点 B 在坐标系 $PX_uY_uZ_u$ 中的坐标为

$$\begin{bmatrix} B_{Xut} \\ B_{Yut} \\ B_{Zut} \end{bmatrix} = \begin{bmatrix} \cos c_n\cos b_n & -\sin c_n & \cos c_n\sin b_n \\ \sin c_n\cos b_n & \cos c_n & \sin c_n\sin b_n \\ -\sin b_n & 0 & \cos b_n \end{bmatrix} \begin{bmatrix} B_{XVt} \\ B_{YVt} \\ B_{ZVt} \end{bmatrix} \tag{17-56}$$

点 B 在坐标系 $OXYZ$ 中的坐标为

$$B_{Xt} = B_{Xut} + P_X \tag{17-57}$$

$$B_{Yt} = B_{Yut} + P_Y \tag{17-58}$$

$$B_{Zt} = B_{Zut} + P_Z \tag{17-59}$$

$$\tan\tau = \tan\tau_t = \frac{B_{Xt}}{B_{Zt}} \tag{17-60}$$

$$\tan\sigma = \tan\sigma_t = \frac{B_{Yt}}{B_{Zt}} \tag{17-61}$$

在悬架压缩、伸张时，点 K 和点 B 之间的距离 K_B 保持不变，利用式(17-28)计算，即

$$K_B = \sqrt{(K_X-B_X)^2+(K_Y-B_Y)^2+(K_Z-B_Z)^2}$$

令点 O 和点 B 之间的距离为 O_{Bt}，则

$$O_{Bt} = \sqrt{B_{Xt}^2+B_{Yt}^2+B_{Zt}^2} \tag{17-62}$$

在悬架压缩、伸张时，直线 KO 和直线 KB 之间的夹角 ϕ 保持不变。如图 17-1(a)所示，令 $\psi=\psi_t$、点 O 和点 K 之间的距离为 O_{Kt}，则

$$\frac{O_{Bt}}{\sin\phi} = \frac{K_B}{\sin\psi_t} \tag{17-63}$$

$$\sin\psi_t = \frac{K_B\sin\phi}{O_{Bt}} \tag{17-64}$$

$$\frac{O_{Bt}}{\sin\phi} = \frac{O_{Kt}}{\sin(\pi-\phi-\psi_t)} \tag{17-65}$$

$$O_{Kt} = \frac{O_{Bt}}{\sin\phi}\sin(\pi-\phi-\psi_t) \tag{17-66}$$

在悬架压缩、伸张时，可以参考式(17-3)确定坐标系 $OXYZ$、$OX_2Y_2Z_2$ 之间的关系，即

17 麦克弗森式独立悬架和齿轮齿条式转向系统的匹配设计

$$\begin{bmatrix} X_t \\ Y_t \\ Z_t \end{bmatrix} = \begin{bmatrix} \cos\tau_t & -\sin\tau_t\sin\sigma'_t & \sin\tau_t\cos\sigma'_t \\ 0 & \cos\sigma'_t & \sin\sigma'_t \\ -\sin\tau_t & -\cos\tau_t\sin\sigma'_t & \cos\tau_t\cos\sigma'_t \end{bmatrix} \begin{bmatrix} X_{2t} \\ Y_{2t} \\ Z_{2t} \end{bmatrix} \quad (17\text{-}67)$$

其中

$$\tan\sigma'_t = \tan\sigma_t \cos\tau_t \quad (17\text{-}68)$$

由式(17-8)可得

$$\begin{bmatrix} X_{4t} \\ Y_{4t} \\ Z_{4t} \end{bmatrix} = \begin{bmatrix} 1 & 0 & 0 \\ 0 & \cos\psi_t & -\sin\psi_t \\ 0 & \sin\psi_t & \cos\psi_t \end{bmatrix} \begin{bmatrix} X_{1t} \\ Y_{1t} \\ Z_{1t} \end{bmatrix} \quad (17\text{-}69)$$

由式(17-9)可得

$$\begin{bmatrix} X_{2t} \\ Y_{2t} \\ Z_{2t} \end{bmatrix} = \begin{bmatrix} \cos\omega_T & \sin\omega_T & 0 \\ -\sin\omega_T & \cos\omega_T & 0 \\ 0 & 0 & 1 \end{bmatrix} \begin{bmatrix} X_{4t} \\ Y_{4t} \\ Z_{4t} \end{bmatrix} \quad (17\text{-}70)$$

式中,ω_T 是悬架、转向系统处于设计位置的角度。

把式(17-69)代入式(17-70)得

$$\begin{bmatrix} X_{2t} \\ Y_{2t} \\ Z_{2t} \end{bmatrix} = \begin{bmatrix} \cos\omega_T & \sin\omega_T & 0 \\ -\sin\omega_T & \cos\omega_T & 0 \\ 0 & 0 & 1 \end{bmatrix} \begin{bmatrix} 1 & 0 & 0 \\ 0 & \cos\psi_t & -\sin\psi_t \\ 0 & \sin\psi_t & \cos\psi_t \end{bmatrix} \begin{bmatrix} X_{1t} \\ Y_{1t} \\ Z_{1t} \end{bmatrix}$$

$$= \begin{bmatrix} \cos\omega_T & \sin\omega_T\cos\psi_t & -\sin\omega_T\sin\psi_t \\ -\sin\omega_T & \cos\omega_T\cos\psi_t & -\cos\omega_T\sin\psi_t \\ 0 & \sin\psi_t & \cos\psi_t \end{bmatrix} \begin{bmatrix} X_{1t} \\ Y_{1t} \\ Z_{1t} \end{bmatrix} \quad (17\text{-}71)$$

由式(17-13)和式(17-14)可得

$$\begin{bmatrix} X_t \\ Y_t \\ Z_t \end{bmatrix} = [T_{M2t}][T_{21t}] \begin{bmatrix} X_{1t} \\ Y_{1t} \\ Z_{1t} \end{bmatrix} \quad (17\text{-}72)$$

$$\begin{bmatrix} X_{1t} \\ Y_{1t} \\ Z_{1t} \end{bmatrix} = ([T_{M2t}][T_{21t}])^{\mathrm{T}} \begin{bmatrix} X_t \\ Y_t \\ Z_t \end{bmatrix} = [T_{21t}]^{\mathrm{T}} [T_{M2t}]^{\mathrm{T}} \begin{bmatrix} X_t \\ Y_t \\ Z_t \end{bmatrix} \quad (17\text{-}73)$$

其中

$$[T_{M2t}] = \begin{bmatrix} \cos\tau_t & -\sin\tau_t\sin\sigma'_t & \sin\tau_t\cos\sigma'_t \\ 0 & \cos\sigma'_t & \sin\sigma'_t \\ -\sin\tau_t & -\cos\tau_t\sin\sigma'_t & \cos\tau_t\cos\sigma'_t \end{bmatrix} \quad (17\text{-}74)$$

$$[T_{21t}] = \begin{bmatrix} \cos\omega_T & \sin\omega_T\cos\psi_t & -\sin\omega_T\sin\psi_t \\ -\sin\omega_T & \cos\omega_T\cos\psi_t & -\cos\omega_T\sin\psi_t \\ 0 & \sin\psi_t & \cos\psi_t \end{bmatrix} \quad (17\text{-}75)$$

其中,$[T_{M2t}]^{\mathrm{T}}$、$[T_{21t}]^{\mathrm{T}}$ 分别是$[T_{M2t}]$、$[T_{21t}]$的转置矩阵。

17.5 转向时前轴内、外轮转角关系、转向系统角传动比的计算

在计算转向时前轴内、外轮转角关系、转向系统角传动比时,悬架处于设计位置,悬架下横臂的转角 $\theta=\theta_t=\theta_0$。

在悬架下横臂的转角 $\theta=\theta_t=\theta_0$ 保持不变时,在转向过程中,点 E 在坐标系 $OX_1Y_1Z_1$ 中的坐标 E_{X1}、E_{Y1}、E_{Z1} 总是不变的,按照式(17-49)计算。

设 E_{X20}、E_{Y20}、E_{Z20} 是点 E 在悬架处于设计位置、车轮处于直线行驶位置时在坐标系 $OX_2Y_2Z_2$ 中的坐标,则根据式(17-11),有如下关系:

$$\begin{bmatrix} E_{X20} \\ E_{Y20} \\ E_{Z20} \end{bmatrix} = \begin{bmatrix} \cos\omega_T & \sin\omega_T\cos\psi & -\sin\omega_T\sin\psi \\ -\sin\omega_T & \cos\omega_T\cos\psi & -\cos\omega_T\sin\psi \\ 0 & \sin\psi & \cos\psi \end{bmatrix} \begin{bmatrix} E_{X1} \\ E_{Y1} \\ E_{Z1} \end{bmatrix} \quad (17\text{-}76)$$

如图 17-1(f)所示,有如下关系:

$$L_E = \sqrt{E_{X20}^2 + E_{Y20}^2} \quad (17\text{-}77)$$

$$\sin\lambda_{20} = \frac{E_{Y20}}{L_E} \quad (17\text{-}78)$$

利用点 E、G 在坐标系 $OXYZ$ 中的坐标计算转向连杆的长度 L_{nk},即

$$L_{nk} = \sqrt{(E_X - G_X)^2 + (E_Y - G_Y)^2 + (E_Z - G_Z)^2} \quad (17\text{-}79)$$

如图 17-1(f)所示,设前轮绕主销轴线 OZ_2 转动一个角度 $d\lambda_2$,则 E 点在坐标系 $OX_2Y_2Z_2$ 中的坐标按下式计算:

$$E_{X2t} = L_E\cos(\lambda_{20} + d\lambda_2) \quad (17\text{-}80)$$

$$E_{Y2t} = L_E\sin(\lambda_{20} + d\lambda_2) \quad (17\text{-}81)$$

$$E_{Z2t} = E_{Z20} \quad (17\text{-}82)$$

E 点在坐标系 $OXYZ$ 中的坐标按式(17-3)计算,即

$$\begin{bmatrix} E_{Xt} \\ E_{Yt} \\ E_{Zt} \end{bmatrix} = \begin{bmatrix} \cos\tau & -\sin\tau\sin\sigma' & \sin\tau\cos\sigma' \\ 0 & \cos\sigma' & \sin\sigma' \\ -\sin\tau & -\cos\tau\sin\sigma' & \cos\tau\cos\sigma' \end{bmatrix} \begin{bmatrix} E_{X2t} \\ E_{Y2t} \\ E_{Z2t} \end{bmatrix} \quad (17\text{-}83)$$

设 $(A_{X20}, A_{Y20}, A_{Z20})$、$(D_{X20}, D_{Y20}, D_{Z20})$ 分别是点 A、D 在悬架处于设计位置、车轮处于直线行驶位置时在坐标系 $OX_2Y_2Z_2$ 中的坐标,则根据式(17-11),有如下关系:

$$\begin{bmatrix} A_{X20} \\ A_{Y20} \\ A_{Z20} \end{bmatrix} = \begin{bmatrix} \cos\omega_T & \sin\omega_T\cos\psi & -\sin\omega_T\sin\psi \\ -\sin\omega_T & \cos\omega_T\cos\psi & -\cos\omega_T\sin\psi \\ 0 & \sin\psi & \cos\psi \end{bmatrix} \begin{bmatrix} A_{X1} \\ A_{Y1} \\ A_{Z1} \end{bmatrix} \quad (17\text{-}84)$$

$$\begin{bmatrix} D_{X20} \\ D_{Y20} \\ D_{Z20} \end{bmatrix} = \begin{bmatrix} \cos\omega_T & \sin\omega_T\cos\psi & -\sin\omega_T\sin\psi \\ -\sin\omega_T & \cos\omega_T\cos\psi & -\cos\omega_T\sin\psi \\ 0 & \sin\psi & \cos\psi \end{bmatrix} \begin{bmatrix} D_{X1} \\ D_{Y1} \\ D_{Z1} \end{bmatrix} \quad (17\text{-}85)$$

如图 17-1(g)所示,有如下关系:

$$L_A = \sqrt{A_{X20}^2 + A_{Y20}^2} \tag{17-86}$$

$$\sin\lambda_{20A} = \frac{A_{Y20}}{L_A} \tag{17-87}$$

$$L_D = \sqrt{D_{X20}^2 + D_{Y20}^2} \tag{17-88}$$

$$\sin\lambda_{20D} = \frac{D_{Y20}}{L_D} \tag{17-89}$$

如图 17-1(f)所示，设前轮绕主销轴线 OZ_2 转动一个角度 $\mathrm{d}\lambda_2$，则 A、D 点在坐标系 $OX_2Y_2Z_2$ 中的坐标按下式计算：

$$A_{X2t} = L_A\cos(\lambda_{20A} + \mathrm{d}\lambda_2) \tag{17-90}$$

$$A_{Y2t} = L_A\sin(\lambda_{20A} + \mathrm{d}\lambda_2) \tag{17-91}$$

$$A_{Z2t} = A_{Z20} \tag{17-92}$$

$$D_{X2t} = L_D\cos(\lambda_{20D} + \mathrm{d}\lambda_2) \tag{17-93}$$

$$D_{Y2t} = L_D\sin(\lambda_{20D} + \mathrm{d}\lambda_2) \tag{17-94}$$

$$D_{Z2t} = D_{Z20} \tag{17-95}$$

A、D 点在坐标系 $OXYZ$ 中的坐标按式(17-3)计算，即

$$\begin{bmatrix} A_{Xt} \\ A_{Yt} \\ A_{Zt} \end{bmatrix} = \begin{bmatrix} \cos\tau & -\sin\tau\sin\sigma' & \sin\tau\cos\sigma' \\ 0 & \cos\sigma' & \sin\sigma' \\ -\sin\tau & -\cos\tau\sin\sigma' & \cos\tau\cos\sigma' \end{bmatrix} \begin{bmatrix} A_{X2t} \\ A_{Y2t} \\ A_{Z2t} \end{bmatrix} \tag{17-96}$$

$$\begin{bmatrix} D_{Xt} \\ D_{Yt} \\ D_{Zt} \end{bmatrix} = \begin{bmatrix} \cos\tau & -\sin\tau\sin\sigma' & \sin\tau\cos\sigma' \\ 0 & \cos\sigma' & \sin\sigma' \\ -\sin\tau & -\cos\tau\sin\sigma' & \cos\tau\cos\sigma' \end{bmatrix} \begin{bmatrix} D_{X2t} \\ D_{Y2t} \\ D_{Z2t} \end{bmatrix} \tag{17-97}$$

如图 17-1(h)所示，有如下关系：

$$\sin\lambda_{0n} = \frac{A_Y - D_Y}{\sqrt{(A_X - D_X)^2 + (A_Y - D_Y)^2}} \tag{17-98}$$

$$\sin\lambda_t = \frac{A_{Yt} - D_{Yt}}{\sqrt{(A_{Xt} - D_{Xt})^2 + (A_{Yt} - D_{Yt})^2}} \tag{17-99}$$

内轮转角 λ_i 为

$$\lambda_i = \lambda_t - \lambda_{0n} \tag{17-100}$$

设内轮绕主销轴线 OZ_2 转动 $\mathrm{d}\lambda_2$ 所引起的转向器齿条的位移是 D_{YR}，而转向连杆长度 L_{nk} 保持不变，则有如下关系：

$$L_{nk} = \sqrt{(E_{Xt} - G_X)^2 + [E_{Yt} - (G_Y - D_{YR})]^2 + (E_{Zt} - E_Z)^2} \tag{17-101}$$

$$(E_{Yt} - G_Y + D_{YR})^2 = L_{nk}^2 - (E_{Xt} - G_X)^2 - (E_{Zt} - E_Z)^2$$

$$E_{Yt} - G_Y + D_{YR} = \sqrt{L_{nk}^2 - (E_{Xt} - G_X)^2 - (E_{Zt} - E_Z)^2}$$

$$D_{YR} = -E_{Yt} + G_Y + \sqrt{L_{nk}^2 - (E_{Xt} - G_X)^2 - (E_{Zt} - E_Z)^2} \tag{17-102}$$

而在外轮一侧，有如下关系：

$$L_{nk} = \sqrt{(E_{Xt0} - G_X)^2 + [E_{Yt0} - (G_Y + D_{YR})]^2 + (E_{Zt0} - E_Z)^2} \tag{17-103}$$

其中

$$E_{X2t0} = L_E\cos(\lambda_{20} - \mathrm{d}\lambda_{20}) \tag{17-104}$$

$$E_{Y2t0} = L_E\sin(\lambda_{20} - \mathrm{d}\lambda_{20}) \tag{17-105}$$

$$E_{Z2t0} = E_{Z20} \tag{17-106}$$

E 点在坐标系 $OXYZ$ 中的坐标按照式(17-3)计算,即

$$\begin{bmatrix} E_{Xt0} \\ E_{Yt0} \\ E_{Zt0} \end{bmatrix} = \begin{bmatrix} \cos\tau & -\sin\tau\sin\sigma' & \sin\tau\cos\sigma' \\ 0 & \cos\sigma' & \sin\sigma' \\ -\sin\tau & -\cos\tau\sin\sigma' & \cos\tau\cos\sigma' \end{bmatrix} \begin{bmatrix} E_{X2t0} \\ E_{Y2t0} \\ E_{Z2t0} \end{bmatrix} \tag{17-107}$$

解方程(17-103),可以求出 $\mathrm{d}\lambda_{20}$。则 A、D 点在坐标系 $OX_2Y_2Z_2$ 中的坐标按下式计算:

$$A_{X2t0} = L_A\cos(\lambda_{20A} - \mathrm{d}\lambda_{20}) \tag{17-108}$$

$$A_{Y2t0} = L_A\sin(\lambda_{20A} - \mathrm{d}\lambda_{20}) \tag{17-109}$$

$$A_{Z2t0} = A_{Z20} \tag{17-110}$$

$$D_{X2t0} = L_D\cos(\lambda_{20D} - \mathrm{d}\lambda_{20}) \tag{17-111}$$

$$D_{Y2t0} = L_D\sin(\lambda_{20D} - \mathrm{d}\lambda_{20}) \tag{17-112}$$

$$D_{Z2t0} = D_{Z20} \tag{17-113}$$

A、D 点在坐标系 $OXYZ$ 中的坐标按式(17-3)计算,即

$$\begin{bmatrix} A_{Xt0} \\ A_{Yt0} \\ A_{Zt0} \end{bmatrix} = \begin{bmatrix} \cos\tau & -\sin\tau\sin\sigma' & \sin\tau\cos\sigma' \\ 0 & \cos\sigma' & \sin\sigma' \\ -\sin\tau & -\cos\tau\sin\sigma' & \cos\tau\cos\sigma' \end{bmatrix} \begin{bmatrix} A_{X2t0} \\ A_{Y2t0} \\ A_{Z2t0} \end{bmatrix} \tag{17-114}$$

$$\begin{bmatrix} D_{Xt0} \\ D_{Yt0} \\ D_{Zt0} \end{bmatrix} = \begin{bmatrix} \cos\tau & -\sin\tau\sin\sigma' & \sin\tau\cos\sigma' \\ 0 & \cos\sigma' & \sin\sigma' \\ -\sin\tau & -\cos\tau\sin\sigma' & \cos\tau\cos\sigma' \end{bmatrix} \begin{bmatrix} D_{X2t0} \\ D_{Y2t0} \\ D_{Z2t0} \end{bmatrix} \tag{17-115}$$

如图 17-1(h)所示,有如下关系:

$$\sin\lambda_{t0} = \frac{A_{Yt0} - D_{Yt0}}{\sqrt{(A_{Xt0} - D_{Xt0})^2 + (A_{Yt0} - D_{Yt0})^2}} \tag{17-116}$$

外轮转角 λ_o 为

$$\lambda_o = \lambda_{0n} - \lambda_{t0} \tag{17-117}$$

转向系统的角传动比 S_R 为

$$S_R = \frac{\delta_{\mathrm{SW}}}{\dfrac{\lambda_i + \lambda_o}{2}} \tag{17-118}$$

式中,δ_{SW} 是转向盘转角,其与齿条位移 D_{YR} 之间的关系如下:

$$\delta_{\mathrm{SW}} = \frac{360 D_{\mathrm{YR}}}{C_{\mathrm{factor}}} \tag{17-119}$$

把式(17-119)代入式(17-118),得

17 麦克弗森式独立悬架和齿轮齿条式转向系统的匹配设计

$$S_R = \frac{360 D_{YR}}{\dfrac{C_{\text{factor}}}{\dfrac{\lambda_i + \lambda_o}{2}}} = \frac{720 D_{YR}}{C_{\text{factor}}(\lambda_i + \lambda_o)} \tag{17-120}$$

17.6 悬架压缩、伸张所引起的车轮干涉转角

当计算悬架压缩、伸张所引起的车轮干涉转角时,悬架下横臂的摆角 θ 发生变化,但是转向器齿条的位置不发生变化,如图 17-1(a)、(e)所示。设 $\theta = \theta_t$。该计算工况相当于汽车直线行驶时悬架发生压缩、伸张。在本节分析中将利用在 17.4 节中介绍的坐标转换矩阵和参数。

在悬架和转向系统处于其设计位置时,点 E、A、D、J 在坐标系 $OX_1Y_1Z_1$ 中的坐标分别按式(17-49)~式(17-52)计算;点 O 与 K 之间的距离 O_K 按式(17-30)计算。

当悬架压缩、伸张时,点 O 与点 K 之间的距离 O_{Kt} 按式(17-66)计算。如图 17-1(a)所示,当悬架压缩、伸张时,相对于其设计位置,转向节将在平面 OY_1Z_1 中沿着 OZ_1 轴移动距离 Δ_{Z1t},即

$$\Delta_{Z1t} = O_{Kt} - O_K \tag{17-121}$$

当悬架压缩、伸张时,点 E、A、D 在坐标系 $OX_1Y_1Z_1$ 中的坐标为

$$E_{X10t} = E_{X1} \tag{17-122}$$

$$E_{Y10t} = E_{Y1} \tag{17-123}$$

$$E_{Z10t} = E_{Z1} + \Delta_{Z1t} \tag{17-124}$$

$$A_{X10t} = A_{X1} \tag{17-125}$$

$$A_{Y10t} = A_{Y1} \tag{17-126}$$

$$A_{Z10t} = A_{Z1} + \Delta_{Z1t} \tag{17-127}$$

$$D_{X10t} = D_{X1} \tag{17-128}$$

$$D_{Y10t} = D_{Y1} \tag{17-129}$$

$$D_{Z10t} = D_{Z1} + \Delta_{Z1t} \tag{17-130}$$

$$J_{X10t} = J_{X1} \tag{17-131}$$

$$J_{Y10t} = J_{Y1} \tag{17-132}$$

$$J_{Z10t} = J_{Z1} + \Delta_{Z1t} \tag{17-133}$$

利用式(17-71)计算它们在坐标系 $OX_2Y_2Z_2$ 中的坐标为

$$\begin{bmatrix} E_{X20t} \\ E_{Y20t} \\ E_{Z20t} \end{bmatrix} = \begin{bmatrix} \cos\omega_T & \sin\omega_T\cos\psi_t & -\sin\omega_T\sin\psi_t \\ -\sin\omega_T & \cos\omega_T\cos\psi_t & -\cos\omega_T\sin\psi_t \\ 0 & \sin\psi_t & \cos\psi_t \end{bmatrix} \begin{bmatrix} E_{X10t} \\ E_{Y10t} \\ E_{Z10t} \end{bmatrix} \tag{17-134}$$

$$\begin{bmatrix} A_{X20t} \\ A_{Y20t} \\ A_{Z20t} \end{bmatrix} = \begin{bmatrix} \cos\omega_T & \sin\omega_T\cos\psi_t & -\sin\omega_T\sin\psi_t \\ -\sin\omega_T & \cos\omega_T\cos\psi_t & -\cos\omega_T\sin\psi_t \\ 0 & \sin\psi_t & \cos\psi_t \end{bmatrix} \begin{bmatrix} A_{X10t} \\ A_{Y10t} \\ A_{Z10t} \end{bmatrix} \tag{17-135}$$

$$\begin{bmatrix} D_{X20t} \\ D_{Y20t} \\ D_{Z20t} \end{bmatrix} = \begin{bmatrix} \cos\omega_T & \sin\omega_T\cos\psi_t & -\sin\omega_T\sin\psi_t \\ -\sin\omega_T & \cos\omega_T\cos\psi_t & -\cos\omega_T\sin\psi_t \\ 0 & \sin\psi_t & \cos\psi_t \end{bmatrix} \begin{bmatrix} D_{X10t} \\ D_{Y10t} \\ D_{Z10t} \end{bmatrix} \quad (17\text{-}136)$$

$$\begin{bmatrix} J_{X20t} \\ J_{Y20t} \\ J_{Z20t} \end{bmatrix} = \begin{bmatrix} \cos\omega_T & \sin\omega_T\cos\psi_t & -\sin\omega_T\sin\psi_t \\ -\sin\omega_T & \cos\omega_T\cos\psi_t & -\cos\omega_T\sin\psi_t \\ 0 & \sin\psi_t & \cos\psi_t \end{bmatrix} \begin{bmatrix} J_{X10t} \\ J_{Y10t} \\ J_{Z10t} \end{bmatrix} \quad (17\text{-}137)$$

如图 17-1(f) 所示,有如下关系:

$$L_E = \sqrt{E_{X20t}^2 + E_{Y20t}^2} \quad (17\text{-}138)$$

$$\sin\lambda_{20} = \frac{E_{Y20t}}{L_E} \quad (17\text{-}139)$$

如图 17-1(g) 所示,有如下关系:

$$L_A = \sqrt{A_{X20t}^2 + A_{Y20t}^2} \quad (17\text{-}140)$$

$$\sin\lambda_{20A} = \frac{A_{Y20t}}{L_A} \quad (17\text{-}141)$$

$$L_D = \sqrt{D_{X20t}^2 + D_{Y20t}^2} \quad (17\text{-}142)$$

$$\sin\lambda_{20D} = \frac{D_{Y20t}}{L_D} \quad (17\text{-}143)$$

$$L_J = \sqrt{J_{X20t}^2 + J_{Y20t}^2} \quad (17\text{-}144)$$

$$\sin\lambda_{20J} = \frac{J_{Y20t}}{L_J} \quad (17\text{-}145)$$

当悬架压缩、伸张时,为了保证转向连杆长度 L_{nk}(即点 E 与点 G 之间的距离)保持不变,车轮需要绕 OZ_2(主销轴线)转动一个角度,设其为 $d\lambda_2$,则

$$E_{X2t} = L_E\cos(\lambda_{20} + d\lambda_2) \quad (17\text{-}146)$$

$$E_{Y2t} = L_E\sin(\lambda_{20} + d\lambda_2) \quad (17\text{-}147)$$

$$E_{Z2t} = E_{Z20} \quad (17\text{-}148)$$

E 点在坐标系 $OXYZ$ 中的坐标按式(17-67)计算:

$$\begin{bmatrix} E_{Xt} \\ E_{Yt} \\ E_{Zt} \end{bmatrix} = \begin{bmatrix} \cos\tau_t & -\sin\tau_t\sin\sigma'_t & \sin\tau_t\cos\sigma'_t \\ 0 & \cos\sigma'_t & \sin\sigma'_t \\ -\sin\tau_t & -\cos\tau_t\sin\sigma'_t & \cos\tau_t\cos\sigma'_t \end{bmatrix} \begin{bmatrix} E_{Z2t} \\ E_{Y2t} \\ E_{Z2t} \end{bmatrix} \quad (17\text{-}149)$$

由于转向连杆长度 L_{nk} 保持不变,有如下关系:

$$L_{nk} = \sqrt{(E_{Xt} - G_X)^2 + (E_{Yt} - G_Y)^2 + (E_{Zt} - G_Z)^2} \quad (17\text{-}150)$$

解方程(17-150),可以求出 $d\lambda_{20}$。

如图 17-1(g) 所示,设前轮绕主销轴线 OZ_2 转动一个角度 $d\lambda_2$,则点 A、D、J 在坐标系 $OX_2Y_2Z_2$ 中的坐标按下式计算:

$$A_{X2t} = L_A\cos(\lambda_{20A} + d\lambda_2) \quad (17\text{-}151)$$

$$A_{Y2t} = L_A \sin(\lambda_{20A} + d\lambda_2) \tag{17-152}$$

$$A_{Z2t} = A_{Z20} \tag{17-153}$$

$$D_{X2t} = L_D \cos(\lambda_{20D} + d\lambda_2) \tag{17-154}$$

$$D_{Y2t} = L_D \sin(\lambda_{20D} + d\lambda_2) \tag{17-155}$$

$$D_{Z2t} = D_{Z20} \tag{17-156}$$

$$J_{X2t} = L_J \cos(\lambda_{20D} + d\lambda_2) \tag{17-157}$$

$$J_{Y2t} = L_J \sin(\lambda_{20D} + d\lambda_2) \tag{17-158}$$

$$J_{Z2t} = J_{Z20} \tag{17-159}$$

点 A、D、J 在坐标系 $OXYZ$ 中的坐标按式(17-67)计算:

$$\begin{bmatrix} A_{Xt} \\ A_{Yt} \\ A_{Zt} \end{bmatrix} = \begin{bmatrix} \cos\tau_t & -\sin\tau_t \sin\sigma'_t & \sin\tau_t \cos\sigma'_t \\ 0 & \cos\sigma'_t & \sin\sigma'_t \\ -\sin\tau_t & -\cos\tau_t \sin\sigma'_t & \cos\tau_t \cos\sigma'_t \end{bmatrix} \begin{bmatrix} A_{X2t} \\ A_{Y2t} \\ A_{Z2t} \end{bmatrix} \tag{17-160}$$

$$\begin{bmatrix} D_{Xt} \\ D_{Yt} \\ D_{Zt} \end{bmatrix} = \begin{bmatrix} \cos\tau_t & -\sin\tau_t \sin\sigma'_t & \sin\tau_t \cos\sigma'_t \\ 0 & \cos\sigma'_t & \sin\sigma'_t \\ -\sin\tau_t & -\cos\tau_t \sin\sigma'_t & \cos\tau_t \cos\sigma'_t \end{bmatrix} \begin{bmatrix} D_{X2t} \\ D_{Y2t} \\ D_{Z2t} \end{bmatrix} \tag{17-161}$$

$$\begin{bmatrix} J_{Xt} \\ J_{Yt} \\ J_{Zt} \end{bmatrix} = \begin{bmatrix} \cos\tau_t & -\sin\tau_t \sin\sigma'_t & \sin\tau_t \cos\sigma'_t \\ 0 & \cos\sigma'_t & \sin\sigma'_t \\ -\sin\tau_t & -\cos\tau_t \sin\sigma'_t & \cos\tau_t \cos\sigma'_t \end{bmatrix} \begin{bmatrix} J_{X2t} \\ J_{Y2t} \\ J_{Z2t} \end{bmatrix} \tag{17-162}$$

如图 17-1(h)所示,有如下关系:

$$\sin\lambda_{0n} = \frac{A_Y - D_Y}{\sqrt{(A_X - D_X)^2 + (A_Y - D_Y)^2}} \tag{17-163}$$

$$\sin\lambda_t = \frac{A_{Yt} - D_{Yt}}{\sqrt{(A_{Xt} - D_{Xt})^2 + (A_{Yt} - D_{Yt})^2}} \tag{17-164}$$

车轮跳动引起的干涉转角 λ_b 为

$$\lambda_b = \lambda_t - \lambda_{0n} \tag{17-165}$$

车轮跳动引起的轮距变化 dJ_{Yt}、主销后倾角变化 $d\tau_t$、主销内倾角变化 $d\sigma_t$ 分别为

$$dJ_{Yt} = J_{Yt} - J_Y \tag{17-166}$$

$$d\sigma_t = \sigma_t - \sigma_0 \tag{17-167}$$

$$d\tau_t = \tau_t - \tau_0 \tag{17-168}$$

车轮中心跳动距离 dA_{Zt} 为

$$dA_{Zt} = A_Z - A_{Zt} \tag{17-169}$$

车轮接地中心 J 点的高度变化 dJ_{Zt} 为

$$dJ_{Zt} = J_Z - J_{Zt} \tag{17-170}$$

17.7 转向连杆位置的优化设计

假定是在悬架设计已经确定的情况下进行转向连杆的匹配设计,优化设计变量是点 E 和点 G 在 $OXYZ$ 坐标系中的坐标 $E(E_X, E_Y, E_Z)$、$G(G_X, G_Y, G_Z)$。

对于给定的阿克曼校正率 $R_{AC}(\%)$,可以根据式(7-37)得到目标前轴内、外轮转角关系计算公式:

$$\lambda_{or,j} = \lambda_{i,j} - \frac{R_{AC}}{100}\left[\lambda_{i,j} - \arctan\frac{1}{\frac{T_f}{L} + \cot\lambda_{i,j}}\right] \qquad (17\text{-}171)$$

式中,$\lambda_{i,j}$ 是 $(j=1,2,\cdots,N_1)$ 利用式(17-100)计算的汽车内轮转角;$\lambda_{or,j}$ 是与 $\lambda_{i,j}$、R_{AC} 对应的目标外轮转角;T_f 是轮距;L 是轴距。针对内、外轮转角关系的优化目标函数为

$$f_1(E_X, E_Y, E_Z, G_X, G_Y, G_Z) = \sum_{j=1}^{N_1} |\lambda_{or,j} - \lambda_{o,j}| \qquad (17\text{-}172)$$

式中,$\lambda_{o,j}$ 是利用式(17-117)计算的与 $\lambda_{i,j}$ 对应的汽车外轮转角。

设当悬架压缩、伸张时的下横臂摆角为 $\theta_{t,j}(j=1,2,\cdots,N_2)$,与 $\theta_{t,j}$ 对应的车轮干涉转角为 $\lambda_{b,j}$,车轮接地中心 J 的高度变化为 $dJ_{Zt,j}$,则针对车轮干涉转角的优化目标函数为

$$f_2(E_X, E_Y, E_Z, G_X, G_Y, G_Z) = \sum_{j=1}^{N_2} |\lambda_{b,j} - K_Z dJ_{Zt,j}| \qquad (17\text{-}173)$$

式中,K_Z 是期望的车轮干涉转角随着车轮接地中心跳动而发生变化的斜率,其取决于希望的侧倾不足转向。

设 S_{RT} 是目标转向角传动比,则针对转向角传动比的优化目标函数为

$$f_3(E_X, E_Y, E_Z, G_X, G_Y, G_Z) = \sum_{j=1}^{N_1} |S_{R,j} - S_{RT}| \qquad (17\text{-}174)$$

式中,$S_{R,j}$ 是利用式(17-120)计算的与 λ_i 对应的转向系统角传动比,按下式计算:

$$S_{R,j} = \frac{720 D_{YRj}}{C_{\text{factor}}(\lambda_{i,j} + \lambda_{o,j})} \qquad (17\text{-}175)$$

式中,D_{YRj} 是与 $\lambda_{i,j}$ 对应的齿条位移,利用式(17-102)计算。

但是,式(17-174)与式(17-172)、式(17-173)的单位不同。下面对转向角传动比的优化目标函数进行改变,使其具有与式(17-172)和式(17-173)相同的单位。

由式(17-118)可得

$$\frac{\lambda_i + \lambda_o}{2} = \frac{\delta_{SW}}{S_R} \qquad (17\text{-}176)$$

把式(17-119)代入式(17-176),得

$$\frac{\lambda_i + \lambda_o}{2} = \frac{1}{S_R}\frac{360 D_{YR}}{C_{\text{factor}}} \qquad (17\text{-}177)$$

$$\frac{\lambda_{\mathrm{i}} + \lambda_{\mathrm{o}}}{2} - \frac{1}{S_R} \frac{360 D_{YR}}{C_{\mathrm{factor}}} = 0 \tag{17-178}$$

参考式(17-178),把对转向角传动比的优化目标函数改变成如下形式:

$$f_3(E_X, E_Y, E_Z, G_X, G_Y, G_Z) = \sum_{j=1}^{N_1} \left| \frac{\lambda_{\mathrm{i},j} + \lambda_{\mathrm{o},j}}{2} - \frac{1}{S_{RT}} \frac{360 D_{Yj}}{C_{\mathrm{factor}}} \right| \tag{17-179}$$

这样,式(17-179)便具有与式(17-172)和式(17-173)相同的单位。

总的优化目标函数为

$$\begin{aligned} f_T(E_X, E_Y, E_Z, G_X, G_Y, G_Z) &= W_{n1} f_1(E_X, E_Y, E_Z, G_X, G_Y, G_Z) + f_2(E_X, E_Y, E_Z, G_X, G_Y, G_Z) + \\ &\quad W_{n2} f_3(E_X, E_Y, E_Z, G_X, G_Y, G_Z) \\ &= W_{n1} \sum_{j=1}^{N_1} | \lambda_{\mathrm{or},j} - \lambda_{\mathrm{o},j} | + \sum_{j=1}^{N_2} | \lambda_{\mathrm{b},j} - K_Z d J_{Zt,j} | + \\ &\quad W_{n2} \sum_{j=1}^{N_1} \left| \frac{\lambda_{\mathrm{i},j} + \lambda_{\mathrm{o},j}}{2} - \frac{1}{S_{RT}} \frac{360 D_{YRj}}{C_{\mathrm{factor}}} \right| \end{aligned} \tag{17-180}$$

式中,W_{n1}、W_{n2} 是加权系数。

约束条件为

$$E_{X\max} - E_X \geqslant 0 \tag{17-181}$$
$$E_X - E_{X\min} \geqslant 0 \tag{17-182}$$
$$E_{Y\max} - E_Y \geqslant 0 \tag{17-183}$$
$$E_Y - E_{Y\min} \geqslant 0 \tag{17-184}$$
$$E_{Z\max} - E_Z \geqslant 0 \tag{17-185}$$
$$E_Z - E_{Z\min} \geqslant 0 \tag{17-186}$$
$$G_{X\max} - G_X \geqslant 0 \tag{17-187}$$
$$G_X - G_{X\min} \geqslant 0 \tag{17-188}$$
$$G_{Y\max} - G_Y \geqslant 0 \tag{17-189}$$
$$G_Y - G_{Y\min} \geqslant 0 \tag{17-190}$$
$$G_{Z\max} - G_Z \geqslant 0 \tag{17-191}$$
$$G_Z - G_{Z\min} \geqslant 0 \tag{17-192}$$

要根据车辆设计的实际情况来适当确定上述优化参数的最大值、最小值。这是一个令优化目标函数最小化的约束最优化问题,需要应用非线性最优化方法(例如可变容差法)求解。

表17-1示出一辆轿车的悬架和转向系统在设计位置的有关参数。图17-2(a)、图17-3(a)、图17-4(a)分别示出利用表17-1中的数据计算得到的内、外轮转角差随着内轮转角的变化特性、车轮干涉转角随着车轮接地中心垂直跳动的变化特性、转向系角传动比随着内轮转角的变化特性。

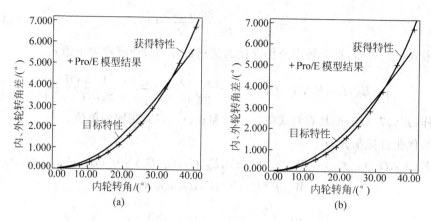

图 17-2 内、外轮转角差随着内轮转角的变化特性
(a) 利用表 17-1 中的参数计算的结果；(b) 优化后的结果($K_Z=15(°)/m$)

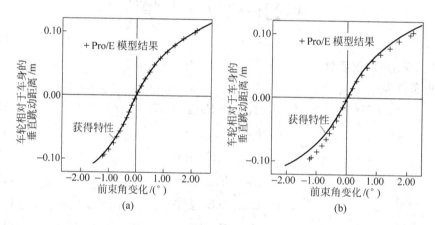

图 17-3 车轮干涉转角随着车轮接地中心垂直跳动的变化特性
(a) 利用表 17-1 中的参数计算的结果；(b) 优化后的结果($K_Z=15(°)/m$)

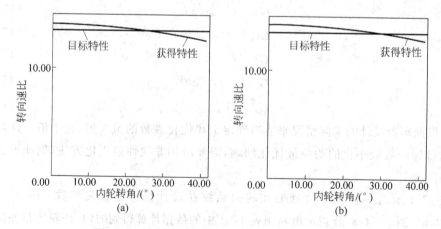

图 17-4 转向系角传动比随着内轮转角的变化特性
(a) 利用表 17-1 中的参数计算的结果；(b) 优化后的结果($K_Z=15(°)/m$)

17 麦克弗森式独立悬架和齿轮齿条式转向系统的匹配设计

下面对表 17-1 所示点 E、G 在坐标系 $OXYZ$ 中的坐标值进行优化。表 17-2 示出给定的约束条件、目标阿克曼校正率 $R_{AC}(\%)$、目标转向系角传动比 S_{RT}、目标车轮干涉转角变化率 K_Z、加权系数 W_{n1} 和 W_{n2}、被优化参数的初值以及优化后的点 E、G 在坐标系 $OXYZ$ 中的坐标。采用可变容差法进行优化。优化后的转向连杆长度 $L_{nk}=0.3501\mathrm{m}$。图 17-2(b)、图 17-3(b)、图 17-4(b) 分别示出优化后的内、外轮转角差随着内轮转角的变化特性、车轮干涉转角随着车轮接地中心垂直跳动的变化特性、转向系角传动比随着内轮转角的变化特性。

表 17-2　优化参数、约束条件、目标参数及优化结果

	约束条件		初值	优化后的值	表 17-1 中的值
	Min	Max			
E_X	$-0.1451\mathrm{m}$	$-0.0451\mathrm{m}$	$-0.176607\mathrm{m}$	$-0.098985\mathrm{m}$	$-0.0951\mathrm{m}$
E_Y	$0.0152\mathrm{m}$	$0.1152\mathrm{m}$	$0.066193\mathrm{m}$	$0.052693\mathrm{m}$	$0.0652\mathrm{m}$
E_Z	$0.3292\mathrm{m}$	$0.4292\mathrm{m}$	$0.398637\mathrm{m}$	$0.314984\mathrm{m}$	$0.3792\mathrm{m}$
G_X	$-0.1351\mathrm{m}$	$-0.0351\mathrm{m}$	$-0.086300\mathrm{m}$	$-0.098782\mathrm{m}$	$-0.0851\mathrm{m}$
G_Y	$-0.2950\mathrm{m}$	$-0.1950\mathrm{m}$	$-0.148000\mathrm{m}$	$-0.297398\mathrm{m}$	$-0.2450\mathrm{m}$
G_Z	$0.3138\mathrm{m}$	$0.4138\mathrm{m}$	$0.548000\mathrm{m}$	$0.312138\mathrm{m}$	$0.3638\mathrm{m}$
	$R_{AC}=42\%$	$W_{n1}=0.7$	$W_{n2}=0.12$	$K_Z=15(°)/\mathrm{m}$	$S_{RT}=13.5$

下面研究 K_Z（目标车轮干涉转角随着车轮垂直位移的变化率）对优化结果的影响。仅把表 17-2 中的 K_Z 值从 $15(°)/\mathrm{m}$ 改成 $0(°)/\mathrm{m}$，而其他参数保持不变。在这种情况下利用可变容差法进行优化，表 17-3 示出优化结果。图 17-5(a)、图 17-6(a)、图 17-7(a) 分别示出利用表 17-1 中的数据计算得到的内、外轮转角差随着内轮转角的变化特性、车轮干涉转角随着车轮接地中心垂直跳动的变化特性、转向系角传动比随着内轮转角的变化特性。图 17-5(b)、图 17-6(b)、图 17-7(b) 分别示出优化后 ($K_Z=0(°)/\mathrm{m}$) 的内、外轮转角差随着内轮转角的变化特性、车轮干涉转角随着车轮接地中心垂直跳动的变化特性、转向系角传动比随着内轮转角的变化特性。从图 17-5(a) 和 (b)、图 17-7(a) 和 (b) 可以看出，K_Z 的变化对这两种特性的影响不大。而图 17-6(a) 和 (b) 表明，K_Z 的变化对车轮干涉转角随着车轮垂直位移的变化特性影响明显。图 17-6(b) 所示特性（对应于 $K_Z=0(°)/\mathrm{m}$）对应的侧倾转向有利于过多转向。因此，适当选择 K_Z 对于控制侧倾转向特性是很重要的。

表 17-3　$K_Z=0(°)/\mathrm{m}$ 时的优化参数

参数	优化参数	表 17-2 中的优化参数	表 17-1 中的参数
E_X	$-0.096506\mathrm{m}$	$-0.098985\mathrm{m}$	$-0.0951\mathrm{m}$
E_Y	$0.055227\mathrm{m}$	$0.052693\mathrm{m}$	$0.0652\mathrm{m}$
E_Z	$0.328670\mathrm{m}$	$0.314984\mathrm{m}$	$0.3792\mathrm{m}$
G_X	$-0.091074\mathrm{m}$	$-0.098782\mathrm{m}$	$-0.0851\mathrm{m}$
G_Y	$-0.289778\mathrm{m}$	$-0.297398\mathrm{m}$	$-0.2450\mathrm{m}$
G_Z	$0.311461\mathrm{m}$	$0.312138\mathrm{m}$	$0.3638\mathrm{m}$
K_Z	$0(°)/\mathrm{m}$	$15(°)/\mathrm{m}$	

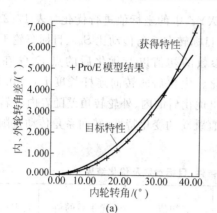
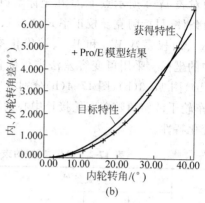

图 17-5 内、外轮转角差随着内轮转角的变化特性
(a) 利用表 17-1 中的参数计算的结果；(b) 优化后的结果($K_Z=0(°)/m$)

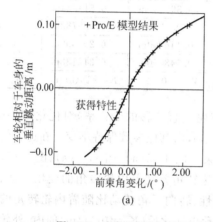
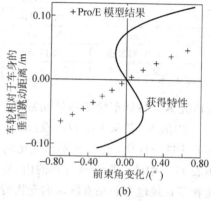

图 17-6 车轮干涉转角随着车轮接地中心垂直跳动的变化特性
(a) 利用表 17-1 中的参数计算的结果；(b) 优化后的结果($K_Z=0(°)/m$)

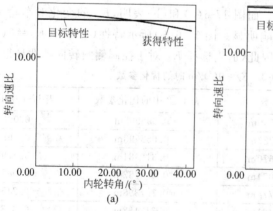
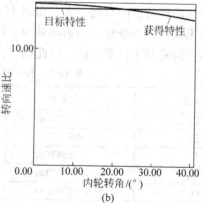

图 17-7 转向系角传动比随着内轮转角的变化特性
(a) 利用表 17-1 中的参数计算的结果；(b) 优化后的结果($K_Z=0(°)/m$)

18 纵置钢板弹簧整体车桥和整体式转向系统匹配设计的三维运动学分析方法

18.1 纵置钢板弹簧整体车桥和整体式转向系统的刚体运动学模型

所研究的车辆具有前、后两个车轴。图 18-1 示出纵置钢板弹簧整体车桥和整体式转向系统的刚体运动学模型。其中，点 E 为转向纵拉杆与转向节臂间的球铰中心点；点 G 是转向器转向摇臂与转向纵拉杆间的球铰中心点；点 F 在转向摇臂轴的轴线上，与 G 点在同一垂直平面（平行于汽车的纵向垂直对称平面）内，为转向摇臂轴的轴线在该垂直平面上的投影点；点 H 为汽车前轮轴线与汽车纵向垂直对称面的交点；点 K 为梯形臂与转向横拉杆之间的球铰中心点；点 O 为主销轴线与通过车轮轴线的水平面的交点；点 N 是车轮中心；点 C 是钢板弹簧的前卷耳中心；点 D 是钢板弹簧的后卷耳中心；点 A 是板簧主片中点；点 Q 是钢板弹簧压缩、伸张时点 A 的运动轨迹（圆）中心；点 R 是钢板弹簧压缩、伸张时点 E 的由板簧运动决定的运动轨迹（圆）中心。L_e 是前 U 形螺栓到钢板弹簧前卷耳中心 C 的距离；e 是卷耳半径；τ 是主销后倾角；σ 是主销内倾角；ω 是直线 CD 与水平线之间的夹角；θ 是直线 QA 与水平线之间的夹角；a_r 是转向摇臂中心线与垂直线之间的夹角；L_F 是转向摇臂的长度；L_L 是一侧钢板弹簧中心线到汽车中心线的距离。

由于左、右车轮具有对称性，本文以左前轮为例进行研究，建立固定于车身的坐标系 $HX_HY_HZ_H$，各坐标轴的方向如图 18-1 所示。为了计算方便，另建立如下坐标系 $OXYZ$、$OX_2Y_2Z_2$、$OX_1Y_1Z_1$、$CX_CY_CZ_C$、$CX_{C1}Y_{C1}Z_{C1}$、$FX_FY_FZ_F$，如图 18-1 所示。其中，坐标系 $OXYZ$ 与坐标系 $HX_HY_HZ_H$ 的相应坐标轴平行。坐标系 $OX_2Y_2Z_2$ 是坐标系 $OXYZ$ 绕轴线 OY 轴转动 τ（主销后倾角）得到的，因此有

$$\begin{bmatrix} X \\ Y \\ Z \end{bmatrix} = \begin{bmatrix} \cos\tau & 0 & \sin\tau \\ 0 & 1 & 0 \\ -\sin\tau & 0 & \cos\tau \end{bmatrix} \begin{bmatrix} X_2 \\ Y_2 \\ Z_2 \end{bmatrix} \qquad (18\text{-}1)$$

OY_1Z_1 平面总位于 OY_2Z_2 平面以内，OZ_1 与主销轴线重合，坐标系 $OX_1Y_1Z_1$ 是坐标

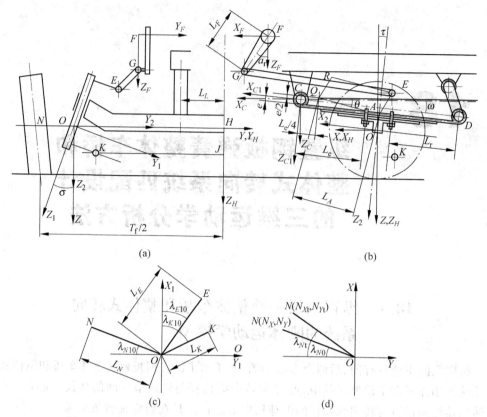

图 18-1 纵置钢板弹簧整体车桥和整体式转向系统的刚体运动学模型
(a) 后视图;(b) 侧视图;(c) 沿 OZ_1 轴线的视图;(d) 沿 OZ 轴线的视图

系 $OX_2Y_2Z_2$ 绕轴线 OX_2 转动 σ' 得到的,即

$$\begin{bmatrix} X_2 \\ Y_2 \\ Z_2 \end{bmatrix} = \begin{bmatrix} 1 & 0 & 0 \\ 0 & \cos\sigma' & -\sin\sigma' \\ 0 & \sin\sigma' & \cos\sigma' \end{bmatrix} \begin{bmatrix} X_1 \\ Y_1 \\ Z_1 \end{bmatrix} \tag{18-2}$$

把式(18-2)代入式(18-1),得

$$\begin{bmatrix} X \\ Y \\ Z \end{bmatrix} = \begin{bmatrix} \cos\tau & 0 & \sin\tau \\ 0 & 1 & 0 \\ -\sin\tau & 0 & \cos\tau \end{bmatrix} \begin{bmatrix} 1 & 0 & 0 \\ 0 & \cos\sigma' & -\sin\sigma' \\ 0 & \sin\sigma' & \cos\sigma' \end{bmatrix} \begin{bmatrix} X_1 \\ Y_1 \\ Z_1 \end{bmatrix}$$

$$= \begin{bmatrix} \cos\tau & \sin\tau\sin\sigma' & \sin\tau\cos\sigma' \\ 0 & \cos\sigma' & -\sin\sigma' \\ -\sin\tau & \cos\tau\sin\sigma' & \cos\tau\cos\sigma' \end{bmatrix} \begin{bmatrix} X_1 \\ Y_1 \\ Z_1 \end{bmatrix} = [T_{M1}] \begin{bmatrix} X_1 \\ Y_1 \\ Z_1 \end{bmatrix} \tag{18-3}$$

其中

$$[T_{M1}] = \begin{bmatrix} \cos\tau & \sin\tau\sin\sigma' & \sin\tau\cos\sigma' \\ 0 & \cos\sigma' & -\sin\sigma' \\ -\sin\tau & \cos\tau\sin\sigma' & \cos\tau\cos\sigma' \end{bmatrix} \tag{18-4}$$

下面求 σ'。如图 18-1 所示,在坐标系 $OX_1Y_1Z_1$ 中沿着 OZ_1 取一点,令其在坐标系

18 纵置钢板弹簧整体车桥和整体式转向系统匹配设计的三维运动学分析方法   **439**

$OX_1Y_1Z_1$ 中的坐标为 $(0,0,1)$。利用式(18-3)可以计算该点在坐标系 $OXYZ$ 中的坐标,即

$$\begin{bmatrix} X_0 \\ Y_0 \\ Z_0 \end{bmatrix} = \begin{bmatrix} \cos\tau & \sin\tau\sin\sigma' & \sin\tau\cos\sigma' \\ 0 & \cos\sigma' & -\sin\sigma' \\ -\sin\tau & \cos\tau\sin\sigma' & \cos\tau\cos\sigma' \end{bmatrix} \begin{bmatrix} 0 \\ 0 \\ 1 \end{bmatrix} = \begin{bmatrix} \sin\tau\cos\sigma' \\ -\sin\sigma' \\ \cos\tau\cos\sigma' \end{bmatrix}$$

而汽车的前轴主销内倾角 σ 可以按照下式计算:

$$\tan\sigma = \frac{-Y_0}{Z_0} = \frac{-(-)\sin\sigma'}{\cos\tau\cos\sigma'} = \tan\sigma' \frac{1}{\cos\tau}$$

故有

$$\tan\sigma' = \tan\sigma\cos\tau \tag{18-5}$$

坐标系 $FX_FY_FZ_F$、$CX_CY_CZ_C$ 都与坐标系 $HX_HY_HZ_H$ 的相应坐标轴平行。而坐标系 $CX_{C1}Y_{C1}Z_{C1}$ 是坐标系 $CX_CY_CZ_C$ 绕轴线 CY_C 转动 ω 得到的,即

$$\begin{bmatrix} X_C \\ Y_C \\ Z_C \end{bmatrix} = \begin{bmatrix} \cos\omega & 0 & \sin\omega \\ 0 & 1 & 0 \\ -\sin\omega & 0 & \cos\omega \end{bmatrix} \begin{bmatrix} X_{C1} \\ Y_{C1} \\ Z_{C1} \end{bmatrix} \tag{18-6}$$

18.2 需要输入的数据

(1) 关键点在 $HX_HY_HZ_H$ 坐标系中的坐标值

如图18-1所示,关键点包括点 E、F、K、O、N、C、D、A,需要输入它们在 $HX_HY_HZ_H$ 坐标系中的坐标值,包括:$E(E_{XH},E_{YH},E_{ZH})$、$F(F_{XH},F_{YH},F_{ZH})$、$K(K_{XH},K_{YH},K_{ZH})$、$O(O_{XH},O_{YH},O_{ZH})$、$N(N_{XH},N_{YH},N_{ZH})$、$C(C_{XH},C_{YH},C_{ZH})$、$D(D_{XH},D_{YH},D_{ZH})$、$A(A_{XH},A_{YH},A_{ZH})$。

(2) 四个长度

如图18-1所示,三个长度包括:转向摇臂的长度 L_F、前U形螺栓到钢板弹簧前卷耳中心 C 的距离 L_e、卷耳半径 e、一侧钢板弹簧中心线到汽车中心线的距离 L_L。

(3) 三个角度

如图18-1所示,三个角度包括:转向摇臂中心线与垂直线之间的夹角 a_r、主销后倾角 τ、主销内倾角 σ。

18.3 确定在悬架和转向系统处于设计位置的参数

下面确定在悬架和转向系统处于设计位置的参数。

$$\tan\omega = \frac{D_{ZH} - C_{ZH}}{C_{XH} - D_{XH}} \tag{18-7}$$

在坐标系 $CX_{C1}Y_{C1}Z_{C1}$ 中,Q 点的坐标为

$$Q_{XC1} = -\frac{L_e}{4} \tag{18-8}$$

$$Q_{YC1} = L_L \tag{18-9}$$

$$Q_{ZC1} = -\frac{e}{2} \tag{18-10}$$

按式(18-6)计算点 Q 在坐标系 $CX_CY_CZ_C$ 中的坐标为

$$\begin{bmatrix} Q_{XC} \\ Q_{YC} \\ Q_{ZC} \end{bmatrix} = \begin{bmatrix} \cos\omega & 0 & \sin\omega \\ 0 & 1 & 0 \\ -\sin\omega & 0 & \cos\omega \end{bmatrix} \begin{bmatrix} Q_{XC1} \\ Q_{YC1} \\ Q_{ZC1} \end{bmatrix} \tag{18-11}$$

点 Q 在坐标系 $HX_HY_HZ_H$ 中的坐标为

$$\begin{bmatrix} Q_{XH} \\ Q_{YH} \\ Q_{ZH} \end{bmatrix} = \begin{bmatrix} Q_{XC} \\ Q_{YC} \\ Q_{ZC} \end{bmatrix} + \begin{bmatrix} C_{XH} \\ C_{YH} \\ C_{ZH} \end{bmatrix} \tag{18-12}$$

在侧视图上,点 Q、A 之间的距离 L_A 为

$$L_A = \sqrt{(Q_{XH} - A_{XH})^2 + (Q_{ZH} - A_{ZH})^2} \tag{18-13}$$

在侧视图上,直线 QA 与水平线之间的夹角 θ 为

$$\tan\theta = \frac{A_{ZH} - Q_{ZH}}{Q_{XH} - A_{XH}} \tag{18-14}$$

点 R 在坐标系 $HX_HY_HZ_H$ 中的坐标为

$$\begin{bmatrix} R_{XH} \\ R_{YH} \\ R_{ZH} \end{bmatrix} = \begin{bmatrix} Q_{XH} \\ 0 \\ Q_{ZH} \end{bmatrix} + \begin{bmatrix} E_{XH} - A_{XH} \\ E_{YH} \\ E_{ZH} - A_{ZH} \end{bmatrix} \tag{18-15}$$

点 G 在坐标系 $HX_HY_HZ_H$ 中的坐标为

$$\begin{bmatrix} G_{XH} \\ G_{YH} \\ G_{ZH} \end{bmatrix} = \begin{bmatrix} F_{XH} \\ F_{YH} \\ F_{ZH} \end{bmatrix} + \begin{bmatrix} L_F \sin a_r \\ 0 \\ L_F \cos a_r \end{bmatrix} \tag{18-16}$$

转向纵拉杆 GE 的长度 L_{nk} 为

$$L_{nk} = \sqrt{(G_{XH} - E_{XH})^2 + (G_{YH} - E_{YH})^2 + (G_{ZH} - E_{ZH})^2} \tag{18-17}$$

下面求点 E、K、N 在坐标系 $OXYZ$ 中的坐标,即

$$\begin{bmatrix} E_X \\ E_Y \\ E_Z \end{bmatrix} = \begin{bmatrix} E_{XH} \\ E_{YH} \\ E_{ZH} \end{bmatrix} - \begin{bmatrix} O_{XH} \\ O_{YH} \\ O_{ZH} \end{bmatrix} \tag{18-18}$$

$$\begin{bmatrix} K_X \\ K_Y \\ K_Z \end{bmatrix} = \begin{bmatrix} K_{XH} \\ K_{YH} \\ K_{ZH} \end{bmatrix} - \begin{bmatrix} O_{XH} \\ O_{YH} \\ O_{ZH} \end{bmatrix} \tag{18-19}$$

$$\begin{bmatrix} N_X \\ N_Y \\ N_Z \end{bmatrix} = \begin{bmatrix} N_{XH} \\ N_{YH} \\ N_{ZH} \end{bmatrix} - \begin{bmatrix} O_{XH} \\ O_{YH} \\ O_{ZH} \end{bmatrix} \tag{18-20}$$

利用式(18-3)求点 E、K、N 在坐标系 $OX_1Y_1Z_1$ 中的坐标,即

18 纵置钢板弹簧整体车桥和整体式转向系统匹配设计的三维运动学分析方法

$$\begin{bmatrix} X_1 \\ Y_1 \\ Z_1 \end{bmatrix} = \begin{bmatrix} \cos\tau & 0 & -\sin\tau \\ \sin\tau\sin\sigma' & \cos\sigma' & \cos\tau\sin\sigma' \\ \sin\tau\cos\sigma' & -\sin\sigma' & \cos\tau\cos\sigma' \end{bmatrix} \begin{bmatrix} X \\ Y \\ Z \end{bmatrix} \tag{18-21}$$

$$\begin{bmatrix} E_{X1} \\ E_{Y1} \\ E_{Z1} \end{bmatrix} = \begin{bmatrix} \cos\tau & 0 & -\sin\tau \\ \sin\tau\sin\sigma' & \cos\sigma' & \cos\tau\sin\sigma' \\ \sin\tau\cos\sigma' & -\sin\sigma' & \cos\tau\cos\sigma' \end{bmatrix} \begin{bmatrix} E_X \\ E_Y \\ E_Z \end{bmatrix} \tag{18-22}$$

$$\begin{bmatrix} K_{X1} \\ K_{Y1} \\ K_{Z1} \end{bmatrix} = \begin{bmatrix} \cos\tau & 0 & -\sin\tau \\ \sin\tau\sin\sigma' & \cos\sigma' & \cos\tau\sin\sigma' \\ \sin\tau\cos\sigma' & -\sin\sigma' & \cos\tau\cos\sigma' \end{bmatrix} \begin{bmatrix} K_X \\ K_Y \\ K_Z \end{bmatrix} \tag{18-23}$$

$$\begin{bmatrix} N_{X1} \\ N_{Y1} \\ N_{Z1} \end{bmatrix} = \begin{bmatrix} \cos\tau & 0 & -\sin\tau \\ \sin\tau\sin\sigma' & \cos\sigma' & \cos\tau\sin\sigma' \\ \sin\tau\cos\sigma' & -\sin\sigma' & \cos\tau\cos\sigma' \end{bmatrix} \begin{bmatrix} N_X \\ N_Y \\ N_Z \end{bmatrix} \tag{18-24}$$

下面确定点 E、K、N 在坐标系 $OX_1Y_1Z_1$ 中到轴线 OZ_1 的距离和方位角,如图 18-1(c)所示

$$L_E = \sqrt{E_{X1}^2 + E_{Y1}^2} \tag{18-25}$$

下面确定 E 点在车轮处于直线行驶位置时的方位角 λ_{E10}。

(1) 如果 $E_{X1} > 0, E_{Y1} > 0$

$$\lambda_{E10} = \arctan\frac{E_{Y1}}{E_{X1}} \tag{18-26}$$

如果 $E_{X1} < 10^{-20}$,则

$$\lambda_{E10} = \frac{\pi}{2} \tag{18-27}$$

(2) 如果 $E_{X1} < 0, E_{Y1} > 0$

$$\lambda_{E10} = \pi + \arctan\frac{E_{Y1}}{E_{X1}} \tag{18-28}$$

如果 $|E_{X1}| < 10^{-20}$,则

$$\lambda_{E10} = \frac{\pi}{2} \tag{18-29}$$

(3) 如果 $E_{X1} < 0, E_{Y1} < 0$

$$\lambda_{E10} = \pi + \arctan\frac{E_{Y1}}{E_{X1}} \tag{18-30}$$

如果 $|E_{X1}| < 10^{-20}$,则

$$\lambda_{E10} = \frac{3\pi}{2} \tag{18-31}$$

(4) 如果 $E_{X1} > 0, E_{Y1} < 0$

$$\lambda_{E10} = 2\pi + \arctan\frac{E_{Y1}}{E_{X1}} \tag{18-32}$$

如果 $|E_{X1}| < 10^{-20}$,则

$$\lambda_{E10} = \frac{3\pi}{2} \tag{18-33}$$

$$L_K = \sqrt{K_{X1}^2 + K_{Y1}^2} \tag{18-34}$$

确定 K 点在车轮处于直线行驶位置时的方位角 λ_{K10}。

(1) 如果 $K_{X1}>0, K_{Y1}>0$

$$\lambda_{K10} = \arctan \frac{K_{Y1}}{K_{X1}} \tag{18-35}$$

如果 $K_{X1} < 10^{-20}$,则

$$\lambda_{K10} = \frac{\pi}{2} \tag{18-36}$$

(2) 如果 $K_{X1}<0, K_{Y1}>0$

$$\lambda_{K10} = \pi + \arctan \frac{K_{Y1}}{K_{X1}} \tag{18-37}$$

如果 $|K_{X1}| < 10^{-20}$,则

$$\lambda_{K10} = \frac{\pi}{2} \tag{18-38}$$

(3) 如果 $K_{X1}<0, K_{Y1}<0$

$$\lambda_{K10} = \pi + \arctan \frac{K_{Y1}}{K_{X1}} \tag{18-39}$$

如果 $|K_{X1}| < 10^{-20}$,则

$$\lambda_{K10} = \frac{3\pi}{2} \tag{18-40}$$

(4) 如果 $K_{X1}>0, K_{Y1}<0$

$$\lambda_{K10} = 2\pi + \arctan \frac{K_{Y1}}{K_{X1}} \tag{18-41}$$

如果 $|K_{X1}| < 10^{-20}$,则

$$\lambda_{K10} = \frac{3\pi}{2} \tag{18-42}$$

$$L_N = \sqrt{N_{X1}^2 + N_{Y1}^2} \tag{18-43}$$

$$\lambda_{N10} = \arctan\left(-\frac{N_{X1}}{N_{Y1}}\right) \tag{18-44}$$

如图 18-1(d) 所示,点 N 在 $OXYZ$ 坐标系中的方位角为 λ_{N0},则

$$\lambda_{N0} = \arctan\left(-\frac{N_X}{N_Y}\right) \tag{18-45}$$

转向梯形横拉杆的长度 L_{KK} 为

$$L_{KK} = 2K_{YH} \tag{18-46}$$

18.4 转向时前轴内轮转角 λ_i、外轮转角 λ_o 和转向传动机构角传动比的计算

当研究汽车前轴内、外轮转角关系时,假定:
(1) 悬架处于设计状态、不发生变形;
(2) 忽略由于车轮转动所引起的车身、车轴高度的变化;

(3) 在转向过程中，主销后倾角 τ、主销内倾角 σ 保持不变；

(4) 在转向过程中，上述各个坐标系的相互关系保持不变。

设汽车向右转动，左前轮为外轮，其绕主销向右转动一个角度 $d\lambda_1$，据此可以确定左侧车轮（外轮）的转角 λ_o。再由转向纵拉杆长度 L_{nk}、转向梯形横拉杆长度 L_{KK} 不变等约束条件，求出转向摇臂的转角 λ_F、右轮（内轮）绕右侧主销的转动角 $d\lambda_2$，从而得到右前轮（内轮）转角 λ_i。下面给出详细的推导过程。

设当左前轮（外轮）绕左侧主销轴线向右转动角度 $d\lambda_1$，如图 18-1(c) 所示，则点 E、K、N 在坐标系 $OX_1Y_1Z_1$ 中的坐标为

$$\begin{cases} E_{X1t} = L_E\cos(\lambda_{E10} + d\lambda_1) \\ E_{Y1t} = L_E\sin(\lambda_{E10} + d\lambda_1) \\ E_{Z1t} = E_{Z1} \end{cases} \tag{18-47}$$

$$\begin{cases} K_{X1t} = L_K\cos(\lambda_{K10} + d\lambda_1) \\ K_{Y1t} = L_K\sin(\lambda_{K10} + d\lambda_1) \\ K_{Z1t} = K_{Z1} \end{cases} \tag{18-48}$$

$$\begin{cases} N_{X1t} = L_N\sin(\lambda_{N10} + d\lambda_1) \\ N_{Y1t} = L_N\cos(\lambda_{N10} + d\lambda_1) \\ N_{Z1t} = N_{Z1} \end{cases} \tag{18-49}$$

利用式 (18-3) 计算点 E、K 和 N 在坐标系 $OXYZ$ 中的坐标

$$\begin{bmatrix} E_{Xt} \\ E_{Yt} \\ E_{Zt} \end{bmatrix} = \begin{bmatrix} \cos\tau & \sin\tau\sin\sigma' & \sin\tau\cos\sigma' \\ 0 & \cos\sigma' & -\sin\sigma' \\ -\sin\tau & \cos\tau\sin\sigma' & \cos\tau\cos\sigma' \end{bmatrix} \begin{bmatrix} E_{X1t} \\ E_{Y1t} \\ E_{Z1t} \end{bmatrix} \tag{18-50}$$

$$\begin{bmatrix} K_{Xt} \\ K_{Yt} \\ K_{Zt} \end{bmatrix} = \begin{bmatrix} \cos\tau & \sin\tau\sin\sigma' & \sin\tau\cos\sigma' \\ 0 & \cos\sigma' & -\sin\sigma' \\ -\sin\tau & \cos\tau\sin\sigma' & \cos\tau\cos\sigma' \end{bmatrix} \begin{bmatrix} K_{X1t} \\ K_{Y1t} \\ K_{Z1t} \end{bmatrix} \tag{18-51}$$

$$\begin{bmatrix} N_{Xt} \\ N_{Yt} \\ N_{Zt} \end{bmatrix} = \begin{bmatrix} \cos\tau & \sin\tau\sin\sigma' & \sin\tau\cos\sigma' \\ 0 & \cos\sigma' & -\sin\sigma' \\ -\sin\tau & \cos\tau\sin\sigma' & \cos\tau\cos\sigma' \end{bmatrix} \begin{bmatrix} N_{X1t} \\ N_{Y1t} \\ N_{Z1t} \end{bmatrix} \tag{18-52}$$

点 N 在坐标系 $OXYZ$ 中的方位角 λ_{Nt} 为

$$\lambda_{Nt} = \arctan\left(-\frac{N_{Xt}}{N_{Yt}}\right) \tag{18-53}$$

外轮（左轮）转角 λ_o 为

$$\lambda_o = \lambda_{Nt} - \lambda_{N0} \tag{18-54}$$

如图 18-1(b) 所示，当左前轮（外轮）绕左侧主销轴线向右转动角度 $d\lambda_1$ 时，点 G 在坐标系 $HX_HY_HZ_H$ 中的坐标为

$$\begin{bmatrix} G_{XHt} \\ G_{YHt} \\ G_{ZHt} \end{bmatrix} = \begin{bmatrix} F_{XH} \\ F_{YH} \\ F_{ZH} \end{bmatrix} + \begin{bmatrix} L_F\sin a_{rt} \\ 0 \\ L_F\cos a_{rt} \end{bmatrix} \tag{18-55}$$

这时，点 G 在坐标系 $OXYZ$ 中的坐标为

$$\begin{bmatrix} G_{Xt} \\ G_{Yt} \\ G_{Zt} \end{bmatrix} = \begin{bmatrix} G_{XHt} \\ G_{YHt} \\ G_{ZHt} \end{bmatrix} - \begin{bmatrix} O_{XH} \\ O_{YH} \\ O_{ZH} \end{bmatrix} \tag{18-56}$$

而转向纵拉杆 GE 的长度 L_{nk} 保持不变，所以

$$L_{nk} = \sqrt{(G_{Xt} - E_{Xt})^2 + (G_{Yt} - E_{Yt})^2 + (G_{Zt} - E_{Zt})^2} \tag{18-57}$$

解方程(18-57)可以得到与 $d\lambda_1$ 对应的转向摇臂轴方位角 a_{rt}。转向摇臂的转角 λ_F 为

$$\lambda_F = a_{rt} - a_r \tag{18-58}$$

下面计算右轮（内轮）的相应转角 λ_i。当汽车左轮相对于其主销轴线转动 $d\lambda_1$ 时，转向梯形左侧梯形臂与转向横拉杆的球铰中心 K 亦会发生位移，而因为该横拉杆的长度不变，故转向梯形右侧梯形臂与转向横拉杆的球铰中心 K_R 也会产生相应的位移。设汽车右轮相应的绕主销轴线转动的角度为 $d\lambda_2$，则 K_R 在坐标系 $OX_1Y_1Z_1$ 中的坐标为

$$\begin{cases} K_{RX1} = L_K \cos(\lambda_{K10} - d\lambda_2) \\ K_{RY1} = L_K \sin(\lambda_{K10} - d\lambda_2) \\ K_{RZ1} = K_{Z1} \end{cases} \tag{18-59}$$

K_R 在坐标系 $OXYZ$ 中的坐标为

$$\begin{bmatrix} K_{RX} \\ K_{RY} \\ K_{RZ} \end{bmatrix} = \begin{bmatrix} \cos\tau & \sin\tau\sin\sigma' & \sin\tau\cos\sigma' \\ 0 & \cos\sigma' & -\sin\sigma' \\ -\sin\tau & \cos\tau\sin\sigma' & \cos\tau\cos\sigma' \end{bmatrix} \begin{bmatrix} K_{RX1} \\ K_{RY1} \\ K_{RZ1} \end{bmatrix} \tag{18-60}$$

由横拉杆长度 L_{KK} 保持不变的约束条件可建立如下方程：

$$L_{KK} = \sqrt{(K_{RX} - K_{Xt})^2 + (K_{RY} - K_{Yt})^2 + (K_{RZ} - K_{Zt})^2} \tag{18-61}$$

解方程(18-61)可以求出与 $d\lambda_1$ 对应的 $d\lambda_2$，即右侧车轮相对于主销轴线的转角。在已知 $d\lambda_2$ 时，可以计算对应的右侧车轮中心 N_R 在坐标系 $OX_1Y_1Z_1$ 中的坐标，即

$$\begin{cases} N_{RX1} = L_N \sin(\lambda_{N10} - d\lambda_2) \\ N_{RY1} = L_N \cos(\lambda_{N10} - d\lambda_2) \\ N_{RZ1} = N_{Z1} \end{cases} \tag{18-62}$$

右侧车轮中心 N_R 在坐标系 $OXYZ$ 中的坐标为

$$\begin{bmatrix} N_{RX} \\ N_{RY} \\ N_{RZ} \end{bmatrix} = \begin{bmatrix} \cos\tau & \sin\tau\sin\sigma' & \sin\tau\cos\sigma' \\ 0 & \cos\sigma' & -\sin\sigma' \\ -\sin\tau & \cos\tau\sin\sigma' & \cos\tau\cos\sigma' \end{bmatrix} \begin{bmatrix} N_{RX1} \\ N_{RY1} \\ N_{RZ1} \end{bmatrix} \tag{18-63}$$

点 N_R 在 $OXYZ$ 坐标系中的方位角 λ_{NtR} 为

$$\lambda_{NtR} = \arctan\left(-\frac{N_{RX}}{N_{RY}}\right) \tag{18-64}$$

内轮（右轮）转角 λ_i 为

$$\lambda_i = \lambda_{N0} - \lambda_{NtR} \tag{18-65}$$

下面计算汽车转向传动机构的角传动比。由于所研究的非独立悬架-转向系统自身

18 纵置钢板弹簧整体车桥和整体式转向系统匹配设计的三维运动学分析方法

结构的原因,汽车向左转和向右转时其连杆速比一般是不同的,所以在求解汽车转向速比时需要分汽车向左转和向右转两种情况分别求解。主要是通过调整转向摇臂在设计位置的安装角 a_r 来使向左、向右转向时的转向传动机构角传动比趋于一致。

(1) 汽车向右转向,外轮为左轮,其相对于主销轴线转角 $d\lambda_1$ 取正值,按照上述方法求出外轮(左轮)转角 λ_o 和内轮(右轮)转角 λ_i,则转向传动机构角传动比 $i_{\omega R}$ 为

$$i_{\omega R} = \frac{-\lambda_F}{\dfrac{\lambda_i + \lambda_o}{2}} \tag{18-66}$$

(2) 汽车向左转向,内轮为左轮,其相对于主销轴线转角 $d\lambda_1$ 取负值,把其代入式(18-47)~式(18-54)进行计算,则式(18-54)应该变为内轮转角 λ_i 的计算公式,即

$$\lambda_i = -(\lambda_{Nt} - \lambda_{N0}) \tag{18-67}$$

则式(18-65)应该变为外轮转角 λ_o 的计算公式,即

$$\lambda_o = -(\lambda_{N0} - \lambda_{NtR}) \tag{18-68}$$

转向摇臂转角 λ_F 的计算公式即式(18-58)应该改变为

$$\lambda_F = a_{rt} - a_r \tag{18-69}$$

这时,转向传动机构角传动比 $i_{\omega L}$ 为

$$i_{\omega L} = \frac{\lambda_F}{\dfrac{\lambda_i + \lambda_o}{2}} \tag{18-70}$$

在前面分析中,是首先给定外轮绕主销的转角 $d\lambda_1$,然后计算外轮转角 λ_o、内轮绕主销的转角 $d\lambda_2$、内轮转角 λ_i。也可以这样进行分析,即首先给定外轮转角 λ_{or},然后计算外轮绕主销的转角 $d\lambda_1$,再计算内轮绕主销的转角 $d\lambda_2$、内轮转角 λ_i。在这种情况下,可以列出如下方程:

$$\lambda_o - \lambda_{or} = 0 \tag{18-71}$$

解方程(18-71)就可以求出与要求的外轮转角 λ_{or} 对应的外轮绕主销的转角 $d\lambda_1$。在解方程(18-71)中,需要利用式(18-47)~式(18-54)。求出 $d\lambda_1$ 后,以后的分析过程如上所述。

18.5 汽车直线行驶时车轮跳动干涉转角 λ_b 的计算

如图 18-1(b)所示,汽车直线行驶时,转向摇臂的方位角 a_r(设计位置的方位角)保持不变,因此点 G 位置也保持不变。当汽车车轮相对于车架上下跳动时,悬架与转向杆系的干涉会引起车轮发生转角。在此,计算左前轮的干涉转角。

如图 18-1(b)所示,汽车跳动时,点 Q 是固定的,而点 A 沿着以点 Q 为圆心、半径为 L_A 的圆弧运动,直线 QA 与水平面的夹角从 θ(设计位置的角度)变到 θ_t。在坐标系 $HX_HY_HZ_H$ 中,点 A 相对于其设计位置的位移为

$$\begin{cases} \Delta A_X = L_A(\cos\theta - \cos\theta_t) \\ \Delta A_Y = 0 \\ \Delta A_Z = L_A(\sin\theta - \sin\theta_t) \end{cases} \tag{18-72}$$

式中，ΔA_Z 就是车轮的垂直跳动量。注意，ΔA_Z 为"+"时车轮向上跳动。

设此时 O 点移动到 O_t 点的位置，则 O_t 在坐标系 $HX_HY_HZ_H$ 中的坐标为

$$\begin{cases} O_{XHt} = O_{XH} + \Delta A_X \\ O_{YHt} = O_{YH} + \Delta A_Y \\ O_{ZHt} = O_{ZH} - \Delta A_Z \end{cases} \tag{18-73}$$

汽车在跳动的过程中，其车轴作为一个刚体作平动，所以前轴主销后倾角 τ 和主销内倾角 σ 保持不变，而跳动过程中 σ' 也不变。因此，坐标系 $OX_1Y_1Z_1$ 与 $OXYZ$ 的关系亦不变，仍然为式(18-3)和式(18-21)，即

$$\begin{bmatrix} X \\ Y \\ Z \end{bmatrix} = \begin{bmatrix} \cos\tau & \sin\tau\sin\sigma' & \sin\tau\cos\sigma' \\ 0 & \cos\sigma' & -\sin\sigma' \\ -\sin\tau & \cos\tau\sin\sigma' & \cos\tau\cos\sigma' \end{bmatrix} \begin{bmatrix} X_1 \\ Y_1 \\ Z_1 \end{bmatrix}$$

$$\begin{bmatrix} X_1 \\ Y_1 \\ Z_1 \end{bmatrix} = \begin{bmatrix} \cos\tau & 0 & -\sin\tau \\ \sin\tau\sin\sigma' & \cos\sigma' & \cos\tau\sin\sigma' \\ \sin\tau\cos\sigma' & -\sin\sigma' & \cos\tau\cos\sigma' \end{bmatrix} \begin{bmatrix} X \\ Y \\ Z \end{bmatrix}$$

设汽车跳动 ΔA_Z 引起车轮绕主销的转角为 $\mathrm{d}\lambda_3$，此时点 E 在坐标系 $OX_1Y_1Z_1$ 中的坐标为

$$\begin{cases} E_{X1t} = L_E\cos(\lambda_{E10} + \mathrm{d}\lambda_3) \\ E_{Y1t} = L_E\sin(\lambda_{E10} + \mathrm{d}\lambda_3) \\ E_{Z1t} = E_{Z1} \end{cases} \tag{18-74}$$

点 E 在坐标系 $OXYZ$ 中的坐标为

$$\begin{bmatrix} E_{Xt} \\ E_{Yt} \\ E_{Zt} \end{bmatrix} = \begin{bmatrix} \cos\tau & \sin\tau\sin\sigma' & \sin\tau\cos\sigma' \\ 0 & \cos\sigma' & -\sin\sigma' \\ -\sin\tau & \cos\tau\sin\sigma' & \cos\tau\cos\sigma' \end{bmatrix} \begin{bmatrix} E_{X1t} \\ E_{Y1t} \\ E_{Z1t} \end{bmatrix} \tag{18-75}$$

点 E 在坐标系 $HX_HY_HZ_H$ 中的坐标为

$$\begin{bmatrix} E_{XHt} \\ E_{YHt} \\ E_{ZHt} \end{bmatrix} = \begin{bmatrix} E_{Xt} \\ E_{Yt} \\ E_{Zt} \end{bmatrix} + \begin{bmatrix} O_{XHt} \\ O_{YHt} \\ O_{ZHt} \end{bmatrix} \tag{18-76}$$

在设计位置时点 G 在坐标系 $HX_HY_HZ_H$ 中的坐标按式(18-16)计算。由于转向纵拉杆的长度 L_{nk} 保持不变，所以

$$L_{nk} = \sqrt{(G_{XH} - E_{XHt})^2 + (G_{YH} - E_{YHt})^2 + (G_{ZH} - E_{ZHt})^2} \tag{18-77}$$

解方程(18-77)可以求出 $\mathrm{d}\lambda_3$，则这时点 N 在坐标系 $OX_1Y_1Z_1$ 中的坐标为

$$\begin{cases} N_{X1t} = L_N\cos(\lambda_{N10} + \mathrm{d}\lambda_3) \\ N_{Y1t} = L_N\sin(\lambda_{N10} + \mathrm{d}\lambda_3) \\ N_{Z1t} = N_{Z1} \end{cases} \tag{18-78}$$

利用式(18-3)计算点 N 在 $OXYZ$ 坐标系中的坐标

18 纵置钢板弹簧整体车桥和整体式转向系统匹配设计的三维运动学分析方法

$$\begin{bmatrix} N_{Xt} \\ N_{Yt} \\ N_{Zt} \end{bmatrix} = \begin{bmatrix} \cos\tau & \sin\tau\sin\sigma' & \sin\tau\cos\sigma' \\ 0 & \cos\sigma' & -\sin\sigma' \\ -\sin\tau & \cos\tau\sin\sigma' & \cos\tau\cos\sigma' \end{bmatrix} \begin{bmatrix} N_{X1t} \\ N_{Y1t} \\ N_{Z1t} \end{bmatrix} \quad (18\text{-}79)$$

点 N 在 OXYZ 坐标系中的方位角 λ_{Nt} 为

$$\lambda_{Nt} = \arctan\left(-\frac{N_{Xt}}{N_{Yt}}\right) \quad (18\text{-}80)$$

左轮转角 λ_b 为

$$\lambda_b = \lambda_{Nt} - \lambda_{N0} \quad (18\text{-}81)$$

注意,汽车转弯时其外侧车轮上跳。如果左侧车轮上跳,意味着汽车右转,对应的干涉转角为"+"(向右转)有利于过多转向。

【例 18-1】 一辆轻型货车在坐标系 $HX_HY_HZ_H$ 中各个关键点的坐标如下:

C_{XH}(m):	0.569100	E_{XH}(m):	-0.036000
C_{YH}(m):	-0.390000	E_{YH}(m):	-0.501500
C_{ZH}(m):	-0.049800	E_{ZH}(m):	-0.056000
D_{XH}(m):	-0.569400	F_{XH}(m):	0.731000
D_{YH}(m):	-0.390000	F_{YH}(m):	-0.492000
D_{ZH}(m):	-0.028700	F_{ZH}(m):	-0.297900
O_{XH}(m):	0.000000	A_{XH}(m):	0.000000
O_{YH}(m):	-0.664500	A_{YH}(m):	-0.390000
O_{ZH}(m):	0.000000	A_{ZH}(m):	0.001000
K_{XH}(m):	-0.171500	N_{XH}(m):	0.000000
K_{YH}(m):	-0.613000	N_{YH}(m):	-0.74000
K_{ZH}(m):	0.100000	N_{ZH}(m):	0.00000

转向摇臂的长度 $L_F = 0.1650$m,转向摇臂方位角 $a_r = -3.0000°$,前 U 形螺栓到钢板弹簧前卷耳中心 C 的距离 $L_e = 0.5315$m,卷耳半径 $e = 0.015$m,一侧钢板弹簧中心线到汽车中心线的距离 $L_L = 0.39$m,主销内倾角 $\sigma = 7.5000°$,主销后倾角 $\tau = 1.50°$,汽车轴距 $L = 3.308$m,前轮距 $T_f = 1.4750$m。

图 18-2 示出该汽车的前轴内、外轮转向角关系。其中阿克曼转角关系利用下式计算:

$$\cot\lambda_o - \cot\lambda_i = \frac{T_f}{L} = \frac{1.475}{3.308}$$

式中,λ_i、λ_o 分别是前轴内、外轮转角。可以看出,计算内、外轮转角关系与测量结果相当接近,表明计算准确度较高。

图 18-3 示出汽车转向传动机构角传动比(连杆角传动比)随着外轮转角的变化特性,这是向右转向时的连杆速比,最小值达到 0.804。图 18-4 示出汽车转向传动机构角传动比(连杆角传动比)随着内轮转角的变化特性,这是向左转向时的连杆速比,最大值达到 1.104。图 18-5 示出车轮垂直跳动所引起的车轮干涉转角特性。

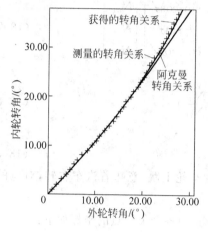

图 18-2 前轴内、外轮转向角关系

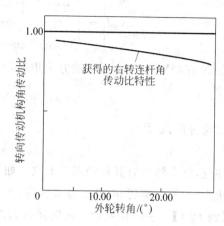

图 18-3 汽车转向传动机构角传动比随着外轮转角的变化特性（向右转向）

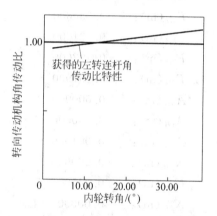

图 18-4 汽车转向传动机构角传动比随着内轮转角的变化特性（向左转向）

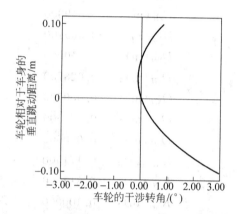

图 18-5 车轮垂直跳动所引起的车轮干涉转角特性

18.6　转向连杆系统的优化设计

18.6.1　优化变量

在进行转向杆系的优化设计时,以下列参数为优化变量:
(1) 转向节臂与转向纵拉杆之间的球铰中心 E 的空间位置坐标 E_{XH}、E_{YH}、E_{ZH};
(2) 转向器转向摇臂轴的空间位置坐标 F_{XH}、F_{YH}、F_{ZH};
(3) 转向垂臂的长度 L_F 和方位角 a_T;
(4) 转向梯形臂与转向横拉杆之间的球铰中心 K 的空间位置坐标 K_{XH}、K_{YH}、K_{ZH}。

18.6.2　优化目标函数

通常,转向杆系的设计应满足如下基本要求。

(1) 汽车转向时,其内、外前轮具有希望的转角关系

正确的内、外轮转角关系应使汽车能安全、稳定地完成转向过程,同时还应尽可能减少轮胎的磨损。不计轮胎侧偏角的影响时,理想的内、外轮转角关系由阿克曼原理给出,即在转向过程中各车轮绕着同一个瞬时中心发生纯滚动,轮胎磨损量达到最小。阿克曼原理可用如下关系式表示:

$$\cot\lambda_o - \cot\lambda_i = \frac{T}{L} \qquad (18\text{-}82)$$

式中,λ_o、λ_i 分别是汽车的外、内轮转角;T 是左右两侧主销延长线与地面交点之间的距离;L 是轴距。在实际应用中,可以近似为

$$\cot\lambda_o - \cot\lambda_i = \frac{T_f}{L} \qquad (18\text{-}83)$$

式中,T_f 是前轮距。

实际设计过程中,如果考虑侧偏角的影响,常用百分比阿克曼校正率(记为 R_A)来表明理想的内、外轮转角关系与阿克曼关系的接近程度:

$$R_A = \frac{\lambda_{i,r} - \lambda_{o,r}}{\lambda_{i,r} - \lambda_o} \times 100\% \qquad (18\text{-}84)$$

式中,$\lambda_{i,r}$、$\lambda_{o,r}$ 分别是实际设计的内、外轮转角;λ_o 是根据 $\lambda_{i,r}$ 按照式(18-82)或式(18-83)计算的前轴外轮转角。

设给定 $\lambda_{i,r,j}$、$\lambda_{o,r,j}$、$\lambda_{F,r,j}$(与 $\lambda_{i,r,j}$、$\lambda_{o,r,j}$ 对应的转向摇臂转角)、$\lambda_{o,j}(j=1,2,\cdots,M_1)$,可以以一定的平均百分比阿克曼校正率 R_A 作为设计目标,转角关系的优化目标函数如下:

$$F_1 = \sum_{j=1}^{M_1} \mid (\lambda_{i,r,j} - \lambda_{o,r,j}) - R_A(\lambda_{i,r,j} - \lambda_{o,j}) \mid \qquad (18\text{-}85)$$

(2) 汽车具有一定的转向速比

汽车的转向速比是汽车转向系统的一个重要参数,它影响汽车的操纵稳定性、转向灵敏性和轻便性。通常,在进行整车的设计时会提出一定的转向速比要求,其值一般为常数,设计转向杆系时应使汽车的转向速比尽可能接近这一目标值。

根据式(18-66)、式(18-70),转向传动机构的角传动比 i_ω 为

$$i_\omega = \frac{\lambda_F}{\frac{\lambda_i + \lambda_o}{2}}$$

$$\frac{\lambda_i + \lambda_o}{2} = \frac{\lambda_F}{i_\omega} \qquad (18\text{-}86)$$

设转向传动机构角传动比的目标值是 $i_{\omega T}$。在板簧式悬架-转向系统的优化设计中,以连杆传动比 $i_{\omega T}$ 为一个优化目标,而为了保证与 F_1 的单位相同,参考式(18-86)建立的连杆转向速比目标函数如下:

$$F_2 = \sum_{j=1}^{M_1} \left| \frac{\lambda_{i,r,j} + \lambda_{o,r,j}}{2} - \frac{\lambda_{F,j}}{i_{\omega T}} \right| \qquad (18\text{-}87)$$

计算该优化目标函数时,汽车向左转向和向右转向两种情况都应该考虑。

(3) 车轮上下跳动时,由悬架和转向杆系干涉所引起的车轮干涉转向角要尽可能小

汽车行驶时，由于路面不平等因素车轮会上下跳动，因而会导致悬架弹簧的变形并引起车轮的干涉转角 λ_b。理想的设计目标是使车轮的干涉转角始终接近于零，以使汽车保持良好的直线行驶能力。但有时为了使汽车获得一定的侧倾不足转向，要求车轮随着悬架的压缩、伸张发生一定的干涉转角。

设与一系列车轮相对于车架的垂直位移 $\Delta A_{Z,j}$ 对应的车轮干涉转角为 $\lambda_{b,j}$ ($j=1,\cdots,M_2$)，提出如下的干涉转角设计目标函数：

$$F_3 = \sum_{j=1}^{M_2} |\lambda_{b,j} - K_Z \Delta A_{Z,j}| \tag{18-88}$$

式中，K_Z 为常数，由整车设计决定，与侧倾转向系数有关。

因此，综合以上三个设计目标函数，建立如下的整体优化设计目标函数：

$$\min F = \min[W_1 F_1 + W_2 F_2 + F_3] \tag{18-89}$$

式中，W_1 和 W_2 分别为加权系数，可根据性能需要选择其大小。

约束条件为

$$E_{XH\max} - E_{XH} \geqslant 0 \tag{18-90}$$
$$E_{XH} - E_{XH\min} \geqslant 0 \tag{18-91}$$
$$E_{YH\max} - E_{YH} \geqslant 0 \tag{18-92}$$
$$E_{YH} - E_{YH\min} \geqslant 0 \tag{18-93}$$
$$E_{ZH\max} - E_{ZH} \geqslant 0 \tag{18-94}$$
$$E_{ZH} - E_{ZH\min} \geqslant 0 \tag{18-95}$$
$$F_{XH\max} - F_{XH} \geqslant 0 \tag{18-96}$$
$$F_{XH} - F_{XH\min} \geqslant 0 \tag{18-97}$$
$$F_{YH\max} - F_{YH} \geqslant 0 \tag{18-98}$$
$$F_{YH} - F_{YH\min} \geqslant 0 \tag{18-99}$$
$$F_{ZH\max} - F_{ZH} \geqslant 0 \tag{18-100}$$
$$F_{ZH} - F_{ZH\min} \geqslant 0 \tag{18-101}$$
$$K_{XH\max} - K_{XH} \geqslant 0 \tag{18-102}$$
$$K_{XH} - K_{XH\min} \geqslant 0 \tag{18-103}$$
$$K_{YH\max} - K_{YH} \geqslant 0 \tag{18-104}$$
$$K_{YH} - K_{YH\min} \geqslant 0 \tag{18-105}$$
$$K_{ZH\max} - K_{ZH} \geqslant 0 \tag{18-106}$$
$$K_{ZH} - K_{ZH\min} \geqslant 0 \tag{18-107}$$
$$L_{F\max} - L_F \geqslant 0 \tag{18-108}$$
$$L_F - L_{F\min} \geqslant 0 \tag{18-109}$$
$$a_{r\max} - a_r \geqslant 0 \tag{18-110}$$
$$a_r - a_{r\min} \geqslant 0 \tag{18-111}$$

要根据车辆设计的实际来适当确定上述优化参数的最大值、最小值。这是一个令优化目标函数最小化的约束最优化问题，需要应用非线性最优化方法（例如可变容差法）求解。

19 多轴汽车转向系统设计

在前面有关章节中介绍的都是两轴汽车转向时的前轴(转向轴)内、外轮转角关系。在本章中将介绍三轴、四轴汽车转向时对转向轴内、外轮转角关系的要求。

19.1 三轴汽车双前桥转向

19.1.1 三轴汽车双前桥转向的理想内、外轮转角关系

图 19-1 示出三轴汽车双前桥转向的转向轴理想内、外轮转角关系的分析模型。前 1 桥、前 2 桥都是转向桥,可以分别确定它们的理想内、外轮转角关系,方法与两轴汽车的相同。

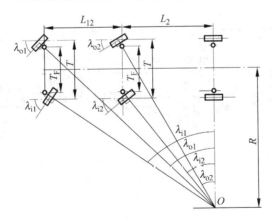

图 19-1 三轴汽车双前桥转向的转向轴理想内、外轮转角关系的分析模型

在以很低车速转向并且可以忽略轮胎侧偏角的情况下,前 1 轴、前 2 轴的内、外轮转角关系都应该满足阿克曼关系,即

$$\cot\lambda_{o1} - \cot\lambda_{i1} = \frac{T_F}{L_{12} + L_2} \tag{19-1}$$

$$\cot\lambda_{o2} - \cot\lambda_{i2} = \frac{T_F}{L_2} \tag{19-2}$$

式中,λ_{i1}、λ_{o1} 分别是前 1 轴的内、外轮转角;λ_{i2}、λ_{o2} 分别是前 2 轴的内、外轮转角;T_F 是前

桥左、右主销轴线与地面交点之间的距离；L_{12} 是前 1 桥与前 2 桥之间的距离；L_2 是前 2 桥与后桥之间的距离。

另外，前 1 桥、前 2 桥的车轮转角还要保证汽车具有一致的转向半径 R，因此

$$\cot\lambda_{o1} = \frac{R + \dfrac{T_F}{2}}{L_{12} + L_2} \tag{19-3}$$

$$\cot\lambda_{o2} = \frac{R + \dfrac{T_F}{2}}{L_2} \tag{19-4}$$

$$(L_{12} + L_2)\cot\lambda_{o1} = R + \frac{T_F}{2} \tag{19-5}$$

$$L_2 \cot\lambda_{o2} = R + \frac{T_F}{2} \tag{19-6}$$

$$(L_{12} + L_2)\cot\lambda_{o1} = L_2 \cot\lambda_{o2} \tag{19-7}$$

因此，在转向时，在式(19-1)、式(19-2)、式(19-7)得到满足的情况下，所有的车轮将进行纯滚动，而不发生任何滑动。它们就是低速转向时的理想内、外轮转角关系。

19.1.2 三轴卡车双前桥转向机构及其运动学分析步骤

图 19-2 示出一种三轴卡车的双前桥转向机构。可以看出，其前 1 桥的转向杆系与单前桥转向杆系完全一样，其分析模型如图 18-1 所示，内、外轮转角和车轮跳动引起的车轮

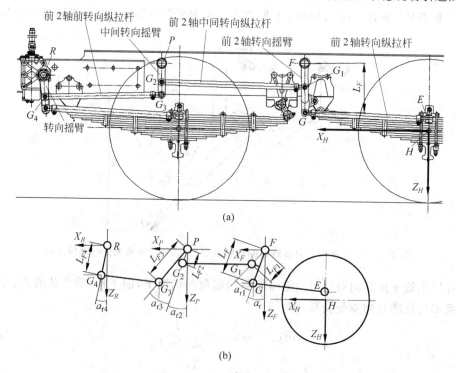

图 19-2 一种三轴卡车的双前桥转向机构
(a) 双前桥转向机构；(b) 前 2 桥转向杆系分析模型

干涉转角的分析方法也完全相同;前 2 桥转向摇臂、前 2 桥转向纵拉杆与单前桥转向杆系的设计原理也完全一样,其分析模型也如图 18-1 所示,内、外轮转角和车轮跳动干涉角的分析方法也完全相同。但是,前 2 轴转向摇臂的转角受到转向器转向摇臂转角输入控制,该控制是通过由转向摇臂、前 2 轴前转向纵连杆、中间转向摇臂、前 2 轴中间转向纵拉杆、前 2 轴转向摇臂组成的机构来实现的。图 19-2(b)示出该机构的分析模型。其中,点 G 是前 2 轴转向摇臂与其转向纵拉杆间的球铰中心点;点 F 在前 2 轴转向摇臂轴的轴线上,与点 G 在同一垂直平面(平行于汽车的纵向垂直对称平面)内,为前 2 轴转向摇臂轴的轴线在该垂直平面上的投影点;$FX_FY_FZ_F$ 是以 F 点为原点的坐标系,其中 FZ_F 轴线垂直向下、FX_F 轴线水平向前、FY_F 轴线水平向右;点 P 是中间转向摇臂的转轴轴线与 FX_FZ_F 平面的交点,$PX_PY_PZ_P$ 是以 P 点为原点的坐标系,其中各个坐标轴分别与 $FX_FY_FZ_F$ 的相应坐标轴平行;点 R 是转向器转向摇臂的转轴轴线与 FX_FZ_F 平面的交点,$RX_RY_RZ_R$ 是以 R 点为原点的坐标系,其中各个坐标轴分别与 $FX_FY_FZ_F$ 的相应坐标轴平行;G_1、G_2、G_3、G_4 都是球铰的中心。

因此,三轴汽车双前桥转向的内、外轮转角关系分析步骤如下。

(1) 按照第 18 章介绍的方法计算前 1 轴的内轮转角 λ_i、外轮转角 λ_o、车轮跳动干涉转角 λ_b、转向器转向摇臂转角 λ_F、转向传动机构角传动比 $i_{\omega R}$、$i_{\omega L}$。令求出的转向器转向摇臂转角为 λ_{F1},即 $\lambda_{F1} = \lambda_F$。

(2) 根据转向器转向摇臂转角 λ_{F1},利用前 2 轴的转向杆系分析模型(如图 19-2(b)所示)求出前 2 轴转向摇臂的转角 λ_F;再参考第 18 章介绍的方法求出与 λ_{F1} 对应的左轮绕主销的转角 $d\lambda_1$;然后,就完全利用第 18 章介绍的方法计算前 2 轴的内轮转角 λ_i、外轮转角 λ_o、车轮跳动干涉转角 λ_b。转向传动机构角传动比 $i_{\omega R}$、$i_{\omega L}$ 定义为

$$i_\omega = \frac{|\lambda_{F1}|}{\dfrac{\lambda_i + \lambda_o}{2}} \tag{19-8}$$

19.1.3 双前桥转向的三轴卡车的前 2 桥内、外轮转角分析的坐标系

首先按照第 18 章中介绍的方法建立前 2 轴的如图 18-1 所示的各个坐标系,并用前 2 轴转向摇臂替换转向器的转向摇臂,参见图 19-2 和图 18-1。在第 18 章中要求输入的参数这里也都需要输入,即需要针对前 2 轴确定那些参数,其中包括点 F 在前 2 桥坐标系 $HX_HY_HZ_H$ 中的坐标值、前 2 桥转向摇臂的长度和方位角,即 $F(F_{XH}, F_{XH}, F_{XH})$、$L_F$ 和 a_r。

前 2 轴的转向杆系分析模型如图 19-2(b)所示。在分析前 2 桥的内、外轮转角时还需要输入如下参数。

(1) 点 P、R 在前 2 轴的坐标系 $HX_HY_HZ_H$ 中的坐标值

当系统处于设计位置时,点 P、R 在前 2 轴坐标系 $HX_HY_HZ_H$ 中的坐标值分别是 $P(P_{XH}, P_{YH}, P_{ZH})$、$R(R_{XH}, R_{YH}, R_{ZH})$,如图 19-2(a)、(b)所示。它们是相应输入的参数。

(2) 点 G_1、G_2、G_3、G_4 在坐标系 $HX_HY_HZ_H$ 中沿 HY_H 轴的坐标

当系统处于设计位置时,点 G_1、G_2、G_3、G_4 在坐标系 $HX_HY_HZ_H$ 中沿 HY_H 轴的坐标

分别是 G_{1YH}、G_{2YH}、G_{3YH}、G_{4YH}，如图19-2(a)、(b)所示。它们是相应输入的参数。

(3) 四个长度

需要输入的四个长度分别为 L_{F1}、L_{F2}、L_{F3}、L_{F4}，如图19-2(b)所示。

(4) 四个角度

需要输入的四个角度分别是 a_{r1}、a_{r2}、a_{r3}、a_{r4}，如图19-2(b)所示，它们是当系统处于设计位置时的值。

19.1.4 双前桥转向机构的三轴卡车的前2桥内、外轮转角计算

当转向器转向摇臂处于设计位置时，点 G、G_1、G_2、G_3、G_4 在坐标系 $HX_HY_HZ_H$ 中的坐标为

$$\begin{cases} G_{4XH} = L_{F4}\sin a_{r4} + R_{XH} \\ G_{4YH} = G_{4YH} \\ G_{4ZH} = L_{F4}\cos a_{r4} + R_{ZH} \end{cases} \quad (19\text{-}9)$$

$$\begin{cases} G_{3XH} = L_{F3}\sin(a_{r3} + a_{r2}) + P_{XH} \\ G_{3YH} = G_{3YH} \\ G_{3ZH} = L_{F3}\cos(a_{r3} + a_{r2}) + P_{ZH} \end{cases} \quad (19\text{-}10)$$

$$\begin{cases} G_{2XH} = L_{F2}\sin a_{r2} + P_{XH} \\ G_{2YH} = G_{2YH} \\ G_{2ZH} = L_{F2}\cos a_{r2} + P_{ZH} \end{cases} \quad (19\text{-}11)$$

$$\begin{cases} G_{1XH} = L_{F1}\sin(a_r + a_{r1}) + F_{XH} \\ G_{1YH} = G_{1YH} \\ G_{1ZH} = L_{F1}\cos(a_r + a_{r1}) + F_{ZH} \end{cases} \quad (19\text{-}12)$$

$$\begin{cases} G_{XH} = L_F \cdot \sin a_r + F_{XH} \\ G_{YH} = G_{2YH} \\ G_{ZH} = L_F\cos a_r + F_{ZH} \end{cases} \quad (19\text{-}13)$$

前2轴前转向纵拉杆 G_4G_3 的长度 L_{nk4} 为

$$L_{nk4} = \sqrt{(G_{4XH} - G_{3XH})^2 + (G_{4YH} - G_{3YH})^2 + (G_{4ZH} - G_{3ZH})^2} \quad (19\text{-}14)$$

前2轴中间转向纵拉杆 G_2G_1 的长度 L_{nk2} 为

$$L_{nk2} = \sqrt{(G_{2XH} - G_{1XH})^2 + (G_{2YH} - G_{1YH})^2 + (G_{2ZH} - G_{1ZH})^2} \quad (19\text{-}15)$$

当转向器转向摇臂相对于其设计位置的方位角变化 λ_{F1} 时，点 G、G_1、G_2、G_3、G_4 在坐标系 $HX_HY_HZ_H$ 中的坐标为

$$\begin{cases} G_{4XHt} = L_{F4}\sin(a_{r4} + \lambda_{F1}) + R_{XH} \\ G_{4YHt} = G_{4YH} \\ G_{4ZHt} = L_{F4}\cos(a_{r4} + \lambda_{F1}) + R_{ZH} \end{cases} \quad (19\text{-}16)$$

$$\begin{cases} G_{3XHt} = L_{F3}\sin(a_{r3} + a_{r2} + \mathrm{d}\lambda_{t2}) + P_{XH} \\ G_{3YHt} = G_{3YH} \\ G_{3ZHt} = L_{F3}\cos(a_{r3} + a_{r2} + \mathrm{d}\lambda_{t2}) + P_{ZH} \end{cases} \quad (19\text{-}17)$$

$$\begin{cases} G_{2XHt} = L_{F2}\sin(a_{r2} + \mathrm{d}\lambda_{t2}) + P_{XH} \\ G_{2YHt} = G_{2YH} \\ G_{2ZHt} = L_{F2}\cos(a_{r2} + \mathrm{d}\lambda_{t2}) + P_{ZH} \end{cases} \tag{19-18}$$

式中，$\mathrm{d}\lambda_{t2}$ 是由 λ_{F1} 引起的前 2 轴中间转向摇臂的转角增量。

$$\begin{cases} G_{1XHt} = L_{F1}\sin(a_{rt} + a_{r1}) + F_{XH} \\ G_{1YHt} = G_{1YH} \\ G_{1ZHt} = L_{F1}\cos(a_{rt} + a_{r1}) + F_{ZH} \end{cases} \tag{19-19}$$

$$\begin{cases} G_{XHt} = L_F \sin a_{rt} + F_{XH} \\ G_{YHt} = G_{2YH} \\ G_{ZHt} = L_F \cos a_{rt} + F_{ZH} \end{cases} \tag{19-20}$$

式中，a_{rt} 是由 λ_{F1} 引起的前 2 轴转向摇臂的方位角。

在转向过程中，前 2 轴前转向纵拉杆 G_4G_3 的长度 L_{nk4} 保持不变，因此

$$L_{nk4} = \sqrt{(G_{4XHt} - G_{3XHt})^2 + (G_{4YHt} - G_{3YHt})^2 + (G_{4ZHt} - G_{3ZHt})^2} \tag{19-21}$$

解方程(19-21)可以求出 $\mathrm{d}\lambda_{t2}$。

在转向过程中，前 2 轴中间转向纵拉杆 G_2G_1 的长度 L_{nk2} 保持不变，因此

$$L_{nk2} = \sqrt{(G_{2XHt} - G_{1XHt})^2 + (G_{2YHt} - G_{1YHt})^2 + (G_{2ZHt} - G_{1ZHt})^2} \tag{19-22}$$

解方程(19-22)可以求出 a_{rt}。

除了前述根据转向器转向摇臂转角 λ_{F1} 求前 2 轴转向摇臂方位角 a_{rt} 的分析以外，前 2 轴的运动学分析基本上采用第 18 章介绍的方法进行，根据式(18-47)、式(18-50)、式(18-55)、式(18-56)，有如下关系：

$$\begin{cases} E_{X1t} = L_E \cos(\lambda_{E10} + \mathrm{d}\lambda_1) \\ E_{Y1t} = L_E \sin(\lambda_{E10} + \mathrm{d}\lambda_1) \\ E_{Z1t} = E_{Z1} \end{cases}$$

$$\begin{bmatrix} E_{Xt} \\ E_{Yt} \\ E_{Zt} \end{bmatrix} = \begin{bmatrix} \cos\tau & \sin\tau\sin\sigma' & \sin\tau\cos\sigma' \\ 0 & \cos\sigma' & -\sin\sigma' \\ -\sin\tau & \cos\tau\sin\sigma' & \cos\tau\cos\sigma' \end{bmatrix} \begin{bmatrix} E_{X1t} \\ E_{Y1t} \\ E_{Z1t} \end{bmatrix}$$

$$\begin{bmatrix} G_{XHt} \\ G_{YHt} \\ G_{ZHt} \end{bmatrix} = \begin{bmatrix} F_{XH} \\ F_{YH} \\ F_{ZH} \end{bmatrix} + \begin{bmatrix} L_F \sin a_{rt} \\ 0 \\ L_F \cos a_{rt} \end{bmatrix}$$

$$\begin{bmatrix} G_{Xt} \\ G_{Yt} \\ G_{Zt} \end{bmatrix} = \begin{bmatrix} G_{XHt} \\ G_{YHt} \\ G_{ZHt} \end{bmatrix} - \begin{bmatrix} O_{XH} \\ O_{YH} \\ O_{ZH} \end{bmatrix}$$

而前 2 轴的转向纵拉杆 GE 的长度 L_{nk} 保持不变，所以

$$L_{nk} = \sqrt{(G_{Xt} - E_{Xt})^2 + (G_{Yt} - E_{Yt})^2 + (G_{Zt} - E_{Zt})^2} \tag{19-23}$$

解方程(19-23)可以得到与已知的 a_{rt} 对应的前 2 轴左轮绕其主销的转角 $\mathrm{d}\lambda_1$。以后，

就完全利用第 18 章介绍的方法计算前 2 轴的内轮转角 λ_i、外轮转角 λ_o、车轮跳动干涉转角 λ_b。

转向传动机构角右转传动比 $i_{\omega R}$ 定义为

$$i_{\omega R} = \frac{-\lambda_{F1}}{\frac{\lambda_i + \lambda_o}{2}} \tag{19-24}$$

转向传动机构角左转传动比 $i_{\omega L}$ 定义为

$$i_{\omega L} = \frac{\lambda_{F1}}{\frac{\lambda_i + \lambda_o}{2}} \tag{19-25}$$

【例 19-1】 一辆双前桥转向的三轴卡车的前 1 桥系统在其坐标系 $HX_HY_HZ_H$ 中各个关键点的坐标如下：

C_{XH}(m):	0.822900	E_{XH}(m):	−0.001600
C_{YH}(m):	−0.410000	E_{YH}(m):	−0.620800
C_{ZH}(m):	−0.138500	E_{ZH}(m):	−0.091700
D_{XH}(m):	−0.826900	F_{XH}(m):	1.050900
D_{YH}(m):	−0.410000	F_{YH}(m):	−0.563000
D_{ZH}(m):	−0.111500	F_{ZH}(m):	−0.382600
O_{XH}(m):	0.000000	A_{XH}(m):	−0.001600
O_{YH}(m):	−0.882500	A_{YH}(m):	−0.410000
O_{ZH}(m):	0.000000	A_{ZH}(m):	−0.095400
K_{XH}(m):	−0.229300	N_{XH}(m):	0.000000
K_{YH}(m):	−0.838000	N_{YH}(m):	−1.010
K_{ZH}(m):	0.129000	N_{ZH}(m):	0.00000

转向器转向摇臂的长度 $L_F=0.245$m，转向摇臂的方位角 $a_r=-4.1°$，前 U 形螺栓到钢板弹簧前卷耳中心 C 的距离 $L_e=0.7622$m，卷耳半径 $e=0.016$m，一侧钢板弹簧中心线到汽车中心线的距离 $L_L=0.425$m，主销内倾角 $\sigma=3.0000°$，主销后倾角 $\tau=1.7°$，前 1 轴与前 2 轴之间的距离 $L_{12}=1.90$m，前 2 轴与后轴之间的距离 $L_2=4.775$m，前轮距 $T_f=2.020$m。

图 19-3 示出该汽车的前 1 轴内、外轮转向角关系。其中阿克曼转角关系利用下式计算：

$$\cot\lambda_o - \cot\lambda_i = \frac{T_f}{L_{12}+L_2} = \frac{2.020}{1.90+4.775}$$

式中，λ_i，λ_o 分别是前轴内、外轮转角。

图 19-4 示出汽车前 1 轴转向传动机构角传动比（连杆角传动比）随着外轮转角的变化特性，这是向右转向时的连杆速比。图 19-5 示出汽车前 1 轴转向传动机构角传动比（连杆角传动比）随着内轮转角的变化特性，这是向左转向时的连杆速比。图 19-6 示出前 1 轴车轮垂直跳动所引起的车轮干涉转角特性。

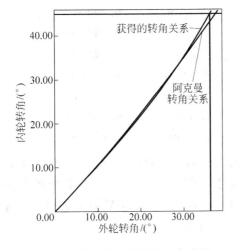

图 19-3　前 1 轴内、外轮转向角关系

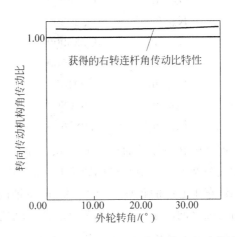

图 19-4　前 1 轴转向传动机构角传动比随着外轮转角的变化特性（向右转向）

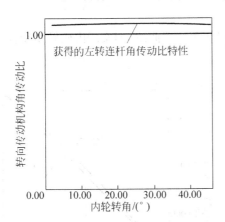

图 19-5　前 1 轴转向传动机构角传动比随着内轮转角的变化特性（向左转向）

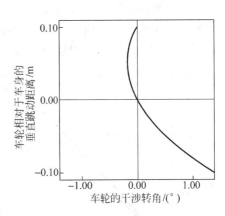

图 19-6　前 1 轴车轮垂直跳动所引起的车轮干涉转角特性

该双前桥转向的三轴卡车的前 2 桥系统在其坐标系 $HX_H Y_H Z_H$ 中各个关键点的坐标如下：

$C_{XH}(m)$	0.822900	$F_{XH}(m)$	0.949100
$C_{YH}(m)$	−0.410000	$F_{YH}(m)$	−0.542900
$C_{ZH}(m)$	−0.138500	$F_{ZH}(m)$	−0.490500
$D_{XH}(m)$	−0.826900	$A_{XH}(m)$	−0.001600
$D_{YH}(m)$	−0.410000	$A_{YH}(m)$	−0.410000
$D_{ZH}(m)$	−0.111500	$A_{ZH}(m)$	−0.094200
$O_{XH}(m)$	0.000000	$N_{XH}(m)$	0.000000
$O_{YH}(m)$	−0.882500	$N_{YH}(m)$	−0.74000

$O_{ZH}(m)$	0.000000	$N_{ZH}(m)$	0.00000
$K_{XH}(m)$	−0.229300	$P_{XH}(m)$	2.036100
$K_{YH}(m)$	−0.838000	$P_{YH}(m)$	−0.498000
$K_{ZH}(m)$	0.129000	$P_{ZH}(m)$	−0.476100
$E_{XH}(m)$	−0.001600	$R_{XH}(m)$	2.948600
$E_{YH}(m)$	−0.620800	$R_{YH}(m)$	−0.498000
$E_{ZH}(m)$	−0.085600	$R_{ZH}(m)$	−0.376100

前2轴转向摇臂的长度 $L_F=0.3680m$，转向摇臂的方位角 $a_r=-0.9°$，前U形螺栓到钢板弹簧前卷耳中心 C 的距离 $L_e=0.7622m$，卷耳半径 $e=0.016m$，一侧钢板弹簧中心线到汽车中心线的距离 $L_L=0.425m$，主销内倾角 $\sigma=3.0000°$，主销后倾角 $\tau=1.7°$，前2轴与后轴之间的距离 $L_2=4.775m$，前2轴轮距 $T_f=2.020m$。

$L_{F1}=0.180m$, $a_{r1}=0.00°$；$L_{F2}=0.140m$, $a_{r2}=0.00°$；$L_{F3}=0.235m$, $a_{r3}=0.00°$；$L_{F4}=0.1613m$, $a_{r4}=-4.10°$。

图19-7示出前2桥外轮的实际转角与理想转角特性曲线，即实际外轮转角特性与理想特性的差别最大约2°，可以满足要求。

图19-8示出前2桥内轮的实际转角与理想转角特性曲线，即实际内轮转角特性与理想特性的差别在2°以下，可以满足要求。

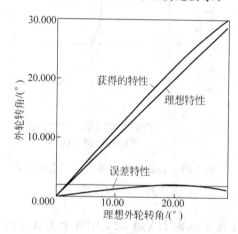

图19-7 前2桥外轮的实际转角与理想转角特性曲线

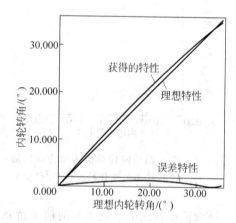

图19-8 前2桥内轮的实际转角与理想转角特性曲线

图19-9示出第2前桥的车轮跳动-干涉转向角特性。主要看车轮上跳时的干涉转角：最大干涉转角约0.3°，该特性比较令人满意。

图19-10示出第2前桥与第1前桥的车轮跳动-干涉转向角特性的协调情况。车辆载重不同时，前1桥、前2桥的车轮都会发生干涉转角。为了保持车辆直线行驶，驾驶员须转动方向盘，调整两个前桥的车轮指向。这就要求两个前桥的车轮干涉转角之间满足如下关系：①因车轮上、下跳动引起的前1桥、前2桥的车轮干涉转角方向相同；②前2桥车轮的干涉转角应该略小于前1桥的车轮干涉转角，因为转动方向盘时

前2桥的车轮转角略小于前1桥的车轮转角。通过把前1桥的内轮干涉转角乘以一个系数0.8（<1.0）可以得到前2桥内轮的期望干涉转角特性。因为研究表明，在小转角时，前2桥内轮转角与前1桥内轮转角之比基本上是个常数0.8（<1.0）。如图19-10所示，前2桥内轮的干涉转角特性与期望特性的差别较小，最大约0.3°。这种特性还是不错的。如果再减小一些前2桥的干涉转角（通过改变前2桥转向纵拉杆前球铰的布置位置）就更好了。

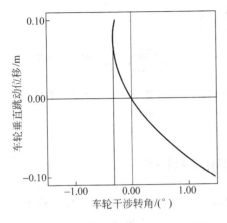

图19-9 第2前桥的车轮跳动-干涉转向角特性

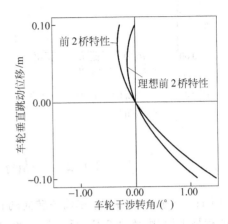

图19-10 第2前桥与第1前桥的车轮跳动-干涉转向角特性的协调情况

图19-11、图19-12分别示出转向器转向摇臂轴转角随前2桥内、外车轮转角的变化特性曲线。

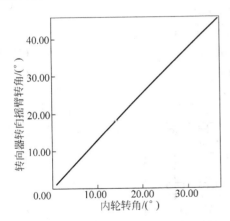

图19-11 转向器转向摇臂轴转角随前2桥内侧车轮转角的特性曲线

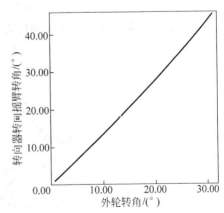

图19-12 转向器转向摇臂轴转角随前2桥外侧车轮转角的特性曲线

图19-13、图19-14分别示出前2桥的连杆速比（转向器转向摇臂转角与左、右转向节平均转角之比）随其左转、右转的转角特性曲线。可以看出，连杆速比变化不大，比较好。

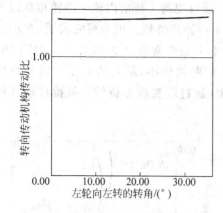
图 19-13　前 2 桥的连杆速比随其左转的转角特性曲线

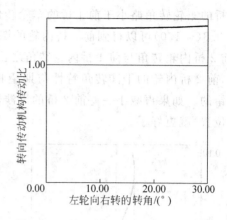
图 19-14　前 2 桥的连杆速比随其右转的转角特性曲线

19.2　三轴汽车单前桥转向

图 19-15 示出三轴汽车单前桥转向的转向轴理想内、外轮转角关系的分析模型。其中，前桥是 1 桥，中桥是 2 桥，后桥是 3 桥，1 桥距离 2 桥、3 桥的距离分别是 L_1、L_2，前桥轮距为 T，主销轴线与地面交点之间的距离为 T_F，L_K 是当量的两轴车轴距，δ 是前轴的转角，R 是转向半径，α_1、α_2、α_3 分别是 1、2、3 桥的侧偏角。假设汽车以极低车速行驶，侧向加速度可以忽略。假设 1、2、3 桥各自的总侧偏刚度分别是 k_1、k_2、k_3，则各桥的侧向力之和应该为零，即

$$F_1\cos(\delta - \alpha_1) + F_3 = F_2 \tag{19-26}$$

式中，F_1、F_2、F_3 分别是 1、2、3 桥的侧偏力，按下式计算：

$$F_1 = k_1\alpha_1 \tag{19-27}$$

$$F_2 = k_2\alpha_2 \tag{19-28}$$

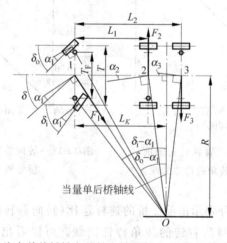
图 19-15　三轴汽车单前桥转向的转向轴理想内、外轮转角关系的分析模型

$$F_3 = k_3\alpha_3 \tag{19-29}$$

应该满足力和力矩的平衡关系。如下两式分别是力、力矩平衡方程:

$$k_1\alpha_1\cos(\delta-\alpha_1) + k_3\alpha_3 = k_2\alpha_2 \tag{19-30}$$

$$F_1\cos(\delta-\alpha_1) \cdot L_1 = F_3(L_2 - L_1) \tag{19-31}$$

由式(19-31)可得

$$k_1\alpha_1\cos(\delta-\alpha_1) \cdot L_1 = k_3\alpha_3(L_2 - L_1)$$

$$k_1\alpha_1\cos(\delta-\alpha_1) = k_3\alpha_3 \frac{L_2 - L_1}{L_1} \tag{19-32}$$

把式(19-32)代入式(19-30),得

$$k_3\alpha_3 \frac{L_2 - L_1}{L_1} + k_3\alpha_3 = k_2\alpha_2$$

$$k_3\alpha_3 \left(\frac{L_2 - L_1}{L_1} + 1\right) = k_2\alpha_2$$

$$k_3\alpha_3 \frac{L_2}{L_1} = k_2\alpha_2$$

$$\alpha_2 = \frac{k_3}{k_2} \cdot \frac{L_2}{L_1} \alpha_3 \tag{19-33}$$

由式(19-32)可得

$$\alpha_1 = \frac{k_3}{k_1} \cdot \frac{L_2 - L_1}{L_1} \cdot \frac{1}{\cos(\delta-\alpha_1)} \alpha_3 \tag{19-34}$$

$$R = \frac{L_K}{\tan(\delta-\alpha_1)} \tag{19-35}$$

$$\tan\alpha_2 = \frac{L_K - L_1}{R} \tag{19-36}$$

$$\tan\alpha_3 = \frac{L_2 - L_K}{R} \tag{19-37}$$

由式(19-35)可得

$$\frac{L_K}{R} = \frac{\sin(\delta-\alpha_1)}{\cos(\delta-\alpha_1)}$$

$$\frac{L_K^2}{R^2} + 1 = \frac{\sin^2(\delta-\alpha_1)}{\cos^2(\delta-\alpha_1)} + 1$$

$$\frac{L_K^2 + R^2}{R^2} = \frac{\sin^2(\delta-\alpha_1) + \cos^2(\delta-\alpha_1)}{\cos^2(\delta-\alpha_1)} = \frac{1}{\cos^2(\delta-\alpha_1)}$$

$$\cos(\delta-\alpha_1) = \sqrt{\frac{R^2}{L_K^2 + R^2}} \tag{19-38}$$

把式(19-38)代入式(19-34),得

$$\alpha_1 = \frac{k_3}{k_1} \cdot \frac{L_2 - L_1}{L_1} \cdot \frac{1}{\cos(\delta-\alpha_1)} \alpha_3 = \frac{k_3}{k_1} \cdot \frac{L_2 - L_1}{L_1} \sqrt{\frac{L_K^2 + R^2}{R^2}} \alpha_3 \tag{19-39}$$

$$\alpha_2 = \arctan \frac{L_K - L_1}{R} \tag{19-40}$$

$$\alpha_3 = \arctan \frac{L_2 - L_K}{R} \tag{19-41}$$

把式(19-40)、式(19-41)代入式(19-33),得

$$\arctan \frac{L_K - L_1}{R} = \frac{k_3}{k_2} \cdot \frac{L_2}{L_1} \arctan \frac{L_2 - L_K}{R} \tag{19-42}$$

因此,每给一个转向半径 R,解非线性方程(19-42)可以得到一个 L_K。然后,所有参数都可以计算出来,即

$$\alpha_2 = \arctan \frac{L_K - L_1}{R}$$

$$\alpha_3 = \arctan \frac{L_2 - L_K}{R}$$

$$\alpha_1 = \frac{k_3}{k_1} \cdot \frac{L_2 - L_1}{L_1} \sqrt{\frac{R^2 + L_K^2}{R^2}} \alpha_3$$

由式(19-35)可得

$$\delta = \alpha_1 + \arctan \frac{L_K}{R} \tag{19-43}$$

$$\tan(\delta_o - \alpha_1) = \frac{L_K}{R + \frac{T_F}{2}} \tag{19-44}$$

$$\tan(\delta_i - \alpha_1) = \frac{L_K}{R - \frac{T_F}{2}} \tag{19-45}$$

式中,δ_i、δ_o 分别是与转向半径 R 对应的理想的内、外轮转角,其可以保证内、外轮都具有相同的侧偏角 α_1,使它们各自的磨损都最小化。

如果近似取

$$\tan\alpha_2 = \frac{L_K - L_1}{R} = \alpha_2 \tag{19-46}$$

$$\tan\alpha_3 = \frac{L_2 - L_K}{R} = \alpha_3 \tag{19-47}$$

则把式(19-46)、式(19-47)代入式(19-33),得

$$\frac{L_K - L_1}{R} = \frac{k_3}{k_2} \cdot \frac{L_2}{L_1} \cdot \frac{L_2 - L_K}{R}$$

$$L_K - L_1 = \frac{k_3}{k_2} \cdot \frac{L_2}{L_1}(L_2 - L_K)$$

$$\left(1 + \frac{k_3}{k_2} \cdot \frac{L_2}{L_1}\right)L_K = \frac{k_3}{k_2} \cdot \frac{L_2}{L_1}L_2 + L_1$$

$$(k_2 L_1 + k_3 L_2)L_K = k_3 L_2^2 + k_2 L_1^2$$

$$L_K = \frac{k_3 L_2^2 + k_2 L_1^2}{k_2 L_1 + k_3 L_2} \tag{19-48}$$

式(19-48)是侧偏角 α_2、α_3 较小时求 L_K 的近似公式。

【例 19-2】 一辆三轴卡车采用单前桥转向,其 2、3 桥单侧都采用双胎。$L_1 = 3825$mm,$L_2 = 5175$mm,$T_F = 2030$mm,各个桥的侧偏刚度具有如下关系,即 $k_2 = k_3$,$k_1 = k_2/2$。

图 19-16 示出当量双轴汽车轴距 L_K 随着转向半径 R 的变化特性。图 19-17 示出侧偏角 α_1、α_2、α_3 随着转向半径 R 的变化特性。图 19-18 示出理想内、外轮转角(δ_i、δ_o)随着转向半径 R 的变化特性。图 19-19 示出理想内、外轮转角(δ_i、δ_o)关系。

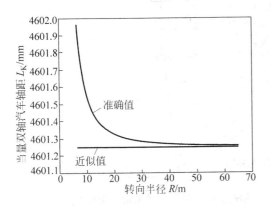

图 19-16 当量双轴汽车轴距 L_K 随着转向半径 R 的变化特性

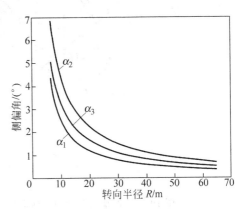

图 19-17 侧偏角 α_1、α_2、α_3 随着转向半径 R 的变化特性

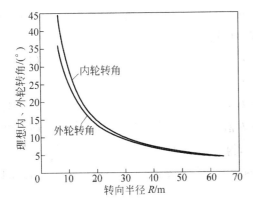

图 19-18 理想内、外轮转角(δ_i、δ_o)随着转向半径 R 的变化特性

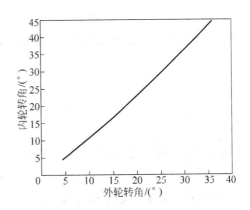

图 19-19 理想内、外轮转角(δ_i、δ_o)关系

单前桥转向的三轴卡车的悬架和转向系统的分析方法与第 18 章介绍的完全相同,只是理想内、外轮转角关系不同。

19.3 四轴汽车双前桥转向

图 19-20 示出四轴汽车双前桥转向的转向轴理想内、外轮转角关系的分析模型。其中,前 1 桥、前 2 桥都是转向桥;前 1 桥是 1 桥,前 2 桥是 2 桥,中桥是 3 桥,后桥是 4 桥;

1桥到2桥的距离是L_{12}，2桥到3、4桥的距离分别是L_1、L_2；1桥、2桥轮距为T，主销轴线与地面交点之间的距离为T_F。L_K是前2桥距离当量单后桥轴线的距离，δ_1是1轴的转角，δ_2是2轴的转角，R是转向半径，α_1是1、2桥的侧偏角（1、2桥取相同的侧偏角是使其轮胎磨损趋于一致），α_3、α_4分别是3、4桥的侧偏角。

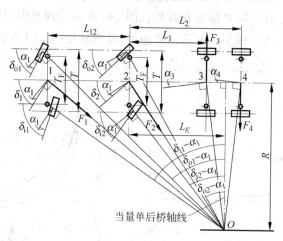

图19-20 四轴汽车双前桥转向的转向轴理想内、外轮转角关系的分析模型

假设汽车以极低车速行驶，侧向加速度可以忽略。假设1、2、3、4桥各自的总侧偏刚度分别是k_1、k_2、k_3、k_4。各桥的侧向力之和应该为零，即

$$F_1\cos(\delta_1 - \alpha_1) + F_2\cos(\delta_2 - \alpha_1) + F_4 = F_3 \tag{19-49}$$

式中，F_1、F_2、F_3、F_4分别是1、2、3、4桥的侧偏力，且有

$$F_1 = k_1\alpha_1 \tag{19-50}$$

$$F_2 = k_2\alpha_1 \tag{19-51}$$

$$F_3 = k_3\alpha_3 \tag{19-52}$$

$$F_4 = k_4\alpha_4 \tag{19-53}$$

把式(19-50)～式(19-53)代入式(19-49)，得

$$k_1\alpha_1\cos(\delta_1 - \alpha_1) + k_2\alpha_1\cos(\delta_2 - \alpha_1) + k_4\alpha_4 = k_3\alpha_3 \tag{19-54}$$

另外，还要满足力矩平衡要求，即

$$F_1\cos(\delta_1 - \alpha_1) \cdot (L_{12} + L_1) + F_2\cos(\delta_2 - \alpha_1) \cdot L_1 = F_4(L_2 - L_1) \tag{19-55}$$

$$k_1\alpha_1\cos(\delta_1 - \alpha_1) \cdot (L_{12} + L_1) + k_2\alpha_1\cos(\delta_2 - \alpha_1) \cdot L_1 = k_4\alpha_4(L_2 - L_1) \tag{19-56}$$

$$R = \frac{L_K}{\tan(\delta_2 - \alpha_1)} \tag{19-57}$$

$$R = \frac{L_{12} + L_K}{\tan(\delta_1 - \alpha_1)} \tag{19-58}$$

$$\tan\alpha_3 = \frac{L_K - L_1}{R} \tag{19-59}$$

$$\tan\alpha_4 = \frac{L_2 - L_K}{R} \tag{19-60}$$

由式(19-57)可得

$$\frac{L_K}{R} = \frac{\sin(\delta_2 - \alpha_1)}{\cos(\delta_2 - \alpha_1)}$$

$$\frac{L_K^2}{R^2} + 1 = \frac{\sin^2(\delta_2 - \alpha_1)}{\cos^2(\delta_2 - \alpha_1)} + 1$$

$$\frac{L_K^2 + R^2}{R^2} = \frac{\sin^2(\delta_2 - \alpha_1) + \cos^2(\delta_2 - \alpha_1)}{\cos^2(\delta_2 - \alpha_1)} = \frac{1}{\cos^2(\delta_2 - \alpha_1)}$$

$$\cos(\delta_2 - \alpha_1) = \sqrt{\frac{R^2}{L_K^2 + R^2}} \tag{19-61}$$

由式(19-58)可得

$$\frac{L_{12} + L_K}{R} = \frac{\sin(\delta_1 - \alpha_1)}{\cos(\delta_1 - \alpha_1)}$$

$$\frac{(L_{12} + L_K)^2}{R^2} + 1 = \frac{\sin^2(\delta_1 - \alpha_1)}{\cos^2(\delta_1 - \alpha_1)} + 1$$

$$\frac{(L_{12} + L_K)^2 + R^2}{R^2} = \frac{\sin^2(\delta_1 - \alpha_1) + \cos^2(\delta_1 - \alpha_1)}{\cos^2(\delta_1 - \alpha_1)} = \frac{1}{\cos^2(\delta_1 - \alpha_1)}$$

$$\cos(\delta_1 - \alpha_1) = \sqrt{\frac{R^2}{(L_{12} + L_K)^2 + R^2}} \tag{19-62}$$

把式(19-61)、式(19-62)代入式(19-54),得

$$k_1 \alpha_1 \sqrt{\frac{R^2}{(L_{12} + L_K)^2 + R^2}} + k_2 \alpha_1 \sqrt{\frac{R^2}{L_K^2 + R^2}} + k_4 \alpha_4 = k_3 \alpha_3$$

$$\alpha_1 \left[k_1 \sqrt{\frac{R^2}{(L_{12} + L_K)^2 + R^2}} + k_2 \sqrt{\frac{R^2}{L_K^2 + R^2}} \right] + k_4 \alpha_4 = k_3 \alpha_3 \tag{19-63}$$

把式(19-61)、式(19-62)代入式(19-56),得

$$k_1 \alpha_1 \sqrt{\frac{R^2}{(L_{12} + L_K)^2 + R^2}} (L_{12} + L_1) + k_2 \alpha_1 \sqrt{\frac{R^2}{L_K^2 + R^2}} L_1 = k_4 \alpha_4 (L_2 - L_1)$$

$$\alpha_1 \left[k_1 \sqrt{\frac{R^2}{(L_{12} + L_K)^2 + R^2}} (L_{12} + L_1) + k_2 \sqrt{\frac{R^2}{L_K^2 + R^2}} L_1 \right] = k_4 \alpha_4 (L_2 - L_1)$$

$$\alpha_1 = \frac{k_4 (L_2 - L_1)}{k_1 \sqrt{\frac{R^2}{(L_{12} + L_K)^2 + R^2}} (L_{12} + L_1) + k_2 \sqrt{\frac{R^2}{L_K^2 + R^2}} L_1} \alpha_4 \tag{19-64}$$

把式(19-64)代入式(19-63),得

$$\frac{k_4 (L_2 - L_1)}{k_1 \sqrt{\frac{R^2}{(L_{12} + L_K)^2 + R^2}} (L_{12} + L_1) + k_2 \sqrt{\frac{R^2}{L_K^2 + R^2}} L_1} \cdot$$

$$\alpha_4 \left[k_1 \sqrt{\frac{R^2}{(L_{12} + L_K)^2 + R^2}} + k_2 \sqrt{\frac{R^2}{L_K^2 + R^2}} \right] + k_4 \alpha_4 = k_3 \alpha_3$$

$$\frac{k_4(L_2-L_1)\left[k_1\sqrt{\dfrac{R^2}{(L_{12}+L_K)^2+R^2}}+k_2\sqrt{\dfrac{R^2}{L_K^2+R^2}}\right]}{k_1\sqrt{\dfrac{R^2}{(L_{12}+L_K)^2+R^2}}(L_{12}+L_1)+k_2\sqrt{\dfrac{R^2}{L_K^2+R^2}}L_1}\alpha_4+k_4\alpha_4=k_3\alpha_3$$

$$\left\{\frac{k_4(L_2-L_1)\left[k_1\sqrt{\dfrac{R^2}{(L_{12}+L_K)^2+R^2}}+k_2\sqrt{\dfrac{R^2}{L_K^2+R^2}}\right]}{k_1\sqrt{\dfrac{R^2}{(L_{12}+L_K)^2+R^2}}(L_{12}+L_1)+k_2\sqrt{\dfrac{R^2}{L_K^2+R^2}}L_1}+k_4\right\}\alpha_4=k_3\alpha_3 \quad (19\text{-}65)$$

由式(19-59)、式(19-60)可得

$$\alpha_3=\arctan\frac{L_K-L_1}{R} \quad (19\text{-}66)$$

$$\alpha_4=\arctan\frac{L_2-L_K}{R} \quad (19\text{-}67)$$

把式(19-66)、式(19-67)代入式(19-65),得

$$\left\{\frac{k_4(L_2-L_1)\left[k_1\sqrt{\dfrac{R^2}{(L_{12}+L_K)^2+R^2}}+k_2\sqrt{\dfrac{R^2}{L_K^2+R^2}}\right]}{k_1\sqrt{\dfrac{R^2}{(L_{12}+L_K)^2+R^2}}(L_{12}+L_1)+k_2\sqrt{\dfrac{R^2}{L_K^2+R^2}}L_1}+k_4\right\}\arctan\frac{L_2-L_K}{R}$$

$$=k_3\arctan\frac{L_K-L_1}{R} \quad (19\text{-}68)$$

所以,每给一个 R,解非线性方程(19-68)可以得到一个 L_K。然后,所有参数都可以计算出来,即

$$\alpha_3=\arctan\frac{L_K-L_1}{R}$$

$$\alpha_4=\arctan\frac{L_2-L_K}{R}$$

$$\alpha_1=\frac{k_4(L_2-L_1)}{k_1\sqrt{\dfrac{R^2}{(L_{12}+L_K)^2+R^2}}(L_{12}+L_1)+k_2\sqrt{\dfrac{R^2}{L_K^2+R^2}}L_1}\alpha_4$$

$$\tan(\delta_{o2}-\alpha_1)=\frac{L_K}{R+\dfrac{T_F}{2}}$$

$$\tan(\delta_{i2}-\alpha_1)=\frac{L_K}{R-\dfrac{T_F}{2}}$$

式中,δ_{i2}、δ_{o2} 分别是前2桥与转向半径 R 对应的理想的内、外轮转角,其可以保证内、外轮都具有相同的侧偏角 α_1,使它们各自的磨损都最小化。

$$\tan(\delta_{o1}-\alpha_1)=\frac{L_{12}+L_K}{R+\dfrac{T_F}{2}}$$

$$\tan(\delta_{i1} - \alpha_1) = \frac{L_{12} + L_K}{R - \dfrac{T_F}{2}}$$

式中,δ_{i1}、δ_{o1} 分别是前 1 桥与转向半径 R 对应的理想的内、外轮转角,其可以保证内、外轮都具有相同的侧偏角 α_1,使它们各自的磨损都最小化。

【例 19-3】 一辆四轴卡车采用双前桥转向,其 3、4 桥单侧都采用双胎。$L_1 = 4100\text{mm}$,$L_2 = 5450\text{mm}$,$L_{12} = 1900\text{mm}$,$T_F = 2021\text{mm}$,各个桥的侧偏刚度具有如下关系,即 $k_3 = k_4$,$k_1 = k_2 = k_3/2$。

图 19-21 示出前 2 桥到当量单后桥的距离 L_K 随着转向半径 R 的变化特性。图 19-22 示出侧偏角 α_1、α_3、α_4 随着转向半径 R 的变化特性。图 19-23 示出前 1 桥的理想内、外轮转角(δ_{i1}、δ_{o1})随着转向半径 R 的变化特性。图 19-24 示出前 1 桥的理想内、外轮转角(δ_{i1}、δ_{o1})关系。图 19-25 示出前 2 桥的理想内、外轮转角(δ_{i2}、δ_{o2})随着转向半径 R 的变化特性。图 19-26 示出前 2 桥的理想内、外轮转角(δ_{i2}、δ_{o2})关系。

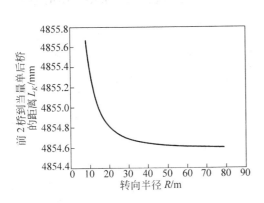

图 19-21 前 2 桥到当量单后桥的距离 L_K 随着转向半径 R 的变化特性

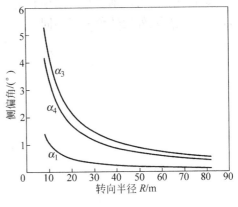

图 19-22 侧偏角 α_1、α_3、α_4 随着转向半径 R 的变化特性

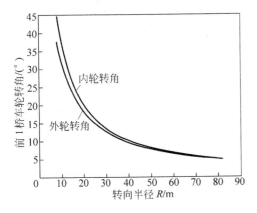

图 19-23 前 1 桥的理想内、外轮转角(δ_{i1}、δ_{o1})随着转向半径 R 的变化特性

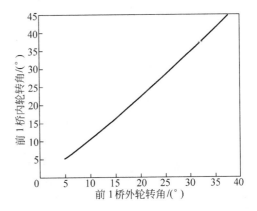

图 19-24 前 1 桥的理想内、外轮转角(δ_{i1}、δ_{o1})关系

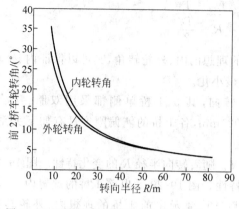 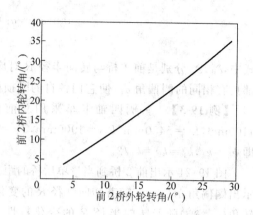

图 19-25　前 2 桥的理想内、外轮转角（δ_{i2}、δ_{o2}）随着转向半径 R 的变化特性

图 19-26　前 2 桥的理想内、外轮转角（δ_{i2}、δ_{o2}）关系

双前桥转向的四轴卡车的悬架和转向系统的分析方法与在 19.1 节中介绍的完全相同，只是理想内、外轮转角关系不同。

20 线性三自由度车辆操纵性模型的建立

在第9章中简单介绍了线性三自由度车辆操纵性模型,并且利用该模型进行了稳态操纵稳定性分析。在侧向加速度低于 0.3g 的低侧向加速度范围内,该模型既适用于进行稳态操纵稳定性分析,也适用于进行瞬态操纵稳定性分析,在汽车设计中具有重要的实用价值。在本章中将比较详细地介绍线性三自由度车辆操纵性模型。

20.1 线 性 假 设

一般认为汽车有三种操纵性行驶工况,即低侧向加速度、中侧向加速度和高侧向加速度行驶工况。在正常行驶中遇到的情况一般属于低侧向加速度行驶工况,包括正常转弯、超车换道等。在这些行驶工况中,侧向加速度不超过 0.3g。车辆一般具有线性特性。紧急规避行驶一般属于中等侧向加速度行驶工况,侧向加速度的范围在 0.3g~0.5g 之间。在高侧向加速度范围,侧向加速度在 0.5g 以上,这时车辆轮胎即将丧失或者已经丧失驱动能力。

由于低侧向加速度范围(侧向加速度在 0.3g 以下)是最经常碰到的行驶工况,在这个加速度范围内保证汽车具有适当的不足转向度 K 具有重要意义。而在汽车设计中能够比较准确地计算汽车在低侧向加速度范围内的操纵稳定性评价参数,并且据此及时对设计进行修改,对于保证汽车具有适当的操纵稳定性具有重要意义。

为了简化汽车在低侧向加速度范围内的操纵稳定性分析,有必要作出一些假设。在低侧向加速度范围内,所涉及的车辆和轮胎特性一般比较接近线性,在此认为它们就是线性的。这是第一个假设。

在车辆进行转向时,在内、外侧车轮之间要发生载荷转移,即内侧车轮上的一部分载荷转移到外侧车轮上。而这种车轮载荷的变化会影响到车轮的侧偏特性(见 2.9.4 节)。但是,在低侧向加速度范围内,由于这种车轮载荷的转移量比较小,可以近似认为在一个车轴的内、外侧车轮上发生的侧偏特性变化可以基本上相互抵消。所以,第二个假设是,在一个车轴上车轮总的侧偏特性不受车轮上载荷转移的影响。

应该指出,在中等和高侧向加速度范围上述两个假设都不成立。因此,在本章中介绍的汽车操纵稳定性分析方法仅适用于低侧向加速度范围(侧向加速度不超过 0.3g)。

20.2 线性三自由度车辆操纵性模型及模型参数

图 20-1 示出线性三自由度车辆操纵性模型,其中采用 SAE 操纵性坐标系统,Z 轴通过车辆总质心垂直向下,坐标原点 O 是 Z 轴与悬上质量侧倾轴线 x'-x' 的交点,X 轴水平向前,Y 轴水平向右。三个自由度分别是横摆角速度 r、质心偏离角 β、悬上质量侧倾角 ϕ。该模型适用于低侧向加速度范围(侧向加速度不超过 0.3g)。质心偏离角 $\beta = v/u$。其中 u 是车辆前驶速度,一般认为是个常数;v 是车辆质心沿 Y 轴方向的速度。

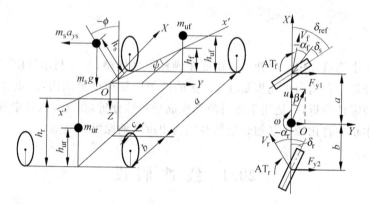

图 20-1 线性三自由度车辆操纵性模型

当汽车进行转向行驶时,一些有关的模型公式如下:

$$\delta_{\text{ref}} = \delta_s - \alpha_f + \frac{u\beta + ar}{u} \tag{20-1}$$

$$\alpha_f = \frac{u\beta + ar}{u} + \delta_s - \delta_{\text{ref}} \tag{20-2}$$

$$\frac{-u\beta + br}{u} = -\alpha_r - \delta_r \tag{20-3}$$

$$\alpha_r = \frac{u\beta - br}{u} - \delta_r \tag{20-4}$$

$$F_{y1} = -2C_{\alpha f}\alpha_f + 2C_{\gamma f}\gamma_f \tag{20-5}$$

$$F_{y2} = -2C_{\alpha r}\alpha_r + 2C_{\gamma r}\gamma_r \tag{20-6}$$

$$\text{AT}_f = 2N_{\alpha f}\alpha_f + 2N_{\gamma f}\gamma_f \tag{20-7}$$

$$\text{AT}_r = 2N_{\alpha r}\alpha_r + 2N_{\gamma r}\gamma_r \tag{20-8}$$

$$\delta_s = -E_{\phi f}\phi + E_{yf}\frac{F_{y1} - m_{uf}a_{uyf}}{2} - E_{nf}\frac{\text{AT}_f}{2} \tag{20-9}$$

$$\gamma_f = \Gamma_{\phi f}\phi - \Gamma_{yf}\frac{F_{y1} - m_{uf}a_{uyf}}{2} + \Gamma_{nf}\frac{\text{AT}_f}{2} \tag{20-10}$$

$$\delta_{\mathrm{r}} = -E_{\phi\mathrm{r}}\phi + E_{\mathrm{yr}}\frac{F_{\mathrm{y2}} - m_{\mathrm{ur}}a_{\mathrm{uyr}}}{2} - E_{\mathrm{nr}}\frac{\mathrm{AT}_{\mathrm{r}}}{2} \qquad (20\text{-}11)$$

$$\gamma_{\mathrm{r}} = -\Gamma_{\phi\mathrm{r}}\phi + \Gamma_{\mathrm{yr}}\frac{F_{\mathrm{y2}} - m_{\mathrm{ur}}a_{\mathrm{uyr}}}{2} - \Gamma_{\mathrm{nr}}\frac{\mathrm{AT}_{\mathrm{r}}}{2} \qquad (20\text{-}12)$$

以上各式及图 20-1 中，α_{f}、α_{r} 分别是前、后轴侧偏角；u 是车辆前驶速度；a、b 分别是车辆质心至前、后轴的距离；δ_{ref} 是前轴的参考转角；δ_{s}、δ_{r} 分别是前、后轴的变形转向角；F_{y1}、F_{y2} 分别是前、后轴的侧向力；$C_{\alpha\mathrm{f}}$、$C_{\alpha\mathrm{r}}$ 分别是前、后轴一侧轮胎的侧偏刚度；γ_{f}、γ_{r} 分别是前、后轴车轮的外倾角；$C_{\gamma\mathrm{f}}$、$C_{\gamma\mathrm{r}}$ 分别是前、后轴一侧轮胎的外倾刚度；$E_{\phi\mathrm{f}}$、$E_{\phi\mathrm{r}}$ 分别是前、后轴侧倾转向系数；E_{yf}、E_{yr} 分别是前、后轴侧向力变形转向系数；E_{nf}、E_{nr} 分别是前、后轴回正力矩变形转向系数；m_{uf}、m_{ur} 分别是前、后轴悬下质量；m_{sf}、m_{sr} 分别是前、后轴悬上质量；AT_{f}、AT_{r} 分别是前、后轴回正力矩；$N_{\alpha\mathrm{f}}$、$N_{\alpha\mathrm{r}}$ 分别是前、后轴一侧轮胎回正力矩刚度（侧偏角引起）；$N_{\gamma\mathrm{f}}$、$N_{\gamma\mathrm{r}}$ 分别是前、后轴一侧轮胎回正力矩刚度（车轮外倾引起）；$\Gamma_{\phi\mathrm{f}}$、$\Gamma_{\phi\mathrm{r}}$ 分别是前、后轴侧倾外倾系数；Γ_{yf}、Γ_{yr} 分别是前、后轴侧向力变形车轮外倾系数；Γ_{nf}、Γ_{nr} 分别是前、后轴回正力矩变形车轮外倾系数；h_{f}、h_{r} 分别是前、后轴侧倾中心高度；h_{uf}、h_{ur} 分别是前、后轴悬下质量质心高度；m_{s} 是车辆悬上质量；ψ 是侧倾轴线倾角；h_{s} 是悬上质量质心至侧倾轴线的距离；$C_{\phi\mathrm{f}}$、$C_{\phi\mathrm{r}}$ 分别是前、后轴悬架侧倾角刚度；a_{ys} 是悬上质心的侧向加速度；a_{uyf}、a_{uyr} 分别是前、后轴悬下质量的质心侧向加速度。

20.3 车辆模型的惯性分析

由于在车辆线性三自由度操纵性模型中需要考虑车辆的惯性，所以有必要对车辆的惯性进行分析。

如图 20-2 所示，悬上质量中任意一点 $U(x,y,z)$ 的速度 V_{s} 在车辆坐标系中可以描述为

$$\begin{aligned}V_{\mathrm{s}} =\,& [u - y(r + p\sin\psi)]\boldsymbol{i} + \\ & [v + x(r + p\sin\psi) - zp\cos\psi]\boldsymbol{j} + \\ & (yp\cos\psi)\boldsymbol{k}\end{aligned} \qquad (20\text{-}13)$$

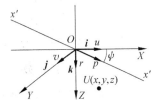

图 20-2 空间任意一点的速度

式中，$\boldsymbol{i}$、$\boldsymbol{j}$、$\boldsymbol{k}$ 分别是沿 X、Y、Z 轴的单位矢量；x'-x' 是车身侧倾轴线；u、v 分别是车辆沿 X、Y 轴的速度，认为 u 是个常数；p、r 分别是绕 x'-x'、Z 轴的角速度。

悬上质量中任意一点 $U(x,y,z)$ 的加速度为

$$\begin{aligned}\frac{\mathrm{d}V_{\mathrm{s}}}{\mathrm{d}t} =\,& [\dot{u} - y(\dot{r} + \dot{p}\sin\psi)]\boldsymbol{i} + [\dot{v} + x(\dot{r} + \dot{p}\sin\psi) - z\dot{p}\cos\psi]\boldsymbol{j} + (y\dot{p}\cos\psi)\boldsymbol{k} + \\ & [u - y(r + p\sin\psi)]\frac{\mathrm{d}\boldsymbol{i}}{\mathrm{d}t} + [v + x(r + p\sin\psi) - zp\cos\psi]\frac{\mathrm{d}\boldsymbol{j}}{\mathrm{d}t} + (yp\cos\psi)\frac{\mathrm{d}\boldsymbol{k}}{\mathrm{d}t} \\ =\,& -y(\dot{r} + \dot{p}\sin\psi)\boldsymbol{i} + [\dot{v} + x(\dot{r} + \dot{p}\sin\psi) - z\dot{p}\cos\psi]\boldsymbol{j} + (y\dot{p}\cos\psi)\boldsymbol{k} + \\ & [u - y(r + p\sin\psi)](r + p\sin\psi)\boldsymbol{j} + \\ & [v + x(r + p\sin\psi) - zp\cos\psi][p\cos\psi\boldsymbol{k} - (r + p\sin\psi)\boldsymbol{i}] + (yp\cos\psi)(-p\cos\psi\boldsymbol{j})\end{aligned}$$

$$= \{-y(\dot{r}+\dot{p}\sin\psi)-[v+x(r+p\sin\psi)-zp\cos\psi](r+p\sin\psi)\}\boldsymbol{i}+$$
$$\{[u-y(r+p\sin\psi)](r+p\sin\psi)+[\dot{v}+x(\dot{r}+\dot{p}\sin\psi)-z\dot{p}\cos\psi]-yp^2\cos^2\psi\}\boldsymbol{j}+$$
$$\{[v+x(r+p\sin\psi)-zp\cos\psi]p\cos\psi+y\dot{p}\cos\psi\}\boldsymbol{k} \tag{20-14}$$

图 20-3 示出悬上质量的运动分析模型。设悬上质量为 m_s，悬上质量质心 S 的坐标为 $(c,0,-h)$，把 $x=c$、$y=0$、$z=-h$ 代入式(20-13)得到 S 的速度 V_{sc}，即

$$\boldsymbol{V}_{sc}=[u-y(r+p\sin\psi)]\boldsymbol{i}+[v+x(r+p\sin\psi)-zp\cos\psi]\boldsymbol{j}+$$
$$(yp\cos\psi)\boldsymbol{k}=u\boldsymbol{i}+[v+c(r+p\sin\psi)+hp\cos\psi]\boldsymbol{j} \tag{20-15}$$

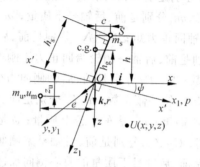

图 20-3 悬上质量的运动分析模型

悬上质量质心 S 的加速度为

$$\frac{\mathrm{d}\boldsymbol{V}_{sc}}{\mathrm{d}t}=u\frac{\mathrm{d}\boldsymbol{i}}{\mathrm{d}t}+[\dot{v}+c(\dot{r}+\dot{p}\sin\psi)+h\dot{p}\cos\psi]\boldsymbol{j}+[v+c(r+p\sin\psi)+hp\cos\psi]\frac{\mathrm{d}\boldsymbol{j}}{\mathrm{d}t}$$
$$=u(r+p\sin\psi)\boldsymbol{j}+[\dot{v}+c(\dot{r}+\dot{p}\sin\psi)+h\dot{p}\cos\psi]\boldsymbol{j}+$$
$$[v+c(r+p\sin\psi)+hp\cos\psi][p\cos\psi\boldsymbol{k}-(r+p\sin\psi)\boldsymbol{i}]$$
$$=-[v+c(r+p\sin\psi)+hp\cos\psi](r+p\sin\psi)\boldsymbol{i}+$$
$$[u(r+p\sin\psi)+\dot{v}+c(\dot{r}+\dot{p}\sin\psi)+h\dot{p}\cos\psi]\boldsymbol{j}+$$
$$[v+c(r+p\sin\psi)+hp\cos\psi]p\cos\psi\boldsymbol{k} \tag{20-16}$$

悬上质量质心侧向加速度 a_{sy} 为

$$a_{sy}=u(r+p\sin\psi)+[\dot{v}+c(\dot{r}+\dot{p}\sin\psi)+h\dot{p}\cos\psi]$$
$$=u(r+p\sin\psi)+\dot{v}+c\dot{r}+(c\sin\psi+h\cos\psi)\dot{p}$$
$$=u(r+p\sin\psi)+\dot{v}+c\dot{r}+h_s\dot{p} \tag{20-17}$$

式中，h_s 是悬上质量质心 S 到侧倾轴线 x'-x' 的距离。

对于悬下质量，没有绕侧倾轴线 x'-x' 的转动，因此，$p=0$。如图 20-2 所示，悬下质量中任意一点 $U(x,y,z)$ 的速度 $\boldsymbol{V}_u$ 在车辆坐标系中可以描述为

$$\boldsymbol{V}_u=(u-yr)\boldsymbol{i}+(v+xr)\boldsymbol{j} \tag{20-18}$$

悬下质量中任意一点 $U(x,y,z)$ 的加速度为

20 线性三自由度车辆操纵性模型的建立

$$\frac{d\boldsymbol{V}_u}{dt} = -yr\boldsymbol{i} + (u-yr)\frac{d\boldsymbol{i}}{dt} + (\dot{v}+x\dot{r})\boldsymbol{j} + (v+xr)\frac{d\boldsymbol{j}}{dt}$$

$$= -yr\boldsymbol{i} + (u-yr)(r+p\sin\psi)\boldsymbol{j} + (\dot{v}+x\dot{r})\boldsymbol{j} + (v+xr)[p\cos\psi\boldsymbol{k} - (r+p\sin\psi)\boldsymbol{i}]$$

$$= [-yr - (v+xr)(r+p\sin\psi)]\boldsymbol{i} +$$

$$[(u-yr)(r+p\sin\psi) + (\dot{v}+x\dot{r})]\boldsymbol{j} + (v+xr)p\cos\psi\boldsymbol{k} \tag{20-19}$$

如图 20-3 所示,设悬下质量为 m_u,悬下质量质心 u_m 的坐标为 $(-e, 0, z_u)$,悬下质量没有侧倾,即 $p=0$,把 $x=-e, y=0, z=z_u$ 代入式(20-18)得到 u_m 的速度 $\boldsymbol{V}_{uc}$,即

$$\boldsymbol{V}_{uc} = u\boldsymbol{i} + (v-er)\boldsymbol{j} \tag{20-20}$$

悬下质量质心 u_m 的加速度为

$$\frac{d\boldsymbol{V}_{uc}}{dt} = u\frac{d\boldsymbol{i}}{dt} + (\dot{v} - e\dot{r})\boldsymbol{j} + (v-er)\frac{d\boldsymbol{j}}{dt}$$

$$= u(r+p\sin\psi)\boldsymbol{j} + (\dot{v}-e\dot{r})\boldsymbol{j} + (v-er)[p\cos\psi\boldsymbol{k} - (r+p\sin\psi)\boldsymbol{i}]$$

$$= -(v-er)(r+p\sin\psi)\boldsymbol{i} + [u(r+p\sin\psi) + (\dot{v}-e\dot{r})]\boldsymbol{j} +$$

$$(v-er)p\cos\psi\boldsymbol{k} \tag{20-21}$$

悬下质量质心侧向加速度 a_{uy} 为

$$a_{uy} = u(r+p\sin\psi) + \dot{v} - e\dot{r} \tag{20-22}$$

设 F_{YT} 是作用在车辆上的侧向力合力,则

$$F_{YT} = m_s a_{sy} + m_u a_{uy} = m_s[u(r+p\sin\psi) + \dot{v} + c\dot{r} + h_s \dot{p}] + m_u[u(r+p\sin\psi) + \dot{v} - e\dot{r}]$$

$$= (m_s + m_u)[u(r+p\sin\psi) + \dot{v}] + m_s h_s \dot{p} + (m_s c - m_u e)\dot{r}$$

$$= m_t[u(r+p\sin\psi) + \dot{v}] + m_s h_s \dot{p} \tag{20-23}$$

式中,m_t 是车辆的总质量,$m_t = m_s + m_u$。

有如下关系:

$$v = u\beta \tag{20-24}$$

$$\dot{v} = u\dot{\beta} \tag{20-24a}$$

$$p = \dot{\phi} \tag{20-24b}$$

$$\dot{p} = \ddot{\phi} \tag{20-24c}$$

设 M_{ZT} 是作用在车辆上的力对 Z 轴的合力矩,则

$$M_{ZT} = \sum_s \delta m \cdot (xa_y - ya_x) + \sum_u \delta m \cdot (xa_y - ya_x) \tag{20-25}$$

其中,δm 是一个质点的质量;x、y 是该质点的坐标;a_x、a_y 是该质点的加速度;s 表示悬上质量;u 表示悬下质量。

因 v、r、p 均被认为是小量,取消二阶以上的小量,则由式(20-14)、式(20-19)可得

$$\frac{\mathrm{d}\boldsymbol{V}_s}{\mathrm{d}t} = \{-y(\dot{r}+\dot{p}\sin\psi)-[v+x(r+p\sin\psi)-zp\cos\psi](r+p\sin\psi)\}\boldsymbol{i} +$$

$$\{[u-y(r+p\sin\psi)](r+p\sin\psi)+[\dot{v}+x(\dot{r}+\dot{p}\sin\psi)-z\dot{p}\cos\psi]-yp^2\cos^2\psi\}\boldsymbol{j} +$$

$$\{[v+x(r+p\sin\psi)-zp\cos\psi]p\cos\psi+y\dot{p}\cos\psi\}\boldsymbol{k}$$

$$= \{-y(\dot{r}+\dot{p}\sin\psi)\}\boldsymbol{i} + \{u(r+p\sin\psi)+[\dot{v}+x(\dot{r}+\dot{p}\sin\psi)-z\dot{p}\cos\psi]\}\boldsymbol{j} +$$

$$\{y\dot{p}\cos\psi\}\boldsymbol{k} \tag{20-26}$$

$$\frac{\mathrm{d}\boldsymbol{V}_u}{\mathrm{d}t} = [-y\dot{r}-(v+xr)(r+p\sin\psi)]\boldsymbol{i}+[(u-yr)(r+p\sin\psi)+$$

$$(\dot{v}+x\dot{r})]\boldsymbol{j}+(v+xr)p\cos\psi\boldsymbol{k}$$

$$= (-y\dot{r})\boldsymbol{i}+[u(r+p\sin\psi)+(\dot{v}+x\dot{r})]\boldsymbol{j} \tag{20-27}$$

$$M_{ZT} = \sum_s \delta m \cdot [xur+xup\sin\psi+x\dot{v}+x^2(\dot{r}+\dot{p}\sin\psi)-xz\dot{p}\cos\psi+$$

$$y^2(\dot{r}+\dot{p}\sin\psi)] + \sum_u \delta m \cdot [x(ur+up\sin\psi+\dot{v}+x\dot{r})+y(y\dot{r})]$$

$$= \sum_{u+s} \delta m \cdot [x(ur+\dot{v})+x^2\dot{r}+y^2\dot{r}+xup\sin\psi] +$$

$$\sum_s \delta m \cdot \{x^2\dot{p}\sin\psi-xz\dot{p}\cos\psi+y^2\dot{p}\sin\psi\}$$

$$= \dot{r} \cdot \sum_{u+s} \delta m \cdot (x^2+y^2)+(ur+\dot{v}) \cdot \sum_{u+s} \delta m \cdot x +$$

$$up\sin\psi \cdot \sum_{u+s} \delta m \cdot x + \dot{p}\sin\psi \cdot \sum_s \delta m \cdot (x^2+y^2) - \dot{p}\cos\psi \cdot \sum_s \delta m \cdot xz$$

$$= I_z\dot{r}+I_{zs}\dot{p}\sin\psi-I_{xzs}\dot{p}\cos\psi$$

$$= I_z\dot{r}+(I_{zs}\sin\psi-I_{xzs}\cos\psi)\dot{p} \tag{20-28}$$

其中,I_z 是整车关于 z 轴的转动惯量;I_{zs} 是悬上质量关于 z 轴的转动惯量;I_{xzs} 是悬上质量关于 X_1Z 轴的惯性积。

如图 20-3 所示,坐标系 $OX_1Y_1Z_1$ 是坐标系 $OXYZ$ 绕 Y 轴转动 ψ 角得到的,因此

$$\begin{bmatrix} X_1 \\ Y_1 \\ Z_1 \end{bmatrix} = \begin{bmatrix} \cos\psi & 0 & \sin\psi \\ 0 & 1 & 0 \\ -\sin\psi & 0 & \cos\psi \end{bmatrix} \begin{bmatrix} X \\ Y \\ Z \end{bmatrix} = \begin{bmatrix} X\cos\psi+Z\sin\psi \\ Y \\ -X\sin\psi+Z\cos\psi \end{bmatrix} \tag{20-29}$$

利用式(20-29)和式(20-26)可以得到悬上质量上任意一点在坐标系 $OX_1Y_1Z_1$ 中的加速度分量,即

$$a_{z1} = -[-y(\dot{r}+\dot{p}\sin\psi)]\sin\psi+(y\dot{p}\cos\psi)\cos\psi \tag{20-30}$$

设作用在悬上质量上绕 OX_1 轴(侧倾轴线 x-x)的合力矩为 M_{X1},则

20 线性三自由度车辆操纵性模型的建立

$$M_{X1} = \sum_s \delta m \cdot (ya_{z1} - z_1 a_y)$$

$$= \sum_s \delta m \cdot y\cos\psi(y\dot{p}\cos\psi) + \sum_s \delta m \cdot y\sin\psi[y(\dot{r}+\dot{p}\sin\psi)] - $$

$$\sum_s \delta m \cdot z_1 \{u(r+p\sin\psi) + [\dot{v} + x(\dot{r}+\dot{p}\sin\psi) - z\dot{p}\cos\psi]\}$$

$$= \dot{p}\cos^2\psi \cdot \sum_s \delta m \cdot y^2 + \dot{r}\sin\psi \cdot \sum_s \delta m \cdot y^2 + \dot{p}\sin^2\psi \cdot \sum_s \delta m \cdot y^2 - $$

$$\sum_s \delta m \cdot z_1[u(r+p\sin\psi) + \dot{v} + x\dot{r} - \dot{p}(-x\sin\psi + z\cos\psi)]$$

$$= \dot{p} \cdot \sum_s \delta m \cdot y^2 + \dot{r}\sin\psi \cdot \sum_s \delta m \cdot y^2 - $$

$$\sum_s \delta m \cdot z_1[u(r+p\sin\psi) + \dot{v} + x\dot{r} - \dot{p}z_1]$$

$$= \dot{p} \cdot \sum_s \delta m \cdot (y^2 + z_1^2) + \dot{r}\sin\psi \cdot \sum_s \delta m \cdot y^2 - $$

$$\sum_s \delta m \cdot z_1[u(r+p\sin\psi) + \dot{v} + x\dot{r}]$$

$$= \dot{p} \cdot \sum_s \delta m \cdot [y^2 + (z\cos\psi - x\sin\psi)^2] + \dot{r}\sin\psi \cdot \sum_s \delta m \cdot y^2 - $$

$$\sum_s \delta m \cdot z_1[u(r+p\sin\psi) + \dot{v} + x\dot{r}]$$

$$= \dot{p} \cdot \sum_s \delta m \cdot [y^2 + (z^2\cos^2\psi - 2xz\sin\psi\cos\psi + x^2\sin^2\psi)] + \dot{r}\sin\psi \cdot \sum_s \delta m \cdot y^2 - $$

$$\sum_s \delta m \cdot z_1[u(r+p\sin\psi) + \dot{v} + x\dot{r}]$$

$$= \dot{p} \cdot \sum_s \delta m \cdot (y^2 + z^2 - z^2\sin^2\psi - xz\sin 2\psi + x^2\sin^2\psi) + \dot{r}\sin\psi \cdot \sum_s \delta m \cdot y^2 - $$

$$\sum_s \delta m \cdot z_1[u(r+p\sin\psi) + \dot{v} + x\dot{r}]$$

$$= \dot{p} \cdot \sum_s \delta m \cdot (y^2 + z^2) + \dot{p}\sin^2\psi \cdot \sum_s \delta m \cdot (x^2 - z^2) - \dot{p}\sin 2\psi \cdot \sum_s \delta mxz + $$

$$\dot{r}\sin\psi \cdot \sum_s \delta m \cdot y^2 - \sum_s \delta m \cdot z_1[u(r+p\sin\psi) + \dot{v} + x\dot{r}]$$

$$= [I_{xs} - I_{xzs}\sin 2\psi + \sin^2\psi \cdot \sum_s \delta m \cdot (x^2 - z^2)]\dot{p} + \dot{r}\sin\psi \cdot \sum_s \delta m \cdot y^2 - $$

$$[u(r+p\sin\psi) + \dot{v}] \cdot \sum_s \delta m \cdot z_1 - \dot{r} \cdot \sum_s \delta m \cdot z_1 x$$

$$= [I_{xs} - I_{xzs}\sin 2\psi + \sin^2\psi \cdot \sum_s \delta m \cdot (x^2 - z^2)]\dot{p} + \dot{r}\sin\psi \cdot \sum_s \delta m \cdot y^2 - $$

$$[u(r+p\sin\psi) + \dot{v}]m_s(-h_s) - \dot{r} \cdot \sum_s \delta m \cdot (z\cos\psi - x\sin\psi)x$$

$$= [I_{xs} - I_{xzs}\sin2\psi + \sin^2\psi \cdot \sum_s \delta m \cdot (x^2 - z^2)]\dot{p} + \dot{r}\sin\psi \cdot \sum_s \delta m \cdot y^2 -$$
$$[u(r + p\sin\psi) + \dot{v}]m_s h_s - \dot{r} \cdot \sum_s \delta m \cdot (xz\cos\psi - x^2\sin\psi)$$

$$= [I_{xs} - I_{xzs}\sin2\psi + \sin^2\psi \cdot \sum_s \delta m \cdot (x^2 - z^2)]\dot{p} +$$
$$[u(r + p\sin\psi) + \dot{v}]m_s h_s - \dot{r} \cdot \sum_s \delta m \cdot [xz\cos\psi - (x^2 + y^2)\sin\psi]$$

$$= [I_{xs} - I_{xzs}\sin2\psi + \sin^2\psi \cdot \sum_s \delta m \cdot (x^2 - z^2)]\dot{p} +$$
$$m_s h_s[(\dot{v} + ur) + up\sin\psi] + (I_{zs}\sin\psi - I_{xzs}\cos\psi)\dot{r}$$

$$\approx (I_{xs} - I_{xzs}\sin2\psi)\dot{p} + (I_{zs}\sin\psi - I_{xzs}\cos\psi)\dot{r} +$$
$$m_s h_s[(\dot{v} + ur) + up\sin\psi] \tag{20-31}$$

20.4 模型的尺寸分析

如图 20-1 和图 20-4 所示，有

$$\tan\psi = \frac{h_r - h_f}{W_L} \tag{20-32}$$

式中，$W_L = a + b$，是轴距。

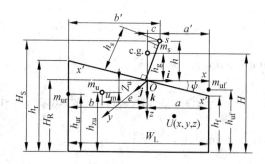

图 20-4 模型的尺寸分析

$$W_f(W_L - b) = W_r b$$

式中，W_f、W_r 分别是前、后轴负荷。

$$b = \frac{W_f W_L}{W_f + W_r} \tag{20-33}$$

$$a = W_L - b \tag{20-34}$$

$$m_{ur}(b - e) = m_{uf}(a + e)$$
$$m_{ur}b - m_{ur}e = m_{uf}a + m_{uf}e$$
$$m_{ur}b - m_{uf}a = (m_{uf} + m_{ur})e$$
$$e = \frac{m_{ur}b - m_{uf}a}{m_{uf} + m_{ur}} \tag{20-35}$$

$$H_R = h_f + \frac{h_r - h_f}{W_L} a \tag{20-36}$$

$$m_{uf}(h_{uf} - h_{zu}) = m_{ur}(h_{zu} - h_{ur})$$

$$m_{uf}h_{uf} - m_{uf}h_{zu} = m_{ur}h_{zu} - m_{ur}h_{ur}$$

$$h_{zu} = \frac{m_{uf}h_{uf} + m_{ur}h_{ur}}{m_{uf} + m_{ur}} \tag{20-37}$$

$$Z_u = H_R - h_{zu} \tag{20-38}$$

$$(m_{uf} + m_{ur})(H - h_{zu}) = m_s(H_S - H)$$

$$H_S = \frac{(m_{uf} + m_{ur})(H - h_{zu}) + m_s H}{m_s} \tag{20-39}$$

$$h = H_S - H_R \tag{20-40}$$

$$m_s b' = m_{sf} W_L$$

$$b' = \frac{m_{sf}}{m_s} W_L \tag{20-41}$$

$$c = b' - b \tag{20-42}$$

$$h_s = h\cos\psi + c\sin\psi \tag{20-43}$$

$$h_g = H - H_R$$

20.5 线性三自由度车辆操纵性模型的公式推导

20.5.1 基本公式的推导

把 $x = a$ 代入式(20-27),可以确定前轴悬下质量 m_{uf} 的侧向加速度 a_{uyf},即

$$a_{uyf} = u(r + p\sin\psi) + (\dot{v} + a\dot{r}) = u(r + p\sin\psi) + u\dot{\beta} + a\dot{r} \tag{20-44}$$

把 $x = -b$ 代入式(20-27),可以确定后轴悬下质量 m_{ur} 的侧向加速度 a_{uyr},即

$$a_{uyr} = u(r + p\sin\psi) + (\dot{v} - b\dot{r}) = u(r + p\sin\psi) + u\dot{\beta} - b\dot{r} \tag{20-45}$$

把式(20-44)代入式(20-9)、式(20-10),得

$$\delta_s = -E_{\phi f}\phi + E_{yf}\frac{F_{y1} - m_{uf}[u\dot{\beta} + a\dot{r} + u(r + p\sin\psi)]}{2} - E_{nf}\frac{AT_f}{2} \tag{20-46}$$

$$\gamma_f = \Gamma_{\phi f}\phi - \Gamma_{yf}\frac{F_{y1} - m_{uf}[u\dot{\beta} + a\dot{r} + u(r + p\sin\psi)]}{2} + \Gamma_{nf}\frac{AT_f}{2} \tag{20-47}$$

把式(20-45)代入式(20-11)、式(20-12),得

$$\delta_r = -E_{\phi r}\phi + E_{yr}\frac{F_{y2} - m_{ur}[u\dot{\beta} - b\dot{r} + u(r + p\sin\psi)]}{2} - E_{nr}\frac{AT_r}{2} \tag{20-48}$$

$$\gamma_r = -\Gamma_{\phi r}\phi + \Gamma_{yr}\frac{F_{y2} - m_{ur}[u\dot{\beta} - b\dot{r} + u(r + p\sin\psi)]}{2} - \Gamma_{nr}\frac{AT_r}{2} \tag{20-49}$$

令

$$\nabla f = a_{uyf} = u\dot{\beta} + a\dot{r} + u(r + p\sin\psi) \tag{20-50}$$

把式(20-50)代入式(20-46),得

$$\delta_s = -E_{\phi f}\phi + E_{yf}\frac{F_{y1} - m_{uf}\nabla f}{2} - E_{nf}\frac{AT_f}{2}$$

$$= -E_{\phi f}\phi + E_{yf}\frac{F_{y1}}{2} - E_{nf}\frac{AT_f}{2} - E_{yf}\frac{m_{uf}}{2}\cdot\nabla f \tag{20-51}$$

把式(20-50)代入式(20-47),得

$$\gamma_f = \Gamma_{\phi f}\phi - \Gamma_{yf}\frac{F_{y1} - m_{uf}\cdot\nabla f}{2} + \Gamma_{nf}\frac{AT_f}{2}$$

$$= \Gamma_{\phi f}\phi - \Gamma_{yf}\frac{F_{y1}}{2} + \Gamma_{nf}\frac{AT_f}{2} + \Gamma_{yf}\frac{m_{uf}}{2}\cdot\nabla f \tag{20-52}$$

把式(20-52)代入式(20-7),得

$$AT_f = 2N_{\alpha f}\alpha_f + 2N_{\gamma f}\left(\Gamma_{\phi f}\phi - \Gamma_{yf}\frac{F_{y1}}{2} + \Gamma_{nf}\frac{AT_f}{2} + \frac{\Gamma_{yf}m_{uf}}{2}\cdot\nabla f\right)$$

$$= [2N_{\alpha f}\alpha_f + 2N_{\gamma f}\Gamma_{\phi f}\phi - N_{\gamma f}\Gamma_{yf}F_{y1} + N_{\gamma f}\Gamma_{nf}AT_f] + N_{\gamma f}\Gamma_{yf}m_{uf}\cdot\nabla f$$

$$AT_f = \frac{1}{1 - N_{\gamma f}\Gamma_{nf}}(2N_{\alpha f}\alpha_f + 2N_{\gamma f}\Gamma_{\phi f}\phi - N_{\gamma f}\Gamma_{yf}F_{y1}) + \frac{N_{\gamma f}\Gamma_{yf}m_{uf}}{1 - N_{\gamma f}\Gamma_{nf}}\cdot\nabla f$$

$$= \frac{2N_{\alpha f}}{1 - N_{\gamma f}\Gamma_{nf}}\alpha_f + \frac{2N_{\gamma f}\Gamma_{\phi f}}{1 - N_{\gamma f}\Gamma_{nf}}\phi - \frac{N_{\gamma f}\Gamma_{yf}}{1 - N_{\gamma f}\Gamma_{nf}}F_{y1} + \frac{N_{\gamma f}\Gamma_{yf}m_{uf}}{1 - N_{\gamma f}\Gamma_{nf}}\cdot\nabla f$$

$$= D_{J1}\alpha_f + D_{J2}\phi + D_{J3}F_{y1} + D_{FJ1}\cdot\nabla f \tag{20-53}$$

其中

$$D_{J1} = \frac{2N_{\alpha f}}{1 - N_{\gamma f}\Gamma_{nf}} \tag{20-54}$$

$$D_{J2} = \frac{2N_{\gamma f}\Gamma_{\phi f}}{1 - N_{\gamma f}\Gamma_{nf}} \tag{20-55}$$

$$D_{J3} = -\frac{N_{\gamma f}\Gamma_{yf}}{1 - N_{\gamma f}\Gamma_{nf}} \tag{20-56}$$

$$D_{FJ1} = \frac{N_{\gamma f}\Gamma_{yf}m_{uf}}{1 - N_{\gamma f}\Gamma_{nf}} \tag{20-57}$$

把式(20-53)代入式(20-51),得

$$\delta_s = -E_{\phi f}\phi + E_{yf}\frac{F_{y1}}{2} - E_{nf}\frac{AT_f}{2} - E_{yf}\frac{m_{uf}}{2}\cdot\nabla f$$

$$= -E_{\phi f}\phi + E_{yf}\frac{F_{y1}}{2} - E_{nf}\frac{D_{J1}\alpha_f + D_{J2}\phi + D_{J3}F_{y1} + D_{FJ1}\cdot\nabla f}{2} - E_{yf}\frac{m_{uf}}{2}\cdot\nabla f$$

$$= \left(-E_{\phi f} - \frac{E_{nf}D_{J2}}{2}\right)\phi + \left(\frac{E_{yf}}{2} - \frac{E_{nf}D_{J3}}{2}\right)F_{y1} - \left(\frac{E_{nf}}{2}D_{J1}\right)\alpha_f + \left(\frac{-E_{nf}D_{FJ1} - E_{yf}m_{uf}}{2}\right)\cdot\nabla f$$

$$= D_{J4}\phi + D_{J5}F_{y1} + D_{J6}\alpha_f + D_{FJ2}\cdot\nabla f \tag{20-58}$$

其中

$$D_{J4} = -E_{\phi f} - \frac{E_{nf}D_{J2}}{2} \tag{20-59}$$

$$D_{J5} = \frac{E_{yf}}{2} - \frac{E_{nf}D_{J3}}{2} \tag{20-60}$$

$$D_{J6} = -\frac{E_{nf}}{2}D_{J1} \tag{20-61}$$

$$D_{FJ2} = \frac{-E_{nf}D_{FJ1} - E_{yf}m_{uf}}{2} \tag{20-62}$$

把式(20-58)代入式(20-2),得

$$\alpha_f = \frac{u\beta + ar}{u} + \delta_s - \delta_{ref}$$

$$= \frac{u\beta + ar}{u} + (D_{J4}\phi + D_{J5}F_{y1} + D_{J6}\alpha_f + D_{FJ2} \cdot \nabla f) - \delta_{ref}$$

$$\alpha_f = \frac{1}{1 - D_{J6}}\left(\frac{u\beta + ar}{u} + D_{J4}\phi + D_{J5}F_{y1} - \delta_{ref} + D_{FJ2} \cdot \nabla f\right)$$

$$= \frac{1}{1 - D_{J6}} \cdot \frac{u\beta + ar}{u} + \frac{D_{J4}}{1 - D_{J6}}\phi + \frac{D_{J5}}{1 - D_{J6}}F_{y1} - \frac{1}{1 - D_{J6}}\delta_{ref} + \frac{D_{FJ2}}{1 - D_{J6}} \cdot \nabla f$$

$$= D_{J7}\frac{u\beta + ar}{u} + D_{J8}\phi + D_{J9}F_{y1} + D_{J10}\delta_{ref} + D_{FJ3} \cdot \nabla f \tag{20-63}$$

其中

$$D_{J7} = \frac{1}{1 - D_{J6}} \tag{20-64}$$

$$D_{J8} = \frac{D_{J4}}{1 - D_{J6}} \tag{20-65}$$

$$D_{J9} = \frac{D_{J5}}{1 - D_{J6}} \tag{20-66}$$

$$D_{J10} = -\frac{1}{1 - D_{J6}} \tag{20-67}$$

$$D_{FJ3} = \frac{D_{FJ2}}{1 - D_{J6}} \tag{20-68}$$

把式(20-58)代入式(20-10),得

$$\gamma_f = \Gamma_{\phi f}\phi - \Gamma_{yf}\frac{F_{y1}}{2} + \Gamma_{nf}\frac{D_{J1}\alpha_f + D_{J2}\phi + D_{J3}F_{y1} + D_{FJ1} \cdot \nabla f}{2} + \Gamma_{yf}\frac{m_{uf}}{2} \cdot \nabla f$$

$$= \Gamma_{\phi f}\phi - \Gamma_{yf}\frac{F_{y1}}{2} + \Gamma_{nf}\frac{D_{J1}\alpha_f + D_{J2}\phi + D_{J3}F_{y1}}{2} + \left(\Gamma_{yf}\frac{m_{uf}}{2} + \frac{\Gamma_{nf}D_{FJ1}}{2}\right) \cdot \nabla f$$

$$= \left(\Gamma_{\phi f} + \frac{\Gamma_{nf}D_{J2}}{2}\right)\phi + \frac{-\Gamma_{yf} + \Gamma_{nf}D_{J3}}{2}F_{y1} + \frac{\Gamma_{nf}D_{J1}}{2}\alpha_f + \left(\Gamma_{yf}\frac{m_{uf}}{2} + \frac{\Gamma_{nf}D_{FJ1}}{2}\right) \cdot \nabla f$$

$$= D_{J11}\phi + D_{J12}F_{y1} + D_{J13}\alpha_f + D_{FJ4} \cdot \nabla f \tag{20-69}$$

其中

$$D_{J11} = \Gamma_{\phi f} + \frac{\Gamma_{nf}D_{J2}}{2} \tag{20-70}$$

$$D_{J12} = \frac{-\Gamma_{yf} + \Gamma_{nf} D_{J3}}{2} \tag{20-71}$$

$$D_{J13} = \frac{\Gamma_{nf} D_{J1}}{2} \tag{20-72}$$

$$D_{FJ4} = \Gamma_{yf} \frac{m_{uf}}{2} + \frac{\Gamma_{nf} D_{FJ1}}{2} \tag{20-73}$$

把式(20-63)代入式(20-69),得

$$\begin{aligned}
\gamma_f &= D_{J11} \phi + D_{J12} F_{y1} + D_{FJ4} \cdot \nabla f + \\
&\quad D_{J13} \left(D_{J7} \frac{u\beta + ar}{u} + D_{J8} \phi + D_{J9} F_{y1} + D_{J10} \delta_{ref} + D_{FJ3} \cdot \nabla f \right) \\
&= (D_{J11} + D_{J13} D_{J8}) \phi + (D_{J12} + D_{J13} D_{J9}) F_{y1} + D_{J13} D_{J7} \frac{u\beta + ar}{u} + \\
&\quad D_{J13} D_{J10} \delta_{ref} + (D_{FJ4} + D_{J13} D_{FJ3}) \cdot \nabla f \\
&= D_{J14} \phi + D_{J15} F_{y1} + D_{J16} \frac{u\beta + ar}{u} + D_{J17} \delta_{ref} + D_{FJ5} \cdot \nabla f
\end{aligned} \tag{20-74}$$

其中

$$D_{J14} = D_{J11} + D_{J13} D_{J8} \tag{20-75}$$

$$D_{J15} = D_{J12} + D_{J13} D_{J9} \tag{20-76}$$

$$D_{J16} = D_{J13} D_{J7} \tag{20-77}$$

$$D_{J17} = D_{J13} D_{J10} \tag{20-78}$$

$$D_{FJ5} = D_{FJ4} + D_{J13} D_{FJ3} \tag{20-79}$$

把式(20-63)、式(20-74)代入式(20-5),得

$$\begin{aligned}
F_{y1} &= -2C_{af}\alpha_f + 2C_{\gamma f}\gamma_f \\
&= -2C_{af}\left(D_{J7} \frac{u\beta + ar}{u} + D_{J8} \phi + D_{J9} F_{y1} + D_{J10} \delta_{ref} + D_{FJ3} \cdot \nabla f \right) + \\
&\quad 2C_{\gamma f}\left(D_{J14} \phi + D_{J15} F_{y1} + D_{J16} \frac{u\beta + ar}{u} + D_{J17} \delta_{ref} + D_{FJ5} \cdot \nabla f \right) \\
&= -2C_{af}\left(D_{J7} \frac{u\beta + ar}{u} + D_{J8} \phi + D_{J9} F_{y1} + D_{J10} \delta_{ref} + D_{FJ3} \cdot \nabla f \right) + \\
&\quad (2C_{\gamma f} D_{J14}) \phi + (2C_{\gamma f} D_{J15}) F_{y1} + (2C_{\gamma f} D_{J16}) \frac{u\beta + ar}{u} + \\
&\quad (2C_{\gamma f} D_{J17}) \delta_{ref} + (2C_{\gamma f} D_{FJ5}) \cdot \nabla f \\
&= -2C_{af}\left(D_{J7} \frac{u\beta + ar}{u} + D_{J8} \phi + D_{J9} F_{y1} + D_{J10} \delta_{ref} + D_{FJ3} \cdot \nabla f \right) + \\
&\quad D_{J117} \phi + D_{J18} F_{y1} + D_{J19} \frac{u\beta + ar}{u} + D_{J20} \delta_{ref} + D_{FJ6} \cdot \nabla f
\end{aligned} \tag{20-80}$$

其中

$$D_{J117} = 2C_{\gamma f} D_{J14} \tag{20-81}$$

$$D_{J18} = 2C_{\gamma f} D_{J15} \tag{20-82}$$

$$D_{J19} = 2C_{\gamma f} D_{J16} \tag{20-83}$$

$$D_{J20} = 2C_{\gamma f}D_{J17} \quad (20\text{-}84)$$

$$D_{FJ6} = 2C_{\gamma f}D_{FJ5} \quad (20\text{-}85)$$

由式(20-80)可得

$$F_{y1} = -2C_{\alpha f}\left(D_{J7}\frac{u\beta + ar}{u} + D_{J8}\phi + D_{J9}F_{y1} + D_{J10}\delta_{ref}\right) +$$

$$D_{J117}\phi + D_{J18}F_{y1} + D_{J19}\frac{u\beta + ar}{u} + D_{J20}\delta_{ref} + (D_{FJ6} - 2C_{\alpha f}D_{FJ3})\cdot\nabla f$$

$$= (-2C_{\alpha f}D_{J7} + D_{J19})\frac{u\beta + ar}{u} + (-2C_{\alpha f}D_{J8} + D_{J117})\phi +$$

$$(-2C_{\alpha f}D_{J9} + D_{J18})F_{y1} + (-2C_{\alpha f}D_{J10} + D_{J20})\delta_{ref} + (D_{FJ6} - 2C_{\alpha f}D_{FJ3})\cdot\nabla f$$

$$= D_{J21}\frac{u\beta + ar}{u} + D_{J22}\phi + D_{J23}F_{y1} + D_{J24}\delta_{ref} + D_{FJ7}\cdot\nabla f \quad (20\text{-}86)$$

其中

$$D_{J21} = -2C_{\alpha f}D_{J7} + D_{J19} \quad (20\text{-}87)$$

$$D_{J22} = -2C_{\alpha f}D_{J8} + D_{J117} \quad (20\text{-}88)$$

$$D_{J23} = -2C_{\alpha f}D_{J9} + D_{J18} \quad (20\text{-}89)$$

$$D_{J24} = -2C_{\alpha f}D_{J10} + D_{J20} \quad (20\text{-}90)$$

$$D_{FJ7} = D_{FJ6} - 2C_{\alpha f}D_{FJ3} \quad (20\text{-}91)$$

由式(20-86)可得

$$F_{y1} = \frac{1}{1-D_{J23}}\left(D_{J21}\frac{u\beta + ar}{u} + D_{J22}\phi + D_{J24}\delta_{ref} + D_{FJ7}\cdot\nabla f\right)$$

$$= \frac{D_{J21}}{1-D_{J23}}\cdot\frac{u\beta + ar}{u} + \frac{D_{J22}}{1-D_{J23}}\phi + \frac{D_{J24}}{1-D_{J23}}\delta_{ref} + \frac{D_{FJ7}}{1-D_{J23}}\cdot\nabla f$$

$$= D_{J25}\frac{u\beta + ar}{u} + D_{J26}\phi + D_{J27}\delta_{ref} + D_{FJ8}\cdot\nabla f \quad (20\text{-}92)$$

其中

$$D_{J25} = \frac{D_{J21}}{1-D_{J23}} \quad (20\text{-}93)$$

$$D_{J26} = \frac{D_{J22}}{1-D_{J23}} \quad (20\text{-}94)$$

$$D_{J27} = \frac{D_{J24}}{1-D_{J23}} \quad (20\text{-}95)$$

$$D_{FJ8} = \frac{D_{FJ7}}{1-D_{J23}} \quad (20\text{-}96)$$

把式(20-92)代入式(20-63),得

$$\alpha_f = D_{J7}\frac{u\beta + ar}{u} + D_{J8}\phi + D_{J9}\left(D_{J25}\frac{u\beta + ar}{u} + D_{J26}\phi + D_{J27}\delta_{ref} + D_{FJ8}\cdot\nabla f\right) +$$

$$D_{J10}\delta_{ref} + D_{FJ3}\cdot\nabla f$$

$$= (D_{J7} + D_{J9}D_{J25})\frac{u\beta + ar}{u} + (D_{J8} + D_{J9}D_{J26})\phi +$$

$$(D_{J9}D_{J27} + D_{J10})\delta_{ref} + (D_{FJ3} + D_{J9}D_{FJ8}) \cdot \nabla f$$

$$= D_{J28}\frac{u\beta + ar}{u} + D_{J29}\phi + D_{J30}\delta_{ref} + D_{FJ9} \cdot \nabla f \tag{20-97}$$

其中

$$D_{J28} = D_{J7} + D_{J9}D_{J25} \tag{20-98}$$

$$D_{J29} = D_{J8} + D_{J9}D_{J26} \tag{20-99}$$

$$D_{J30} = D_{J9}D_{J27} + D_{J10} \tag{20-100}$$

$$D_{FJ9} = D_{FJ3} + D_{J9}D_{FJ8} \tag{20-101}$$

把式(20-92)代入式(20-74),得

$$\gamma_f = D_{J14}\phi + D_{J15}\left(D_{J25}\frac{u\beta + ar}{u} + D_{J26}\phi + D_{J27}\delta_{ref} + D_{FJ8} \cdot \nabla f\right) +$$

$$D_{J16}\frac{u\beta + ar}{u} + D_{J17}\delta_{ref} + D_{FJ5} \cdot \nabla f$$

$$= (D_{J14} + D_{J15}D_{J26})\phi + (D_{J15}D_{J25} + D_{J16})\frac{u\beta + ar}{u} +$$

$$(D_{J15}D_{J27} + D_{J17})\delta_{ref} + (D_{J15}D_{FJ8} + D_{FJ5}) \cdot \nabla f$$

$$= D_{J31}\phi + D_{J32}\frac{u\beta + ar}{u} + D_{J33}\delta_{ref} + D_{FJ11} \cdot \nabla f \tag{20-102}$$

其中

$$D_{J31} = D_{J14} + D_{J15}D_{J26} \tag{20-103}$$

$$D_{J32} = D_{J15}D_{J25} + D_{J16} \tag{20-104}$$

$$D_{J33} = D_{J15}D_{J27} + D_{J17} \tag{20-105}$$

$$D_{FJ11} = D_{J15}D_{FJ8} + D_{FJ5} \tag{20-106}$$

把式(20-92)、式(20-97)代入式(20-53),得

$$AT_f = D_{J1}\alpha_f + D_{J2}\phi + D_{J3}F_{y1} + D_{FJ1} \cdot \nabla f$$

$$= D_{J1}\left(D_{J28}\frac{u\beta + ar}{u} + D_{J29}\phi + D_{J30}\delta_{ref} + D_{FJ9} \cdot \nabla f\right) + D_{J2}\phi +$$

$$D_{J3}\left(D_{J25}\frac{u\beta + ar}{u} + D_{J26}\phi + D_{J27}\delta_{ref} + D_{FJ8} \cdot \nabla f\right) + D_{FJ1} \cdot \nabla f$$

$$= (D_{J1}D_{J28} + D_{J3}D_{J25})\frac{u\beta + ar}{u} + (D_{J1}D_{J29} + D_{J2} + D_{J3}D_{J26})\phi +$$

$$(D_{J1}D_{J30} + D_{J3}D_{J27})\delta_{ref} + (D_{J1}D_{FJ9} + D_{J3}D_{FJ8} + D_{FJ1}) \cdot \nabla f$$

$$= D_{J34}\frac{u\beta + ar}{u} + D_{J35}\phi + D_{J36}\delta_{ref} + D_{FJ10} \cdot \nabla f \tag{20-107}$$

其中

$$D_{J34} = D_{J1}D_{J28} + D_{J3}D_{J25} \tag{20-108}$$

$$D_{J35} = D_{J1}D_{J29} + D_{J2} + D_{J3}D_{J26} \tag{20-109}$$

$$D_{J36} = D_{J1}D_{J30} + D_{J3}D_{J27} \tag{20-110}$$

$$D_{\text{FJ10}} = D_{\text{J1}} D_{\text{FJ9}} + D_{\text{J3}} D_{\text{FJ8}} + D_{\text{FJ1}} \tag{20-111}$$

把式(20-92)、式(20-97)代入式(20-58),得

$$\begin{aligned}
\delta_s &= D_{\text{J4}} \phi + D_{\text{J5}} F_{\text{y1}} + D_{\text{J6}} \alpha_f + D_{\text{FJ2}} \cdot \nabla f \\
&= D_{\text{J4}} \phi + D_{\text{J5}} \left(D_{\text{J25}} \frac{u\beta + ar}{u} + D_{\text{J26}} \phi + D_{\text{J27}} \delta_{\text{ref}} + D_{\text{FJ8}} \cdot \nabla f \right) + \\
&\quad D_{\text{J6}} \left(D_{\text{J28}} \frac{u\beta + ar}{u} + D_{\text{J29}} \phi + D_{\text{J30}} \delta_{\text{ref}} + D_{\text{FJ9}} \cdot \nabla f \right) + D_{\text{FJ2}} \cdot \nabla f \\
&= (D_{\text{J4}} + D_{\text{J5}} D_{\text{J26}} + D_{\text{J6}} D_{\text{J29}}) \phi + (D_{\text{J5}} D_{\text{J25}} + D_{\text{J6}} D_{\text{J28}}) \frac{u\beta + ar}{u} + \\
&\quad (D_{\text{J5}} D_{\text{J27}} + D_{\text{J6}} D_{\text{J30}}) \delta_{\text{ref}} + (D_{\text{J5}} D_{\text{FJ8}} + D_{\text{J6}} D_{\text{FJ9}} + D_{\text{FJ2}}) \cdot \nabla f \\
&= D_{\text{J37}} \phi + D_{\text{J38}} \frac{u\beta + ar}{u} + D_{\text{J39}} \delta_{\text{ref}} + D_{\text{FJ12}} \cdot \nabla f \tag{20-112}
\end{aligned}$$

其中

$$D_{\text{J37}} = D_{\text{J4}} + D_{\text{J5}} D_{\text{J26}} + D_{\text{J6}} D_{\text{J29}} \tag{20-113}$$

$$D_{\text{J38}} = D_{\text{J5}} D_{\text{J25}} + D_{\text{J6}} D_{\text{J28}} \tag{20-114}$$

$$D_{\text{J39}} = D_{\text{J5}} D_{\text{J27}} + D_{\text{J6}} D_{\text{J30}} \tag{20-115}$$

$$D_{\text{FJ12}} = D_{\text{J5}} D_{\text{FJ8}} + D_{\text{J6}} D_{\text{FJ9}} + D_{\text{FJ2}} \tag{20-116}$$

令

$$\nabla r = a_{\text{uyr}} = u\dot{\beta} - b\dot{r} + u(r + p\sin\psi) \tag{20-117}$$

把式(20-117)代入式(20-48)、式(20-49),得

$$\delta_r = -E_{\phi r}\phi + E_{\text{yr}} \frac{F_{\text{y2}} - m_{\text{ur}} \nabla r}{2} - E_{\text{nr}} \frac{\text{AT}_r}{2} \tag{20-118}$$

$$\gamma_r = -\Gamma_{\phi r}\phi + \Gamma_{\text{yr}} \frac{F_{\text{y2}} - m_{\text{ur}} \nabla r}{2} - \Gamma_{\text{nr}} \frac{\text{AT}_r}{2} \tag{20-119}$$

由式(20-118)可得

$$\begin{aligned}
\delta_r &= -E_{\phi r}\phi + E_{\text{yr}} \frac{F_{\text{y2}} - m_{\text{ur}} \nabla r}{2} - E_{\text{nr}} \frac{\text{AT}_r}{2} \\
&= -E_{\phi r}\phi + E_{\text{yr}} \frac{F_{\text{y2}}}{2} - E_{\text{nr}} \frac{\text{AT}_r}{2} - E_{\text{yr}} \frac{m_{\text{ur}}}{2} \nabla r \tag{20-120}
\end{aligned}$$

$$\begin{aligned}
\gamma_r &= -\Gamma_{\phi r}\phi + \Gamma_{\text{yr}} \frac{F_{\text{y2}} - m_{\text{ur}} \nabla r}{2} - \Gamma_{\text{nr}} \frac{\text{AT}_r}{2} \\
&= -\Gamma_{\phi r}\phi + \Gamma_{\text{yr}} \frac{F_{\text{y2}}}{2} - \Gamma_{\text{nr}} \frac{\text{AT}_r}{2} - \Gamma_{\text{yr}} \frac{m_{\text{ur}}}{2} \nabla r \tag{20-121}
\end{aligned}$$

把式(20-121)代入式(20-8),得

$$\begin{aligned}
\text{AT}_r &= 2N_{\alpha r}\alpha_r + 2N_{\gamma r}\gamma_r \\
&= 2N_{\alpha r}\alpha_r + 2N_{\gamma r}\left[-\Gamma_{\phi r}\phi + \Gamma_{\text{yr}} \frac{F_{\text{y2}}}{2} - \Gamma_{\text{nr}} \frac{\text{AT}_r}{2} - \Gamma_{\text{yr}} \frac{m_{\text{ur}}}{2} \nabla r \right] \\
&= 2N_{\alpha r}\alpha_r - 2N_{\gamma r}\Gamma_{\phi r}\phi + N_{\gamma r}\Gamma_{\text{yr}} F_{\text{y2}} - N_{\gamma r}\Gamma_{\text{nr}}\text{AT}_r - (N_{\gamma r}\Gamma_{\text{yr}} m_{\text{ur}}) \nabla r
\end{aligned}$$

即

$$\mathrm{AT_r} = \frac{2N_{\alpha r}}{1+N_{\gamma r}\Gamma_{nr}}\alpha_r - \frac{2N_{\gamma r}\Gamma_{\phi r}}{1+N_{\gamma r}\Gamma_{nr}}\phi + \frac{N_{\gamma r}\Gamma_{yr}}{1+N_{\gamma r}\Gamma_{nr}}F_{y2} + \frac{-N_{\gamma r}\Gamma_{yr}m_{ur}}{1+N_{\gamma r}\Gamma_{nr}}\nabla r$$
$$= D_{X1}\alpha_r + D_{X2}\phi + D_{X3}F_{y2} + D_{RJ1}\nabla r \tag{20-122}$$

其中

$$D_{X1} = \frac{2N_{\alpha r}}{1+N_{\gamma r}\Gamma_{nr}} \tag{20-123}$$

$$D_{X2} = -\frac{2N_{\gamma r}\Gamma_{\phi r}}{1+N_{\gamma r}\Gamma_{nr}} \tag{20-124}$$

$$D_{X3} = \frac{N_{\gamma r}\Gamma_{yr}}{1+N_{\gamma r}\Gamma_{nr}} \tag{20-125}$$

$$D_{RJ1} = \frac{-N_{\gamma r}\Gamma_{yr}m_{ur}}{1+N_{\gamma r}\Gamma_{nr}} \tag{20-126}$$

把式(20-122)代入式(20-120),得

$$\delta_r = -E_{\phi r}\phi + E_{yr}\frac{F_{y2}}{2} - E_{nr}\frac{\mathrm{AT_r}}{2} - E_{yr}\frac{m_{ur}}{2}\nabla r$$
$$= -E_{\phi r}\phi + E_{yr}\frac{F_{y2}}{2} - E_{nr}\frac{D_{X1}\alpha_r + D_{X2}\phi + D_{X3}F_{y2} + D_{RJ1}\nabla r}{2} - E_{yr}\frac{m_{ur}}{2}\nabla r$$
$$= \left(-E_{\phi r} - \frac{E_{nr}D_{X2}}{2}\right)\phi + \left(\frac{E_{yr}}{2} - \frac{E_{nr}}{2}D_{X3}\right)F_{y2} - \left(\frac{E_{nr}}{2}D_{X1}\right)\alpha_r +$$
$$\left(\frac{-E_{nr}D_{RJ1}}{2} - E_{yr}\frac{m_{ur}}{2}\right)\nabla r$$
$$= D_{X4}\phi + D_{X5}F_{y2} + D_{X6}\alpha_r + D_{RJ2}\nabla r \tag{20-127}$$

其中

$$D_{X4} = -E_{\phi r} - \frac{E_{nr}D_{X2}}{2} \tag{20-128}$$

$$D_{X5} = \frac{E_{yr}}{2} - \frac{E_{nr}}{2}D_{X3} \tag{20-129}$$

$$D_{X6} = \frac{-E_{nr}}{2}D_{X1} \tag{20-130}$$

$$D_{RJ2} = \frac{-E_{nr}D_{RJ1}}{2} - E_{yr}\frac{m_{ur}}{2} \tag{20-131}$$

把式(20-127)代入式(20-4),得

$$\alpha_r = \frac{u\beta - br}{u} - \delta_r = \frac{u\beta - br}{u} - (D_{X4}\phi + D_{X5}F_{y2} + D_{X6}\alpha_r + D_{RJ2}\nabla r)$$
$$= \frac{1}{1+D_{X6}}\cdot\frac{u\beta - br}{u} - \frac{D_{X4}}{1+D_{X6}}\phi - \frac{D_{X5}}{1+D_{X6}}F_{y2} - \frac{D_{RJ2}}{1+D_{X6}}\nabla r$$
$$= D_{X7}\frac{u\beta - br}{u} + D_{X8}\phi + D_{X9}F_{y2} + D_{RJ3}\nabla r \tag{20-132}$$

其中

$$D_{X7} = \frac{1}{1+D_{X6}} \tag{20-133}$$

$$D_{X8} = -\frac{D_{X4}}{1+D_{X6}} \tag{20-134}$$

$$D_{X9} = -\frac{D_{X5}}{1+D_{X6}} \tag{20-135}$$

$$D_{RJ3} = -\frac{D_{RJ2}}{1+D_{X6}} \tag{20-136}$$

把式(20-122)代入式(20-121),得

$$\begin{aligned}\gamma_r &= -\Gamma_{\phi r}\phi + \Gamma_{yr}\frac{F_{y2}}{2} - \Gamma_{nr}\frac{AT_r}{2} - \Gamma_{yr}\frac{m_{ur}}{2}\nabla r \\ &= -\Gamma_{\phi r}\phi + \Gamma_{yr}\frac{F_{y2}}{2} - \frac{\Gamma_{nr}}{2}(D_{X1}\alpha_r + D_{X2}\phi + D_{X3}F_{y2} + D_{RJ1}\cdot\nabla r) - \Gamma_{yr}\frac{m_{ur}}{2}\nabla r \\ &= \left(-\Gamma_{\phi r}-\frac{\Gamma_{nr}D_{X2}}{2}\right)\phi + \left(\frac{\Gamma_{yr}}{2}-\frac{\Gamma_{nr}}{2}D_{X3}\right)F_{y2} - \left(\frac{\Gamma_{nr}}{2}D_{X1}\right)\alpha_r - \left(\frac{\Gamma_{nr}D_{RJ1}}{2}+\Gamma_{yr}\frac{m_{ur}}{2}\right)\cdot\nabla r \\ &= D_{X10}\phi + D_{X11}F_{y2} + D_{X12}\alpha_r + D_{RJ4}\cdot\nabla r \end{aligned} \tag{20-137}$$

其中

$$D_{X10} = -\Gamma_{\phi r} - \frac{\Gamma_{nr}D_{X2}}{2} \tag{20-138}$$

$$D_{X11} = \frac{\Gamma_{yr}}{2} - \frac{\Gamma_{nr}}{2}D_{X3} \tag{20-139}$$

$$D_{X12} = -\frac{\Gamma_{nr}}{2}D_{X1} \tag{20-140}$$

$$D_{RJ4} = -\left(\frac{\Gamma_{nr}D_{RJ1}}{2} + \Gamma_{yr}\frac{m_{ur}}{2}\right) \tag{20-141}$$

把式(20-132)代入式(20-137),得

$$\begin{aligned}\gamma_r &= D_{X10}\phi + D_{X11}F_{y2} + D_{X12}\alpha_r + D_{RJ4}\cdot\nabla r \\ &= D_{X10}\phi + D_{X11}F_{y2} + D_{X12}\left(D_{X7}\frac{u\beta-br}{u} + D_{X8}\phi + D_{X9}F_{y2} + D_{RJ3}\nabla r\right) + D_{RJ4}\cdot\nabla r \\ &= (D_{X10} + D_{X12}D_{X8})\phi + (D_{X11} + D_{X12}D_{X9})F_{y2} + \\ &\quad (D_{X12}D_{X7})\frac{u\beta-br}{u} + (D_{X12}D_{RJ3} + D_{RJ4})\cdot\nabla r \\ &= D_{X13}\phi + D_{X14}F_{y2} + D_{X15}\frac{u\beta-br}{u} + D_{RJ44}\cdot\nabla r \end{aligned} \tag{20-142}$$

其中

$$D_{X13} = D_{X10} + D_{X12}D_{X8} \tag{20-143}$$

$$D_{X14} = D_{X11} + D_{X12}D_{X9} \tag{20-144}$$

$$D_{X15} = D_{X12}D_{X7} \tag{20-145}$$

$$D_{RJ44} = D_{X12}D_{RJ3} + D_{RJ4} \tag{20-146}$$

把式(20-142)、式(20-132)代入式(20-6),得

$$F_{y2} = -2C_{\alpha r}\alpha_r + 2C_{\gamma r}\gamma_r$$

$$= -2C_{\alpha r}\left(D_{X7}\frac{u\beta-br}{u} + D_{X8}\phi + D_{X9}F_{y2} + D_{RJ3}\cdot\nabla r\right) +$$

$$2C_{\gamma r}\left(D_{X13}\phi + D_{X14}F_{y2} + D_{X15}\frac{u\beta-br}{u} + D_{RJ44}\cdot\nabla r\right)$$

$$= -2C_{\alpha r}\left(D_{X7}\frac{u\beta-br}{u} + D_{X8}\phi + D_{X9}F_{y2} + D_{RJ3}\cdot\nabla r\right) +$$

$$(2C_{\gamma r}D_{X13})\phi + (2C_{\gamma r}D_{X14})F_{y2} + (2C_{\gamma r}D_{X15})\frac{u\beta-br}{u} + (2C_{\gamma r}D_{RJ44})\cdot\nabla r$$

$$= -2C_{\alpha r}\left(D_{X7}\frac{u\beta-br}{u} + D_{X8}\phi + D_{X9}F_{y2} + D_{RJ3}\cdot\nabla r\right) +$$

$$D_{X16}\phi + D_{X17}F_{y2} + D_{X18}\frac{u\beta-br}{u} + D_{RJ5}\cdot\nabla r \qquad (20\text{-}147)$$

其中

$$D_{X16} = 2C_{\gamma r}D_{X13} \qquad (20\text{-}148)$$

$$D_{X17} = 2C_{\gamma r}D_{X14} \qquad (20\text{-}149)$$

$$D_{X18} = 2C_{\gamma r}D_{X15} \qquad (20\text{-}150)$$

$$D_{RJ5} = 2C_{\gamma r}D_{RJ44} \qquad (20\text{-}151)$$

由式(20-147)可得

$$F_{y2} = -2C_{\alpha r}\left(D_{X7}\frac{u\beta-br}{u} + D_{X8}\phi + D_{X9}F_{y2} + D_{RJ3}\cdot\nabla r\right) +$$

$$D_{X16}\phi + D_{X17}F_{y2} + D_{X18}\frac{u\beta-br}{u} + D_{RJ5}\cdot\nabla r$$

$$= (-2C_{\alpha r}D_{X7} + D_{X18})\frac{u\beta-br}{u} + (-2C_{\alpha r}D_{X8} + D_{X16})\phi +$$

$$(-2C_{\alpha r}D_{X9} + D_{X17})F_{y2} + (-2C_{\alpha r}D_{RJ3} + D_{RJ5})\cdot\nabla r$$

$$= D_{X19}\frac{u\beta-br}{u} + D_{X20}\phi + D_{X21}F_{y2} + D_{RJ6}\cdot\nabla r \qquad (20\text{-}152)$$

其中

$$D_{X19} = -2C_{\alpha r}D_{X7} + D_{X18} \qquad (20\text{-}153)$$

$$D_{X20} = -2C_{\alpha r}D_{X8} + D_{X16} \qquad (20\text{-}154)$$

$$D_{X21} = -2C_{\alpha r}D_{X9} + D_{X17} \qquad (20\text{-}155)$$

$$D_{RJ6} = -2C_{\alpha r}D_{RJ3} + D_{RJ5} \qquad (20\text{-}156)$$

由式(20-152)可得

$$F_{y2} = \frac{D_{X19}}{1-D_{X21}}\cdot\frac{u\beta-br}{u} + \frac{D_{X20}}{1-D_{X21}}\phi + \frac{D_{RJ6}}{1-D_{X21}}\cdot\nabla r$$

$$= D_{X22}\frac{u\beta-br}{u} + D_{X23}\phi + D_{RJ7}\cdot\nabla r \qquad (20\text{-}157)$$

其中

$$D_{X22} = \frac{D_{X19}}{1-D_{X21}} \quad (20\text{-}158)$$

$$D_{X23} = \frac{D_{X20}}{1-D_{X21}} \quad (20\text{-}159)$$

$$D_{RJ7} = \frac{D_{RJ6}}{1-D_{X21}} \quad (20\text{-}160)$$

把式(20-157)代入式(20-132),得

$$\begin{aligned}
\alpha_r &= D_{X7}\frac{u\beta - br}{u} + D_{X8}\phi + D_{X9}F_{y2} + D_{RJ3}\cdot\nabla r \\
&= D_{X7}\frac{u\beta - br}{u} + D_{X8}\phi + D_{X9}\left(D_{X22}\frac{u\beta - br}{u} + D_{X23}\phi + D_{RJ7}\cdot\nabla r\right) + D_{RJ3}\cdot\nabla r \\
&= (D_{X7} + D_{X9}D_{X22})\frac{u\beta - br}{u} + (D_{X8} + D_{X9}D_{X23})\phi + (D_{X9}D_{RJ7} + D_{RJ3})\cdot\nabla r \\
&= D_{X24}\frac{u\beta - br}{u} + D_{X25}\phi + D_{RJ8}\cdot\nabla r \quad (20\text{-}161)
\end{aligned}$$

其中

$$D_{X24} = D_{X7} + D_{X9}D_{X22} \quad (20\text{-}162)$$

$$D_{X25} = D_{X8} + D_{X9}D_{X23} \quad (20\text{-}163)$$

$$D_{RJ8} = D_{X9}D_{RJ7} + D_{RJ3} \quad (20\text{-}164)$$

把式(20-157)代入式(20-142),得

$$\begin{aligned}
\gamma_r &= D_{X13}\phi + D_{X14}F_{y2} + D_{X15}\frac{u\beta - br}{u} + D_{RJ44}\cdot\nabla r \\
&= D_{X13}\phi + D_{X15}\frac{u\beta - br}{u} + D_{X14}\left(D_{X22}\frac{u\beta - br}{u} + D_{X23}\phi + D_{RJ7}\cdot\nabla r\right) + D_{RJ44}\cdot\nabla r \\
&= (D_{X13} + D_{X14}D_{X23})\phi + (D_{X15} + D_{X14}D_{X22})\frac{u\beta - br}{u} + (D_{X14}D_{RJ7} + D_{RJ44})\cdot\nabla r \\
&= D_{X26}\phi + D_{X27}\frac{u\beta - br}{u} + D_{RJ10}\cdot\nabla r \quad (20\text{-}165)
\end{aligned}$$

其中

$$D_{X26} = D_{X13} + D_{X14}D_{X23} \quad (20\text{-}166)$$

$$D_{X27} = D_{X15} + D_{X14}D_{X22} \quad (20\text{-}167)$$

$$D_{RJ10} = D_{X14}D_{RJ7} + D_{RJ44} \quad (20\text{-}168)$$

把式(20-161)、式(20-157)代入式(20-122),得

$$\begin{aligned}
AT_r &= D_{X1}\alpha_r + D_{X2}\phi + D_{X3}F_{y2} + D_{RJ1}\cdot\nabla r \\
&= D_{X1}\left(D_{X24}\frac{u\beta - br}{u} + D_{X25}\phi + D_{RJ8}\cdot\nabla r\right) + D_{X2}\phi + \\
&\quad D_{X3}\left(D_{X22}\frac{u\beta - br}{u} + D_{X23}\phi + D_{RJ7}\cdot\nabla r\right) + D_{RJ1}\cdot\nabla r \\
&= (D_{X1}D_{X24} + D_{X3}D_{X22})\frac{u\beta - br}{u} + (D_{X1}D_{X25} + D_{X2} + D_{X3}D_{X23})\phi + \\
&\quad (D_{X1}D_{RJ8} + D_{X3}D_{RJ7} + D_{RJ1})\cdot\nabla r \\
&= D_{X28}\frac{u\beta - br}{u} + D_{X29}\phi + D_{RJ11}\cdot\nabla r \quad (20\text{-}169)
\end{aligned}$$

其中

$$D_{X28} = D_{X1}D_{X24} + D_{X3}D_{X22} \qquad (20\text{-}170)$$

$$D_{X29} = D_{X1}D_{X25} + D_{X2} + D_{X3}D_{X23} \qquad (20\text{-}171)$$

$$D_{RJ11} = D_{X1}D_{RJ8} + D_{X3}D_{RJ7} + D_{RJ1} \qquad (20\text{-}172)$$

把式(20-161)、式(20-157)代入式(20-127),得

$$\begin{aligned}\delta_r &= D_{X4}\phi + D_{X5}F_{y2} + D_{X6}\alpha_r + D_{RJ2}\cdot\nabla r\\ &= D_{X4}\phi + D_{X5}\left(D_{X22}\frac{u\beta-br}{u} + D_{X23}\phi + D_{RJ7}\cdot\nabla r\right) +\\ &\quad D_{X6}\left(D_{X24}\frac{u\beta-br}{u} + D_{X25}\phi + D_{RJ8}\cdot\nabla r\right) + D_{RJ2}\cdot\nabla r\\ &= (D_{X4} + D_{X5}D_{X23} + D_{X6}D_{X25})\phi + (D_{X5}D_{X22} + D_{X6}D_{X24})\frac{u\beta-br}{u} +\\ &\quad (D_{X5}D_{RJ7} + D_{X6}D_{RJ8} + D_{RJ2})\cdot\nabla r\\ &= D_{X30}\phi + D_{X31}\frac{u\beta-br}{u} + D_{RJ12}\cdot\nabla r \qquad (20\text{-}173)\end{aligned}$$

其中

$$D_{X30} = D_{X4} + D_{X5}D_{X23} + D_{X6}D_{X25} \qquad (20\text{-}174)$$

$$D_{X31} = D_{X5}D_{X22} + D_{X6}D_{X24} \qquad (20\text{-}175)$$

$$D_{RJ12} = D_{X5}D_{RJ7} + D_{X6}D_{RJ8} + D_{RJ2} \qquad (20\text{-}176)$$

侧向力的合力 F_{YT} 为

$$\begin{aligned}F_{YT} &= F_{y1} + F_{y2} = D_{J25}\frac{u\beta+ar}{u} + D_{J26}\phi + D_{J27}\delta_{ref} + D_{FJ8}\cdot\nabla f +\\ &\quad D_{X22}\frac{u\beta-br}{u} + D_{X23}\phi + D_{RJ7}\cdot\nabla r\\ &= (D_{J25} + D_{X22})\beta + \frac{D_{J25}a - D_{X22}b}{u}r + (D_{J26} + D_{X23})\phi + D_{J27}\delta_{ref} +\\ &\quad D_{FJ8}[u\dot\beta + a\dot r + u(r + p\sin\psi)] + D_{RJ7}[u\dot\beta - b\dot r + u(r + p\sin\psi)]\\ &= D_{FY1}\beta + D_{FY2}r + D_{FY3}\phi + D_{FY4}\delta_{ref} + D_{FJ8}[u\dot\beta + a\dot r + u(r + p\sin\psi)] +\\ &\quad D_{RJ7}[u\dot\beta - b\dot r + u(r + p\sin\psi)] \qquad (20\text{-}177)\end{aligned}$$

其中

$$D_{FY1} = D_{J25} + D_{X22} \qquad (20\text{-}178)$$

$$D_{FY2} = \frac{D_{J25}a - D_{X22}b}{u} \qquad (20\text{-}179)$$

$$D_{FY3} = D_{J26} + D_{X23} \qquad (20\text{-}180)$$

$$D_{FY4} = D_{J27} \qquad (20\text{-}181)$$

由式(20-177)可得

$$\begin{aligned}F_{YT} &= D_{FY1}\beta + D_{FY2}r + D_{FY3}\phi + D_{FY4}\delta_{ref} + D_{FJ8}[u\dot\beta + a\dot r + u(r + p\sin\psi)] +\\ &\quad D_{RJ7}[u\dot\beta - b\dot r + u(r + p\sin\psi)]\end{aligned}$$

$$= (D_{FY2} + D_{FJ8}u + D_{RJ7}u)r + D_{FY1}\beta + D_{FY3}\phi + D_{FY4}\delta_{ref} +$$
$$[(D_{FJ8} + D_{RJ7})u\sin\psi]p + (D_{FJ8}u + D_{RJ7}u)\dot\beta + (D_{FJ8}a - D_{RJ7}b)\dot r$$
$$= D'_{FY2}r + D_{FY1}\beta + D_{FY3}\phi + D_{FY4}\delta_{ref} + D_{FY5}p + D_{YY2}\dot\beta + D_{YY3}\dot r \tag{20-182}$$

其中
$$D'_{FY2} = D_{FY2} + D_{FJ8}u + D_{RJ7}u \tag{20-183}$$
$$D_{FY5} = (D_{FJ8} + D_{RJ7})u\sin\psi \tag{20-184}$$
$$D_{YY2} = D_{FJ8}u + D_{RJ7}u \tag{20-185}$$
$$D_{YY3} = D_{FJ8}a - D_{RJ7}b \tag{20-186}$$

20.5.2 前轴车轮垂直载荷的变化分析

前轴悬下质量 m_{uf} 的侧向加速度 a_{uyf} 按式(20-44)计算，即
$$a_{uyf} = u(r + p\sin\psi) + (\dot v + a\dot r) = u(r + p\sin\psi) + u\dot\beta + a\dot r$$

前轴悬下质量 m_{uf} 的侧向惯性力 F_{yuf} 为
$$F_{yuf} = m_{uf}a_{uyf} = m_{uf}[u(r + p\sin\psi) + \dot v + a\dot r] = m_{uf}\cdot\nabla f \tag{20-187}$$

前轴悬上质量 m_{sf} 的侧向惯性力 F_{ysf} 为
$$F_{ysf} = F_{y1} - F_{yuf} = D_{J25}\frac{u\beta + ar}{u} + D_{J26}\phi + D_{J27}\delta_{ref} + D_{FJ8}\cdot\nabla f - m_{uf}\cdot\nabla f$$
$$= \left[D_{J25}\frac{u\beta + ar}{u} + D_{J26}\phi + D_{J27}\delta_{ref} - m_{uf}\cdot\nabla f\right] + D_{FJ13}\cdot\nabla f \tag{20-188}$$

其中，$D_{FJ13} = D_{FJ8}$

悬架对前桥作用的绕侧倾轴线 $x'-x'$ 的力矩 M_{Tf} 为
$$M_{Tf} = -(C_{\phi f}\phi + L_{\phi f}\dot\phi)\cos\psi \tag{20-189}$$

其中，$C_{\phi f}$ 是前轴侧倾角刚度，N·m/(°); $L_{\phi f}$ 是前轴侧倾角阻尼系数，N·m·s/(°)。

如图 20-5、图 20-6 所示，关于地面上的轮距中点 D 建立力矩平衡方程为
$$T_f\Delta P_f = F_{yuf}h_{uf} + F_{ysf}h_f + M_{Tf} = m_{uf}[u(r + p\sin\psi) + u\dot\beta + a\dot r]h_{uf} +$$
$$\left\{D_{J25}\frac{u\beta + ar}{u} + D_{J26}\phi + D_{J27}\delta_{ref} - m_{uf}[u(r + p\sin\psi) + u\dot\beta + a\dot r] + D_{FJ13}\cdot\nabla f\right\}h_f -$$
$$(C_{\phi f}\phi + L_{\phi f}\dot\phi)\cos\psi$$
$$= (m_{uf}uh_{uf} - m_{uf}uh_f)\dot\beta + (m_{uf}ah_{uf} - m_{uf}ah_f)\dot r - (L_{\phi f}\cos\psi)\dot\phi +$$
$$(D_{J25}h_f)\beta + \left[D_{J25}\frac{a}{u}h_f + m_{uf}u(h_{uf} - h_f)\right]r +$$
$$(D_{J26}h_f - C_{\phi f}\cos\psi)\phi + (D_{J27}h_f)\delta_{ref} + D_{FJ13}h_f\cdot\nabla f +$$
$$(m_{uf}u\sin\psi h_{uf} - m_{uf}u\sin\psi h_f)p \tag{20-190}$$

式中，ΔP_f 是内、外轮之间的重量转移。

设由于轮胎滚动阻力发生变化而引起的前轴回正力矩为 M_{gf}，则
$$M_{gf} = T_f\Delta P_f F_{rolf} = F_{rolf}(m_{uf}uh_{uf} - m_{uf}uh_f)\dot\beta +$$
$$F_{rolf}[m_{uf}ah_{uf} - m_{uf}ah_f]\dot r - F_{rolf}(L_{\phi f}\cos\psi)\dot\phi +$$
$$F_{rolf}(D_{J25}h_f)\beta + F_{rolf}\left[D_{J25}\frac{a}{u}h_f + m_{uf}u(h_{uf} - h_f)\right]r +$$

$$F_{\text{rolf}}(D_{J26}h_f - C_{\phi f}\cos\psi)\phi + F_{\text{rolf}}(D_{J27}h_f)\delta_{\text{ref}} + F_{\text{rolf}}D_{FJ13}h_f \cdot \nabla f +$$
$$F_{\text{rolf}}(m_{uf}u\sin\psi h_{uf} - m_{uf}u\sin\psi h_f)p$$
$$= D_{PF1}\dot{\beta} + D_{PF2}\dot{r} + D_{PF3}\dot{\phi} + D_{PF4}r + D_{PF5}\beta + D_{PF6}\phi + D_{PF7}\delta_{\text{ref}} + F_{\text{rolf}}D_{FJ8}h_f \cdot \nabla f +$$
$$F_{\text{rolf}}(m_{uf}u\sin\psi \cdot h_{uf} - m_{uf}u\sin\psi \cdot h_f)p \tag{20-191}$$

式中，F_{rolf} 是前轮的滚动阻力系数。

$$D_{PF1} = F_{\text{rolf}}(m_{uf}uh_{uf} - m_{uf}uh_f) \tag{20-192}$$
$$D_{PF2} = F_{\text{rolf}}(m_{uf}ah_{uf} - m_{uf}ah_f) \tag{20-193}$$
$$D_{PF3} = -F_{\text{rolf}}(L_{\phi f}\cos\psi) \tag{20-194}$$
$$D_{PF4} = F_{\text{rolf}}\left[D_{J25}\frac{a}{u}h_f + m_{uf}u(h_{uf} - h_f)\right] \tag{20-195}$$
$$D_{PF5} = F_{\text{rolf}}(D_{J25}h_f) \tag{20-196}$$
$$D_{PF6} = F_{\text{rolf}}(D_{J26}h_f - C_{\phi f}\cos\psi) \tag{20-197}$$
$$D_{PF7} = F_{\text{rolf}}(D_{J27}h_f) \tag{20-198}$$

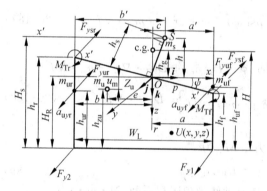

图 20-5 车辆上的受力情况

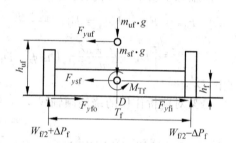

图 20-6 前轴车轮上垂直负荷的变化分析图

由式(20-191)可得

$$M_{gf} = D_{PF1}\dot{\beta} + D_{PF2}\dot{r} + D_{PF3}\dot{\phi} + D_{PF4}r + D_{PF5}\beta + D_{PF6}\phi + D_{PF7}\delta_{\text{ref}} + F_{\text{rolf}}D_{FJ8}h_f \cdot \nabla f +$$
$$F_{\text{rolf}}(m_{uf}u\sin\psi h_{uf} - m_{uf}u\sin\psi h_f)p$$
$$= D_{PF1}\dot{\beta} + D_{PF2}\dot{r} + D_{PF3}\dot{\phi} + D_{PF4}r +$$
$$D_{PF5}\beta + D_{PF6}\phi + D_{PF7}\delta_{\text{ref}} + D_{FJ8}[u\dot{\beta} + a\dot{r} + u(r + p\sin\psi)]h_f F_{\text{rolf}} +$$
$$F_{\text{rolf}}(m_{uf}u\sin\psi h_{uf} - m_{uf}u\sin\psi h_f)p$$
$$= (D_{PF1} + D_{FJ8}uh_f F_{\text{rolf}})\dot{\beta} + (D_{PF2} + D_{FJ8}ah_f F_{\text{rolf}})\dot{r} + D_{PF3}\dot{\phi} +$$
$$(D_{PF4} + D_{FJ8}uh_f F_{\text{rolf}})r + D_{PF5}\beta + D_{PF6}\phi + D_{PF7}\delta_{\text{ref}} +$$
$$[D_{FJ8}u\sin\psi h_f F_{\text{rolf}} + F_{\text{rolf}}m_{uf}u\sin\psi(h_{uf} - h_f)]p$$
$$= (D_{PF1} + D_{FJ8}uh_f F_{\text{rolf}})\dot{\beta} + (D_{PF2} + D_{FJ8}ah_f F_{\text{rolf}})\dot{r} + D_{PF3}\dot{\phi} +$$
$$(D_{PF4} + D_{FJ8}uh_f F_{\text{rolf}})r + D_{PF5}\beta + D_{PF6}\phi + D_{PF7}\delta_{\text{ref}} +$$
$$[D_{FJ8}u\sin\psi h_f F_{\text{rolf}} + F_{\text{rolf}}m_{uf}u\sin\psi(h_{uf} - h_f)]\dot{\phi}$$
$$= (D_{PF1} + D_{FJ8}uh_f F_{\text{rolf}})\dot{\beta} + (D_{PF2} + D_{FJ8}ah_f F_{\text{rolf}})\dot{r} +$$

$$[D_{\text{PF3}} + D_{\text{FJ8}} u\sin\psi h_{\text{f}} F_{\text{rolf}} + F_{\text{rolf}} m_{\text{uf}} u\sin\psi(h_{\text{uf}} - h_{\text{f}})]\dot{\phi} +$$
$$(D_{\text{PF4}} + D_{\text{FJ8}} uh_{\text{f}} F_{\text{rolf}})r + D_{\text{PF5}}\beta + D_{\text{PF6}}\phi + D_{\text{PF7}}\delta_{\text{ref}}$$
$$= D'_{\text{PF1}}\dot{\beta} + D'_{\text{PF2}}\dot{r} + D'_{\text{PF3}}\dot{\phi} + D'_{\text{PF4}}r + D_{\text{PF5}}\beta + D_{\text{PF6}}\phi + D_{\text{PF7}}\delta_{\text{ref}} \quad (20\text{-}199)$$

其中

$$D'_{\text{PF1}} = D_{\text{PF1}} + D_{\text{FJ8}} uh_{\text{f}} F_{\text{rolf}} \quad (20\text{-}200)$$
$$D'_{\text{PF2}} = D_{\text{PF2}} + D_{\text{FJ8}} ah_{\text{f}} F_{\text{rolf}} \quad (20\text{-}201)$$
$$D'_{\text{PF3}} = D_{\text{PF3}} + D_{\text{FJ8}} u\sin\psi h_{\text{f}} F_{\text{rolf}} + F_{\text{rolf}} m_{\text{uf}} u\sin\psi(h_{\text{uf}} - h_{\text{f}}) \quad (20\text{-}202)$$
$$D'_{\text{PF4}} = D_{\text{PF4}} + D_{\text{FJ8}} uh_{\text{f}} F_{\text{rolf}} \quad (20\text{-}203)$$

20.5.3 后轴车轮垂直载荷的变化分析

后轴悬下质量 m_{ur} 的侧向加速度 a_{uyr}，按式(20-45)计算，即

$$a_{\text{uyr}} = u(r + p\sin\psi) + (\dot{v} - b\dot{r}) = u(r + p\sin\psi) + u\dot{\beta} - b\dot{r}$$

后轴悬下质量 m_{ur} 的侧向惯性力 F_{yur} 为

$$F_{\text{yur}} = m_{\text{ur}} a_{\text{uyr}} = m_{\text{ur}}[u(r + p\sin\psi) + \dot{v} - b\dot{r}] = m_{\text{ur}} \nabla r \quad (20\text{-}204)$$

后桥悬上质量的惯性力 F_{ysr} 为

$$F_{\text{ysr}} = F_{\text{y2}} - F_{\text{yur}} = D_{\text{X22}} \frac{u\beta - br}{u} + D_{\text{X23}}\phi + D_{\text{RJ7}} \nabla r - m_{\text{ur}} \nabla r \quad (20\text{-}205)$$

悬架对后桥作用的绕侧倾轴线 $x'\text{-}x'$ 的力矩 M_{Tr} 为

$$M_{\text{Tr}} = -(C_{\phi r}\phi + L_{\phi r}\dot{\phi})\cos\psi \quad (20\text{-}206)$$

其中，$C_{\phi r}$ 是后轴侧倾角刚度，$\text{N}\cdot\text{m}/(°)$；$L_{\phi r}$ 是后轴侧倾角阻尼系数，$\text{N}\cdot\text{m}\cdot\text{s}/(°)$。

如图 20-5、图 20-7 所示，关于地面上的轮距中点 D_{r} 建立力矩平衡方程为

$$T_{\text{r}}\Delta P_{\text{r}} = F_{\text{yur}} h_{\text{ur}} + F_{\text{ysr}} h_{\text{r}} + M_{\text{Tr}} = m_{\text{ur}}[u(r + p\sin\psi) + u\dot{\beta} - b\dot{r}]h_{\text{ur}} +$$
$$\left\{D_{\text{X22}} \frac{u\beta - br}{u} + D_{\text{X23}}\phi + D_{\text{RJ7}} \cdot \nabla r - m_{\text{ur}}[u(r + p\sin\psi) + u\dot{\beta} - b\dot{r}]\right\}h_{\text{r}} -$$
$$(C_{\phi r}\phi + L_{\phi r}\dot{\phi})\cos\psi$$
$$= (m_{\text{ur}} uh_{\text{ur}} - m_{\text{ur}} uh_{\text{r}})\dot{\beta} + [-m_{\text{ur}} bh_{\text{ur}} + m_{\text{ur}} bh_{\text{r}}]\dot{r} - (L_{\phi r}\cos\psi)\dot{\phi} +$$
$$(D_{\text{X22}} h_{\text{r}})\beta + \left[-D_{\text{X22}} \frac{b}{u} h_{\text{r}} + m_{\text{ur}} u(h_{\text{ur}} - h_{\text{r}})\right]r +$$
$$(D_{\text{X23}} h_{\text{r}} - C_{\phi r}\cos\psi)\phi + D_{\text{RJ7}} h_{\text{r}} \cdot \nabla r + (m_{\text{ur}} u\sin\psi \cdot h_{\text{ur}} - m_{\text{ur}} u\sin\psi \cdot h_{\text{r}})p \quad (20\text{-}207)$$

式中，ΔP_{r} 是内、外轮之间的重量转移。

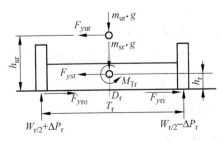

图 20-7 后轴车轮上垂直负荷的变化分析图

设由于轮胎滚动阻力发生变化而引起的后轴回正力矩为 M_{gr}，则

$$\begin{aligned}M_{gr} = T_r \Delta P_r F_{rolr} &= \left\{ [m_{ur}u(h_{ur}-h_r)]\dot{\beta} + [-m_{ur}b(h_{ur}-h_r)]\dot{r} - (L_{\phi r}\cos\psi)\dot{\phi} + \right. \\ &\quad (D_{X22}h_r)\beta + \left[-D_{X22}\frac{b}{u}h_r + m_{ur}u(h_{ur}-h_r)\right]r + \\ &\quad \left. (D_{X23}h_r - C_{\phi r}\cos\psi)\phi + D_{RJ7}h_r \cdot \nabla r + (m_{ur}u\sin\psi \cdot h_{ur} - m_{ur}u\sin\psi \cdot h_r)p \right\} F_{rolr} \\ &= [m_{ur}u(h_{ur}-h_r)]F_{rolr}\dot{\beta} + [-m_{ur}b(h_{ur}-h_r)]F_{rolr}\dot{r} - (L_{\phi r}\cos\psi)F_{rolr}\dot{\phi} + \\ &\quad (D_{X22}h_r)F_{rolr}\beta + \left[-D_{X22}\frac{b}{u}h_r + m_{ur}u(h_{ur}-h_r)\right]F_{rolr}r + \\ &\quad (D_{X23}h_r - C_{\phi r}\cos\psi)F_{rolr}\phi + D_{RJ7}h_r \cdot F_{rolr} \cdot \nabla r + \\ &\quad (m_{ur}u\sin\psi \cdot h_{ur} - m_{ur}u\sin\psi \cdot h_r)F_{rolr}p \\ &= D_{PR1}\dot{\beta} + D_{PR2}\dot{r} + D_{PR3}\dot{\phi} + D_{PR4}r + D_{PR5}\beta + D_{PR6}\phi + \\ &\quad D_{RJ7}h_r F_{rolr}[u\dot{\beta} - b\dot{r} + u(r + p\sin\psi)] + \\ &\quad (m_{ur}u\sin\psi \cdot h_{ur} - m_{ur}u\sin\psi \cdot h_r)F_{rolr}\dot{\phi} \end{aligned} \tag{20-208}$$

式中，F_{rolr} 是后轮滚动阻力系数。

$$D_{PR1} = [m_{ur}u(h_{ur}-h_r)]F_{rolr} \tag{20-209}$$

$$D_{PR2} = [-m_{ur}b(h_{ur}-h_r)]F_{rolr} \tag{20-210}$$

$$D_{PR3} = -(L_{\phi r}\cos\psi)F_{rolr} \tag{20-211}$$

$$D_{PR4} = \left[-D_{X22}\frac{b}{u}h_r + m_{ur}u(h_{ur}-h_r)\right]F_{rolr} \tag{20-212}$$

$$D_{PR5} = (D_{X22}h_r)F_{rolr} \tag{20-213}$$

$$D_{PR6} = (D_{X23}h_r - C_{\phi r}\cos\psi)F_{rolr} \tag{20-214}$$

由式（20-208）可得

$$\begin{aligned}M_{gr} &= (D_{PR1} + D_{RJ7}h_r F_{rolr}u)\dot{\beta} + (D_{PR2} - D_{RJ7}h_r F_{rolr}b)\dot{r} + \\ &\quad [D_{PR3} + D_{RJ7}h_r F_{rolr}u\sin\psi + m_{ur}u\sin\psi \cdot (h_{ur}-h_r)F_{rolr}]\dot{\phi} + \\ &\quad (D_{PR4} + D_{RJ7}h_r F_{rolr}u)r + D_{PR5}\beta + D_{PR6}\phi \\ &= D'_{PR1}\dot{\beta} + D'_{PR2}\dot{r} + D'_{PR3}\dot{\phi} + D'_{PR4}r + D_{PR5}\beta + D_{PR6}\phi \end{aligned} \tag{20-215}$$

其中

$$D'_{PR1} = D_{PR1} + D_{RJ7}h_r F_{rolr}u \tag{20-216}$$

$$D'_{PR2} = D_{PR2} - D_{RJ7}h_r F_{rolr}b \tag{20-217}$$

$$D'_{PR3} = D_{PR3} + D_{RJ7}h_r F_{rolr}u\sin\psi + m_{ur}u\sin\psi \cdot (h_{ur}-h_r)F_{rolr} \tag{20-218}$$

$$D'_{PR4} = D_{PR4} + D_{RJ7}h_r F_{rolr}u \tag{20-219}$$

20.5.4 对整车绕 Z 轴的合力矩

对整车绕 z 轴的合力矩 M_{ZT} 为

$$M_{ZT} = aF_{y1} - bF_{y2} + AT_f + AT_r - (M_{gf} + M_{gr}) \tag{20-220}$$

把式(20-92)、式(20-107)、式(20-157)、式(20-169)代入式(20-220),得

$$\begin{aligned}
M_{ZT} &= aF_{y1} - bF_{y2} + AT_f + AT_r - (M_{gf} + M_{gr}) \\
&= a\left(D_{J25}\frac{u\beta + ar}{u} + D_{J26}\phi + D_{J27}\delta_{ref} + D_{FJ8} \cdot \nabla f\right) - \\
&\quad b\left(D_{X22}\frac{u\beta - br}{u} + D_{X23}\phi + D_{RJ7} \cdot \nabla r\right) + \\
&\quad D_{J34}\frac{u\beta + ar}{u} + D_{J35}\phi + D_{J36}\delta_{ref} + D_{FJ10} \cdot \nabla f + \\
&\quad D_{X28}\frac{u\beta - br}{u} + D_{X29}\phi + D_{RJ11} \cdot \nabla r - (M_{gf} + M_{gr}) \\
&= (aD_{J25} - bD_{X22} + D_{J34} + D_{X28})\beta + \frac{a^2 D_{J25} + b^2 D_{X22} + aD_{J34} - bD_{X28}}{u}r + \\
&\quad (aD_{J26} - bD_{X23} + D_{J35} + D_{X29})\phi + (aD_{J27} + D_{J36})\delta_{ref} + \\
&\quad (aD_{FJ8} + D_{FJ10}) \cdot \nabla f + (-bD_{RJ7} + D_{RJ11}) \cdot \nabla r - (M_{gf} + M_{gr}) \\
&= D_{MZ1}\beta + D_{MZ2}r + D_{MZ3}\phi + D_{MZ4}\delta_{ref} + \\
&\quad (aD_{FJ8} + D_{FJ10}) \cdot \nabla f + (-bD_{RJ7} + D_{RJ11}) \cdot \nabla r - (M_{gf} + M_{gr})
\end{aligned} \quad (20\text{-}221)$$

其中

$$D_{MZ1} = aD_{J25} - bD_{X22} + D_{J34} + D_{X28} \quad (20\text{-}222)$$

$$D_{MZ2} = \frac{a^2 D_{J25} + b^2 D_{X22} + aD_{J34} - bD_{X28}}{u} \quad (20\text{-}223)$$

$$D_{MZ3} = aD_{J26} - bD_{X23} + D_{J35} + D_{X29} \quad (20\text{-}224)$$

$$D_{MZ4} = aD_{J27} + D_{J36} \quad (20\text{-}225)$$

把式(20-50)、式(20-117)代入式(20-221),得

$$\begin{aligned}
M_{ZT} &= D_{MZ1}\beta + D_{MZ2}r + D_{MZ3}\phi + D_{MZ4}\delta_{ref} + \\
&\quad (aD_{FJ8} + D_{FJ10})[u\dot{\beta} + a\dot{r} + u(r + p\sin\psi)] + \\
&\quad (-bD_{RJ7} + D_{RJ11})[u\dot{\beta} - b\dot{r} + u(r + p\sin\psi)] - (M_{gf} + M_{gr}) \\
&= D_{MZ1}\beta + D_{MZ2}r + D_{MZ3}\phi + D_{MZ4}\delta_{ref} + D_{MZ6}[u\dot{\beta} + a\dot{r} + u(r + p\sin\psi)] + \\
&\quad D_{MZ7}[u\dot{\beta} - b\dot{r} + u(r + p\sin\psi)] - (M_{gf} + M_{gr})
\end{aligned} \quad (20\text{-}226)$$

其中

$$D_{MZ6} = aD_{FJ8} + D_{FJ10} \quad (20\text{-}227)$$

$$D_{MZ7} = -bD_{RJ7} + D_{RJ11} \quad (20\text{-}228)$$

由式(20-226)可得

$$\begin{aligned}
M_{ZT} &= D_{MZ1}\beta + D_{MZ2}r + D_{MZ3}\phi + D_{MZ4}\delta_{ref} + \\
&\quad D_{MZ6}[u\dot{\beta} + a\dot{r} + u(r + p\sin\psi)] + D_{MZ7}[u\dot{\beta} - b\dot{r} + u(r + p\sin\psi)] - (M_{gf} + M_{gr}) \\
&= D_{MZ1}\beta + (D_{MZ2} + D_{MZ6}u + D_{MZ7}u)r + D_{MZ3}\phi + D_{MZ4}\delta_{ref} + \\
&\quad (D_{MZ6}u + D_{MZ7}u)\dot{\beta} + (D_{MZ6}a - D_{MZ7}b)\dot{r} + \\
&\quad [(D_{MZ6} + D_{MZ7})u\sin\psi]p - (M_{gf} + M_{gr})
\end{aligned}$$

$$= D_{MZ1}\beta + D'_{MZ2}r + D_{MZ3}\phi + D_{MZ4}\delta_{ref} + D_{MZ8}\dot{\beta} +$$
$$D_{MZ9}\dot{r} + D_{MZ10}p - (M_{gf} + M_{gr}) \tag{20-229}$$

其中
$$D'_{MZ2} = D_{MZ2} + D_{MZ6}u + D_{MZ7}u \tag{20-230}$$
$$D_{MZ8} = D_{MZ6}u + D_{MZ7}u \tag{20-231}$$
$$D_{MZ9} = D_{MZ6}a - D_{MZ7}b \tag{20-232}$$
$$D_{MZ10} = (D_{MZ6} + D_{MZ7})u\sin\psi \tag{20-233}$$

把式(20-199)、式(20-215)代入式(20-229),得
$$M_{ZT} = D_{MZ1}\beta + D'_{MZ2}r + D_{MZ3}\phi + D_{MZ4}\delta_{ref} + D_{MZ8}\dot{\beta} + D_{MZ9}\dot{r} + D_{MZ10}p -$$
$$(D'_{PF1}\dot{\beta} + D'_{PF2}\dot{r} + D'_{PF3}\dot{\phi} + D'_{PF4}r + D_{PF5}\beta + D_{PF6}\phi + D_{PF7}\delta_{ref}) -$$
$$(D'_{PR1}\dot{\beta} + D'_{PR2}\dot{r} + D'_{PR3}\dot{\phi} + D'_{PR4}r + D_{PR5}\beta + D_{PR6}\phi)$$
$$= (D_{MZ1} - D_{PF5} - D_{PR5})\beta + (D'_{MZ2} - D'_{PF4} - D'_{PR4})r +$$
$$(D_{MZ3} - D_{PF6} - D_{PR6})\phi + (D_{MZ4} - D_{PF7})\delta_{ref} +$$
$$(D_{MZ8} - D'_{PF1} - D'_{PR1})\dot{\beta} + (D_{MZ9} - D'_{PF2} - D'_{PR2})\dot{r} - (D'_{PF3} + D'_{PR3} - D_{MZ10})\dot{\phi}$$
$$= D_{MZZ4}\beta + D_{MZZ5}r + D_{MZZ6}\phi + D_{MZZ7}\delta_{ref} + D_{MZZ1}\dot{\beta} + D_{MZZ2}\dot{r} + D_{MZZ3}\dot{\phi}$$
$$\tag{20-234}$$

其中
$$D_{MZZ4} = D_{MZ1} - D_{PF5} - D_{PR5} \tag{20-235}$$
$$D_{MZZ5} = D'_{MZ2} - D'_{PF4} - D'_{PR4} \tag{20-236}$$
$$D_{MZZ6} = D_{MZ3} - D_{PF6} - D_{PR6} \tag{20-237}$$
$$D_{MZZ7} = D_{MZ4} - D_{PF7} \tag{20-238}$$
$$D_{MZZ1} = D_{MZ8} - D'_{PF1} - D'_{PR1} \tag{20-239}$$
$$D_{MZZ2} = D_{MZ9} - D'_{PF2} - D'_{PR2} \tag{20-240}$$
$$D_{MZZ3} = -(D'_{PF3} + D'_{PR3} - D_{MZ10}) \tag{20-241}$$

20.5.5 对悬上质量绕侧倾轴线的合力矩

悬上质量侧倾时,对其绕侧倾轴线的合力矩 M_{X1} 为
$$M_{X1} = (m_s g h_s \cos\psi)\phi - (C_{\phi f} + C_{\phi r})\cos\psi \cdot \phi - (L_{\phi f} + L_{\phi r})\cos\psi \cdot \dot{\phi}$$
$$= (m_s g h_s - C_{\phi f} - C_{\phi r})\cos\psi \cdot \phi - (L_{\phi f} + L_{\phi r})\cos\psi \cdot \dot{\phi}$$
$$= D_{MX1}\phi + D_{MX2}\dot{\phi} \tag{20-242}$$

其中
$$D_{MX1} = (m_s g h_s - C_{\phi f} - C_{\phi r})\cos\psi \tag{20-243}$$
$$D_{MX2} = -(L_{\phi f} + L_{\phi r})\cos\psi \tag{20-244}$$

20.5.6 线性三自由度车辆操纵性模型的动力学方程

从式(20-23)、式(20-182)可得整车沿 Y 轴方向的力平衡方程为

$$m_t[u(r+p\sin\psi)+\dot{v}]+m_s h_s \dot{p} = D'_{FY2}r + D_{FY1}\beta + D_{FY3}\phi + D_{FY4}\delta_{ref} + \\ D_{FY5}p + D_{YY2}\dot{\beta} + D_{YY3}\dot{r} \quad (20\text{-}245)$$

$$m_t[u(r+\dot{\phi}\sin\psi)+u\dot{\beta}]+m_s h_s \ddot{\phi} = D'_{FY2}r + D_{FY1}\beta + D_{FY3}\phi + D_{FY4}\delta_{ref} + \\ D_{FY5}\dot{\phi} + D_{YY2}\dot{\beta} + D_{YY3}\dot{r}$$

$$(m_t u - D_{YY2})\dot{\beta} - D_{YY3}\dot{r} + m_s h_s \ddot{\phi} + (m_t u \sin\psi - D_{FY5})\dot{\phi} \\ = (D'_{FY2} - m_t u)r + D_{FY1}\beta + D_{FY3}\phi + D_{FY4}\delta_{ref} \quad (20\text{-}246)$$

$$-L_{DFY5}\dot{\beta} - D_{YY3}\dot{r} + D_{FLD}\ddot{\phi} = L_{DFY1}r + L_{DFY2}\beta + L_{DFY3}\phi + L_{DFY6}\dot{\phi} + L_{DFY4}\delta_{ref} \quad (20\text{-}247)$$

其中

$$L_{DFY5} = -(m_t u - D_{YY2}) \quad (20\text{-}248)$$
$$D_{FLD} = m_s h_s \quad (20\text{-}249)$$
$$L_{DFY1} = D'_{FY2} - m_t u \quad (20\text{-}250)$$
$$L_{DFY2} = D_{FY1} \quad (20\text{-}251)$$
$$L_{DFY3} = D_{FY3} \quad (20\text{-}252)$$
$$L_{DFY4} = D_{FY4} \quad (20\text{-}253)$$
$$L_{DFY6} = -(m_t u \sin\psi - D_{FY5}) \quad (20\text{-}254)$$

由式(20-28)、式(20-234)可得整车绕 Z 轴的力矩平衡方程为

$$I_z \dot{r} + (I_{zs}\sin\psi - I_{xzs}\cos\psi)\dot{p} \\ = D_{MZZ4}\beta + D_{MZZ5}r + D_{MZZ6}\phi + D_{MZZ7}\delta_{ref} + D_{MZZ1}\dot{\beta} + D_{MZZ2}\dot{r} + D_{MZZ3}\dot{\phi} \quad (20\text{-}255)$$

$$(I_z - D_{MZZ2})\dot{r} - D_{MZZ1}\dot{\beta} + (I_{zs}\sin\psi - I_{xzs}\cos\psi)\ddot{\phi} \\ = D_{MZZ4}\beta + D_{MZZ5}r + D_{MZZ6}\phi + D_{MZZ3}\dot{\phi} + D_{MZZ7}\delta_{ref}$$

$$-L_{DFY13}\dot{r} - L_{DFY14}\dot{\beta} + D_{FLE}\ddot{\phi} = L_{DFY9}r + L_{DFY10}\beta + L_{DFY11}\phi + L_{DFY15}\dot{\phi} + L_{DFY12}\delta_{ref} \quad (20\text{-}256)$$

其中

$$L_{DFY13} = -(I_z - D_{MZZ2}) \quad (20\text{-}257)$$
$$L_{DFY14} = D_{MZZ1} \quad (20\text{-}258)$$
$$D_{FLE} = I_{zs}\sin\psi - I_{xzs}\cos\psi \quad (20\text{-}259)$$
$$L_{DFY9} = D_{MZZ5} \quad (20\text{-}260)$$
$$L_{DFY10} = D_{MZZ4} \quad (20\text{-}261)$$
$$L_{DFY11} = D_{MZZ6} \quad (20\text{-}262)$$

$$L_{\text{DFY12}} = D_{\text{MZZ7}} \tag{20-263}$$

$$L_{\text{DFY15}} = D_{\text{MZZ3}} \tag{20-264}$$

由式(20-31)、式(20-242)可得悬上质量绕侧倾轴线的力矩平衡方程为

$$(I_{xs} - I_{xzs}\sin2\psi)\dot{p} + (I_{zs}\sin\psi - I_{xzs}\cos\psi)\dot{r} + m_s h_s[(\dot{v} + ur) + up\sin\psi] = D_{\text{MX1}}\phi + D_{\text{MX2}}\dot{\phi} \tag{20-265}$$

$$(I_{xs} - I_{xzs}\sin2\psi)\ddot{\phi} + (I_{zs}\sin\psi - I_{xzs}\cos\psi)\dot{r} + m_s h_s[(u\dot{\beta} + ur) + u\dot{\phi}\sin\psi] = D_{\text{MX1}}\phi + D_{\text{MX2}}\dot{\phi}$$

$$(I_{xs} - I_{xzs}\sin2\psi)\ddot{\phi} = (-m_s h_s u)r + D_{\text{MX1}}\phi - (I_{zs}\sin\psi - I_{xzs}\cos\psi)\dot{r} +$$
$$(-m_s h_s u)\dot{\beta} + (D_{\text{MX2}} - m_s h_s u\sin\psi)\dot{\phi}$$

$$D_{\text{FLF}}\ddot{\phi} = L_{\text{DFY17}}r + L_{\text{DFY18}}\phi + L_{\text{DFY19}}\dot{r} + L_{\text{DFY20}}\dot{\beta} + L_{\text{DFY21}}\dot{\phi} \tag{20-266}$$

其中

$$D_{\text{FLF}} = I_{xs} - I_{xzs}\sin2\psi \tag{20-267}$$

$$L_{\text{DFY17}} = -m_s h_s u \tag{20-268}$$

$$L_{\text{DFY18}} = D_{\text{MX1}} \tag{20-269}$$

$$L_{\text{DFY19}} = -(I_{zs}\sin\psi - I_{xzs}\cos\psi) \tag{20-270}$$

$$L_{\text{DFY20}} = -m_s h_s u \tag{20-271}$$

$$L_{\text{DFY21}} = D_{\text{MX2}} - m_s h_s u\sin\psi \tag{20-272}$$

由式(20-266)可得

$$D_{\text{FLF}}\ddot{\phi} - L_{\text{DFY19}}\dot{r} - L_{\text{DFY20}}\dot{\beta} = L_{\text{DFY17}}r + L_{\text{DFY18}}\phi + L_{\text{DFY21}}\dot{\phi} \tag{20-273}$$

把式(20-247)、式(20-256)、式(20-273)集中写在一起,即

$$-L_{\text{DFY5}}\dot{\beta} - D_{\text{YY3}}\dot{r} + D_{\text{FLD}}\ddot{\phi} = L_{\text{DFY1}}r + L_{\text{DFY2}}\beta + L_{\text{DFY3}}\phi + L_{\text{DFY6}}\dot{\phi} + L_{\text{DFY4}}\delta_{\text{ref}}$$

$$-L_{\text{DFY13}}\dot{r} - L_{\text{DFY14}}\dot{\beta} + D_{\text{FLE}}\ddot{\phi} = L_{\text{DFY9}}r + L_{\text{DFY10}}\beta + L_{\text{DFY11}}\phi + L_{\text{DFY15}}\dot{\phi} + L_{\text{DFY12}}\delta_{\text{ref}}$$

$$D_{\text{FLF}}\ddot{\phi} - L_{\text{DFY19}}\dot{r} - L_{\text{DFY20}}\dot{\beta} = L_{\text{DFY17}}r + L_{\text{DFY18}}\phi + L_{\text{DFY21}}\dot{\phi}$$

令

$$\dot{\phi} = Z_\phi \tag{20-274}$$

$$\boldsymbol{U} = [r \quad \beta \quad \phi \quad Z_\phi]^{\text{T}} \tag{20-275}$$

$$\dot{\boldsymbol{U}} = [\dot{r} \quad \dot{\beta} \quad \dot{\phi} \quad \dot{Z}_\phi]^{\text{T}} \tag{20-276}$$

则可以把式(20-247)、式(20-256)、式(20-273)、式(20-274)集中写成矩阵形式,即

$$\boldsymbol{M}_{\text{V}} \cdot \dot{\boldsymbol{U}} = [\boldsymbol{D}_1 \quad \boldsymbol{D}_2][\boldsymbol{U} \quad \delta_{\text{ref}}]^{\text{T}} = \boldsymbol{D}_{\text{V}}[\boldsymbol{U} \quad \delta_{\text{ref}}]^{\text{T}} \tag{20-277}$$

其中

$$\boldsymbol{M}_{\text{V}} = \begin{bmatrix} -D_{\text{YY3}} & -L_{\text{DFY5}} & 0 & D_{\text{FLD}} \\ -L_{\text{DFY13}} & -L_{\text{DFY14}} & 0 & D_{\text{FLE}} \\ -L_{\text{DFY19}} & -L_{\text{DFY20}} & 0 & D_{\text{FLF}} \\ 0 & 0 & 1 & 0 \end{bmatrix} \tag{20-278}$$

20 线性三自由度车辆操纵性模型的建立

$$\boldsymbol{D}_1 = \begin{bmatrix} L_{\mathrm{DFY1}} & L_{\mathrm{DFY2}} & L_{\mathrm{DFY3}} & L_{\mathrm{DFY6}} \\ L_{\mathrm{DFY9}} & L_{\mathrm{DFY10}} & L_{\mathrm{DFY11}} & L_{\mathrm{DFY15}} \\ L_{\mathrm{DFY17}} & 0 & L_{\mathrm{DFY18}} & L_{\mathrm{DFY21}} \\ 0 & 0 & 0 & 1 \end{bmatrix} \tag{20-279}$$

$$\boldsymbol{D}_2 = \begin{bmatrix} L_{\mathrm{DFY4}} \\ L_{\mathrm{DFY12}} \\ 0 \\ 0 \end{bmatrix} \tag{20-280}$$

$$\boldsymbol{D}_\mathrm{V} = \begin{bmatrix} L_{\mathrm{DFY1}} & L_{\mathrm{DFY2}} & L_{\mathrm{DFY3}} & L_{\mathrm{DFY6}} & L_{\mathrm{DFY4}} \\ L_{\mathrm{DFY9}} & L_{\mathrm{DFY10}} & L_{\mathrm{DFY11}} & L_{\mathrm{DFY15}} & L_{\mathrm{DFY12}} \\ L_{\mathrm{DFY17}} & 0 & L_{\mathrm{DFY18}} & L_{\mathrm{DFY21}} & 0 \\ 0 & 0 & 0 & 1 & 0 \end{bmatrix} \tag{20-281}$$

20.5.7 线性三自由度车辆操纵性模型动力学方程的求解

可以应用龙格-库塔法求解动力学方程(20-277)。

龙格-库塔法可以用于求解一阶常微分方程组：

$$y' = f(x, y) \tag{20-282}$$

$$\boldsymbol{y}(x_0) = \boldsymbol{y}_0 \tag{20-283}$$

式中，x 是自变量；x_0 是 x 的初值；$\boldsymbol{y}$ 是 x 的 j 维函数向量，即

$$\boldsymbol{y} = [y_1, y_2, \cdots, y_j]^\mathrm{T} \tag{20-284}$$

$\boldsymbol{y}_0$ 是 $x = x_0$ 的初值函数向量，即

$$\boldsymbol{y}(x_0) = [y_{10}, y_{20}, \cdots, y_{j0}]^\mathrm{T} \tag{20-285}$$

应用龙格-库塔法求解式(20-282)的方法如下：

$$y_{n+1} = y_n + \frac{1}{6}[k_1 + 2(k_2 + k_3) + k_4], \quad n = 1, 2, \cdots, N_\mathrm{u} \tag{20-286}$$

其中

$$k_1 = hf(x_n, y_n, z_n) \tag{20-287}$$

$$k_2 = hf\left(x_n + \frac{h}{2}, y_n + \frac{k_1}{2}\right) \tag{20-288}$$

$$k_3 = hf\left(x_n + \frac{h}{2}, y_n + \frac{k_2}{2}\right) \tag{20-289}$$

$$k_4 = hf(x_n + h, y_n + k_3) \tag{20-290}$$

$$y(x_{n+1}) \approx y_{n+1} \tag{20-291}$$

式中，h 是自变量的步长；n 是求解的步号；N_u 是求解的总步数。

利用龙格-库塔法求解的截断误差为 $O(h^5)$。

应该指出，即使函数 $f(x, y)$ 为非线性时，龙格-库塔法也适用。

为了利用龙格-库塔法求解动力学方程(20-277)，首先需要把其变换成式(20-282)那样的形式。从式(20-277)可得

$$\dot{\boldsymbol{U}} = \boldsymbol{M}_\mathrm{V}^{-1} \boldsymbol{D}_\mathrm{V} [\boldsymbol{U} \quad \delta_\mathrm{ref}]^\mathrm{T} \tag{20-292}$$

式中,自变量是时间 t,即 $x=t$;输入 δ_{ref} 是已知的时间 t 的函数。

令

$$\boldsymbol{y} = \boldsymbol{U} = [r \quad \beta \quad \phi \quad Z_\phi] \tag{20-293}$$

$$\boldsymbol{y}' = \dot{\boldsymbol{U}} = [\dot{r} \quad \dot{\beta} \quad \dot{\phi} \quad \dot{Z}_\phi] \tag{20-294}$$

则式(20-292)可以转换成如下形式:

$$\boldsymbol{y}' = [M_V]^{-1}[D_V][y \quad \delta_{ref}]^T \tag{20-295}$$

$$\boldsymbol{y}(t_0) = \boldsymbol{y}_0 = [r_0 \quad \beta_0 \quad \phi_0 \quad Z_{\phi 0}]^T \tag{20-296}$$

式中,t_0 是求解的自变量初值;r_0、β_0、ϕ_0、$Z_{\phi 0}$ 是与 t_0 对应的 r、β、ϕ、Z_ϕ 的初值。

可以直接利用龙格-库塔法求解方程组(20-295)。为此,需要编制相应的计算机程序。应该指出,当方程组(20-295)是非线性时,龙格-库塔法也适用。因此,可以把悬架、轮胎等的非线性因素添加到模型方程中,而仍然可以利用龙格-库塔法来求解。这是采用龙格-库塔法的一个重要优点。

可以利用式(20-14)计算悬上质量中任意一点 $U(x,y,z)$ 的加速度,即

$$\frac{dV_s}{dt} = \{-y(\dot{r}+\dot{p}\sin\psi) - [v+x(r+p\sin\psi) - zp\cos\psi](r+p\sin\psi)\}\boldsymbol{i} +$$

$$\{[u-y(r+p\sin\psi)](r+p\sin\psi) + [\dot{v}+x(\dot{r}+\dot{p}\sin\psi) - z\dot{p}\cos\psi] - yp^2\cos^2\psi\}\boldsymbol{j} +$$

$$\{[v+x(r+p\sin\psi) - zp\cos\psi]p\cos\psi + y\dot{p}\cos\psi\}\boldsymbol{k}$$

整车质心 c.g. 的坐标为 $x=0, y=0, z=h_g=H-H_R$,因此整车质心的侧向加速度 a_{ycg} 为悬上质量中任意一点 $U(x,y,z)$ 的侧向加速度,即

$$a_{ycg} = [u-y(r+p\sin\psi)](r+p\sin\psi) + \dot{v}+x(\dot{r}+\dot{p}\sin\psi) - z\dot{p}\cos\psi - yp^2\cos^2\psi$$

$$= u(r+\dot{\phi}\sin\psi) + u\dot{\beta} + h_g\ddot{\phi}\cos\psi \tag{20-297}$$

【**例 20-1**】 如下是一种轿车(TESTV)的模型参数:

(1) 整车质量(kg)		1702.00
(2) 轴距(mm)		2568.00
(3) 整车质心高度(mm)		477.00
(4) 车速(km/h)		100.00
(5) I_{zs},悬上质量对 Z 轴的转动惯量(kg·m²)		2655.10
(6) I_{zu},悬下质量对 Z 轴的转动惯量(kg·m²)		722.20
(7) I_{xzs},悬上质量的惯性积(kg·m²)		−28.10
(8) I_{xs},悬上质量对 X 轴的转动惯量(kg·m²)		598.80
	前轴	后轴
(9) 总车轴质量(kg)	926.0000	776.0000
(10) 悬下质量(kg)	95.0000	132.0000
(11) 侧倾中心高度(mm)	57.0000	194.0000
(12) 悬下质心高度(mm)	305.0000	310.0000

(13) 总的侧倾角刚度(N·m/(°))		1303.0000	730.0000
(14) 总的侧倾角阻尼系数(N·m·s/(°))		40.0000	40.0000
(15) 侧倾外倾系数((°)/(°))		0.6500	−0.1000
(16) 侧倾转向系数((°)/(°))		−0.1700	0.0800
(17) 回正力矩变形转向系数((°)/(hN·m))		1.1000	−0.1400
(18) 回正力矩变形车轮外倾系数((°)/(hN·m))		0.0700	0.010
(19) 侧向力变形转向系数((°)/kN)		0.2800	−0.010
(20) 侧向力变形车轮外倾系数((°)/kN)		0.2500	−0.4000
		前轮胎	后轮胎
(21) 一侧轮胎的侧偏刚度(N/(°))		1608.4850	1391.3660
(22) 一侧轮胎的侧倾刚度(N/(°))		46.3000	38.8000
(23) 一侧轮胎回正力矩刚度(侧偏角)(N·m/(°))		45.0040	32.5970
(24) 一侧轮胎回正力矩刚度(外倾角)(N·m/(°))		0.0000	0.0000
(25) 前轮半径(m)		0.3017	
(26) 后轮半径(m)		0.3017	
(27) 前轮滚动阻力系数		0.0200	
(28) 后轮滚动阻力系数		0.0200	
(29) T_f,前轮轮距(m)		1.5420	
(30) T_r,后轮轮距(m)		1.5390	

设车速 $u=100$km/h,初值 r_0、β_0、ϕ_0、$Z_{\phi 0}$ 都为 0,前轮阶跃输入,前轮参考转角 $\delta_{ref}=1.2°$。试求解:

(1) r、β、ϕ、整车质心侧向加速度 a_{ycg} 的响应特性曲线;

(2) 整车质心侧向加速度响应时间;

(3) 不足转向度;

(4) 稳态侧倾角。

解:按照本章中介绍的方法编制了计算机程序,把车辆模型参数代入该程序,求出了 r、β、ϕ、整车质心侧向加速度 a_{ycg} 的响应特性曲线和响应参数。

(1) r、β、ϕ、整车质心侧向加速度 a_{ycg} 的响应特性曲线。

图 20-8 示出前轮参考转角 δ_{ref} 的阶跃时域波形,转角为 $1.2°$。

图 20-9～图 20-12 分别示出横摆角速度 r、整车质心偏离角 β、悬上质量侧倾角 ϕ、整车质心侧向加速度 a_{ycg} 的响应波形。

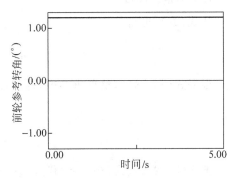

图 20-8 前轮参考转角 δ_{ref} 的阶跃时域波形(转角为 $1.2°$)

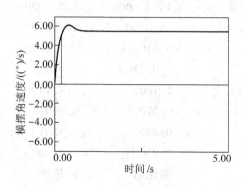
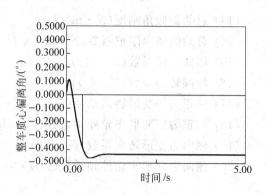

图 20-9　横摆角速度 r 的响应波形　　　图 20-10　整车质心偏离角 β 的响应波形

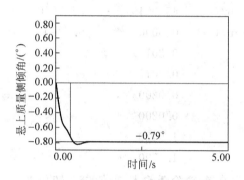
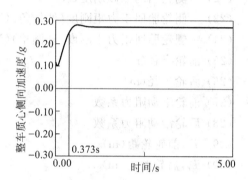

图 20-11　悬上质量侧倾角 ϕ 的响应波形　　图 20-12　整车质心侧向加速度 a_{ycg} 的响应波形

(2) 整车质心侧向加速度响应时间 0.373s(第一次达到响应稳态值的 90% 的时间)。由第 9 章的表 9-3 可见,各类现有轿车的侧向加速度响应时间的范围为 0.28~0.77s,平均值为 0.415s。本例中的计算值 0.373s 是合理的。

(3) 不足转向度。

从式(9-1)可得

$$\delta_{\text{ref}} = \frac{L}{R} + K a_y \tag{20-298}$$

根据式(20-297),整车质心稳态侧向加速度 a_y 为

$$a_y = ur \tag{20-299}$$

$$R = \frac{u}{r} \tag{20-300}$$

把式(20-299)、式(20-300)代入式(20-298),得

$$K = \frac{1}{a_y}\left(\delta_{\text{ref}} - \frac{L}{R}\right) = \frac{1}{ur}\left(\delta_{\text{ref}} - \frac{rL}{u}\right) \tag{20-301}$$

从图 20-8~图 20-12 可以确定,$\delta_{\text{ref}} = 1.2°$,稳态横摆角速度 $r = 5.517(°)/s$,$u = 100\text{km/h}$,$L = 2568.0\text{mm}$,则

$$K = \frac{1}{ur}\left(\delta_{\text{ref}} - \frac{rL}{u}\right)$$

$$= \frac{1}{\frac{100}{3.6} \times \frac{5.517 \times 3.14}{180}} \times \left[\frac{1.2}{180} \times 3.14 - \frac{\frac{5.517 \times 3.14}{180} \times 2.568}{\frac{100}{3.6}}\right]$$

$$= 0.004502 \text{rad}/(\text{m/s}^2)$$

$$= 0.2581(°)/(\text{m/s}^2)$$

$$= 2.529(°)/g$$

在第 9 章的例 9-1 中,采用前、后桥转向柔度 D_f、D_r 分析方法计算车辆的不足转向度 K,其中的车辆参数与本例中的相同,得到的 $K=2.403(°)/g$,与本例中计算值 $K=2.529(°)/g$ 的相对误差为

$$\frac{2.529 - 2.403}{2.529} = 5.0\%$$

即相互之间差别不大。

(4) 稳态侧倾角为 $-0.79°$,侧倾度 $\phi' = -2.88(°)/g$,与在第 9 章例 9-1 求出的侧倾度相同。

20.6 理想的前轮内、外轮转角关系随着车速的变化特性

如 7.13.1 节中所述,在轮胎侧偏角可以忽略的情况下,两轴汽车转向时其理想的前轴内、外轮转角可以用式(7-28)描述,即阿克曼转向几何关系:

$$\cot\theta_o - \cot\theta_i = \frac{K}{L}$$

式中,θ_o 是外前轮转角;θ_i 是内前轮转角;K 是左、右主销中心线的延长线与地面的交点之间的距离;L 是轴距。

阿克曼转向几何关系比较适合于低速转向行驶的场合,例如车速在 5km/h 以下。在这种情况下,汽车的侧向加速度很小,轮胎提供的侧向力很小,从而轮胎侧偏角也很小,可以忽略不计。阿克曼转向几何关系可以保证良好的转向性能和最低的轮胎磨损。

当汽车在以中、高速行驶中进行转向时,侧向加速度可能比较大,轮胎产生较大的侧向力和侧偏角,它们对阿克曼转向几何关系有影响。有人对轮胎侧偏角对轮胎磨损速率的影响进行了研究,发现轮胎的磨损速率与侧偏角的平方至 4 次方成正比,具体次方取决于轮胎本身的结构、地面情况、车轮定位参数、使用情况等。所以,为了减轻轮胎的磨损,就要设法减小各个轮胎的侧偏角,而使各个轮胎的侧偏角相等,就可以避免大侧偏角的产生,使各个轮胎的磨损都比较小。因此,在存在侧偏角的情况下,理想的内、外前轮转角应该保证它们具有相同的侧偏角。根据这个原则,可以计算理想的内、外前轮转角特性随着车速的变化关系,即类似图 7-61 所示的结果。

图 20-13 示出根据转向时前轴内、外轮具有相同侧偏角的原则确定内、外轮转角关系的模型。其中,L 是轴距;T_f 是轮距,用来近似代替 K(左、右主销中心线的延长线与地面

的交点之间的距离); α_f 是前轴侧偏角; α_{fi}、α_{fo} 分别是前轴内、外轮的侧偏角; δ_s 是前轴的变形转向角,假设内、外轮具有相同的变形转向角; α_r 是后轴侧偏角; δ_r 是后轴的变形转向角; V_f、V_r 分别是前、后轴的瞬时速度; V_i、V_o 分别是前、后轮的瞬时速度; O 是车辆的转向中心; R 是转向半径,即 O 到汽车纵向对称轴线的距离; δ_{ref} 是前轴的参考转角; δ_{refi}、δ_{refo} 分别是前轴内外轮的参考转角,它们之间的关系就是要确定的理想内、外轮转角关系,其可以使前轴内、外轮侧偏角 α_{fi}、α_{fo} 保持相等。

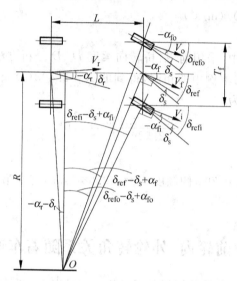

图 20-13 根据转向时前轴内、外轮具有相同侧偏角的原则确定内、外轮转角关系的模型

由于

$$\alpha_{fi} = \alpha_{fo} = \alpha_f \tag{20-302}$$

有如下关系式:

$$\left(R + \frac{T_f}{2}\right)\tan(\delta_{refo} - \delta_s + \alpha_f) = R\tan(\delta_{ref} - \delta_s + \alpha_f) \tag{20-303}$$

$$\left(R - \frac{T_f}{2}\right)\tan(\delta_{refi} - \delta_s + \alpha_f) = R\tan(\delta_{ref} - \delta_s + \alpha_f) \tag{20-304}$$

$$R = \frac{L}{\tan(\delta_{ref} - \delta_s + \alpha_f) - \tan(\alpha_r + \delta_r)} \tag{20-305}$$

从式(20-303)可得

$$\delta_{refo} = \delta_s - \alpha_f + \arctan\left[\frac{R\tan(\delta_{ref} - \delta_s + \alpha_f)}{R + \frac{T_f}{2}}\right] \tag{20-306}$$

从式(20-304)可得

$$\delta_{refi} = \delta_s - \alpha_f + \arctan\left[\frac{R\tan(\delta_{ref} - \delta_s + \alpha_f)}{R - \frac{T_f}{2}}\right] \tag{20-307}$$

在式(20-305)、式(20-306)、式(20-307)中的参数利用线性三自由度车辆操纵稳定

性模型计算,其中参考转角 δ_{ref} 是输入,α_f、α_s、α_r、δ_r 是计算的响应;δ_{refi}、δ_{refo} 就是保证前轴内、外轮侧偏角 α_{fi}、α_{fo} 相等的前轴内、外轮的参考转角。

在利用线性三自由度车辆操纵稳定性模型计算时,δ_{ref} 采用阶跃输入形式。对于一个给定车辆前进速度 u,逐渐增大 δ_{ref},直到使车辆的稳态侧向加速度达到 $0.3g$。这是因为线性三自由度车辆操纵稳定性模型仅适用于侧向加速度低于 $0.3g$ 的范围。图 20-14 示出一个这种计算的结果,其中,前轮参考转角 $\delta_{ref}=1°$;车辆前进速度 $u=100$km/h;车辆的模型参数与例 20-1 中的相同。把对应于每个前进速度 u 的参考转角 δ_{ref} 和计算的 α_f、δ_s、α_r、δ_r 响应的稳态值代入式(20-305)、式(20-306)、式(20-307)计算理想的内、外轮参考转角 δ_{refi}、δ_{refo},其中轮距 $T_f=1.542$m。图 7-61 示出这样得到的理想前轴内、外轮转角关系。

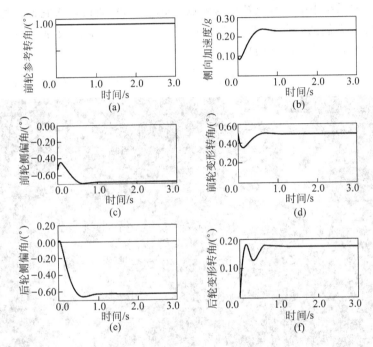

图 20-14 利用线性三自由度车辆操纵稳定性模型计算的结果
(a) 前轮参考转角随时间的变化特性;(b) 侧向加速度随时间的变化特性;(c) 前轮侧偏角随时间的变化特性;
(d) 前轮变形转角随时间的变化特性;(e) 后轮侧偏角随时间的变化特性;(f) 后轮变形转角随时间的变化特性

20.7 汽车动力学分析软件

目前,一些汽车动力学分析软件已经在汽车开发中得到了广泛应用,例如 Adams/Car。在此,对 Adams/Car 在汽车悬架、转向系统分析和整车操纵性分析中的应用进行简略介绍。

Adams/Car 是 MSC 软件公司(MSC. Software Corporation)与一些著名的汽车公司合作开发的汽车动力学分析软件。采用该软件可以建立汽车悬架、转向、动力传动、制动等子系统和整车的模型;对悬架、转向系统的特性进行模拟,显示各个特性曲线(例如,车轮外倾角-车轮跳动特性曲线、车轮前束角-车轮跳动特性曲线等);对整车进行操纵稳定性模拟,显示各个特性曲线(例如,汽车对前轮阶跃输入的横摆角速度、侧向加速度、侧倾角、轮胎侧偏角等特性曲线);对整车进行乘坐舒适性模拟;等等。

20.7.1 Adams/Car 的子系统模板建立器

在 Adams/Car 的子系统模板建立器(Adams/Car template builder)中,可以比较方便地建立汽车子系统的模型,例如悬架、转向、车身、动力传动、制动等子系统。所建立的模型称为模板。图 20-15 示出在 Adams/Car template builder 中建立的一种轿车的双横臂式独立悬架的模型。为了正确模拟悬架系统的运动学关系,需要正确确定其中各个有关零件之间的约束关系,即球铰、转动铰、移动铰等,如图 20-16 所示。在汽车处于设计位置时,悬架、转向系统中的关键点被称为硬点(hardpoint),通过输入它们在适当坐标系中的坐标值来确定它们的空间位置(见图 20-17)。在该子系统模板建立器中可以确定弹簧、减振器、橡胶元件等零部件的特性参数。

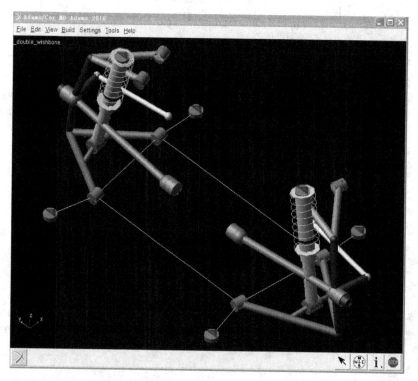

图 20-15 在 Adams/Car template builder 中建立的一种轿车的双横臂式独立悬架的模型

20.7.2 Adams/Car 的标准接口

在 Adams/Car 的标准接口(Adams/Car standard interface)中,可以把模板转换成子系统(subsystem);把一系列子系统装配成具有一定功能的装配体,例如悬架-转向系统装配体、整车装配体等,为进行性能分析做准备。图 20-18 示出一种汽车前悬架-转向系统的装配体。图 20-19 示出一种汽车的整车装配体。

20 线性三自由度车辆操纵性模型的建立　505

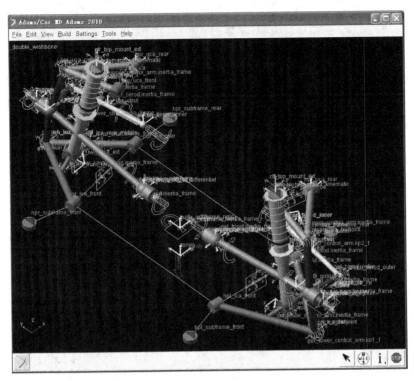

图 20-16　一种汽车双横臂式独立悬架中各个有关零件之间的约束关系（球铰、转动铰、移动铰等）

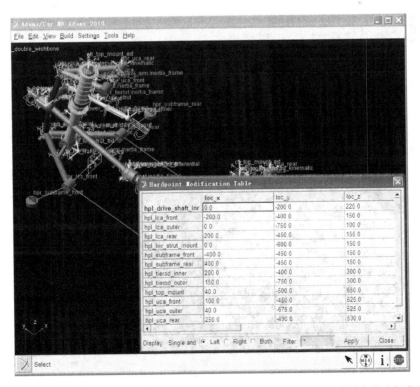

图 20-17　通过输入硬点（hardpoint）坐标值来确定悬架、转向系统中关键点的空间位置

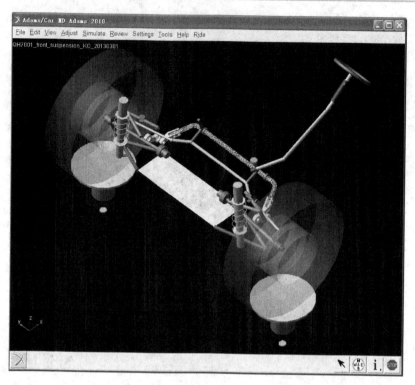

图 20-18 一种汽车前悬架-转向系统的装配体

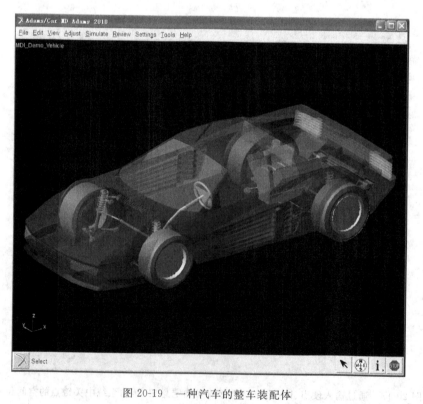

图 20-19 一种汽车的整车装配体

20 线性三自由度车辆操纵性模型的建立

在 Adams/Car 的标准接口中,可以对各种装配体进行性能模拟。对图 20-18 所示悬架-转向系统装配体进行两侧车轮平行跳动工况模拟,得到图 20-20 所示的车轮外倾角、前束角相对于车轮跳动位移的特性曲线。对图 20-19 所示整车装配体进行前轮转角阶跃输入工况模拟,得到图 20-21 所示的操纵稳定性响应特性曲线。

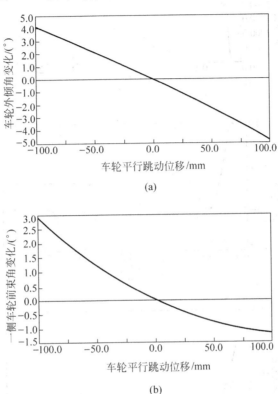

图 20-20 一种悬架-转向系统的车轮外倾角、前束角相对于车轮跳动位移的特性曲线
(a) 车轮外倾角-车轮平行跳动位移特性曲线;(b) 一侧车轮前束角-车轮平行跳动位移特性曲线

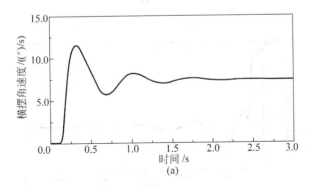

图 20-21 一种汽车的前轮转角阶跃输入的操纵稳定性响应特性曲线
(a) 横摆角速度响应特性;(b) 侧向加速度响应特性;(c) 质心偏离角响应特性;
(d) 车身侧倾角响应特性;(e) 前轮侧偏角响应特性

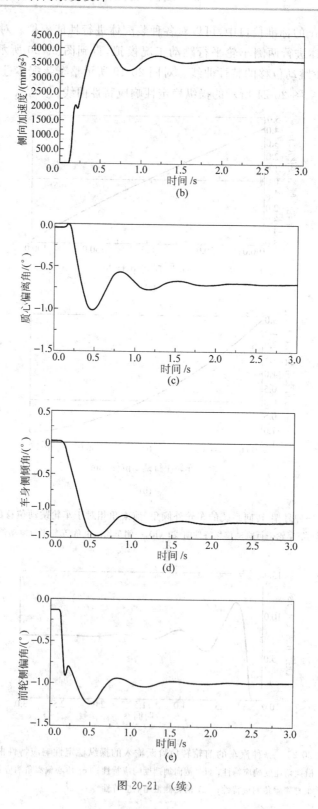

图 20-21 （续）

21 汽车的中心操纵性试验及其模拟

21.1 中心操纵性试验及其目的

汽车的中心操纵性试验(on-center handling test)用来定量评价汽车在小侧向加速度(小于 0.2g)范围内的操纵性特性,主要反映汽车在高速公路上行驶的操纵性品质,即驾驶员在一般高速公路行驶中所感受到的汽车操纵性特性,侧向加速度范围为 0.2g 以下。这种试验也是用来评价转向系统高速性能的主要试验。

中心操纵性试验的车速是 100km/h。试验中,驾驶员对转向盘施加一个正弦转角输入,频率约为 0.2Hz,转角的幅度以保证汽车的侧向加速度幅度约为 0.2g 为限。试验表明,经过适当培训和积累一定经验以后,试验驾驶员一般都能够施加这种频率和幅度的正弦转向盘转角输入,且重复性良好。试验的测量参数包括转向盘转角 δ_{sw}、转向盘转矩 T_{sw}、车辆横摆角速度 r、车速 u,它们都是时间历程,如图 21-1 所示。其中,侧向加速度 $A_y = ru$。然后,对上述信号进行处理,得到中心操纵性试验评价指标。

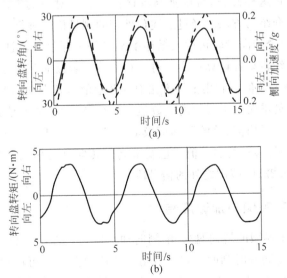

图 21-1 在中心操纵性试验中测量的典型信号波形
(a) 转向盘转角、侧向加速度时间历程;(b) 转向盘转矩时间历程

21.2 中心操纵性试验方法

首先把汽车加速到100km/h，随后保持该车速，即试验车速是100km/h。驾驶员对转向盘施加一个尽可能接近正弦曲线的转角输入，频率为0.2Hz，转角的幅度以保证汽车的侧向加速度幅度约为0.2g为限。在经过约两个以上转向盘转角循环以后，驾驶员启动信号测量、记录设备，测量车辆行驶速度u、转向盘转角δ_{sw}、转向盘转矩T_{sw}、车辆横摆角速度r信号。每次试验行驶、信号记录时间约为24s，一般进行8～10次重复试验行驶和信号测量。在试验中，一般要求风速不超过2m/s。

应该指出，中心操纵性试验中的侧向加速度A_y取为车速u和横摆角速度r的乘积，即$A_y = ru$。这是因为直接利用横摆角速度陀螺仪测量横摆角速度r比较方便、准确，不需要修改车身侧倾的影响。而测量侧向加速度比较复杂，需要对侧向加速度传感器的测量信号进行侧倾修正，这就需要利用侧倾陀螺的信号。而对侧倾陀螺本身还需要修正其漂移，操作者还得经常注意保持其零点设定。

21.3 中心操纵性试验的数据处理

首先，利用截止频率为3Hz的低通滤波器对测量信号进行滤波。这样可以消除噪声信号，而不会对测量信号的相位造成影响。由于转向盘的输入频率(约0.2Hz)和车辆的响应频率范围一般都离低通滤波器的截止频率3Hz足够远，这种滤波不会造成有用信号的丢失。

在试验行驶之前和之后都记录信号，利用这些信号段修正测量信号的偏移(一般由仪器的偏移引起)。通过这种修正，可以把与零横摆角速度对应的平均转向盘转角调整到零。然后，利用下面介绍的方法对经过上述预处理的测量信号进行分析，求出中心操纵性试验评价参数。在每个转向盘转角输入循环中都对每个评价参数计算两次，即对转向盘的顺时针转动、逆时针转动各计算一次。对于每个评价参数都总共计算约40个顺时针转动、40个逆时针转动的数值。利用统计方法对这些数值进行分析，找到并且消除由阵风、路面不平干扰、驾驶员错误等引起的离群数值。然后，对剩下的数值进行统计分析，求出顺时针平均值、逆时针平均值、总的平均值及其置信区间(一般是90%置信区间)。以总的平均值作为各个评价参数的名义值。也要求列出转向盘转角输入的平均频率，并且标出频率位于0.18～0.22Hz范围之外的信号段。

21.3.1 转向盘转角-侧向加速度特性

图21-2示出一个典型的转向盘转角-侧向加速度特性曲线，其中每个点的横坐标是侧向加速度，纵坐标是同一时刻的转向盘转角。从这种曲线上可以得到4个中心操纵性评价参数，即转向灵敏度(在0.1g的转向灵敏度)、最小转向灵敏度、线性度(转向灵敏度之比)、转向滞后。

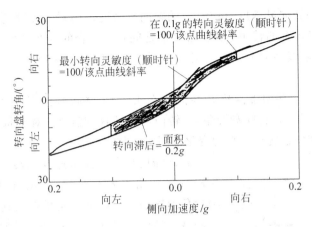

图 21-2 一个典型的转向盘转角-侧向加速度特性曲线

(1) 转向灵敏度(侧向加速度为 0.1g 时的转向灵敏度)

首先对转向盘转角-侧向加速度特性曲线上在 0.1g 侧向加速度附近的数据点进行直线拟合,得到曲线在 0.1g 的曲线斜率 S_{LOPE},则转向灵敏度=$100/S_{LOPE}$,单位为 $g/100°$(转向盘转角)。

应该指出,这样确定的转向灵敏度通常大于从稳态操纵性试验数据中计算得到的转向灵敏度。在利用稳态操纵性试验来求转向灵敏度时,一般是针对每一个转向盘转角作一个等速圆周行驶试验,其中测量的横摆角速度、侧向加速度几乎是一个常数。利用在多个转向盘转角稳态试验中测量的数据计算转向灵敏度。而在中心操纵性试验中,正弦的转向盘转角输入会在转向盘转角与横摆角速度之间引起一个相位滞后。该相位滞后会降低转向盘转角-侧向加速度(ru)特性曲线在 0.1g 的曲线斜率,从而得到一个数值更大的转向灵敏度。

如果在中心操纵性试验中直接测量侧向加速度,由于其相位滞后比横摆角速度更大,会使得到的在 0.1g 的转向灵敏度高于利用横摆角速度乘以车速(ru)来估计侧向加速度而得到的转向灵敏度。

(2) 最小转向灵敏度

首先对转向盘转角-侧向加速度特性曲线上在 $-0.1g \sim +0.1g$ 范围内的每个侧向加速度值附近的数据点进行直线拟合,得到最大的曲线斜率 S_{LOPEm},则最小转向灵敏度=$100/S_{LOPEm}$,单位为 $g/100°$(转向盘转角)。最小转向灵敏度大于 $0.5g/100°$(转向盘转角)比较合适(主观评价为理想)。

该转向灵敏度一般明显小于在 0.1g 的转向灵敏度。这主要是由非线性的转向柔度(在单位侧向力、回正力矩增量作用下所引起的前轮转角增量)所引起的。如果汽车的转向系统具有较大的转向柔度和间隙,则最小转向灵敏度就会减小。应该指出,最小转向灵敏度大致与在 0.1g 的转向灵敏度成正比。根据这种情况,为了隔离转向柔度的影响,一般也把这两个转向灵敏度之比,即线性度作为一个中心操纵性试验的评价指标。

(3) 转向灵敏度线性度

转向灵敏度线性度定义为最小转向灵敏度与在 0.1g 的转向灵敏度之比,即转向灵敏度线性度＝最小转向灵敏度/在0.1g的转向灵敏度。100%的线性度意味着在±0.1g侧向加速度之间转向盘的转角与侧向加速度之间具有完全的线性关系。对于动力转向汽车来说，转向灵敏度线性度大于60%比较合适(主观评价为理想)。

（4）转向滞后

计算转向盘转角-侧向加速度特性曲线在±0.1g之间所包围的面积 A。则转向滞后＝$A/0.2g$，单位为(°)(转向盘转角)。转向滞后的物理意义：对于每个位于±0.1g之间的侧向加速度转向盘转角的平均变化范围(见图21-3)。

图21-3 转向滞后的物理意义

转向滞后与在横摆角速度和转向盘转角之间的相位滞后有关，相位滞后越大，面积 A、转向滞后就越大。横摆角速度的滞后时间 t_r 是横摆角速度通过其零点的时间减去转向盘转角通过其零点的时间。该滞后时间 t_r 乘以 $2\pi n$(n是正弦转向盘转角输入的频率)，即 $2\pi n t_r$ 就是相位滞后。

转向滞后越小，横摆角速度与转向盘转角之间的相位滞后就越小，表明车辆对转向盘转角输入的响应就越快、跟随性就越好。

21.3.2 转向盘转矩-侧向加速度特性

图21-4示出一个典型的动力转向轿车的转向盘转矩-侧向加速度特性曲线，其中每个点的横坐标是侧向加速度，纵坐标是同一时刻的转向盘转矩。从这种曲线上可以得到6个中心操纵性评价参数，即转向盘转矩为零时的侧向加速度、侧向加速度为0g时的转向盘转矩、侧向加速度为0g时的转向盘转矩梯度、侧向加速度为0.1g时的转向盘转矩、侧向加速度为0.1g时的转向盘转矩梯度、转向盘转矩梯度线性度。

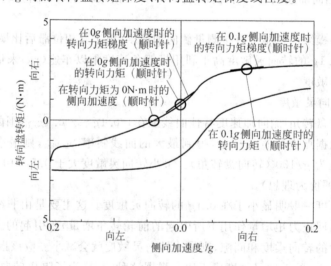

图21-4 一个典型的动力转向轿车的转向盘转矩-侧向加速度特性曲线

（1）转向盘转矩为0N·m时的侧向加速度

转向盘转矩为0N·m时的侧向加速度是反映回正性的一个评价参数。从图21-4可见,转向盘转矩-侧向加速度曲线与横轴(转矩为零)的交点有两个。它们表明,当转向盘转矩为零(相当于驾驶员松开转向盘)时,汽车仍有侧向加速度,即汽车仍处于转向。所以,这种加速度越大,回正性越差。该参数受到粘性阻尼和车辆响应滞后的影响。转向盘转矩为 $0N \cdot m$ 时的两个侧向加速度都取"—"。转向盘转矩为 $0N \cdot m$ 时的侧向加速度绝对值小于 $0.07g$ 比较令人满意。

(2) 侧向加速度为 $0g$ 时的转向盘转矩

侧向加速度为 $0g$ 时的转向盘转矩反映的是转向系统中的干摩擦。这个参数也受到粘性阻尼和车辆响应滞后的影响。

(3) 侧向加速度为 $0g$ 时的转向盘转矩梯度

首先对转向盘转矩-侧向加速度曲线上在 $0g$ 侧向加速度附近的数据点进行直线拟合,得到曲线在 $0g$ 的曲线斜率 S_{LOPET},则侧向加速度为 $0g$ 时的转向盘转矩梯度 $= S_{LOPET}$,单位为 $N \cdot m/g$。这个参数与术语"路感(road feel)"和"方向感(directional sense)"有关。它受到主销转矩梯度(前轮绕主销的单位转角增量所引起的绕主销的转矩增量)和系统总的转向角传动比的强烈影响。在动力转向汽车中,转阀扭杆刚度、阀结构、阀特性以及转向系统的摩擦也影响这个参数。

(4) 侧向加速度为 $0.1g$ 时的转向盘转矩

侧向加速度为 $0.1g$ 时的转向盘转矩是对刚偏离直线行驶时所需要的转向力的一种度量。

(5) 侧向加速度为 $0.1g$ 时的转向盘转矩梯度

首先对转向盘转矩-侧向加速度曲线上在 $0.1g$ 侧向加速度附近的数据点进行直线拟合,得到曲线在 $0.1g$ 的曲线斜率 S_{LOPET1},则侧向加速度为 $0.1g$ 时的转向盘转矩梯度 $= S_{LOPET1}$,单位为 $N \cdot m/g$。侧向加速度为 $0.1g$ 时的转向盘转矩梯度是对刚偏离直线行驶时"路感"的一种度量。

对于典型的动力转向汽车来说,在侧向加速度很小时,转向盘转矩随着侧向加速度的增加而增加得较快;然后,当转向助力起作用后,转向盘转矩随着侧向加速度的变化就变化得较小了。这种转变一般发生在 $0.1g$ 侧向加速度之前。这便引起了系统的非线性,但是这种非线性对减小停车转向力是必需的。

(6) 转向盘转矩梯度线性度

转向盘转矩梯度线性度 = 侧向加速度为 $0g$ 时的转向盘转矩梯度/侧向加速度为 $0.1g$ 时的转向盘转矩梯度

21.3.3 转向盘转矩-转向盘转角曲线

图 21-5 示出一个典型的转向盘转矩-转向盘转角特性曲线。从这种曲线可以得到两个参数,即转向盘转角为零时的转向盘转矩和转向盘转角为零时的转向盘转矩相对于转角的梯度。

首先对转向盘转矩-转角特性曲线上在零转向盘

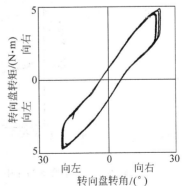

图 21-5 一个典型的转向盘转矩-转向盘转角特性曲线

转角附近的数据点进行直线拟合,得到曲线在零转向盘转角的曲线斜率 S_{LOPETA},则转向盘转角为零时的转向盘转矩相对于转角的梯度 $= S_{\text{LOPETA}}$,单位为 N·m/(°)。

这两个中心操纵性试验的评价参数所反映的特性在需要精确控制转向(闭环控制)的车辆转向操纵中更可能被感受到,而不是在更放松的正常公路行车转向操纵(开环控制)时。

21.3.4 转向功梯度-侧向加速度特性曲线

转向功 W 的定义为

$$W = \int F \mathrm{d}x \tag{21-1}$$

式中,F 是手加在转向盘轮缘上的力的大小;x 是 F 作用的距离。

$$F = \frac{T}{r_{\text{sw}}} \tag{21-2}$$

式中,T 是在转向盘上测量的转矩;r_{sw} 是转向盘半径。

力 F 作用点的位移增量 $\mathrm{d}x$ 为

$$\mathrm{d}x = r_{\text{sw}} \frac{\pi}{180} \mathrm{d}\delta \tag{21-3}$$

式中,$\mathrm{d}\delta$ 是转向盘的转角增量,单位是(°)。所以

$$W = \int F \mathrm{d}x = \int \frac{T}{r_{\text{sw}}} r_{\text{sw}} \frac{\pi}{180} \mathrm{d}\delta = \frac{\pi}{180} \int T \mathrm{d}\delta \tag{21-4}$$

图 21-6 示出一个典型的在中心操纵性试验中得到的转向功-侧向加速度特性曲线。注意,在 0.2g 侧向加速度时,转向盘的转动方向被转换,车辆系统的回正力矩使转向盘返回直行位置,这时驾驶员往往需要在转向盘上施加一个转矩来阻止转向盘过快回正,所以驾驶员的手力 F 做负功。其表现在图 21-6 上,便是转向功有所下降。随着方向盘接近中心,又需要驾驶员做正功。

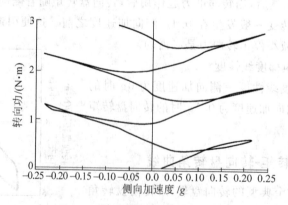

图 21-6 一个典型的在中心操纵性试验中得到的转向功-侧向加速度特性曲线

对转向功相对于侧向加速度求导数,便得到转向功梯度。图 21-7 示出一个典型的转向功梯度-侧向加速度特性曲线。从这种曲线可以得到转向功灵敏度。

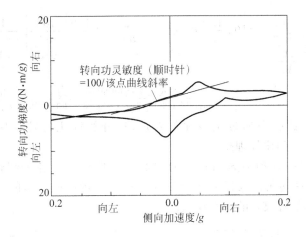

图 21-7　转向功梯度-侧向加速度特性曲线

首先对转向功梯度-侧向加速度曲线上在 $-0.1g\sim +0.1g$ 侧向加速度范围内的数据点进行直线拟合,得到的直线斜率为 S_{LOPEW}。在上述较大的侧向加速度范围进行直线拟合的目的是减小由对转向功梯度求导数所带来的变差。转向功灵敏度 $=100/S_{\text{LOPEW}}$,单位为 $g^2/(100\text{N·m})$。转向功灵敏度反映了车辆对驾驶员转向功的响应特性。

转向功灵敏度取决于转向盘转矩(相对于侧向加速度的)梯度、转向灵敏度和转向灵敏度的非线性。如果可以忽略转向系统的非线性,则有

转向功灵敏度=转向灵敏度/转向盘转矩(相对于侧向加速度的)梯度

下面证明这个关系。转向功可以利用式(21-4)计算,即

$$W = \frac{\pi}{180}\int T\mathrm{d}\delta$$

如果系统完全线性,则有

$$T = k\delta \tag{21-5}$$

式中,k 是个常数,单位为 $\text{N·m}/(°)$,即角刚度。式(21-5)表明,转向盘转矩 T 与其转角 δ 成正比。把式(21-5)代入式(21-4),得

$$W = \frac{\pi}{180}\int T\mathrm{d}\delta = \frac{\pi}{180}\int k\delta \mathrm{d}\delta = \frac{\pi}{180}k\frac{\delta^2}{2} \tag{21-6}$$

转向功梯度为

$$\frac{\mathrm{d}W}{\mathrm{d}A_y} = \frac{\pi}{180}k\delta\frac{\mathrm{d}\delta}{\mathrm{d}A_y} = \frac{\pi}{180}\delta\left(k\frac{\mathrm{d}\delta}{\mathrm{d}A_y}\right) = \frac{\pi}{180}\delta\frac{\mathrm{d}T}{\mathrm{d}A_y} \tag{21-7}$$

式中,对于完全线性的系统,$\mathrm{d}T/\mathrm{d}A_y$ 是个常数。

转向功梯度对侧向加速度的导数为

$$\frac{\mathrm{d}\left(\dfrac{\mathrm{d}W}{\mathrm{d}A_y}\right)}{\mathrm{d}A_y} = \frac{\pi}{180}\cdot\frac{\mathrm{d}\delta}{\mathrm{d}A_y}\cdot\frac{\mathrm{d}T}{\mathrm{d}A_y}$$

转向功灵敏度为

$$\frac{100}{\mathrm{d}\left(\dfrac{W}{\mathrm{d}A_y}\right)} = 100\,\frac{180}{\pi}\cdot\frac{1}{\dfrac{\mathrm{d}\delta}{\mathrm{d}A_y}}\cdot\frac{1}{\dfrac{\mathrm{d}T}{\mathrm{d}A_y}} = \frac{180}{\pi}\left[\frac{100}{\dfrac{\mathrm{d}\delta}{\mathrm{d}A_y}}\right]\frac{1}{\dfrac{\mathrm{d}T}{\mathrm{d}A_y}}$$

$$=\frac{180}{\pi}\cdot\frac{\text{转向灵敏度(侧向加速度为 }0.1g\text{ 处的)}}{\text{侧向加速度为 }0g\text{ 时的转向盘转矩梯度}}$$

在中心操纵性试验中通过主观评价发现,这种线性化的转向功灵敏度在 $2.5\sim3.5g^2/(100\mathrm{N\cdot m})$ 之间比较理想。

图 21-8 示出对一种动力转向轿车的中心操纵性试验的各个特性曲线(试验车速 99km/h,转向盘正弦转角输入频率 0.19Hz)。表 21-1 示出该轿车的中心操纵性试验的评价参数。该轿车具有很好的中心操纵性。

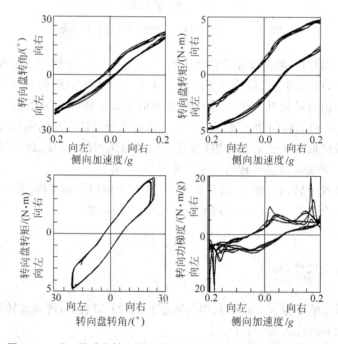

图 21-8 对一种动力转向轿车的中心操纵性试验的各个特性曲线
(试验车速 99km/h,转向盘正弦转角输入频率 0.19Hz)

表 21-1 一种动力转向轿车的中心操纵性试验的评价参数(试验车速 99km/h,转向盘正弦转角输入频率 0.19Hz)

	转向盘转角-侧向加速度特性曲线					
1	最小转向灵敏度/(g/100°(转向盘转角))					
	逆时针	0.71	顺时针	0.64	平均值	0.68
2	侧向加速度为 0.1g 时的转向灵敏度/(g/100°(转向盘转角))					
	逆时针	1.34	顺时针	1.21	平均值	1.28
3	转向灵敏度的线性度(转向灵敏度之比)					
	逆时针	0.54	顺时针	0.53	平均值	0.53
4	转向滞后/(°)(转向盘转角)			6.1		

续表

	转向盘转矩-侧向加速度特性曲线				
1	转向盘转矩为0N·m时的侧向加速度/g				
	逆时针	−0.071	顺时针	−0.045	平均值	−0.058
2	侧向加速度为0g时的转向盘转矩/N·m				
	逆时针	1.88	顺时针	1.14	平均值	1.51
3	侧向加速度为0.1g时的转向盘转矩/N·m				
	逆时针	3.73	顺时针	3.55	平均值	3.64
4	侧向加速度为0g时的转向盘转矩梯度/(N·m/g)				
	逆时针	26.9	顺时针	26.7	平均值	26.8
5	侧向加速度为0.1g时的转向盘转矩梯度/(N·m/g)				
	逆时针	11.4	顺时针	14.3	平均值	12.9
6	转向盘转矩梯度的线性度(转向盘转矩梯度之比)				
	逆时针	0.43	顺时针	0.53	平均值	0.48
	转向盘转矩-转向盘转角特性曲线				
1	转向盘转角为0时的转向盘转矩/N·m				
	逆时针	1.38	顺时针	0.67	平均值	1.02
2	转向盘转角为0时的转向盘转矩梯度/(N·m/(°))				
	逆时针	0.229	顺时针	0.215	平均值	0.222
	转向功梯度-侧向加速度特性曲线				
1	转向功灵敏度/(g^2/(100N·m))				
	逆时针	2.7	顺时针	2.3	平均值	2.5
	线性化的转向功灵敏度/(g^2/(100N·m))				
1	逆时针	2.9	顺时针	2.6	平均值	2.7

21.4 多种汽车中心操纵性试验结果及其统计分析

进行多种汽车中心操纵性试验的目的主要是研究不同汽车的中心操纵性评价参数的分布情况。根据车辆设计变量、车辆设计参数、车辆制造国别等对汽车中心操纵性评价参数分别进行了统计分析。车辆设计变量主要包括驱动轴的位置(前轴驱动、后轴驱动)、转向系统的类型(动力转向、机械转向);车辆设计参数主要是车辆总重量;车辆制造国别包括美国和其他国(欧洲各国、日本)。

21.4.1 汽车中心操纵性试验结果的统计分析

在对多种轿车的中心操纵性试验结果进行统计分析中,主要是求试验结果的平均值及该平均值的99%置信区间。在中心操纵性试验中,测量的性能参数包括:①最小转向灵敏度;②侧向加速度为0.1g的转向灵敏度;③转向灵敏度的线性度;④转向滞后;⑤转向盘转矩为0N·m时的侧向加速度;⑥侧向加速度为0g时的转向盘转矩;⑦侧向加速度为0.1g时的转向盘转矩;⑧侧向加速度为0g时的转向盘转矩梯度;⑨侧向加速度为0.1g时的转向盘转矩梯度;⑩转向盘转矩梯度的线性度;⑪转向盘转角为0时的转向盘转矩;⑫转向盘转角为0时的转向盘转矩梯度;⑬转向功灵敏度;⑭线性化的转向功灵敏度。假设对一个试验参数的多个测量结果依次为 $x_1, x_2, \cdots, x_n$，则该试验参数的平均值为

$$\bar{x} = \frac{x_1 + x_2 + \cdots + x_n}{n}$$

该参数的标准差为

$$s = \frac{1}{n-1}\sqrt{(x_1-\bar{x})^2 + (x_2-\bar{x})^2 + \cdots + (x_n-\bar{x})^2}$$

平均值的99%置信区间近似为

$$\left[\bar{x} - 3\frac{s}{\sqrt{n}}, \bar{x} + 3\frac{s}{\sqrt{n}}\right]$$

21.4.2 试验车的重量及其分布

图21-9分别示出对前轴驱动、后轴驱动、美国制造、其他国制造、动力转向和机械转向轿车的重量统计分析结果，其中包含总平均值的99%置信区间。设两个统计变量的平均值及其标准差分别为$(\bar{x}_1, s_1/\sqrt{n_1})$、$(\bar{x}_2, s_2/\sqrt{n_2})$，则它们的总平均值及其标准差分别为

$$\bar{x}_t = \frac{\bar{x}_1 + \bar{x}_2}{2}$$

$$s_t = \frac{\sqrt{\frac{s_1^2}{n_1} + \frac{s_2^2}{n_2}}}{2}$$

总平均值的99%置信区间近似为

$$[\bar{x}_t - 3s_t, \bar{x}_t + 3s_t]$$

在平均值$\bar{x}_1$、$\bar{x}_2$中，只要有平均值超出总平均值的99%置信区间，就认为平均值$\bar{x}_1$、$\bar{x}_2$之间存在显著差异。

从图21-9可以看出，前轴驱动轿车的平均重量明显小于后轴驱动轿车，美国轿车的平均重量大于其他国轿车，动力转向轿车的平均重量大于机械转向轿车。

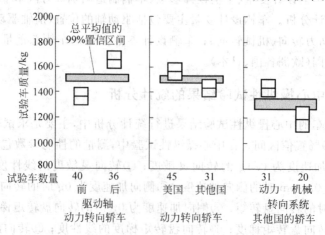

图21-9 对试验轿车的重量的统计分析结果

图 21-10 示出对试验轿车的前轴重量分配的统计分析结果。可以看出,前轴驱动轿车、美国轿车、动力转向轿车的平均前轴重量分配要大于各自相对组。

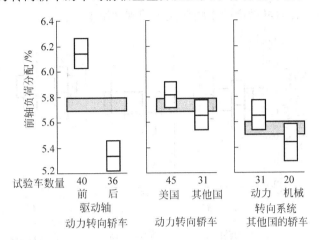

图 21-10　对试验轿车的前轴重量分配的统计分析结果

21.4.3　转向盘转角-侧向加速度特性曲线相关的评价参数

图 21-11 示出对侧向加速度为 $0.1g$ 时的转向灵敏度(单位是 $g/100°$(转向盘转角))的统计分析结果。可以看出,后轴驱动轿车的转向灵敏度明显高于前轴驱动轿车。但是,进一步研究表明,其他国轿车的不同驱动轴位置对转向灵敏度基本上没有影响;但是,美国后轴驱动轿车的转向灵敏度明显高于该国的前轴驱动轿车。这是因为在美国后轴驱动轿车中所包含的跑车(sports car)比例远高于该国的前轴驱动轿车。

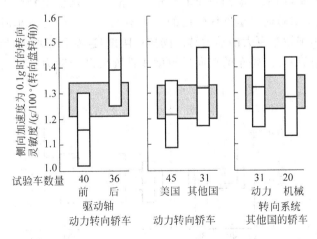

图 21-11　对侧向加速度为 $0.1g$ 时的转向灵敏度的统计分析结果

如果把轿车重量、重量分配也结合起来一起分析,可以发现驱动轴本身对转向灵敏度没有明显影响。驱动轴位置对转向灵敏度的影响实际上是由于重量、重量分配与驱动轴位置的相关性所引起的。轿车的制造国别、转向系统类型对转向灵敏度没有明显影响。

图 21-12 示出对最小转向灵敏度的统计分析结果。可以看出，其他国轿车的最小转向灵敏度明显高于美国轿车。但是，如果把重量、重量分配结合起来进行分析，则表明重量、重量分配对最小转向灵敏度的影响要大于国别的影响。

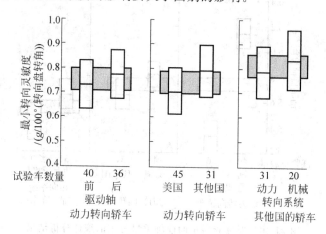

图 21-12　对最小转向灵敏度的统计分析结果

参见图 21-2，最小转向灵敏度对应于转向盘转角-侧向加速度特性曲线的最大斜率，通常靠近零侧向加速度位置。驾驶员对具有较大最小转向灵敏度的汽车主观评价为"转向感觉干脆"。因此，最小转向灵敏度较大比较好，大于 0.5g/100°（转向盘转角）比较理想。

图 21-13 示出对最小转向灵敏度与在 0.1g 侧向加速度时的转向灵敏度之比（即转向灵敏度线性度）的统计分析结果。可以看出，前轴驱动轿车的转向灵敏度线性度明显高于后轴驱动轿车。但是，如果考虑到轿车的重量、重量分配，这种差别就不明显了。轿车的国别、转向系统类型对转向灵敏度线性度的影响不大。其他国的轿车所采用的动力转向系统一般具有比美国轿车更大的动力转向阀扭杆刚度，这有利于增大转向灵敏度线性度。类似地，可以预期机械转向轿车的转向灵敏度线性度要高于动力转向轿车。转向灵敏度

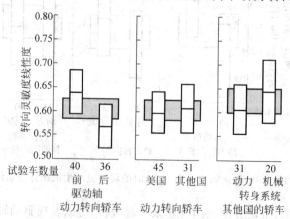

图 21-13　对最小转向灵敏度与在 0.1g 侧向加速度时的转向灵敏度之比
　　　　　（即转向灵敏度线性度）的统计分析结果

线性度高于60%比较理想。就线性度而言,很多机械转向轿车的主观评价结果要好于许多动力转向轿车。

图21-14示出对转向滞后的统计分析结果。可以看出,前轴驱动轿车的转向滞后明显小于后轴驱动轿车,这可能部分是由于它们的转向系统的差别,即前轴驱动轿车都采用齿轮齿条式转向系统,而后轴驱动轿车多采用整体式转向系统;机械转向轿车的转向滞后明显小于动力转向轿车。转向滞后较小比较好。

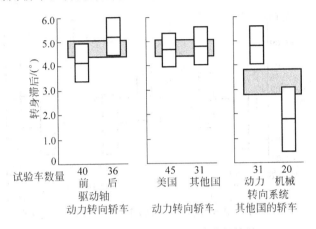

图21-14 对转向滞后的统计分析结果

图21-15示出对车辆横摆角速度滞后时间(lag time,见图21-1,侧向加速度相对于转向盘转角的滞后时间)的统计分析结果。车辆横摆角速度滞后时间与转向滞后有关。因此,驱动轴位置和转向系统类型对其有影响。前轴驱动轿车的平均横摆角速度滞后时间要短于后轴驱动轿车。但是,如果考虑车辆重量、重量分配,则这种差别就会小得多。前轴驱动轿车的前轴负荷较大,在其他因素相当的情况下,其一般会导致比后轴驱动轿车更大的不足转向和更小的后转向柔度。这至少是引起转向滞后、横摆角速度滞后时间较短的部分原因。机械转向系统的横摆角速度滞后时间明显短于动力转向汽车。

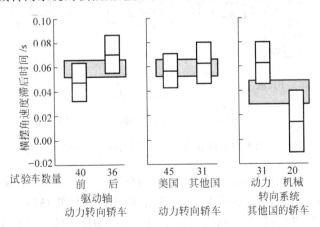

图21-15 对车辆横摆角速度滞后时间(lag time)的统计分析结果

21.4.4 转向盘转矩-侧向加速度特性曲线相关的评价参数

图 21-16 示出对转向盘转矩为 0N·m 时的侧向加速度进行统计分析的结果。转向盘转矩为 0N·m 时的侧向加速度也称为回正性(returnability)。回正性的绝对值越大，回正性越差。可以看出，美国轿车的回正性明显不同于其他国的轿车，其回正性平均不如其他国的轿车。回正性的绝对值小于 0.07g 通常被主观评价为"令人满意"。

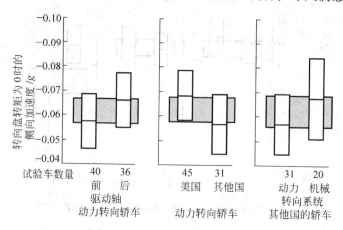

图 21-16　对转向盘转矩为 0N·m 时的侧向加速度进行统计分析的结果

图 21-17 示出对侧向加速度为 0g 时的转向盘转矩的统计分析结果。可以看出，前轴驱动轿车的侧向加速度为 0g 时的转向盘转矩的平均值明显低于后轴驱动轿车。如果考虑重量、重量分配的影响，它们之间的差别就不再显著了。

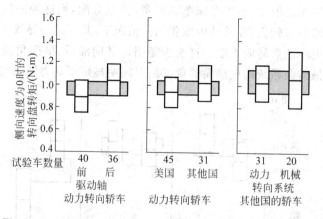

图 21-17　对侧向加速度为 0g 时的转向盘转矩的统计分析结果

图 21-18 示出对侧向加速度为 0g 时的转向盘转矩梯度进行统计分析的结果。可以看出，后轴驱动轿车的侧向加速度为 0g 时的平均转向盘转矩梯度大于前轴驱动轿车。但是，实际上，是其他国的轿车才具有这种差别。而美国轿车的这种差别不明显。如果考虑重量、重量分配，则上述平均值差别也不明显。后轴驱动轿车的平均前轴负荷要大于前轴驱动轿车，这是后轴驱动轿车具有较高转向盘转角梯度的部分原因。

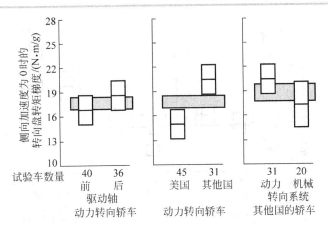

图 21-18　对侧向加速度为 0g 时的转向盘转矩梯度进行统计分析的结果

其他国轿车的转向盘转矩梯度要大于美国轿车,这是其他国轿车具有较好转向回正性的部分原因。动力转向轿车的侧向加速度为 0g 时的转向盘转矩梯度要大于机械转向轿车。机械转向轿车的较低的转向盘转矩梯度有利于减小侧向加速度更高时的转向力。

图 21-19 示出对侧向加速度为 0.1g 时的转向盘转矩的统计分析结果。可以看出,后轴驱动轿车在侧向加速度为 0.1g 时的平均转向盘转矩要大于前轴驱动轿车。但是,如果考虑重量、重量分配,则上述平均值的差别就不明显了,即这种差别不是由驱动轴位置决定的,而主要是由前轴负荷决定的。其他国动力转向轿车的平均转向盘转矩与机械转向轿车的差别不明显。但是,美国轿车在侧向加速度为 0.1g 时的平均转向盘转矩要明显小于其他国轿车。

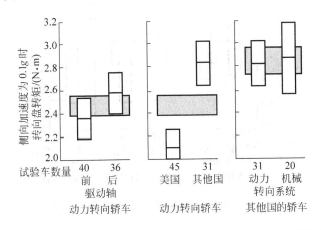

图 21-19　对侧向加速度为 0.1g 时的转向盘转矩的统计分析结果

图 21-20 示出对侧向加速度为 0.1g 时的转向盘转矩梯度的统计分析结果,一般认为该参数反映了离开中心的"路感"。可以看出,前轴驱动轿车的平均值与后轴驱动轿车的没有显著差别。其他国的动力转向轿车的平均值明显高于美国动力转向轿车。侧向加速度为 0.1g 时的转向盘转矩梯度较高使驾驶员感到的转矩反馈较强,但是在 0.1g 侧向加速度时的转向盘转矩也较大。机械转向轿车的平均值明显大于动力转向轿车。

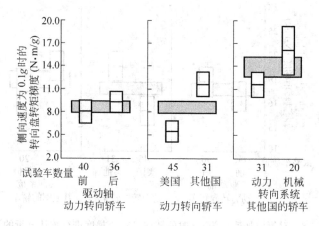

图 21-20 对侧向加速度为 0.1g 时的转向盘转矩梯度的统计分析结果

图 21-21 示出对转向盘转矩梯度比的统计分析结果。而转向盘转矩梯度比是侧向加速度为 0g 时的转向盘转矩梯度除以侧向加速度为 0.1g 时的转向盘转矩梯度,其反映了动力助力的程度。可以看出,驱动轴位置对转向盘转矩梯度比平均值的影响不明显。动力转向轿车的转向盘转矩梯度比明显高于机械转向轿车,这是因为动力助力使得在 0.1g 侧向加速度时的转向盘转矩梯度得到了明显减小。美国动力转向轿车的平均转向盘转矩梯度比明显高于其他国的动力转向轿车,这是因为其他国动力转向轿车的转向力水平设计得比美国轿车高。机械转向轿车的平均转向盘转矩梯度比明显低于动力转向轿车。

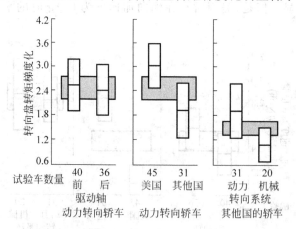

图 21-21 对转向盘转矩梯度比的统计分析结果

21.4.5 转向盘转矩-转向盘转角特性曲线相关的评价参数

图 21-22 示出对转向盘转角为 0 时的转向盘转矩进行统计分析的结果。可以看出,驱动轴位置、轿车的国别对该转向盘转矩平均值没有显著影响。动力转向轿车在转向盘转角为 0 时的转向盘转矩平均值明显小于机械转向轿车,这显然是动力助力的结果。

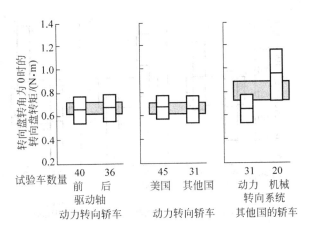

图 21-22 对转向盘转角为 0 时的转向盘转矩进行统计分析的结果

图 21-23 示出对转向盘转角为 0 时的转向盘转矩梯度(转向"刚度")进行统计分析的结果。可以看出,后轴驱动轿车的平均转向"刚度"明显高于前轴驱动轿车。但是,分析表明,这种差别主要是由重量、重量分配所造成的。其他国轿车的平均转向"刚度"明显大于美国轿车。机械转向轿车的平均转向"刚度"明显小于动力转向轿车。进一步的分析表明,对于后轴驱动轿车,机械转向轿车的平均转向"刚度"才明显小于动力转向轿车;而对于前轴驱动轿车,这种差别就不明显了。

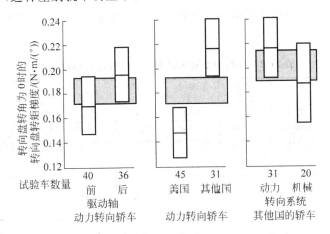

图 21-23 对转向盘转角为 0 时的转向盘转矩梯度(转向"刚度")进行统计分析的结果

21.4.6 转向功梯度-侧向加速度特性曲线相关的评价参数

图 21-24 示出对转向功灵敏度的统计分析结果。可以看出,后轴驱动轿车的平均转向功灵敏度比前轴驱动轿车要高。但是,如果考虑重量、重量分配的影响,则这种差别就不明显了,即这种差别主要是由不同的重量、重量分配引起的,而不是由驱动轴的位置引起的。

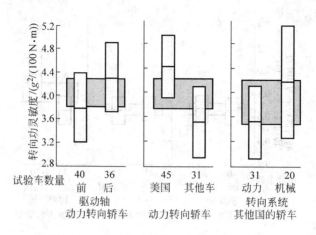

图 21-24 对转向功灵敏度的统计分析结果

美国轿车的平均转向功灵敏度要明显高于其他国轿车。美国轿车的转向功灵敏度较高主要是由于在后轴驱动的美国轿车中包含较高比例的跑车,而跑车的转向功灵敏度明显高于其他类别的轿车。机械转向轿车的平均转向功灵敏度与动力转向轿车没有明显差别。

21.4.7 一些典型轿车的中心操纵性试验评价参数

表 21-2 示出一些典型轿车的中心操纵性试验评价参数。其中,其他国的轿车是指欧洲、日本制造的轿车。

表 21-2 一些典型轿车的中心操纵性试验评价参数

轿车类型	豪华轿车	中级轿车	紧凑型轿车	紧凑型轿车	跑车	中级轿车	中级轿车	跑车
国别	美国	美国	美国	美国	美国	其他国	其他国	其他国
驱动轴位置	后驱动	前驱动	前驱动	前驱动	后驱动	后驱动	前驱动	后驱动
转向系统类型	动力转向	动力转向	动力转向	机械转向	动力转向	动力转向	动力转向	机械转向
最小转向灵敏度/(g/100°(转向盘转角))	0.57	0.67	0.75	0.41	1.16	0.68	0.89	0.96
侧向加速度为 0.1g 时的转向灵敏度/(g/100°(转向盘转角))	1.08	0.99	1.02	0.67	1.97	1.27	1.20	1.41
转向盘转矩为 0N·m 时的侧向加速度/g	-0.110	-0.055	-0.063	-0.038	-0.054	-0.071	-0.045	-0.109
侧向加速度为 0g 时的转向盘转矩/(N·m)	1.29	0.81	0.78	0.96	0.95	1.57	0.90	1.90
侧向加速度为 0g 时的转向盘转矩梯度/(N·m/g)	8.8	16.5	13.0	27.5	18.5	25.1	20.6	20.6
侧向加速度为 0.1g 时的转向盘转矩/(N·m)	1.90	2.19	1.83	3.94	2.27	3.46	2.43	4.09
侧向加速度为 0.1g 时的转向盘转矩梯度/(N·m/g)	4.2	4.7	6.6	15.9	8.4	12.4	7.9	20.3
转向功灵敏度/(g^2/(100N·m))	5.5	3.1	4.3	1.1	6.2	3.0	3.2	3.6

21.5 汽车转向系统的性能评价试验

21.5.1 期望的转向系统性能

一些汽车公司所进行的调查研究结果如下。

(1) 对于所有的行驶状态,驾驶员都希望操纵转向盘的感觉正确,既不过轻,也不过重。

(2) 驾驶员强烈希望停车转向力小。

(3) 驾驶员想要非动力转向器型的转向感觉,在公路行驶时不需要过分集中注意力于操纵转向盘。

总的来说,为了满足驾驶员的需要,要求转向系统能够保证比较小的停车转向力,而在高速行驶时又能够保证足够高的方向感。

对于汽车转向系统制造公司来说,用来评价转向系统的整车性能的试验主要是原地停车转向试验和中心操纵性试验。

原地停车转向试验在水平、良好的水泥或沥青路面上进行,汽车静止,发动机处于怠速状态。驾驶员转动转向盘,从一端转到另一端,再转回去,同时测量转向盘的转矩和转角。图21-25 示出一个典型动力转向轿车的原地停车转向的转向盘转矩-转角特性曲线。可以看出,其停车转向的转向盘转矩约为 $4N \cdot m$。转向盘转矩除以转向盘半径得到转向力,即用一只手拉动转向盘的切向拉力。这种轿车的转向盘直径为360mm,则 $4N \cdot m$ 对应的转向力为 $2 \times 4/0.36 = 22.22N$。

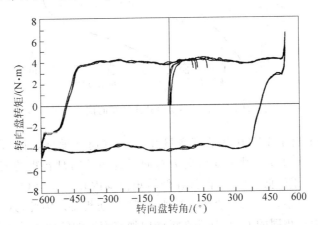

图 21-25 一个典型动力转向轿车的原地停车转向的转向盘转矩-转角特性曲线

转向系统制造公司一般最关心两个性能参数,即停车转向力和方向感。方向感就是在中心操纵性试验中得到的侧向加速度为0时的转向盘转矩梯度($N \cdot m/g$)。图21-26 示出期望的转向系统的性能范围,即停车转向力(转向盘切向拉力)较低(10～23N)和方向感较高(20～38$N \cdot m/g$)的区域。

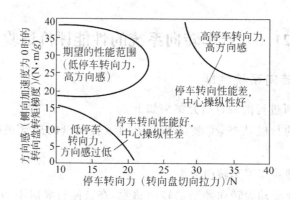

图 21-26 期望的转向系统的性能范围

21.5.2 可变转向力转向系统的作用

采用可变转向力转向系统(见 7.19 节)可以随着车速调节转向助力的大小,即停车、低速时使转向助力大,随着车速的升高逐渐减小转向助力,其有助于使转向系统的性能位于上述期望的性能范围。图 21-27 示出对一些动力转向轿车的试验结果。

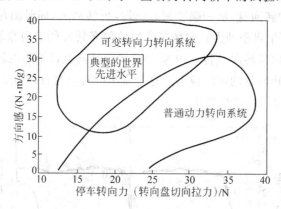

图 21-27 对一些动力转向轿车的试验结果

在图 7-98 中示出了 EVO(电子可变量孔)、SSS(速度敏感转向)、MAGNASTEER (电磁速度可变力转向)等三种可变转向力转向系统的转向盘转矩的调节范围。在高速时,需要的转向盘转矩较低,这三条曲线在低转矩范围内几乎完全相互重合,在此范围系统提供的转向助力最小。这三条曲线在压力为 7bar 处相交。因此,这三种 VES 系统在高速下可以提供大致相同的方向感(即在零侧向加速度下的转向盘转矩斜率)。

但是,这三种系统能够提供的停车转向力差别比较大。在停车转向时系统应该提供最大的转向助力。如图 7-98 所示,与原地停车转向状态相对应的压力是 80bar。当提供这种压力时,SSS 系统需要输入的转向力矩比 EVO 小,但是它们之间的差别并不很明显。作为对照,当提供 80bar 的助力压力时 MAGNASTEER 系统所需要输入的转向力矩却小得多。图 21-28 示出对分别采用这三种可变转向力转向系统的轿车进行试验的结果。可以看出,对采用 MAGNASTEER 系统的轿车的测量性能几乎完全与在

图 21-26 中所示的理想性能范围相重合,具有很好的性能。总的来看,采用 EVO 系统和 SSS 系统的性能不如 MAGNASTEER 系统,但是好于普通的动力转向系统(见图 21-28、图 21-27)。

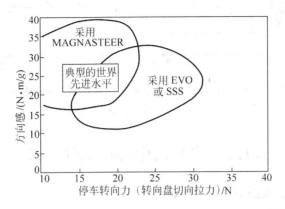

图 21-28 对采用不同可变转向力转向系统的轿车的试验结果

采用可变转向力转向系统有助于获得比较恒定的转向功灵敏度,即转向功灵敏度随着车速的变化比较小,并且位于比较理想的范围以内,如图 21-29 所示。之所以能够达到这种效果,是因为可变转向力转向系统可以随着车速变化自动调节动力转向助力的程度,如图 21-30 所示。这导致了汽车转向性能的改善,如图 21-31 所示,其中 B 车装备有可变转向力转向系统,而 A 车采用的是普通动力转向系统。驾驶员强烈喜欢 B 车的转向操纵性能,即转向功灵敏度不随车速发生变化,而方向感随着车速的升高而增大。

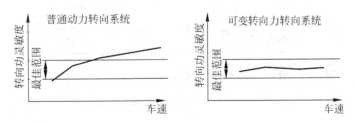

图 21-29 转向功灵敏度-车速特性曲线

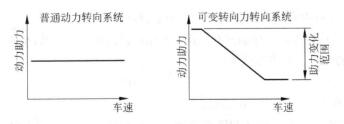

图 21-30 动力转向助力-车速特性曲线

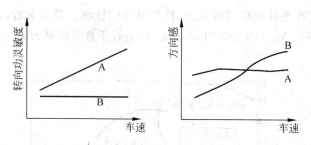

图 21-31 采用普通动力转向系统的汽车(A)和采用可变转向力转向系统的汽车(B)的中心操纵性特性曲线

21.6 汽车的中心操纵性模拟

21.6.1 汽车中心操纵性模拟的模型

图 21-32 示出汽车中心操纵性模拟的模型框图,该模型包括汽车的线性三自由度操纵性模型、转向系统模型和中心操纵性评价参数计算模块。在给定前轮转角变化规律(随着时间正弦变化)的情况下,利用汽车线性三自由度模型计算车辆的响应,即横摆角速度、前轮轮胎回正力矩、前轮侧向力,横摆角速度乘以车速得到侧向加速度。利用转向系统模型根据前轮转角、前轮轮胎回正力矩、前轮侧向力来计算转向盘转角、转向盘转矩。利用中心操纵性评价参数计算模块画出转向盘转角-侧向加速度、转向盘转矩-侧向加速度、转向盘转矩-转角、转向功-侧向加速度、转向功梯度-侧向加速度特性曲线,并且计算出所有的中心操纵性评价参数。

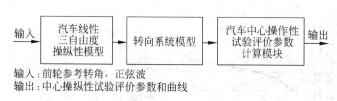

图 21-32 汽车中心操纵性模拟的模型框图

21.6.2 汽车的线性三自由度操纵性模型

采用在第 20 章中介绍的汽车线性三自由度操纵性模型。

【例 21-1】 采用例 20-1 中的汽车线性三自由度操纵性模型参数,车速 $u=100\text{km/h}$,输入为前轮参考转角 δ_{ref},其表达式为

$$\delta_{ref} = A\sin(2\pi ft)$$

式中,幅度 $A=0.88°$;频率 $f=0.2\text{Hz}$。

图 21-33 示出前轮参考转角和横摆角速度 r、前轮侧向力 F_{y1}、前轮回正力矩 AT_f 等响应曲线。实际上,幅度 $A=0.88°$ 是经过试算确定的,其可以保证车辆侧向加速度 (ru) 的幅度约为 $0.2g$。

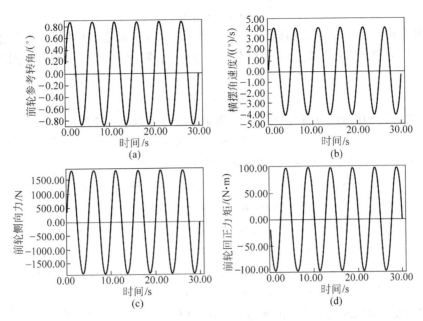

图 21-33 前轮参考转角和横摆角速度 r、前轮侧向力 F_{y1}、前轮回正力矩 AT_f 响应曲线

21.6.3 汽车的转向系统模型

假定所研究的是一辆后轴驱动汽车,其采用整体式动力转向系统,而且转向系统中各个零件的质量、转动惯量都可以忽略不计。图 21-34 示出该转向系统的模型。

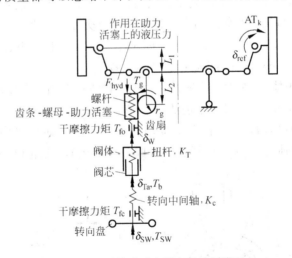

图 21-34 整体式动力转向系统的模型

如图 13-9 和图 13-10 所示,汽车转向行驶时,如果让车轮绕主销轴线 OZ_2 转动一个小角度 $\Delta\delta$,则绕两侧主销轴线的转矩之差 $\Delta T_{z2,d}$ 可以按式(13-18)计算,即

$$\Delta T_{z2,d} = -2F_y[r\sin\tau_1 + r_{\tau,T}\cos\sigma\cos\tau_1] + (F_{zR} - F_{zL})\sin\tau_1(r_s + r\tan\sigma) - (F_{zR} + F_{zL})\cos^2\tau_1\cos\sigma\sin\sigma(r_s + r\tan\sigma)\Delta\delta \tag{21-8}$$

$$\tan\tau_1 = \tan\tau\cos\sigma \tag{21-9}$$

式中,r 是车轮半径;$r_{\tau,T}$ 是轮胎拖距;σ 是主销内倾角;τ 是主销后倾角;r_s 是主销偏移距;F_{zR}、F_{zL} 分别是右侧与左侧车轮的垂直力的大小;假设两侧车轮的侧向力相等,均为 F_y,则

$$F_{y1} = 2F_y \tag{21-10}$$

式中,F_{y1} 是前轴侧向力,如图 20-1 所示。而轮胎的回正力矩 AT_f 为

$$AT_f = -F_{y1} r_{\tau,T} \tag{21-11}$$

把式(21-10)、式(21-11)代入式(21-8),可得

$$\begin{aligned}\Delta T_{z2,d} &= -F_{y1}(r\sin\tau_1 + r_{\tau,T}\cos\sigma\cos\tau_1) - (F_{zR} - F_{zL})\sin\tau_1 \cdot (r_s + r\tan\sigma) - \\ &\quad (F_{zR} + F_{zL})\cos^2\tau_1\cos\sigma\sin\sigma \cdot (r_s + r\tan\sigma)\Delta\delta \\ &= -F_{y1} r\sin\tau_1 + (-F_{y1} r_{\tau,T})\cos\sigma\cos\tau_1 - (F_{zR} - F_{zL})\sin\tau_1 \cdot (r_s + r\tan\sigma) - \\ &\quad (F_{zR} + F_{zL})\cos^2\tau_1\cos\sigma\sin\sigma \cdot (r_s + r\tan\sigma)\Delta\delta \\ &= -F_{y1} r\sin\tau_1 + AT_f \cdot \cos\sigma\cos\tau_1 - (F_{zR} - F_{zL})\sin\tau_1 \cdot (r_s + r\tan\sigma) - \\ &\quad (F_{zR} + F_{zL})\cos^2\tau_1\cos\sigma\sin\sigma \cdot (r_s + r\tan\sigma)\Delta\delta \end{aligned} \tag{21-12}$$

可以近似认为 $\Delta\delta$ 就是前轮的参考转角 δ_{ref},即

$$\delta_{ref} = \Delta\delta \tag{21-13}$$

把式(21-13)代入式(21-12),得

$$\begin{aligned}\Delta T_{z2,d} &= -F_{y1} r\sin\tau_1 + AT_f \cdot \cos\sigma\cos\tau_1 - (F_{zR} - F_{zL})\sin\tau_1(r_s + r\tan\sigma) - \\ &\quad (F_{zR} + F_{zL})\cos^2\tau_1\cos\sigma\sin\sigma \cdot (r_s + r\tan\sigma)\delta_{ref} \end{aligned} \tag{21-14}$$

这个两侧主销转矩之差 $\Delta T_{z2,d}$ 就是主销回正力矩 AT_k,其由转向器的输出转矩或力来平衡,其也是转向后推动车轮返回直线行驶位置的动力。因此

$$\begin{aligned}AT_k = \Delta T_{z2,d} &= -F_{y1} r\sin\tau_1 + AT_f \cdot \cos\sigma\cos\tau_1 - (F_{zR} - F_{zL})\sin\tau_1 \cdot (r_s + r\tan\sigma) - \\ &\quad (F_{zR} + F_{zL})\cos^2\tau_1\cos\sigma\sin\sigma \cdot (r_s + r\tan\sigma)\delta_{ref} \end{aligned} \tag{21-15}$$

图 21-35 示出阀体、阀芯的示意图及转阀的当量流道。当汽车发动机运转时,来自动力转向泵的液压油流量 Q_T 通过 4 个进油孔 E(在阀体上制出)进入 4 个进油槽 F(在阀体的内圆表面制出的轴向槽)。然后,Q_T 分成两部分,即 Q_L 和 Q_R。其中,流量 Q_L 通过阀间隙 B_1 向左流入 4 个轴向槽 G_{L1}(在阀芯的外圆表面制出)。流量 Q_L 又分成两部分,其中

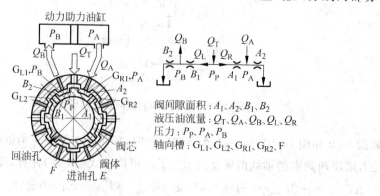

图 21-35 阀体、阀芯的示意图及转阀的当量流道

Q_B 流入动力助力油缸,而 $Q_L - Q_B$ 通过阀间隙 B_2 流入 4 个轴向槽 G_{L2}(在阀体的内圆表面制出),再通过回油孔(在阀芯上制出)流入阀芯的内部。阀芯的内部与动力转向油罐相通,是低压区。

流量 Q_R 通过阀间隙 A_1 向右流入 4 个轴向槽 G_{R1}(在阀芯的外圆表面制出),与来自助力油缸的流量 Q_A 汇合在一起。该流量 $Q_R + Q_A$ 通过阀间隙 A_2 流入 4 个轴向槽 G_{R2}(在阀体的内圆表面制出),然后通过回油孔(在阀芯上制出)流入阀芯的内部。

当驾驶员把转矩施加在扭杆上时,扭杆发生扭转变形,使阀芯相对于阀体转动一个角度,从而使阀间隙 A_1、A_2、B_1、B_2 发生变化,有如下方程:

$$Q_R = C_q A_1 \sqrt{\frac{2(P_P - P_A)}{\rho}} \tag{21-16}$$

$$Q_A + Q_R = C_q A_2 \sqrt{\frac{2 P_A}{\rho}} \tag{21-17}$$

$$Q_L = C_q B_1 \sqrt{\frac{2(P_P - P_B)}{\rho}} \tag{21-18}$$

$$Q_L - Q_B = C_q B_2 \sqrt{\frac{2 P_B}{\rho}} \tag{21-19}$$

$$Q_T = Q_L + Q_R \tag{21-20}$$

$$Q_A = Q_B \tag{21-21}$$

$$P_{DIFF} = P_B - P_A \tag{21-22}$$

其中,认为在阀芯内部的压力为零;忽略了转向器的内泄漏;P_P 是动力转向泵的压力;P_A、P_B 分别是槽 G_{R1}、G_{L1} 中的压力;P_{DIFF} 是动力助力活塞两侧的压力差;C_q 是阀间隙的流量系数,一般为 0.7;ρ 是液压油密度,一般为 870kg/m^3。

对一个整体式动力转向器的转阀几何尺寸进行了测量,图 21-36 示出阀间隙 A_1、A_2、B_1、B_2 的面积及动力助力活塞两侧压力差随着阀芯相对于阀体的转角的变化特性。从图 21-36(b) 可以看出,流入助力油缸的流量 Q_A 对助力活塞两侧压力差 P_{DIFF} 有影响,即该压力差随着 Q_A 的增大而降低。Q_A 与助力活塞的移动速度成正比,而活塞移动速度又与

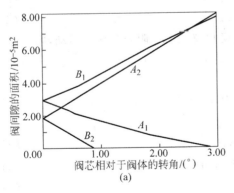 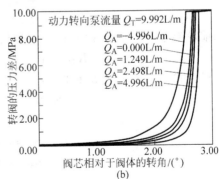

图 21-36 阀间隙 A_1、A_2、B_1、B_2 的面积及助力活塞两侧压力差随着
阀芯相对于阀体的转角的变化特性
(a) 阀间隙面积变化特性;(b) 转阀压力差特性

转向盘的转速成正比。因此，动力助力随着转向盘的转速增大而减小。

设转向传动机构的角传动比为 R_{lnk}，则在小转角范围有如下关系：

$$R_{lnk} = \frac{L_1}{L_2} \tag{21-23}$$

设 T_g 是转向器施加的转矩，用来克服主销回正力矩 AT_k，即

$$T_g = -\frac{AT_k}{R_{lnk}} \tag{21-24}$$

当转向器的转向摇臂轴自由时，转动转向器输入轴所需要的力矩称为转动力矩。如图 7-73 所示，当汽车处于直线行驶状态时，整体式转向器的转动力矩较高，设其为 T_{fo}。T_{fo} 可以认为是干摩擦力矩，其可以等效成作用在转向器齿扇上的干摩擦力矩 T_{fg}，则

$$T_{fg} = G_R T_{fo} \tag{21-25}$$

式中，G_R 是转向器的角传动比。由于在进行中心操纵性试验时转向盘的转角较小，可以认为 T_{fo} 是个常数。

设 T_{gn} 是需要驾驶员的手和液压助力提供给转向器齿扇的力矩，则

$$T_{gn} = T_g + s_n T_{fg} \tag{21-26}$$

$$s_n = \begin{cases} +1, & \Delta\delta_{ref} \geqslant 0 \\ -1, & \Delta\delta_{ref} < 0 \end{cases} \tag{21-27}$$

当前轮参考转角增量 $\Delta\delta_{ref}$ 具有与 T_{gn} 相同的符号时，转矩 T_{gn} 驱动前轮转动，则

$$(K_T \delta_T) G_R + P_{DIFF} A_p r_g \eta_{hyd} = T_{gn} \tag{21-28}$$

式中，K_T 是扭杆的扭转刚度；δ_T 是扭杆的扭角；A_p 是助力活塞的截面积；r_g 是齿扇节圆半径；η_{hyd} 是液压助力油缸的效率。

可以把式 (21-28) 写成如下形式：

$$S_{11} \delta_T + S_{12} P_{DIFF} = S_{13} \tag{21-29}$$

其中

$$S_{11} = K_T G_R \tag{21-30}$$

$$S_{12} = A_p r_g \eta_{hyd} \tag{21-31}$$

$$S_{13} = T_{gn} \tag{21-32}$$

当前轮参考转角增量 $\Delta\delta_{ref}$ 与 T_{gn} 符号相反时，转矩 T_{gn} 阻止前轮的转动，则

$$(K_T \delta_T) G_R + P_{DIFF} A_p r_g / \eta_{hyd} = T_{gn} \tag{21-33}$$

可以把式 (21-33) 写成如下形式：

$$S_{21} \delta_T + S_{22} P_{DIFF} = S_{23} \tag{21-34}$$

其中

$$S_{21} = K_T G_R \tag{21-35}$$

$$S_{22} = A_p r_g / \eta_{hyd} \tag{21-36}$$

$$S_{23} = T_{gn} \tag{21-37}$$

因此，可以把式 (21-29)、式 (21-34) 写成如下共同的形式：

$$S_1 \delta_T + S_2 P_{DIFF} = S_3 \tag{21-38}$$

由于 δ_T、P_{DIFF} 总是与 S_3 具有相同的符号，式 (21-38) 可以写为

$$S_1|\delta_T|+S_2|P_{\text{DIFF}}|=|S_3| \tag{21-39}$$

$$s_{\text{ns}}=\begin{cases}+1, & S_3\geqslant 0\\ -1, & S_3<0\end{cases} \tag{21-40}$$

在图 21-37 所示的转阀压力差-扭杆扭角坐标系中,式(21-39)代表一条直线。

令活塞速度为 V_p,则

$$V_p=\frac{\mathrm{d}(\delta_{\text{ref}})}{\mathrm{d}t}R_{\text{lnk}}r_g \tag{21-41}$$

$$Q_A=s_{\text{np}}|V_p|A_p \tag{21-42}$$

$$s_{\text{np}}=\begin{cases}+1, & V_p \text{ 与 } S_3 \text{ 符号相同时}\\ -1, & V_p \text{ 与 } S_3 \text{ 符号相反时}\end{cases} \tag{21-43}$$

$$A_p=\frac{\pi D_p^2}{4} \tag{21-44}$$

式中,D_p 是助力活塞的直径。

如图 21-37 所示,式(21-39)所代表的直线与转阀压力差-扭杆扭角(阀芯相对于阀体的转角)特性(与特定 Q_A 相应的特性曲线)的交点就确定了 $|\delta_T|$ 和 $|P_{\text{DIFF}}|$,并且

$$\delta_T=s_{\text{ns}}|\delta_T| \tag{21-45}$$

$$P_{\text{DIFF}}=s_{\text{ns}}|P_{\text{DIFF}}| \tag{21-46}$$

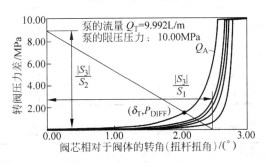

图 21-37 确定扭杆扭角和转阀压力差的模型

令转向器输入轴的转角为 δ_{Ta}、扭杆的转矩为 T_b,则

$$\delta_{\text{Ta}}=R_{\text{lnk}}\delta_{\text{ref}}G_R+\delta_T \tag{21-47}$$

$$T_b=K_T\delta_T \tag{21-48}$$

设转向中间轴的扭转刚度为 K_c,转向轴的干摩擦力矩为 T_{fc},则

$$\delta_{\text{sw}}=\delta_{\text{Ta}}+T_b/K_c \tag{21-49}$$

$$T_{\text{sw}}=T_b+s_{\text{nw}}T_{\text{fc}} \tag{21-50}$$

$$s_{\text{nw}}=\begin{cases}+1, & \Delta\delta_{\text{sw}}\geqslant 0\\ -1, & \Delta\delta_{\text{sw}}<0\end{cases} \tag{21-51}$$

式中,δ_{sw} 是转向盘转角;T_{sw} 是转向盘转矩。

【例 21-2】 采用表 21-3 中所示的转向系统参数,根据例 21-1 中的汽车线性三自由度操纵性模型的计算结果求出转阀压力差、扭杆扭角、转向盘转角、转向盘转矩、侧向加速

度(ru)特性曲线,如图 21-38 所示。利用中心操纵性评价参数计算模块对图 21-38(c)、(d)、(e)所示特性曲线进行处理,画出转向盘转角-侧向加速度、转向盘转矩-侧向加速度、转向盘转矩-转角、转向功-侧向加速度、转向功梯度-侧向加速度特性曲线,并且计算出所有的中心操纵性评价参数。表 21-4 示出求出的汽车中心操纵性评价参数。图 21-39 示出求出的汽车中心操纵性特性曲线。

表 21-3 整体式动力转向系统的参数值

参数	数值
主销后倾角 $\tau/(°)$	5.0
主销内倾角 $\sigma/(°)$	12.0
主销偏移距 r_s/mm	20.0
前轮半径 r/mm	302.0
前轴负荷 W_f/N	9260.0
动力转向泵的流量 Q_T/(L/m)	9.992
转阀间隙的流量系数 C_q	0.7
液压油的密度 ρ/(kg/m³)	870
转向传动机构角传动比 R_{lnk}	0.986
整体式转向器的中心转动力矩 T_{fo}/(N·m)	2.2
整体式转向器的角传动比 G_R	14.0
扭杆的扭转刚度 K_T/(N·m/(°))	1.2
动力助力油缸的效率 η_{hyd}	0.90
助力油缸的直径 D_p/mm	70
转向器齿扇的节圆半径 r_g/mm	33.4
转向中间轴的扭转刚度 K_c/(N·m/(°))	0.55
转向轴的干摩擦力矩 T_{fc}/(N·m)	0.1

表 21-4 求出的汽车中心操纵性评价参数

参数	数值
侧向加速度为 0.1g 时的转向灵敏度/(g/100°(转向盘转角))	1.48
最小转向灵敏度/(g/100°(转向盘转角))	0.76
转向灵敏度的线性度(转向灵敏度之比)	0.52
转向滞后/((°)(转向盘转角))	7.03
侧向加速度为 0g 时的转向灵敏度/(g/100°(转向盘转角))	0.93
侧向加速度为 0g 时的转向盘转矩/(N·m)	1.32
侧向加速度为 0g 时的转向盘转矩梯度/(N·m/g)	18.11
侧向加速度为 0.1g 时的转向盘转矩/(N·m)	2.26
侧向加速度为 0.1g 时的转向盘转矩梯度/(N·m/g)	4.06
转向盘转矩梯度线性度(转矩梯度之比)	0.22
转向盘转矩为 0N·m 时的侧向加速度/g	−0.063
转向盘转角为零时的转向盘转矩/(N·m)	0.65
转向盘转角为零时的转向盘转矩相对于转角的梯度/(N·m/(°))	0.19
转向功灵敏度/(g^2/(100N·m))	4.75
线性化的转向功灵敏度/(g^2/(100N·m))	4.67

21 汽车的中心操纵性试验及其模拟

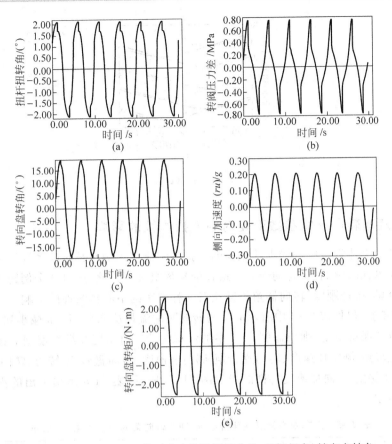

图 21-38 利用转向系统模型求出的转阀压力差、扭杆扭角、转向盘转角、
转向盘转矩特性曲线和侧向加速度(ru)特性曲线

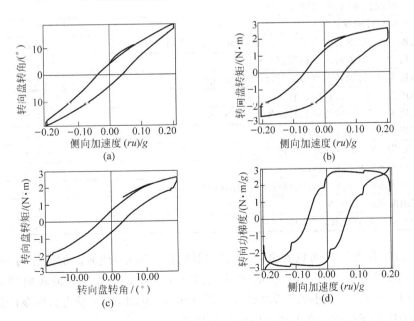

图 21-39 求出的汽车中心操纵性特性曲线

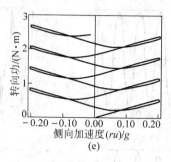

图 21-39 （续）

21.6.4 汽车转向系统参数变化对中心操纵性的影响

可以利用上述汽车中心操纵性试验的模拟方法研究车辆及其转向系统的参数变化对汽车中心操纵性的影响，这有助于获得最佳的参数组合。在此，通过几个例题来研究动力转向泵的流量、扭杆刚度、转向器角传动比对一种汽车的中心操纵性的影响。

【例 21-3】 仅把表 21-3 中所示的动力转向泵的流量从 9.992L/m 减小到 4.996L/m 而其他参数都保持不变，则根据例 21-1 中的汽车线性三自由度操纵性模型的计算结果求出的转向盘转角-侧向加速度、转向盘转矩-侧向加速度、转向盘转矩-转角、转向功-侧向加速度、转向功梯度-侧向加速度特性曲线如图 21-40 所示，表 21-5 示出求出的汽车中心操纵性评价参数。

表 21-5 汽车中心操纵性评价参数（动力转向泵的流量为 4.996L/m）

侧向加速度为 0.1g 时的转向灵敏度/(g/100°(转向盘转角))	1.48
最小转向灵敏度/(g/100°(转向盘转角))	0.70
转向灵敏度的线性度(转向灵敏度之比)	0.47
转向滞后/((°)(转向盘转角))	8.56
侧向加速度为 0g 时的转向灵敏度/(g/100°(转向盘转角))	0.83
侧向加速度为 0g 时的转向盘转矩/(N·m)	1.76
侧向加速度为 0g 时的转向盘转矩梯度/(N·m/g)	22.72
侧向加速度为 0.1g 时的转向盘转矩/(N·m)	2.84
侧向加速度为 0.1g 时的转向盘转矩梯度/(N·m/g)	3.98
转向盘转矩梯度线性度(转矩梯度之比)	0.18
转向盘转矩为 0N·m 时的侧向加速度/g	−0.063
转向盘转角为零时的转向盘转矩/(N·m)	0.69
转向盘转角为零时的转向盘转矩相对于转角的梯度/(N·m/(°))	0.21
转向功灵敏度/(g^2/(100N·m))	3.57
线性化的转向功灵敏度/(g^2/(100N·m))	3.73

从表 21-4 和表 21-5 可以看出，动力转向泵的流量减小，使侧向加速度为 0g 时的转向盘转矩梯度从 18.11(N·m/g)增加到 22.72(N·m/g)；线性化的转向功灵敏度从 4.67(g^2/(100N·m))减小到 3.73(g^2/(100N·m))。因此，由于动力转向泵的流量减小使得汽车的中心操纵性能在上述方面得到了改进。

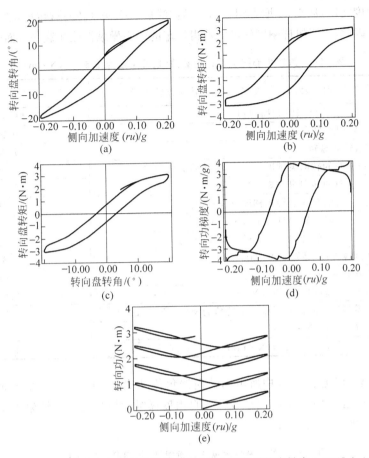

图 21-40 汽车的中心操纵性特性曲线(动力转向泵的流量为 4.996L/m)

从表 21-4 和表 21-5 可以看出,动力转向泵的流量减小,使最小转向灵敏度从 0.76g/100°(转向盘转角)减小到 0.70g/100°(转向盘转角);转向灵敏度的线性度(转向灵敏度之比)从 0.52 减小到 0.47;转向滞后从 7.03°(转向盘转角)增大到 8.56°(转向盘转角)。因此,由于动力转向泵的流量减小使得汽车的中心操纵性能在这些方面得到了降低。

【例 21-4】 仅把表 21-3 中所示的扭杆刚度从 1.2(°)/(N·m)增大到 1.5(°)/(N·m)而其他参数保持不变,则根据例 21-1 中的汽车线性三自由度操纵性模型的计算结果求出的汽车中心操纵性评价参数如表 21-6 所示。

从表 21-4 和表 21-6 可以看出,扭杆刚度的增大,使侧向加速度为 0g 时的转向盘转矩梯度从 18.11 N·m/g 改变到 18.16N·m/g,即基本上不变;侧向加速度为 0.1g 时的转向盘转矩梯度从 4.06N·m/g 增大到 6.02N·m/g;转向盘转矩梯度线性度(转矩梯度之比)从 0.22 增大到 0.33;线性化的转向功灵敏度从 4.67g^2/(100N·m)减小到 4.38g^2/(100N·m)。因此,由于扭杆刚度的增大仅使侧向加速度为 0.1g 时的转向盘转矩梯度、转向盘转矩线性度增大得比较明显,使线性化的转向功灵敏度有所减小(有利的)。

从表 21-4 和表 21-6 可以看出,扭杆刚度的增大,使最小转向灵敏度从 0.76g/100°(转向盘转角)变化到 0.77g/100°(转向盘转角),即基本上没有改变;转向灵敏度的线性度(转向灵敏度之比)从 0.52 增大到 0.56；转向滞后从 7.03°(转向盘转角)增大到 7.48°(转向盘转角)。因此,由于扭杆刚度的增大使得汽车的中心操纵性能在这些方面变化不大。

表 21-6 汽车中心操纵性评价参数(扭杆刚度为 1.5(°)/(N·m))

侧向加速度为 0.1g 时的转向灵敏度/(g/100°(转向盘转角))	1.39
最小转向灵敏度/(g/100°(转向盘转角))	0.77
转向灵敏度的线性度(转向灵敏度之比)	0.56
转向滞后/((°)(转向盘转角))	7.48
侧向加速度为 0g 时的转向灵敏度/(g/100°(转向盘转角))	0.96
侧向加速度为 0g 时的转向盘转矩/(N·m)	1.43
侧向加速度为 0g 时的转向盘转矩梯度/(N·m/g)	18.16
侧向加速度为 0.1g 时的转向盘转矩/(N·m)	2.71
侧向加速度为 0.1g 时的转向盘转矩梯度/(N·m/g)	6.02
转向盘转矩梯度线性度(转矩梯度之比)	0.33
转向盘转矩为 0N·m 时的侧向加速度/g	-0.063
转向盘转角为零时的转向盘转矩/(N·m)	0.69
转向盘转角为零时的转向盘转矩相对于转角的梯度/(N·m/(°))	0.21
转向功灵敏度/(g^2/(100N·m))	3.73
线性化的转向功灵敏度/(g^2/(100N·m))	4.38

【**例 21-5**】 仅把表 21-3 中所示的转向器角传动比从 14 减小为 12.6 而其他参数都保持不变,则根据例 21-1 中的汽车线性三自由度操纵性模型的计算结果求出的汽车中心操纵性评价参数如表 21-7 所示。

表 21-7 汽车中心操纵性评价参数(转向器速比为 12.6)

侧向加速度为 0.1g 时的转向灵敏度/(g/100°(转向盘转角))	1.61
最小转向灵敏度/(g/100°(转向盘转角))	0.76
转向灵敏度的线性度(转向灵敏度之比)	0.48
转向滞后/((°)(转向盘转角))	6.50
侧向加速度为 0g 时的转向灵敏度/(g/100°(转向盘转角))	0.96
侧向加速度为 0g 时的转向盘转矩/(N·m)	1.26
侧向加速度为 0g 时的转向盘转矩梯度/(N·m/g)	19.33
侧向加速度为 0.1g 时的转向盘转矩/(N·m)	2.26
侧向加速度为 0.1g 时的转向盘转矩梯度/(N·m/g)	4.13
转向盘转矩梯度线性度(转矩梯度之比)	0.21
转向盘转矩为 0N·m 时的侧向加速度/g	-0.056
转向盘转角为零时的转向盘转矩/(N·m)	0.59
转向盘转角为零时的转向盘转矩相对于转角的梯度/(N·m/(°))	0.21
转向功灵敏度/(g^2/(100N·m))	4.64
线性化的转向功灵敏度/(g^2/(100N·m))	4.76

从表 21-4 和表 21-7 可以看出,转向器速比减小,使侧向加速度为 0g 时的转向盘转矩梯度从 18.11 N·m/g 增大到 19.33N·m/g；线性化的转向功灵敏度从 4.67g^2/(100N·m)

增大到 $4.76g^2/(100\mathrm{N}\cdot\mathrm{m})$。因此,由于转向器速比减小仅使侧向加速度为 $0g$ 时的转向盘转矩梯度有所增大(有利的)。

从表 21-4 和表 21-7 可以看出,转向器速比减小,使最小转向灵敏度没有变化,仍然为 $0.76g/100°$(转向盘转角);转向灵敏度的线性度(转向灵敏度之比)从 0.52 减小到 0.48;转向滞后从 $7.03°$(转向盘转角)减小到 $6.50°$(转向盘转角)。因此,由于转向器速比减小使得转向滞后有所减小(有利的)。

21.7　转向中间传动轴的设计问题

图 21-41 示出一些汽车的转向管柱和转向中间传动轴。它们的转向中间传动轴都是由两个十字轴式万向节和一根传动轴组成。这种设计在汽车上应用比较广泛。在此,从对汽车中心操纵性影响的角度讨论这种转向中间传动轴的设计原则。

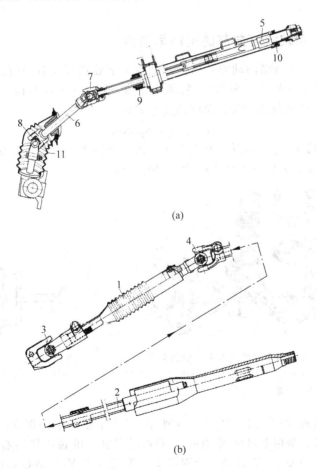

图 21-41　一些汽车的转向中间传动轴
(a) 德国大众高尔夫轿车的转向管柱和转向中间传动轴(转向中间传动轴由十字轴式万向节 7、8 和传动轴 6 组成);
(b) 一种沃尔沃轿车的转向管柱和转向中间传动轴(转向中间传动轴由十字轴式万向节 3、4 和传动轴 1 组成);
(c) 两种轿车的转向中间传动轴;(d) 一种轻型卡车的转向中间传动轴

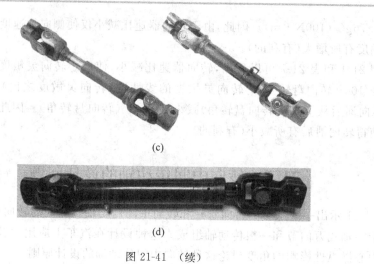

(c)

(d)

图 21-41 （续）

21.7.1 单个十字轴式万向节的运动学特性

图 21-42 示出一个典型的动力万向传动轴的十字轴式万向节（其在结构原理上与转向中间传动轴中的十字轴式万向节相同）的拆分图。图 21-43 示出其力学模型。普通十字轴式万向节的主动轴与从动轴转角间的关系式为

$$\tan\varphi_1 = \tan\varphi_2 \cos\alpha \tag{21-52}$$

式中，φ_1 是轴 1 的转角，定义为万向节叉所在平面与万向节连接的两轴所在平面的夹角；φ_2 是轴 2 的转角；α 是万向节连接的两轴之间的夹角。

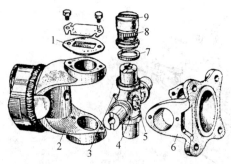

图 21-42 一个典型十字轴式万向节的拆分图
1—轴承盖；2,6—万向节叉；3—油嘴；4—十字轴；5—安全阀；
7—油封；8—滚针；9—套筒

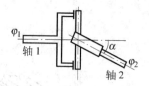

图 21-43 十字轴式万向节的力学模型

下面推导关系式(21-52)。如图 21-44 所示，以十字轴的中心作为坐标系的原点 O。$OX_1Y_1Z_1$ 是一个固定坐标系，OZ_1 垂直向上，OY_1 沿着轴 1 的轴线指向右方，OX_1 与 OZ_1、OY_1 构成右手系统。$OX_2Y_2Z_2$ 也是一个固定坐标系，是 $OX_1Y_1Z_1$ 绕 OX_1 转动 α 角得到的，OY_2 沿着轴 2 的轴线。下式描述了这两个坐标系之间的关系：

$$\begin{bmatrix} X_1 \\ Y_1 \\ Z_1 \end{bmatrix} = \begin{bmatrix} 1 & 0 & 0 \\ 0 & \cos\alpha & \sin\alpha \\ 0 & -\sin\alpha & \cos\alpha \end{bmatrix} \begin{bmatrix} X_2 \\ Y_2 \\ Z_2 \end{bmatrix} \tag{21-53}$$

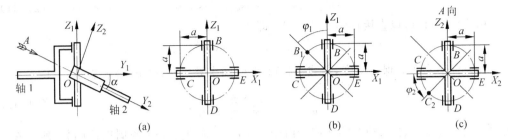

图 21-44 普通十字轴万向节运动分析图
(a) 轴 1 的叉平面与 OY_1Z_1 重合; (b) 沿着 OY_1 的方向看; (c) A 向视图

在图 21-44 中,假定轴 1 的初始位置是其叉平面与 OY_1Z_1 重合,其十字轴轴颈中心 B、D 在 OZ_1 轴线上。十字轴轴颈中心到十字轴中心 O 的距离是 a。在图 21-44(b)中,轴 1 的叉平面绕 OY_1 转动一个任意角度 φ_1,十字轴轴颈中心 B 转到 B_1,其在 $OX_1Y_1Z_1$ 坐标系中的坐标为

$$\begin{bmatrix} B_{1X1} \\ B_{1Y1} \\ B_{1Z1} \end{bmatrix} = \begin{bmatrix} -a\sin\varphi_1 \\ 0 \\ a\cos\varphi_1 \end{bmatrix} \tag{21-54}$$

如图 21-44(c)所示,假定轴 2 绕 OY_2 转动角度 φ_2,轴 2 叉的十字轴轴颈中心 C 转到 C_2,其在 $OX_2Y_2Z_2$ 坐标系中的坐标为

$$\begin{bmatrix} C_{2X2} \\ C_{2Y2} \\ C_{2Z2} \end{bmatrix} = \begin{bmatrix} -a\cos\varphi_2 \\ 0 \\ -a\sin\varphi_2 \end{bmatrix} \tag{21-55}$$

可以利用式(21-53)把 C_2 在 $OX_2Y_2Z_2$ 坐标系中的坐标转成在 $OX_1Y_1Z_1$ 坐标系中的坐标

$$\begin{bmatrix} C_{2X1} \\ C_{2Y1} \\ C_{2Z1} \end{bmatrix} = \begin{bmatrix} 1 & 0 & 0 \\ 0 & \cos\alpha & \sin\alpha \\ 0 & -\sin\alpha & \cos\alpha \end{bmatrix} \begin{bmatrix} C_{2X2} \\ C_{2Y2} \\ C_{2Z2} \end{bmatrix}$$

$$= \begin{bmatrix} 1 & 0 & 0 \\ 0 & \cos\alpha & \sin\alpha \\ 0 & -\sin\alpha & \cos\alpha \end{bmatrix} \begin{bmatrix} -a\cos\varphi_2 \\ 0 \\ -a\sin\varphi_2 \end{bmatrix} = \begin{bmatrix} -a\cos\varphi_2 \\ -a\sin\alpha\sin\varphi_2 \\ -a\cos\alpha\sin\varphi_2 \end{bmatrix} \tag{21-56}$$

十字轴轴颈中心 B 与 C 之间的距离 L_x 为

$$L_x = \sqrt{(B_{1X1}-C_{2X1})^2 + (B_{1Y1}-C_{2Y1})^2 + (B_{1Z1}-C_{2Z1})^2} \tag{21-57}$$

由于认为十字轴是刚性的,所以 L_x 保持不变,即

$$L_x = \sqrt{(B_{1X1}-C_{2X1})^2 + (B_{1Y1}-C_{2Y1})^2 + (B_{1Z1}-C_{2Z1})^2} = \sqrt{2}a \tag{21-58}$$

把式(21-54)和式(21-56)代入式(21-58),可得

$$(a\sin\varphi_1 - a\cos\varphi_2)^2 + (a\sin\alpha\sin\varphi_2)^2 + (a\cos\varphi_1 + a\cos\alpha\sin\varphi_2)^2 = 2a^2 \tag{21-59}$$

$$\sin^2\varphi_1 - 2\sin\varphi_1\cos\varphi_2 + \cos^2\varphi_2 + \sin^2\alpha\sin^2\varphi_2 +$$
$$\cos^2\varphi_1 + 2\cos\varphi_1\cos\alpha\sin\varphi_2 + \cos^2\alpha\sin^2\varphi_2 = 2 \tag{21-60}$$

$$\sin\varphi_1 \cos\varphi_2 = \cos\varphi_1 \cos\alpha \sin\varphi_2 \tag{21-61}$$

由式(21-61)可以直接得到式(21-52),即

$$\tan\varphi_1 = \tan\varphi_2 \cos\alpha$$

设万向节夹角 α 保持不变,把式(21-52)对时间求导,并且把 φ_2 用 φ_1 表示,可得

$$\frac{\omega_2}{\omega_1} = \frac{\cos\alpha}{1 - \sin^2\alpha \cos^2\varphi_1} \tag{21-62}$$

式中,ω_1、ω_2 分别是轴1、轴2的转速。由于 $\cos^2\varphi_1$ 是周期为180°的周期性函数,所以在 α 保持不变的条件下,转速比 ω_2/ω_1 也是个周期为180°的周期性函数。如果认为 ω_1 保持不变,则 ω_2 每一转变化两次。ω_2 的最小值 $\omega_{2\min} = \omega_1 \cos\alpha$,最大值 $\omega_{2\max} = \omega_1/\cos\alpha$。图21-45示出转速比 ω_2/ω_1 随轴1转角 φ_1 的变化特性,其中 $\alpha = 18°$。

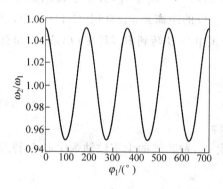

如果不计万向节中的摩擦损失,轴1和轴2传递的功率应该相等,即

$$T_1 \omega_1 = T_2 \omega_2 \tag{21-63}$$

式中,T_1、T_2 分别是轴1、轴2传递的转矩。

由式(21-63)可得

$$\frac{T_2}{T_1} = \frac{\omega_1}{\omega_2} = \frac{1 - \sin^2\alpha \cos^2\varphi_1}{\cos\alpha} \tag{21-64}$$

所以,在 α 保持不变的条件下,转矩比 T_2/T_1 也是个周期为180°的周期性函数。如果认为 T_1 保持不变,则 T_2 每一转变化两次。T_2 的最小值 $T_{2\min} = T_1 \cos\alpha$,最大值 $T_{2\max} = T_1/\cos\alpha$。

图21-45 转速比 ω_2/ω_1 随轴1转角 φ_1 的变化特性(其中 $\alpha = 18°$)

21.7.2 双十字轴万向节的应用

在图21-41所示的转向中间传动轴中都采用了两个十字轴式万向节。

根据式(21-52)、式(21-62),当一个十字轴式万向节连接的两个轴之间有一定夹角 α 时,这两个轴的转速是不相等的。为了使处在同一个平面内的输出轴与输入轴等速旋转,在汽车传动系中常采用双万向节传动,图21-46示出两种通常采用的方案。其共同的特点包括:①与传动轴相连的两个万向节叉布置在同一平面内;②两个万向节的夹角相等,即 $\alpha_1 = \alpha_2$。在这样布置的情况下,可以保证等角速传动,即 $\varphi_1 = \varphi_3$。

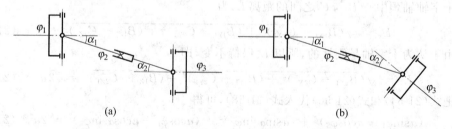

图21-46 两种通常采用的双万向节传动方案
(a) 双万向节传动方案1;(b) 双万向节传动方案2

下面推导该等速条件。根据式(21-52),图 21-46 所示两个方案都有如下关系式:

$$\tan\varphi_1 = \tan\varphi_2 \cos\alpha_1 \tag{21-65}$$

$$\tan\varphi_3 = \tan\varphi_2 \cos\alpha_2 \tag{21-66}$$

式(21-65)除以式(21-66)得

$$\frac{\tan\varphi_1}{\tan\varphi_3} = \frac{\cos\alpha_1}{\cos\alpha_2} \tag{21-67}$$

所以,当 $\alpha_1 = \alpha_2$ 时,可以保证 $\varphi_1 = \varphi_3$,即等角速传动。

由式(21-67)可得

$$\tan\varphi_1 = \frac{\cos\alpha_1}{\cos\alpha_2} \tan\varphi_3 \tag{21-68}$$

图 21-41(b)、(d)所示的转向中间传动轴采用图 21-46 所示的传动方案,有可能实现等角速传动。但是,在图 21-41(b)所示设计中,万向节的两个夹角明显不同,因此不能实现等角速传动。

图 21-41(a)、(c)所示的转向中间传动轴采用图 21-47 所示的传动方案。根据式(21-52),有如下关系式:

$$\tan\varphi_1 = \tan\varphi_2 \cos\alpha_1 \tag{21-69}$$

$$\tan\varphi_2 = \tan\varphi_3 \cos\alpha_2 \tag{21-70}$$

式(21-69)乘以式(21-70)得

$$\tan\varphi_1 = \cos\alpha_1 \cos\alpha_2 \tan\varphi_3 \tag{21-71}$$

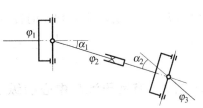

图 21-47　一种通常采用的转向中间传动轴双万向节传动方案

因此,除非 $\alpha_1 = \alpha_2 = 0$,否则不能实现等角速传动。

下面推导速比公式。可以看出,式(21-68)和式(21-71)可以统一写成如下形式:

$$\tan\varphi_1 = f_{12} \tan\varphi_3 \tag{21-72}$$

其中,对于图 21-46 所示传动方案,有

$$f_{12} = \frac{\cos\alpha_1}{\cos\alpha_2} \tag{21-73}$$

而对于图 21-47 所示传动方案,有

$$f_{12} = \cos\alpha_1 \cos\alpha_2 \tag{21-74}$$

在式(21-72)的等号两侧都对时间求导数,得

$$\frac{1}{\cos^2\varphi_1}\omega_1 = f_{12} \frac{1}{\cos^2\varphi_3}\omega_3 \tag{21-75}$$

式中,ω_1、ω_3 分别是轴 1、轴 3 的转速。

整理式(21-75)得

$$\frac{\omega_1}{\omega_3} = f_{12} \frac{\cos^2\varphi_1}{\cos^2\varphi_3} \tag{21-76}$$

由式(21-72)可得

$$\tan\varphi_3 = \frac{\tan\varphi_1}{f_{12}} \tag{21-77}$$

$$\tan^2\varphi_3 = \frac{\tan^2\varphi_1}{f_{12}^2}$$

$$\frac{1}{\cos^2\varphi_3} = 1 + \tan^2\varphi_3 = 1 + \frac{\tan^2\varphi_1}{f_{12}^2} = \frac{f_{12}^2\cos^2\varphi_1 + \sin^2\varphi_1}{f_{12}^2\cos^2\varphi_1} \tag{21-78}$$

把式(21-78)代入式(21-76),得

$$\frac{\omega_1}{\omega_3} = f_{12}\cos^2\varphi_1 \frac{f_{12}^2\cos^2\varphi_1 + \sin^2\varphi_1}{f_{12}^2\cos^2\varphi_1} = \frac{f_{12}^2\cos^2\varphi_1 + \sin^2\varphi_1}{f_{12}}$$

$$= \frac{f_{12}^2 \cdot \frac{1}{2}(1+\cos2\varphi_1) + \frac{1}{2}(1-\cos2\varphi_1)}{f_{12}}$$

$$= \frac{1 + f_{12}^2 + (f_{12}^2 - 1)\cos2\varphi_1}{2f_{12}} \tag{21-79}$$

假设转向中间传动轴中的机械损失可以忽略,则

$$T_1\omega_1 = T_3\omega_3 \tag{21-80}$$

式中,T_1、T_3 分别是轴1、轴3的转矩。因此

$$\frac{T_1}{T_3} = \frac{\omega_3}{\omega_1} = \frac{2f_{12}}{1 + f_{12}^2 + (f_{12}^2 - 1)\cos2\varphi_1} \tag{21-81}$$

21.7.3 有利于汽车中心操纵性的转向中间传动轴设计

图 21-41 所示的汽车转向中间传动轴都是由两个十字轴式万向节和一根传动轴所组成的。这种设计在汽车上应用比较广泛。在此,通过几个例题研究这种转向中间传动轴的不同设计对汽车中心操纵性的影响,从而提出有利于汽车中心操纵性的设计原则。

【例 21-6】 假设图 21-41(b)、图 21-46 所示传动方案对应于汽车直线行驶状态,则

$$f_{12} = \frac{\cos\alpha_1}{\cos\alpha_2}$$

$$\frac{\omega_1}{\omega_3} = \frac{1 + f_{12}^2 + (f_{12}^2 - 1)\cos2\varphi_1}{2f_{12}}$$

$$\frac{T_1}{T_3} = \frac{\omega_3}{\omega_1} = \frac{2f_{12}}{1 + f_{12}^2 + (f_{12}^2 - 1)\cos2\varphi_1}$$

$$\tan\varphi_3 = \frac{\tan\varphi_1}{f_{12}}$$

假设 $\alpha_1 = 15°$,$\alpha_2 = 2°$,速比 ω_1/ω_3 和转矩传动比的变化特性如图 21-48 所示。

而假设 $\alpha_1 = 2°$,$\alpha_2 = 15°$,速比 ω_1/ω_3 和转矩传动比的变化特性如图 21-49 所示。

可以看出,$\alpha_1 > \alpha_2$ 时 $f_{12} < 1$,在输入轴转角 $\varphi_1 = 0$(对应汽车直线行驶位置)时速比达到极小、转矩传动比达到极大(如图 21-48 所示),这对于改进汽车的中心操纵性特性是有利的,既可以增强中心转向响应,又可以增强中心转矩梯度。而 $\alpha_1 < \alpha_2$ 时 $f_{12} > 1$,在输入轴转角 $\varphi_1 = 0$(对应汽车直线行驶位置)时速比达到极大、转矩传动比达到极小(如图 21-49 所示),这对于汽车的中心操纵性特性是不利的。

因此,在转向中间传动轴采用图 21-46 所示传动方案时,α_1、α_2 不同大小的组合会影响速比、转矩比特性的特征,应该使 $\alpha_1 > \alpha_2$,从而 $f_{12} < 1$,以使输入轴转角 $\varphi_1 = 0$(对应汽车直

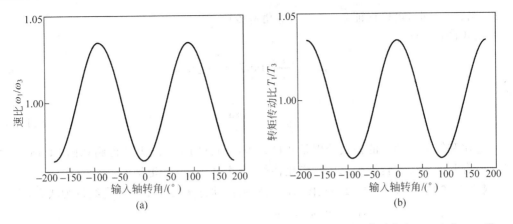

图 21-48 速比 ω_1/ω_3 和转矩传动比 T_1/T_3 的变化特性(图 21-46 所示传动方案，$\alpha_1=15°$，$\alpha_2=2°$)
(a) 速比特性；(b) 转矩传动比特性

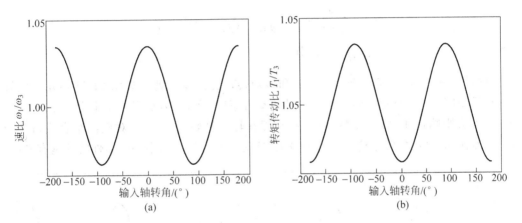

图 21-49 速比 ω_1/ω_3 和转矩传动比 T_1/T_3 的变化特性(图 21-46 所示传动方案，$\alpha_1=2°$，$\alpha_2=15°$)
(a) 速比特性；(b) 转矩传动比特性

线行驶位置)时的速比达到极小、转矩传动比达到极大，有利于改进汽车的中心操纵性特性。

应该指出，在转向中间传动轴采用图 21-46 所示传动方案时，如果 $\alpha_1=\alpha_2$，则可以实现等角速传动，即速比、转矩传动比都等于 1，这也是一种良好的设计。在转速、转矩比不等于 1 时，应该获得图 21-48 所示的特性，并且一般要求转矩传动比的变化幅度约为 8%。

图 21-50 示出在图 21-46(b)中所示万向传动轴的轴 1 转动 90°的状态，假设其对应汽车直线行驶状态。下面推导其速比和转矩传动比。

$$\tan\varphi_2 = \tan\varphi_1 \cos\alpha_1 \quad (21\text{-}82)$$

$$\tan\varphi_2 = \tan\varphi_3 \cos\alpha_2 \quad (21\text{-}83)$$

$$\tan\varphi_3 \cos\alpha_2 = \tan\varphi_1 \cos\alpha_1$$

$$\frac{\tan\varphi_1}{\tan\varphi_3} = \frac{\cos\alpha_2}{\cos\alpha_1} \quad (21\text{-}84)$$

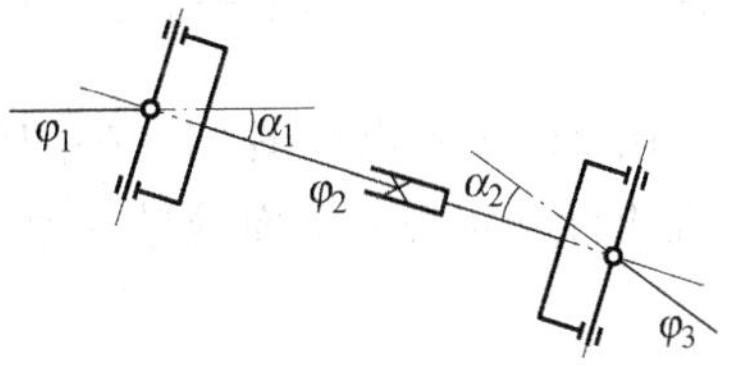

图 21-50 在图 21-46(b)中所示万向传动轴的轴 1 转动 90°的状态

所以，当 $\alpha_1 = \alpha_2$ 时，可以保证 $\varphi_1 = \varphi_3$，即等角速传动。

由式(21-84)可得

$$\tan\varphi_1 = \frac{\cos\alpha_2}{\cos\alpha_1}\tan\varphi_3 = f_{12}\tan\varphi_3 \tag{21-85}$$

即

$$f_{12} = \frac{\cos\alpha_2}{\cos\alpha_1} \tag{21-86}$$

速比和转矩传动比的公式分别是式(21-79)和式(21-81)。为了得到如图21-48所示的比较有利的速比和转矩传动比的变化特性，要求 $f_{12} < 1$，因此要求 $\alpha_1 < \alpha_2$。

【例21-7】 假设图21-41(a)、图21-47所示传动方案对应于汽车直线行驶状态，则

$$f_{12} = \cos\alpha_1\cos\alpha_2$$

$$\frac{\omega_1}{\omega_3} = \frac{1 + f_{12}^2 + (f_{12}^2 - 1)\cos 2\varphi_1}{2f_{12}}$$

$$\frac{T_1}{T_3} = \frac{\omega_3}{\omega_1} = \frac{2f_{12}}{1 + f_{12}^2 + (f_{12}^2 - 1)\cos 2\varphi_1}$$

$$\tan\varphi_3 = \frac{\tan\varphi_1}{f_{12}}$$

假设 $\alpha_1 = 15°$，$\alpha_2 = 20°$，速比 ω_1/ω_3 和转矩传动比的变化特性如图21-51所示。实际上，在采用图21-47所示转向中间传动轴传动方案时，在 α_1、α_2 不同大小组合下 $f_{12} < 1$ 总成立，不会影响速比、转矩比特性的特征，即在输入轴转角 $\varphi_1 = 0$（对应汽车直线行驶位置）时速比达到极小、转矩传动比达到极大，这对于改进汽车的中心操纵性特性是有利的。

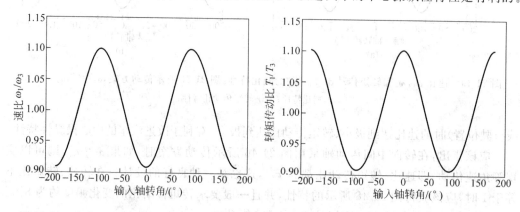

图21-51 速比 ω_1/ω_3 和转矩传动比 T_1/T_3 的变化特性（图21-46所示传动方案，$\alpha_1 = 15°$，$\alpha_2 = 20°$）

图21-52示出在图21-47中所示万向传动轴的轴1转动90°的状态，假设其对应于汽车直线行驶状态。下面推导其速比和转矩传动比。

$$\tan\varphi_2 = \tan\varphi_1\cos\alpha_1 \tag{21-87}$$

$$\tan\varphi_3 = \tan\varphi_2\cos\alpha_2 \tag{21-88}$$

$$\tan\varphi_3 = \tan\varphi_1\cos\alpha_1\cos\alpha_2$$

$$\frac{\tan\varphi_1}{\tan\varphi_3} = \frac{1}{\cos\alpha_1\cos\alpha_2} \tag{21-89}$$

所以,除非 $\alpha_1 = \alpha_2 = 0$,否则不能保证 $\varphi_1 = \varphi_3$。

由式(21-89)可得

$$\tan\varphi_1 = \frac{1}{\cos\alpha_1 \cos\alpha_2} \tan\varphi_3 = f_{12} \tan\varphi_3 \tag{21-90}$$

即

$$f_{12} = \frac{1}{\cos\alpha_1 \cos\alpha_2} \tag{21-91}$$

速比和转矩传动比的公式分别是式(21-79)和式(21-81)。从式(21-91)可见,在 α_1 和 α_2 不同时为零的情况下,都有 $f_{12} > 1$,只能得到如图 21-49 所示的比较不利的速比和转矩传动比的变化特性。因此,应该避免图 21-52 所示状态对应于汽车直线行驶状态。

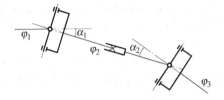

图 21-52 在图 21-47 中所示万向传动轴的轴 1 转动 90°的状态

参考文献

[1] [日]小田柿浩三.汽车设计[M].徐逢源,译.北京:机械工业出版社,1990.
[2] 张洪欣.汽车设计[M].2版.北京:机械工业出版社,1992.
[3] 吉林工业大学汽车教研室.汽车设计[M].北京:机械工业出版社,1981.
[4] 王霄锋.汽车可靠性工程基础[M].北京:清华大学出版社,2007.
[5] Jaeckel H R. Design validation testing. SAE paper 820690.
[6] Riesner M. Finite element analysis and structural optimization of vehicle wheels. SAE Paper 830133.
[7] Ridha R. Finite element stress analysis of automotive wheels. SAE paper 760085.
[8] Noda T. Development of aluminum disc wheel for truck and bus. SAE paper 820343.
[9] [美]柯林斯 J A.机械设计中的材料失效——分析、预测、预防[M].谈嘉祯,关焯,廉以智,译.北京:机械工业出版社,1987.
[10] 天津大学材料力学教研组.电阻应变片测量技术[M].北京:科学出版社,1980.
[11] 王霄锋,管迪华,何泽民.汽车零部件室内耐久性试验方法研究[J].汽车工程,1992,14(4):224-231.
[12] 王霄锋,何泽民,管迪华.极端值分析法在汽车耐久性试验中的应用[J].汽车工程,1993,15(2):65-70.
[13] 王霄锋,何泽民,陈其中,等.轮胎耦合整车模拟试验研究[J].汽车工程,1993,15(3):165-172.
[14] 王霄锋,何泽民,管迪华.对加速随机疲劳试验方法的研究[J].汽车工程,1994,16(3):149-154.
[15] 何泽民,陈其中,王秋景,等.对汽车后桥壳垂直弯曲疲劳强度评价方法的研究[J].汽车工程,1994,16(4):230-236.
[16] 王霄锋,管迪华,何泽民.汽车车轴室内耐久性试验研究[J].清华大学学报,1997,37(12):85-87.
[17] 赵震伟,王波,王霄锋,等.应用有限元软件指导车轮的结构改进[J].机械设计与制造,2000.5:27-28.
[18] 田应刚,王霄锋,周建明,等.轿车前悬架的有限元分析[J].清华大学学报,2001,41(8):90-93.
[19] 王霄锋,田应刚,冯正平,等.轿车前悬架多轴向加载模拟疲劳试验系统[J].汽车技术,2001(7):20-23.
[20] 王霄锋,王波,赵震伟,等.汽车车轮结构强度分析[J].机械强度,2002,24(1):66-69.
[21] 王霄锋,涂敏.汽车钢板弹簧的应力和变形分析[J].机械强度,2005,27(5):647-650.
[22] Murphy R W. Endurance testing of heavy duty vehicles. SAE paper 820001.
[23] Conover J C, Jaeckel H R, Kippola W J. Simulation of field loading in fatigue testing. SAE paper 660102.
[24] Jaeckel H R. Simulation, duplication, and synthesis of fatigue load histories. SAE paper 700032.
[25] 姚贵升,景立媛.汽车用钢应用技术[M].北京:机械工业出版社,2008.
[26] [德]约翰·赖姆佩尔.悬架元件及底盘力学[M].王瑄,译.长春:吉林科学技术出版社,1992.
[27] 赵少汴.抗疲劳设计[M].北京:机械工业出版社,1994.
[28] Lukin P, Gasparyants G, Rodionov V. Automobile chassis design and calculation[M]. Moscow: Mir Publishers Moscow, 1989.
[29] 陈家瑞.汽车构造(下册)[M].北京:机械工业出版社,2002.
[30] 余志生.汽车理论[M].3版.北京:机械工业出版社,2000.
[31] 崔靖,边辉章,王学志,等.汽车构造(下册)[M].西安:陕西科学技术出版社,1984.
[32] 吉林工业大学汽车教研室.汽车构造(下册)[M].北京:人民交通出版社,1976.

[33] [德]耶尔森·赖姆佩尔. 汽车底盘基础[M]. 张洪欣,余卓平,译. 北京:科学普及出版社,1992.
[34] 王望予. 汽车设计[M]. 4 版. 北京:机械工业出版社,2006.
[35] 刘惟信. 汽车设计[M]. 北京:清华大学出版社,2001.
[36] Reimpell J,Stoll H. The automotive chassis: engineering principles[M]. London: Arnold,1996.
[37] Bastow D,Howard G P. Car suspension and handling[M]. London: Pentech Press Limited,1993.
[38] Durstine J W. The truck steering system from hand wheel to road wheel. SAE paper 730039.
[39] Miller G R. The effect of Ackerman steering correction upon front tire wear of medium duty trucks. SAE paper 861975.
[40] Miller G,Reed R,Wheeler F. Optimum Ackerman for improved steering axle tire wear on trucks. SAE paper 912693.
[41] Horntrich H. Rear suspension design with front wheel drive vehicles. SAE paper 810421.
[42] GM China engineering training. Introduction to steering systems[R]. Saginaw: Delphi Saginaw Steering Systems,1995.
[43] Sidelko W J. An objective approach to highway truck frame design. SAE paper 660162.
[44] Nunney M J. Light & heavy vehicle technology[M]. Boston: Newnes,1992.
[45] Gillespie T D. Fundamentals of vehicle dynamics [M]. Warrendale: Society of Automotive Engineers,Inc. ,1992.
[46] 刘惟信. 汽车制动系的结构分析与设计计算[M]. 北京:清华大学出版社,2004.
[47] [德]Schmelz F,Graf von Seherr-Thoss H C,Aucktor E. 万向节和传动轴[M]. 伍德荣,肖生发,陶健民,译. 北京:北京理工大学出版社,1997.
[48] 刘惟信. 汽车车桥设计[M]. 北京:清华大学出版社,2004.
[49] 王霄锋,胡涛. 不同整体式转向梯形机构分析方法的对比研究[J]. 汽车技术,2005(8):8-11.
[50] 王霄锋,胡涛. 载重汽车转向杆系优化设计方法研究[J]. 拖拉机与农用运输车,2006(1):34-36.
[51] 王霄锋,张小乐,胡涛. 轿车转向杆系的优化设计[J]. 清华大学学报,2004,44(11):1528-1531.
[52] Wallentowitz H. Longitudinal dynamics of vehicles [M]. Aachen: Vervielfaltigungsstelle der Hochschule,2004.
[53] Bauer H. Automotive handbook[M]. Stuttgard: Robert Bosch GmbH,1996.
[54] Shimizu Y,Kawai T. Development of electric power steering. SAE paper 910014.
[55] Adams F J. Power steering 'road feel'. SAE paper 830998.
[56] Steinkuhl A R. Load sense steering design considerations. SAE paper 831382.
[57] Forbes J E,Baird S M,Weisgerber T W. Electrohydraulic power steering—an advanced system for unique applications. SAE paper 870574.
[58] Uchida K,Miyoshi M. Development of variable-valve-gain rotary valve for speed proportional power steering system. SAE paper 891979.
[59] Pawlak A M,Graber D W,Eckhardt D C. Magnetic power steering assist system-Magnasteer. SAE paper 940867.
[60] Nishikawa M,Toshimitsu Y,Aoki T. A speed sensitive variable assistance power steering system. SAE paper 790738.
[61] [德]阿达姆·措莫托. 汽车行驶性能[M]. 黄锡朋,解春阳,译. 北京:科学普及出版社,1992.
[62] 郭孔辉. 汽车操纵动力学[M]. 长春:吉林科学技术出版社,1991.
[63] Nedley A L,Wilson W J. A new laboratory facility for measuring vehicle parameters affecting understeer and brake steer. SAE paper 720473.
[64] GM training manual. Fundamentals of vehicle directional control. 1991.
[65] Barak P. Magic numbers in design of suspensions for passenger cars. SAE paper 911921.

[66] 王秉刚. 汽车可靠性工程方法[M]. 北京: 机械工业出版社, 1991.

[67] General Motors Corporation. Four wheel alignment. 1991.

[68] 陈家瑞. 汽车构造(下册)[M]. 3版. 北京: 人民交通出版社, 1994.

[69] [日]出射忠明. 汽车构造图解[M]. 郝长文, 等, 译. 长春: 吉林科学技术出版社, 1995.

[70] 王霄锋. 汽车底盘设计[M]. 北京: 清华大学出版社, 2010.

[71] Bastow D, Howard G. Car suspension and handling [M]. 3rd ed. Warrendale: Society of Automotive Engineers, Inc., 1993.

[72] Murakami T, Uno T, Iwasaki H, et al. Development of a new multi-link front suspension. SAE paper 890179.

[73] Matschinsky W. Road vehicle suspensions [M]. Bury St. Edmunds: John Wiley and Sons Ltd., 1998.

[74] Campell C. New directions in suspension design, making the fast car faster [M]. Cambridge: Robert Bentley Inc., 1981.

[75] Bedi G, Lake W. Evaluation of the new Ford light truck four wheel drive independent front suspension. SAE paper 790135.

[76] [德]阿达姆·措莫托. 汽车行驶性能[M]. 黄锡朋, 解春阳, 译. 北京: 科学普及出版社, 1992.

[77] Judge A. The mechanism of the car, its principles, design, construction and operation[M]. 7th and revised ed. Cambridge: Robert Bentley, Inc., 1966.

[78] Gerrard M. Roll centres and jacking forces in independent suspensions - A first principles explanation and a designer's toolkit. SAE paper 1999-01-0046.

[79] Knable J, David Nagreski. Design of a multilink independent front suspension for Class A motor homes. SAE paper 1999-01-3731.

[80] Gotoh T, Imaizumi T. Optimization of force action line with new spring design on the Macpherson strut suspension for riding comfort. SAE paper 2000-01-0101.

[81] Allen R, Rosenthal T, Klyde D, et al. Vehicle and tire modeling for dynamic analysis and real-time simulation. SAE paper 2000-01-1620.

[82] Ledesma R. The effect of tire stiffness parameters on medium-duty truck handling. SAE paper 2000-01-1645.

[83] Pottinger M, McIntyre J, III, Kempainen A, et al. Truck tire force and moment in cornering-braking-driving on ice, snow, and dry surfaces. SAE paper 2000-01-3431.

[84] Krishna M, Kroppe W, Anderson S. Flexibility effects of control arms & knuckle on suspension - a finite element vs rigid body comparative analysis. SAE paper 2000-01-3446.

[85] Mokhtar M, Ibrahim I, El-butch A. New suspension design for heavy duty trucks: dynamic considerations. SAE paper 2000-01-3447.

[86] Salaani M, Heydinger G, Grygier P. Parameter determination and vehicle dynamics modeling for the NADS of the 1998 Chevrolet malibu. SAE paper 2001-01-0140.

[87] Franceschini F, Vilela D, Mesquita V, Jr. Automotive suspension calibration. SAE paper 2002-01-3393.

[88] Jenniges R, Zenk J, Maki A. A new system for force and moment testing of light truck tires. SAE paper 2003-01-1272.

[89] Timoney E, Timoney S. A review of the development of independent suspension for heavy vehicles. SAE paper 2003-01-3433.

[90] Eickhoff M, Vincent R. Latest developments on independent front suspensions for Class A Motorhome Chassis and an outlook to truck applications. SAE paper 2003-01-3435.

[91] Fernandes C, Okano F. Vehicle dynamics objective metrics. SAE paper 2003-01-3631.
[92] Park J, Yi J, Lee D. Investigation into suspension dynamic compliance characteristics using direct measurement and simulation. SAE paper 2004-01-1065.
[93] Park Y, Chang H, Lee B, et al. The suspension of the newly developed Hyundai Sonata. SAE paper 2005-01-1713.
[94] Eduardo G. Formula SAE suspension design. SAE paper 2005-01-3994.
[95] Ko Y, Park Y, Cho Y, et al. The suspension of the newly developed Hyundai ELANTRA. SAE paper 2006-01-1534.
[96] Shoop S, Coutermarsh B. Tire cornering force test method for winter Ssrfaces. SAE paper 2006-01-1627.
[97] Huh S, Chun D, Suh J, et al. The newly developed suspension of Hyundai SantaFe. SAE paper 2006-01-1665.
[98] Eskandari A, Mirzadeh O, Azadi S. Optimization of a McPherson suspension system using the design of experiments method. SAE paper 2006-01-1953.
[99] Fontana R, Jr, Slave R, Andrade F. Optimizing 4x4 Steering Geometry. SAE paper 2007-01-2675.
[100] Nuti A, Nuti A. Double A-arm suspension for cross-country racing. SAE paper 2007-01-2813.
[101] Leal V, Landre J, Jr, Bitencourt R. Twist beam rear suspension-influencies of the cross section member geometry in elastokinematics behavior. SAE paper 2007-01-2860.
[102] Siminski P, Zajac M. Researches of influence of tires types on military trucks mobility. SAE paper 2007-01-4192.
[103] Fabela-Gallegos M, Hernandez-Jimenez R, Reyes-Vidales A. Effect of load and inflation pressure on contact force and pressure distribution for two types of light duty truck tires. SAE paper 2007-01-4258.
[104] Gobbi M, Guarneri P, Mastinu G, et al. Test rig for characterization of automotive suspension systems. SAE paper 2008-01-0692.
[105] Mitchell W, Simons R, Sutherland T, et al. Suspension geometry: theory vs. K&C measurement. SAE paper 2008-01-2948.
[106] Kim S, Lee J, Oh Y, et al. The development of multi-link suspensions for Hyundai Genesis. SAE paper 2009-01-0224.
[107] Sistla P, Kang H. Twist beam suspension design and analysis for vehicle handling and rollover behavior. SAE paper 2010-01-0085.
[108] Carriere J, De Carteret D. Vehicle handling parameter trends: 1980-2010. SAE paper 2011-01-0969.
[109] Soner M, Company O, Guven M, Guven N, Erdogus T, Karaagac M and A. Kanbolat. Parabolic leaf spring fatigue considering braking windup evaluations. SAE paper 2011-01-2168.
[110] Topping R. Understeer concepts with extensions to four-wheel steer, active steer, and time transients. SAE paper 2012-01-0245.
[111] Koide R, Kawabe Y, Nakajima K, et al. Development of a new multi-link rear suspension. SAE paper 2012-01-0978.
[112] Lima V, Garbin L. C. Neto. Lateral dynamics simulation of a truck with modified rear suspension. SAE paper 2012-36-0020.
[113] Johnson J. New light truck platform chassis. SAE paper 2013-01-0370.
[114] Jung S, Guenther D. An examination of the maneuverability of an all wheel steer vehicle at low speed. SAE paper 910241.
[115] Yap P. Measurement of radial truck tire dry cornering characteristics. SAE paper 912677.
[116] Whitehead J. The Handling Characteristics of European Intercity Buses. SAE paper 912678.

[117] Gohring E, von Glasner E, Pflug H. Contribution to the force transmission behavior of commercial vehicle tires. SAE paper 912692.

[118] Crolla D A, Firth G, Horton D. Independent vs. axle suspension for On/Off road vehicles. SAE paper 921662.

[119] McNorton T, Wheeler F. Camber and toe effect on SBFA heavy truck steering axle tire wear. SAE paper 922485.

[120] Els P, Grobbelaar B. Investigation of the time-and temperature dependency of hydro-pneumatic suspension systems. SAE paper 930265.

[121] Schuring D, Pelz W, Pottinger M. The BNPS model - an automated implementation of the "Magic Formula" Concept. SAE paper 931909.

[122] Beard J, Waggenspack W, Jr. Kinematic and dynamic comparisons of double A-arm and McPherson strut suspension systems. SAE paper 932913.

[123] Burnham R. F-150 Lightning-world-class performance truck. SAE paper 932985.

[124] Nordstrom O. The VTI flat bed tyre test facility - a new tool for testing commercial tyre characteristics. SAE paper 933006.

[125] Uffelmann F. Truck development trends in ride behaviour. SAE paper 933010.

[126] Hackert P. Simulation and investigation of shimmy on a light truck independent front suspension. SAE paper 933043.

[127] Wheeler F, Johnson, E. Heavy truck axle alignment evolution-from the truck manufacturer to the user. SAE paper 933046.

[128] Berkefeld V, Munz V. The chassis of the new Porsche 911 Carrera. SAE paper 940861.

[129] Sarh B. Wheel suspension for an advanced flying automobile. SAE paper 942183.

[130] Kato Y, Tateishi Y, Ogawa N. Development of a multi-Link beam rear suspension for front-wheel-drive cars. SAE paper 950585.

[131] Nemeth J. Low floor bus powertrain suspension. SAE paper 952596.

[132] Pillar D, Braun E. All-wheel steering system for heavy truck applications. SAE paper 952680.

[133] Hastey J, Baudelet J, Gerard E, Jones C, et al. Optimiration on Mac Pherson suspensions with a spring. SAE paper 970100.

[134] Schuring D, Pelz W, Pottinger M. The paper-tire concept: a way to optimize tire force and moment properties. SAE paper 970557.

[135] Rupp A, Grubisic V. Reliable determination of multi-Axial road loads and tire deformations on buses and heavy trucks for the design and proof out. SAE paper 973189.

[136] Burke R, Robertson J, Sayers M, et al. Example utilization of truck tire characteristics data in vehicle dynamics Ssmulations. SAE paper 982746.

[137] Pottinger M, Pelz W, Falciola G. Effectiveness of the slip circle, "COMBINATOR", model for combined tire cornering and braking forces when applied to a range of tires. SAE paper 982747.

[138] Wimmer H. Modern front axle systems for low floor buses and coaches. SAE paper 982776.

[139] Goddard S, Elwood P. The impact of scrub radius on sport utility vehicle handling. SAE paper 982834.

[140] Bramberger R, Eichlseder W. Investigations on independent suspensions on trucks. SAE paper 982843.

[141] Sincere S. Short-long arm suspension system non-linearities and analysis. SAE paper 983033.

[142] Bauer W. Hydropneumatic suspension systems[M]. Heidelberg: Springer, 2011.